泰州医药高新区（高港区）年鉴 2023

泰州医药高新技术产业开发区（泰州市高港区）党史方志办公室　编

方志出版社
Publishing House of Local Records

图书在版编目（CIP）数据

泰州医药高新区（高港区）年鉴．2023 / 泰州医药高新技术产业开发区（泰州市高港区）党史方志办公室编．北京：方志出版社，2023.9
ISBN 978-7-5144-5800-8

Ⅰ．①泰… Ⅱ．①泰… Ⅲ．①高技术产业区—泰州—2023—年鉴 Ⅳ．① F127.534-54

中国国家版本馆 CIP 数据核字 (2023) 第 194820 号

责任编辑：陈菁
责任校对：张玉霞
责任印制：梅中英
出 版 者：方志出版社
地　　址：北京市朝阳区潘家园东里 9 号（国家方志馆 4 层）
邮　　编：100021
网　　址：http://www.zgfzcb.cn
发　　行：方志出版社图书经销中心（010-67110500）
印　　刷：南京凯德印刷有限公司
开　　本：889 毫米 ×1194 毫米　1/16
印　　张：21.5
字　　数：729 千字
版　　次：2023 年 9 月第 1 版
印　　次：2023 年 9 月第 1 次印刷
定　　价：280.00 元

数字2022

区域面积：402.87平方千米

户籍人口：43.9万人

地区生产总值：1153.39亿元

第一产业增加值：16.36亿元

第二产业增加值：648.01亿元

第三产业增加值：489.02亿元

农林牧渔业总产值：25.97亿元

粮食总产量：11.25万吨

建筑业总产值：694.1亿元

社会消费品零售总额：275.83亿元

进出口总额：40.89亿美元

实际利用外资和港澳台资：2.7亿美元

一般公共预算收入：101.13亿元

全体居民人均可支配收入：47986元

城镇居民人均可支配收入：57970元

农村居民人均可支配收入：30685元

荣誉2022

全国综合实力百强区

“四好农村路”全国示范县

全国“平安农机”示范县

全国县域农业农村信息化发展先进县

全国消费品工业“三品”战略示范城市

全国跨境电子商务综合试验区

江苏省首批制造业高质量发展示范区

江苏省全域旅游示范区建设单位

江苏省首批碳达峰碳中和（绿色生物医药领域）科技成果转化基地

江苏省乡村振兴实绩考核综合排名第一等次

中国医药制造业百强榜第1名（扬子江药业集团）

欧洲质量管理基金会（EFQM）全球奖（扬子江药业集团）

2022年是中共二十大召开之年，泰州医药高新区（高港区）把学习宣传贯彻中共二十大精神作为首要政治任务。

2022年6月11日，泰州医药高新区（高港区）“喜迎二十大·强国复兴有我”群众性主题宣教活动在大江剧院举行

区党工委（区委）宣传和统战部 供图

2022年12月11日，学习贯彻中共二十大精神市委宣讲团成员到凤凰街道刘庄社区，为基层党员群众及全区宣讲骨干代表等宣讲中共二十大精神

区党工委（区委）宣传和统战部 供图

2022年，泰州医药高新区（高港区）加快推动工业经济转型发展，入选全国消费品工业“三品”战略示范城市，获批全省首批制造业高质量发展示范区，泰连锡生物医药集群成功入选国家先进制造业集群。

江苏硕世生物科技股份有限公司　　区党工委（区委）宣传和统战部 供图

长城汽车股份有限公司泰州分公司生产线　　区党工委（区委）宣传和统战部 供图

蓝思精密（泰州）有限公司
寺巷街道 供图

益海（泰州）粮油工业有限公司 永安洲镇 供图

中海油气（泰州）石化有限公司 区党工委（区委）宣传和统战部 供图

2022年，扬子江药业集团名列中国医药制造业百强榜第1名，获得欧洲质量管理基金会全球奖。图为扬子江药业集团总部

扬子江药业集团 供图

2022年，泰州医药高新区（高港区）加快实施乡村振兴战略，首次获江苏省乡村振兴战略实绩考核综合排名第一等次，获评“四好农村路”全国示范县、全国“平安农机”示范县、全国县域农业农村信息化发展先进县。

口岸街道引江社区相聚缘儿童乐园　　口岸街道 供图

位于白马镇陈家村的农村公路桥梁彩凤桥、果园桥　　高港交通分局 供图

胡庄镇丁庄村北全家庭农场机械作业

区农业农村局 供图

精致高新示范村居——口岸街道集成社区

区农业农村局 供图

大泗镇大马村水生植物园

大泗镇 供图

2022年，泰州医药高新区（高港区）入选江苏省全域旅游示范区建设单位。

中国人民解放军海军诞生地纪念馆　　白马镇 供图

泰州海军舰艇文化园　　区党工委（区委）宣传和统战部 供图

口岸雕花楼景区观澜阁　　　　雕花楼景区 供图

凤栖湖景区　　　　区党工委（区委）宣传和统战部 供图

泰州引江河水利风景区　　泰州引江河管理处 供图

爱情海欢乐田园景区　　区党工委（区委）宣传和统战部 供图

2022年9月28日，省委、省政府和国家铁路集团共同召开北沿江高铁江苏段开工动员会议，标志着北沿江高铁江苏段正式开工建设。开工动员会采用“主会场+分会场”视频连线形式召开，南京主会场和苏州、南通、扬州、泰州分会场同步举行。泰州分会场设在泰州医药高新区（高港区）白马镇境内的泰州南站开工现场。北沿江高铁在泰州境内里程约52公里，途经泰兴市、姜堰区、泰州医药高新区（高港区），总投资128亿元，设泰州南站、黄桥站2座车站。

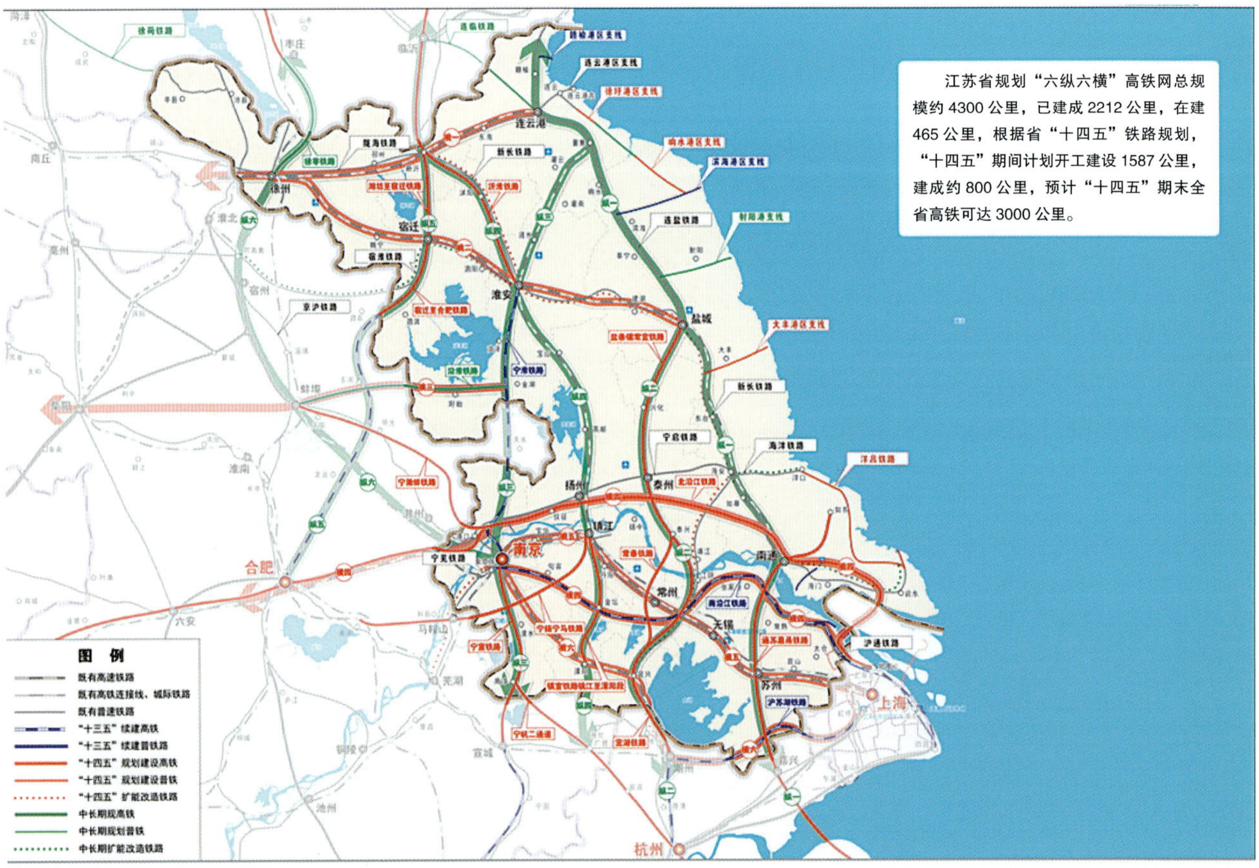

江苏省“十四五”及中长期铁路布局规划示意图　　区党工委（区委）宣传和统战部 供图

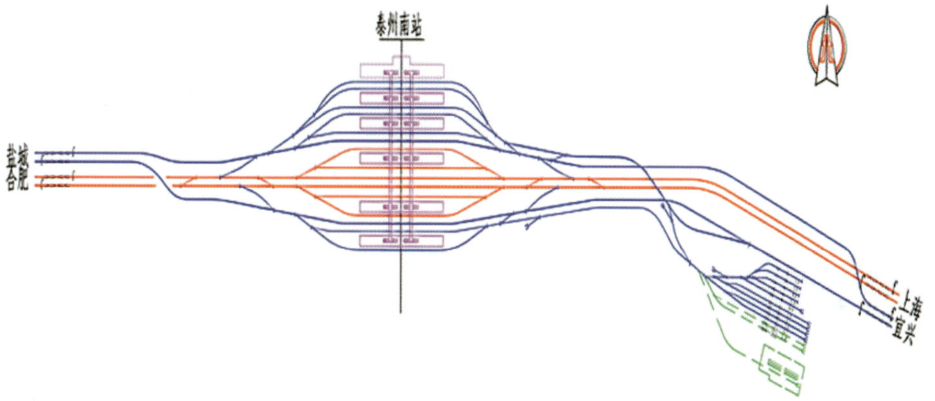

泰州南站效果图及平面布置示意图　　区党工委（区委）宣传和统战部 供图

新建北沿江高速铁路江苏段平面示意图　　区党工委（区委）宣传和统战部 供图

2022年，泰州医药高新区（高港区）奋力推动经济社会高质量发展，在开放合作、营商环境和基层党建等方面亮点频现。

2022年1月22日，经国务院批准同意，泰州市获批跨境电子商务综合试验区，位于泰州医药高新区（高港区）的泰州综合保税区是跨境电子商务综合试验区的载体之一　　电子信息产业园区 供图

2022年，全区共有医药类上市企业7个，其中科创板上市企业4个，科创板生物医药类上市企业数居全省首位。3月31日，全市首个H股上市企业——江苏瑞科生物技术股份有限公司在泰州、香港两地以视频连线“云敲锣”的方式在香港联交所主板上市

区党工委（区委）宣传和统战部 供图

2022年5月29日，泰州医药高新区（高港区）举办中国医药城国际人才云大会

区党工委（区委）宣传和统战部 供图

2022年5月31日，泰州医药高新区（高港区）举办汽车产业联盟党委成立仪式暨首期汽车产业发展高端论坛。泰州医药高新区（高港区）汽车产业联盟党委是全省首个产业联盟党委

区党工委（区委）宣传和统战部 供图

2022年11月19日，第十三届中国（泰州）国际医药博览会在中国医药城会展交易中心开幕

区党工委（区委）宣传和统战部 供图

2022年12月，泰州市政务服务中心和泰州医药高新区（高港区）政务服务中心正式合并运营，整体搬迁至泰州大道388号

区行政审批局 供图

位于泰州医药高新区（高港区）境内的泰州体育公园　　区党工委（区委）宣传和统战部 供图

江苏省第二十届运动会开幕式
THE OPENING CEREMONY OF THE 20TH GAMES OF JIANGSU PROVINCE

2022年8月28日，江苏省第二十届运动会在泰州体育公园开幕。图为开幕式现场（组图）

区党工委（区委）宣传和统战部 供图

2022年6月27日—7月1日，江苏省第二十届运动会青少年部自行车（公路、山地）比赛在凤栖湖公园举行

区党工委（区委）宣传和统战部 供图

2022年7月12—18日，江苏省第二十届运动会青少年部跆拳道比赛在泰州医药高新区体育文创中心举行

区党工委（区委）宣传和统战部 供图

1292
1008
金陵体育
JINLING SPORTS
中国田径协会田径器材类官方供应商
硕世生物

盐城
泰州
无锡
泰州
苏州
8

2022年7月11—16日，江苏省第二十届运动会青少年部田径比赛在泰州体育公园举行。图为田径比赛集锦（组图）

区党工委（区委）宣传和统战部 供图

2022 年 7 月 24—31 日，江苏省第二十届运动会青少年部象棋比赛在泰州世茂茂御酒店举行

区党工委（区委）宣传和统战部 供图

2022 年 8 月 12—19 日，江苏省第二十届运动会青少年部击剑比赛在泰州体育公园举行

区党工委（区委）宣传和统战部 供图

2022年8月25日—9月2日，江苏省第二十届运动会青少年部游泳比赛在泰州体育公园游泳馆举行
区党工委（区委）宣传和统战部 供图

在第二十届江苏省运动会上，泰州市代表队获金牌115.5枚、银牌68枚、铜牌94枚，列金牌榜第5位、奖牌榜第6位。泰州医药高新区（高港区）组队参加柔道、趣味田径、曲棍球、自行车等项目赛事，共获金牌13枚，列泰州各市、区首位，其中自训项目趣味田径获得5金、3银、7铜。图为泰州医药高新区（高港区）趣味田径队全体成员合影
区党工委（区委）宣传和统战部 供图

永定路街区　　区党工委（区委）宣传和统战部 供图

CMC
中国医药城
国家医药高新区科技企业加速器
CMC

中国医药城夜景　　王春华 摄

高港城区一瞥　　区党工委（区委）宣传和统战部 供图

生物医药产业园区　　冯秀华 摄

东风快速路　　董建中 摄

泰州职业技术学院樱花大道　　董建中 摄

大学城公共图书馆　　顾 晶 摄

中国医药城梧桐大道　　李明翰 摄

醉美秋色（天禄湖公园） 毛明成 摄

天德湖公园　　钱金石 摄

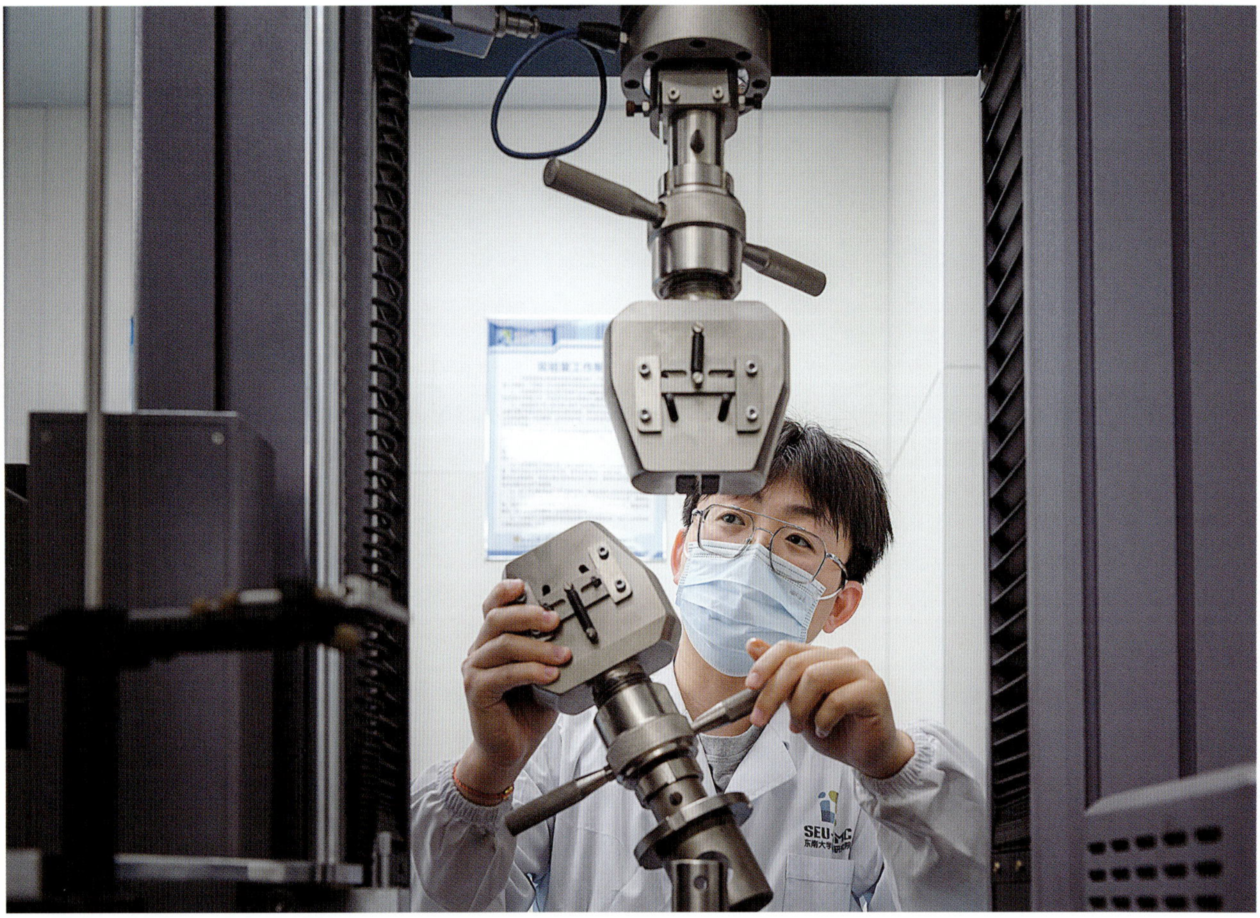

东南大学泰州生物医药与医疗器械研究院技术人员进行设备调试　　成　吉 摄

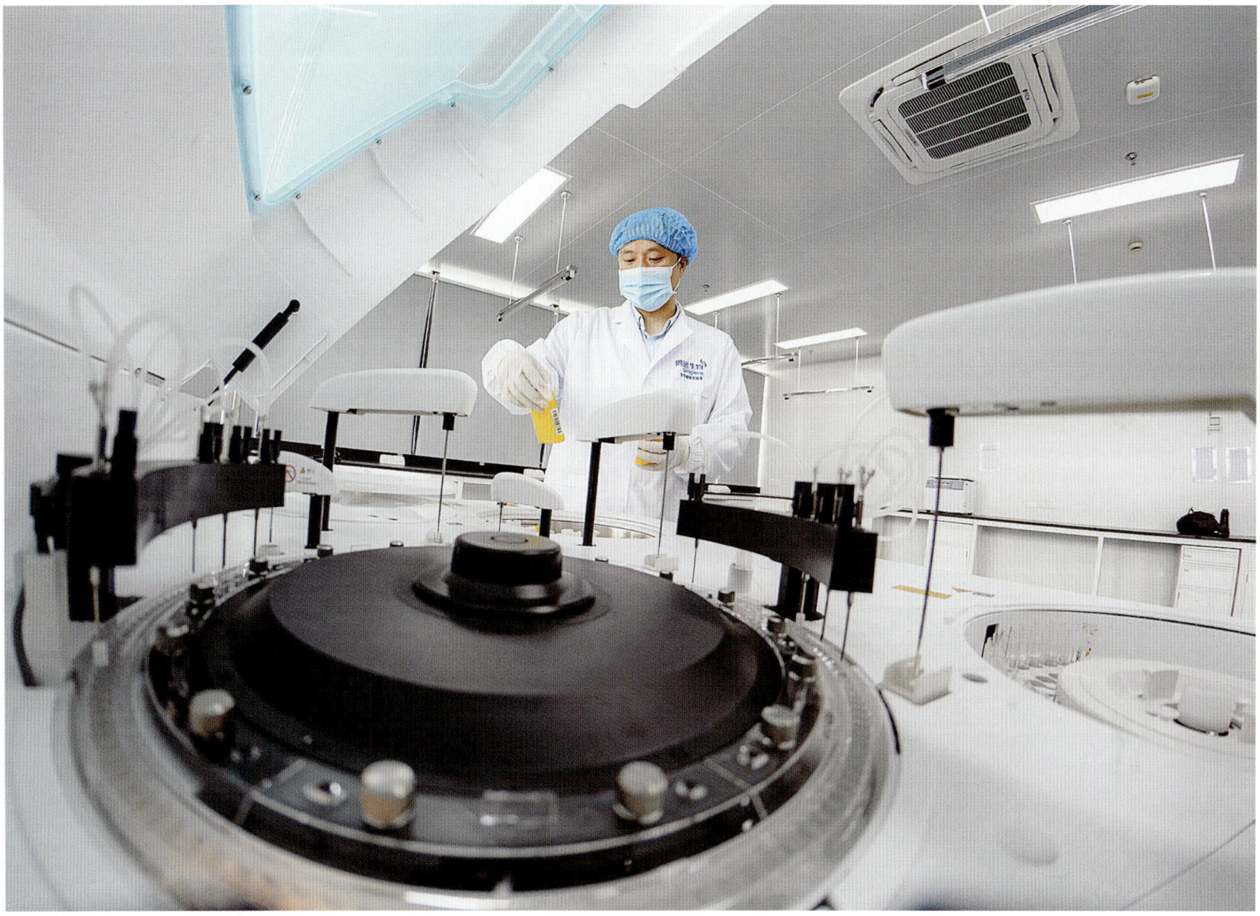

鹍远泰州医学检验实验室有限公司技术人员进行检验实验　　郑启兰 摄

编 辑 说 明

一、《泰州医药高新区（高港区）年鉴（2023）》坚持以马克思列宁主义、毛泽东思想、邓小平理论、“三个代表”重要思想、科学发展观、习近平新时代中国特色社会主义思想为指导，坚持辩证唯物主义和历史唯物主义的立场、观点和方法，全面、系统记述2022年全区自然、政治、经济、文化、社会和生态建设等的年度情况，旨在为领导决策提供参考资料，为社会各界和海外人士了解、研究泰州医药高新区（高港区）提供翔实信息。

二、《泰州医药高新区（高港区）年鉴》是由中共泰州医药高新技术产业开发区工作委员会、中国共产党泰州市高港区委员会、泰州医药高新技术产业开发区管理委员会、泰州市高港区人民政府主办，泰州医药高新技术产业开发区（泰州市高港区）党史方志办公室编纂的年度综合性、资料性文献。首卷于2010年出版，本卷为第14卷。

三、本年鉴采用分类法编辑，设类目、分目、条目3个层次，分目下视情设副分目。类目设32个，包括年度聚焦、年度报告、大事记、区情概览、中共泰州医药高新技术产业开发区工作委员会 中共泰州市高港区委员会、泰州市高港区人民代表大会、泰州医药高新技术产业开发区管理委员会 泰州市高港区人民政府、政协泰州市高港区委员会、纪检监察、民主党派 群众团体、法治 军事、功能园区、主导产业、开放型经济、农业、工业 建筑业、服务业、科技、经济管理、国有企业、城市建设、乡村振兴、生态环境、文化 体育、教育、卫生健康、收入与分配、社会事务管理、应急管理、街道 镇、人物 荣誉、附录。条目为记述的基本单位，其标题采用黑体加【 】表示。大事记前有△者，表示与前所记日期相同。

四、本年鉴资料由全区各园区、镇街、部门、单位供稿，并由供稿单位领导审核。撰稿人员署名于条目之后。文中数据及有关内容由区统计局和区保密局审核把关。部分数据因统计口径不同存在差异的，以统计部门提供的统计数据为准。

五、清代及其以前使用朝代年号纪年，括注相应的公元纪年，在同一条目中只首次括注相同朝代年号的公元纪年。中华民国、中华人民共和国采用公元纪年。外币注明币种，人民币不作标注。

六、数字用法、标点符号用法分别采用国家标准《出版物上数字用法》(GB/T 15835—2011)、《标点符号用法》(GB/T 15834—2011)，计量单位采用国家技术监督局1993年12月发布的《量和单位》系列国家标准。

七、本年鉴中的机构、缩略语使用规范性简称，附录中设有部分组织机构全称、简称对照表和缩略语注释表。

八、本年鉴卷末设主题分析索引，按汉语拼音字母顺序排列。

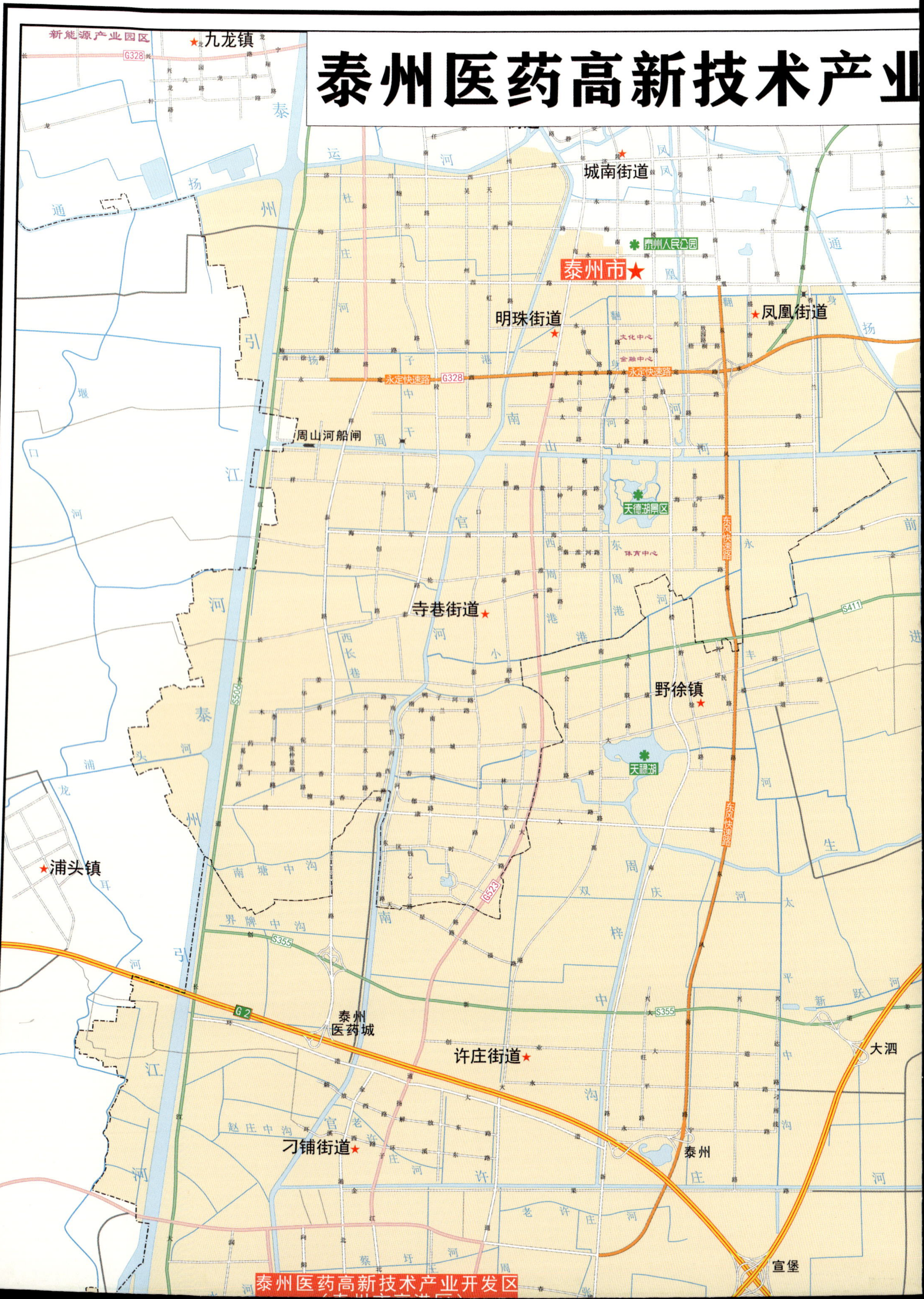

泰州医药高新技术产业
新能源产业园区
九龙镇
城南街道
泰州人民公园
泰州市
明珠街道
凤凰街道
文化中心
金融中心
永定快速路
G328
周山河船闸
天德湖景区
东风快速路
体育中心
寺巷街道
S411
野徐镇
天禄湖
浦头镇
G523
S506
S355
G2
泰州
医药城
许庄街道
大泗
刁铺街道
泰州
宣堡
泰州医药高新技术产业开发区

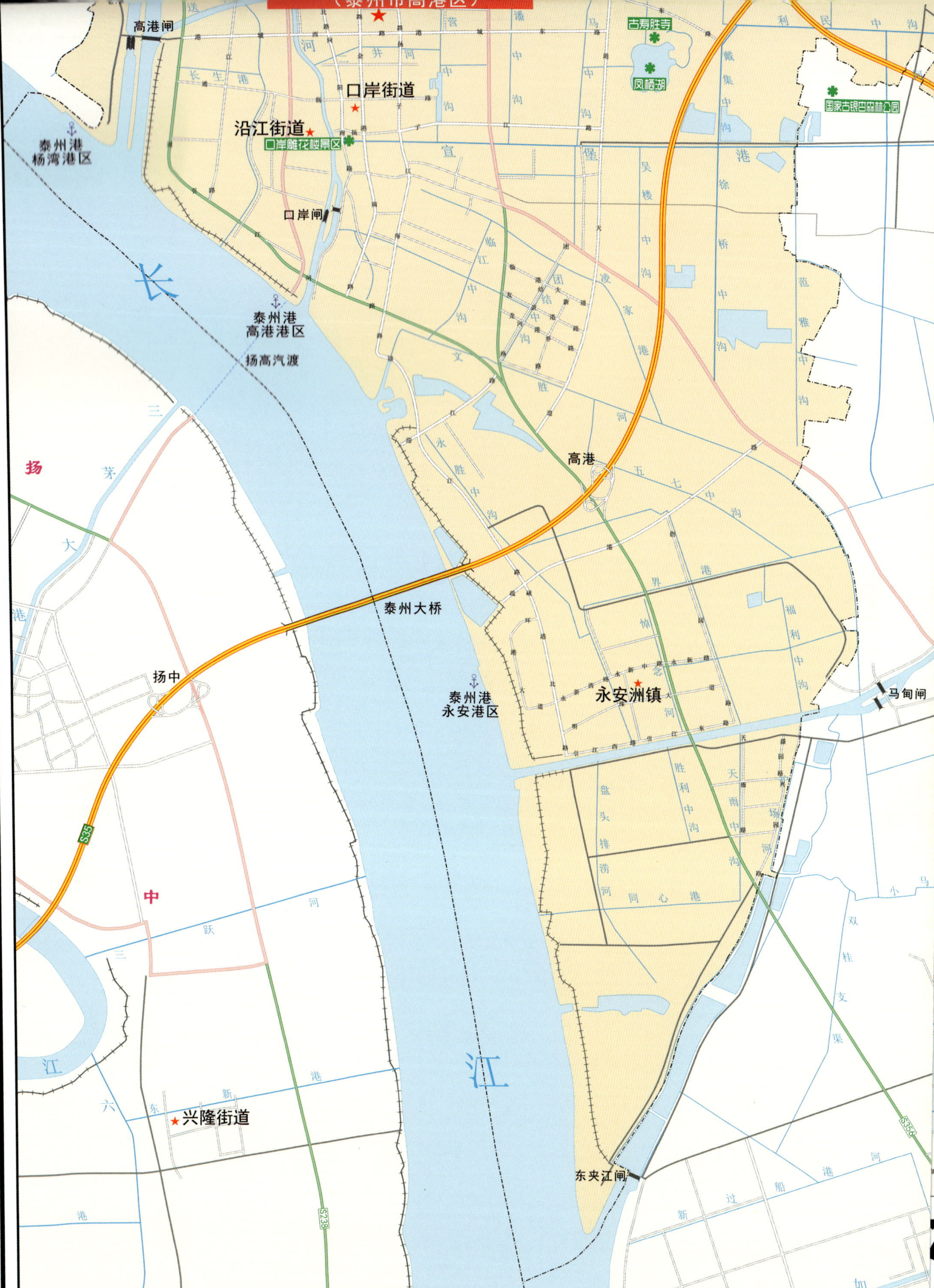
高港闸
口岸街道
沿江街道
口岸雕花楼景区
古寿胜寺
凤栖湖
国家古银杏森林公园
泰州港
杨湾港区
口岸闸
泰州港
高港港区
扬高汽渡
长
江
扬
中
高港
泰州大桥
扬中
泰州港
永安港区
永安洲镇
马甸闸
S35
S238
S356
兴隆街道
东夹江闸

目 录

Contents

图片专辑

Photo album

年度聚焦

Annual focus

年度报告

Annual reports

大事记

Chronicle of events

区情概览

Overview of Taizhou Pharmaceutical High-tech Industry Development Zone and Gaogang District

中共泰州医药高新技术产业开发区工作委员会 中共泰州市高港区委员会

CPC Taizhou Pharmaceutical High-tech Industry Development Zone Working Committee & CPC Committee of Gaogang District

泰州市高港区人民代表大会

People's Congress of Gaogang District

泰州医药高新技术产业开发区管理委员会　泰州市高港区人民政府

Administration Committee of Taizhou Pharmaceutical High-tech Industry Development Zone & People's Government of Gaogang District

政协泰州市高港区委员会

CPPCC of Gaogang District

纪检监察

Discipline inspection & Supervision

民主党派　群众团体

Democratic parties & Mass organizations

法治　军事

Rule of law & Military

功能园区

Functional parks

主导产业

Leading industries

开放型经济

Open economy

农　业

Agriculture

工业 建筑业

Industry & Construction industry

服务业

Service industry

科　技

Science and technology

经济管理

Economic management

国有企业

State-owned enterprises

城市建设

Urban construction

乡村振兴

Rural revitalization

生态环境

Ecological environment

文化 体育

Culture & Sports

教 育

Education

卫生健康

Public health

收入与分配

Income and distribution

社会事务管理

Social affairs management

应急管理

Emergency management

街道　镇

Sub-districts & Towns

人物　荣誉

Figures & Honors

附 录

Appendices

索 引

Index

年度聚焦

学习宣传贯彻中共二十大精神

2022年是中共二十大召开之年，泰州医药高新区（高港区）把学习宣传贯彻中共二十大精神作为首要政治任务，严格按照习近平总书记强调的“五个牢牢把握”要求，周密部署、精心组织、持之以恒，在全面学习、全面把握、全面落实上下功夫，推动中共二十大精神在泰州医药高新区（高港区）落地生根。

一、学习宣传中共二十大精神

开展形式多样的学习培训活动，营造全员学习的浓厚氛围。10月26日上午，区党工委（区委）理论学习中心组召开学习会，专题学习贯彻中共二十大精神，泰州市副市长，区党工委书记、区委书记叶冬华就深刻认识中共二十大的重要意义、深刻领会中共二十大报告精神实质、做好学习宣传贯彻工作等方面提出明确要求。全区各地各部门分别召开中共二十大精神专题学习会，传达中共二十大精神，并研究部署学习宣传贯彻落实工作。全区利用2个月时间广泛开展线上线下相结合、理论文艺相结合的宣讲活动。利用第十三届中国（泰州）国际医药博览会、2022年长三角两岸企业家溱湖论坛两大活动联办的契机，全面宣传中共二十大精神，展示“两区融合”发展成效。区党工委（区委）宣传和统战部、组织部联合印发《关于组织开展学习党的二十大精神“‘习语新声’读原文”活动的通知》，将中共二十大报告、二十大新闻发言人答记者问实录、“三个决议”、习近平总书记在参加中共二十大广西代表团讨论时的重要讲话等6项内容列入必学内容，坚持“读、听、谈”相结合的方式，让广大党员干部群众深刻领会把握中共二十大精神的丰富内涵和精神实质。区党工委（区委）成立学习贯彻中共二十大精神宣讲团，开展中共二十大精神专题宣讲活动，共集中宣讲300余场，受众5万余人次。

二、深刻领悟中共二十大精神

10月30日，区党工委（区委）理论学习中心组再次召开学习会，学习中共二十大报告全文，并围绕全面学习把握落实中共二十大精神

2022年10月16日，口岸街道徐庄村党员干部、村民代表观看中共二十大开幕式

区党工委（区委）宣传和统战部　供图

进行交流研讨。组织领导干部进分管领域、进基层挂钩联系点，以自己的亲身经历、切身感受，面对面讲清对中共二十大精神的理解和感悟，发挥好示范带头作用。邀请曾经历见证伟大变革的领导干部担任特邀宣讲人、银发宣讲员，赴基层谈切身体会。组织"潮起江东"理论宣讲团进机关、进校园、进企业、进村居、进网络，打造"理论+文艺"节目10余个。发挥好"百姓名嘴"的宣讲优势，借助"鼓儿书""音诗画""表演唱"等文艺载体作用，将中共二十大精神融入文艺表演，推动中共二十大精神家喻户晓。组织开展基层专场学习会，覆盖基层干部和群众。组织各地各部门开展"潮起江东"学理论有声书录制活动，录制内容涵盖中共二十大精神原文表述，习近平总书记关于各行业的重要论述，习近平总书记成长、学习、工作的故事，对照报告原文、重要论述或故事内容谈感想感悟、讲切身体会。组织"微视频"上云端平台，邀请"中国好人"、道德模范、"最美人物"、优秀企业家、理论宣讲骨干等拍摄制作一批群众喜闻乐见的融媒体宣讲微视频，在各类线上平台进行展播。

三、贯彻落实中共二十大精神

将中共二十大精神贯穿改革发展稳定的全过程，推动经济社会高质量发展。持续深化"三比一提升"行动，打造大健康、高端装备制造、石化及新材料、电子信息等优势产业集群。推进"亩均论英雄"改革，以全省产业园用地整治提升试点为契机，促进产业布局优化、结构调整、创新提升。搭建高层次创新平台，在上海等创新前沿城市设立离岸孵化基地，形成研发成果"异地孵化、本地产业化"的创新优势。实施产学研协同创新提升计划、知识产权强企行动计划、高企培育倍增计划、企业上市三年行动计划，多措并举激发企业创新创造活力。推进"产"与"城"的融合、"人"与"城"的融合、"极"与"城"的融合，打造泰州发展新中心。贯彻"疫情要防住、经济要稳住、发展要安全"的重大要求，严格落实中央优化疫情防控二十条措施，科学精准抓好常态化疫情防控。健全完善每月研判化解突出风险隐患制度、安全风险逐月分析研判工作制度，着力防范化解重大风险。旗帜鲜明与官僚作风、形式主义、佛系做派、乡愿倾向作斗争，开展整理思想、整治机关、整顿作风"三整"活动，不断自我净化、自我完善、自我革新、自我提高。全面加强廉洁高新建设，坚决扛起管党治党政治责任，着力涵养蓬勃朝气、昂扬锐气、浩然正气、争先勇气，打造一支忠诚干净担当的高素质干部队伍，重构高新高港良好政治生态。

（卞小士　米　霖）

江苏省第二十届运动会

2022年，江苏省第二十届运动会在泰州市举行，共分青少年部、高校部和职工部3个组别，全省13个设区市、省内高等院校、省各行业协会共计3.4万人次参赛。其中，青少年部36个项目，高校部17个项目，职工部9个项目。8月28日、9月5日，江苏省第二十届运动会开幕式、闭幕式分别在泰州医药高新区（高港区）境内的泰州体育公园举行。泰州医药高新区（高港区）承办的比赛有青少年部自行车（公路、山地）比赛、象棋比赛、空手道比赛、跆拳道比赛、象棋比赛，共接待各类人员1780人。其中，运动员1339人，志愿者、保障人员215人，裁判员226人。泰州医药高新区（高港区）组队参加柔道、趣味田径、曲棍球、自行车等项目赛事，共获得金牌13枚，列泰州各市、区首位。自训项目趣味田径获得5金、3银、7铜。

青少年部自行车（公路、山地）比赛　6月27日—7月1日，江苏省第二十届运动会青少年部自行车（公路、山地）比赛在凤栖湖景区和站前路高架举行。山地比赛赛道总长约5千米，宽度约2米，以普通泥土路和部分黏土路面为主，平均高差8米，设置10个技术点位，以及6个连续发卡弯、2个跳台、400米石块路段、400米起伏路段等难度点位。山地自行车比赛先后进行4组个人赛和2组团体赛，共产生金牌6枚。公路自行车比赛共产生金牌10枚。

青少年部空手道比赛　7月4—8日，江苏省第二十届运动会青少年部空手道比赛在泰州医药高新区体育文创中心举行，全省13个设区市代表队的201名运动员参加比赛。比赛设有甲组16～17岁和乙组14～15岁2个组别，共产生男、女个人金牌18枚和团体金牌2枚，其中泰州市代表队获得1金、1银。

青少年部跆拳道比赛　7月12—18日，江苏省第二十届运动会青少年部跆拳道比赛在泰州医药高新区体育文创中心举行，全省13个设区市代表队的418名运动员参加比赛。比赛包括体能和专项竞技2个阶段，基础体能比赛总成绩在各组别排名前12名的运动员参加专项竞技比赛；专项竞技比赛共设甲组16～17岁、乙组14～15岁、丙组12～13岁3个组别，共产生金牌34枚。

江苏省第二十届运动会青少年部空手道比赛颁奖仪式

区党工委（区委）宣传和统战部　供图

青少年部象棋比赛　7月24—31日，江苏省第二十届运动会青少年部象棋比赛在泰州世茂茂御酒店举行，全省13个设区市代表队的161名运动员参加比赛。比赛设男、女13～14岁、11～12岁和10岁以下6个组别，各组别分设个人、团体项目，每个项目各开展7轮比赛，26日产生个人项目金牌6枚，29日决出团体金牌6枚。

江苏省第二十届运动会开幕式　8月28日，江苏省第二十届运动会开幕式在泰州体育公园举行。省委书记、省人大常委会主任吴政隆出席开幕式并宣布运动会开幕。省委副书记、省长许昆林致开幕辞。省政协主席张义珍出席开幕式。泰州市委书记朱立凡致欢迎辞。第二十届江苏省运动会会歌《泰之恋》拉开文体展演“凤仪水城　祥泰江海”的序幕，整个演出由“水韵流芳”“勇立潮头”“走在前列”3个篇章组成。

青少年部攀岩比赛　8月29—30日，江苏省第二十届运动会青少年部攀岩比赛在凤栖湖景区举行，全省6支代表队的51名运动员参加比赛。攀岩比赛为江苏省第二十届运动会新增项目，共设12～14岁、9～11岁2个组别，分男子、女子个人全能（速度赛、攀石赛、难度赛）和男子、女子团体4个项目，共产生金牌8枚。

江苏省第二十届运动会闭幕式　9月5日，江苏省第二十届运动会闭幕式在泰州体育公园举行。省委常委、宣传部部长张爱军出席并宣布运动会闭幕。第二十届省运会组委会主任、副省长陈星莺致闭幕词。闭幕式上，组委会颁发青少年部参赛成绩奖、突出贡献奖、设区市人才输送奖、学校体育工作奖和俱乐部参赛奖，高校部优秀组织奖，职工部优秀组织奖。闭幕式最后，举办“梦圆泰州”文艺演出。省体育局向泰州市人民政府赠送“承办江苏省第二十届运动会荣誉杯”。

（唐一枝）

第十三届中国（泰州）国际医药博览会

2022年11月19—21日，第十三届中国（泰州）国际医药博览会在中国医药城会展交易中心举办。博览会以“健康中国战略引领示范区建设”为主题，由中国国际商会、中华中医药学会主办，泰州市人民政府、中国国际贸易促进委员会江苏省分会承办，中华医学会、中国药学会、中国医药质量管理协会、中国食品药品检定研究院、中国兽医药品监察所等单位联合支持。活动主要由开幕式、部省共建泰州医药高新区联席会议第十一次会议、展览展示、专题论坛组成。展区总面积3万平方米，包括E1-1、E1-2、E2-2 3个场馆。其中，E1-1馆为医疗器械及制药装备展区，E1-2馆为中国医药城中心展区及国内外知名企业展区，E2-2馆为中国医药城企业及人才交流展区。举办各类会议论坛24场，国内外4000余名生物医药领域的企业家、科学家参加交流。建立“线上+线下”一体式同步会展，22个国家及地区的400余个企业参展，现场观展人数1.8万人次；利用720° VR全景技术等，将线下3万平方米展位全部在线上进行展示，线上云展览观看量20万人次。

医博会开幕式　11月19日，第十三届中国（泰州）国际医药博览会在中国医药城会展交易中心开幕。举办复旦大学与扬子江药业集团合作共建国家重点实验室签约仪式，以及泰州市、连云港市、无锡市国家级生物医药集群启动仪式。全国政协副主席、农工党中央常务副主席何维以视频连线的方式致辞并宣布开幕，省政府、中国国际贸易促进委员会、中国药学会、复旦大学有关领导出席开幕式并致辞，中国科学院、中国工程院的9名院士参加活动。

2022年11月19日，省部共同推进泰州医药高新区建设联席会议第十一次会议在中国医药城会展交易中心召开
顾祥忠 摄

省部共同推进泰州医药高新区建设联席会议第十一次会议　11月19日，省部共同推进泰州医药高新区建设联席会议第十一次会议在中国医药城会展交易中心召开。泰州医药高新区党工委、高港区委主要负责人汇报中国医药城建设发展情况以及提请会议研究解决的有关事项。国家中医药管理局科技司、国家药品监督管理局科技和国际合作司、国家卫生健康委科技教育司、科技部社会发展科技司有关人员详细解答提请研究的有关事项。

第十届中国（泰州）国际医药人才智力交流大会　11月19日，第十届中国（泰州）国际医药人才智力交流大会在中国医药城会展交易中心举行。江苏勃林格殷格翰生物制品有限公司、雀巢健康科学（中国）有限公司、江苏硕世生物科技股份有限公司等113个企业参会，提供研发类、质量类、生产类、注册类、人事行政类、市场营销类、工程类、财务类等3000余个人才岗位。大会采取“线下+线上”模式，与知名人力资源机构合作，开展“凤鸣药城　聚才安泰”中国（泰州）国际医药人才智力交流大会线上专题活动，近5000名求职者与相关企业达成初步意向。

长三角两岸企业家溱湖论坛　11月19日，2022年长三角两岸企业家溱湖论坛在中国医药城会展交易中心举行。两岸企业家峰会、全国台企联、泰州市委有关负责人分别在论坛上致辞。国台办经济局致贺信。两岸健康和生物科技产业的行业领导、专家、学者和知名企业家200余人围绕生物医药健康产业融合创新发展开展交流探讨。论坛举行两岸合作签约仪式。举行微沙龙活动，泰州医药高新区党工委、高港区委有关负责人专题推介泰州医药高新区（高港区）的投资环境和产业基础。论坛还举办大健康产业对接交流会、中国医药城投资环境考察等活动。

长三角医药产业供给侧改革专家咨询委员会成立　11月20日，长三角医药产业供给侧改革专家咨询委员会在中国医药城会展交易中心成立。国家药品监督管理局南方医药经济研究所、国家医疗保障局医药价格和招标采购指导中心、上海创奇健康发展研究院、泰州市医疗保障局有关人员以“线上+线下”的方式，分别作题为《对当前我国医药经济运行的几点思考》《集采制度改革对医药产业的影响和趋势分析》《医疗健康领域的创新》《医改新政下医药企业如何应对》的主题演讲。

中国（泰州）医药峰会　10月19—20日，2022中国（泰州）医药峰会在中国医药城会展交易中心举行，14名生物医药和中医药文化领域专家围绕“生物药研发与临床研究”开展交流研讨。有关专家作题为《关注中国原创药》《肿瘤免疫治疗进展》的报告。

中国医药城政策发布暨项目签约仪式　11月20日，中国医药城政策发布暨项目签约仪式在泰州万怡酒店举行。共有20个项目集中签约，总投资71亿元。其中，抗体、疫苗及重组蛋白产业化项目7个，化学药高端制剂产业化项目3个，诊断试剂及高端医疗器械产业化项目5个，特色诊疗、保健品等康养项目5个。现场发布支持泰州医药高新区（高港区）率先发展政策和“一揽子”产业扶持政策，涵盖医药产业研发、生产、销售及应用环节，主要包括：引导产业化项目集聚发展；鼓励企业创新发展；加强产业创新体系建设；加速企业成果转化，支持优质企业大产大销；委托第三方招引优质产业化项目；支持科技人才项目；支持金融赋能产业；专业化新药申报服务等。

（许文欣）

2022年第十三届中国(泰州)国际医药博览会活动一览表

表1

时间	名称
11月2—3日	第二届中国生物制品质量研究与控制技术交流大会
11月19日	第十三届中国(泰州)国际医药博览会开幕式
11月19日	省部共同推进泰州医药高新区建设联席会议第十一次会议
11月19日	泰州中国医药城专家咨询委员会第六次会议
11月19日	中日(泰州)生物医药高峰论坛暨第九届江苏省青年科学家年会生物医药创新分论坛
11月19日	第十届中国(泰州)国际医药人才智力交流大会
11月19日	高端医疗器械医工协同创新高峰论坛
11月19日	2022体外诊断法规认证与产业发展高峰论坛
11月19日	特殊医学用途配方食品分论坛
11月19日	中国医药知识产权法律保护现状与展望研讨会暨江苏省法学会医药法学研究会年会
11月19日	2022中国(泰州)复合新材料应用技术高峰论坛
11月19日	2022医药健康产业国际合作与创新发展论坛
11月19日	中国—英国、匈牙利创新医药项目对接会
11月19日	2022年长三角两岸企业家溱湖论坛
11月19—20日	第三届中国(泰州)精准医学高峰论坛暨复旦大学泰州健康科学研究院十五周年庆典
11月19—20日	2022中国医药城疫苗创新论坛
11月19—20日	2022中国(泰州)医药峰会
11月19—21日	第五届中国再生医学与生物技术大会
11月19—21日	第十二届中国(泰州)国际医药博览会展览展示
11月20日	第二届中国医药城中药产业高质量发展论坛
11月20日	第二届中国(泰州)健康医疗大数据高峰论坛
11月20日	中国医药城政策发布暨项目签约仪式
11月20日	长三角医药产业供给侧结构性改革专家咨询会
11月20日	智能装备在制药化工行业的发展大会
11月21日	第九届中国(泰州)国际大健康产业高层次人才创新创业大赛

年度报告

以党的二十大精神为指引 奋力推动大健康产业高质量发展 全面推进中国式现代化高新高港新实践

——在中共泰州医药高新区工委（扩大）会议暨中共泰州市高港区委六届四次全体会议上的讲话

2022年12月30日

叶冬华

这次会议的主要任务是，高举习近平新时代中国特色社会主义思想伟大旗帜，全面贯彻党的二十大精神，深入落实中央经济工作会议和省委经济工作会议、市委六届五次全会精神，动员全区上下以党的二十大精神为指引，抢抓历史机遇，扛起核心担当，奋力推动大健康产业高质量发展，在新征程上全面推进中国式现代化高新高港新实践。根据区党工委（区委常委会）会议讨论的精神，我讲五个方面意见。

一、奋力攻坚克难，现代化建设迈出坚实步伐

今年是极不平凡的一年，面对复杂严峻的宏观形势，面对日渐增多的矛盾制约，面对接二连三暴露出的突出问题，全区上下坚持以习近平新时代中国特色社会主义思想为指导，深入贯彻落实“疫情要防住、经济要稳住、发展要安全”的重大要求，直面挑战、迎难而上，较好完成了全年目标任务，在现代化建设新征程上迈出了坚实步伐。预计全年实现地区生产总值1185亿元，增长3%；规模以上工业开票销售2100亿元，增长18%；一般公共预算收入101亿元，增长0.5%，主要经济指标总量及增幅继续保持全市前列。

我们始终坚持打基础、谋长远，加快推动转型发展。持续深化“三比一提升”行动，获批省首批制造业高质量发展示范区，泰连锡生物医药集群成功入选国家先进制造业集群，总投资120亿元的盛虹储能项目成功落户，全年新开工、竣工项目28个、24个，新增省级智能工厂2家、工业互联网标杆工厂4家。坚持产业链和创新链“双向融合”，ICGEB泰州区域研究中心创成省重大科技开放合作平台，新增准“独角兽”企业3家、“瞪羚”企业12家、省级以上专精特新“小巨人”企业41家。在全市率先启动园区用地整治提升三年行动，盘活土地3500亩，亩均税收增幅全市领先，达40%以上。资本市场中国医药城板块加速崛起，亚虹医药、瑞科生物、康为世纪3家企业接连上市，科创板生物医药类上市企业数位列全省第一、全国第三。

我们始终坚持办实事、惠民生，不断增进民生福祉。坚持人民至上、生命至上，以非常“7+7”工作法，最大程度保护人民生命安全和身体健康，最大限度减少疫情防控对经济社会发展的影响。大力实施精致高新三年行动计划，城市新中心和高铁枢纽两大片区建设稳步推进，北沿江高铁顺利开工。深入推进乡村振兴，新建高标准农田5300亩，创成全国农业产业强镇1个，省级生态宜居美丽乡村示范镇1个、示范村10个。持续增加群众收入，城镇新增就业2.18万人，城乡居民人均可支配收入分别达58463元、30609元，增长6.3%、7.1%，收入比缩小至1.91∶1。强化民生保障，聚焦一老一小、住房安居、文化生活等十大类别，高效统筹实施民生实事31项，人民群众幸福感、满意感稳步提升。

我们始终坚持防风险、守底线，全力稳住社会大局。建立每月研判化解突出风险隐患制度，最大限度化解存量、遏制增量、严防变量。扎实做好金融风险防范工作，累计清退农民资金互助合作社4家，政府性债务风险等级有望实现转色降级。一体推进“三年大灶”专项整治和百日攻坚行动，安全生产形势总体平稳。认真做好中央环保督察反馈问题整改，高分通过省级生态文明示范区复核，生态环境质量创有监测记录以来最好水平。着力提升社会治理水平，创新实施“信访代言人”制度，群众安全感、法治建设满意度保持全市领先、全省前列。

我们始终坚持扬清风、树正气，全面建设廉洁高新。坚持把学习宣传贯彻党的二十大精神作为首要政治任务，引导全区上下自觉在全面学习、全面把握、全面落实上下功夫，忠诚捍卫“两个确立”，坚决做到“两个维护”。严格落实意识形态工作责任制，不断巩固壮大主流思想。扎实开展“我是党员我在前、我是干部干在先”主题教育活动，积极推动党员干部“家家到、户户进、人人访”，进一步深化基层治理、建强战斗堡垒。聚焦“四个全面整治”，深入实施政治生态重塑“五大工程”，扎实开展“以案为鉴、以案促改、以案促治”十大专项整治行动，全年共立案214件，其中乡科级干部案件18件，给予党纪政务处分169人，留置10人，移送司法机关8人。与此同时，全力支持区人大深化“政府实事项目票决制”和“百姓小事督办制”，助推区政协打造“党建+政协”“书香政协”“活力政协”工作品牌，强化党管武装、统一战线、老干部、工青妇、关心下一代、科协、老区建设等各项工作，全区上下和衷共济、团结奋斗的良好局面进一步巩固。

看似寻常最奇崛，越是艰险越向前。一年来的成绩，是全区广大党员干部和人民群众一道拼出来、干出来、奋斗出来的！在此，我代表区四套班子，向辛勤奋斗在全区各条战线的广大党员干部群众，向长期以来关心支持高新高港发展的社会各界人士，表示衷心的感谢和崇高的敬意！

二、把握发展大势，坚决扛起时代赋予的使命任务

2023年是全面贯彻落实党的二十大精神的开局之年，做好明年的各项工作至关重要。展望明年形势，我们既要理性看待需求收缩、供给冲击、预期转弱带来的下行压力仍然较大，也要看到宏观调控释放的政策红利，特别是近期党中央、国务院对坚定实施扩大内需战略、培育完整内需体系作出了系统规划，更要看到省委、省政府支持泰州大健康产业高质量发展，给我们带来的重大机遇，正视困难、坚定信心，把工作的着力点放在更加主动系统谋划上，放在创造性落实上级决策部署上，努力在应对各种变化变局中，把握主动权、打好主动仗。

明年工作的总体要求是：坚持以习近平新时代中国特色社会主义思想为指导，全面贯彻党的二十大精神，认真落实中央经济工作会议和省委经济工作会议、市委六届五次全会部署，稳字当头、稳中求进，准确把握新发展阶段，完整、准确、全面贯彻新发展理念，服务构建新发展格局，着力推动高质量发展，更好统筹疫情防控和经济社会发展，更好统筹发展和安全，全面深化改革开放，大力提振市场信心，把实施扩大内需战略同深化供给侧结构性改革有机结合起来，有效防范化解重大风险，持续保障和改善民生，全力推动经济运行整体好转，确保全面推进中国式现代化高新高港新实践开好局、起好步。

明年经济社会发展的主要预期目标是：地区生产总值增长6%以上，一般公共预算收入增长2%以上，城乡居民人均可支配收入增长与经济发展水平同步。

围绕实现全年目标任务，要做到“三个牢牢把握”：一要牢牢把握学习宣传贯彻党的二十大精神这一主题主线，坚定历史自信、增强历史主动，从历史逻辑、理论逻辑、实践逻辑的维度，读原文、悟原理，更加深刻领悟“两个确立”的决定性意义，进一步增强“四个意识”、坚定“四个自信”、做到“两个维护”，坚定不移沿着习近平总书记指引的方向奋勇前进，确保中央和省市委各项决策部署在高新高港落地见效；二要牢牢把握稳中求进这一工作总基调，把工作的重心聚焦到加快经济恢复、巩固延续回升向好势头，落实部署、出台政策都要坚持稳字当头、同向发力、适当靠前、先立后破，全力实现质的有效提升和量的合理增长；三要牢牢把握高质量发展这一首要任务，聚力全方位融合，聚焦高质量发展，一以贯之打造更具向心力、更具竞争力、更具辨识度的改革先行区、创新活力区、发展引领区和幸福示范区，全面推进中国式现代化高新高港新实践。

具体工作中，既要保持思路的延续性、措施的稳定性，还要突出阶段性重点，在动态平衡中有所为、有所不为，始终坚持“四个导向”：

——始终坚持问题导向。问题是时代的声音，也是突破的关键。当前，我们推动大健康产业高质量发展，面临着诸多变数和挑战。从外部看，区域竞争日趋激烈，上海、深圳、苏州、杭州等发达地区，在生物医药产业发展上，纷纷加码、力度空前，加之近年来医保政策的“杀价”、创新研发内卷等，资本市场对创新药的期待值不断下降，生物医药产业发展已迎来“资本寒冬”。从内部看，一些制约产业发展的问题依然较为突出，检验检测和临床评价无法满足企业生产需求，审评审批环节依然影响着企业产品上市的进度，少数科创平台与园区产业化结合程度不够紧密、技术转化与产品市场化的能力还有待提升，产业基金发展相对滞后、以直接融资导向为主的融资服务机制还有待进一步完善。对此，一方面，我们要更加注重科技创新和产业链重塑，更加注重结构调整和动力转换，更加注重体系建设和制度完善，做好打持久战的充分准备；另一方面，我们要以“进”破“难”，以“攻”为“守”，以增量提升带动存量转型，以项目大突破实现产业新跨越。

——始终坚持目标导向。目标指引着方向，也引领着节奏。市委市政府明确提出，到“十四五”末，大健康产业产值达4000亿元。具体到“两高”，我们的目标是力争达2200亿元。对照这一目标，我们还有不小的差距，截至目前，全区大健康产业产值为954.43亿元。如何实现这一目标？必须靠源源不断的优质项目，靠真金白银的持续投入，靠实实在在的实物工作量来支撑。具体而言，要聚焦省委、省政府《意见》中明确的“七个支持”具体内容，一一细化为任务书、时间表、路线图，成立工作专班，重点攻坚突破，加快建设具有全球影响力的医药健康产业高地、全国重要的医药健康创新策源地、引领全国大健康产业改革发展的先行区和践行健康中国战略的样板城市。具体到明年，我们要紧扣“大健康产业产值突破1000亿元”的目标，把握节点、紧抓具体，不断提高工作的组织化、精细化程度，激发和引导每个条线、每个板块的发展冲劲，实现量的突破和质的飞跃。

——始终坚持结果导向。结果由实践决定，靠各个板块的实绩说话。所以，我们的五大功能园区要进一步完善产业规划布局，沿链而进、集群发展。生物医药产业园要围绕“3+2”产业体系深耕细作、补链强链，加快建成全国知名的抗体药物产业化基地、全国疫苗产业地标、特医配方食品中国第一高地、诊断试剂及高端医疗器械产业集聚度全国第一，跻身全国化学药新型制剂和现代中药产业示范区。港口物流产业园要做大做强以龙凤堂、海济、圣森等为代表的医药产业，以益海、汇福等为代表的粮油产业，同时，大力发展特色原料药、专利原料药、绿色原料药，更大力度集聚CDMO头部企业，全力争创国家级原料药集中生产基地。化学新材料产业园要以化学原料药、生物诊疗配套材料等为重点，以功能药用、生物诊疗和康养装备材料为方向，加快发展特色原料药、食品级白油细分领域，着力培育植入性高分子材料、生物相容可降解材料、复合生物材料细分领域。电子信息产业园主要发展医疗电子、制药装备等领域，重点引进有源医疗器械、可穿戴健康监测设备生产项目，同时依托综保区积极发展跨境电商药品进口、生物医药保税研发等。高端装备制造产业园主要依托现有食品饮料产业基础，以及百宁盈创等成长性强的企业，重点发展功能性食品、高端医疗器械等高附加值产业。

——始终坚持实干导向。没有等出来的辉煌，只有干出来的精彩。推动大健康产业高质量发展，决不是轻轻松松、敲锣打鼓就能实现的，必须撸起袖子加油干，步调一致向前进，为之付出更为艰巨、更为艰苦的努力。要拉高标杆“干”，敢于和强者比，勇于和高手赛，立足长三角、放眼全国乃至全球，在对标找差中瞄准标杆，在瞄准标杆中追赶标杆，在追赶标杆中努力成为标杆。要解放思想“干”，实干不等于蛮干，要学会用脑、用心，善于用新思维、新方法去处理新情况、新问题，不投机取巧，也不盲目乱干，在把握规律、探索方法中求新、求变、求特、求精。要锲而不舍“干”，把工作当成一件艺术品去打磨，始终在岗在位在状态，长期奋斗、长期攻坚、长期吃苦、长期奉献，积小胜为大胜、积跬步至千里。只有这样，我们才能把描绘的蓝图变为可观可感的现实。

三、聚焦关键重点，开创大健康产业高质量发展新局面

当前，大健康产业竞争日趋激烈，我们不应该也不可能面面俱到、四处出击，必须集中力量、集聚资源、集成创新，以建设泰连锡国家级生物医药集群为引领，立足产业基础，放大特色优势，高效利用全市优势资源，加快构建以健康制造业为核心、健康服务业为延伸的产业格局，全力打造长三角北翼生物医药核心板块。

坚持项目赋能，提升地标产业竞争力。优质项目是支撑大健康产业高质量发展的重中之重。要始终树牢项目为王导向，在明确链群发展主攻方向的基础上，通过精准招商、资源嫁接、生态构建不断增强项目策划生成能力，集中力量做好延链、补链、强链文章，力争全年新开工5亿元和3000万美元以上项目50个，新竣工25个。以链式思维抓存量。围绕省支持意见明确的健康制造业和健康服务业12个重点领域，逐产业链分析掌握产值规模、企业分布、创新投入、经营效益等指标状况，找准摸清产业发展的薄弱短板、缺失环节和发力方向，靶向编制重点企业、科研机构、投融资中介等目标清单，探索开展“委托招商”“资本招商”“飞地招商”，提升项目招引建设专业化水准。以未来视野抓增量。顺应大健康产业发展趋势，依托疫苗工程中心、扬子江药业集团等平台和企业，抢先布局细胞与基因治疗（CGT）、“AI+生物医药”、新型疫苗、现代中药等领域，强力推动重组双组分新冠肺炎疫苗、HPV 九价宫颈癌疫苗和四价流感病毒亚单位疫苗等10个10亿元以上重磅产品的上市，争创国际化创新药械临床试验服务集聚区、细胞与基因治疗产业集聚区。以战略眼光抓变量。借力复旦大学、中国科学院大学等“外脑”，聚焦样本检测、信息采集、数据处理等关键环节，做大做强复旦大学泰州健康科学研究院平台、中国科学院大学泰州创新医疗产业平台、多组学数据库健康数据信息平台等，全力打造国内有影响的智慧医疗与健康管理产业集聚区。

坚持创新赋能，提升科技创新驱动力。坚持重心向创新聚焦、要素向创新集聚、力量向创新聚合，找准新的赛道，抢占新的风口，再造一个面向未来的中国医药城。强化创新主体培育。统筹实施产学研协同创新提升计划、知识产权强企行动计划、高企培育倍增计划、企业上市行动计划，鼓励企业推进高质量仿制药研发与高水平创新药物研发，力争每年新增准“独角兽”企业、“瞪羚”企业10家，高新技术企业100家，到2025年全区上市企业突破20家。强化创新平台建设。结合高铁枢纽片区规划，依托长三角国家技术创新中心、省产业技术研究院，加快科创中心先导区建设，全力推动ICGEB泰州区域研究中心、北大医学部（泰州）医药健康产业创新中心、复旦大学泰州健康科学研究院、南京医科大学泰州研究院、中科院大连化学物理所中国医药城生物医药创新研究院等平台载体建设，积极申创国家疫苗创新中心、兽用生物制品国家技术创新中心、国家特医配食品质检中心，打造活力迸发的创新策源地。强化创新成果转化。新建化学药高端制剂、体外诊断试剂、生物制品中试工艺开发平台、临床试验平台（GCP）、临床前药物安全评价平台（GLP），着力构建贯通药物筛选、临床试验、药物评价、中试放大、委托生产等环节的产业服务体系，打通医药产业中试的“达尔文死海”，打造新一代创新药物研发转化基地。聚焦国内外医药产业集聚区和医药研发智力密集城市，设立成果转化中心，用好北京、上海离岸孵化基地，打造“创新研发—成果孵化—产业化落地”的完整链条。强化创新要素保障。用好30亿元的医药产业引导基金，健全投资收益让渡、风险控制、容亏免责等机制，助力企业解决融资难题、渡过“资本寒冬”。健全人才评价体系和激励机制，探索“揭榜挂帅”“以赛代评”等有效模式，推动项目、人才、资金一体化高效化配置。加快创建省级人力资源服务产业园，高品质建设“人才家园”，全面营造“类海外”环境，力争每年引进领军型人才（团队）20个左右，各类高层次人才600名以上，其中海外高层次人才100名以上。

中国医药城疫苗工程中心　　区党工委（区委）宣传和统战部　供图

坚持生态赋能，提升营商环境软实力。坚持把营商环境作为区域竞争的关键，瞄准国内一流、国际先进，一体推进政策、市场、政务、法治、人文“五个环境”建设，涵养更加生机盎然、“水草丰美”的发展生态。勇于先行先试。用好省市改革赋权，开展大健康制造业改革试点，重点攻坚药监综合体建设、要素市场化配置等改革，通过以点带面，争取形成一批先行先试的改革成果。大力开展中国（江苏）自由贸易试验区生物医药全产业链创新发展试点建设工作，积极创建药品进口口岸，推动开展生物医药研发用物品进口试点。率先开展药品流通产业转型升级试点，打造专业的医药仓储、物流公共平台。提振市场信心。全面落实减税降费等惠企政策，帮助企业降低制度性交易成本和融资、物流、用能等生产经营性成本。严格规范行政审批、行政检查，切实加强行业协会、中介机构监管，坚决整治“中间环节、中介机构、中部梗阻”。更大力度深化“放管服”改革，扩容提升“一件事”改革，扎实推动“数字政务”建设，推动政策精准推送、免申即享、直达兑现。建强服务力量。发挥长三角医药产业供给侧结构性改革专家咨询委员会效用，围绕医药研发、生产、注册、申报、营销等，选优配强“专家型”服务团队，全链发力、全程参与，健全药品报批服务、人才服务支撑、知识产权保护、创业融资支撑、政策顾问咨询等体系。用好园区员额制人员管理办法，切实强化“KPI+重点工作”考核，打破平均主义，合理拉开差距，激励园区干部把更多精力投入到服务企业、服务项目中。

四、永葆为民情怀，始终践行以人民为中心的发展思想

坚持在发展中保障和改善民生，尽力而为、量力而行，着力解决好人民群众急难愁盼问题，不断实现人民对美好生活的向往。

加快打造活力新城。紧扣“一轴一核三极三城”布局，按照“整体设计、各有侧重、分层推进”的思路，加快城市新中心片区和高铁枢纽片区的规划建设。在城市新中心片区，以公共服务功能导入为引领，以高端商住开发为重点；在高铁枢纽片区，以刚性基础设施建设为先导，做到“设计一片、开发一片、成熟一片、成功一片”，实现片区整体效益最大化。坚持城乡融合、城乡共荣，把产业兴旺作为关键抓手，加快推进现代农业产业高质量发展示范园建设，狠抓品牌、品种、品质提升，培育壮大现代农业主导产业。严格落实耕地保护要求，新建和改造提升高标准农田1万亩以上。着力发展新型农村集体经济，推动全区集体经营性收入100万元以上村（社区）占比达50%以上。

稳步提升生活品质。就业是最大的民生，要强化就业优先导向，深化产教融合、校企合作，用好“青许高新”等平台，鼓励高校毕业生、驻泰高校学生来我区创业就业。大力开展职业技能培训、就业服务，发挥公益性岗位托底安置作用，做好农民工、退役军人等群体就业。优质的公共服务是最普遍的期盼，要积极应对总和生育率持续走低、“少子老龄化”等问题，遵循城镇化进程、人口流动、城市功能配套规律，更加精准办好教育、医疗、养老等领域民生实事，健全基本公共服务体系，提高公共服务水平，以实际成效回应群众关切。加大对低保对象、特困人员、低保边缘家庭和支出型困难家庭等低收入人口的帮扶力度，聚焦受疫情影响无收入来源、没有参加失业保险的人员，及时落实社会救助、抚恤优待、大病保险等各类托底政策，精准兜住民生底线。

切实强化社会治理。坚决落实优化调整疫情防控各项举措，当前，要把工作重点由“防感染”转变到“保健康、防重症”上来，全力保障好群众就医用药需求，加快推进疫苗接种，加强政策解读和科普宣传，推动全社会同心、同向、同行。特别是要针对元旦、春节前后可能发生的感染高峰，周密制定应对预案，做足提前量、打好主动仗。要全力防范化解金融风险，充分发挥“一办八组”工作机制优势，稳妥管控和化解政府性债务，在保兑付的基础上重点抓好成本压降、定融清退等工作，确保“存量不出险、增量不违规、规模可控制、隐债全化解”。加强对农民资金互助合作社、房地产市场、非法集资等领域风险防控，守护群众财产安全。要切实维护社会安全稳定，高标准持续开展安全生产重点行业领域专项整治，聚焦事故多发领域排查管控安全风险，加强应急救援能力建设，提升本质安全水平。深入实施“精网微格”工程，扎实开展社会矛盾风险隐患拉网式大排查大起底大化解，大力推动县级社会矛盾纠纷调处中心规范化建设，做优做实“信访代言人”制度，健全快速畅通诉求表达渠道，引导群众依法依规解决问题。

五、勇于自我革命，重塑风清气正的政治生态

对高新高港而言，接连发生的腐败案件，相继暴露的严重问题，严重损害了党政形象，侵蚀了群众利益，影响了长远发展。我们必须知重负重、唯实唯勤，既聚焦当下改，去“宽松软虚”旧疾，更着眼长久立，树“严紧硬实”新风，在伟大斗争的洗礼和磨炼中，进一步增强坚定不移全面从严治党的政治定力，把严的基调、严的措施、严的氛围长期坚持下去，不断自我净化、自我完善、自我革新、自我提高，为推动大健康产业高质量发展，推进中国式现代化高新高港新实践提供坚强政治保证。

严明纪律规矩。“矩不正，不可为方；规不正，不可为圆。”没有严格约束和严格执纪，党的凝聚力、战斗力就会沦为一句空话，就不可能把党管好、治好、建设好。然而，我们有的党员干部只想“栽花”、无意“栽刺”，把“护短”等同于“护人”，搞无原则的宽容纵容，一团和气，害人害己；有的一切以自我为中心，在大是大非面前不讲政治立场、不讲党纪党规，对党中央和省市区委决策部署认识不到位、执行不坚决，或者搞“避重就轻”、选择性执行；有的不顾大局，把个人利益摆在第一位，甚至向组织讨价还价；有的不讲政治，搞“小圈子”，热衷于传小道消息，乱发议论。心有所畏，方能言有所戒、行有所止。我们必须深刻领悟“两个确立”的决定性意义，时时对标、处处看齐，始终在政治立场、政治方向、政治原则、政治道路上同以习近平同志为核心的党中央保持高度一致。所有党员干部都要知敬畏、存戒惧、守底线，敬畏党、敬畏人民、敬畏法纪，不能在“月黑风高无人见”的自欺欺人中乱了心智，不能在“你知我知天知地知”的花言巧语中迷了方向，不能在“富贵险中求”的侥幸心理中铤而走险，不能在“法不责众”的错误认识中恣意妄为。

绷紧思想之弦。思想上松一寸，行动上就会散一尺。当前，各方面工作纷繁复杂、矛盾多发易发，越是这个时候，越要保持思想不松、节奏不乱、工作不断。然而，我们有的党员干部不能按照党中央最新要求严格对标看齐，思维、习惯、行为、作风还没有跟上趟，思想松懈、作风松懈、工作松懈，或者安于现状、不推不动。“欲事立，须是心立。”我们必须始终保持清醒头脑，坚决克服麻痹思想、厌战情绪、侥幸心理，全面防范可能出现的各类风险隐患。所有党员干部都要增强“在岗尽责”

的底线意识，在其位、谋其政，履其职、尽其责，时刻保持奋发的心态、进取的状态，既不以一时之得意而自夸其能，也不以一时之失意而自堕其志。

锤炼过硬本领。软肩膀挑不起硬担子。前进的道路不会一帆风顺，必然充满风险挑战甚至惊涛骇浪。然而，我们有的党员干部习惯于说慢话、踱方步，在大是大非面前“爱惜羽毛”、置身事外，不敢抓、不敢管、不敢硬；对上级反复检查提醒的问题躲躲闪闪、应付凑合、得过且过，以至于小事拖大、大事拖炸。只有敢于“碰硬”，心志、耐力才能逐渐“过硬”；只有善于“碰硬”，能力、水平才能不断提升。我们必须敢于斗争、善于斗争，既要敢想、敢做、敢当，敢于直面矛盾，做时代的“劲草”和“真金”，又要善于化解矛盾、解决问题，能干、会干、干成事。要注重培养专业作风、专业精神，补知识弱项、能力短板、经验盲区，干一行爱一行、钻一行精一行、管一行像一行。

弘扬务实作风。“空谈误国，实干兴邦”。对高新高港而言，推动大健康产业高质量发展不是喊出来、等出来的，而是干出来、拼出来的。然而，我们有的党员干部图虚名、务虚功、搞花架子，工作概念化、口号化、笼统化、一般化，表面看什么工作都抓了，实际上什么都没有抓到位，漂漂浮浮。我们决不能满足于坐而论道、临渊羡鱼、怨天尤人、畏首畏尾，必须起而行之、脚踏实地、勤勉敬业、实干担当。所有党员干部要秉持务实、扎实、踏实、真实的工作态度，坚持真抓实干、马上就办、办就办好，对该做的事，知重负重、攻坚克难，顶着压力也要干，对该负的责，挺身而出、冲锋在前，冒着风险也要担。

同志们，宏伟蓝图催人奋进，重任在肩呼唤担当。让我们更加紧密地团结在以习近平同志为核心的党中央周围，坚持以习近平新时代中国特色社会主义思想为指导，全面贯彻党的二十大精神，坚定捍卫“两个确立”，坚决做到“两个维护”，踔厉奋发、勇毅前行，在新征程上全面推进中国式现代化高新高港新实践，不断开创高新高港更加美好的明天！

政府工作报告

——在泰州市高港区第六届人民代表大会第二次会议上

2023年1月2日

丁志强

2022年工作回顾

过去一年，我们坚持以习近平新时代中国特色社会主义思想为指导，深入学习贯彻党的二十大精神，在市委、市政府和区党工委、区委的正确领导下，坚定落实“疫情要防住、经济要稳住、发展要安全”的重大要求，较好地完成了区六届人大一次会议确定的年度目标任务。预计全年实现地区生产总值1185亿元，增长3%；规模以上工业开票销售2100亿元，增长18%；一般公共预算收入101亿元，增长0.5%（还原留抵退税同口径增长12.6%）；城乡居民人均可支配收入增长6.6%，主要经济指标总量及增幅继续保持全市前列。

改革先行区的实践更加生动。重点改革亮点纷呈。聚焦管理模式、用人制度、考核体系等方面，推进五大功能园区改革，机构和员额分别精简41.2%、43.2%；制定出台园区员额制人员管理办法、专业化高层次人才管理办法、国企薪酬管理办法，全面激发队伍活力。全市率先启动实施产业园区用地整治提升三年行动，盘活土地3500亩，重点工业企业亩均税收达28.5万元，全市第一。开放合作不断深化。预计完成进出口总额40.5亿美元，实际利用外资和港澳台资3.1亿美元。成功举办第十三届中国（泰州）国际医药博览会，22个国家和地区的400多家企业参展。与招商局资本合作设立市场化子基金，全年新增企业股权融资43亿元，上市企业累计达7家，科创板生物医药类上市企业数全省第一。营商环境持续优化。出台助企纾困三十条措施，为市场主体减税降费32亿元。开展亲企清政“五个一”走访、营商环境“大走访、大排查、大整治、大提升”百日攻坚等服务活动，走访企业2000多家，处理问题诉求400多个。政务服务实现市区一体化运行，完善“园区吹哨、部门报到”机制，推动服务从“部门为中心”向“园区和项目为中心”转变。

创新活力区的动能更为强劲。创新平台日趋完善。长三角国创中心离岸孵化基地、精准医疗孵化基地建成投用，国家兽用生物制品技术创新中心揭牌运营，省药监局审评核查泰州分中心赋能运作。ICGEB泰州区域研究中心创成省重大科技开放合作平台，绿色生物医药科技成果转化基地成功入选省首批双碳科技成果转化基地。创新主体更具活力。深化高企培育三年行动，新认定高新技术企业132家，新增准“独角兽”企业3家、“瞪羚”企业12家、省级以上专精特新“小巨人”企业41家、服务型制造示范企业3家。实施“智改数转”项目453个，新增省级智能制造示范工厂2家、工业互联网标杆工厂4家、星级上云企业91家。中海油气（泰州）石化入围省5G全连接工厂，扬子江药业集团荣获世界质量“EFQM全球奖”“江苏制造突出贡献奖”。创新人才加快汇聚。发布2.0版“113医药人才特别计划”和“凤栖高新英才计划”，新引进高层次人才（团队）948名（个），入选国家级人才计划6名、省“双创博士”3名，均居全市第一。成功举办中国医药城国际人才云大会等重大活动，创新设立长三角医药产业供给侧改革专家咨询委员会，中国药大留学生产教融合教育中心、泰州首个省级“华创苑”挂牌成立。

发展引领区的实力更具底气。产业加速集群。大健康、高端装备制造、石化及新材料、电子信息等主导产业产值达2000亿元，同比增长11%，占规上工业总产值80%以上。泰连锡生物医药集群跻身“国家队”，生物医药产业园、高端装备制造产业园入选江苏省“互联网+先进制造业”特色产业基地，中国医药城在全国211家生物医药产业园区综合竞争力中位列第11位。“泰福里”正式开街，悦天地商业街区、美画文创产业园等加快建设，预计全年完成服务业增加值482亿元、社会消费品零售总额262亿元，实现建筑业总产值753亿元。新建高标准农田5300亩，粮食种植面积稳定在24万亩，粮食总产量达11.2万吨。项目加速集中。“三比一提升”新开工项目28个、新竣工24个，数量、体量保持全市前列，成为泰州年终项目观摩主场。总投资120亿元的盛虹储能项目成功落户，总投资38亿元的中海油气产业升级、20亿元的中慧元通新型流感疫苗等项目加快推进，总投资50亿元的蓝思三园、12.2亿元的曼德汽车模块等项目竣工投产。省重大项目数、省服务业重点项目数、省重大工业项目数分别占全市总数的53.8%、42.9%、46.9%。企业加速集聚。全年新增市场主体9400多家，新进规上工业企业56家，全区开票销售超10亿元、入库税收超1000万元企业分别达21家、40家。在长城汽车的牵引带动下，精诚工科、蜂巢能源等50多家汽车零部件企业跟进落户，阿斯利康增资1.8亿元建成安达唐生产线，预计可形成50亿元全球市场规模。

幸福示范区的质感更有温度。城市能级不断提升。以“一轴一核三极三城”建设为引领，全面启动城市新中心、高铁枢纽片区规划，形成国土空间分区规划和生产力布局初步成果，完成健康服务极开发方案。实施精致高新三年行动计划，北沿江高铁开工建设，雕花楼景区二期、高港中专校改扩建、港城路及市民广场改造提升等一批工程顺利建成。完成动迁21.5万平方米，改造老旧小区11个，新增停车位2100个、充电车位3500个，铺设城乡污水管网241公里、燃气管网40公里。建成保障性租赁住房3033套，完成小区智慧技防建设67个，新增省级垃圾分类达标小区25个。人居环境持续改善。开展示范村居创建三年行动，实施16个村庄生活污水治理，改造农村户厕1344个，打造生态河道8条，河道长效管护工作获全省第一等次。大泗镇创成省级生态宜居美丽乡村示范镇，引江社区创成省级特色田园乡村，富民强村帮促行动获得省政府督查激励。中央和省生态环保督察交办问题全部整改到位，高分通过省级生态文明示范区复核。国考、省考断面水质达标率100%、优Ⅲ比例100%。社会事业全面进步。新增就业2.18万人、创业7400多人。高港实验小学春港校区等5所学校投入使用。建成全省首个15万管日检测能力的核酸检测基地，荣获全市“骏马奖”。野徐镇香榭社区等3所卫生服务站基本建成，许庄社区卫生服务中心、寺巷卫生院创成省级社区医院。实施健康惠民系列工程，完成3万人份“两癌”筛查、全基因组芯片检测，并提供精准健康管理。圆满完成第二十届省运会备战竞赛工作，“两高”健儿勇夺金牌12.5块。安全形势稳定向好。建立每月研判化解重大风险隐患制度，一体推进安全生产专项整治和百日攻坚行动，“三年大灶”圆满收官。加强政府债务管控，风险等级有望实现转色降级。实施“信访突出问题攻坚化解年”行动。实体化运行区域社会治理现代化综合指挥中心，纵深推进扫黑除恶专项斗争，公众安全感保持全省领先。

一年来，我们以提升政府系统执行力为统揽，刀刃向内、自我革命，自身建设在唯实唯勤中得到加强。强化忠诚型政府建设，全面学习贯彻党的二十大精神，弘扬伟大建党精神和延安精神，忠诚拥护“两个确立”，坚决做到“两个维护”。高标准抓好中央、省市巡视巡察以及市委督导组反馈问题整改，以案为鉴、以案促治。强化服务型政府建设，坚持人民至上，快速响应“12345”民生热线诉求，十大类31个民生实事项目有序推进，有效解决了一批群众反映强烈的热点难点问题。强化实干型政府建设，倡导“严细实”作风，大力推行“一线工作法”，健全督查督办机制，切实提升“事事落实到位”的执行力。强化法治型政府建设，严格执行“三重一大”决策程序，避免因个人意志和盲目决策产生风险隐患。全面落实政府部门法律顾问制度，行政首长出庭率100%、区政府应诉案件“零败诉”。主动向区人大报告工作、向区政协通报情况，高质量办理建议提案202件，满意和基本满意率100%。强化廉洁型政府建设，认真贯彻中央八项规定精神，严格执行“十条禁令”“七个一律”，切实加强重点领域和关键岗位监管，坚决防范和纠正违反廉洁从政的行为。

此外，老龄、妇女儿童、青少年、残疾人、工会、红十字会、慈善、志愿服务、关心下一代等事业取得新成效，民族宗教、审计、统计、外事、对台事务、侨务、科协、史志档案等工作取得新进展，国防动员、双拥共建、退役军人事务等工作迈出新步伐。

各位代表，过去一年，面对新冠疫情的反复冲击以及外部环境的严峻考验，我们上下一心、众志成城，打赢了一场场战役，攻克了一道道难关，为全区经济发展、社会稳定、人民安康提供了坚强保障。这些成绩的取得，得益于市委、市政府和区党工委、区委的正确领导，得益于区人大、区政协的监督支持，得益于全区上下的团结一心、奋力拼搏。在此，我代表区人民政府，向在座的各位代表、委员，向全区人民以及所有关心、支持高新高港发展的社会各界人士表示衷心感谢，并致以崇高敬意！

在肯定成绩的同时，我们也清醒地看到发展中还存在一些问题和不足：部分企业、行业发展困难，企稳回升的基础还不牢；产业有效投入不足，后续储备项目不多；公共服务供给存在短板，老百姓的急难愁盼问题依然较多；一些积重难返的问题需要花大气力，打攻坚战、持久战；政府自身建设有待加强，推动高质量发展的能力水平还需进一步提升。对此，我们一定高度重视，采取有效措施，切实加以解决。

2023年工作安排

今年是深入贯彻落实党的二十大精神的开局之年，是全面开启建设社会主义现代化国家的起步之年。奋进新征程，我们必须深刻领悟“两个确立”的决定性意义，胸怀“两个大局”、牢记“国之大者”，自觉把高新高港现代化建设放到战略全局来审视和谋划，更好地扛起“争当表率、争做示范、走在前列”光荣使命，踔厉奋发、勇毅前行，让中国式现代化在“两高”大地上充分展现可观可感的现实图景。奋进新征程，我们必须始终坚持问题导向、目标导向、结果导向、实干导向，加快培育医药健康地标产业，早日建成“中国第一、世界有名”医药名城；统筹推进产业基础高级化、产业链现代化，做精做强高端装备制造、石化及新材料、电子信息等主导产业，努力构建自主可控、安全高效的现代产业体系。奋进新征程，我们必须牢牢站稳“江山就是人民、人民就是江山”的根本立场，更加自觉践行以人民为中心的发展思想，坚持在发展中保障和改善民生，着力办好民生实事，切实兜牢民生底线，促进城乡基本公共服务均等化，更好解决群众急难愁盼问题，推动共同富裕，不断提升老百姓的获得感幸福感安全感。

今年政府工作的总体要求是：坚持以习近平新时代中国特色社会主义思想为指导，全面贯彻党的二十大精神，认真落实中央、省委经济工作会议以及市区委全会的安排部署，坚持稳字当头、稳中求进，准确把握新发展阶段，完整、准确、全面贯彻新发展理念，加快服务构建新发展格局，着力推动高质量发展，更好统筹疫情防控和经济社会发展，更好统筹发展和安全，全面深化改革开放，大力提振市场信心，把实施扩大内需战略同深化供给侧结构性改革有机结合起来，有效防范化解重大风险，持续保障和改善民生，坚决扛起“树标杆、学样板、创中心”职责使命，确保全面推进中国式现代化高新高港新实践开好局、起好步。

全区经济社会发展主要预期目标是：地区生产总值增长6%左右，一般公共预算收入增长2%以上，城乡居民收入与经济增长基本同步，城镇新增就业人数1.6万人。

围绕总体要求和主要目标，重点抓好三个方面14项工作：

一、突出高质量发展首要任务，打造新产业发展中心

坚持把“产业强区、项目为王”作为高质量发展的主旋律，以特色产业为方向，以重大项目为抓手，以开放开发为引擎，不断提升产业的辨识度和贡献度。

1.提升现代产业竞争力。推动园区进一步完善产业规划，加快集群发展，力争全年大健康、高端装备制造、石化及新材料、电子信息等主导产业产值规模超2300亿元。生物医药产业园要抢抓省委省政府支持泰州大健康产业高质量发展的重大历史机遇，围绕健康制造业、服务业12个重点领域，推动医药领域“3+2”产业体系强链补链扩链，努力成为大健康产业高质量发展“第一高地”。聚焦疫苗、诊断试剂、特殊食品等优势领域，加快申报建设国家疫苗产业技术创新中心、国家特医配食品质检中心。聚焦医疗器械、原料药等特色产业，加强高性能医疗器械项目孵化、高价值医用耗材企业培育，推进国家级原料药生产基地以及专业医药仓储、物流公共平台建设。聚焦面向未来10年、20年的产业新风口，加快布局细胞与基因治疗、人工智能+生物医药等新赛道，打造国内有影响的智慧医疗与健康管理产业、国际化细胞与基因治疗产业集聚区。高端装备制造产业园要放大长城汽车带动作用，鼓励本土企业由零部件向组件、总成和高新技术产品转型，推动产业向价值链高端攀升；围绕汽车产业电气化、网络化、智能化、共享化，聚焦智能网联、汽车电子等前瞻领域，抢先布局感知系统、执行系统等核心零部件企业，加快产业链创新链深度融合。鼓励现有船舶企业向海工装备和高技术船舶转型，提升产品附加值。化学新材料产业园要发挥中海油气原油资源独特优势，坚持走产品差异化发展路径，力争高端润滑油及特种油产品规模突破100万吨，确保盛虹储能一期8月底前产品出样，着力打造全国最具特色的高端润滑油及新材料产业基地。持续推进园区规范化建设，加快实施凯发新泉污水处理厂改造等基础配套工程，确保通过省级化工园区认定复核。电子信息产业园要依托蓝思、纬创、巨腾等龙头企业，持续增强电子元器件及关键配套部件的核心优势，实现“零件—部件—整机”升级路径，提升产业质量规模和地方贡献度。加大土地资源整合力度，加快“退二优二”“退二进三”，让老园区焕发新活力。港口物流产业园要立足长江、港口、电厂等特色资源禀赋，统筹沿江岸线与后方腹地衔接支撑，进一步明确产业定位，优化生产力布局；深化港港、港航、港企合作，打造长三角江海河联运中心港，建设更具开放活力的临港产业体系。全力支持高永集中区清退化工企业，盘活土地资源，吸引原料药等重大优质项目落户，加快转型升级。

2.*提升有效需求牵引力*。落实国家扩大内需战略《规划纲要》，充分发挥消费的基础作用和投资的关键作用，为经济持续回稳向上提供有力支撑。突出项目招引。深化招商机制改革和专业队伍建设，把握当前部分城市产业外溢、未来产业加速布局的窗口期，统筹国内外招商布点，紧盯跨国公司、大型央企、头部民企，加强产业链招商、基金招商，加快引进一批旗舰型、龙头型、基地型项目，布局一批“小而优”“小而强”的优质科创项目，力争新签约亿元以上项目275个，其中5亿元或3000万美元以上项目100个。扩大有效投资。压紧压实项目建设责任机制，加快泰康生物中试产业化、长城智造产业园一期、中海油高端润滑油特种油、益海米糠综合利用等项目建设，推动创能威生物科技、蓝思精密BGA智能化组装车间、国电汽轮机组改造等项目尽快竣工投产，力争新开工5亿元或3000万美元以上项目50个、竣工25个。充分发挥政府投资撬动作用，聚焦重大基础设施建设等领域，鼓励民间资本积极参与，加快谋划推进一批具有支撑性的好项目。提振消费市场。开展促消费系列活动，坚持增强消费能力、改善消费条件、创新消费场景协同发力，鼓励发展首店经济、夜间经济、网红经济，推动餐饮零售、文化旅游、休闲娱乐加速恢复。破解住房、汽车等消费引擎制约因素，帮助服务行业挺过最困难时期。培育养老托育、家政服务、医疗健康等消费新热点，促进线上线下消费融合，提升经济活跃度。

3.*提升开放开发带动力*。建强园区主阵地。以释放活力为导向，做好改革“后半篇”文章，坚持扁平化管理、公司化运营、市场化运作、专业化服务，推动薪酬直接与公司效益、部门贡献、个人业绩紧密挂钩，激励党员干部担当作为、争先进位。充分发挥综保区特殊政策优势，大力拓展生物医药保税研发、保健食品进口包装、跨境电商保健食品进口等领域，推动大健康产品贸易优化升级，打造吸引投资、促进产业发展的重要平台。拓展三外新渠道。用好RCEP红利，引导企业通过线上线下展会拓展国际市场，提高东盟等“一带一路”沿线国家市场份额。落实外贸稳增长、调结构政策措施，加大企业出口退税、出口信贷、信用保险等扶持力度，完成进出口总额40亿美元。瞄准欧洲、日韩组织境外招商，更大力度吸引和利用外资；鼓励外资和港澳台资企业参与本土企业兼并重组，形成“以外引外”的良性循环，全年实际利用外资和港澳台资3.5亿美元。扩大国际影响力。大力提升医博会的规模和层次，力争办成国内外生物医药产业发展的“风向标”、资源汇聚的“强磁场”。发挥ICGEB泰州区域研究中心价值输出、形象展示的窗口效应，讲好药城创新创业励志故事、传播药城宜居宜业美好声音，让各方看好高新高港的共识持续增强。

4.*提升营商环境保障力*。对标世行标准，接轨国际惯例，着力构建市场化、法治化、国际化的营商环境。加快政策集成。持续推动国家和省市各项惠企政策落实到位，针对困难行业、企业特别是中小企业和个体工商户所需所盼，及时制定实施一批助企纾困的增量政策。建立健全政策评估制度，不断提高政策的精准性有效性，让市场主体有更多获得感。优化政务服务。以政务服务市区一体化为契机，扩容提升“一件事”改革，用好“吹哨报到”工作机制，真正实现“区内事区内办结”。放大新药申报服务中心“四个90%”机制效应，让专业的人做专业的事。严格规范行政审批、行政检查，切实加强行业协会、中介机构监管，坚决治理“中间环节、中介机构、中部梗阻”，让“部门办事不看人、企业办事不求人”。强化法治保障。坚持有效市场和有为政府更好结合，注重权利平等、机会平等、规则平等，突破“熟人社会”的陈规陋习。健全完善政企沟通渠道，加大信用激励和约束，运用好“红、黑”名单制度，让诚信者“一路绿灯”、失信者“寸步难行”。依托中国（泰州）知识产权保护中心，畅通知识产权快速审查、快速确权、快速维权绿色通道。大力弘扬企业家精神，依法保护民营企业产权和企业家权益，让企业家在“两高”拥有更多的归属感和荣誉感。

二、突出改革创新关键支撑，打造新动能培育中心

坚持用创新的思路、改革的举措，突破体制机制障碍，形成更多引领性、竞争性优势，让改革创新这个关键变量成为高新高港跨越发展的最大增量。

5.扎实推进重点改革。深化要素市场化改革。对照省委省政府支持泰州大健康产业高质量发展意见要求，加快产业用地、排污指标、金融保险、人才评价等要素改革，出台生物医药产业扶持政策，推动要素资源畅通流动、高效配置。扎实推进产业园区用地整治提升行动，深化“亩均论英雄”改革，全年盘活低效闲置工业用地1500亩。巩固国企改革成效。加快企业治理现代化、运作市场化步伐，激发经营活力，增强造血功能，提升信用等级和评级认可，争创AAA主体1家。全力上争国家政策性开发性金融工具，进一步拓宽融资渠道，优化融资结构，降低融资成本。探索国企存量资产盘活方式，力争发行苏中首单REITs公募产品。加强国企债务管控，确保“存量不出险、增量不违规、规模可控制、隐债全化解”。加快财税金融改革。落实零基预算理念，建立预算执行月报告制度，实行绩效管理“提标扩围”。进一步推动区级财力下沉，厘清两级事权、划分支出责任，支持园区、镇街壮大主导产业，扩大税收规模，提高税收贡献。持续开展政银企对接，发挥财政杠杆和政策性融资担保作用，为实体经济注入更多的金融活水。构建天使、VC、PE等多层次基金投资体系，引导社会资本参与，赋能科技创新、产业发展、企业做强。发挥企业上市联盟作用，加强上市后备企业梯队建设，全年新增挂牌上市企业1～2家。

6.建好科技创新载体。发挥重大平台作用。以产业和市场需求为导向，借鉴省产业研究院的机制模式，深化与北大医学部、复旦大学、大连化物所等大院大所的合作，进一步优化投入机制、运营模式、绩效考评、利益分配，让研究院充分发挥优势、释放效能，加快集聚一批标志性人才、转化一批标志性成果、孵化一批标志性企业。增强成果转化功能。用好上海离岸孵化基地，嫁接长三角国创中心资源，设立成果转化中心，打造“创新研发—成果孵化—产业化落地”完整链条，省级以上孵化器（众创空间）达23家。围绕构建贯通从药物研发、中试到委托生产全环节的产业服务体系，加快药物安全性评价（GLP）、药物临床评价（GCP）、合同研发机构（CRO）等平台建设，打造新一代创新药物研发转化基地。提升公共服务质效。优化整合现有公共技术服务平台，完善功能模块，加强与企业在技术研发、生产制造、项目建设、人才培养、信息共享、市场开拓、资本运作等方面的合作，更好地推动科技资源集成开放和共建共享，降低创新研发的成本和风险，构建全方位科技服务良好生态。

7.强化企业主体地位。壮大创新主体。统筹实施产学研协同创新提升计划、知识产权强企行动计划、高企培育倍增计划，全年新增“瞪羚”“独角兽”企业6家、专精特新“小巨人”企业6家，获批高新技术企业100家、科技型中小企业550家。鼓励自主研发。推动企业与高校、大院大所合作，高效嫁接创新资源，高标准建设研发机构、联合创新中心，突破一批“卡脖子”关键技术，年内建成企业研发机构20家，规上工业企业研发活动覆盖率达45%。加快智改数转。围绕“一行业一标杆”，实施“智改数转”项目100个以上，新增工业互联网标杆工厂2家、智能制造车间（工厂）10家以上，星级上云企业40家。推动工业互联网和制造业深度融合，支持扬子江等龙头企业，以标识解析二级节点建设为基础，打造省级重点产业链协作平台。鼓励有条件的园区先行先试，加快5G基站等基础设施部署，加大医药产品溯源管理、安全环保智能化监管、车联网和智能网联汽车、电子信息产业数据管理等典型场景的应用推广。

8.集聚高端创新人才。拓宽引才渠道。大力实施“高新”青年人才集聚计划，探索海外人才“举荐制”，年内引进各类高层次人才（团队）600名（个）以上。深化重点项目攻关“揭榜挂帅”，清单式引进“高精尖缺”人才特别是战略科学家、科技领军人才和创新团队，全年储备优质高层次人才项目50个以上。提升育才实效。围绕产业转型升级、新兴产业链培育和产业工人队伍建设需要，推动不同层次、不同类型职业教育贯通发展。实施“凤池”技能人才培育工程，探索与驻泰高校共建高技能人才培养联盟、实训基地，加快建设技能大师工作室，全年新增高技能人才800人以上。优化留才环境。加快建设“人才家园”，上线推广“高新英才码”，积极创建省级人力资源服务产业园，厚植创业“沃土”，打造安居“乐园”。健全人才评价和激励机制，赋予更有力的政策扶持、更便捷的融资渠道、更有效的知识产权保护，让各类创新主体迸发活力、体现价值、实现增值。

三、突出人民至上根本宗旨，打造新城区建设中心

主动策应泰州“一轴一核三极三城”整体布局，从“促进人的全面发展”出发，回归“满足人的需要”这个本源，全力打造泰州最具现代化、国际化气息的活力新城，真正实现“城市让生活更美好”。

9.提升城市能级。高位推进“两高”城市融合发展，凸显中心地位，完善基础设施，补齐城市功能。加快片区规划建设。城市新中心片区聚焦“高端、高质、高品位”，先行开展空间规划、土地整理及功能设计，启动高端商住项目建设，同步策划公共服务设施和复合功能项目布局，精心打造城市中轴和铁路沿线生态景观带；高铁枢纽片区聚焦“适度超前配套、专业力量运作”，启动基础设施和站城融合区规划建设，完善道路、管网、市政、绿化等基础配套设施，规划实施下穿高铁城市道路工程，结合科创中心先导区、站城融合区建设，加强项目招引合作。实施城市更新行动。全面启动北沿江高铁、盐泰锡常宜铁路沿线房屋搬迁，新建保障性租赁住房2700套、安置房2870套。改造提升怡和花园、船厂家属区等老旧小区4个，新增小区“绿改停”车位1000个、电动车集中充电点位2000个。强化地下管线协同管理，疏通检测市政污水管网20公里，铺设燃气主管网8公里，新增城乡燃气用户5000户。提升城市形象品质。丰富雕花楼等重点街区业态，加快东方小镇商业街升级改造，实施新港大道、金果路等主干道景观绿化提升，见缝插绿布点口袋公园，让城市四季有花、步步见景。常态推进全国文明典范城市建设，实施交通秩序、后街背巷、住宅物业等专项治理，让城市管理更精细、城市颜值更精致。

10.推进乡村振兴。发展现代农业。夯实粮食安全根基，落实最严格的耕地保护制度，坚决遏制耕地“非农化”、防止“非粮化”，新建和改造提升高标准农田1万亩以上，粮食总产量稳定在11万吨左右，生猪出栏8万头。大力发展高效精品农业、休闲观光农业和都市农业，培育上膳源蔬菜、高港河蟹等特色农产品品牌，新增“三品一标”8个。围绕省级农业产业高质量发展示范园建设，进一步完善基础设施、产业布局，合理开发、科学运营，促进农村一二三产业融合发展，力争招引1000万元以上农业农村项目16个。建设美丽乡村。深入推进以人为核心的新型城镇化，因村制宜、特色传承，打造乡村振兴示范典型，新增市级特色田园乡村2个，省级特色田园乡村1个、绿美村庄5个。深化农村人居环境整治提升，改造农村公路桥梁5座，培育精致高新示范村居10家。加强和创新乡村治理，加快农村移风易俗，形成文明乡风、良好家风、淳朴民风。壮大集体经济。深化“三变”改革试点，稳慎推进第二轮土地承包到期后再延长30年试点，抢抓农村集体经营性建设用地入市机遇，统筹利用农村闲置土地、农房，拓宽强村富民渠道，推动全区集体经营性收入100万以上村（社区）占比达50%以上。高质量做好全国农村综改试点试验，打造“两高”农村改革新样板。

11.厚植绿色本底。深化污染防治。持续打好蓝天保卫战，开展工业污染、施工扬尘、餐饮油烟等专项整治，实施国控站点周边污染源精准治理，完成$PM_{2.5}$浓度、优良天数比例年度改善目标。持续打好碧水保卫战，严格落实河湖长制，实施“一断面一方案”，加快港城污水处理厂三期、电子信息产业园工业污水处理厂等建设，完成村庄生活污水治理二期工程，确保国考、省考断面水质稳定达标。持续打好净土保卫战，强化重点行业企业土壤污染风险管控，推进小微企业危废集中收集体系建设，提高土壤安全利用水平。加强生态保护。扎实推进“健康长江泰州行动”，持续抓好中央环保督察交办信访件整改，巩固“十年禁渔”成效，守护“一江清水”。积极推进国家生态文明示范区、国家生态园林城市创建，持续加大湿地保护力度，全年造林700亩，新建农田林网7500亩，自然湿地保护率达73%以上。推动绿色转型。稳妥推进碳达峰、碳中和，坚决遏制高耗能、高排放项目盲目发展。推动强制性清洁生产，做好排污许可核发和登记管理，年内实施节能和绿色改造项目20个，完成绿色发展领军企业申报3家。倡导绿色健康、低碳环保的生活方式，让绿色理念深入人心。

12.增进民生福祉。坚持尽力而为、量力而行，着力办实事解民忧，持续改善人民生活。提高社会保障普惠度。实施就业优先战略，开展创业带动就业工程，全年组织补贴性职业技能培训3000人次，新增创业2400人，帮助区内企业解决用工12万人次以上。实施全民参保计划，落实城乡居民保险待遇、基础养老金、低保救助标准正常调整机制。实施“梦想改造+”关爱计划，为困境青少年改造“梦想小屋”15个以上；开设“青仔公益暑托班”，实现镇街全覆盖。统筹抓好社会福利、妇女儿童权益和残疾人福利保障等工作，兜牢民生保障底线。提高公共服务品质度。努力办好人民满意的教育，实施名校、名校长、名教师培养工程，推进集团化办学向纵深发展，争创全国义务教育优质均衡发展区。持续深化“府院合作”“医共体”建设，加强全科医生和乡村医生培养，落实好分级诊疗、家庭医生签约服务，着力引进医疗品牌优质资源。实施健康惠民系列工程，完成高港中医院和8家社区卫生服务中心发热诊室规范建设，开展免费“两癌”筛查和疫苗接种，覆盖人群5万人左右。切实关爱“一老一小”，拓展医养结合和社区养老覆盖面，启动区级智慧养老服务信息化平台建设，完成特殊困难老年人家庭适老化改造275户，建好药城养老院二期项目，构建15分钟养老服务圈；完善托育服务体系，建成省、市级普惠托育机构各2家，千人托位数提高到3以上。提高文体事业繁荣度。以长江国家文化公园泰州段建设为契机，挖掘“海军诞生地红色文化”“大健康文化”内涵，创建全域旅游示范区。用好区融媒体中心、新时代文明实践中心，以群众喜闻乐见的方式宣传二十大精神，弘扬主旋律、凝聚正能量。深化“书香城市”创建，加快打造智慧文化馆、图书馆等线上阅读平台，新建水景街区二期城市书房。繁荣“后省运”时期群众体育事业，进一步加大全民健身中心、天禄湖、凤栖湖等地运动场馆、健身设施投入力度，提升学校体育场地开放率。

13.创新社会治理。依托区域社会治理现代化综合指挥中心，完善网格化管理、精细化服务、信息化支撑的基层治理平台，形成“人在网中走、事在格中办”的社会治理新格局。坚持和发展新时代“枫桥经验”，完善一站式多元化矛盾纠纷调处机制，推行领导干部接访下访约访和信访代理制度，夯实基层基础，推动矛盾源头化解、纠纷一线解决。深化“八五”普法，开展民主法治示范村（社区）建设，推进“产业链+法律服务”，建成半小时法律援助服务圈，争创全国智慧矫正中心。认真做好第五次全国经济普查，强化社会治安整体防控，推进扫黑除恶常态化，依法打击各类违法犯罪活动。积极开展双拥共建，落实退役军人优抚优待政策，促进军地发展。

14.守牢安全底线。全面落实总体国家安全观，以创建安全发展示范城市为统领，严格落实安全生产全员责任制，深入开展安全生产重点领域专项整治，坚决遏制重特大事故发生。优化疫情防控措施，落实新冠病毒感染“乙类乙管”办法，确保平稳转段，切实保护人民群众生命健康。加强政府债务管控，有效防范化解农民资金互助社、非法集资、房地产市场等领域风险，牢牢守住不发生区域性系统性涉众性风险底线。严格抓好食品药品监管，加强生物安全建设，防范重大环境风险，切实提升城市安全韧性和本质安全水平。

全面加强政府自身建设

肩负高新高港高质量发展重任，我们将更为坚定地用党的二十大精神统一思想、统一意志、统一行动，持之以恒提升政府系统执行力，为发展尽责、为民生尽心，努力建设人民满意政府。

不忘初心，牢记使命勇担当。坚持不懈用习近平新时代中国特色社会主义思想凝心聚魂，坚定捍卫“两个确立”，坚决做到“两个维护”，不断增强政治判断力、政治领悟力、政治执行力。全面加强区管委会（区政府党组）自身建设，在维护领袖权威上当表率，在深悟伟大思想上做示范，在执行中央决策上走在前。坚持在区党工委、区委领导下开展工作，确保上级有要求、政府有行动、落地见成效。

秉持公心，依法行政重规范。扎实推进依法治区，坚持法无授权不可为、法定职责必须为，通过健全制度、完善程序给权力定规矩、套紧箍，提升政府公信力。持续规范政府运行规程、行为规矩，认真落实行政复议、行政应诉、政务公开等制度要求，做到守底线、循法度、存敬畏。主动接受区人大、政协、纪委监委以及社会各界监督，加强财政、统计、审计等督查检查，确保政府权力始终在法治轨道上公开透明运行。

锤炼匠心，狠抓执行提效能。始终把抓落实作为政府工作的生命线，进一步增强“时时放心不下”的责任感，练就“事事落实到位”的执行力。加快数字政府建设，提升信息辅助决策水平，赋能治理能力现代化。保持“本领恐慌”，提高“七种能力”，努力成为行家里手、内行领导。弘扬“三个不相信”精神特质，进一步提振敢闯敢试的胆气、攀高比强的锐气、勇争一流的志气，凝聚奋进新征程的强大力量。

常怀清心，永葆廉洁正本色。高标准抓好政府系统党风廉政建设，深刻汲取教训，激荡清风正气。认真落实中央八项规定及其实施细则精神，锲而不舍纠“四风”树新风，力戒形式主义、官僚主义。一以贯之落实“过紧日子”要求，量入为出、节用裕民，杜绝铺张浪费，严禁形象工程。加强重点领域廉政风险防控，一体推进不敢腐、不能腐、不想腐，以政府的“清廉指数”赢得群众的“信任指数”。

大事记

1月

4日 中共泰州医药高新区工委（扩大）会议暨中共泰州市高港区委六届二次全体会议召开。

6日 泰州医药高新区（高港区）召开深化开发园区改革动员部署会。

10—13日 政协高港区第六届委员会第一次会议召开。

11—14日 高港区第六届人民代表大会第一次会议召开。

17日 全区党史学习教育总结会议召开。

21日 泰州医药高新区（高港区）召开青年商会成立大会暨“活力高新”青年企业家英才计划发布会。

△ 泰州医药高新区（高港区）2022年“三下乡”集中慰问服务活动在野徐镇举行。

22日 经国务院批准同意，泰州市获批跨境电子商务综合试验区，位于泰州医药高新区（高港区）的泰州综合保税区是跨境电子商务综合试验区的主要载体。

24日 高港区首次获江苏省乡村振兴战略实绩考核综合排名第一等次。

25日 大泗镇党委获评第四批江苏省乡村振兴先进集体。

△ 大泗镇霍堡村获评第四批江苏省生态文明建设示范村。

是月 高港区被交通运输部等四部门命名为“四好农村路”全国示范县。

2月

8日 由江苏默乐生物科技股份有限公司自主研发的幽门螺杆菌23S rRNA基因与gyrA基因突变检测试剂盒（荧光PCR法）获批三类医疗器械注册证，编号为国械注准20223400137，成为国内首个幽门螺杆菌多重耐药检测产品。

△ 中海油气（泰州）石化有限公司、扬子江药业集团有限公司、益海（泰州）粮油工业有限公司被认定为2021年度江苏省健康企业。

14日 永安洲镇疏港公路（疏港南路）工程项目、356省道高港段（高港大道）城市化改造工程项目获评江苏省级平安百年品质工程。

15—16日 泰州医药高新区（高港区）举办“潮起江东”2022年度领导干部读书班暨读书分享会。

18日 泰州医药高新区（高港区）劳模工匠协会成立暨第一次会员代表大会召开。

28日 泰州医药高新区（高港区）召开首届责任督学聘任会议。会上，向18名首届责任督学颁发聘书，聘期为3年。

3月

2日 泰州医药高新区（高港区）首季项目集中开工暨中慧元通创新疫苗项目奠基仪式在生物医药产业园区举行。集中开工1亿元以上项目31个，计划总投资131.7亿元。

3日 山东省滨州市党政代表团到泰州汽车产业园参观考察，实地参观蜂巢蔚领动力科技（江苏）有限公司。

4日 全区党员干部“进万家门、知万家情、解万家忧、办万家事”走访动员会召开。

△ 市政府召开周山河街区、高教园区管理体制调整部署会议，决定：周山河街区管委会、高教园区管委会相关社会事业管理职能划入泰州医药高新区（高港区）。

17日 扬子江药业集团与江苏瑞科生物技术股份有限公司战略合作签约仪式举行。

22日 泰州市核酸检测基地首套PCR实验室（又称基因扩增实验室）在泰州医药高新区（高港区）建成。

24日 泰州市政府在汇福粮油江苏泰州公司组织开展“祥泰行动4号”安全生产实战对抗演练。

31日 全市首个H股上市企业——江苏瑞科生物技术股份有限公司在泰州、香港两地以视频连线

“云敲锣”的方式在香港联交所主板上市，系香港联交所 HPV 疫苗第一股、新型佐剂第一股。

是月 全市首例困难残疾人生活补贴和重度残疾人护理补贴跨省通办申请在永安洲镇成功办理。

4月

8日 中海油气（泰州）石化有限公司的基于全景感知的石油炼化智能工厂、雀巢健康科学（中国）有限公司的特殊医学用途全营养配方食品智能工厂获评2022年江苏省智能制造示范工厂。

13日 泰州市永安洲初级中学团总支获评2021年度全国五四红旗团支部（团总支）。

23日 泰州市庆祝中国人民解放军海军成立73周年主题宣教活动在中国人民解放军海军诞生地纪念馆举行。

27日 胡庄镇入选2022年全国农业产业强镇创建名单。

28日 泰州医药高新区（高港区）成立街区商圈青年工作委员会。

△ 江苏康为世纪生物科技股份有限公司副总经理庄志华获全国五一劳动奖章。

29日 泰州市委、市政府召开2021年度综合考核总结表彰大会，通报全市2021年度综合考核结果，泰州医药高新区（高港区）位列2021年度市（区）综合考核第一等次。

5月

1日 口岸街道引江社区“相聚缘”乡村旅游一期项目正式运营。该项目于2018年启动，以儿童休闲娱乐为主，新建空中漂流、七彩滑道、时光幻境等娱乐设施，通过“村企合作”模式进行运营。

8日 区公安分局民警冯皓获评全国公安机关爱民模范。

20日 泰州医药高新区（高港区）“电水气网联合报装”专窗开通。

21日 泰州医药高新区（高港区）召开精致高新·活力新城建设发展大会。

29日 中国医药城国际人才云大会召开。

31日 泰州医药高新区（高港区）举行汽车产业联盟党委成立仪式暨首期汽车产业发展高端论坛。

是月 高港大道地下综合管廊通过竣工验收。高港大道地下综合管廊是泰州市首条三仓管廊，全长2.46千米，总投入约3.8亿元。

△ 祥泰路消防救援站驾驶员芮健入选5月“江苏好人榜”。

2022年4月23日，泰州市庆祝中国人民解放军海军成立73周年主题宣教活动在中国人民解放军海军诞生地纪念馆举行　　白马镇　供图

6月

2日 大泗镇举行莲廉飘香“清风讲堂”暨莲廉文化园开园仪式。

9日 六届区委第二轮巡察工作动员部署会召开。

11日 泰州医药高新区（高港区）“喜迎二十大·强国复兴有我”群众性主题宣教活动举行。

12日 泰州医药高新区（高港区）党政代表团到陕西省淳化县考察。两地签署“万企兴万村”行动框架协议，开展对口协作帮扶资金捐赠仪式。16日，淳化县党政代表团到泰州医药高新区（高港区）考察，两地签署慈善合作框架协议。

16日 2022年部省共建中国医药城联络员会议在泰州医药高新区（高港区）召开。

18日 泰州医药高新区（高港区）作家协会第一次会员大会召开。

△ 中国少年先锋队泰州医药高新区（高港区）第一次代表大会召开。

24日 新疆伊犁哈萨克自治州政协到泰州医药高新区（高港区）考察，实地察看泰州医药博览馆、江苏硕世生物科技股份有限公司、中国人民解放军海军诞生地纪念馆。

27日至7月1日 江苏省第二十届运动会青少年部自行车（公路、山地）比赛在凤栖湖景区举行。

28日 泰州市召开泰州医药高新区（高港区）融合发展推进会。

△ 泰州医药高新区（高港区）开展“融合一周年·媒体聚焦高新高港”活动，新华社、中央电视台等中央、省、市级媒体参加。

7月

4—8日 江苏省第二十届运动会青少年部空手道比赛在泰州医药高新区体育文创中心举行。

5—6日 省政协主席张义珍到泰州医药高新区（高港区）开展“政协主席深入走访委员聚共识促发展”专题活动，实地走访江苏蜂奥生物科技有限公司、扬子江药业集团。

12日 2022“苏韵乡情”乡村休闲旅游农业（泰州）专场推介活动在爱情海欢乐田园景区举行。

12—18日 江苏省第二十届运动会青少年部跆拳道比赛在泰州医药高新区体育文创中心举行。

16日 泰州医药高新区（高港区）开展夏季送清凉、送安全、送法律“三送”慰问活动，区领导到部分劳动者驿站、高速卡口以及重点企业看望慰问坚守在一线的劳动者。

18日 高港区政协与新疆伊犁哈萨克自治州昭苏县政协在昭苏县联合开展“共建书香政协、浇灌文化绿洲”主题调研交流活动。

22—24日 “第八届动物疫苗与免疫佐剂技术沙龙”在中国医药城会展交易中心举行。活动由国家兽用生物制品工程技术研究中心、农业农村部兽用生物制品工程技术重点实验室等单位主办。

24日 泰州医药高新区（高港区）举办“职展风采、工迎省运”企业职工趣味运动会。

24—31日 江苏省第二十届运动会青少年部象棋比赛在泰州世茂茂御酒店举行。

8月

8日 泰州医药高新区（高港区）老龄协会第一次会员大会召开。

江苏省第二十届运动会开幕式文艺表演

区党工委（区委）宣传和统战部 供图

13日 中共泰州医药高新区工委（扩大）会议暨中共泰州市高港区委六届三次全体会议召开。

15日 泰州医药高新区与青海国家高新区签订合作框架协议。

17日 中国医药城医疗器械体外测试实验室暨临床前研究基础医学实验室揭牌。

△ 丰登家庭农场、润翔家庭农场被认定为江苏省级示范家庭农场，膳泰游家庭农场入选省级家庭农场典型案例。

19日 泰州医药高新区（高港区）举办第五个“中国医师节”表彰大会。

28日 江苏省第二十届运动会在泰州医药高新区（高港区）泰州体育公园开幕。9月5日，举行闭幕式。

30日 中国海油“海疆1号”新品润滑油正式上市。“海疆”润滑油为中国海油自主润滑油品牌，中海油气（泰州）石化有限公司是“海疆”润滑油唯一生产企业。

△ 扬子江药业集团江苏龙凤堂中药有限公司、中海油气（泰州）石化有限公司、江苏富华新型材料科技有限公司、泰州金泰环保热电有限公司4个企业入围2022年度省工业互联网示范工程（工业互联网标杆工厂类）名单。

是月 全国首部关于农村（社区）聚餐点的省级地方标准《DB 32/T 4329—2022农村（社区）聚餐点建设服务规范》正式发布。该标准由区食品安全委员会办公室经过长期摸索调研后提出，区市场监督管理局、泰州医药高新区民间厨师协会、泰州市标准化院共同起草，江苏省市场监督管理局发布。

9月

1日 泰州医药高新区（高港区）召开产业园区用地整治提升试点工作部署会。

3日 泰州医药高新区（高港区）召开营商环境“大走访、大排查、大整治、大提升”百日攻坚行动部署会。此次百日攻坚行动自2022年9月开始，到12月结束，分为走访排查、全面整治、巩固提升3个阶段。

10日 泰州市“镜人励学”教育基金会成立暨泰州市高港实验小学“镜人楼”冠名揭幕仪式在泰州市高港实验小学举行。

17日 江苏省第十一届残疾人运动会在泰州医药高新区体育文创中心开幕。江苏省第十一届残疾人运动共设立轮椅击剑、举重、田径、乒乓球、羽毛球、坐式排球、盲人板铃球等18个比赛项目，全省13个设区市的1005名运动员参赛。

19日 《泰州市城市新中心及高铁枢纽片区概念规划》专家咨询会在泰州医药高新区（高港区）举行。

26日 浙江省政协到泰州医药高新区（高港区）开展“培育生物经济新动能”主题调研活动，实地察看泰州医药博览馆、中国医药城疫苗工程中心、江苏硕世生物科技股份有限公司等地。

27日 泰州市高港区科学技术协会第四次代表大会召开。

28日 省委、省政府和国家铁路集团共同召开北沿江高铁江苏段开工动员会议，标志着北沿江高铁江苏段正式开工建设。开工动员会采用“主会场+分会场”视频连线形式召开，南京主会场和苏州、南通、扬州、泰州分会场同步举行。泰州分会场设在白马镇境内的泰州南站开工现场。北沿江高铁在泰州境内里程约52千米，总投资128亿元，途经泰兴市、姜堰区、泰州医药高新区（高港区），设泰州南站、黄桥站2座车站。

△ 共青团泰州市高港区第七次代表大会召开。

是月 白马镇白马社区王华芹家庭入选第三届江苏省文明家庭。

10月

24日 扬子江药业集团向泰州医药高新区（高港区）捐赠价值218万元的防疫物资。

25日 江苏康为世纪生物科技股份有限公司通过线上+线下“云敲锣”的方式登录上交所科创板，成为泰州医药高新区（高港区）第7个上市的医药类企业。

27日 《泰州医药高新区（高港区）行政许可事项清单（2022年版）》发布。

28—30日 泰州医药高新区（高港区）第二届中小学生田径运动会在泰州市永安洲小学举行。本次比赛设小学、初中男女4个组别，共56个竞赛项目，全区各中小学的32支代表队、590名运动员同场竞技。

是月 2021年EFQM全球奖（原欧洲质量奖）在法国里昂举行，扬子江药业集团获EFQM全球奖（五星级），系2019年新版EFQM模型实施后，全球首个获得该奖项的制药企业。

△ 泰州医药高新区绿色生物医药科技成果转化基地入选首批江苏省碳达峰碳中和科技成果转化基地建设名单，系泰州市唯一上榜基地。

11月

2日 第二届中国生物制品质量研究与控制技术交流大会在泰州医药高新区（高港区）举行。

3日 海外高层次人才泰州行暨泰州医药高新区（高港区）生物医药产业园区“华创苑”揭牌仪式在区新时代文明实践中心举行。

7日 中国药科大学与扬子江药业集团合作共建的留学生产教融合教育中心在扬子江学堂揭牌。

△ 泰州市高港区残疾人联合会第五次代表大会召开。

8日 古镇地名白马、古村落地名柴墟入选2022年江苏省级地名文化遗产名单。

13日 泰州医药高新区（高港区）召开学习贯彻中共二十大精神宣讲工作动员会暨区党工委（区委）宣讲团备课会。从11月中旬到12月10日，区党工委（区委）中共二十大精神宣讲团成员到各园区、镇街、部门、村（社区）、学校、区属国有企业等开展集中宣讲。

18日 泰州市政务服务自助一体机投放仪式在凤凰街道便民服务中心举行。投入启用的政务服务自助一体机涵盖不动产、社保、医保、公积金等69个高频事项的自助办理、查询打印功能。

19—21日 第十三届中国（泰州）国际医药博览会在泰州医药高新区（高港区）举办。

25日 泰州医药高新区（高港区）与扬州泰州国际机场签订战略合作框架协议。

26日 大泗镇《聚力数字赋能，绘就“智安大泗”样板》治理案例入选第二批全省乡村治理典型案例。

是月 野徐镇康居新城（东苑）、康居新城（西苑）2个小区获评2021年度江苏省级宜居示范居住区。

△ 中海油气（泰州）石化有限公司5G+智能工厂建设项目入围2022年度江苏省5G全连接工厂项目。

12月

6日 学习贯彻中共二十大精神市委宣讲团在泰州医药高新区（高港区）举行宣讲报告会。

△ 泰州医药高新技术产业开发区、泰州港经济开发区入选江苏省工业互联网示范工程第四批“互联网+先进制造业”特色产业基地名单。

9日 泰州医药高新区（高港区）举办2022年度园区、镇街党（工）委基层党建“书记项目”述比会。

△ 泰州市2022年“圆梦行动”捐赠仪式在泰州医药高新区（高港区）举行。活动现场，蓝思精密（泰州）有限公司向市残疾人福利基金会捐款25万元，市残疾人福

2022年12月15日，总投资120亿元的盛虹新型储能电池及系统集成项目在泰州医药高新区（高港区）签约　区党工委（区委）宣传和统战部 供图

利基金会向泰州医药高新区（高港区）捐赠太阳能热水器、微波炉、电视机等家电204台。

12日　泰州市政务服务中心和泰州医药高新区（高港区）政务服务中心整体搬迁至泰州大道388号，正式合并运营。

13日　泰州医药高新区（高港区）获评2022年全国县域农业农村信息化发展先进县。

15日　总投资120亿元的盛虹新型储能电池及系统集成项目在泰州医药高新区（高港区）签约。

△　泰州市首届电商直播大赛在泰州医药高新区（高港区）启动。

△　疏港公路（疏港南路）工程正式通车。道路全长5千米，全线采用一级公路兼城市主干路标准，双向六车道。

16日　泰州医药高新区（高港区）举行华银金投知识产权证券化及浦发银行泰浦医贷推广会，推出泰州首支知识产权证券化专项产品，为中国医药城有资金需求的医药研发企业解决融资难题。

19日　江苏省第二十届运动会泰州市总结表彰大会在泰州医药高新区（高港区）召开。会议表彰省运会组织运行和备战参赛工作先进集体与先进个人、最佳赛区及优秀竞赛工作者、优秀接待酒店、“最美食安卫士”、志愿服务优秀组织和个人等。

22日　泰州市高港区工会第五次代表大会召开。

27日　国家税务总局泰州医药高新区（泰州市高港区）税务局挂牌成立。

△　沪渝蓉高铁（北沿江高铁）泰州段首根桩基在寺巷街道石桥社区引江河畔正式开钻，标志着北沿江高铁泰州段工程进入实质性施工阶段。

30日　中共泰州医药高新区工委（扩大）会议暨中共泰州市高港区委六届四次全体会议召开。

是月　由泰州医药高新区（高港区）选送的百宁盈创“术中神经监测导航系统”项目获第五届“中国创翼”创业创新大赛优秀奖。

△　扬子江药业集团获评“江苏制造突出贡献奖”优秀企业。

△　江苏荃信生物医药股份有限公司、江苏中慧元通生物科技股份有限公司、江苏百宁盈创医疗科技有限公司被认定为江苏省“潜在独角兽”企业；江苏长泰药业有限公司等12个企业被认定为江苏省“瞪羚”企业。　（区党史方志办）

区情概览

地方名片

【人民海军诞生地】 1949年1月，中共中央政治局通过《目前形势和党在一九四九年的任务》的决议，提出："一九四九年及一九五〇年我们应当争取组成一支能够使用的空军，及一支保卫沿海沿江的海军。"此后，中共中央、中央军委指示第三野战军前敌委员会在华东地区把海军组建起来。3月下旬，第三野战军前敌委员会传达中共中央和中央军委关于筹建人民海军的指示。4月23日，中央军委急电：第三野战军立即组建海军，名为中国人民解放军华东军区海军。13时30分，张爱萍在白马庙宣读中央军委急电和第三野战军前敌委员会关于成立人民海军的决定。张爱萍带领李进、黄胜天、张渭清、温礼芝等13人开展组建工作，成立中共华东军区海军临时委员会，组建司令部、政治部等部门。抽调第三野战军教导师第3团、直属侦察营等部和苏北军区海防部队编入海军，并接管国民党海军起义、投诚的军舰。张爱萍任华东军区海军司令员兼政治委员。1989年2月17日，中央军委关于海军成立日期的批复同意以一九四九年四月二十三日成立华东军区海军的日期为中国人民解放军海军的成立日期。1998年，江泽民为中国人民解放军海军诞生地纪念馆题写馆名。1999年，中国人民解放军海军诞生地纪念馆开馆。人民海军诞生地为全国重点文物保护单位，中国人民解放军海军诞生地纪念馆为全国爱国主义教育示范基地。

（区党史方志办）

【中国医药城】 2005年2月，省委、省政府综合泰州医药产业基础以及国内外医药产业发展趋势，作出在泰州"设立医药产业园、打造中国医药城"的重大战略决策。2006年11月，中国医药城正式启动建设。2009年3月，国务院批复泰州医药高新技术产业开发区（简称泰州医药高新区）升级为国家级高新区，成为全国第一个以医药健康产业定位命名的高新区。2010年2月，科技部、卫生部、国家食品药品监管局、国家中医药管理局与江苏省人民政府共建中国医药城机制正式启动，泰州医药高新区成为全国唯一的部省共建高新区。2013年10月，中国医药城成为全国唯一的国家新型疫苗及特异性诊断试剂产业集聚发展试点。2016年5月，《长江经济带发展规划纲要》中提出"支持泰州开展大健康产业集聚发展试点"。2019年12月，《长江三角洲区域一体化发展规划纲要》中提出"培育泰州医药健康产业创新中心"。2021年，泰州医药高新区与高港区实现融合发展，统称泰州医药高新技术产业开发区（泰州市高港区），简称泰州医药高新区（高港区）。2021年6月28日，市委、市政府召开泰州医药高新区、高港区融合发展暨举全市之力建设中国医药城大会，指出中国医药城就是泰州，泰州就是中国医药城，泰州医药高新区（高港区）是泰州发展的"特区"、中国医药城的核心区。2022年11月，中国生物技术发展中心发布《2022中国生物医药产业园区发展竞争力评价及分析报告》，泰州医药高新区列"2021中国生物医药园区发展竞争力排行榜"第11位。

（生物医药产业园区）

【泰州港高港港区】 北宋乾德二年（964），柴墟港口形成。明代，柴墟港口成为口岸港口。19世纪末，由于江中沙洲不断淤涨，江岸线南移，口岸港口南移2000米至封家庄。清光绪二十八年（1902），港口开埠通商。清末，封家庄码头淤浅，港口西移500米至龙窝口。1954年9月，龙窝口码头淤浅，港口移至高港，称高港港口。1988年7月，高港港被省政府批准为对外开放二类港口。1992年11月，高港港被国务院批准为对外开放一类港口。1997年6月，高港港更名为泰州港。1999年，建成杨湾作业区。2002年，泰州市整合高港区、泰兴市、靖江市三地沿江港口，统称泰州港，高港区段称泰州港高港港区，为泰州港主港区。

2006年，建成永安作业区。2014年，泰州国际集装箱码头开港。2022年，高港港区拥有高港、杨湾、永安3个作业区，集装卸、仓储、运输、船舶代理、货物代理、配送等物流服务于一体，有公用长江泊位11座，其中万吨级泊位7座，完成集装箱吞吐量32.69万标准箱。

（区党史方志办）

【扬子江药业集团】 创建于1971年，是跨地区、产学研相结合、科工贸一体化的国家大型医药企业集团，也是科技部命名的全国首批创新型企业。总部位于泰州医药高新区（高港区），有员工1.6万余人，旗下20余个成员公司分布在泰州、北京、上海、南京、广州、成都、苏州、常州等地。营销网络覆盖除台湾以外的全国各省、市、自治区。1996年起，连续多年排名江苏省和全国医药行业前列。2022年，在中国医药工业百强榜上位居第1名。

（扬子江药业集团）

【口岸雕花楼景区】 口岸雕花楼景区总占地面积8.8万平方米，建筑面积3.9万平方米，总投资近10亿元，于2014年建成并对外开放，为国家AAAA级旅游景区。以柴墟古街区为载体，融休闲、娱乐、餐饮、购物等功能，集楼景、水景、桥景、街景于一体，形成包括“一桥、两街、三庙、四宅”在内的主要景点。2022年，口岸雕花楼景区二期建设基本完成。（口岸雕花楼景区）

地理环境

【区位面积】 泰州医药高新区（高港区）位于泰州市市区南部，濒临长江。北连海陵区，东接姜堰区、泰兴市，西邻扬州市江都区，南与镇江扬中市隔江相望。全区总面积402.87平方千米，建成区面积80.78平方千米。其中，原泰州医药高新区区域面积116.03平方千米，建成区面积60.78平方千米；原高港区区域面积286.84平方千米，建成区面积20平方千米。

（雷勇富　黄　梅　吕　峰）

【地形地貌】 属长江三角洲冲积平原。古代是浅海，后来渐次成陆。地势平坦，地面高程一般2～5米，最低处1.8米（永安洲镇北沙局部地面）。大体北部为高沙平原，南部为沿江平原，江岸线附近的狭长区域为江边滩地。（雷勇富）

【河流交通】 区内骨干河道18条。其中，市级及以上骨干河道10条，区级骨干河道8条。市级湖泊1个，为凤栖湖；区级湖泊2个，为天德湖、天禄湖。长江、引江河、南官河、两泰官河、西干河、古马干河、周山河均可通航。（滕智超）

【气候】 2022年，泰州医药高新区（高港区）平均气温较常年偏高1.1℃；年降水量较常年偏少0.6成；年日照时数较常年多3.2成。主要天气气候事件有梅雨非典型性特征明显，夏季高温强度为1961年以来罕见，国庆假期出现罕见高温，台风“梅花”过境带来强风暴雨，11月末出现强寒潮等。主要气象灾害有寒潮、暴雨、雨雪冰冻、强对流、台风、高温、干旱、雾和霾等。因台风、暴雨、强对流、干旱等造成的人民财产、农业经济和直接经济损失较重。

日照　全年日照总时数为2657.1小时，较常年多3.2成。

气温　全年平均气温16.9℃，较常年（15.8℃）明显偏高。年极端最高气温40.5℃，（8月14—15日），年极端最低气温-7.2℃（1月14日）。全年高温日（35℃以上）42天，较常年明显偏多。

降水　全年总降水量1021.2毫米，较常年（1082.5毫米）略偏少。年降水日数100天，较常年（112天）偏少，其中暴雨日数为6天。

2022年泰州医药高新区（高港区）月度降水量一览表

表2　　单位：毫米

月份	降水量	月份	降水量
1	82.7	7	224.5
2	26.1	8	15.1
3	165.0	9	56.2
4	131.9	10	104.7
5	24.7	11	76.8
6	99.1	12	14.4

梅雨　6月23日入梅，较常年（6月19日）偏晚4天；7月11日出梅，出梅较常年（7月12日）偏早1天，梅雨期长18天，梅雨期较常年（24天）偏短6天。梅雨量为67.6毫米，与常年（平均247.4毫米）相比少7成。梅雨非典型性特征明显，多晴热高温天气，梅雨量显著偏少，以对流性降水为主。梅雨期平均气温30.1℃，比常年偏高4℃。

高温　全年高温日数（35℃以上）42天，比常年（7.7天）明显偏多。极端最高气温40.5℃，出现在8月14—15日。8月4—15日出现连续12天高于37℃的高温天气。10月2日、3日出现37.6℃和38.5℃的高温天气。

台风　第12号台风“梅花”在江苏省境内停留约9个小时，9月12日夜里，台风“梅花”外围开始影

玩雪的孩童　　区党工委（区委）宣传和统战部　供图

响全区，受台风“梅花”影响，过程累计雨量50.9毫米，全区普遍出现7～8级大风。

强对流天气　6月23日，出现强对流天气，全区普遍出现7级以上的大风天气。其中，刁铺街道、永安洲镇出现8级以上的大风天气，口岸街道部分地区达8级以上。7月10日晚，出现雷雨大风天气，其中永安洲镇最大风力达8级。7月20日下午，出现强对流天气，最大风力达7级，部分地区最大风力达8级以上。7月28日下午到夜里，胡庄镇出现雷雨大风天气，最大风力为8级。

雨雪冰冻　2月7日早晨，自北向南出现雨夹雪或雪的天气，至7日夜间雨雪天气结束，过程雨雪量18.3毫米，最大积雪深度6厘米，出现较严重的道路结冰。

强寒潮　11月28日下午，出现明显降温及大风天气，48小时降温幅度15.2℃。28—29日有中雨，29日夜里转小雪天气，且28日夜里至29日大部分地区出现6～7级、江面达8级的西北大风。

（徐为进）

【水文水情】 2022年，境内长江最高水位4.73米，发生在6月16日；长江最低水位为-0.3米，发生在12月19日。南官河口岸闸全年引水188次、14901.1万立方米，无排水。

（陈江华）

【自然资源】 长江岸线资源　境内长江岸线23.5千米，江滩、江圩面积近333.33公顷。

水资源　可利用水资源主要为长江水，水量每年约3亿立方米。全区水面广阔，资源丰富，江、河、塘中主要产鱼、虾、蟹、蚌、龟、鳖等。泰州引江河航道有利于建立沿河两岸旅游观光景地。

江河资源　境内河道纵横、水系发达。骨干河道18条，总长187.93千米；中沟河道171条，总长359.91千米；村庄河道1325条，总长689.74千米。

土地资源　全区土地总面积40286.62公顷。其中，耕地12965.38公顷，园地1770.54公顷，林地3016.8公顷，草地574.11公顷，城镇村及工矿用地11499.41公顷，交通运输用地3274.66公顷，水域及水利设施用地7009.61公顷，其他土地176.11公顷。

地热资源　有地热资源2处，未进行实质性建设和开采。

（雷勇富　黄　梅　吕　峰　滕智超）

建置区划

【建置沿革】 西周，境内初属邗国，春秋战国时期改属吴、越、楚。秦王政二十四年（前223），为晦（海）陵县地。西汉高祖五年（前202），属楚国。高祖六年，属荆国。高祖十二年，属淮郡海陵县。新莽天凤元年（14），属淮平郡亭间县。东汉建武十三年（37），属广陵郡海陵县。东汉永平元年（58），属广陵国海陵县。永平十年，属广陵郡海陵县。三国魏黄初五年（224），海陵县废，境内沦为魏、吴间弃地。西晋太康元年（280），属广陵郡海陵县。南朝梁天监元年（502），属海陵郡海陵县。隋开皇三年（583），属吴州海陵县。开皇九年，属扬州海陵县。大业三年（607），属江都郡海陵县。唐武德三年（620），属吴州吴陵县。武德七年，属邗州海陵县。武德九年，属扬州海陵县。天宝元年（742），属广陵郡海陵县。乾元元年（758），属扬州海陵县。五代十国吴武义二年（920），属江都府海陵县。南唐升元元年（937），分属泰州泰兴县、海陵县，泰兴县治设于济川镇，济川镇位于济川河（今南官河）河口附近。北宋乾德二年（964），因济川镇坍江，泰兴县治移至柴墟。宣和四年（1122），境内分属扬州泰兴县、泰州海陵县。南宋建炎四年（1130），岳飞任通泰镇抚使兼知泰州，屯兵柴墟，在南坝桥大败金兵。时境内分属泰州泰兴县、海陵县。绍兴五年（1135），分属扬州泰兴县、泰州海陵县。绍兴十年，分属泰州泰兴县、海陵县。绍兴十二年，分属扬州泰兴县、泰州海陵县。元至元十四年（1277），分属扬州路泰兴县、泰州路海陵县。至元二十一年，分属扬州路泰兴县、扬州路泰州海陵县。至正二十五年（1365），徐达为进攻泰州，自境内大江口开济川河直至泰州南门。至正二十六年，境内分属扬州府泰州海陵县、扬州府泰兴县。明洪武元年（1368），分属扬州府泰州、泰兴县。嘉靖年间（1522—1566），泰州至泰兴的驿道经过境内，并设刁家渡铺、口岸铺。明代，口岸成为泰兴的西北重镇，先后建有口岸察院、口岸公馆。清顺治二年（1645），境内分属扬州府泰州、泰兴县。雍正二年（1724），分属泰州、通州泰兴县。雍正十三年，泰兴全县分为四辖，口岸巡检司所治地域为"口辖"。口岸逐渐发展成为长江北岸的一个重要港口和物资集散地。乾隆九年（1744），境内分属扬州府泰州、通州泰兴县。1912年，分属泰兴县、泰县。1940年7月后，分属泰兴县、泰县抗日民主政府。1945年11月，苏皖边区政府成立，境内分属第一行政区的泰兴县、泰县。1949年4月，分属苏北行政公署泰州专区的泰州市、泰兴县、泰县。1950年5月，分属泰兴县、泰县。1953年1月，分属扬州专区（后改称扬州市）泰州市、泰兴县、泰县。1959年1月，泰州市、泰县合并为泰州县，境内分属泰兴县、泰州县。1962年5月，分属泰州市、泰兴县、泰县。1992年9月，分属泰州市、泰兴市、泰县。1994年10月，分属泰州市、泰兴市、姜堰市。1996年7月，分属地级泰州市所辖海陵区、泰兴市、姜堰市。1997年8月，设高港区，隶属于泰州市。境内永安洲等7个乡镇属高港区，寺巷、鲍徐、塘湾3个镇属海陵区。2010年8月，泰州医药高新区管委会成立。（区党史方志办）

【行政区划】 1997年8月高港区成立时，辖永安洲、田河、口岸、刁铺、许庄、白马、野徐7个乡镇。2008年区划调整，辖口岸、刁铺、许庄3个街道及永安洲、野徐、白马3个镇，野徐镇殷蒋村、陈庄村和白马镇朱穆村划归泰州市周山河街区管委会代管。2009年区划调整，辖口岸、刁铺、许庄3个街道及永安洲、白马、大泗、胡庄4个镇，许庄街道唐家村、老庄村划归野徐镇代管，野徐镇及刁铺街道部分村组划归泰州经济开发区代管。2010年，口岸街道分设为口岸街道、沿江街道（所辖区域已于2000年划归泰州经济开发区代管）。至2020年年末，高港区辖街道3个、镇4个，共有社区51个、居民小组883个，村40个、村民小组752个。

2000年2月，鲍徐镇并入寺巷镇。2002年，寺巷镇划归泰州经济开发区代管。2006年，泰州医药高新区启动建设。同年，撤销塘湾镇，设立凤凰路街道。2007年12月，泰州市周山河街区管委会成立。2008年，凤凰路街道更名为凤凰街道，隶属于泰州经济开发区，由泰州市周山河街区管委会代管。2009年3月，国务院批复泰州医药高新区升级为国家级高新区。2010年1月，撤销寺巷镇，分别设立寺巷街道、明珠街道。2010年8月，泰州医药高新区管委会成立，下辖泰州医药高新技术产业园区、泰州经济开发区、泰州出口加工区、泰州高等教育园区、泰州市周山河街区、泰州数据产业园区和泰州滨江工业园区7个功能性园区，原由泰州经济开发区代管的寺巷街道、明珠街道、沿江街道、野徐镇和泰州市周山河街区管委会代管的凤凰街道划归泰州医药高新区管委会代管。至2020年年末，泰州医药高新区共代管街道4个、镇1个，共有社区54个、居民小组736个。

2021年，泰州医药高新区、高港区实现融合发展，实行"区政合一"管理体制。2022年，全区共辖口岸、刁铺、许庄、沿江4个街道和永安洲、大泗、白马、胡庄、野徐5个镇，代管寺巷、明珠、凤凰3个街道，共7个街道、5个镇。新增社区2个（凤凰街道天德湖社区和周山河社区）。全区共有社区107个、居民小组1619个，村40个、村民小组752个。

（陈　娟）

2022年泰州医药高新区（高港区）各镇街所辖村（社区）情况一览表

表3

街道、镇	社区	行政村
口岸街道	王营社区、口岸社区、龙窝口社区、城东社区、柴墟社区、新城社区、育才社区、城南社区、蔡滩社区、东南社区、朱营社区、戴集社区、集成社区、新明社区、引江社区、张马社区、田河社区	吴楼村、雅儒村、郎庄村、徐桥村、徐庄村、大石村
刁铺街道	关桥社区、通太社区、环溪社区、万庄社区、大丰社区、界牌社区、圩岸社区、明发社区	—
许庄街道	马厂社区、三星社区、官沟社区、周梓社区、三旗营社区、曹官营社区、许庄社区、乔杨社区、赵王社区、孔桥社区	明河村、钱赵村、管营村、蔡庄村
寺巷街道	寺巷社区、新华社区、小王社区、大王社区、石桥社区、三野社区、屠桥社区、二桥社区、新港社区、祥和社区、医药城社区、龙凤社区、康和社区、军甫社区	—

续表3

街道、镇	社区	行政村
明珠街道	明珠社区、城南社区、祥龙社区、丹凤社区、西湖翠苑社区、靳新社区、殷庄社区、北徐社区、鲍徐社区、春风社区、东明社区	—
凤凰街道	梅兴社区、秦蒋社区、塘湾社区、朱穆社区、殷蒋社区、陈庄社区、杨庄社区、向阳社区、西谢社区、刘庄社区、双河社区、东谢社区、振兴社区、集镇社区、盛和社区、钟山社区、永定社区、华润社区、凤凰园社区、周山河社区、天德湖社区	—
沿江街道	滨江社区	—
永安洲镇	福沙社区、新街社区、中心社区、永兴社区、兴洲社区、永胜社区、上桥社区、建安社区、东江社区、兴隆社区、润洲社区	—
白马镇	金马社区、白马社区	岱白村、陈家村、陆家村、黄河村、前进村
大泗镇	大泗社区	时庄村、马龙村、康乐村、霍堡村、大马村、佴陈村、佴庄村、二陈村、北港村、曹于村、前进村、杨营村
胡庄镇	胡庄社区、汪群社区	赵市村、薛垛村、戴陈村、刘荡村、单王村、刘元村、史庄村、庵桥村、周马村、宗林村、丁庄村、田野村、陈隆村
野徐镇	老庄社区、永新社区、褚雅社区、康居社区、仲联社区、野徐社区、唐家社区、香榭社区、仲润社区	—

人口·民族

【人口】 2022年年末，泰州医药高新区（高港区）户籍总人口438964人。其中，男性219141人，占人口总数的49.92％；女性219823人，占人口总数的50.08%。人口密度为1089.59人/平方千米。全年出生人口2259人，死亡人口3903人。

（区公安分局）

【民族】 泰州医药高新区（高港区）是少数民族散居地区，有苗、满、回、壮、土家等少数民族34个，全区12个镇街都有少数民族居住。其中，凤凰街道最多，有332人。全区有少数民族人口1741人。其中，土家族415人，占23.84%。

［区党工委（区委）宣传和统战部］

2022年泰州医药高新区（高港区）少数民族人数及分布情况一览表

表4　　单位：人

民族	口岸街道	刁铺街道	许庄街道	寺巷街道	明珠街道	凤凰街道	沿江街道	永安洲镇	白马镇	大泗镇	胡庄镇	野徐镇	小计
土家族	36	11	30	23	21	66	—	24	64	46	37	57	415
壮族	11	9	20	15	2	24	10	8	9	16	14	11	149
彝族	16	8	14	10	3	9	—	9	4	20	5	—	98
回族	27	7	13	19	19	35	5	3	6	3	4	10	151
满族	26	22	13	11	21	45	1	11	4	8	6	7	175
苗族	22	7	11	23	11	45	—	13	13	25	45	2	217
蒙古族	30	9	8	12	3	28	—	3	—	3	10	4	110
布依族	10	10	6	1	—	8	—	4	6	11	9	—	65

续表4

民族	口岸街道	刁铺街道	许庄街道	寺巷街道	明珠街道	凤凰街道	沿江街道	永安洲镇	白马镇	大泗镇	胡庄镇	野徐镇	小计
朝鲜族	6	1	5	3	8	22	—	—	3	2	—	—	50
白族	5	3	5	5	1	6	—	2	—	2	11	1	41
侗族	6	1	4	4	1	11	—	2	5	2	10	10	56
仡佬族	3	—	4	2	1	1	—	1	—	—	—	—	12
哈尼族	—	1	3	4	—	—	—	—	—	4	1	—	13
黎族	7	—	3	—	—	5	3	2	5	4	5	—	34
羌族	—	—	3	—	—	—	—	—	—	—	—	1	4
瑶族	3	—	2	—	1	9	2	4	3	3	2	—	29
傣族	5	5	2	2	1	—	—	5	3	4	4	—	31
佤族	—	5	2	—	—	2	—	1	1	—	—	—	11
畲族	1	2	2	1	1	1	—	2	2	—	—	—	12
达斡尔族	—	—	2	2	—	—	—	—	—	—	—	—	4
保安族	—	—	2	—	—	—	—	—	—	—	—	—	2
拉祜族	—	—	1	2	—	—	—	—	—	—	1	—	4
水族	—	—	1	—	—	—	—	—	—	2	—	—	3
土族	2	—	1	—	—	1	—	2	1	1	—	—	8
藏族	3	—	—	3	3	2	—	—	—	—	2	—	13
维吾尔族	—	—	—	1	—	4	—	1	—	—	—	—	6
傈僳族	2	—	—	—	1	—	—	2	—	—	—	—	5
纳西族	—	1	—	—	—	—	—	—	—	1	2	—	4
景颇族	—	—	—	—	—	—	—	—	2	—	—	—	2
仫佬族	—	—	—	2	1	—	—	—	—	—	—	1	4
锡伯族	—	—	—	—	—	2	—	2	—	—	—	—	4
普米族	—	—	—	—	—	3	—	—	—	—	—	—	3
鄂温克族	—	—	—	—	—	3	—	—	—	—	—	—	3
裕固族	—	—	—	—	—	—	—	—	—	1	—	2	3
合　计	221	102	157	145	99	332	21	101	131	158	168	106	1741

古迹·名人

【名胜古迹】 泰州医药高新区（高港区）辖区内有全国重点文物保护单位1处（人民海军诞生地）、省级文物保护单位3处（口岸雕花楼、解放街戚宅、李信昌过载行）、市级文物保护单位6处（口岸城隍庙、刁铺龙王庙、泰昌生木号、龙泉池浴室、解放街孙宅、佴家庄战斗旧址纪念碑）。有南宋抗金名将岳飞大胜金兵的遗址南坝桥，有形成于南宋的口岸庆元街、口岸解放街清式民居等古建筑。天德湖公园、口岸雕花楼景区为国家AAAA级旅游景区。中国人民解放军海军诞生地纪念馆、白马文化旅游区、江苏中药科技园、凤栖湖景区、引江河风景区、泰州海军舰艇文化园均为国家AAA级旅游景区。

［区党工委（区委）宣传和统战部］

省级文物保护单位口岸雕花楼　　　口岸街道　供图

【名人】有东汉秣陵（今南京）县尉蒋子文（被孙权追封为“白驮将军”，民间俗称“白马大将军”）、北宋名臣潘及甫、元代福建廉访使居申驹、明代儒学大家储巏、明代武进士戚世光、明末清初评话大师柳敬亭、清康熙侍卫徐左柱、清开明绅士赵良礼、教育家李煦春、《解放军报》总编赵易亚少将、军旅诗人栾长明、工程力学专家蔡强康、现代“生命之约”英雄刘绍安、民间收藏家蔡澧泉、儿童文学作家陈模、企业家徐镜人、抗战老兵史保东、“人民科学家”叶培建等。

（区党史方志办）

地方美食

【全鱼席】泰州医药高新区（高港区）南濒长江，自古盛产以“长江三鲜”（鲥鱼、刀鱼、河豚）为代表的各类江鲜。全鱼席精选当地特产的各类水产品，通过清蒸、白汁、黄焖、红烧等烹饪手法，保证食材的原汁原味。全鱼席约有30余个品种，其中红烧河豚、白汁鱼、清蒸刀鱼、黄焖江鳗、清蒸江蟹等为全鱼席中的上品。2021年1月起，长江实行十年禁渔，全鱼席不再取用江鲜食材，全部改用人工养殖食材。

【全羊席】刁铺全羊席具有上百年的历史，用料考究、工艺独特、口味鲜嫩、色香俱佳、养身补体。全部菜肴皆以1年生山羊为原料，经去膻工艺后，或焖或炖或炒或冷切或红烧或油浸，将羊肉及羊的眼、耳、心、肝、腰、脑、蹄、卵、鞭、肠、肚等部位做成佳肴。其中，以扒乳羊、蟹黄羊肉狮子头、生爆羊球片、多子多福、豆腐烩羊脑、鳜鱼烧羊肉为代表。

【全牛席】大泗全牛席　新中国成立前，大泗有“霍堡庄、穷叮当、杀老牛、卖生姜”的说法。霍堡人做牛肉生意已有近百年的历史。霍堡牛肉传承至今成为大泗独特的菜肴。大泗镇现有几十个牛肉店，其中以“泗水人家”全牛席最为有名。全牛席以牛的头、尾、蹄、内脏、肉为原料。上菜顺序，从头到尾，极为讲究，共有百余种菜品。最具代表性的有十大名菜，依次是：牛气冲天（牛头）、爆炒世界（牛眼）、美味牛簧（牛舌）、生爆牛宝（牛宝）、酸辣牛肚（牛肚）、心怀天下（牛心）、铁板腰花（牛腰）、快马加鞭（牛鞭）、祥龙摆尾（牛尾）、脚踏实地（牛蹄）。牛肉分水牛肉和黄牛肉，黄牛肉纹理清晰、肉实味美，为大泗全牛席的首选。

寺巷全牛席　寺巷牛肉传统烹饪技艺传承至今已有150余年。20世纪90年代起，推出寺巷全牛席。主要菜品有夫妻肺片（牛肺、牛杂）、牛肉冻（蹄筋）、麻酱牛腰片、拌牛蹄黄（牛掌）、水爆肚仁（牛肚去外皮）、红焖牛尾、粉蒸牛肉、涮牛肚、粟米牛汤、酒香牛肉、干红油百叶、炭烤牛仔骨、肉眼牛扒、栗香牛腰、红煎牛腰、虎皮牛尾（汤）、牛髓饮、彩珠牛宝（牛宝、牛鞭）、清炖枸杞牛鞭汤、熘牛心花、核桃芝麻炖牛心、大枣牛肝汤、圆葱烩牛肝、白菜煲牛肺、芹蒜炒牛血、桃仁牛血汤、法式牛小排、沙朗牛排（后腰脊肉）、肋眼牛排（牛肋脊部位）、西红柿炖牛肉（肋条）、奶酪烤牛舌、眼肉牛排、老姜炖牛展、花菜炖肉丸、水煮肥牛、水煮牛肉、牛肉萝卜馅饼、咖喱牛肉干、红酒焖牛腩、清炖土豆牛肉、黑椒茭白牛柳、香辣炒牛肚、五香牛腩、辣酱烤牛里脊、黑椒嫩牛（里脊肉切片）、凉拌牛肉、牛肉粉丝煲、杭椒牛柳（切条）、山药牛肉粒（里脊）、酸菜肥牛、盐焗黑椒牛扒、椒香牛肉干、香煎牛排（上脑）、彩椒牛肚、水晶蹄筋、宫爆牛筋、中式罗宋汤（牛腩切小块）、牛肉凉片、黑椒牛仔骨、拌牛头肉、拌花腱（腱子肉）、姜丝拌百叶、白切牛肉（腱子肉）、拌牛盘肠、红烧牛鞭、炭烤牛舌、酸汤牛窝骨、韭香牛百叶、香辣牛鼻梁、香芹炒弯口、香辣牛骨髓、鲍汁扣牛眼、牛耳片、红扒牛头方（牛头脸）、牛脑煎蛋、香芒煎牛西冷、牛排（带骨眼肉）、涮肥牛（去骨腹肉）。

（区党史方志办）

国民经济和社会发展统计公报

【概况】2022年，全区实现地区生产总值1153.39亿元，按不变价计算，比上年增长2.7%。其中，第一产业增加值、第二产业增加值、第三产业增加值分别为16.36亿元、648.01亿元、489.02亿元，三次产业结构比为1.4∶56.2∶42.4。

【农林牧渔业】 农业经济稳步发展。全区实现农业总产值25.97亿元，同比增长7.4%。其中，种植业、林业、牧业、渔业和农林牧渔专业及辅助性活动产值分别为19.27亿元、0.18亿元、2.39亿元、2.52亿元和1.7亿元。全年实现农业增加值17.28亿元，增长3.4%。

粮食生产“以夏补秋”。全区粮食播种面积16579公顷，同比增长1.2%；粮食总产量11.25万吨，同比增长0.3%。其中，夏粮总产量4.58万吨，同比增长1.9%；秋粮总产量6.67万吨，同比下降0.7%。

蔬菜生产稳步提升。全区蔬菜及食用菌的播种面积和总产量均稳中有增。播种面积5620公顷，同比增长1.4%；总产量20.47万吨，同比增长2.4%。

畜禽产能极大恢复。全区生猪累计出栏8.09万头，同比增长14%。其中，泰州高港牧原农牧有限公司累计出栏6.8万头，占全区出栏量的84.3%，对全区生猪出栏量贡献较大；家禽全年累计出栏48.95万羽，同比增长10.6%。

渔业生产总体平稳。全区水产养殖面积900公顷，水产品全年总产量0.62万吨，生产能力尚未恢复到长江禁捕和区域禁养前的水平。

【工业和建筑业】 工业生产稳中有进。全区规模以上工业产值同比增长12%，其中民营工业产值同比增长14.3%。分轻重工业看，轻工业产值同比增长12.5%，重工业产值同比增长11.7%。分经济类型看，集体企业产值同比下降44.7%，股份制企业产值同比增长14.4%，外商及港澳台商投资企业产值同比增长5.1%。

重点行业贡献显著。全区规模以上工业企业涉及的31个行业大类中，11个行业累计产值同比实现正增长，其中8个行业增速高于全区平均水平，11个行业累计产值占比达89.1%，对全区产值增长的贡献率达140.6%。医药制造业累计实现产值631.25亿元，同比增长12.1%；石油行业累计实现产值337.05亿元，同比增长63.7%；汽车制造业累计实现产值213.29亿元，同比增长29.5%。

企业效益持续向好。全区规模以上工业实现利润总额190.25亿元，同比增长47.3%，增幅较1—9月、1—6月、1—3月分别提升25个、25.4个、47.1个百分点。其中，12月实现利润总额30.11亿元，同比增长187.5%，增速较11月提升121个百分点。

建筑业小幅下降。全区实现建筑业总产值694.1亿元，同比下降2.3%；竣工产值564.99亿元，同比增长0.9%，竣工率为81.4%。建筑业企业房屋建筑施工面积4551.89万平方米，同比下降3.2%，其中新开工面积1565.96万平方米，同比下降20.5%；竣工面积1681.84万平方米，同比下降2.8%，其中住宅竣工面积1486.54万平方米，同比增长5.5%。

【固定资产投资】 固定资产投资有所下滑。全区固定资产投资同比下降13.5%，其中民间投资占固定资产投资比重为79.9%。分登记注册类型看，内资企业投资同比下降28.2%，港、澳、台商企业投资同比增长166.1%，外商企业投资同比增长45.4%。分行业看，化学纤维制造业投资同比增长63.8%，电气机械和器材制造业投资同比增长150.5%，计算机通信和其他电子设备制造业投资同比增长37%，电力热力燃气及水的生产和供应业同比增长71.9%，卫生和社会工作投资同比增长110.1%，文化体育和娱乐业投资同比增长3.4%。

高技术投资占比提升。全区高技术投资同比下降10.6%，降幅低于固定资产投资降幅2.9个百分点，占固定资产投资的比重为31.8%，较上年同期提升1个百分点。

房地产开发投资稳步增长。全区累计完成房地产开发投资126亿元，同比增长14.2%，高于全市平均水平14.4个百分点。新增房地产项目8个，完成投资32.83亿元，拉动全区增速29.8个百分点。

【国内贸易】 消费品市场不均衡。受疫情影响，全区实现限额以上社会消费品零售额180.82亿元，同比下降4.7%。分地区看，全区主要消费仍集中在城镇，城镇消费市场实现限额以上社会消费品零售额178.81亿元，同比下降3.7%；农村市场实现限额以上社会消费品零售额2.01亿元，同比下降51.2%。按消费类型分，商品零售171.92亿元，同比下降5.1%；餐饮收入8.89亿元，同比增长3.7%。分商品类值看，限额以上汽车类商品零售额99.5亿元，同比下降13%；限额以上中西药品类商品零售额26.22亿元，同比增长35.8%；限额以上石油及制品类商品零售额18.19亿元，同比增长21.1%；限额以上粮油、食品类商品零售额6.27亿元，同比下降24.6%；限额以上建筑及装潢材料类商品零售额4.79亿元，同比下降7%。全年全区通过公共网络实现的商品销售额24.61亿元，同比增长30.6%，高于全区限额以上零售额增速35.7个百分点，占限额以上零售额的比重达14.4%。

【财政和金融】 财政收支运行平稳。全区完成一般公共预算收入101.13亿元，同比增长0.6%，其中税收收入65.08亿元。政府性基金收入64.79亿元，上划中央四税（国内增值税、国内消费税、企业所得税、个人所得税）93.24亿元。一般公共预算支出103.74亿元，同比增长21.4%。其中，社会保障和就业支出8.44亿元，同比增长9%；

卫生健康支出5.85亿元，同比增长7.8%；农林水支出3.83亿元，同比增长5.1%；一般公共服务支出9.41亿元，同比下降10.2%；商业服务业等支出0.6亿元，同比增长5.1%；科学技术支出3.73亿元，同比下降31.6%；教育支出8.33亿元，同比下降12.6%。

金融市场稳中向好。年末，全区金融机构本外币各项存款余额1484.1亿元，同比增长11.9%；贷款余额1241.9亿元，同比增长18.9%。全区银行业存贷比为83.7%。

【科学技术、教育和卫生】 科技创新激活发展动能。全区研发投入占地区生产总值比重为3.41%。组织206个企业申报高新技术企业，获批132个，25个企业获批市高新技术企业；获批省"潜在独角兽"企业3个，获批省"瞪羚"企业12个，获批市"瞪羚"企业6个。全年国家级孵化器绩效考评优秀2个、良好1个，省级孵化器绩效考评优秀1个、良好3个；省级工程技术研究中心绩效评价优秀4个。新获批市级众创空间1个、市级及以上企业技术中心17个、市级及以上工程技术研究中心19个。

教育局面持续向优。全区共有各级各类学校75所（不含高校及市属高中）。其中，幼儿园43所，小学18所，初中11所，九年一贯制学校2所，中等专业学校1所。幼儿园在园人数14221人，毕业人数5015人；小学在校人数23090人，毕业人数3124人；初中在校人数6647人，毕业人数2261人；中等专业学校在校人数2509人，毕业人数576人。学龄儿童入学率、小学毕业升学率、初中学生毕业率均为100%。

卫生事业稳健发展。全区有各级各类医疗机构177个。其中，二级以上医院3个，街道社区卫生服务中心以及镇卫生院12个。卫生机构3个，疾病预防控制中心、卫生监督所、妇幼保健计划生育服务中心各1个。医疗机构核定床位2321张。其中，泰州市中西医结合医院618张，泰州市第三人民医院600张，泰州市高港中医院310张，街道社区卫生服务中心以及镇卫生院738张，民营医院105张。政府办医疗机构卫生专业技术人员1774人。其中，医生类739人，护士类738人，药士类158人，医技类139人。乡村医生203人（含返聘）。

【文化和体育】 文化服务水平不断提升。全年新增规模以上文化企业17个，文化产业增加值占地区生产总值比重为4.2%。创新开展"大隐再显"李显作品展、区级书画巡展等展览活动30场；完善公共文化设施，打造城区商业中心阅读空间，布局实体书店2个，新建城市书房1个。组织"大美两高"、苏影院线等系列演出300余场次，农村公益电影放映480场次。现代淮剧《大喇叭开始广播了》获省第十二届"五个一工程奖"，2个节目获省五星工程入围奖；3个节目分获市新创文艺节目调研一、二等奖。

体育竞技取得新突破。成功举办第二十届江苏省运动会青少年部跆拳道、空手道、象棋、攀岩、山地（公路）自行车五项赛事，共接待各类人员1780人。组队参加省运会柔道、趣味田径、曲棍球、自行车等项目赛事，共获金牌13枚，列各市、区首位。自训项目趣味田径获得5金、3银、7铜。

【人民生活和社会保障】 人口总量持平略增。年末，全区家庭总户数136986户，户籍总人口43.9万人，比上年末增加0.08万人，其中女性21.98万人。户籍人口中，17岁以下人口6.95万人；18～34岁人口8.02万人；35～59岁人口18.07万人；60岁以上人口10.86万人。60岁以上老龄人口占比为24.7%。全年出生人口2259人，人口出生率为5.15‰，比上年末下降0.57个千分点；死亡人口3903人，人口死亡率为8.90‰，比上年末提高0.65个千分点；全年迁入1825人，迁出1588人。

居民收入稳步增长。全体居民人均可支配收入47986元，增长6.1%，两年平均增长8.3%。按常住地分，城镇居民人均可支配收入57970元，增长5.4%，农村居民30685元，增长7.4%。城乡居民人均可支配收入比为1.89∶1，较上年缩小0.03，城乡居民收入差距进一步缩小，发展更加均衡。从收入结构看，工资性收入、经营性收入、财产性收入和转移性收入比值由上年同期的60.2∶17∶10.4∶12.4调整为59.4∶17.2∶10.7∶12.7。

社会保障水平持续提升。全区新增城镇就业人口2.42万人，支持成功自主创业3360人。全年开展补贴性职业技能培训10457人次，新增高技能人才1076人。发放购房券380万元，兑付745万元。引进各类高层次人才948人，新增留学回国人员115人，新增专业技术人员2000人。城乡居民最低生活保障标准提高至每月770元/人，全年帮扶城乡低保27148人次，发放低保金1635.76万元。

【资源环境】 生态环境质量持续改善。全年空气质量优良天数比率为80%；$PM_{2.5}$平均浓度为31.6微克/立方米，同比下降2.5%。

说明：（1）本公报使用的数据为快报数。

（2）地区生产总值和各产业增加值绝对值按现行价格计算，增长速度按不变价计算。 （区统计局）

中共泰州医药高新技术产业开发区工作委员会 中共泰州市高港区委员会

综　述

【概况】 2022年，区党工委（区委）坚持以习近平新时代中国特色社会主义思想为指导，围绕迎接中共二十大、学习宣传贯彻中共二十大精神，深入贯彻落实“疫情要防住、经济要稳住、发展要安全”的重大要求，直面挑战、攻坚克难，加快推动转型发展，不断增进民生福祉，全力稳住社会大局，全面建设廉洁高新，较好地完成全年目标任务，主要经济指标总量及增幅继续保持全市前列，现代化建设迈出坚实步伐。全区共有基层党组织1380个，党员24540人。

【调研工作】 2022年，全区紧扣中央、省、市决策部署以及“打造更具向心力、更具竞争力、更具辨识度的改革先行区、创新活力区、发展引领区和幸福示范区”目标，围绕生物医药、汽车产业、港口物流、园区改革等重点领域，组织开展调研工作。区领导带头深入基层、深入一线开展调研，全年形成《关于加快推进科创中心规划建设的思考》《关于加快推动生物医药产业高质量发展的调研报告》等19篇重点调研报告。区党工委（区委）主要负责人撰写的《打造更具向心力、竞争力、辨识度的“人才高地”》《再造一个面向未来的中国医药城》等多篇文章被《新华日报》《泰州日报》等报刊刊载。　（张星宇）

【信息工作】 2022年，区党政办上报各类信息550余篇（条），被国家、省、市采用230余篇（条），编报《高新（高港）情况》系列信息刊物84期，省、市用信息成绩保持全省第一方阵和全市前列。上报信息获国务院领导批示14件次，获市主要领导批示2件次，获区领导批示37件次。挖掘全区各级各部门工作中的特色亮点，及时梳理总结创新举措及成效经验。整合“两高”信息人员队伍，定期开展专家授课、学习培训等活动，与区政协办、宣传、公安等部门加强信息共享。　（王　欢）

【政策法规工作】 2022年，区党政办推动建立区党工委（区委）党内法规工作联席会议制度，推进党内规范性文件的解释、备案、清理、宣传、执行和实施效果评估等工作。制定出台《规范性文件和重大决策合法性审查程序规定》，涵盖制定说明、依据对照、内部审查、宏观政策取向一致性评估等方面。编制年度规范性文件制定计划，严把文件前置审核关口。全年审查区党工委（区委）、区党政办各类文件500余件。其中，党内规范性文件前置审查32件，提醒纠正问题150余个。开展党内规范性文件上报下备工作，向市委按时报备党内规范性文件43件，依规审查各园区、镇（街道）、区有关部门（单位）报备文件45件，报备率、及时率、规范率均达100%。开展党内规范性文件清理，对原泰州医药高新区、原高港区从建区起制定的6666件文件进行“回头看”，梳理出724件需要开展集中清理的规范性文件，宣布废止427件、失效148件，决定修改18件，继续有效131件。完成法律顾问和法律法规专家库成员选聘工作，聘请10名专家为区党工委（区委）法律顾问，12名专家为区党工委（区委）法律专家库成员，充实高校、律师事务所等领域的法律专家。　（王润环）

【保密工作】 2022年，区党工委（区委）机要保密局围绕年度工作要点，制定完善保密工作规范。对全区各地各部门（单位）产生国家秘密事项、涉密人员、涉密信息设备进行调查统计，及时上报更新完善相关数据。4月，组织开展保密宣传教育月活动，通过转发微信公众号与小视频、发放宣传资料等方式普及保密知识，发放各类资料6000余份。7月，按照巡察专项要求，对4个被巡察单位进行专项保密检查。　（栾小宇）

【档案管理工作】 2022年，区档案局针对国家档案局《档案工作综合检查反馈意见书》，出台《泰州医药高新区（高港区）贯彻落实国家档案局综合检查反馈意见整改方案》。建立《2022年度落实档案工作责任制任务清单》，明确10项工作任务。联合区档案馆加强工作督查和指导，推动档案工作责任制落到实处。组织开展2021年度全区档案事业统计调查工作。推行机关档案分类方案、文件材料归档范围和档案保管期限表“三合一”制度。开展2022年国际档案日系列宣传活动，设置《中华人民共和国档案法》宣传海报，播放习近平总书记重要批示和《中华人民共和国档案法》系列宣传图片，在各机关、商超、银行、企事业单位室外大屏滚动播放档案宣传标语，向全区党员领导干部发送宣传短信。参加“书信家国　尺牍情深——弘扬伟大建党精神长三角档案联展”展品征集活动。围绕“喜迎二十大·档案颂辉煌”主题，开展2022年国际档案日主题征文活动，征集主题征文26篇。专题召开会议，部署落实中办、国办关于加强重特大事件档案工作有关文件精神，做好重特大事件档案的收集、整理、保护、利用等工作。1—4月，开展全区档案安全工作专项检查，加强自查整改，确保档案实体和信息安全。10—11月，联合区档案馆开展2022年度档案执法检查和档案工作检查评价，对全区机关、团体、企业、事业单位档案工作进行检查，实地检查7个单位，对存在的问题进行通报，抓好整改落实。组织收看国家档案局档案干部教育中心举办的档案信息化建设公益大讲堂。（蒋震宇）

【全面深化改革工作】 2022年，区党工委（区委）印发《中共泰州医药高新区工委　中共泰州市高港区委全面深化改革委员会2022年工作要点》，明确8大重点改革领域、23项重点改革任务。按照“改革任务项目化、项目节点化、节点责任化”的思路，细化改革举措，形成“以重大改革为龙头、以面上改革为补充”的体系架构，推动要素市场化配置改革、财税金融体制改革等一系列重大改革任务的实施。按照“一次一组建、一次一授权”的方式，对改革制度运行规范、重点改革任务落实、改革方案实施效果等内容进行专项督察。产业工人队伍建设改革获中央深改委推介，高新干部“源头活水”工程、构建“大监督”格局、全国农村综合性改革试点试验等一批亮点改革工作被《中国组织人事报》《中国纪检监察报》《新华日报》等媒体宣传报道。（王耀华）

重要会议

【概况】 2022年，泰州医药高新区（高港区）召开区党工委（扩大）会议暨区委全体会议3次，召开区党工委（区委常委会）会议30次，召开区党工委（区委）全面深化改革委员会会议4次，召开全区深化开发园区改革动员部署会、全区招商出征誓师大会等专项工作会议。

2022年泰州医药高新区党工委、高港区委重要会议一览表

表5

会议类别	会议名称	召开时间	主要内容
区党工委（扩大）会议暨区委全会	中共泰州医药高新区工委（扩大）会议暨中共泰州市高港区委六届二次全体会议	1月4日	总结2021年工作，部署2022年工作
	中共泰州医药高新区工委（扩大）会议暨中共泰州市高港区委六届三次全体会议	8月13日	总结2022年上半年工作，部署当前及今后一段时期任务
	中共泰州医药高新区工委（扩大）会议暨中共泰州市高港区委六届四次全体会议	12月30日	总结2022年工作，部署2023年工作
区党工委（区委常委会）会议	泰州医药高新区党工委2022年第一次会议、六届高港区委第十二次常委会会议	1月5日	传达学习习近平总书记对党史学习教育的重要指示和党史学习教育总结会议等精神，讨论“一府两院”和区人大常委会、区政协工作报告，五大功能园区改革实施方案，区六届人大一次会议和区政协六届一次会议有关人员名单等事项
	泰州医药高新区党工委2022年第二次会议、六届高港区委第十三次常委会会议	1月28日	传达学习习近平总书记在中共中央政治局常务委员会会议上和主持中共中央政治局第三十六次集体学习时的重要讲话精神，听取区人大常委会、区政府、区政协、区法院、区检察院党组工作情况汇报，讨论区纪委全会工作报告等事项

续表5

会议类别	会议名称	召开时间	主要内容
区党工委（区委常委会）会议	泰州医药高新区党工委2022年第三次会议、六届高港区委第十四次常委会会议	2月11日	传达学习习近平总书记对政法工作重要指示和中央政法工作会议等精神，讨论成立区党工委（区委）审计委员会、泰州医药高新区（高港区）安全生产委员会、安全生产专项整治行动领导小组和创建省级安全发展示范城市领导小组、《医药高新区（高港区）招商管理办公室管理办法》和《医药高新区（高港区）招商实绩考核办法》等事项
	泰州医药高新区党工委2022年第四次会议、六届高港区委第十五次常委会会议	2月22日	传达学习习近平总书记在《求是》杂志发表的重要文章《坚持走中国特色社会主义法治道路，更好推进中国特色社会主义法治体系建设》，听取区党工委（区委）巡察办关于省委涉粮问题专项巡视泰州反馈意见涉及泰州医药高新区（高港区）问题整改、涉粮单位巡察整改工作情况及专题民主生活会情况等汇报，审议《关于市委联动巡察组医药高新区（高港区）组专项巡察涉粮问题反馈意见整改工作方案》，研究部署整改责任“双交办”有关事项
	泰州医药高新区党工委2022年第五次会议、六届高港区委第十六次常委会会议	3月12日	传达学习习近平总书记在中央政治局会议、中央政治局第三十七次集体学习等重要讲话精神和全国两会精神，传达学习中共中央办公厅、国务院办公厅印发的《关于更加有效发挥统计监督职能作用的意见》，听取第二轮中央环保督察迎检工作情况等汇报，讨论《关于泰州医药高新区（高港区）深化党政领导挂钩化解重大安全风险隐患的建议》、核酸检测基地建设等事项
	泰州医药高新区党工委2022年第六次会议、六届高港区委第十七次常委会会议、区安委会全体（扩大）会议、区应对新冠肺炎疫情工作领导小组会议	4月9日	传达学习习近平总书记在中共中央政治局常务委员会会议上的重要讲话等精神，研究部署当前全区安全生产工作，听取新冠疫情联防联控指挥部相关专项组工作情况等汇报，讨论《泰州医药高新区（高港区）规范性文件和重大决策合法性审查程序规定》等事项
	泰州医药高新区党工委2022年第七次会议、六届高港区委第十八次常委会会议、区安委会全体（扩大）会议	4月23日	传达学习习近平总书记在海南考察时的重要讲话精神和中办《关于加强巡视整改和成果运用的意见》等精神，讨论调整和完善区与园区（镇街）财政管理体制、《泰州医药高新区（高港区）支持市场主体纾困帮扶三十条措施》等事项
	泰州医药高新区党工委2022年第八次会议、六届高港区委第十九次常委会会议、区党工委（区委）党建工作领导小组会议、区党工委（区委）全面依法治区委员会第二次会议、区党工委（区委）国家安全委员会会议、区安委会全体（扩大）会议	5月5日	传达学习中央财经委员会第十一次会议、中共中央政治局会议等精神，听取安全生产有关工作进展和阶段性重点工作推进情况等汇报，讨论《泰州医药高新区（高港区）关于优化法治化营商环境的实施意见》《2022年全面推进乡村振兴重点工作的实施意见》等事项
	泰州医药高新区党工委2022年第九次会议、六届高港区委第二十次常委会会议、区安委会全体（扩大）会议、区应对新冠肺炎疫情工作领导小组会议	5月18日	传达学习中共中央政治局常务委员会会议精神和国家、省、市关于“三区三线”划定工作会议等精神，听取全区自建房等既有建筑安全隐患专项整治相关情况汇报，讨论泰州医药高新区党工委（高港区委）人才工作领导小组设立及其成员单位职责、人才表彰相关建议人选等事项
	泰州医药高新区党工委2022年第十次会议、六届高港区委第二十一次常委会会议、区党工委（区委）理论学习中心组学习（扩大）会议、区安委会全体（扩大）会议、区党工委（区委）网信委（扩大）会议	6月2日	传达学习习近平总书记关于粮食安全的重要论述和《地方党委和政府领导班子及其成员粮食安全责任制规定》、关于安全生产重要论述和安全生产十五条重要举措等精神，开展“智改数转”专题学习辅导，听取2021年全区网信工作情况、人才工作情况、科技创新工作情况等汇报，讨论规范国有企业投资管理规定等事项

续表5

会议类别	会议名称	召开时间	主要内容
区党工委（区委常委会）会议	泰州医药高新区党工委2022年第十一次会议、六届高港区委第二十二次常委会会议	6月21日	听取扬子江药业集团党委书记、董事长、总经理徐浩宇关于企业发展情况、扬子江药业集团各部门负责人工作情况等汇报，区财政局解读《泰州医药高新区（高港区）支持市场主体纾困帮扶三十条措施》，区党工委（区委）、区管委会（区政府）相关领导发言
	泰州医药高新区党工委2022年第十二次会议、六届高港区委第二十三次常委会会议	6月30日	传达学习泰州医药高新区（高港区）融合发展推进会精神，讨论有关人事工作等事项
	泰州医药高新区党工委2022年第十三次会议、六届高港区委第二十四次常委会会议	7月7日	听取五届区委第十、第十一轮巡察整改情况汇报
	泰州医药高新区党工委2022年第十四次会议、六届高港区委第二十五次常委会会议、区安委会全体（扩大）会议、区党工委（区委）外事工作委员会会议	7月9日	传达学习习近平总书记在主持中共中央政治局第四十次集体学习时的重要讲话精神、中央全面深化改革委员会第二十六次会议精神、国家统计局统计造假不收手不收敛问题专项纠治工作动员部署会议等精神，讨论《中共泰州医药高新区工委（中共泰州市高港区委）外事工作委员会2022年工作要点》《泰州医药高新区（高港区）进一步优化营商环境实施方案》等事项，听取近期安全生产有关工作推进情况等汇报
	泰州医药高新区党工委2022年第十五次会议、六届高港区委第二十六次常委会会议	7月22日	讨论《区党工委（区委）关于新时代坚持和完善人民代表大会制度加强和改进人大工作的实施意见》等事项
	泰州医药高新区党工委2022年第十六次会议、六届高港区委第二十七次常委会会议、区党工委（区委常委会）专题民主生活会会议	8月4日	传达学习习近平总书记在省部级主要领导干部“学习习近平总书记重要讲话精神，迎接党的二十大”专题研讨班、在中共中央政治局会议上的重要讲话等精神
	泰州医药高新区党工委2022年第十七次会议、六届高港区委第二十八次常委会会议、区党工委（区委）深改委第十七次会议、区党工委（区委）国安委会议、区安委会全体（扩大）会议、区应对新冠肺炎疫情工作领导小组会议	8月13日	传达学习习近平总书记在主持十九届中共中央政治局第四十一次集体学习时的重要讲话精神和近期省、市有关国安工作会议和风险研判报告等精神，讨论区党工委（扩大）会议暨区委六届三次全会建议方案及工作报告、《中共泰州医药高新区工委　中共泰州市高港区委全面深化改革委员会2022年工作要点》等事项，听取全区关心下一代工作情况、安全生产专项整治、党政领导挂钩化解重大风险隐患及近期安全生产重点工作情况等汇报，研究部署省运会期间疫情防控工作等事项
	泰州医药高新区党工委2022年第十八次会议、六届高港区委第二十九次常委会会议	8月22日	传达学习市有关工作会议精神，讨论《关于深入实施“五大工程”重构良好政治生态的意见》等事项
	泰州医药高新区党工委2022年第十九次会议、六届高港区委第三十次常委会会议	8月25日	传达学习习近平总书记近期重要讲话、重要文章、重要回信、重要贺信精神和省委常委会会议有关精神，讨论《2022年度医药高新区（高港区）园区、镇街重点指标任务分解方案》《医药高新区（高港区）“园区吹哨、部门报到”工作实施方案（试行）》、部分群团组织代表大会等事项
	泰州医药高新区党工委2022年第二十次会议、六届高港区委第三十一次常委会会议	9月9日	传达学习中央有关会议和习近平总书记近期重要讲话、回信精神，听取区党工委（区委）党内规范性文件清理工作情况汇报，讨论村书记专业化建设等事项

续表5

会议类别	会议名称	召开时间	主要内容
区党工委（区委常委会）会议	泰州医药高新区党工委2022年第二十一次会议、六届高港区委第三十二次常委会会议暨全区安全生产、环境保护专题会议	9月26日	传达国家、省、市安全生产电视电话会议精神，通报市、区、园区（镇街）党政领导挂钩重大风险隐患整改情况，听取未完成整改的重大风险隐患挂钩区领导汇报整改推动落实情况、存在问题和下一步工作打算等事项
	泰州医药高新区党工委2022年第二十二次会议、六届高港区委第三十三次常委会会议、区党工委（区委）国家安全委员会（扩大）会议	9月29日	传达学习中共中央政治局会议精神，讨论《高新干部专业化培训矩阵实施方案》，听取“以案为鉴、以案促改、以案促治”系列专项整治行动工作情况汇报等事项
	泰州医药高新区党工委2022年第二十四次会议、六届高港区委第三十五次常委会会议	10月17日	讨论中共二十大精神学习、宣讲报道工作方案，研究部署当前疫情防控工作，讨论事业人员职员等级晋升事宜
	泰州医药高新区党工委2022年第二十六次会议、六届高港区委第三十七次常委会会议	11月12日	传达学习中共中央政治局会议精神，讨论《深入学习宣传贯彻党的二十大精神工作方案》、《医药高新区（高港区）深化“五聚焦五落实”固本强基行动五年规划（2022—2026年）》、《关于实施村级党组织“四聚四力”行动的意见》、区六届人大二次会议和区政协六届二次会议等事项
	泰州医药高新区党工委2022年第二十七次会议、六届高港区委第三十八次常委会会议	11月29日	讨论区六届人大代表、区政协六届委员增减等事项
	泰州医药高新区党工委2022年第二十八次会议、六届高港区委第三十九次常委会会议、区党工委（区委）深改委第十八次会议	12月22日	传达学习中央政治局会议、中央经济工作会议精神以及省委十四届三次全会、市委六届四次全会精神，讨论《2023年民生实事项目安排计划》《2023年政府投资项目计划》《高港区共青团基层组织改革青春高港“四大行动”实施方案》《功能园区员额制专业化高层次人才管理办法（试行）》等事项
	泰州医药高新区党工委2022年第二十九次会议、六届高港区委第四十次常委会会议、区安委会全体（扩大）会议	12月24日	传达学习习近平总书记重要指示精神、省委书记吴政隆批示要求、省委常委会会议、全省安全生产电视电话会议精神以及市委、市政府主要负责人批示要求，讨论区党工委（扩大）会议暨区委六届四次全会建议方案和工作报告，“一府两院”和区人大常委会、区政协工作报告，《中共泰州医药高新区工委（高港区委常委会）2022年度抓党建工作的情况报告》等事项
区党工委（区委）全面深化改革委员会会议	区党工委（区委）深改委第十五次会议	4月9日	传达学习中央深改委第二十四次会议精神和省委深改委第二十三次会议精神，审议《泰州医药高新区（高港区）融资平台清理整合工作方案》，研究部署有关改革工作
	区党工委（区委）深改委第十六次会议	4月23日	传达学习中央深改委第二十五次会议精神
	区党工委（区委）深改委第十七次会议	8月13日	讨论《中共泰州医药高新区工委　中共泰州市高港区委全面深化改革委员会2022年工作要点》和调整区党工委（区委）全面深化改革委员会及专项小组成员名单有关事项
	区党工委（区委）深改委第十八次会议	12月22日	审议《高港区共青团基层组织改革青春高港“四大行动”实施方案》《泰州市高港区深化国防动员体制改革实施方案》等文件

续表5

会议类别	会议名称	召开时间	主要内容
专项工作会议	全区深化开发园区改革动员部署会	1月6日	部署深化开发园区改革工作
	全区招商出征誓师大会	2月14日	部署招商引资、项目建设工作
	全区党员干部“进万家门、知万家情、解万家忧、办万家事”活动动员会	3月4日	部署开展党员干部“进万家门、知万家情、解万家忧、办万家事”活动
	全区党建工作会议	5月11日	部署全区纪检、组织、宣传、统战、政法等工作
	全区农村工作会议	5月14日	部署全区“三农”工作
	精致高新·活力新城建设发展大会	5月21日	推进精致高新·活力新城建设
	泰州医药高新区（高港区）2021年度总结表彰大会	5月28日	对2021年度工作进行总结表彰
	泰州医药高新区（高港区）融合发展推进会	6月28日	总结融合一周年来的工作，部署下一阶段工作
	全区营商环境“大走访、大排查、大整治、大提升”百日攻坚行动部署会	9月3日	部署营商环境“大走访、大排查、大整治、大提升”百日攻坚行动

【中共泰州医药高新区工委（扩大）会议暨中共泰州市高港区委六届二次全体会议】 1月4日，中共泰州医药高新区工委（扩大）会议暨中共泰州市高港区委六届二次全体会议召开。泰州医药高新区党工委书记、高港区委书记叶冬华作题为《致力内涵提升　全面转型发展　向着国家级高新区第一方阵奋勇前进》的工作报告。泰州医药高新区党工委委员，高港区委委员、候补委员出席会议。泰州医药高新区（高港区）纪（工）委委员，高港区不是区委委员、候补委员的区四套班子负责人等列席会议。会议指出，2022年是中共二十大召开之年，是全面落实省、市、区党代会精神的开局之年，也是深化融合发展的关键之年，全区上下要把准方位、争先创优，以产业转型为重点、以城乡转型为支撑、以治理转型为基础、以作风转型为保障，坚持问题导向、目标导向、结果导向、实干导向，加快打造更具向心力、更具竞争力、更具辨识度的改革先行区、创新活力区、发展引领区和幸福示范区，毫不动摇向着争创国内一流开发区的目标奋勇前进。会议强调，要锚定路径、蝶变前行，奋力走好现代化建设的高新道路。坚持破旧与立新并举，加快打造开放包容、敢为人先的改革先行区。坚持高原与高峰共筑，加快打造人才荟萃、动能澎湃的创新活力区。坚持增量与存量齐抓，加快打造实力强劲、优势凸显的发展引领区。坚持有经与有权统一，加快打造更有温度、更有质感的幸福示范区。统筹发展和安全，强化底线思维、系统思维，把安全发展主动权牢牢抓在手上。会议要求，要知重负重、唯实唯勤，充分汇聚开启新征程、肩负新使命的强大合力。坚持和加强党的全面领导，全面落实新时代党的建设总要求，以政治建设为统领，全力捍卫“两个确立”；以强基固本为支撑，着力筑牢基层基础；以实干实绩为导向，聚力锻造过硬队伍；以全面从严为标尺，致力营造良好生态，把全区各级党组织建设得更加坚强有力，带领全区上下以昂扬的斗志、奋进的精神，阔步新征程、谱写新篇章。

【中共泰州医药高新区工委（扩大）会议暨中共泰州市高港区委六届三次全体会议】 8月13日，中共泰州医药高新区工委（扩大）会议暨中共泰州市高港区委六届三次全体会议召开。泰州市副市长，泰州医药高新区党工委书记、高港区委书记叶冬华作题为《树标杆　学样板　创中心　再造一个面向未来的中国医药城》的工作报告。泰州医药高新区党工委副书记、管委会主任，高港区委副书记、代区长丁志强作小结讲话，就贯彻落实会议精神和做好当前工作进行部署。泰州医药高新区党工委委员，高港区委委员、候补委员出席会议。泰州医药高新区（高港区）纪（工）委委员，高港区不是区委委员、候补委员的区四套班子负责人等列席会议。会议指出，习近平总书记在省部级主要领导干部专题研讨班上的重要讲话，鲜明地提出一系列新的重要思想、重要观点、重大判断、重大举措，为中共二十大胜利召开奠定重要的政治基础、思想基础、理论基础。全区上下要把学习宣传贯彻习近平总书记重要讲话精神作为重大政治任务，深刻把握新时代新征程引领全党全国人民胜利前进的伟大旗帜和宏伟目标，深刻把握当前党和国家面临的战略机遇和风险挑战，深刻把握过去5年取得的重大成就和新时代10年的伟大变革，深刻把握习近平新时代中国特色社会主义思想的历史地位和精髓要义，深刻把握中国式现代化的丰富内涵、根本要求和全面建成社会主义现代化强国的战略部署，深刻把握推进新时代党的建设新的伟大工程面临的形势任务，切实将思想和行动统一到习近平总书记重要讲话精神上来。会议强调，加快打造高质量发展标杆、现代化建设样板，努力成为令人向往的泰州发展新中心，是市委对泰州医药高新区（高港区）发展的最新要求与定位。必须坚定不移把创新摆在发展全局的核心位置，坚定实施创新驱动发展战略，加快打造面向未来的中国医药城。围绕提升产业竞争力，聚焦做优存量、找准增量和关键变量，打造特色鲜明的创新集群；围绕提升要素集聚力，集聚高端人才，厚植平台优势，激活资本动力，打造贯通完整的创新链条；围绕提升发展承载力，坚定不移推进“产”与“城”的融合、“人”与“城”的融合、“极”与“城”的融合，打造宜居宜业的创新城市；围绕提升区域吸引力，健全科学灵活的创新机制，弘扬敢闯敢试的创新精神，培育开放包容的创新文化，打造活力迸发的创新生态。会议要求，站在融合发展一周年新起点上，向着更高目标奋勇前进，要始终保持赶考清醒，着力激发功能园区的动力活力，全力锻造堪当重任的干部队伍，大力涵养唯实唯勤的优良作风，致力营造郁郁葱葱的政治生态，全力以赴稳经济、促发展、保安全，用宽肩膀铁肩膀担当作为，努力交出让党中央和省、市委放心，让全区人民满意的合格答卷。

【中共泰州医药高新区工委（扩大）会议暨中共泰州市高港区委六届四次全体会议】 12月30日，中共泰州医药高新区工委（扩大）会议暨中共泰州市高港区委六届四次全体会议召开。泰州市副市长，泰州医药高新区党工委书记、高港区委书记叶冬华作题为《以党的二十大精神为指引　奋力推动大健康产业高质量发展　全面推进中国式现代化高新高港新实践》的工作报告。泰州医药高新区党工委副书记、管委会主任，高港区委副书记、代区长丁志强作小结讲话，就贯彻落实会议精神和做好当前工作进行部署。泰州医药高新区党工委委员，高港区委委员、候补委员出席会议。泰州医药高新区（高港区）纪（工）委委员，高港区不是区委委员、候补委员的区四套班子负责人等列席会议。会议指出，2023年是全面贯彻落实中共二十大精神的开局之年，做好2023年的各项工作至关重要。全区上下要牢牢把握学习宣传贯彻中共二十大精神这一主题主线，牢牢把握稳中求进这一工作总基调，牢牢把握高质量发展这一首要任务，始终坚持问题导向、目标导向、结果导向、实干导向，把工作的着力点放在更加主动系统谋划上，放在创造性落实上级决策部署上，努力在应对各种变化变局中把握主动权、打好主动仗。会议强调，要聚焦关键重点，以建设泰连锡国家级生物医药集群为引领，加快构建以健康制造业为核心、健康服务业为延伸的产业格局，全力打造长三角北翼生物医药核心板块，开创大健康产业高质量发展新局面。坚持项目赋能，以链式思维抓存量，以未来视野抓增量，以战略眼光抓变量，不断提升地标产业竞争力。坚持创新赋能，强化创新主体培育、创新平台建设、创新成果转化、创新要素保障，不断提升科技创新驱动力。坚持生态赋能，勇于先行先试，提振市场信心，建强服务力量，不断提升营商环境软实力。会议要求，要永葆为民情怀，始终践行以人民为中心的发展思想。坚持在发展中保障和改善民生，尽力而为、量力而行，加快打造活力新城，稳步提升生活品质，切实强化社会治理，着力解决好人民群众急难愁盼问题，不断实现人民对美好生活的向往。会议强调，要勇于自我革命，重塑风清气正的政治生态。严明纪律规矩，绷紧思想之弦，锤炼过硬本领，弘扬务实作风。既聚焦当下改，去“宽松软虚”旧疾，更着眼长久立，树“严紧硬实”新风。在伟大斗争的洗礼和磨炼中，进一步增强坚定不移全面从严治党的政治定力，把严的基调、严的措施、严的氛围长期坚持下去，不断自我净化、自我完善、自我革新、自我提高。

（王耀华　沈　翀　杨皓源）

组织工作

【概况】 2022年，区党工委（区委）组织部牵头开展“我是党员我在前、我是干部干在先”主题教育活动，实施高新干部“源头活水”工程，制定《关于实施年轻干部“365培养行动”的若干措施》，打造高新干部专业化培训矩阵，举办“格物讲堂”，创新出台《医药高新区（高港区）“奋楫争先”激励措施》。全年共讨论任免干部9批521人，其中提拔72人、重用16人、晋升职级74人（其中四级调研员13人）、退休18人。至2022年年末，全区共有党的基层组织1380个，其中党委72个、党总支125个、党支部1183个。党员24540人。其中，女性党员7119人，占29%；35岁及以下党员5914人，占24.1%；大专以上学历党员12978人，占52.89%。

［区党工委（区委）组织部］

【镇领导班子换届】 2022年，区党工委（区委）组织部围绕各镇功能定位、班子结构特点等，选拔具有相关专业特长和工作经历的干部充实进镇领导班子。换届后，各镇领导班子中35岁以下党政正职占30%，35岁以下班子成员占35.3%，各镇班子中均配备1名30岁以下年轻干部，女性干部占26.1%，“五方面”人员15人。

（李　艳　冒　颖　王　伟）

【年轻干部培养】“365培养行动”　2022年，区党工委（区委）组织部对照省优秀年轻干部“555”培养工程、市“377”优秀年轻干部培养计划，出台《关于实施年轻干部“365培养行动”的若干措施》，计划到2026年全区配备“85后”正科职干部30人、“90后”科级干部60人、“95后”科级储备干部50人。结合发展需要及未来领导班子配备的结构性要求，按照干部管理权限，推动形成高素质专业化年轻干部队伍，并分层分类建立优秀年轻干部数据库。

高新干部“源头活水”工程　选派179名年轻干部到基层一线实践锻炼。对表现突出的19名优秀培养对象进行提拔任用。其中，1人被提拔为正科职，6人被提拔为副科职。推选2名优秀年轻干部到国家部委跟班学习。其做法被《中国组织人事报》《新华日报》《江苏组工信息》等推介。

（李　艳　冒　颖　王　伟）

【干部教育培训】2022年，泰州医药高新区（高港区）定期举办“格物讲堂”、“闻道笃行”培训班、新上岗副科级干部培训班及各类读书班、研修班。全区共开展各类讲坛、主体班次86个，参训学员1.5万余人次。在主体班次和专题班次中重点安排习近平新时代中国特色社会主义思想的学习。组织开展“源头活水”年轻干部学习热议中共二十大活动、“‘习语新声’读原文”活动和“学习二十大、奋进新征程”千字文征文等活动。紧扣“目标是什么”“差距在哪里”“具体怎么做”，围绕生物医药、金融投资、“智改数转”等10个专题，集中开展“短精特”“小班制”“实战化”专题培训，打造专业化培训矩阵，市委组织部组织观摩集中开班式，相关做法被“交汇点”新闻、《泰州日报》等媒体宣传推介。组织全区领导干部195人次参加中央及省、市举办的县处级干部进修班、新上岗县处级干部培训班、乡镇党委书记进修班、长江经济带生态保护修复与绿色发展专题培训班、强化河湖长制网上专题班等各类培训班调训。

（李　艳　冒　颖　王　伟）

【干部监督与管理】2022年，泰州医药高新区（高港区）围绕年轻干部走上领导岗位前、定为拟提拔对象后、走上领导岗位后3个阶段，明确不同监督对象、监督主体、监督内容和监督方式，制定与其年龄、岗位、职务相匹配的12条监督措施。该项工作被《新华日报》《江苏组工信息》《泰州组工信息》等市级以上媒介宣传推介。实行领导干部“双考双反”制度，发放《“双考”情况反馈通知书》58份，收到《提醒谈话情况反馈单》58份，有120余名干部接受提醒谈话。制定《泰州医药高新区（高港区）事业单位管理岗位职员等级晋升制度实施方案》，按照“树立导向、注重激励、先易后难、先规范后晋升”的原则，推进事业单位建立管理岗位职员等级晋升工作，全年晋升职员等级158人，其中晋升六级职员1人、八级职员14人、九级职员143人。实施干部人事档案数字化建设工程。

（陈国栋　曲朝霞　徐　川　戚冬娟　徐长纬）

【公务员管理】2022年，泰州医药高新区（高港区）组织全区科级以下机关单位工作人员700余人参加泰州市公务员培训网络平台培训。组织对全区股级及以下公务员（含行政附属人员）进行2022年年度考核，经民主测评和实绩考核，评定优秀等次364人，区党工委（区委）、区管委会（区政府）为其中70人记三等功，对294人给予嘉奖。

（陈国栋　曲朝霞　赵　雯　徐长纬）

【工资福利管理】2022年，区党工委（区委）组织部为全区公务员、党群口事业单位工作人员办理基本工资调整、年度晋升及职务职级、津补贴等工资变动核定5000余人次。办理162名机关事业单位工作人员调动手续和26名达到退休年龄人员退休手续。

（陈国栋　曲朝霞　赵　雯）

【基层党建责任落实】2022年，泰州医药高新区（高港区）召开党建工作领导小组会议，研究部署全区基层党建年度重点工作。组织15个园区、镇街党（工）委实施“党建+基层治理”书记项目，解决一批基层治理难题，泰州港经济开发区管理办公室党工委“‘链’上‘初恋’　赢取未来”项目获评泰州市第四届乡镇党委基层党建“十佳书记项目”。在全省率先启动“村村到、户户进、人人访”活动，推动5603名在职党员、1460名无职党员到基层走访群众14.02万户，区级层面解决共性问题37个，相关经验被省委组织部推广。开展“党旗飘在一线、堡垒筑在一线、党员冲在一线”突击行动，全面动员党员干部亮身份、见行动，参与村（社区）宣传、值守、监测、排查、登记、管控等工作，成立党员突击队、党员先锋队206个，设立党员先锋岗、党员责任区492个。

（沐桂峰　庄坤江　沈加胜　张　超）

【基层党员教育管理】2022年，泰州医药高新区（高港区）以“献礼二十大，红‘新’向未来”为主题，开展“五迎五实”系列活动，引导各级党组织和党员以实际行动践行中共二十大精神。组织开展“我是党员我在前、我是干部干在先”主题教育活动，以党建引领项目建设、基层治理、乡村振兴等各领域工作争先进位。制定支部主题党日操作规程，推动基层党组织年度计划制定全覆盖，"七一"前夕区镇联动策划的"共护母亲河"主题党日活动被央视《新闻联播》报道。坚持党建引领疫情防控工作，制定党员干部参与疫情防控责任清单，明确村级组织疫情防控"战时规范"。在全区推动实施203个"放样子、亮群像"书记项目，组织开展观摩交流活动，评选产生区级"二十佳"项目。面向全区1780名流动党员，建立信息库，实行流出地、流入地"双向"共管模式，推动"云"端同步学、创新方式学、返乡集中学"三学"联动载体，建立平时有专人联络、困难有温馨帮助、诉求有及时解决、就业有贴心指导、政治有经常关怀"五有"关爱机制，相关做法被《组织人事报》等推介。开展排查整顿农村（"两新"）领域发展党员违规违纪问题"回头看"，举办发展党员警示教育暨业务示范培训班。全区发展党员300人。

（沐桂峰　庄坤江　沈加胜　张　超）

【农村党建】 2022年，泰州医药高新区（高港区）推进农村党组织书记专业化建设，制定《村书记定级入岗工作方案》，对农村党组织书记根据学历、任职年限、考核评价等情况量化积分，由低到高划分为五级15档，与报酬待遇相挂钩，调动基层干部干事创业积极性。组织农村党组织书记领办村集体经济项目，123名村（社区）党组织书记每人领办1个村集体经济项目，举办全区农村党组织书记集体经济项目创意擂台赛，相关做法被江苏党建网宣传推介。开展以提升组织力、执行力、服务力、发展力为主要内容的村（社区）干部"四力"提升专题行动，结合深化乡村振兴"丰羽竞飞"计划，组织实施村干部"培训周"、村干部"能力大比武"等活动，对1193名村（社区）干部开展培训，提升村（社区）干部的综合能力，相关做法被《新华日报》宣传推介。

（沐桂峰　庄坤江　沈加胜　杨　茗　马　强）

2022年7月8日，全市"抓园促企"工作推进会暨产业链党建部署会在泰州医药高新区（高港区）召开　　区党工委（区委）组织部　供图

【城市社区党建】 2022年，泰州医药高新区（高港区）研究制定《2022年度深化党建引领城市基层治理的工作方案》，配套制定《城市社区"治慧"升级工程实施意见》。调整补充街道党工委、社区党委委员56人，优化设置网格党支部、小区党组织22个。制定《关于加强网格党建打造"红色堡垒"提升基层治理效能的实施意见》，调整网格划分，选优配强网格员队伍，面向社会公开招聘网格员99人、选聘退休人员网格员20人。实施物业管理攻坚提升两年行动，重点加大封闭式小区、住宅组团的业主委员会（物业管理委员会）组建力度。加强物业服务企业党组织建设，21个有党员的物业服务企业全部建立党组织，推动22名社区（网格）负责人和业主委员会、物业服务企业党组织负责人"双向进入、交叉任职"。许庄街道三星嘉苑物业公司、野徐镇康居银泰物业公司2个物业服务企业党组织获评第二批党建引领物业管理服务工作省级示范点，6个物业服务企业党组织获评第二批党建引领物业管理服务工作市级示范点。

（沐桂峰　庄坤江　沈加胜　曹新涛）

【"两新"组织党建】 2022年，泰州医药高新区（高港区）推进非公企业"四同八助"党组织分类创星，全区共95个企业参与创建，其中A类企业39个、B类企业56个。举办"两新"组织党务工作者资格认证培训班，组织72名初级、中级资格认证对象参加为期3天的专题培训；组织2名符合条件对象申报高级资格、参加市级业务培训和资格认证考试；全区初级、中级、高级专业资格认证对象分别有268人、66人、7人。开展"两新"组织"党建共享日"活动，通过党建业务培训、党建活动开放、党建成果展示，提升全区"两新"组织党务工作者工作能力和专业水平。实施园区党建"四融四红"行动，承办全市"抓园促企"工作推进会，成立5支区级"兴园有我、助企建功"党建工作指导小组，按季开展观摩交流，相关做法被市商务局面向全市18个重点园区推介。紧贴各功能园区产业发展定位，推行"一链条一联盟"模式，推动五大功能园区成立产业联盟及党委，年内成立全省首个产业联盟党委，举办汽车产业联盟党委成立仪式暨首期汽车产业发展高端论坛，启动“链‘芯’聚力”党建品牌创建，相关做法被《新华日报》等省级以上媒体宣传推介。汽车产业联盟党委在全市首批10个联盟党委述评中排名第一。

（沐桂峰　庄坤江　沈加胜　姬生宁　韩正卿）

【新业态新就业群体党建】 2022年，泰州医药高新区（高港区）推进新业态新就业群体党建，出台《关于开展新业态新就业群体“暖‘新’行动”的实施意见》，发布《医药高新区（高港区）关心关爱新业态新就业群体“暖心八条”》。成立区道路货运行业、外卖配送行业、快递行业、网约车行业、网络名人5个行业党委，组建快递行业“高速先锋”、道路货运行业“高畅先锋”、外卖配送行业“高骑先锋”党员志愿服务队，组建网约车行业“助力省运·出行约我”党员先锋车队，并授志愿服务旗。按照“一行业一党建品牌”的总体思路，集成推出新业态新就业群体“新心向党”品牌集群，包含外卖配送行业“骑‘新’谐礼·急送先锋”党建品牌、网约车行业“初‘心’驶者·e路先锋”党建品牌、道路货运行业“红运‘向’前·高畅先锋”党建品牌、快递行业“爱‘党’邮我·速达先锋”党建品牌4个子品牌，聘请4名党务工作者担任党建品牌“铸造师”，指导品牌建设。建成100个暖“新”驿站，实现全区15个园区、镇街全覆盖，发布全市首个“暖‘新’驿站”电子地图。

（沐桂峰　庄坤江　沈加胜　姬生宁）

【党员电化教育】 2022年，泰州医药高新区（高港区）从硬件建设、队伍建设、学用组织、机制建设、成果转化5个方面对全区各镇街、村（社区）的远教站点进行考核评分、评定星级，实行站点“星级管理”。定期对站点播放设备进行排查梳理，及时淘汰落后老化电脑。推荐电教工作人员参加各类电教学习、课件制作等培训。推动固定学习日与主题党日的融合，组织全区各级党组织制定主题党日年度计划和月度活动方案，对党员参学情况进行摸底、分类。

（沐桂峰　庄坤江　沈加胜　曹新涛）

【党员教育视频制作】 2022年，泰州医药高新区（高港区）策划制作固定学习日（主题党日）党员教育短视频，全年拍摄党员干部思想行为问题短视频4部、农村不文明现象短视频4部，全部入选市委组织部党员教育学习课件，入选数量居各市（区）第一。拍摄制作公益广告1部、《党课开讲啦》1部、《基层工作锦囊》1部、红色歌曲1部，全部被市推荐参加省党员教育作品观摩交流活动比赛。其中，培训片《基层工作锦囊》获省一等奖，红色歌曲《无悔：那一天，我举起右手》获省二等奖，《党课开讲啦》视频《泰州精品党课专辑》获省三等奖。

（沐桂峰　庄坤江　沈加胜　曹新涛）

【综合考核】 2022年，泰州医药高新区（高港区）围绕省、市考核导向，修订区级部门（单位）绩效考核、园区（镇街）综合考评和区管干部考核办法，调整个性目标、共性目标、督促检查、等次评定等内容。将57个市高质量考核、16个市高质量发展重点工作考评、24个省对城区高质量监测指标以及100项区重点工作全部纳入区级部门（单位）个性目标，共制定个性目标1082项，其中月考目标198项。制定高质量指标、党建指标2张责任导图，指导区级牵头部门完成GDP核算、安全生产水平、营商便利度3张复合指标责任导图，将109项考核指标具体到区分管领导和部门主要负责人、分管负责人、处室负责人，压实层级责任。完善绩效评估系统，实现责任部门、重点工作、区管干部关联考评，覆盖全区64个单位、884名区管干部。增设按月通报、按季考核的辅助功能，每月将得分情况函告各部门（单位）主要负责人。通过月度例会、及时评价、适时通报、定期分析，推动全过程监管。

2022年度泰州医药高新区（高港区）综合考核等次

一、园区、镇街综合考核

园区

一等奖（1个）：生物医药产业园区

二等奖：化学新材料产业园区（沿江街道）、高端装备制造产业园区（许庄街道）

镇（街道）

一等奖（3个）：刁铺街道、胡庄镇、大泗镇

二等奖（3个）：口岸街道、明珠街道、野徐镇

二、区级机关单位综合考核

一等奖（18个）

A类：区党工委（区委）政法委、区人大机关、区政协机关、区人武部、高港区人民法院、泰州医药高新区人民法院、区总工会

B类：区司法局、区市场监管局、区教育局、区行政审批局、区应急管理局、区财政局（国资办、债务办）

C类：高港生态环境局、区交警大队、区公安分局、泰州医药高新区生态环境分局、区税务局

二等奖：（16个）

A类：泰州医药高新区人民检察院、高港区人民检察院、区妇联、团区委、区党工委（区委）组织部、区科协、区红十字会

B类：区卫生健康委、区统计局、区审计局、区社会事业和退役军人事务局、区商务局、区住房城乡建设局

C类：泰州医药高新区消防救

援大队、区气象局、高港区消防救援大队　　　　（蒋逸仙　姚　敏）

宣传思想工作

【概况】 2022年，泰州医药高新区（高港区）举办区委理论学习中心组集中学习12次、交流研讨6次。开展"道理说进你心里""习语共鸣"基层理论宣讲活动。在中央、省、市级主流媒体发稿件1000余篇，网络宣传推送稿件26篇。健全文明城市创建工作机制，优化全域包保网格管理，推进常态长效管理。建立完善好人资料储备库，新收录105名先进典型。选树"江苏好人"1人、"泰州好人"4人。实现区、园区、镇街、村（社区）文明实践阵地建设全覆盖。　　　　（戴斐斐）

【理论武装】 理论学习中心组学习　2022年，区党工委（区委）理论学习中心组贯彻落实《中国共产党党委（党组）理论学习中心组学习规则》和省委实施办法，加强政治理论学习和思想作风建设，发挥理论学习示范带头作用。全年举办集中学习12次、交流研讨6次。

2022年区党工委（区委）理论学习中心组学习情况一览表

表6

学习主题	主讲人
传达学习习近平总书记对党史学习教育的重要指示和党史学习教育总结会议精神、在《求是》杂志发表的重要讲话《以史为鉴、开创未来，埋头苦干、勇毅前行》，《中国共产党纪律检查委员会工作条例》	叶冬华
传达学习习近平总书记在同党外人士共迎新春时的重要讲话精神、在2022年春节团拜会上的重要讲话精神、在《求是》杂志发表的重要文章《坚持走中国特色社会主义法治道路，更好推进中国特色社会主义法治体系建设》	叶冬华
传达学习习近平总书记在中共中央政治局会议、中共中央政治局第三十七次集体学习、中央党校（国家行政学院）中青年干部培训班开班式上的重要讲话精神，全国两会精神	叶冬华
传达学习习近平总书记在海南考察时的重要讲话精神和在博鳌亚洲论坛2022年年会开幕式上的主旨演讲精神	陶旭
传达学习中央财经委员会第十一次会议精神，习近平总书记致首届大国工匠创新交流大会的贺信精神，4月29日中共中央政治局会议精神，习近平总书记在中共中央政治局第三十八次集体学习时的重要讲话精神，《总体国家安全观学习纲要》，《习近平法治思想学习纲要》	陶旭、陈磊
传达学习5月5日中共中央政治局常务委员会会议精神，习近平总书记在庆祝中国共产主义青年团成立100周年大会上的重要讲话精神、在《求是》杂志发表的重要文章《加快建设科技强国，实现高水平科技自立自强》	陶旭
学习习近平总书记关于粮食安全重要论述，《地方党委和政府领导班子及其成员粮食安全责任制规定》，习近平总书记关于安全生产重要论述和安全生产十五条重要举措，"智改数转"专题学习辅导	全冬明、马扬光
传达学习6月17日中共中央政治局会议精神，习近平总书记在主持中共中央政治局第四十次集体学习时的重要讲话精神，中央全面深化改革委员会第二十六次会议精神，习近平总书记在金砖国家工商论坛开幕式上的主旨演讲精神、在全球发展高层对话会上的重要讲话精神、在庆祝香港回归祖国25周年大会暨香港特别行政区第六届政府就职典礼上的重要讲话精神	陶旭
学习习近平总书记在省部级主要领导干部专题研讨班上的重要讲话精神，《中共中央关于加强党的政治建设的意见》，《习近平谈治国理政》第四卷，《中国共产党政治协商工作条例》，《中国共产党纪律处分条例》，《关于依法行政实现行政诉讼案件和行政机关败诉率"双下降"》	叶冬华、陈磊、卢洁、顾宝林、李剑峰
传达学习中共二十大精神	叶冬华
对中共二十大报告全文开展集体学习和交流研讨	理论学习中心组成员
学习新修订的《中国共产党章程》，中央农村工作会议精神	卢洁

基层党员冬训　将冬训工作与中共二十大精神学习、党史学习教育有机集合，将理论宣讲融入文艺节目、引入网格，打造“指尖上”的冬训课堂，构建多层次立体式冬训格局。冬训期间，全区形成“理论+文艺”优秀微宣讲作品11篇，产生《村诗里的中国》《小陈大爱》《六中全会精神进万家》《六中全会谱新篇　奋力走好赶考路》等一批宣讲视频，一批先进案例在“学习强国”学习平台等重要媒体刊登。组织编印《我们的历程》和《我们的故事》宣讲册，激发广大干群干事创业、创新争优的热情。获评2021—2022年度全市基层党员冬训工作示范区，口岸街道、野徐镇获评2021年度全省基层党员冬训工作示范镇。（卞小士　杨鑫铭）

社科宣传　着重围绕经济高质量发展、乡村振兴等经济社会发展的热点、难点问题，组织社科工作者开展应用课题研究活动。参加泰州市第十三届哲学社会科学优秀成果奖申报，《苏中农村地区互助型养老路径研究报告》获二等奖。在第十九届社科普及周期间，开展“喜迎二十大，奋进新征程”讲座、“探究柴墟历史文化”专题调研等活动。区图书馆被评为市社科普及基地。

（孙婷婷）

【意识形态工作】　2022年，泰州医药高新区（高港区）严格落实《党委（党组）意识形态工作责任制实施办法》及省、市实施细则，将意识形态工作纳入区党工委（区委常委会）工作要点，纳入各级党委（党组）理论学习中心组、干部教育培训计划。及时调整意识形态联席会议成员单位，建立意识形态工作联络员制度，印发《医药高新区（高港区）意识形态工作联席会议工作规则》。区党工委（区委常委会）会议专题研究意识形态工作2次，召开联席会议2次。做好中央、省委、市委巡察督查涉及泰州医药高新区（高港区）意识形态责任制情况的整改落实，逐条逐项明确任务，制定整改措施，全面整改落实到位。在六届区委第二轮巡察中对4个部门（单位）开展落实意识形态工作责任制专项巡察，未发现意识形态领域严重问题。

（米　霖）

【新闻宣传】　2022年，泰州医药高新区（高港区）相关新闻被央视的新闻频道、经济频道、国际频道、外文频道等频道报道13次，《新闻联播》报道2次，《新闻直播间》报道2次。在《人民日报》发稿4篇，在《新华日报》头版发稿8篇、头版头条发稿1篇、要闻版发稿4篇，在《江苏新时空》播发各类报道13篇。利用第十三届中国（泰州）国际医药博览会和长三角两岸企业家溱湖论坛等大型会议，做好主题宣传推介工作。制作对外宣传微视频《草木蔓发　春山可望》《远航》和招商宣传片。6月29日，举办泰州医药高新区（高港区）融合一周年媒体见面会。8月17日，举办新闻发言人培训班。9月29—30日，举办“奋进新两高，建功新时代”新闻发布会。

（刘昊宇）

2022年国内主流媒体有关泰州医药高新区（高港区）重要新闻报道一览表

表7

日期	发表媒体	报道标题
1月4日	央视农业农村频道《中国三农报道》	江苏泰州：采摘开启新年“莓”好时光
1月6日	《新华日报》	“唯实唯勤”讲习，提升干部能力
1月17日	《新华日报》	“一把手”实行“五诺”管理
2月17日	《人民日报》	提升诉讼之效　回应人民群众司法需求
2月17日	《新华日报》	千名新疆娃　泰州一个“家”
2月22日	《新华日报》	泰州医药高新区启动新年招商
2月23日	《新华日报》	众筹“筹”出水美乡村
3月5日	央视综合频道《新闻联播》	泰州：开展学雷锋活动　志愿服务暖人心
3月5日	央视新闻频道《新闻直播间》	泰州：志愿服务大集市　学习雷锋看行动
3月7日	《新华日报》	有了“田管家”，增产又增收
3月23日	《新华日报》	泰州高新高港党员走访“家家到”
4月1日	《新华日报》	服务好大企业　培育好中小企业——一个苏中小镇的“逆势上扬”
4月2日	《新华日报》	泰州迎来首家H股上市企业
4月10日	《新华日报》	泰州医药高新区出台“惠农十条”

续表7

日期	发表媒体	报道标题
4月12日	《新华日报》	基层社会治理靶向出招补短板
4月12日	《新华日报》	集聚“第一资源”　建设“人才家园”
4月13日	央视新闻频道《朝闻天下》	多措并举　助力农民增收致富
4月23日	《江苏新时空》	泰州举行庆祝人民海军成立73周年主题活动
4月23日	央视国防军事频道《军事报道》	泰州举行庆祝人民海军成立73周年主题活动
4月27日	央视财经频道《生财有道》	河豚肥美季　苗圃三步曲
4月28日	《人民日报》	《学以致用　学以报国》（庄志华事迹）
5月22日	《新华日报》	“我是党员我在前、我是干部干在先”
5月24日	《新华日报》	答好干部队伍建设的“现代化之问”
5月29日	《江苏新时空》	2022年中国医药城人才云大会在泰州举行
5月30日	《新华日报》	泰州高港举行国际人才云大会
6月3日	《新华日报》	“爱心粽”暖了孤老心
6月4日	《新华日报》	泰州汽车产业联盟党委成立
6月12日	《江苏新时空》	做强医药第一产业　打造集聚发展新高地
6月12日	《江苏新时空》	奋进新征程　建功新时代　总书记请放心　医药产业产展
6月29日	《新华日报》	高新高港加快打造泰州发展新中心
6月30日	央视综合频道《新闻联播》	泰州开展保护长江主题党日活动庆祝党的生日
7月2日	央视新闻频道《朝闻天下》	泰州开展保护长江主题党日活动庆祝党的生日
7月12日	《新华日报》	“阳光宴会厅”趟出乡村致富路
8月7日	《新华日报》	敢为善为，以“铁肩膀”挑起发展“重担子”
8月22日	《人民日报》（头版）	《奋进新征程建功新时代·非凡十年》之《我国脱贫攻坚取得全面胜利创造彪炳史册的人间奇迹》，采编泰州医药高新区（高港区）对口援助淳化县十里塬镇福缘社区产业园案例
8月24日	《江苏新时空》	提升产业发展能级　“健康名城”加速崛起
9月6日	《新华日报》	蔡庄村党委书记蔡春：“希望的田野”大有可为
9月9日	央视财经频道《生财有道》	赏乡村荷塘美　品农家牛肉香
9月12日	央视科教频道《味道》	中秋特别节目《味之道·家乡中秋味》江苏泰州篇
10月3日	《新华日报》	欢乐出游感受国泰民安
10月13日	《新华日报》	努力成为令人向往的泰州发展新中心
10月19日	《江苏新时空》	宏伟蓝图催人奋进　砥砺奋进续写华章　党的二十大报告在江苏引发热烈反响
10月20日	《新华日报》	宜居乡村　让“好风景”变“好钱景”
10月21日	《新华日报》	促进中医药传承创新，责任沉甸甸的
10月26日	《新华日报》	资本市场泰州医药板块再上新
10月26日	《新华日报》	民警接受红色教育

续表7

日期	发表媒体	报道标题
10月30日	《新华日报》	再造一个面向未来的中国医药城
11月6日	《江苏新时空》	把握机遇深化合作　共创开放繁荣的美好未来　许昆林参加第五届中国国际进口博览会江苏团活动
11月7日	《江苏新时空》	聚焦进博会：江苏采购商聚焦技术医疗热门领域　收获满满
11月15日	《新华日报》	把每一笔钱都用在刀刃上
11月19日	《江苏新时空》	第十三届中国（泰州）国际医药博览会开幕
11月20日	《人民日报》（海外版）	第十三届中国（泰州）国际医药博览会举行
11月21日	央视新闻频道《新闻直播间》	第十三届中国国际医药博览会闭幕
11月21日	《江苏新时空》	第十三届中国（泰州）国际医药博览会交出喜人“成绩单”
11月23日	《江苏新时空》	“三网叠加”打造“15分钟医保服务圈”
12月1日	央视财经频道《经济半小时》	航运进入“电动时代”
12月30日	央视财经频道《正点财经》	泰州制药企业多措并举稳产能保供应

【网络媒体宣传】 2022年，泰州医药高新区（高港区）紧扣学习宣传贯彻中共二十大精神，围绕打造“中国第一　世界有名”医药健康名城和产业发展、乡村振兴、民生关注等主题组织推送优质新闻稿件和网评文章，27篇新闻稿件被全省推送。举办泰州市“文明上网　从我做起”主题道德讲堂、“e网情深·助企纾困”、网络安全宣传周启动仪式等活动。打造“海军e站”网络文明素养基地和“一城一品”网络安全示范点，推动网络文明进企业、进社区、进网站。坚持党建引领，成立互联网行业党委和网络名人联盟党委。深化网上群众路线工作，市、区重点网络问政平台回复处置率100%。　（刘　波）

【精神文明建设】 文明创建　2022年，泰州医药高新区（高港区）深化文明城市创建机制体制建设，组建文明城市创建“一办四组”（创建办、硬件建设组、秩序维护组、软件提升组、督查考核组），出台《医药高新区（高港区）全国文明城市创建月度测评和考核奖惩实施方案》，建立文明城市创建工作“奖优罚劣”制度，完善优化全域包保和网格化管理体制。实施网申工作攻坚提升行动、文明小区攻坚提升行动、物业管理攻坚提升行动、文明交通攻坚提升行动、乡村风貌攻坚提升行动、市容环境攻坚提升行动、垃圾分类攻坚提升行动、城乡接合部攻坚提升行动、农贸市场攻坚提升行动、创建氛围攻坚提升行动“十大攻坚行动”。开展文明创建“城市清洁日”志愿服务活动。全年召开全区创建推进大会3次、月度工作例会9次、现场调度推进会6次，下发工作交办单495份，发布创建曝光台17期，《我与文明同行》25期，《“一把手”谈创建》12期，《你拍我办》《文明城市创建动态》等30期。　（仲伯荣）

公民思想道德建设　出台《“高新好人”选树工作实施方案》，建立完善“助人为乐、见义勇为、诚实守信、敬业奉献、孝老爱亲”五大类典型资料储备库，新收录105名好人资料。

2022年6月11日，区志愿服务总队开展“城市清洁日”活动

区党工委（区委）宣传和统战部　供图

全年评选“高新好人”40人。祥泰路消防救援站驾驶员芮健获评“江苏好人”，全区累计上榜“江苏好人”40人；永安洲镇上桥社区居民张燕、白马镇黄河村村民窦爱香、区应急管理局防灾减灾处处长胡德荣、大泗镇为民服务中心工作人员王娟被评为“泰州好人”。出台《泰州医药高新区（高港区）公民道德建设典型模范人物管理办法》，对各类典型模范建档立卡，并按照“谁推荐、谁负责”和属地管理原则，由各地、各部门（单位）与身边好人、道德模范等建立经常性联系制度。全年举办“道德讲堂”总堂活动30期，各级各类“道德讲堂”活动800余场次，累计参加1.8万人次。

（仲伯荣 李 敏）

未成年人思想道德建设　围绕“喜迎二十大，筑梦向未来”主题，开展未成年人系列教育实践活动，在泰州市扬子江小学承办泰州市“牢记谆谆嘱托，争做强国少年”学习宣传活动。常态化开展“我们的节日”主题活动，在凤凰街道承办泰州市“我们的节日·重阳”主题活动。推进未成年人文明礼仪养成教育，在泰州市太湖路小学承办“花开十岁，逐梦成长”泰州市未成年人10岁成长仪式示范活动。重视未成年人心理健康教育，推进区级未成年人成长指导中心以及各中小学校心理辅导室规范化建设，用好泰州市口岸小学、泰州市海军小学、泰州市永安洲初级中学、泰州市鲍徐初级中学4所“青爱小屋”资源。

（杨 寅）

新时代文明实践及志愿服务　全区建有区级新时代文明实践中心1个、镇街新时代文明实践所12个、村（社区）新时代文明实践站145个，实现区、镇街、村（社区）文明实践阵地建设全覆盖。建成体育文创中心、雕花楼景区、文化馆、图书馆、美术馆、凤栖湖体育公园、高港烈士陵园、高港区全民健身中心新时代文明实践点，泰州医药博览馆、泰州海军舰艇文化园、中国人民解放军海军诞生地纪念馆和五大园区新时代文明实践基地。推广使用“泰州志愿服务云平台”，全区注册志愿者8.55万人，占城镇常住人口比例超过20%。永安洲镇王禹、野徐镇乔亚军、凤凰街道农民艺术团、野徐镇康居社区“社区有温情、月月有寿星”、刁铺街道明发社区、永安洲镇“党筑邻里，安心菜篮”被评为2021年度泰州市学雷锋志愿服务“五个一批”先进典型。白马镇“童来童往”、大泗镇“爱心送餐，暖心暖胃”等做法被“学习强国”学习平台等媒体推介，野徐镇“群众点单，幸福加码”、永安洲镇“情润万家，最洲到”、寺巷街道“17880睦邻驿站”被评为泰州市新时代文明实践优秀“站长项目”。

（武 莉）

全民阅读活动　组织开展“4·23”柴墟读书节、“我的书屋·我的梦”、春风行动、“书香里的年味”、“好书推荐”等主题阅读活动，共开展全民阅读系列活动200余场。组织开展“红色经典”扫码听书活动，提升数字化阅读服务水平。2022年度高质量考核指标居民综合阅读率在全市排名第一。

（尹 聪）

2022年9月20日，泰州市未成年人10岁成长仪式示范活动在泰州市太湖路小学举行　　区党工委（区委）宣传和统战部　供图

【“三下乡”活动】 1月21日，泰州医药高新区（高港区）在野徐镇开展2022年“三下乡”集中慰问服务活动。15个区级机关部门（志愿服务组织）设立展台、咨询台，提供健康检查、科普宣传、法律咨询、职工维权、急救知识普及等服务。开展文艺演出、非遗项目展示和特色农产品销售等活动。向当地群众赠送价值近30万元的物资。（米 霖）

统战工作

【概况】 2022年，泰州医药高新区（高港区）有民主党派组织8个、无党派知识分子联谊会1个、新的社会阶层人士联谊会1个、光彩事业促进会1个。有民主党派成员439人，党外市人大代表11人、区人大代表48人，党外市政协委员18人、区政协委员130人。支持党外人士参政议政，召开党外人士情况通报会1次。加强对党外干部的培养，举办党外干部培训班1期。推进基层商会建设，新建基层商会1个。

（徐永强 陈 群）

【多党合作】 2022年，泰州医药高新区（高港区）举办民主党派成员

培训班。建成民主党派之家4个，在建2个。组织开展“同心助力”乡村振兴主题活动，农工党基层委员会举办社区义诊、村医培训等活动，民革基层委员会到蔡庄村开展美丽乡村建设参观考察、专家座谈等活动。组织召开民主监督专题座谈会，政府工作部门和人民法院、人民检察院配备党外特约人员46人。

（徐永强　陈　群）

【党外干部选拔培养】 2022年，泰州医药高新区（高港区）15个政府部门中有8个部门配备党外干部，配备党外正职干部1人，高港区人民法院配备党外副院长1人。全年新提拔党外副科级及以上干部11人，选派4名党外干部参加泰州市第20期党外干部培训班。

（徐永强　党红交）

【非公有制经济领域统战工作】 2022年，泰州医药高新区（高港区）举办中共二十大精神民营经济人士宣讲专场，在南通张謇企业家学院举办企业家培训班。选树民营经济人士先进典型，9名商会会员入选“高新好人榜”。召开民营经济统战工作协调机制会议，开展“民企服务月”活动。组织开展“光彩互助暖民心”慰问活动，共有33名爱心民营企业家参加，关爱慰问困难户、失独家庭、孤寡老人等困难群体48户（人）。全区民营企业家为新冠疫情防控累计捐款捐物1200余万元。

（徐永强　陈　群）

【党外知识分子和新的社会阶层人士统战工作】 2022年，泰州医药高新区（高港区）组织推选无党派人士优秀人物，制作无党派人士风采视频作品3件。举办“喜迎二十大、同心跟党走”党外青年诗歌朗诵会。成立民营企业、律师、书画艺术、网络人士4个服务团，组织新的社会阶层人士开展“习语金句、妙笔生花”书法作品展、“传承使命”非遗传统艺术展示交流、“书香润同心·喜迎二十大”读书分享会等活动。成立镇街新的社会阶层人士联谊会9个。在口岸街道引江社区挂牌设立社会治理工作室。

（徐永强　党红交）

督查与效能监察

【督查督办】 2022年，区督查和效能监察中心汇集区党工委（区委）、区管委会（区政府）主要领导交办事项，每月督办工作进度，共下发重要事项交办单54份，形成《重点工作任务办理情况汇报》16份，推动395项重点事项有效解决。针对文明城市创建、疫情防控等阶段性的重大任务，成立专班开展专题督查。共开展疫情防控督查100余次，拟定督查通报87期，通报问题400余条，提出工作建议150余条；开展文明城市创建督查25次，拟定督查通报25期，通报问题500余条，提出工作建议10余条。对秸秆禁烧、政务服务等领域开展巡查和现场督查，对发现的问题及时督促整改，消除隐患。办理第二轮中央环保督察信访件4次，形成通报4篇，推动解决生态问题33条。组织安全大检查行动“嵌入式”专项督查7次，形成通报6篇，排查安全隐患15条。

【效能监察】 2022年，泰州医药高新区（高港区）评选出区级“孺子牛、拓荒牛、老黄牛”典型29人。共梳理“蜗牛奖”问题线索15条，约谈12人，调查认定11个单位（个人）为区“蜗牛奖”初步对象。开展工作纪律明察暗访活动2次、会风会纪督查80余次，对18个部门（单位）的22名工作人员进行通报。坚持“一线工作法”，开展机关党员干部“五个一”亲企清政走访服务活动8期。开展营商环境“百日攻坚”大督查行动，收集损害营商环境的线索20余条，走访企业76个，梳理反馈问题15条，均交各责任部门处理到位。

【“创新创优奖”评选】 2022年，区党工委（区委）、区管委会（区政府）继续开展“创新创优奖”评选工作，评出2022年度“创新创优奖”一等奖10个、二等奖10个、三等奖10个。

一等奖项目　区工业和科技创新局、生物医药产业园区：“泰连锡”成功入围国家先进制造业集群；胡庄镇：创建国家级农业产业强镇；区总工会：创新建立职工“揭榜挂帅”工作机制；高端装备制造产业园区：创新驱动引领特色产业集聚发展；区司法局、区公安分局、大泗镇：“警法融合、三所共治”助力基层依法治理；口岸街道：创成“全省人大系统先进集体”；泰州医药高新区自然资源和规划分局：获批全省唯一高新区产业园用地整治提升试点；泰州医药高新区人民法院：知识产权“四全”保护法入选最高法院简报；区教育局：全市率先实施幼儿园教师备案制；区财政局：创新构建“一办八组”债务管控新机制。

二等奖项目　港口物流产业园区：“江洲行者”长江大保护项目造福于民；区统计局：亲企清政“五个一”走访共绘助企“同心圆”；刁铺街道：“微治理”探索城乡转型“新路径”；高港区人民法院：“365”快速化审理模式破解“案多人少”难题；化学新材料产业园区：创新打造清洁生产审核新模式；白马镇：“三个一”工作法跑出动迁工作“高铁速度”；区行政审批局：数智赋能提升“一件事”改革加速度；区市场监管局：全省首推基层食安办规范化建设；寺巷街道：创新“党建服务力助推信访问题化解”新模式；高港生态环境局：“联防联控”机制助推$PM_{2.5}$浓度持续改善。

三等奖项目　泰州医药高新区税务局：“税援团”惠企助发展；区

发展改革委：上争工作斩获多个全市第一；区卫生健康委：建成全区首个为老年人服务的医养结合护理院；明珠街道：创新应用集体公益事业用工系统；团区委："五优"助力困境少年"无忧"未来；野徐镇："老锁匠"开启基层治理"新格局"；区社会事业和退役军人事务局：打造高质量就业帮扶指导云平台；高港区人民检察院：检察监督与人大监督同向发力解民忧；泰州医药高新区人民检察院：检察专业化建设护航大健康产业高质量发展；高港区自然资源和规划分局：为"两高"高质量发展提供永续国土空间保障。

（区督查和效能监察中心）

人才工作

【概况】 2022年，泰州医药高新区（高港区）提档升级"113医药人才特别计划"，将专项资金从每年1亿元增至2亿元，资助范围由生物医药产业园区拓展至全区生物医药产业。整合"两高"原有人才政策，推出《"凤栖高新"英才计划》政策。调整区党工委（区委）人才工作领导小组架构，实行区党工委书记（区委书记）、区管委会主任（区长）"双组长"制，明确领导小组、人才办和成员单位职责。统筹全区招商人员力量，举办"双招双引"专题培训班。9名科技镇长团成员到任。

【人才引进】 2022年，泰州医药高新区（高港区）举办中国医药城国际人才云大会，设立海外引才联络站3个，签约人才项目23个，推出岗位200余个。举办"百校千企万岗"大学生就业帮扶行动暨"直播荐岗"活动（生物医药专场），提供岗位648个，在线观看超1.8万人次。开展"才聚药城·云端筑梦"中国医药城大型网络招聘月系列活动，提供岗位1640个。举办第九届中国（泰州）国际大健康产业高层次人才创新创业大赛，征集参赛项目209个，9个优质项目获奖项。举办区第六届创新创业大赛暨"中国创翼·创响江苏"选拔赛，选拔推荐132个项目报名参赛。协助举办南京医科大学"泰州日"系列活动，达成就业意向132人。实施"高新"青年人才集聚计划，创新"青许高新"高校学生暑期实践活动模式，吸引200余名大学生参加，开发就业见习岗位2624个，招收就业见习人才688人。全年引进高校毕业生1.35万人，选聘党政青年人才20人。

【人才培养】 2022年，泰州医药高新区（高港区）共有6名人才入选国家海外引才计划；8名（个）人才（团队）入选省"双创计划"，其中省"双创团队"1个、省"双创"人才4人、省"双创博士"3人；15名人才入选市"凤城英才计划"双创引进专项，26名人才入选市"凤城英才计划"113生物医药专项，获得项目资助资金4070万元；3名人才入选泰州市"凤城英才计划"青年科技人才托举计划，获得项目资助资金18万元。发放第六期省"333工程"第二、三层次培养对象补助资金46.8万元。推动扬子江药业集团与中国药科大学共建留学生产教融合教育中心，首批13名留学生入驻企业开展理论学习、技能培训、岗位实习。

2022年泰州医药高新区（高港区）入选省、市重点人才计划资助对象一览表

表8

项目名称	姓　名	申报单位
江苏省"双创计划"	丁健（团队）	泰州海和药业有限公司
	丁　健	泰州海和药业有限公司
	王永强	泰州蕾灵百奥生物科技有限公司
	洪　泉	泰州海和药业有限公司
	谢　简	国际遗传工程和生物技术中心泰州区域研究中心
	王家尧	扬子江药业集团有限公司
	杨晓光	扬子江药业集团有限公司
	Abhipsa Sahu	国际遗传工程和生物技术中心泰州区域研究中心
泰州市"凤城英才计划"双创引进专项	廖永波	泰州鑫浩桥电子科技有限公司
	黄健康	江苏立宇自动化焊接科技有限公司
	张永涛	江苏维骏工业设备有限公司
	吕小青	江苏奥龙电气科技有限公司

续表8

项目名称	姓　名	申报单位
泰州市“风城英才计划”双创引进专项	韩昌报	江苏洁诚智慧能源科技有限公司
	李　敬	泰州市乐太食品有限公司
	朱遂一	泰州晟禾水处理设备制造有限公司
	张　芳	江苏苏萨食品有限公司
	张　波	江苏环川环境工程有限公司
	杭文明	谱力美新材料江苏有限公司
	曾体贤	泰州圣斯泰科汽车部件有限公司
	胡卜亮	泰州市常泰电子有限公司
	王　莎	江苏明浩新能源发展有限公司
	李之鹏	江苏康泰环保装备有限公司
	贺　振	江苏西来原生态农业有限公司
泰州市“风城英才计划”113生物医药专项	谢良志	义翘神州（泰州）科技有限公司
	张胜甲	江苏拉曼医疗设备有限公司
	刘大方	江苏大方生物工程有限公司
	袁胜涛	江苏瀚江生物科技有限公司
	蒋卫平	中科微影（泰州）医疗科技有限公司
	刑旭光	江苏星米医疗科技有限公司
	田立文	江苏诺唯康生物医药有限公司
	李朝阳	江苏中治制药有限公司
	姜亚运	江苏亚源生物科技有限公司
	王雅娜	泰州准唯光电科技有限公司
	刘继红	泰州博莱得利生物科技有限公司
	郭清城	泰州迈博太科药业有限公司
	沈卫东	江苏三才五妍医疗科技发展有限公司
	顾兴中	东南大学泰州生物医药与医疗器械研究院
	肖　琦	佰孚生物科技（泰州）有限公司
	高　宇	扬子江药业集团有限公司
	金　郁	泰州医药城国科化物生物医药科技有限公司
	项志南	扬子江药业集团江苏龙凤堂中药有限公司
	徐永祥	泰州屹飞新材料科技有限公司
	刘丽梅	江苏一米生物科技有限公司
	田大胜	江苏邦士医疗科技有限公司
	葛　言	国际遗传工程和生物技术中心泰州区域研究中心
	候雪丹	江苏洁乐医用敷料有限公司
	缪文俊	江苏长泰药业有限公司
	张宏梅	泰州鑫联诚润生物技术有限公司
	金星泽	泰州市美诺医疗器械有限公司

【人才宣传】 2022年，泰州医药高新区（高港区）加大人才工作特色做法、人才先进典型宣传力度。全年有近10篇信息在《中国组织人事报》《中国高新技术产业导报》等国家级报刊刊载，20余篇信息在《组织人事报》《新华日报》等省级报刊刊载，10余篇信息在《泰州党建》等市级报刊刊载，100余篇信息在"学习强国"学习平台、"交汇点"新闻、"江苏省科技镇长团"微信公众号、"江苏先锋"微信公众号、"先锋泰州"微信公众号等国家、省、市新媒体上宣传。推出"人才特区"政策升级版、建立生物医药产业人才编制"蓄水池"、中国医药城"人才日"等信息被《组织人事报》宣传报道，《在勇挑大梁中成长成才》等信息被江苏省委组织部官网"观点评论"采编，《向全球伸出招揽生物医疗领域人才"橄榄枝"》等信息被省委《信息快报》、泰州《信息快报》选编。

【人才待遇落实】 2022年，泰州医药高新区（高港区）用好"泰爱才"人才公共服务平台，推行人才政策"快兑行动"，发放购房、租房、面试和生活补贴1042万元。高效运营"人才会客厅"，搭建"一站式"人才服务平台，建设并试运营"高新英才码"，构建人才"线上+线下"服务体系。推进省级人力资源产业园创建，完成运营主体泰州市华钜人力资源有限公司工作专班的组建。提升人才公寓以及青年人才驿站运行质效，满足人才安居需求。在"5·29"人才日开展人才交友会、联谊会、研讨会等活动。召开区党工委（区委）人才工作会议暨中国医药城人才发展大会，表彰卓越工程师、优秀青年人才、创新创业菁英、科技型企业家和高层次领军型人才5类对象34人。组织召开区高层次人才联谊会2022年理事会。建立市级高校毕业生就业实践基地70个，提供就业见习岗位3395个，招收就业见习人员1004人，发放就业见习补贴420万元，高校毕业生留岗率超过80%。落实区领导挂钩联系优秀人才、专家慰问、人才公寓、健康休养、体检等制度，帮助人才解决薪酬福利、家属就业、子女入学、医疗保障、住房保障等方面的实际问题，为5名博士后人员申报项目奖补资金35万元，为36名"凤城英才卡"持卡人才报销健身费用5.2万元，为18名专家进行健康体检。

（陈国栋　丁　荟　戚志阳　罗家宁　商婷婷　任甲重　钱硕安　李　玲）

【专业技术人才队伍建设】 2022年，泰州医药高新区（高港区）推行继续教育学时网上验证，向区内企业取得高级职称的117名专业技术人才发放奖励金59.1万元，全年新增专业技术人才3000人，有41人通过企业自主评审获得中级职称。加强博士后工作站运营动态管理，鼓励和支持扬子江药业集团博士后工作站、泰州航宇电器有限公司博士后创新实践基地等平台柔性引进博士后2人。在扬子江药业集团、泰州客运集团有限公司、蓝思精密（泰州）有限公司、泰州润杰物流安全装备科技有限公司推行企业职工技能等级证书制度，共有3677名职工通过企业自主评价获得技能等级证书。新增高技能人才1076人、技师273人、数字技能人才998人，每万名劳动力中高技能人才数1435人。

【校园引才活动】 2022年，泰州医药高新区（高港区）开展"走进本地高校，助力就业创业"人才专项活动。组织区内10余个企业到南京中医药大学翰林学院、南京师范大学泰州学院等驻泰高校举办校园招聘活动。组织参加"才聚泰州，共赢未来"——走进南京医科大学"泰州日"活动，扬子江药业集团等区内企业与大学生达成就业意向132人。

【事业单位人才队伍建设】 2022年，泰州医药高新区（高港区）公开招聘事业单位工作人员35人、小学教师54人、备案制幼师40人、医技人员24人。在教育和卫生系统全面开展基层事业单位专业技术人员"定向设岗、定向评价、定向使用"工作，定向设岗3418个，定向评价90人，定向使用2109人。对全区事业单位工作人员开展年度考核，通过民主测评和实绩考核，评出管理岗位优秀122人、专业技术岗位优秀733人、工勤技能岗位优秀5人，申报嘉奖820人、记功54人。推进事业单位管理岗位职员等级晋升制度实施。办理丧葬费、一次性抚恤金及遗属生活困难补助53人。义务教育学校、高中阶段学校按照当地其他事业单位绩效工资基准线分别核增20%、30%的绩效工资总量。从2021年10月起，为全区4600余名事业人员调整基本工资并发放到位。（李　玲）

机构编制工作

【功能园区改革】 2022年，泰州医药高新区（高港区）重点围绕园区体制架构、职责关系、人员配备等方面，深化园区改革。在调优架构上，推行"大部制、扁平化"管理，其内设机构由51个减少至30个，比改革前精简41.18%；在员额核定上，按照"一主导、两参考"的原则，核定五大功能园区员额520个，比改革前精简42.92%；在理顺关系上，厘清功能园区职能机构之间以及与所在镇街职责定位，推动功能园区与所在镇街融合发展；在整合资源上，各功能园区通过"内选外招"两轮竞岗选岗，选拔精兵强将。建立"园区吹哨、部门报到"工作机制，参与制定《功能园区员额制人员管理办法》。

【深化基层“三整合”改革】 2022年，区党工委（区委）编办牵头出台深化基层“三整合”改革方案，完善职责准入机制、资源下沉机制、动态调整机制、全员培训机制、考核评估机制、信息共享机制和配套保障机制。结合泰州医药高新区与高港区融合发展管理体制改革和开发园区管理体制改革，统筹包括协调、党建、治理、经济、执法、服务在内的六大板块，优化设置各镇街职能机构，因地制宜确定机构数量，设置7～9个职能机构，理顺功能园区与所在镇街管理体制，明确涉及基层党建、民生服务、社会治理等职能由所在镇街承担，形成“园区聚力谋发展、镇街全力强保障”的发展格局。对镇街法定权力事项进行梳理、赋权事项进行调整，收回已赋权事项5项、调整权力事项19项，动态调整镇街权力事项目录清单，提高清单完整度和准确度，推动权力清单与新“三定”规定有机融合。

【重点领域体制机制改革】 2022年，区党工委（区委）编办推动应急管理综合行政执法体制改革，会同区应急管理局出台《关于进一步加强基层应急管理体系和能力建设的实施意见》，编制重点部门安全生产权力和责任清单，提升全区应急管理能力。推动国防动员体制改革，制定《泰州市高港区深化国防动员体制改革实施方案》，完成国防动员职能调整、国防动员联合办公室设立、国防动员办公室挂牌等改革任务。推动综合行政执法体制改革，市场监管、应急管理以片区为单位分设派出机构，城市管理以镇街为单位设置派出机构，推动综合行政执法力量向基层延伸，提升基层治理效能。

【机构编制管理】 2022年，区党工委（区委）编办严格执行机构限额、领导职数、编制管理等规定，强化源头管控。加强机构编制实名制管理，对批准的机构编制事项实行全程监管，及时释放编制可利用空间。健全机构编制、组织、人社、财政部门间的协调配合机制，充分发挥机构编制在监管全流程中的基础性作用。全年召开区党工委（区委）编委会议3次，审议机构编制议题14项，调整设立机构40余个，调整配置编制90余名。制定《机关事业单位人员流动管理办法》，修订《公办幼儿园备案制教师管理办法》《公立医院备案制管理办法》。

【事业单位管理】 2022年，区党工委（区委）编办完成事业单位设立登记6个，变更登记158个，注销登记15个，证书补领3个。完成287个事业单位法人年度报告工作，并按规定向社会公示。开展事业单位“双随机、一公开”监督检查，选取9个单位进行公示信息实地核查，对发现的问题，督促立即整改。定期向区公共信用信息平台报送业务数据信息，与其他部门建立信息互通机制。

（赵聪聪）

机关党建

【概况】 2022年，区级机关新发展党员42人，转正预备党员65人，调入党员63人，调出党员85人。区党工委（区委）区级机关工委辖党组织130个。其中，党员数在100人以上的党委8个，党员数在50～100人的党总支13个，党员数在3～50人的党支部20个。区级机关有党员2277人。其中，女性党员721人，占党员总数的31.66%；大专以上学历2072人，占党员总数的91%；35岁以下党员556人，占党员总数的24.42%；36～45岁的党员680人，占党员总数的29.86%；46～60岁的党员797人，占党员总数的35%；61岁及以上的党员244人，占党员总数的10.72%；离退休党员244人。

【机关党的组织建设】 2022年，区党工委（区委）区级机关工委完成22个涉及部门合并的区级机关党组织撤并调整工作，全程参与指导机关党组织换届选举，新成立机关党委8个、党总支4个、党支部59个，完成党（总）支部换届改选75个。抓好“三会一课”、领导干部参加双重组织生活等常规动作，完善重温入党誓词、党员过“政治生日”等政治仪式，开展主题党日，规范活动流程，丰富活动内容，提高组织生活质量。做好机关发展党员申报、培养培训、档案管理、激励关怀、发挥作用、权利保障等工作。评选“我最喜欢的共产党员”，颁发“光荣在党50年”纪念章。用好党内关爱资金，推动落实党内关爱实施细则。指导区级机关各党组织对机关党员档案的现状、问题进行“大起底”，做好发展党员材料整理、奖惩材料归档。深化在职党员“五带三星”活动，常态化开展城市社区“服务一小时、高‘兴’你我他”活动。

【机关党员教育培训】 2022年，区党工委（区委）区级机关工委举办培训班3期，培训党员（含党组织书记）700余人、入党积极分子和发展对象120余人。6月8—10日，与口岸街道（临港经济园）党工委联合举办2022年度入党积极分子和发展对象培训班，就党的基础知识、中共十九届六中全会精神、法治知识、意识形态领域、党史等内容进行专题培训，组织学员参观泰州海军舰艇文化园，进行爱国主义教育。7月26—28日，举办区级机关党组织书记培训班，通过经验交流、专题辅导、主题观摩、结业测验等形式，提高机关党组织书记业务能力。9月7日，对2022年度新发展的42名党员开展集中廉政谈话活动。12月15—16日，组织开展区级机关“我是党员、奋斗有我”党员集中轮训，机关党员干部、预备党员和转正1年内的新党员共450人参加培训。

【机关党员参加疫情防控】 2022年，区党工委（区委）区级机关工委组建新冠疫情防控区级预备队，推动机关各党组织、机关党员干部在疫情防控期间“全员全天”下沉村（社区）。成立交通卡口专班、数据核查专班、市场监管专班、明珠街道专班等多支党员队伍，全年统筹安排741个岗位，调度15万人次下沉防疫一线。联合区总工会、团区委、区妇联等单位开展“安心礼包”“暖心礼包”送温暖行动，投入40余万元为突击队队员发放“暖心礼包”1360份，投入近9万元为高速路口司乘人员发送“安心礼包”近2000份。

（程小迎）

党史、地方志与档案馆工作

【地方党史编写】 2022年，区党史方志办组织对《中国共产党高港历史（1997—2016）》稿件进行修改统稿，形成40万字的《中国共产党高港历史（1997—2016）》征求意见稿，发送区新老领导征求意见。组织对《泰州市高港区红色资源史料册》进行审读，形成书面审读意见向区老建会反馈。完成《泰州市对口支援口述实录》7篇稿件组稿修改工作。

【年鉴编纂】 2022年，区党史方志办开展《泰州医药高新区（高港区）年鉴（2022）》编纂工作，印发编纂实施方案，举办业务培训，做好编辑、统稿、校对、排版设计、出版等工作。经区管委会、区政府批准，《泰州医药高新区（高港区）年鉴（2022）》公开出版。《高港年鉴（2021）》参加省级年鉴质量评审，获评全省一等年鉴（最高等级）。完成《江苏年鉴（2022）》《泰州年鉴（2022）》供稿任务。每月按时保质编印全区大事记。

【镇村志编纂】 2022年，区党史方志办推进名镇名村志编纂工作，选派“第一主笔”做好统稿修改、审核把关、图片补充、排版校对等工作，完成《刁铺街道志》《刘庄社区志》《蔡庄村志》《口岸街道志》出版任务。指导编纂《屠桥社区志》，形成完整稿件。做好读志用志工作，组织召开“《引江社区志》与引江社区发展”座谈会。启动镇村志编纂文化工程。5月7日，区党政办印发《泰州医药高新区（高港区）镇村志编纂文化工程实施方案》，提出全区镇（街道）志编纂工作全覆盖，明确明珠街道、沿江街道、许庄街道、野徐镇、永安洲镇、大泗镇、胡庄镇开展镇（街道）志编纂工作。9月30日，区党史方志办举行全区镇村志编纂文化工程部署会暨《刁铺街道志》首发式，并开展业务培训。形成《名镇名村志编纂工作资料汇编》，作为实施镇村志编纂文化工程的培训材料，印发各承编单位学习参考。

【区档案馆建设】 2022年，区党史方志办推进区档案馆业务建设评价各项工作，完善基础设施，加强业务建设，提升管理水平。7月，完成市档案馆组织的对区档案馆业务建设评价工作。区档案馆被评为省级规范档案馆。将出生医学证明档案目录上传市档案馆。开展长三角异地查档。开展档案接收进馆工作，将“两区融合”前有关单位档案接收进区档案馆。全年接待查档523次。区档案馆起草《2022年度落实档案工作责任制任务清单》，明确10项重点工作任务，经区档案局审核，由区党政办印发各地各部门。会同区档案局开展全区档案业务培训。会同区档案局开展全区2022年度档案执法检查和档案工作检查评价，评出示范档案室2个、规范档案室4个、合格档案室1个。

【史志档案宣传】 2022年，区党史方志办运用史志档案资源，做好史志档案宣传工作。10篇文章被省、市级刊物或微信公众号刊载。全年被上级业务主管部门网站采用信息58条，继续处于全省前列。区党史方志办获评2022年度全省地方志系统政务信息报送优秀单位，1人获评2022年度全省地方志系统优秀信息员。开展“泰州记忆讲堂”高新高港专场活动，举办“泰州医药高新区（高港区）的乡贤文化”专题讲座。多次组织机关干部和市民参观区档案馆乡镇企业档案史料陈列展和红色档案史料陈列展。

【《史志档案资政参考》编印】 2022年，区党史方志办推出《史志档案资政参考》，编发3期，主题分别为“5部名镇名村志呈送区领导参阅”“建议设立1949年龙窝口战斗纪念设施”“区党史方志办公室（区档案馆）主动服务‘两区融合’，推动夯实全区档案工作基础”，呈送有关区领导，报送区有关部门、园区、镇街，为领导决策服务。每一期均得到区领导批示。（区党史方志办）

老干部工作

【概况】 2022年，泰州医药高新区（高港区）有离休干部12人，平均年龄95周岁。其中，90周岁以上10人，85～89周岁2人。副乡科级以上退休干部362人。其中，副县处级以上退休干部32人，正乡科级退休干部177人，副乡科级退休干部153人。有区级机关、镇街、社区老干部党支部76个，功能型老干部党支部11个。“探索‘党支部+’主题党日模式　提升离退休干部党组织组织力”“多措并举引导老党员助力社区社会治理”等做法被“交汇点”新闻、“老干部之家”网站等宣传报道。刁铺街道老干部党支部获评江苏省“六好”离退休干部党支部。老干部薛文才、常郭武获评泰州市第二届老干部志愿服务“最美‘银发系列’志愿者”。

【老干部党建工作】 2022年，区党工委（区委）老干部局在老干部中开展“吾论‘如何’”成长论坛、“建言二十大”、“我看中国特色社会主义新时代”调研活动和“迎接二十大，奋进新征程”思想荟等活动。推进“1+2”（“1”为老干部党组织关系所在的原单位，“2”为老干部的居住社区和参加的社团协会）功能型党组织建设。组织“银发”宣讲团开展爱党爱国爱家乡宣讲10余场次。正常开展主题党日活动。举办理论研讨3次，形成调研报告4篇。打造寺巷街道“三色工程”、凤凰街道秦蒋社区“三微应用”工作法和“银龄说”微讲堂等老干部工作创新项目5个。“银龄说”微讲堂获评泰州市2022年度老干部工作创新创优最佳项目。

【老干部待遇落实】 2022年，区党工委（区委）老干部局向老干部赠阅《党的生活》《银潮》等报纸杂志，落实离退休干部阅读文件、参加重要会议和重大活动等制度。按照标准足额发放离休干部特需费、参观休养费、交通费、护理费、高龄护工费“五项补助”，以及住房补贴和改制破产企业离休干部月租补贴等。做好“江苏省离退休干部服务管理信息化平台”信息录入工作，更新老干部个人信息库。组织老干部健康检查，健全完善老干部健康档案。落实离休干部看病就医待遇政策，推进离休干部家庭医生签约服务。

【老干部活动】 2022年，区党工委（区委）老干部局联合区党工委（区委）宣传和统战部、区关工委、区教育局等部门，开展“银发生辉·银龄行动”实践活动。组织140余名“五老”和在职骨干教师在线上线下宣讲200余场，受众3万余人。组织老干部以“家门口的微志愿”为主要形式，在疫情防控、平安创建、文明实践、社区管理、邻里互助等方面发挥作用，开展“银发生辉、红心向党”特色活动。组织老干部结对帮扶困境学生，协助开展“扣好人生第一粒扣子”“大手拉小手、永远跟党走”等关心下一代主题活动10场次、集中志愿服务活动6场次。组织老干部开展门球、乒乓球、象棋、垂钓、掼蛋、京剧等活动。（杨震宇）

对台工作

【服务台企与台胞】 2022年，泰州医药高新区（高港区）对落户的48个台资企业和150余名台商、台胞开展复工复产情况统计、涉台投诉求助案件统计、矛盾纠纷调处、台企专利品牌申报、安全生产工作调研、融资融券情况调研等服务。帮助台资企业申报高新技术企业，保障外贸出口台资企业物流供应链畅通，协调解决台资企业的人才、用工、供应链等问题。组织区内台资企业参加市“贸促服务助企行”宣讲会、市“智改数转　智慧转型”工作推进会。举办“台商大讲坛”、“圆梦高新”创咖会、企业家沙龙等活动。召开“应对挑战　共赢未来”供应链发展大会，总投资15亿元的台湾半导体射频器件封测项目、总投资10亿元的台湾电子产品精密冲压件项目在现场签约。承办长三角两岸企业家溱湖论坛，台湾大健康产业联盟协会、上海台协会大健康工委、台湾生技产业联盟和生物医药产业园区签订战略合作协议。台企江苏伟禾生物科技有限公司在第二届长三角两岸青年创新创业大赛中获三等奖。泰州统实企业有限公司获泰州医药高新区（高港区）“纳税先锋”奖。

【涉台宣传】 2022年，泰州医药高新区（高港区）在中国台湾网、江苏省委新闻网、江苏省台办网站报送各类涉台信息50余篇，被采用30余篇。

【台企及台属公益活动】 2022年，泰州医药高新区（高港区）举办台青“健康江来”志愿放流活动、省运会台胞志愿服务活动。区台属联谊会志愿者到口岸敬老院开展志愿服务活动。（李　敏　曹　健）

泰州市高港区人民代表大会

综　述

【概况】 2022年，高港区召开人代会1次，人大常委会会议11次、主任会议14次，审议专项工作报告18件；开展执法检查2次、专题询问2次，组织代表视察7次；作出决议决定20项，任免国家机关工作人员105人次；受理群众来信5件，接待群众来访10余人次。参加区六届人大一次会议代表230人，因工作变动、调离本行政区域、个人原因，终止区人大代表资格9人、主动辞去代表职务5人；补选区六届人大代表16人；区六届人大一次会议选举市六届人大代表46人，因工作变动或个人原因，辞去市人大代表职务4人、转入市人大代表1人，补选市六届人大代表4人。至年末，驻泰州医药高新区（高港区）的省人大代表4人、市人大代表47人，区人大代表232人。

【民生实事票决制】 1月2日，区六届人大一次会议组织代表观看2021年政府民生实事项目完成情况专题片，对2021年政府民生实事项目完成情况进行满意度测评，代表满意、基本满意率达99.77%。票决产生2022年政府民生实事项目共10大项，分别为实施尊老护幼工程、推进教育均衡发展、提升健康服务水平、改善城乡公共环境、方便群众交通出行、强化公共安全保障、加强居住保障服务、提高社会救助水平、丰富群众文化生活、促进更高质量就业。深化民生实事代表票决制工作，制定2022年区政府民生实事票决项目建设计划和联系监督安排表，定期开展督查并发文通报。8月29日，区人大常委会全体组成人员和部分区人大代表分组视察2022年政府民生实事票决项目推进情况。9月29日，区六届人大常委会第六次会议听取和审议区政府关于2022年政府民生实事项目推进情况的报告，并开展专题询问，批准区政府关于调整2022年政府10件民生实事部分子项目的议案。12月26日，区六届人大常委会第十次会议初审区政府关于2022年政府民生实事项目完成情况和2023年政府民生实事候选项目形成情况的报告，审议确定2023年区政府民生实事候选项目。至年末，2022年区政府民生实事项目基本完成。

【人事任免】 2022年，区人大常委会共任免国家机关工作人员105人次。坚持任前法律知识考试、拟任职人员向区人大常委会作拟任职发言和任后颁发任命书、向宪法宣誓等制度。出台《区人大常委会任命人员向区人大常委会报告履职情况办法》。 （焦卫华）

【区人大法制委员会工作】 3月16日，区六届人大法制委员会召开会议，研究制定2022年度区人大法制委员会工作计划。3月，调研关于安全生产领域公益诉讼检察工作情况。4月，调研加强破产审判工作。6月，调研整治群众反映强烈突出问题工作情况。11月，组织部分区人大代表视察法治平安建设情况。 （周来泉）

【区人大财政经济委员会工作】 5月7日，区六届人大财政经济委员会第一次会议召开，学习《泰州市高港区六届人民代表大会财政经济委员会议事规则》，讨论通过区六届人大财政经济委员会2022年度工作计划；7月25日，区六届人大财政经济委员会第二次会议召开，审查《关于2021年区级决算草案的报告》《关于2021年区级预算执行和其他财政收支的审计工作报告》；9月16日，区六届人大财政经济委员会第三次会议召开，讨论通过《泰州市高港区人民代表大会常务委员会关于加强国有资产管理情况监督的决定（草案）》；12月23日，区六届人大财政经济委员会第四次会议召开，审查《2022年国民经济社会计划预算执行情况和2023年计划预算草案及2022年预算调整方案》。

3月，开展2021年政府债务管理情况督查；5月，调研国有企业管理情况；6月，调研2021年“同级审”工作情况、“亩均论英雄”改革情况；7月，调研全区上半年国民经济社会发展计划执行和预算执行情况；10月，组织市、区人大代表视察2022年民生实事项目进展情况；11月，调研审计查出问题整改工作情况；12月，调研2022年预算执行情况、2023年预算初步安排和2022年税收收入完成情况，2023年政府投资项目计划编制、2022年计划执行和2023年计划初步安排情况。

（赵鹏程）

【区人大社会建设委员会工作】3月31日，区六届人大社会建设委员会第一次会议召开，学习习近平总书记在中央人大工作会议上的讲话精神，讨论通过《2022年社会建设委工作计划》，印发《高港区人大社会建设委履职工作制度汇编》；7月26日，区六届人大社会建设委员会第二次会议召开，学习中央和省、市、区委人大工作会议精神，讨论《中华人民共和国残疾人保障法》和《江苏省残疾人保障条例》（简称残疾人保障“一法一条例”）执法检查报告，通过区人大社会建设委员会议事规则修改稿；10月26日，区六届人大社会建设委员会第三次会议召开，学习中共二十大精神，传达学习全省人大社会建设工作培训班会议精神，参加市人大社会建设委员会组织的线上会议；12月27日，区六届人大社会建设委员会第四次会议召开，讨论《高港区人民代表大会社会建设委2022年工作报告》。

5月，专题调研全区安全生产专项整治“三年大灶”行动推进情况，形成调查报告提交区人大常委会审议；5—7月，开展全区残疾人保障“一法一条例”贯彻实施情况执法检查活动；9月，组织部分区人大代表视察全区工业旅游和健康旅游发展情况；11月，开展全区义务教育“双减”政策落实情况专题调研，形成调研报告提交区人大常委会主任会议审议。

（凌晓娟）

重要会议

【区六届人大一次会议】1月11—14日，区六届人大一次会议召开。应到代表230人，实到代表218人，列席123人。听取和审议区政府工作报告；审查和批准2021年区国民经济和社会发展计划执行情况与2022年计划草案的报告，批准2022年区国民经济和社会发展计划；审查和批准2021年区预算执行情况和2022年预算草案的报告，批准2022年区预算；听取和审议区人大常委会工作报告、区人民法院工作报告、区人民检察院工作报告；通过上述各项报告的决议。组织观看2021年政府民生实事项目完成情况专题片，并对项目完成情况进行满意度测评；票决确定实施尊老护幼工程等10个项目为2022年区政府民生实事项目。选举任志强为高港区人大常委会主任，葛立网、杨春宣、李强、王飞平为副主任，于跃进等28人为委员；选举孙宏建为高港区人民政府区长，张汉刚、王英俊、贺骏、陈新兵、施康振、孙达妮为副区长；选举肖志勇为区监察委员会主任，许飞为高港区人民法院院长，吴文彬为高港区人民检察院检察长；选举丁志强等46人为泰州市第六届人民代表大会代表；表决通过区六届人大法制委员会、财政经济委员会、社会建设委员会组成人员名单。组织向宪法宣誓活动。

（倪守红）

【区人大常委会会议】2022年，区人大常委会召开常委会会议11次。

区五届人大常委会第三十四次会议 1月7日召开。听取和初审区政府关于高港区2021年国民经济社会发展计划预计执行情况和2022年计划草案的报告、关于高港区2021年区本级预算调整方案和2021年预算预计执行情况和2022年预算草案的报告、关于高港区2021年政府民生实事项目完成情况和2022年政府民生实事候选项目形成情况的报告，听取和初审区人大常委会工作报告稿，审议确定2022年区政府民生实事候选项目，通过关于召开区六届人大一次会议的有关事项。决定任命孙达妮为区政府副区长；决定免去李新美的区政府副区长职务、白剑的区机关事务管理局局长职务；任命李恺颖为

2022年1月11—14日，区六届人大一次会议召开

区党工委（区委）宣传和统战部　供图

区人大常委会办公室副主任（正科级）、倪守红为区人大常委会环资城建工作委员会副主任、许良兵为区人大常委会沿江街道工作委员会主任；任命程瑜、封云举、吕华见为区监察委员会委员。

区六届人大常委会第一次会议　1月21日召开。决定接受顾萍辞去市五届人大代表职务的请求，并报市人大常委会备案。

区六届人大常委会第二次会议　3月29日召开。传达学习十三届全国人大五次会议精神；听取和审议区政府关于2021年度环境状况和环境保护目标完成情况的报告、高港区人民检察院关于安全生产领域公益诉讼检察工作情况的报告，并进行满意度测评；审议通过区六届人大常委会代表资格审查委员会组成人员名单草案；通报区人大常委会2022年度工作议题安排。免去李平的高港区人民法院副院长、审判委员会委员、审判员职务。

区六届人大常委会第三次会议　5月20日召开。听取和审议区政府关于推进安全生产专项整治“三年大灶”行动情况的报告、关于2021年度国有资产管理情况的综合报告和2021年度国有自然资源资产管理情况的专项报告，并进行满意度测评；审议通过关于深入学习贯彻习近平总书记中央人大工作会议重要讲话精神加强和改进新时代人大工作的决定。决定任命全冬明为区政府副区长、邱小平为区发展改革委主任、于勇军为区教育局局长、马扬光为区工业和科技创新局局长、蔡磊为区司法局局长、匡章斌为区财政局局长、卞晓江为区社会事业和退役军人事务局局长、徐旭东为区住房城乡建设局局长、李俊标为区农业农村局局长、姜志新为区商务局局长、陈文兰为区卫生健康委主任、戴永建为区应急管理局局长、曹映华为区审计局局长、陈志俊为区行政审批局局长、孙静为区市场监督管理局局长、朱双六为区统计局局长；决定免去张汉刚的区政府副区长职务、贺骏的区政府副区长职务；任命顾宝林为区监察委员会副主任；决定接受肖志勇辞去区监察委员会主任职务的请求，并报区六届人大第二次会议备案；决定顾宝林代理区监察委员会主任职务；通过区人大常委会各镇街工作委员会委员名单。

区六届人大常委会第四次会议　7月29日召开。传达学习区党工委（区委）人大工作会议精神，听取和审议区人大常委会执法检查组关于检查残疾人保障“一法一条例”贯彻实施情况的报告，区政府关于2022年上半年国民经济社会发展计划执行情况的报告、关于2021年区本级决算和2022年上半年预算执行情况的报告、关于2021年区本级预算执行和其他财政收支情况的审计工作报告、关于“亩均论英雄”改革情况的报告，区监察委员会关于整治群众反映强烈突出问题工作情况的报告，并进行满意度测评；审议通过2021年区本级决算。免去徐新的区人大法制委员会副主任委员、区人大常委会监察和司法（法制）工作委员会主任职务，朱俊茂的区人大社会建设委员会副主任委员、区人大常委会社会建设和教科文卫工作委员会主任职务，张平的区人大常委会人事代表联络工作委员会主任职务，陈鸿斌的区人大常委会环资城建工作委员会主任职务，李恺颖的区人大常委会办公室副主任（正科级）职务，严美华的区人大常委会刁铺街道工作委员会主任职务；免去叶飞的高港区人民法院民事审判庭副庭长职务、丁书华的高港区人民法院少年及家事审判庭庭长职务；决定任命丁志强为区政府副区长；任命张平为区人大法制委员会副主任委员、区人大常委会监察和司法（法制）工作委员会主任，陈鸿斌为区人大社会建设委员会副主任委员、区人大常委会社会建设和教科文卫工作委员会主任，李恺颖为区人大常委会环资城建工作委员会主任，赵琴为区人大常委会人事代表联络工作委员会主任，戚玲为区人大常委会人事代表联络工作委员会副主任；任命黄伟为高港区人民法院副院长、叶飞为高港区人民法院少年及家事审判庭庭长；任命丁建玮为高港区人民检察院副检察长、检察委员会委员、检察员，汤晶萍为高港区人民检察院检察委员会委员，杨姣姣为高港区人民检察院检察员；决定接受孙宏建辞去区政府区长职务的请求，接受严美华辞去区人大常委会委员职务的请求；决定丁志强代理区政府区长职务。

区六届人大常委会第五次会议　8月31日召开。决定任命朱海涛为区政府副区长。

区六届人大常委会第六次会议　9月29日召开。听取和审议区政府关于精致高新示范村居创建情况的报告、关于代表建议办理工作情况的报告，听取和审议区政府关于2022年政府民生实事项目推进情况的报告，并开展专题询问；对区政府专项工作报告进行满意度测评；审议通过区人大常委会关于加强国有资产管理情况监督的决定、区人大常委会议事规则、区人大常委会关于讨论决定重大事项的规定、区人大常委会人事任免办法、区人大代表履职评价激励办法，批准区政府关于调整2022年政府10件民生实事部分子项目的议案。任命乔丽琴等58人为高港区人民法院人民陪审员；免去杨伟忠等14人的高港区人民法院人民陪审员职务；任命王毅为高港区人民检察院副检察长、检察委员会委员、检察员。

区六届人大常委会第七次会议　11月16日召开。决定接受孙宏建辞去市六届人大代表职务，并报市人大常委会备案；接受孙宏建辞去区六届人大代表职务。

区六届人大常委会第八次会议　12月7日召开。传达学习中共二十大精神；听取和审议区人大常委会执法检查组关于检查《中华人民共和国长江保护法》和《江苏省长江水污染防治条例》(简称长江保护“一法一条例”)贯彻实施情况的报告,并开展专题询问;听取和审议区政府关于审计查出问题整改情况的报告,并对该报告和部分部门整改情况进行满意度测评;听取和审议关于全区规范性文件备案审查工作情况的报告;听取和审议市人大代表李志萍、于涛履职情况的报告,并进行满意度测评;审议通过区人大常委会任命人员向区人大常委会报告履职情况办法、关于召开区六届人大二次会议的决定。通过关于许可对高港区第六届人大代表戚某某采取取保候审强制措施的决定。决定接受徐新、朱俊茂、刘鹏、李正斌、李润润5人辞去区六届人大常委会委员职务的请求,并报区人民代表大会备案;决定接受李正斌、李润润、王锁东、王平4人辞去区六届人大代表职务的请求;决定任命吴苏凌为区政府副区长(挂职)。

区六届人大常委会第九次会议 12月22日召开。补选刘宇轩、葛立网、顾宝林、王嵘为市六届人大代表,决定接受任志强、申晓勇、肖志勇3人辞去市六届人大代表职务的请求,报泰州市人大常委会备案。

区六届人大常委会第十次会议 12月26日召开。初审区政府关于2022年区国民经济社会发展计划预计执行情况和2023年计划草案的报告、2022年预算预计执行情况和2023年预算草案的报告、关于2022年区政府民生实事项目完成情况和2023年政府民生实事候选项目形成情况的报告,审议通过2022年区预算调整方案,审议确定2023年区政府民生实事候选项目,初审区人大常委会工作报告稿,通过关于召开区六届人大二次会议的有关事项。

(倪守红)

【区人大常委会主任会议】 2022年,区人大常委会召开主任会议14次。

区五届人大常委会第五十次主任会议 1月7日召开。听取有关人事任免事项的说明。

区六届人大常委会第一次主任会议 3月28日召开。讨论通过区人大常委会2022年度工作要点,区人大财政经济委员会、区人大法制委员会、区人大社会建设委员会2022年工作计划,区人大常委会领导及各委办联系指导镇街人大工作安排,各委办对口联系部门(单位)方案,区六届人大常委会代表资格审查委员会组成人员建议名单。

区六届人大常委会第二次主任会议 4月29日召开。听取高港区人民法院关于加强破产审判工作,进一步优化营商环境的汇报。

区六届人大常委会第三次主任会议 5月13日召开。听取有关人事任免事项的说明,讨论通过区人大常委会各街道工作委员会委员名单(草案)和关于深入学习贯彻习近平总书记中央人大工作会议重要讲话精神加强和改进新时代人大工作的决定(草案)。

区六届人大常委会第四次主任会议 5月20日召开。讨论关于提请顾宝林代理区监委主任职务的议案。

区六届人大常委会第五次主任会议 5月27日召开。传达学习省委人大工作会议精神,讨论通过《关于推行街道议政代表会制度的实施意见》。

区六届人大常委会第六次主任会议 6月29日召开。听取区政府关于城乡燃气管道规划建设情况的汇报。

区六届人大常委会第七次主任会议 7月27日召开。听取有关人事任免事项的说明。

区六届人大常委会第八次主任会议 8月30日召开。听取关于人事任职事项的说明,讨论区人大常委会关于检查长江保护“一法一条例”贯彻实施情况的工作方案。

区六届人大常委会第九次主任会议 8月5日召开。传达学习习近平总书记近期重要讲话、重要文章精神和全区营商环境“大走访、大排查、大整治、大提升”百日攻坚行动部署会精神,讨论通过区人大常委会主任会议议事规则(修订草案)、区人大常委会议事规则(修订草案)、区人大代表履职评价激励机制(试行)(草案)和区人大常委会人事任免办法(草案),交流区人大常委会五年工作规划编制情况。

区六届人大常委会第十次主任会议 9月23日召开。讨论区人大常委会讨论决定重大事项的规定(修正草案)、关于加强国有资产管理情况监督的决定(草案)和2022年区政府民生实事项目推进情况专题询问的有关事项,初审关于调整2022年区政府10件民生实事部分子项目的议案,听取有关人事任免事项的说明。

区六届人大常委会第十一次主任会议 10月31日召开。听取区政府关于义务教育阶段“双减”政策贯彻落实情况的汇报,听取有关人事任免事项的说明。

区六届人大常委会第十二次主任会议 12月5日召开。传达学习全市人大学习贯彻中共二十大精神座谈交流会精神,讨论区人大常委会执法检查组关于长江保护“一法一条例”执法检查情况的报告,长江保护“一法一条例”执法检查专题询问方案,区人大常委会任命人员向区人大常委会报告履职情况办法(讨论稿),关于许可对区第六届人大代表戚某某采取取保候审强制措施的决定(草案),有关委员及代表辞职事项,讨论通过泰州市高港区人民代表大会代表建议、批评和意见办理办法。

区六届人大常委会第十三次主任会议 12月19日召开。听取区政府关于2023年政府投资项目安排情况的汇报、关于2022年国民经济社会发展计划执行情况和2023年计划草案的汇报、关于2022年区政府民生实事项目完成情况和2023年区政府民生实事候选项目形成情况的汇报、关于2022年预算执行情况和2023年预算草案的汇报、关于2022年区级预算调整草案和地方政府债务限额分配情况的汇报；讨论区人大常委会、法制委员会、财政经济委员会、社会建设委员会工作报告稿。（倪守红）

人大监督

【经济工作监督】 2022年，区人大常委会聚焦经济社会高质量发展的关键环节、服务“两高”融合发展的重点领域和加快推进现代化建设的短板弱项等，听取和审议2022年上半年国民经济社会发展计划执行情况的报告，专题督查重大产业项目招引建设情况，视察政府重大投资项目实施情况，开展工业企业“亩均论英雄”改革专题调研，支持和督促政府强化工作举措，突出创新引领，推动全区经济企稳向好。持续深化预决算审查监督，听取和审议2022年上半年预算执行和2021年度决算情况报告，明确提出进一步细化预决算编制、改进专项资金监管等具体建议；听取国有资产管理情况汇报，重点关注审计查出问题整改落实情况，着重对一些长期存在的深层次矛盾和问题，明确整改要求并作出审议意见，促进经济持续健康发展。人大代表助力医药产业发展相关工作获得全国人大常委会副委员长陈竺、省人大常委会副主任曲福田批示肯定。

【民生事业监督】 2022年，区人大常委会审议年度环境状况和环境保护目标完成情况专项报告，推动打好污染防治攻坚战。上下联动开展长江保护“一法一条例”执法检查并进行专题询问，助推解决发展过程中存在的产业层级不高、发展模式粗放等问题，提升长江流域治理的系统性、整体性和协调性。专题督查义务教育“双减”政策落实情况，提出全面深化教育综合改革、提升课堂教学和课后作业质量、持续加强校外教育培训监管等建议。联合高港区人民检察院开展协同监督，推动调低居民自建房管道燃气工程安装费价格标准，减轻群众负担，促进城乡居民共享优质燃气服务。专题审议精致高新示范村居创建工作并开展现场询问，组织视察全区工业旅游和健康旅游发展情况、幸福河湖建设情况、农村综合性改革试点试验工作情况，提出加快特色项目开发、推进资源共建共享等建议。

【社会治理监督】 2022年，区人大常委会审议推进安全生产专项整治“三年大灶”行动、安全生产领域公益诉讼检察等情况报告，坚决防范遏制各类安全生产事故，提升本质安全水平。首次审议区监委专项工作报告。组织开展残疾人保障“一法一条例”执法检查，督促有关方面重点在提升康复水平、促进就业增收、丰富文体活动等方面下功夫，提高残疾人保障综合水平。开展规范性文件备案审查，加大备案审查工作力度，做到有件必备、有备必审、有错必纠，提升区域治理法治化水平。

【执法检查】 5—7月，区人大常委会组成执法检查组，对全区贯彻实施残疾人保障“一法一条例”情况进行检查。6月上中旬，区政府和相关部门、各镇街组织自查自纠；6月17日，召开座谈会，分别听取区政府相关部门和各镇街开展自查自纠工作情况汇报。7月7日，组织开展集中执法检查，检查江苏昆仑光源材料有限公司、凤凰街道残疾人之家、泰瑞残疾人康复中心等单位残疾人保障工作情况，听取区政府专题工作情况汇报。7月29日，区六届人大常委会第四次会议听取和审议区人大常委会执法检查组关于检查残疾人保障“一法一条例”贯彻实施情况的报告，建议区政府加大法律宣传力度、建立完善保障措施、加强残疾人组织建设，推动残疾人事业高质量发展，为广大残疾人实施更为精准的服务，营造全社会理解、尊重、关心和帮助残疾人的浓厚氛围。

9—11月，区人大常委会组成执法检查组，对全区贯彻实施长江保护“一法一条例”情况进行检查。9月7日，召开执法检查动员部署会，通报执法检查工作安排，听取区政府及相关部门专题工作汇报。9月16日，组织开展集中执法检查，现场察看长江岸线排污设施、长江生态湿地保护、城乡污水处理设施、长江沿岸企业污水处理设施、饮用水水源地保护设施等情况，听取区政府专项工作情况汇报，查阅长江保护法宣传普及情况，政府及相关部门、企业法律责任落实情况，配套法规、政策、相关规划、标准体系制度等执行情况。12月7日，区六届人大常委会第八次会议听取和审议区人大常委会执法检查组关于检查长江保护“一法一条例”贯彻实施情况的报告，并开展专题询问。建议区政府持续推动法律法规全面有效实施、统筹推进抓好绿色低碳发展、宣传普及法律知识，为促进长江流域生态环境保护和经济社会高质量发展提供法治保障，推动长江流域生态环境持续改善，推动长江保护法深入人心，凝聚依法保护长江母亲河的强大合力。

【专题询问】 9月29日，区六届人大常委会第六次会议听取和审议区政府关于2022年政府民生实事项目推进情况的报告，以联组审议的形式进行专题询问。区人大常委会组成人员和部分人大代表就新建学校项目、泰州市第三人民医院门诊楼改造项目、管道天然气建设、“大江文化惠万家”品牌服务活动开展、农村污水管网铺设、科学确定民生实事项目等方面进行询问，有关部门分别受询作答。询问后，区人大常委会形成审议意见，要求区政府担当作为，进一步提高思想认识，进一步加强项目前期调研论证，进一步强化滞后项目督查整改。

12月7日，区六届人大常委会第八次会议听取和审议区人大常委会执法检查组关于检查长江保护“一法一条例”贯彻实施情况的报告，以联组审议的形式进行专题询问。区人大常委会组成人员和部分人大代表就日常巡查和监管、污水处理厂建设和改造规划、防洪能力提升工程建设、提高长江岸线综合利用水平、排污企业的监管等情况进行询问，有关部门分别受询作答。询问后，区人大常委会形成审议意见，要求区政府强化认识，以更高站位领会法律精神；紧盯重点，以更大力度推动法律实施；突出实效，以更实举措强化法律监督。（倪守红）

人大代表工作

【代表视察】 8月29日，区人大常委会组织部分区人大代表视察2022年区政府民生实事票决项目完成情况。代表们实地察看高港实验幼儿园、高港实验小学教室照明改造，阳光家园、香榭湾电动自行车集中充电位，育才新村管道天然气建设，刁铺街道环溪社区镇丰村生活污水治理二期项目，白马中心幼儿园、塘湾幼儿园异址新建项目，双寿三期保障性安居工程，世茂河滨花园人居环境改造提升，华泽天下生活垃圾分类省级达标小区，康居新城邻里中心“停车便利化”工程项目等现场。建议区人大常委会加大督办力度，加大民生实事项目实施进展宣传力度；牵头部门和责任单位要不断提高政治站位，抓进度、抓质量、抓效益，推进实事项目践诺践行、开花结果，切实把民生工程管好、用好，不断增强人民群众的获得感、满意度。

9月20日，区人大常委会组织部分区人大代表视察农村综合性改革试点试验工作情况。代表们实地察看康乐村绿色种植基地、陈家村维清源葡萄园、大马村水生植物园、二陈村垄上行农场、佴庄村草本花卉基地、马龙村中草药种植基地等农村综改项目等现场，听取区政府相关工作情况汇报，并进行审议。建议区政府提高政治站位，强化统筹谋划；持续解放思想，深化改革创新；突出综改重点，优化工作质效。

9月27日，区人大常委会组织部分区人大代表视察工业旅游和健康旅游发展情况。代表们实地察看扬子江工业旅游区和蜂奥工业旅游区，听取区政府专项工作情况汇报。建议区政府加强规划统筹，夯实产业提升基础；紧扣产业特色，开发工业旅游产品；突出重点领域，升级健康消费业态；强化支撑保障，促进旅游发展。

11月3日，区人大常委会组织部分市、区人大代表视察2022年区政府重大投资项目实施情况。代表们实地察看塘湾幼儿园异地新建、永兴花园人居环境改造提升等4个项目，听取区政府专项工作情况汇报。建议区政府项目安排要精准科学、流程机制要持续优化、资金来源要有效扩大。

11月23日，区人大常委会组织部分区人大代表视察法治平安建设情况。代表们实地察看区公安分局情报指挥中心、周山河街区派出所等项目。要求区政府坚持政治引领，保持正确方向；坚持科技创新，提升防控能力；坚持业务强警，创树典型品牌。

【代表履职平台规范化建设】 2022年，区人大常委会指导督促新融入镇街开展代表履职平台标准化建设，持续提升代表工作站（代表之家）等人大代表履职平台建设水平。11月11日，组织召开全区代表履职平台建设提档升级现场推进会。制定印发《人大代表履职评价激励办法》《关于泰州市高港区人民代表大会代表建议、批评和意见办理办法》等规范性文件。

【代表履职】 2022年，区人大常委会发挥代表专长，组建财经（预算）、农业农村、环资城建等5个专业代表小组。落细落实常委会组成人员联系代表、代表联系群众的“双联”工作机制，组织代表定时定点进家入站、线上线下联系群众。7月4日，组织各镇街人大负责人参加全省乡镇、街道人大负责人培训班。12月15日，举办人大工作履职能力培训班，围绕如何开展代表工作、在人大工作中贯彻落实中共二十大报告精神等主题作辅导。开展五级人大代表“‘你点我督’·助力文明城市创建”主题实践活动，共有468名各级人大代表参与，走访接待选民672人，代表参与文明城市创建具体工作826人次，收集文明城市创建工作有关意见建议和群众身边百姓“小”事共63条，第一时间转交相关职能部门办理，并及时将办理情况反馈给群众。拓宽代表知情知政渠道，通过列席常委会会议，参与视察调研、执法检查活动，赠阅人大刊物等途径，充分保障代表的知情权、参与权、表达权和监督权。12月7日，在区六届人大常委会第八次会议上，组织2名市人大代表报告履职情况，并进行满意度测评。

【街道议政代表会制度】 2022年，区人大常委会全面推行街道议政代表会制度。5月20日，区六届人大常委会第三次会议讨论通过区人大常委会各街道工作委员会委员名单。6月26日，在口岸街道徐庄村试点举办街道议政代表会第一次会议，组织全区各街道人大工作者到现场观摩。制定出台《关于推行街道议政代表会议制度的实施意见》，组织人大代表、议政代表围绕街道辖区内经济社会发展的重要事项和群众普遍关注的热点、难点问题，积极回应社会关切。全年召开街道议政代表会7次，成为泰州市第一个实现所辖街道议政代表会议全覆盖的市（区）。

【“百姓‘小’事”督办】 2022年，区人大常委会研究总结“人大代表工作日”工作做法，结合各镇街实际情况，制定并印发《“百姓‘小’事·你点我督”主题活动实施意见》，在全区开展“百姓‘小’事·你点我督”主题实践活动。5月30日，在胡庄镇试点开展“百姓‘小’事”民主议事会活动。全年办成各类“百姓‘小’事”96件，《代表倾心履职助力圆梦》《擦亮“百姓‘小’事·你点我督”的基层底色》《路宽了、群众的心也宽了》《小“网格”托起大民生》《打造“你点我督”品牌，丰富全过程人民民主内涵》等稿件被上级媒体推介。

【议案建议办理】 区六届人大一次会议及闭会期间，区人大代表共提出建议、批评和意见68件（连同议案转成的建议14件）。所有建议全部按时优质高效办理完毕，办复率、见面率、代表满意率均为100%。建议中已经解决、基本解决或基本落实的32件，正在解决或列入计划逐步解决的33件，暂时难以解决的3件。9月29日，区六届人大常委会第六次会议组织代表审议2022年区政府代表建议办理情况工作报告，撰写审议意见，并就办理工作中存在的问题及时向区党政办提出改进建议。代表提出的关于加快推进“教师交流轮岗机制，提高优质教育资源共享”的建议、关于加强城区后街背巷环境整治提升的建议、关于加快布局新能源汽车充电桩的建议、关于尽快启动老旧小区燃气管道建设的建议、关于建立高质量原料药产业基地的建议等一批事关发展、涉及民生、群众普遍关注的问题得到较好解决。

2022年高港区六届人大一次会议部分议案建议一览表

表9

议案建议标题	提议案建议者
关于进一步支持开发园区降低融资成本的建议	黄　伟
关于加快疏港南路与泰兴沿江大道连接线公路建设的建议	秦长林
关于加强全区道路管护的建议	沈　亚
关于加快推进“教师交流轮岗机制，提高优质教育资源共享”的建议	沈卫琴
关于原上马线水泥路面实现沥青路面的建议	陈希斌
关于加强内河集装箱码头资源整合的建议	孙杰文
关于出台服务业发展扶持政策的建议	朱国宝
关于打通“医养结合”医保支持的建议	朱美云
关于加强城区后街背巷环境整治提升的建议	刘俊等10人
关于尽快出台张贴小区小广告处理意见的建议	杨勇等10人
关于规划建设小区地上停车位的建议	杭友斌
关于规划建设滨江生态休闲观光公园及旅游区的建议	于跃进
关于出台“过紧日子”具体方案的建议	徐勤生
关于以提升基层税收留成来驱动乡镇经济和社会快速发展的建议	马硙等10人
关于加快推进办理房地一体产权登记的建议	于　祥
关于规范企业经营行为，创造和谐营商环境的建议	李兴华
关于健康大道东延至大泗镇周桥路的建议	于　涛
关于实施展帆河、王戚围庄河水系连通工程的建议	孙京津等10人
关于许庄街道振兴大道凤凰河以东扩建东延的建议	孙京津等10人
关于切实提升农村秸秆综合处置质量的建议	朱海军

续表9

议案建议标题	提议案建议者
关于建设野徐安息堂项目的建议	陈九贵
关于城乡融合发展振兴集体经济的建议	匡雄杰等10人
关于加快布局新能源汽车充电桩的建议	徐文亮等10人
关于准父母进行线上、线下培训的建议	王巧兰
建议水利部门清理周山河河坡扒翻种植及补植绿化	孙启斌
关于在城郊结合部增加停车泊位和集中充电点位的公共设施投入的建议	丁伊梅
关于让民办幼儿园、普惠性民办幼儿园长久健康发展的建议	朱　勤
关于加强直播带货、字节变现等新兴产业培训的建议	蒋锦静
关于规划新能源充电设施的建议	唐人峰
关于党建引领发挥物业服务企业在基层网格化治理、疫情常态化防疫、文明城市常态化创建工作中作用的建议	叶平章
关于协调南官河“双水绕城”项目亮化的建议	穆俊杰
关于规范化管理祥泰路车管所周边二手车市场的建议	徐　爽
关于明珠街道合理设置区域垃圾中转站和规范收处大件垃圾的建议	祝　婕
关于在济川路与天虹路交叉口增设红绿灯的建议	张桂祥
关于加强祥龙家园外来人员管理的建议	田　伟
关于引入社区管理积分制的建议	汤玉君
关于加强明珠小区老旧改造的建议	秦爱华
关于怡和花园改造维修的建议	高　飞
关于尽快启动老旧小区燃气管道建设的建议	张卫东
关于进一步健全农村垃圾处理体系的建议	孙卫锋
关于促进高港区退役军人就业创业工作创特色铸品牌的建议	张万秋
关于加快环溪小学与高港实验初中（环溪校区）周边道路建设、管理的建议	孙　琴
关于对刁蒋路进行拓宽和提档升级的建议	王海峰等10人
关于实施府前河水系连通工程的建议	李文龙等10人
关于加快化学新材料产业园区转型升级的议案	王平等10人
关于对全区交通领域基础设施建设成效“回头看”的建议	陈　林
关于进一步强化落实农村垃圾分类管理工作的建议	陈月兰
关于落实农村人居环境管护工作的建议	陈月兰
关于网格员专业化，明晰网格员工作职责的建议	周　骏
关于在周山河“白马黄河村至凤凰街道梅兴社区”段架设交通桥梁的建议	周　明
关于进一步完善泰州职业技术学院及其周边雨污分流处理的建议	张万秋
关于优化泰州职业技术学院东边南山路指示牌的建议	张万秋
关于建立高质量原料药产业基地的建议	吴　翔
关于加强行政执法机关与检察机关职能衔接护航大健康产业发展的建议	王　玮

续表9

议案建议标题	提议案建议者
关于解决基础医疗人才短缺状况的建议	王　婷
关于建立完善东方小镇邻里中心的建议	陈礼庆
关于支持胡庄中学改扩建的建议	史见平
关于建立统一规范的乡村教师待遇保障制度的建议	刘　勇
关于加快乡村振兴人才培养、助力高质量发展的建议	季宝宏
关于推进管道天然气进村入户的建议	谢春华
关于进一步推进我区“活水工程”建设的建议	张　震
关于打通淘沟河与鳅鱼港的建议	史见平
关于进一步打开高新高港东部地区交通格局的建议	陈振华等10人
关于全区村庄生活污水治理项目建设全覆盖的建议	刘伯阳等10人
关于完善中国医药城医药产业上游供应链布局的建议	黄雪华

【“主任接待代表日”活动】 12月中旬，区人大常委会分别在口岸街道、明珠街道、许庄街道、永安洲镇、大泗镇开展“主任接待代表日”活动，区人大常委会领导分别到各自挂钩镇街开展“主任接待代表日”活动，与代表互动交流，征集2023年区人大常委会监督议题，并要求代表超前思考、及早调研，认真撰写议案、建议，为区六届人大二次会议做准备。

【“人大代表工作日”活动】 2022年，区人大常委会共组织开展“代表工作日”活动4次。发动代表积极投身所在社区和单位以及交通卡口的疫情防控工作，收集基层群众对疫情防控工作和经济社会发展的意见建议；征集百姓身边的“小”事、急事，基层的困难事，群众的烦心事；开展“五级代表回选区访选民，‘你点我督’·助力文明城市创建”活动；征集2023年政府民生实事候选项目，组织代表视察片区范围内的2022年民生实事票决项目。全年参加活动的省、市、区人大代表570余人次，接待走访选民2350余人次，收集交办意见和建议190余条。（焦卫华）

人大自身建设

【人大常委会及机关建设】 2022年，区人大常委会突出党建引领作用，开展“我是党员我在前、我是干部干在先”主题教育、“进万家门、知万家情、解万家忧、办万家事”集中走访、文明城市创建、疫情防控、省运会志愿服务等活动。区人大常委会领导带头走访挂钩重点企业、重点项目，机关干部主动下沉基层社区、卡口一线，为助企纾困、疫情防控贡献力量。组织修订完善常委会会议议事规则、主任会议议事规则等制度。完善优化专题询问、执法检查、工作评议等监督方式方法，提升人大工作制度化、规范化、法治化水平。推进“数字人大”建设，谋划创设“代表e起来”云平台。围绕重大活动、代表履职和特色工作等进行宣传报道，有56篇稿件被《新华日报》《人民代表报》《人民与权力》《江苏人大调研》等省级以上媒体刊用。

【镇街人大建设】 2022年，区人大常委会组织召开全区镇街人大工作会议，启动新一轮镇街人大规范化建设年活动，举办代表履职能力提升培训班，加强人大各专委会专业化建设，提升全区人大干部综合素质和整体能力。密切区、镇人大之间的工作联系和协作，在执法检查、视察调研、代表主题实践等活动中运用多种方式联动发力、共同推进。各镇街人大按照“工作制度化、履职程序化、阵地标准化、活动特色化”的工作思路，注重继承和创新结合，突出健全与落实并重，围绕代表履职平台专业化特色化建设、“百姓‘小’事”代表督办、加强代表履职管理、丰富代表活动开展等方面，依法履职、主动担当。建成白马镇“陈人之美、服务大家”、口岸街道“清风徐来”、生物医药产业园区“千成”、凤凰街道“网格蓝”服务本色等人大代表团队工作室、联络点。（倪守红）

泰州医药高新技术产业开发区管理委员会 泰州市高港区人民政府

综　述

【概况】 2022年，泰州医药高新区（高港区）实现地区生产总值1153.39亿元，比上年增长2.7%；完成一般公共预算收入101.13亿元，增长0.6%，税收收入65.08亿元；城乡居民人均可支配收入47986元，增长6.1%。主要经济指标总量及增幅继续保持全市前列。

【政务督查】 2022年，区党政办围绕区管委会（区政府）中心工作和重大决策部署，密切关注经济社会发展的重要领域和热点、难点问题，重点突出区管委会主任会议、区政府常务会议等重要会议决定事项以及领导交办事项，加强督查工作，推动各项工作有效落实。完成人大代表建议、政协委员提案办理督查督办234件，并对市、区两级建议提案进行"回头看"。完成各类来信督办679件。（高慧敏　周蕴哲）

【外事工作】 2022年，区外事办推进"外事服务进园区、进企业"活动，宣传外事惠企利企政策，服务企业复工复产复市。办理邀请来华50人次。推动泰州市野徐初级中学与韩国高敞郡北初中开展线上国际交流，支持生物医药产业园区与巴西疫苗中心、瑞士西区经济发展署深化线上合作。（王润环）

【大数据管理工作】 2022年，区大数据管理局协助推进数字化改革工作，成立数智赋能领导小组，组建数字政府工作专班。制定出台数智赋能行动、数字政府专项行动实施方案、年度数字政府工作要点等文件。规范党政机关移动互联网应用程序管理，摸排9个单位的11个App小程序，清理关停1个。组织参加全

药城秋韵　　区党工委（区委）宣传和统战部　供图

市第三届公共数据开放共享大赛，获社会组一、二等奖各1名，学校绘画组二等奖3名、三等奖2名。

（张振兴）

【政务公开】 2022年，区政府门户网站信息公开专栏发布政府信息1678条，通过文字、图片、视频等形式发布政策解读37条、会议图解12条，重点领域栏目发布信息235条，开设专栏集中公开现行有效规范性文件14个。全区各级行政机关共办理政府信息公开申请97件。做好2022年政务公开第三方评估工作。政务公开工作获市级表彰。（朱 浩）

【政府网站建设】 2022年，区电子政务中心成功申请"中国医药城"标志性特色域名"cmc.gov.cn"。5月，泰州医药高新区管委会（高港区人民政府）网站上线。开设"医博会""疫情防控"等专题专栏。发布各类动态信息9000余条，市政府网站信息报送采用率排名全市第一。公开领导信箱办件18件，发布"12345"政务服务便民热线咨询类、建议类60余条，转载"泰州问政"平台涉及信息45条，开展调查征集16期。政府网站工作连续6年获市级表彰，连续2年获省级表彰。

（唐 琴）

【电子政务】 2022年，区电子政务中心深化电子政务应用创新，在全市率先上线国产化协同办公系统，率先接入省市一体化CA和电子签章平台，全年发文9935件，办文106731件。开展全区电子政务外网链路摸底工作，制定网络架构整合方案。完成电子政务外网纵向核心IPv6双栈路由协议部署与应用，实现审计、统计、人社等11个部门非涉密业务专网的整合并入，网络集约化程度与业务承载力进一步增强。梳理排查全区政务外网（政务云）网络资产。（张振兴）

重要会议

【概况】 2022年，区管委会（区政府）共召开区管委会（区政府）全体（扩大）会议1次、区管委会主任会议（区政府常务会议）12次、主任（区长）办公会议13次、自然资源和规划委员会会议3次、专题会议72次。

2022年泰州医药高新区管委会、高港区政府重要会议一览表

表10

会议类别	召开时间	主要内容
区管委会（区政府）全体（扩大）会议	10月8日	要求提升政府系统执行力，加强政府系统廉政建设，大干四季度，决胜保全年
区管委会主任会议（区政府常务会议）	1月28日	讨论《关于成立医药高新区（高港区）安全生产委员会、安全生产专项整治行动领导小组、创建省级安全发展示范城市领导小组的建议》等事项
	3月8日	讨论《关于医药高新区（高港区）深化党政领导挂钩化解重大安全风险隐患的建议》《2021年食品安全工作情况报告》等事项
	4月7日	讨论《关于明确泰州医药高新区（高港区）区级部门及驻区有关单位安全生产工作职责任务清单和安全生产专业委员会工作职责的建议》等事项
	4月26日	讨论《泰州医药高新区（高港区）法治社会、法治政府建设实施方案》等事项
	5月11日	讨论《关于医药高新区（高港区）自建房等既有建筑安全隐患专项整治方案》等事项
	5月26日	讨论《关于实施全基因组芯片检测项目（健康惠民系列工程）的建议方案》《泰州医药高新区（高港区）"十四五"卫生健康事业发展规划》等事项
	7月4日	听取《1—6月份区管委会（区政府）行政复议、行政诉讼案件分析及对策建议》；讨论《2022年区政府行政规范性文件制定工作计划》等事项
	8月16日	讨论《1—6月份区管委会（区政府）行政复议、行政诉讼案件分析及对策建议》《2022年区政府行政规范性文件制定工作计划》等事项
	9月9日	讨论《泰州医药高新区（高港区）政府合同合法性审查办法》《2022年区政府重大行政决策事项目录》等事项

续表10

会议类别	召开时间	主要内容
区管委会主任会议(区政府常务会议)	10月21日	讨论《关于进一步加强基层应急管理体系和能力建设的实施意见》《泰州医药高新区(高港区)"十四五"工业经济高质量发展规划》等事项
	12月3日	讨论《泰州医药高新区(高港区)突发事件总体应急预案》《关于进一步完善审计查出问题整改长效机制的实施意见》等事项
	12月21日	讨论《2023年政府投资项目计划》《2023年民生实事项目安排计划》等事项
主任(区长)办公会议	1月28日	研究关于对扬子江药业集团获"欧洲质量奖"给予奖励的请示等事项
	3月8日	研究有关资金的请示等事项
	4月7日	研究关于上缴对口支援资金的请示等事项
	4月26日	研究关于更换执法执勤车辆的请示等事项
	5月11日	研究关于申请全区突发事件总体及各专项应急预案修编经费的请示等事项
	5月26日	研究关于拨付核酸检测基地设备购置资金的请示等事项
	7月4日	研究关于拨付2020年度区促进开放型经济高质量发展专项资金的请示等事项
	8月31日	研究全区债务风险化解防范工作等事项
	9月20日	研究有关审计查出问题整改工作等事项
	10月8日	研究有关民生实事项目推进等事项
	10月27日	研究有关财政经费支出等事项
	11月15日	传达学习贯彻《国务院联防联控机制综合组关于进一步优化新冠肺炎疫情防控措施 科学精准做好防控工作的通知》,听取全区2023年经济主要增长点情况汇报
	12月11日	传达学习《国务院联防联控机制综合组关于进一步优化落实新冠肺炎疫情防控措施的通知》精神
专题会议	1月10日	研究关于全区核酸检测能力提升相关事项
	1月13日	研究关于新口岸中学项目建设相关事宜
	1月13日	研究关于科创中心项目涉及野徐镇褚雅社区用地事宜
	1月14日	研究关于泰州医药高新区(高港区)核酸检测基地建设有关事项
	1月17日	协调区社会事业和退役军人事务局院内停车场改造项目有关事宜
	1月19日	研究关于国源南侧地块规划建筑方案审查等事项
	1月21日	研究关于协调补办已建厂房不动产权证等事项
	1月24日	防范化解重大风险隐患党政专题会议
	2月16日	研究关于野徐镇卫生院设置为"黄码医院"及疾控中心实验室建设相关事宜
	2月18日	协调关于长城项目环保动迁补偿安置实施方案等事宜
	2月23日	研究关于年产10万吨植物蛋白饮料生产项目等3个工业投资项目评价
	2月24日	研究关于永安洲镇2个地块国有建设用地使用权供应事宜
	3月1日	防范化解重大风险隐患党政专题会议暨区信访工作联席会议第一次全体会议
	3月2日	协调关于许庄街道社区卫生服务中心配套设施建设等事项
	3月4日	研究部署农业农村相关工作
	3月15日	研究关于西周港桥土地划拨事项

续表10

会议类别	召开时间	主要内容
专题会议	3月17日	研究关于泰州永益港务码头工程项目建设方案
	3月29日	防范化解重大风险隐患党政专题会议
	4月4日	研究关于推进中央生态环境保护督察迎检工作
	4月12日	研究关于NMPA-CMC药监一体化平台建设事项
	4月13日	研究关于中国（泰州）知识产权保护中心建设事项
	4月15日	研究关于江苏港城污水处理厂三期扩建工程地块国有建设用地使用权供应事宜
	4月15日	研究部署农业农村相关工作
	4月17日	研究关于抗体、蛋白药物研发与生产等4个工业投资项目评价
	4月24日	研究关于大健康新材料产业集聚区“两证”办理等事项
	4月27日	防范化解重大风险隐患党政专题会议
	5月7日	研究关于中国（泰州）知识产权保护中心、省特殊医学配方食品质量监督检验中心建设运营有关事项
	5月12日	协调关于灵芝路北侧、庙湾河西侧，祥泰路西侧、灵芝路北侧和梅兰西路南侧、杜庄河东侧3宗工业项目用地挂牌上市相关事宜
	5月13日	研究关于年产50万套汽车车身冲压、焊接件总成2个工业投资项目评价
	5月14日	研究关于债务管控事项
	5月21日	协调关于高港大道取直段移交等事项
	5月21日	协调关于生物医药产业园西南片区管线综合规划建设
	5月23日	研究关于柴墟幼儿园东侧围墙等安全隐患整改建设情况
	5月30日	防范化解重大风险隐患党政专题会议
	5月31日	研究关于中海油气（泰州）石化有限公司重油制烯烃联合装置重交沥青整合技术改造项目
	6月2日	协调关于S356（高港段）改扩建单独选址报批事项
	6月15日	研究关于乡村振兴项目相关工作事项
	6月15日	研究关于城市更新项目相关工作事项
	6月15日	协调关于会展中心功能提升项目建设有关事项
	6月23日	协调关于野徐人民医院东侧3户拆迁等事项
	6月25日	防范化解重大风险隐患党政专题会议暨区信访工作联席会议第三次全体会议
	6月27日	研究部署政风行风热线重点问题交办整改事项
	7月11日	研究关于教育项目建设工作
	7月13日	协调关于口岸幼儿园等学校项目建设事项
	7月18日	研究部署农业农村相关工作
	7月25日	研究华诚公司现有楼宇维修改造项目
	7月29日	防范化解重大风险隐患党政专题会议
	8月2日	协调关于灵芝路南侧、庙湾河西侧项目用地挂牌上市事宜
	8月2日	研究关于江苏耀海生物制药有限公司CDMO产业化基地项目评价
	8月3日	协调实施231省道污水管网抢修工程事项

续表10

会议类别	召开时间	主要内容
专题会议	8月12日	研究部署凤栖湖水环境整治工程整改工作
	8月27日	全区防范化解重大风险隐患党政专题会议
	9月2日	研究关于江苏锦竹新材料科技有限公司高性能传动带生产项目评价
	9月2日	研究关于深国际·泰州智慧供应链产业园项目评价
	9月2日	研究关于2个地块国有建设用地使用权供应事宜
	9月19日	研究关于雕花楼景区事项
	9月22日	研究部署农业农村相关工作
	9月23日	协调关于扬子江药业集团有限公司304亩项目、龙凤堂中药一期竣工时间等事项
	9月28日	研究关于江苏默乐生物科技股份有限公司医疗器械生产研发基地建设项目评价
	9月30日	协调关于南塘路北侧、南官河西路西侧项目用地挂牌上市事宜
	10月11日	协调雕花楼景区相关事项
	10月11日	研究关于免除赛孚士公司竣工逾期违约责任事项
	10月13日	研究关于长城汽车滚装船临时靠泊作业论证
	10月24日	研究关于年产100万吨硫酸铵颗粒项目评价
	10月25日	研究关于为养老机构失能老人试点配送特医食品事宜
	10月28日	研究关于盘活利用闲置资产事宜
	10月31日	协调关于电子信息产业园二建公司等拟上市地块涉及企业土地收回事项
	11月9日	研究关于工程建设项目审批制度改革有关事宜
	11月16日	协调关于盛雅园绿化景观、排水及围墙铁艺工程招标文件等事项
	11月22日	研究部署农业农村相关工作
	12月8日	研究关于中江智鼎汽车装备智造产业园项目评价
	12月8日	研究关于发热诊室建设（改造）和购置2辆救护车事项
自然资源和规划委员会会议	3月15日	研究李庄支路、海鹏路、口泰路、引凤路等多条道路办理土地划拨等事项
	7月6日	研究北沿江高铁（先行用地）项目房屋搬迁补偿安置实施方案等事项
	9月9日	研究天禄湖景观项目用地划拨给华信公司等事项

【区管委会（区政府）全体（扩大）会议】 10月8日，泰州医药高新区管委会（高港区政府）全体（扩大）会议暨政府系统廉政工作会议召开，泰州医药高新区党工委副书记、管委会主任，高港区委副书记、代区长丁志强出席会议并讲话。区管委会（区政府）全体负责人参加会议。会议提出，进一步提升政府系统执行力，加强政府系统廉政建设，大干四季度，决胜保全年，坚决扛起“树标杆、学样板、创中心”的职责使命，努力再造一个面向未来的中国医药城。会议要求，各地、各部门要提高站位抓落实，用讲政治体现执行力；要坚定信心抓落实，用好作风锤炼执行力；要开拓创新抓落实，用高水平匹配执行力；要深化考核抓落实，用全过程保障执行力；要清正廉洁抓落实，用守底线护航执行力。会议强调，要让躺平者站立起来，展示一个奋进者的风范；要让懒惰者勤奋起来，展示一个拼搏者的风貌；要让慢行者奔跑起来，展示一个跨越者的风采，努力锻造一支知重负重、唯实唯勤，纪律严明、执行有力的公务员队伍，树立高新高港干部新的良好形象。

【区管委会主任会议（区政府常务会议）】 1月28日，2022年第1次区管委会主任会议（区政府常务会议）召开。会议讨论《关于成立医药高新区（高港区）安全生产委员会、安全生产专项整治行动领导小组、创建省级安全发展示范城市领导小组的建议》《关于明确电化学储能电站及相关行业领域安全生产监督管理职责的建议》等相关议题。

3月8日，2022年第2次区管委会主任会议（区政府常务会议）召开。会议讨论《关于医药高新区（高港区）深化党政领导挂钩化解重大安全风险隐患的建议》《2021年食品安全工作情况报告》等相关议题。

4月7日，2022年第3次区管委会主任会议（区政府常务会议）召开。会议讨论《关于明确泰州医药高新区（高港区）区级部门及驻区有关单位安全生产工作职责任务清单和安全生产专业委员会工作职责的建议》《关于编制承接省市赋予泰州医药高新区（高港区）行政权力事项清单等事项的建议方案》等相关议题。

4月26日，2022年第4次区管委会主任会议（区政府常务会议）召开。会议讨论《泰州医药高新区（高港区）法治社会、法治政府建设实施方案》《泰州医药高新区（高港区）关于优化法治化营商环境的实施意见》等相关议题。

5月11日，2022年第5次区管委会主任会议（区政府常务会议）召开。会议讨论《关于医药高新区（高港区）自建房等既有建筑安全隐患专项整治方案》《关于清理整顿和规范政府购买服务工作汇报》等相关议题。

5月26日，2022年第6次区管委会主任会议（区政府常务会议）召开。会议讨论《关于实施全基因组芯片检测项目（健康惠民系列工程）的建议方案》《泰州医药高新区（高港区）“十四五”卫生健康事业发展规划》等相关议题。

7月4日，2022年第7次区管委会主任会议（区政府常务会议）召开。会议讨论《1—6月份区管委会（区政府）行政复议、行政诉讼案件分析及对策建议》《2022年区政府行政规范性文件制定工作计划》等相关议题。

8月16日，2022年第8次区管委会主任会议（区政府常务会议）召开。会议讨论《关于成立高港区人民政府行政复议委员会的通知》《防范和化解行政争议二十条措施》《关于坚持和完善新时代全区公职人员法治轮训制度的实施意见》《医药高新区（高港区）“园区吹哨、部门报到”工作实施方案（试行）》等相关议题。

9月9日，2022年第9次区管委会主任会议（区政府常务会议）召开。会议讨论《泰州医药高新区（高港区）政府合同合法性审查办法》《2022年区政府重大行政决策事项目录》等相关议题。

10月21日，2022年第10次区管委会主任会议（区政府常务会议）召开。会议讨论《关于进一步加强基层应急管理体系和能力建设的实施意见》《泰州医药高新区（高港区）“十四五”工业经济高质量发展规划》等相关议题。

12月3日，2022年第11次区管委会主任会议（区政府常务会议）召开。会议讨论《泰州医药高新区（高港区）突发事件总体应急预案》《关于进一步完善审计查出问题整改长效机制的实施意见》等相关议题。

12月21日，2022年第12次区管委会主任会议（区政府常务会议）召开。会议讨论《2023年政府投资项目计划》《2023年民生实事项目安排计划》等相关议题。（黄月琴）

民生实事项目

【概况】 2022年，泰州医药高新区（高港区）有序推进民生实事人大票决项目建设，包括实施尊老护幼工程、推进教育均衡发展、提升健康服务水平、改善城乡公共环境、方便群众交通出行、强化公共安全保障、加强居住保障服务、提高社会救助水平、丰富群众文化生活、促进更高质量就业10大类31个项目。至年末，全面完成或超过年度目标任务。

【实施尊老护幼工程】 完成特殊困难老年人家庭适老化改造275户；建成省、市级普惠托育机构4个，新增托位190个。

【推进教育均衡发展】 完成高港实验幼儿园、白马中心幼儿园和塘湾

泰州市高港实验幼儿园　　区党工委（区委）宣传和统战部　供图

幼儿园建设，开工建设高港实验小学食堂，完成口岸幼儿园、高港实验初中、田河中小学土地征收报批及相关手续；完成24所义务教育学校（含1所民办学校）教室照明改造。

【提升健康服务水平】 完成17025名育龄妇女“两癌”筛查；为区内新生儿、中老年人提供全基因组芯片检测及精准健康管理，完成1万人份；完成泰州市第三人民医院门诊楼、名医专家室、体检中心改造；建成野徐人民医院发热门诊并投入使用。

【改善城乡公共环境】 实施口岸街道大石村、野徐镇老庄社区等27个自然村污水治理工程，完成污水管网铺设205千米。完成城镇污水管网建设13.1千米，完成江苏港城污水处理有限公司三期扩建工程基础工程建设，并开始主体施工。在6个镇街建成生活垃圾分类省级达标小区50个，完成公厕改造提升17座。

【方便群众交通出行】 实施“停车便利化”工程，新建改造泰州市图书馆及文化馆、港城路、水景街区、康居新城邻里中心、高港实验小学春港校区等处的停车位1649个。通过排查、梳理，确定交通红绿灯设置优化点、交通管理死角、盲区、隐患点50个，全部整改到位。

【强化公共安全保障】 开展智慧技防小区和智慧技防校园建设，完成67个小区的智慧技防改造，并接入智慧小区平台；完成泰州市高港区明发幼儿园、泰州市高港区小福龙幼儿园等8所学校智慧技防改造。建成低费用智能电动自行车集中充电点位1907个。实施消防大队改扩建工程，建筑总面积约2700平方米，建成备勤楼和篮球馆，增设车库、备勤室等设施。

【加强居住保障服务】 开工建设保障性住房双寿三期项目，总建筑面积28万平方米，主楼施工至地上一层，地下室完成约50%；在东方明珠花苑二期建成保障性租赁住房实物配租房源320套。完成凤凰街道双河社区棚改拆除3.8万平方米；完成龙凤家园、世茂河滨花园、向阳人家、港城花苑小区改造提升，启动育才花苑一期改造工程。推进管道天然气建设，接通环溪花园、育才新村等城市小区用户3221户，建设主次管网6.2千米；接通乔杨新村、大泗安置区、孔桥集中安置区等地的农村用户1002户，建设主次管网3.7千米。

【提高社会救助水平】 按时足额发放城乡低保21828户27129人次，发放金额1622.98万元；发放特困人员基本生活保障金4326人次，发放金额438.42万元，做到应保尽保。“青仔公益暑托班”开设办班点12个，覆盖所有镇街，为300余名困境儿童、留守儿童、新业态新就业群体子女提供公益暑托服务。36间“梦想小屋”全部完工并交付使用，组织开展“情暖高新、与爱童行”系列活动。

【丰富群众文化生活】 开展“大江文化惠万家”品牌服务活动，举办“苏演院线”和“大江放歌”“大美两高”基层巡演、巡展等活动36场次，完成各类文化惠民演出310场次。建成文创中心城市书房并对外开放，开工建设高港实验小学春港校区城市书房。选定区内13个健身场馆作为定点消费场馆，累计发放体育惠民消费券100万元。

【促进更高质量就业】 新增城镇就业2万人，为青年（含高校毕业生）开发就业见习岗位3300个。累计组织开展补贴性职业技能培训9000人次，新增高技能人才850人。帮助区内企业解决用工13万人次以上。完成高素质农民、农技人员、家庭农场主、农民合作社理事长培训共1260人次。 （谢丽丽）

行政审批

【概况】 2022年，区行政审批局办理施工许可90件，商品房预售许可26件，燃气许可2件，审图合格证64份，人防事项审批8个，项目核准6件，项目备案611件，节能审查72件，项目环评131件，食品经营许可1200件，药品零售经营许可129户，第三类医疗器械经营许可617件，第二类医疗器械经营备案454件，第一类医疗器械产品备案1250件，第一类医疗器械生产备案150件，执业药师注册420件。新登记各类企业4139户，变更登记各类企业5730户次，迁入、迁出各类企业702户次，注销各类企业3483户。组织联合会商20次。

【行政审批改革】 “一件事”改革　2022年，区行政审批局构建跨部门综合业务平台，为办事者提供“一点式”办理入口，实现多部门联审联办、全程网办。印发《泰州医药高新区（高港区）深化“一件事”改革工作实施方案》，制定出台人才、就业、重大项目施工许可等37个“一件事”实施方案。打破传统属地管理审批模式，推行“我要开餐馆一件事”全区通办。结合镇街特色产业和亮点服务，推出“一镇一品”特色“一件事”。口岸街道在全市率先推出退役军人优待“一件事”，集成办理优待证、银行卡激活、市民卡和办事创业等事项。许庄街道推出外来务工人员服务“一件事”，集成办理居住证、医保、社保、子女入学等事项。白马镇推出“圆梦行动”“一件事”，集成办理“圆梦行动”助学金、“牵手成长 成就未来”、红十字助学、残疾学生和贫困残疾人家庭子女教育专项补贴4个助学补贴事项。胡庄镇以螃蟹养殖业为重点，推出水产养殖产供销服务“一件事”。全年办理“一件事”1.8万余件。

简易审批改革　11月，区行政审批局制定出台《医药高新区（高港区）社会投资低风险和小型低风险厂房仓储类项目简化审批实施办法（试行）》，对低风险项目实行简易审批，其中小型低风险项目直接实施“告知承诺制”。办法实施后，审批环节、审批时限减少50%。推出“独任审核制”，对于一般审批事项，改变过去“窗口受理、处长审查、分管局长核准”三级审批惯例，实行“窗口受理、处长核准”两级审批模式，将部分原先二级审批事项直接下放至窗口办结，以提高办事效率。梳理“即来即办”“告知承诺”事项清单，对第一类医疗器械产品备案等事项，做到“即来即办、即受即审，材料齐全、立等可取”。设立“电水气网”联合报装专窗，推行“一日对接、一张表单、一窗受理、一网办理、一体接入”的工作模式，实行联合上门、全程服务、主动检测试压，报装时间平均压缩80%以上。制定备案窗口前移实施方案，由园区、镇街前台预审，区行政审批局后台复核。

“就近办”改革　打造“15分钟导办帮办服务圈”，在永安洲镇、大泗镇、胡庄镇、许庄街道试点先行，将企业开办全流程服务下沉基层一线，形成“部门预审、多点预约、就近帮办、后台审批、全程可视”的企业开办标准化流程，实现企业开办就近无差别办理。全年为1228户开办企业提供全流程服务。

“一业一证”改革　在药店、医疗器械、文化等行业实行“一业一证”改革，对一个行业涉企所有许可事项的审批条件进行标准化设置，形成“一次告知、一表申请、一套材料”；设置“一业一证”综合受理专窗，实现“一窗受理、分类审批、统一出件”的运行模式；优化线下服务，成立“一业一证”专职代办队伍，提供“一对一”帮办代办服务。全年发放行业综合许可证438张。

“异地通办”改革　依托政务服务平台，推进“省内通办”“跨省通办”等改革。围绕医药、船舶、汽车、粮油等重点行业和教育、就业、社保、医疗、养老、居住、婚育等与群众生活密切相关的领域，形成通办事项清单。以养老保险转移、学历公证等方面为切入点，先后与新疆昭苏县、山东惠民县、陕西淳化县和省内的张家港市、扬州市江都区等地签署“异地通办”协议。结合通办事项清单，统一办事流程和办事指南，制定通办的业务标准，实现同一事项无差别受理、同标准办理。

【行政审批监管】 2022年，区行政审批局会同区党工委（区委）编办、区司法局梳理区级行政许可事项清单，形成涉及26个部门189项行政许可事项清单，在区政府网站向社会公布，明晰行政许可权力边界，规范行政许可运行和自由裁量权，实现“一张清单管到底、清单之外无审批”。建立审管衔接机制和审管协同联动机制，强化审批、监管部门间的协同联动。建立审管衔接信息双向反馈机制，区行政审批局及时将行政审批信息推送到监管部门，监管部门及时将监管和执法信息反馈到区行政审批部门，有效建立信息推送与接收跟踪落实制度。依托江苏省市场监管信息平台进行推送，区市场监管局实时监控平台认领情况，及时告知未认领信息的单位。及时将行政执法信息推送至“信用泰州”平台，全区共推送信息2842条，入库率100%。组织各部门在“互联网+监管”系统认领监管事项，实时报送行政检查、行政处罚、其他行政行为等监管行为数据，全区共有17个部门认领326项监管事项，检查实施清单编制完成率和监管行为数据覆盖率均为100%。

【项目审批服务】 2022年，区行政审批局制定出台“园区吹哨、部门报到”工作实施方案，设立区级协调机构“吹哨办”，细化“接哨”程序，明确“报到”要求，推行“次评价、月通报、季测评、年考核”工作模式，做到全程跟踪、分类施策，实现“吹哨”到“销号”全流程闭环管理。全年服务企业100余次，协调解决问题150余件，办理“吹哨”事项20件。深化“店小二”服务工作，全面梳理2022年度省重点项目、“三比一提升”项目，为49个项目提供提前指导、联合会办、全程跟踪等服务。将江苏百英生物科技有限公司研发与生产基地建设项目、泰州市美画艺术品有限公司装修画生产项目、江苏苏萨食品有限公司椰汁饮料项目等5个项目纳入“拿地即开工”服务通道。开展中介领域突出问题专项治理活动，梳理2020—2022年在区行政审批局产生行政审批事项的中介单位及其办件量，共梳理中介单位61个，形成《2020年以来涉审中介服务基本情况表》。围绕在行政审批过程中是否存在指定中介、违规审批、吃拿卡要等问题，组织审批人员自查自纠。

【“互联网+政务服务”建设】 2022年，区行政审批局优化升级江苏政务服务网区级政务服务旗舰店，在热门栏目专区新增“企业档案查询”和“税务服务”等高频事项办理功能。设置“苏企通”链接服务，及时推送惠企政策。整合政务服务事项库，依托江苏政务服务网区级政务服务旗舰店发布30个区级部门（单位）的依申请六大类权力事项和公共服务事项2041项，汇聚办件数据828371件。整合电子证照数据，全年归集69类电子证照数据7070条。

【基层政务服务体系建设】 2022年，区行政审批局将12个镇街政务服务中心场所名称规范为“便民服务中心”，将145个村（社区）政务服务站点场所名称规范为“便民服务站”。规范窗口设置，推行“一窗通办”，以“全科窗口示范点”为模板，建立涵盖社会救助、老龄服务、残疾人服务、卫生健康、社会保障等多部门事项清单，将“全科+专窗”相结合的模式在全区推广。推进更多事项自助办，12个镇街实现政务服务自助终端全覆盖，涵盖不动产、社保、医保、公积金等63个高频事项自助办理、查询、打印功能。落实“好差评”制度，差评整改率、回访满意率100%。

【政府采购】 2022年，区公共资源交易中心全面推进“互联网+政府采购”建设，全年共完成采购项目8项（其中集中采购5项、分散采购3项），政府采购预算5381.27万元，实际采购交易金额5023.61万元，节约资金357.66万元，资金节约率为6.6%，集中采购“不见面”交易项目占比达100%。

【市与区政务服务一体化办公】 12月，区政务服务中心搬迁至泰州大道388号（原中国医药城会展交易中心W3馆），与市政务服务中心一体化办公。新政务服务中心设置工程建设、企业开办、税务等12个功能区，实现“场地融合、审批融合、服务融合”。区级进驻行政审批局、税务局、公安分局18个部门和单位，工作人员140余人，除涉及安全、意识形态等事项外，依申请六类行政权力事项和依申请公共服务事项“应进必进”，实现“进一门，办成所有事”便民服务目标。（徐志鹏）

机关事务管理

【概况】 2022年，区机关事务服务中心开展机关国有资产清查工作，对全区党政办公用房进行统计，加强公务用车管理。组织开展节约型机关创建和公共机构节能示范单位创建活动。做好重大活动保障工作，配合机关各部门主办、协办各类会议1720余场次。配合公安、信访等部门接待群众上访。完成各类会议、演出、放映、参观等活动的安保任务50余场次。

【机关国有资产清查】 2022年，区机关事务服务中心开展机关国有资产清查工作，推进区级公物仓建设，对部门闲置公共物品进行统一管理，统筹调度使用，实现公共资源合理分配，提高资产利用率。共清查固定资产5928件，原值2388.33万元，净值426.58万元。

【机关办公用房管理】 2022年，区机关事务服务中心开展全区机关办公用房情况核查工作。10月，根据省机关事务管理局关于党政机关办公用房信息系统升级改造“一张网”的要求，做好全区党政办公用房统计年报工作。解决区老龄协会、慈善协会等协会办公用房问题。

【公务用车管理】 2022年，区机关事务服务中心推进泰州市公务车智能化服务平台2.0升级添加社会化租赁模块和社会车辆租赁一体化建设，提升公务用车信息化管理水平。落实标识化、信息化以及公务用车维修、租赁、保险、加油“四个定点”机制，加强司勤人员队伍建设，提升公务用车管理和

市、区政务服务中心　　区行政审批局　供图

服务保障能力。 （朱 慧）

信 访

【概况】 2022年，区信访局共接待到区上访569批、910人次，受理人民来信522件，受理上级交办和领导批示件32件。受理复查案件9件。全区阳光信访信息系统受理信访件1165件，网上信访登记816件。泰州医药高新区（高港区）被省、市两级评为信访工作综合考核先进市（区）。

【网上信访办理】 2022年，全区阳光信访信息系统共受理信访件1165件，及时受理率100%，按期办结率100%，责任单位参评率95.06%，责任单位满意率98.23%；网上信访登记816件，网上信访占比70%，信访标准化率100%。

【信访问题化解】 2022年，泰州医药高新区（高港区）成立由区党政主要领导担任双组长的“信访突出问题攻坚化解年”行动领导小组，制定印发实施方案。定期召开区党政专题会议，听取、研究工作推进情况。区党工委（区委）主要领导带头接访、会商，逐案听取包案领导汇报攻坚情况，提出工作要求，作出专题批示3次。全区信访事项及时受理率、按期办结率均为100%，信访积案存量降至历史最低。 （王夏年）

对口支援与合作

【援藏援疆工作】 6月24日，新疆伊犁哈萨克自治州政协代表团实地考察泰州医药博览馆、江苏硕世生物科技股份有限公司、中国人民解放军海军诞生地纪念馆等处。7月18日，高港区政协与新疆伊犁哈萨克自治州昭苏县政协在昭苏县联合开展“共建书香政协、浇灌文化绿洲”主题调研交流活动。8月25日，区党工委（区委）宣传和统战部、区工商联、区光彩事业促进会联合举办捐赠仪式，向昭苏县捐赠价值30万元的核酸检测物资。年内，泰州医药城实验小学与昭苏县昭苏镇喀尔坎特学校开展结对共建工作，建立学校发展共同体。2018—2022年，全区选派3批8名教师到新疆支教，2批4名教师到西藏支教，涌现出钱维胜、张剑等支教先进典型。江苏省口岸中学新疆部共设9个班，学生379人，包含汉族、回族、维吾尔族、哈萨克族等11个民族。

【与陕西省咸阳市淳化县对口协作】 6月11—13日，泰州医药高新区（高港区）党政代表团到淳化县考察对口协作工作，在淳化县召开对口协作联席会议，两地签订《“万企兴万村”行动支持乡村振兴发展框架协议》，泰州医药高新区（高港区）为淳化县捐赠对口帮扶资金100万元。6月15—17日，淳化县党政代表团到泰州医药高新区（高港区）参观考察，两地召开对口协作联席会议。泰州医药高新区（高港区）选派党政干部2人、支教支医支农专技人员18人赴淳化县挂职帮扶，8个镇街（园区）、11个社区、4所学校、2个医院分别与淳化县有关方建立结对帮扶关系，刁铺街道关桥社区与淳化县十里塬镇十里塬村、对口帮扶淳化县联络组队员与十里塬村党组织书记四方结对，开展共建示范村工作。全年泰州医药高新区（高港区）支持淳化县苏陕协作财政援助资金2062万元，其中省级援助资金1860万元、区镇援助资金202万元，帮助淳化县向东部地区销售特色农副产品超860万元。2018—2022年，全区选派4批29名教师到陕西支教。

【与青海国家高新区签订合作框架协议】 8月15日，泰州医药高新区与青海国家高新区签订合作框架协议。双方聚焦生物医药产业，发挥东西部扶贫协作机制作用，开展中藏药、绿色食品等合作开发，推动科技创新和产学研合作。 （谢丽丽）

【医疗卫生对口支援】 2022年，陕西省淳化县选派12名医务人员到泰州市第三人民医院、泰州市高港中医院进行学习进修培训，提升外科、肿瘤科、检验科、针灸推拿科、临床护理的诊疗能力和管理水平。

（杨少春）

政协泰州市高港区委员会

综 述

【概况】 2022年，政协泰州市高港区第六届委员会共有界别19个，包括中共、工商联、无党派人士、工会、共青团、妇联、侨联、台联、文艺、新闻、教育、体育、医药卫生、农业和农村、经济、少数民族、宗教、科技、特邀。区政协委员229人，退出委员7人，增补委员21人。在泰州医药高新区（高港区）的市政协委员31人。区政协党组有书记1人、党组副书记2人、党组成员4人（不包括书记、副书记）。区政协机关党组有成员5人，其中书记1人。区政协常务委员会有主席1人、副主席4人、秘书长1人、常委29人。区政协有内设机构6个，分别为办公室、提案委、学习文史委、经济城乡建设委、科教文卫体委、社会法制委。全年区政协召开全体会议1次、常委会会议5次、主席会议7次，共讨论通过事宜74项；收到委员提案254件，立案134件，所立提案全部办复，委员满意率和基本满意率100%，表彰优秀提案15件；开展调研8次，形成调研报告8篇；组织议政活动2次，提出意见、建议7条。

（朱 娟）

【文史编研】 4月，区政协召开2022年文史工作暨文史资料撰写培训会议。围绕1992—2000年政治、经济、文化、教育、卫生、社会生活等内容，编撰《高港文史》（第十一辑），计56篇28万余字。举办《储巏诗文集》首发式暨储巏诗文研讨会；举办《融合元年，气象万千》画册首发式暨委员看“两高”活动；组织专家学者和文史骨干挖掘北宋名贤潘及甫、明代大儒储巏史料，开展历史文化名人学术研讨活动。（李文华）

【界别协商】 6月，区政协召开界别工作会议，开展“界别协商议事月”活动。中共界别小组、经济界别小组、工商联界别小组和工会、共青团、妇联、侨联、台联、少数民族、宗教界别小组分别围绕“加快推进大健康产业知识产权高质量发展”“千方百计稳增长，助企纾困正当时”“推进全区建筑业高质量发展”“加强产业工人队伍建设，推动企业高质量发展”等议题开展协商议事活动，助推经济高质量发展；文艺、新闻、教育、体育界别小组联合科技、医疗卫生界别小组围绕“弘扬科学家精神，提升学生科技创新能力”“推动科普‘双进’助力‘双减’”开展协商议事活动，为加强青少年素质教育建言献策；农业和农村界别小组、无党派界别小组分别围绕“建设生态宜居精致村居，推动美丽乡村振兴”“推进农旅融合，助力乡村振兴”开展协商议事活动。

【“有事好商量”协商议事工作】 9月，区政协组织“民生专题协商议事月”暨“界别月”活动，开展基层协商议事活动191场，6000余人次参加，推动解决民生问题212个。刁铺街道委员活动小组、许庄街道委员活动小组、野徐镇委员活动小组、胡庄镇委员活动小组分别围绕“打造‘15分钟医保服务圈’省级示范点”“提升农贸市场运营管理质态”“变废为宝，打造农耕文化教育实践基地”“用好家风家训载体，涵养乡风文明新风”等议题开展协商议事活动；工商联界别小组联合凤凰街道委员活动小组，中共界别小组联合大泗镇委员活动小组，永安洲镇委员活动小组联合无党派界别小组，口岸街道委员活动小组联合文艺、新闻、教育、体育界别小组，白马镇政协委员活动小组联合工会、共青团、妇联、侨联、台联、少数民族、宗教联界别小组，分别围绕“优化营商环境，凝聚发展共识”“网格化+数字赋能 聚力服务大民生”“因地制宜，精准施策，化解老旧小区充电难题”“人居环境大提升，乡村振兴显实效”“白马镇新时代文明实践所提档升级工作”开展“有事好商量”协商议事活动。区政协到“泰福里”街区开展“集聚商气人气，打造活力新城”现场议事活动，与生物医药产业园区创新共建“界别+企业”协商议事联盟，围绕“大力培育协商文化，助推企业高质量发展”主题，举办首场主题协商议事论坛。

【“政协委员工作日”活动】 2022年，区政协分别于3月、5月、8月、11月组织开展“政协委员工作日”活动。通过调研视察、座谈走访等形式，宣传中共二十大、习近平总书记重要讲话精神和全国、省、市、区两会精神，帮助村（社区）理清工作思路，听取基层群众对政协工作的建议。结合“进万家门、知万家情、解万家忧、办万家事”活动、挂钩扶贫、疫情防控等，开展调查研究，听取基层意见建议，反映社情民意信息。围绕事关群众切身利益的急难愁盼问题，组织委员开展“有事好商量”协商议事活动，助力基层社区治理。以社情民意信息等形式，向区委、区政府反映建议100余条。到镇（街道）、村（社区）开展“送服务、送政策”和“送医送药”下乡镇、进社区义诊活动。组织慰问贫困群众，参与爱心募捐活动。

【交流联谊活动】 2022年，区政协接待到区内考察的省政协调研组以及浙江、河南、新疆等省（自治区）政协单位24批次。做好省政协“政协主席深入走访委员聚共识促发展”专题活动、“加快科技自立自强，着力打造先进制造业集群”调研等活动的组织、接待工作。配合市政协在泰州医药高新区（高港区）召开六届九次主席会议，开展“知名人士看泰州”、“推进智改数转，促进产业转型升级”专题调研等活动。

（朱　娟）

重要会议

【区政协六届一次会议】 1月9—13日，区政协六届一次会议召开。应到委员215人，实到209人。会议听取并讨论区党工委（区委）主要负责人的讲话；听取并审议区政协主席所作的常委会工作报告和区政协副主席所作的提案工作情况报告；列席区六届人大一次会议，听取并讨论政府工作报告。区管委会（区政府）主要负责人等区领导到会听取委员大会发言，3名副区长对委员发言作出回应。会议选举产生政协高港区第六届委员会主席、副主席、秘书长和常务委员，薛永忠当选为政协高港区第六届委员会主席，陈志斌、徐桂明、周正青、陈文兰当选为政协高港区第六届委员会副主席，沈虹振当选为政协高港区第六届委员会秘书长。会议表彰2021年度政协工作优秀镇（街道）、优秀政协委员和区政协五届五次会议以来优秀提案，通过区政协六届一次会议决议。

【区政协常委会会议】 2022年，区政协共召开常委会会议5次。

五届二十三次常委会会议　1月6日召开。传达学习市委、区委六届二次全会以及省、市领导干部警示教育大会精神，通过召开区政协六届一次会议的决定、会议日程、区政协五届常委会工作报告、区政协五届常委会提案工作情况报告及报告人名单、六届一次会议委员名单、六届一次会议分组及召集人名单，授权区五届政协主席会议召集并主持区政协六届一次会议预备会议，通过人事任免事项、2021年度政协工作优秀镇（街道）、优秀政协委员和区政协五届五次会议以来优秀提案表彰名单。

六届一次常委会会议　5月12日召开。传达学习习近平总书记在全国两会期间重要讲话及全国两会精神、全省政协深化委员读书活动座谈会精神、市政协六届一次常委会会议精神、全区党建工作会议精神，通过区政协人事任免及委员调整事项、区政协相关工作制度，2021年区政协社情民意信息先进集体、先进个人名单。

六届二次常委会会议　9月6日召开。听取全区经济社会发展情况通报，区政协常委进行建言献策。传达学习习近平总书记在省部级主要领导干部“学习习近平总书记重要讲话精神，迎接党的二十大”专题研讨班上的重要讲话、习近平总书记在中央统战工作会议上的重要讲话、《中国共产党政治协商工作条例》、市政协主席卢佩民在市政协“做守纪律讲规矩重品行的政协委员”学习交流会上的讲话以及全区营商环境“大走访、大排查、大整治、大提升”百日攻坚行动部署会精神，通过人事任免事项，3名常委进行会议述职。

六届三次常委会会议　11月8日召开。听取区政协六届一次会议以来提案办理情况通报以及相关承办单位办理提案情况的汇报。泰州医药高新区管委会、高港区政府主要负责人出席会议，听取委员意见，提出工作要求。部分常委、委员建言献策。对重点提案办理质量和重点提案撰写质量开展双向评议。传达学习中共二十大和《中共江苏省委办公厅印发〈关于加强和改进新时代市县政协工作实施意见〉的通知》精神，通过《区政协协商工作规则》，2名常委进行会议述职。

六届四次常委会会议　12月27日召开。通过召开区政协六届二次会议的决定、会议日程、区政协六届常委会工作报告、区政协六届常委会提案工作情况报告及报告人、提案审查委员会、决议起草委员会成员调整事项、六届二次会议分组及召集人名单。通过委员调整事项，2022年度政协工作优秀镇（街道）、优秀界别委员活动小组召集人、优秀政协委员和区政协六届一次会议以来优秀提案表彰名单。

【区政协主席会议】 2022年，区政协共召开主席会议7次。

五届二十一次主席会议　1月6日召开。通过召开区政协六届一

次会议的决定、会议日程，区政协五届常委会工作报告、区政协五届常委会提案工作情况报告及报告人名单，六届一次会议委员名单、六届一次会议分组及召集人名单，授权区五届政协主席会议召集并主持区政协六届一次会议预备会议，通过人事任免事项、2021年度政协工作优秀镇（街道）、优秀政协委员和区政协五届五次会议以来优秀提案表彰名单。通过区政协五届二十三次常委会会议方案。

六届一次主席会议　3月1日召开。传达学习市两会和区党政联席会议暨2022年度高质量发展考核调度会精神，以及区党工委（区委）主要负责人提出的“新春三问”。通过《区政协2022年工作要点》《区政协2022年重点协商计划》《区政协党组成员联系镇（街道）中共党员委员活动小组及中共党员委员、中共党员委员联系非中共党员委员的制度》《关于政协委员全员编入专门委员会的意见》等制度文件和委员分组、建立“政协委员工作室”等工作方案。

六届二次主席会议　5月12日召开。通过区政协人事任免及委员调整事项、区政协相关工作制度以及2021年区政协社情民意信息工作先进集体、先进个人名单。通过区政协六届一次常委会会议方案。

六届三次主席会议　8月10日召开。传达学习习近平总书记在中央统战工作会议、省部级主要领导干部专题研讨班上的重要讲话精神和《中国共产党政治协商工作条例》，以及区党工委（区委）主要负责人在区党工委（区委常委会）专题民主生活会上的讲话精神。

六届四次主席会议　10月13日召开。传达学习中共中央政治局会议精神、《习近平谈治国理政》第四卷、全省政协强化委员责任担当和协商能力建设理论研讨暨经验交流会、市政协六届三次常委会会议精神以及泰州医药高新区党工委2022年第23次会议、六届高港区委第34次常委会会议精神。协商通过《区政协协商工作规则》《区政协系统迎接和学习贯彻党的二十大活动实施方案》，听取区政协关于退役军人帮扶工作的调研情况汇报，通过提案办理工作专题议政性常委会会议方案。

六届五次主席会议　10月27日召开。通过《区政协“界别+企业”协商议事联盟成立暨首次活动方案》和《区政协“界别+企业”协商议事联盟工作规则及其组织架构名单》。

六届六次主席会议　12月27日召开。研究讨论区政协六届二次会议有关事项，听取区安全生产工作民主监督情况汇报。　（季　京）

协商议政

【委员议政】 7月26日，区政协组织21名市、区政协委员与区发展改革委、工业和科技创新局、商务局、自然资源和规划分局、税务局、生物医药产业园区、化学新材料产业园区、电子信息产业园区、高端装备制造产业园区、港口物流产业园区召开助推工业企业“亩均论英雄”改革协商议政会。建议进一步在强化思想认识上猛发力，坚定攻坚克难的必胜信心；进一步在落实解决现状问题上猛发力，务求高质高效的实际成果；进一步在强势推进落实改革上猛发力，实现“走在前列”的奋斗目标。

11月11日，区政协组织9名政协委员与高港区人民法院召开“加强少年家事审判工作，保障青少年权益”协商议政会。建议广宣传，浓厚未成年人保护氛围；聚合力，打造多方联动协作格局；强能力，提高少年家事案件审判质效；重保护，拓宽未成年人保护渠道。

【专题调研】 4—6月，区政协围绕加快水环境整治、推进“幸福河湖”建设开展专题调研，形成《关于加快水环境整治，推进“幸福河湖”建设的调研报告》。建议念好“生态经”，推动系统治理；念好“幸福经”，打造幸福河湖；念好“长治经”，推动全民治水。

5—7月，区政协围绕基层网格化社会治理工作开展专题调研，形成《关于基层网格化社会治理工作情况的调研报告》。建议进一步做优网格治理“一队伍”，推进基层治理力量整合；进一步做强指挥调度“一中心”，推进共建共治共享；进一步做实基层“一张网”，推进实体实用实效。

7—10月，区政协围绕退役军人帮扶工作开展专题调研，形成《关于退役军人帮扶工作的调研报告》。建议政策引领，推动优待措施落细落实；思想引领，提升退役军人事务质效；服务引领，助推退役军人再就业；创新引领，强化退役军人保障能力。

7—10月，区政协围绕推动全域旅游发展开展专题调研，形成《关于借鉴伊犁等地经验，推动我区全域旅游发展的思考》。建议全面统筹，下好“一盘棋”；找准重点，打好“两张牌”；创新机制，实施“三优化”。

9—10月，区政协围绕教育“双减”政策落实情况开展专题调研，形成《关于教育“双减”政策落实情况的视察调研报告》。建议加强宣传引导，坚定“双减”工作信心；深化教学改革，不断提升校内教育；加强监管力度，持续规范校外培训。

9—10月，区政协围绕区属体育场馆和健身场地建设情况开展专题调研，形成《关于区属体育场馆和健身场地建设情况的调研报告》。建议打好“宣传拳”，浓厚全民运动氛围；打好“管理拳”，提供优质运动体验；打好“活动拳”，不断提升公众参与度；打好“队伍拳”，培养专业管理健身团队；打好“融合拳”，促进大众体育消费。

9—10月，区政协围绕区新型研发机构建设情况开展专题调研，形成《关于泰州医药高新区（高港区）新型研发机构建设情况的调研报告》。建议稳步推进市场化改革、提升造血反哺功能、健全完善监管服务机制。

10—11月，区政协围绕“智改数转”工作情况开展专题调研，形成《关于全区“智改数转”工作的调研报告》。建议加大宣传造势力度，有效激发企业“智改数转”积极性；深化优化政务服务，推动企业加快“智改数转”；外引内培双管齐下，着力提升“智改数转”技术服务输出能力；加强人才队伍建设，努力为“智改数转”提供智力支撑。

（朱　娟）

民主监督

【提案工作】 2022年，区政协共收到提案254件，经审查立案134件。至年末，提案全部办理结束，委员满意率100%。已经解决和已被采纳的83件，占61.9%；列入计划逐步解决的48件，占35.8%；尚不具备落实条件的3件，占2.2%。

2022年高港区政协优秀提案一览表

表11

提案号	提案人	案　由
2261010	孙　勇	打通服务园区发展“最后一公里”
2261017	刘　治	打造文化品牌，提升城市品位
2261019	文新教体界别小组	推进文化创意产业化，助力文旅融合发展
2261020	胡庄镇政协委员履职小组	加快推动高港现代农业示范园区建设
2261032	王文忠	支持科技创新平台建设与发展
2261036	蒋震宇	让高质量教育成为我区发展靓丽名片
2261047	戴佳枫	推进养老服务体系建设
2261048	叶争华	优化升级医药研发合作平台，提升核心竞争力
2261049	何碧波	破解医药企业引才留才难
2261051	毛正哲	给予中小企业政策惠企
2261055	黄　梅	关注托育供需不平衡，打造幸福示范区
2261076	晋光泽、翟云	加强安全生产监管
2261095	黄涛、窦克祥	提升老旧小区改造成效
2261110	戚鸭章	加强基层网格化社会治理
2261123	周娟、常建斌、王连珠	加快推进区域医共体建设

【社情民意信息】 2022年，区政协编发《社情民意信息》189期。其中，被全国政协采用1期，省政协采用20期，市政协采用20期；获市领导批示1期，区领导批示9期。收集和反映“关于加快构建网络空间命运共同体的建议”“‘小天才’事件折射出的三项风险需要警惕”等社情民意信息189条。区政协被市政协评为信息工作先进单位，2人被市政协办评为信息工作先进个人，7个单位被评为区政协社情民意信息工作先进集体，19人被评为区政协社情民意信息工作先进个人。

【监督工作】 2022年，区政协对区卫生健康委2020—2022年的疫情防控工作、区司法局社区矫正工作开展民主监督。建议健全公共卫生体系，强化人才建设；严格落实管控措施，筑牢常态化防线；完善机制，规范推进社区矫正工作；优化技防，推动智慧矫正建设。组织6名政协委员对全区安全生产工作开展民主监督，针对区安全生产工作存在的问题提出整改建议4条。（周昌军）

政协自身建设

【政协党的建设】 1月下旬，区政协召开政协党组和机关党组党史学习教育专题民主生活会、党史学习教育总结会议。制定出台《区政协党组关于加强自身建设的意见》《区政协机关党组工作规则》，完成机关党支部换届工作。区政协主席会议成员和机关全体人员到镇街、村居开展“进万家门、知万家情、解万家忧、办万家事”活动。印发《高港区政协迎接和学习贯彻党的二十大活动实施方案》，开展“喜迎二十大”“献礼二十大”系列活动。在“微高港政协”微信公众号开设“追寻光辉历程”专栏，开展“献礼二十大·奋进新征程”主题党日活动。推进界别党建工作，创新实施“四三二”工程，即推行“四个联系”，区政协党员领导联系指导界别、区政协专委会联系服务界别、界别活动小组召集人联系协调界别委员、界别委员联系凝聚界别群众代表人士；实施“三个建立”，建立“专委会+界别”临时党支部、建立界别中共党员委员活动党小组、建立“界别党小组+基层党组织”结对共建模式；实现“两个提升”，即提升界别党建质量、提升界别工作水平，人民政协网作专题推介。区政协特邀界别中共党员委员活动党小组与野徐镇康居社区党总支联合举办“结对共建促双赢，协商议事助民生”主题党日活动。加强政协机关作风建设，开展“严三规，扬四气”主题教育活动。

【政协宣传】 2022年，区政协在《人民政协报》、人民政协网、《中国政协》杂志用稿32篇次。《准确把握新时代新征程的政协使命任务，在践行全过程人民民主中彰显政协作为》《以文聚人心，以史增共识，为打造“近悦远来、令人向往”的城市新中心增添文史底蕴》等理论调研文章被《江苏政协》《泰州政协》刊发。《高新新闻》播报政协委员履职活动60余次。“微高港政协”微信公众号发布信息500余条。

2022年1月19日，区政协举办“书香政协·坡子街文化迎春周”活动

区政协办　供图

【“活力政协”建设】 2022年，区政协制定《区政协协商工作规则》，出台《关于区政协委员全员编入专门委员会的意见》，修订《委员履职服务管理办法（试行）》《社情民意信息工作考核表彰办法》。联合区党政办制定《关于进一步加强和改进提案工作的意见》，开展提案工作向政协常委会“一报告一述职双评议”活动。围绕“亩均论英雄”改革、疫情防控、安全生产、教育“双减”、社区矫正等主题，开展调研议政、协商式民主监督等活动，被党政领导批示7件次。以“海军诞生地　中国医药城”为主题，摄制《委员眼中的家乡》微视频，被人民政协网、《人民政协报》官微及视频号推介。开展“委员荐书”活动，共有42名委员参与。围绕“凝聚‘政’能量，‘协’手抗疫情”等主题，向全体委员发放倡议书4次。

【“书香政协”建设】 2022年，区政协在《泰州晚报》“坡子街”专栏发表“两高”故事40余篇。设计制发《书香政协·“坡子街”文化请柬》10万张，开展“书香政协·坡子街”进镇街、进村居、进校园系列活动，省政协主席张义珍调研时予以肯定。与新疆维吾尔自治区伊犁哈萨克自治州昭苏县政协开展“共建书香政协浇灌文化绿洲”活动。围绕储巏、潘及甫等高港历史名人开展专题调研，促成国画名家李显作品展在泰州医药高新区（高港区）举办，区美术馆获赠李显作品20幅。在全区打造158个“诗书高港·祥泰书吧”（其中“示范书吧”13个），《政协书吧里的“传家宝”》被人民政协网刊发。报送《抢抓机遇争取将高港纳入“长江国家文化公园”重要节点的建议》，得到区党政主要领导批示肯定。举办首届中国·高港“大江颂”全国诗词大赛，征集诗词歌赋1067篇，评出获奖作品34首、优秀作品300首。建成“王干书屋”。开展“喜迎党的二十大民宗界别添书香”主题活动，举办“弘体书画展”、“新时代颂”老年书画摄影展、“幸福泰州精致家园”书画摄影展。《一张“书香政协”文化请柬》被《中国政协》期刊采用。　（朱　娟）

纪检监察

综　述

【概况】 2022年，泰州医药高新区（高港区）纪检监察组织共设区纪（工）委监委机关1个、镇（街道）纪（工）委12个、区委巡察办公室1个及巡察组4个、派驻纪检监察组12个。全年各级纪检监察组织共立案214件。

【六届区纪委第二次全体会议】 1月29日，中共泰州市高港区第六届纪律检查委员会第二次全体会议召开。出席会议的区纪委委员13人，列席会议55人。区纪委常委会主持会议。泰州医药高新区党工委书记、高港区委书记叶冬华出席会议并讲话，要求全区广大党员干部深入学习贯彻习近平总书记重要讲话精神，全面落实中央、省、市纪委全会精神，勇于自我革命，全面从严治党，一体推进不敢腐、不能腐、不想腐，着力建设廉洁高新，更好地肩负起“聚力融合、聚焦发展，高水平开启现代化建设新征程”的时代重任。泰州医药高新区党工委委员、高港区委常委，区纪（工）委书记肖志勇代表区纪委常委会向大会作题为《强化正风肃纪反腐，全力打造廉洁高新，为加快挺进国家级高新区第一方阵提供坚强保障》的工作报告。会议审议通过全会工作报告和区第六届纪律检查委员会第二次全体会议决议。泰州医药高新区党工委、管委会全体负责人，高港区四套班子全体负责人参会。

大泗镇莲廉文化园　　　　大泗镇　供图

【政治监督】 2022年，区纪（工）委监委聚焦系列案件暴露出的突出问题，深入剖析反思，协助区党工委（区委）制定出台《关于深入实施“五大工程”重构良好政治生态的意见》，推动“以案为鉴、以案促改、以案促治”系列专项整治深入开展。推进疫情防控督查督办，建立“通报+考试+约谈+惩戒”机制，坚决纠治“一刀切”、层层加码等问题，共查处问题线索52条，给予党纪政务处分18人。深入推进营商环境、粮食购销领域专项整治，共查处问题线索50条，给予党纪政务处分24人，采取留置措施1人。

【纪检监察体制改革】 2022年，区纪（工）委监委深化纪检监察体制改革，统筹纪律监督、监察监督、派驻监督、巡察监督“四项监督”，推动信息、资源、力量、手段、成果共享。增设监察员办公室2个，为“AA+”及党委建制的4个国企配备专职驻企纪检监督员，调整监督检查室联系监督范围，优化“室组”联动监督、“室组地”联合办案机制。将12个派驻纪检监察组分为4个片区协作组，针对专项监督、重大案件，统筹各片区联合开展执纪监督，推行案件联查联办机制。

【纪检监察工作品牌创建】 2022年，区纪（工）委监委开展基层民生信访处置质效"双提升"专项监督，试点应用基层小微权力"监督一点通"平台，推动解决一批群众反映强烈的问题，其做法被《新华日报》头版、省纪委专刊推介。加强对"一把手"和领导班子的监督，联合组织部门制定《"一把手""五诺"管理暂行办法》《领导干部"双考双反"制度》，推动出台《严禁领导干部违规插手干预建设工程事项的意见》，建立副科级以上领导干部岗位职责规范体系。深化"三色清风卡"试点工作，健全完善谈心谈话、专题汇报、解释说明等机制，累计发放"清风卡"71张，涉及区管干部26人。 ［区纪（工）委监委］

监督执纪

【概况】 2022年，区纪（工）委监委查处群众身边不正之风和腐败问题25起37人，其中给予党纪政务处分37人。查处违反中央八项规定精神问题57起，给予党纪政务处分70人，通报曝光典型问题19期33起。

【监督执纪"四种形态"】 2022年，全区实践运用监督执纪"四种形态"处理351人次，第一、二、三、四种形态占比分别为49.9%、44.1%、1.4%、4.6%。

【专项治理】 2022年，区纪（工）委监委实施"清风行动"，围绕行政审批中介服务、生态环境等领域开展6个专项治理和4个专项监督，处置问题线索154个，立案90人，给予党纪政务处分69人。开展特殊困难群体救助帮扶和妇女儿童权益保障领域干部作风专项治理，发现问题线索9条，立案10人，给予党纪政务处分8人。开展落马干部农村圈地建豪宅专项治理，依法拆除相关房屋，对2名监管不力的责任人予以问责。

【基层民生信访处置质效"双提升"专项监督】 2022年，区纪（工）委监委开展基层民生信访处置质效"双提升"专项监督，化解"双提升"交办督办件18件。康和花园飞线充电等群众反映强烈的问题得到妥善解决，群众满意率大幅提升，相关做法被省纪委专刊推介。试点应用基层小微权力"监督一点通"平台，平台访问量2.5万余次，群众满意率超98%，被省纪委通报表扬，相关做法被《新华日报》头版、"交汇点"新闻等媒体推介。［区纪（工）委监委］

审查调查

【概况】 2022年，全区各级纪检监察组织受理信访举报138件次，比上年下降31.7%，转立案18件次。立案214件，处理180人，涉及乡科级干部18人，给予党纪政务处分169人，采取留置措施10人，移送司法机关8人，追赃挽回损失1660余万元。

【国企领域反腐】 2022年，区纪（工）委监委坚持"系统查、查系统"，严惩国有企业腐败，给予党纪政务处分35人，严肃查处黄某、张某、王某某、栾某某等一批有影响的案件。针对案件暴露出的国企管理漏洞，提出建议12条，推动出台完善管理制度22项，细化优化流程12项，该做法获市纪委主要领导批示肯定。

【以案促改】 2022年，区纪（工）委监委制定《泰州医药高新区（高港区）纪律检查建议和监察建议运用工作简明操作指引》，聚焦案件背后的体制机制问题，向相关单位提出纪检监察建议18份，推动案发单位和监管部门建立"小特精"制度56项。以监察建议书落实为主题的新闻《便民工程终于令人满意了》在中央纪委机关报和官方网站刊载。

［区纪（工）委监委］

党风廉政建设

【"两个责任"落实】 2022年，区纪（工）委监委一体履行监督专责和协助职责，深化全面从严治党"四责协同"机制，推动做好主体责任、监督责任"三张清单"制定工作，严格督查履责情况，精准规范问责追责，全年问责党员干部22人。

【作风建设】 2022年，区纪（工）委监委深入整治违规发放津补贴问题，运用财政核查、专项审计、纪律检查等方式，全面开展排查梳理和核查工作，逐一约谈各地、各部门（单位）"一把手"，组织签订清退承诺书71份。制发《关于重申"十条禁令"明确"七个一律"的通知》，加强"室组地"联动督查，发现违反"十条禁令"问题线索12条，给予党纪政务处分14人。

【廉洁文化建设】 2022年，区纪（工）委监委在《中国纪检监察报》刊载稿件18篇，在《新华日报》、新华网等主流媒体平台刊载稿件20余篇，3部微电影、微视频在全国大赛中获奖。"清新高新"微信公众号推送信息269期、610条，泰州医药高新区（高港区）廉政网同步更新。在泰州海军舰艇文化园打造"海军诞生与廉洁文化"主题展厅，编印廉政文化书籍《海军诞生与廉洁文化》，在"清新高新"微信公众号专门开辟"海诞文化"专栏。在全市率先推进板桥竹风·廉洁书屋（廉洁书角）建设，在寺巷街道毛氏宗祠设

2022年5月13日，区纪（工）委监委、区妇联举办“清廉家风”作品展

区妇联 供图

立“寺”清“巷”廉家风馆，在大泗镇水生植物园打造莲廉文化园。专题召开全区党员干部、国有企业管理人员等警示教育大会，组织旁听职务犯罪案庭审，受众群体8000余人次。 ［区纪（工）委监委］

巡视巡察

【概况】 2022年，区党工委（区委）出台《中共泰州医药高新技术产业开发区工委（泰州市高港区委）2022—2026年巡察工作规划》。开展五届区委第十、十一轮巡察整改专项督查工作，对11个部门（单位）整改情况进行现场督查。配合市委第三巡察组开展生态环境保护专项巡察。协调各涉粮部门对省、市委涉粮问题专项巡视巡察组反馈问题制定整改措施，限时完成整改。开展六届区委第二、第三轮巡察和市县联动巡察。

【上级巡视巡察反馈问题整改】 2022年，针对省委第一巡视组对泰州市开展涉粮问题专项巡视反馈涉及泰州医药高新区（高港区）的6个问题，市委联动巡察组对泰州医药高新区（高港区）涉粮部门、国有企业涉粮问题专项巡察反馈的4个方面48个问题，区党工委（区委）巡察办协调各涉粮部门制定144条整改措施，每条措施均明确责任领导、责任部门和整改时限，全部整改到位。市委第三巡察组对泰州医药高新区（高港区）开展生态环境保护专项巡察，了解省生态环境厅督查交办的4个问题整改落实情况，区党工委（区委）巡察办积极配合，确保市委专项巡察工作有序推进，4个问题全部整改到位。

【巡察监督】 6—9月，泰州医药高新区（高港区）开展六届区委第二轮巡察，成立4个巡察组，对区住房城乡建设局、刁铺街道及下辖8个社区、凤凰街道及下辖8个社区、寺巷街道及下辖7个社区开展常规巡察。9—11月，根据市委巡察办统一安排，成立1个巡察组对区农业农村局开展市县联动巡察。11月起，开展六届区委第三轮巡察，成立3个巡察组，对区工业和科技创新局、区科协、区商务局、区供销社、明珠街道及下辖的6个社区开展常规巡察。

【督促整改】 2022年，泰州医药高新区（高港区）开展五届区委第十、十一轮巡察整改专项督查工作，对11个部门（单位）的整改情况进行现场督查，通过督查发现，巡察反馈的479个问题和制定的1037条整改措施中，已完成整改问题470个、措施1027条，整改中存在的各类问题53条。区党工委（区委）召开专题会议，邀请挂钩联系泰州医药高新区（高港区）的市委第六巡察组组长列席会议，对五届区委第十、十一轮巡察的党组织进行点评，就整改到位率、责任交接落实、重点问题整改及标本兼治等情况进行点评，针对2个部门3条未按期整改到位的问题进行剖析研究，严肃提出限期整改要求，并对2名相关责任人进行问责。

［区党工委（区委）巡察办］

民主党派　群众团体

民主党派

【概况】 2022年，泰州医药高新区（高港区）有民主党派成员439人。其中，民革67人、民盟70人、民建84人、民进15人、农工党142人、致公党13人、九三学社48人。新成立农工党泰州医药高新区（高港区）基层委员会，全区共有民主党派基层委员会4个，分别为民革泰州医药高新区（高港区）基层委员会、民盟泰州医药高新区（高港区）基层委员会、民建泰州医药高新区（高港区）基层委员会、农工党泰州医药高新区（高港区）基层委员会；有支部4个，分别为民进泰州医药高新区（高港区）支部、致公党泰州医药高新区（高港区）支部、九三学社高港支社、九三学社泰州医药高新区支社。

【民革泰州医药高新区（高港区）基层委员会】 2022年，民革泰州医药高新区（高港区）基层委员会下设一、二、三、四、五支部，共有党员67人，其中市政协委员2人、区政协委员11人（含政协常委3人），全年新发展党员7人，新发展对象2人。组织党员参与"活力省运　精彩有我"系列活动；参加"省运会遇见泰州"短视频拍摄活动，获得三等奖；党员所在的企业拍摄《奋进新征程　建功新时代》"看企业项目"主题系列宣传片2部在《高新新闻》播放；组织党员参加基层委员会举办的"同心·三会一课"暨中共二十大精神学习会。撰写社情民意3篇，被民革江苏省委采用2篇；撰写提案3篇。3名党员受民革江苏省委表彰，2名党员获评市级优秀政协委员。

【民盟泰州医药高新区（高港区）基层委员会】 2022年，民盟泰州医药高新区（高港区）基层委员会共有盟员70人，其中市人大代表2人、市政协委员5人（含常委3人）、区人大代表1人、区政协委员10人（含常委2人）。组织开展"矢志不渝跟党走、携手奋进新时代"专题教育活动。组织盟员参观中国人民解放军海军诞生地纪念馆、新四军黄桥战役纪念馆等爱国主义教育基地，到泰州医药城实验小学"本草学堂"开展民主党派"特色党务"工程现场观摩活动。组织盟员参加民盟江苏省委举办的第十三届江苏教育发展论坛活动，提交参赛论文8篇，获得一等奖1篇、优秀奖2篇。撰写调研报告3篇。

【民建泰州医药高新区（高港区）基层委员会】 2022年，民建泰州医药高新区（高港区）基层委员会共有会员84人，其中市及区政协委员20人、区人大代表1人。组织会员在春节、端午节期间开展慰问活动。新冠疫情防控期间，慰问防疫一线人员并赠送慰问品。开展"思源·助学"结对服务，帮扶泰州市海军小学6名学生。开展"关爱老人，情暖重阳"赡养纠纷案件回访活动。撰写调研报告2篇、提案和社情民意32篇，1篇社情民意被民建中央采用，1篇社情民意被省政协采用。

【民进泰州医药高新区（高港区）支部】 2022年，民进泰州医药高新区（高港区）支部共有会员15人，其中区政协委员2人。开展"不忘合作初心，继续携手前进"主题教育，通过报告会、座谈会、参观、培训等形式，组织会员学习习近平新时代中国特色社会主义思想、中共二十大精神。举办"喜迎二十大——民进读书心得交流会"活动。会员撰写提案《两高融合后教育发展的建议》和《关于兴办市民夜校增强就业技能提高文化素质的建议》。

【农工党泰州医药高新区（高港区）基层委员会】 2022年，农工党泰州医药高新区（高港区）基层委员会成立，共有党员142人，其中全国人大代表1人、市政协委员3人、区政协委员4人。打造"农工之家""政协委员活动之家""协商议事室""合作初心馆"和"同心助力大健康产业发展基地”。组织农工党党员参加农工党江苏省委“庆祝二十大胜利召开”主题知识竞赛；开展“矢志不渝跟党走、携手奋进新时代”主题教育；开展“喜迎二十大、同心跟党走”活动，组织党员参观红色教育基地，进行读书分享交流；开展“以智改数转赋能大健康产业数字经济发展”等协商议事活动；开展“同心助力”乡村振兴主题实践活动，走访慰问困难群众，为困境儿童捐资助学。被农工党中央评为2018—2022年度先进集体。

【致公党泰州医药高新区（高港区）支部】 2022年，致公党泰州医药高新区（高港区）支部共有党员13人，其中市、区政协委员共3人。组织开展“筑梦高新——统一战线献礼党的二十大”主题活动。组织科学家精神进校园宣讲、“党的故事我来讲”和“走近先进人物”等活动。开展“校企合作中人才培养的痛点和解决思路的探寻”调研活动。

【九三学社高港支社】 2022年，九三学社高港支社共有社员25人，其中区政协委员5人、市人大代表1人、区人大常委1人。提出“关于杜绝防尘网对环境造成二次污染的建议”“进一步加强一站式矛盾纠纷调处中心建设”“进一步加强对农民资金互助合作社监管”等提案。完成《社区居家养老服务中心运营情况》调研报告。

【九三学社泰州医药高新区支社】 2022年，九三学社泰州医药高新区支社共有社员23人，其中市人大代表1人、区人大代表1人、区政协委员2人。组织社员学习中共二十大精神和《中国共产党统一战线工作条例》，参加九三学社泰州市委调研和信息工作座谈会。

（徐永强　陈　群）

区总工会

【概况】 2022年，全区新增独立工会64个，入会职工3712人。至年末，累计建立工会组织878个。其中，独立企业工会623个，系统、直属单位工会40个，村（社区）联合工会92个，村（社区）独立工会104个，行业（产业）工会联合会4个，园区、镇（街道）总工会、工会工作委员会15个。建成规范工会30个、模范工会21个、示范工会6个，创成市级模范职工之家7个、小家12个。“学习强国”学习平台、新华网、《工人日报》、《新华日报》等媒体报道区工会工作信息80余篇。“泰高新职工之家”公众号发布信息550条。区总工会获评江苏省文明单位。

【泰州市高港区工会第五次代表大会】 12月22日，泰州市高港区工会第五次代表大会召开。泰州市副市长，泰州医药高新区党工委书记、高港区委书记叶冬华，泰州市总工会副主席、二级调研员李蓓在开幕式上讲话，区总工会党组书记、主席史连美作工作报告。会议表彰区工会工作先进集体和优秀工会工作者、区“揭榜挂帅”优秀创新成果奖、2022年度“药城工匠”。区妇联代表群团部门向大会致祝词。会议选举产生新一届工会委员会和经费审查委员会，审议通过区总工会第四届委员会工作报告、财务工作报告和经审工作报告。泰州医药高新区党工委委员、高港区委常委、组织部部长冯海镛致闭幕词。随后召开的区总工会五届一次全委会选举产生区总工会新一届领导班子。

【工会组织建设】 2022年，区总工会对规模较大的新就业形态企业实行“清单制”建会。新建江苏荚战生活服务有限公司工会、泰州市宝恒汽车服务有限公司工会，500余名外卖配送员、网约车司机入会。在泰州港经济开发区、胡庄镇、口岸街道、刁铺街道、大泗镇分别建立小微企业联合工会，2300余名零散的新就业形态群体加入所在区域工会。推进全省工会会员实名制数据库及网上工会建设，全区有江苏工会App注册会员数5.3万余人。

【先进推介】 3月，省总工会发文通报表扬女职工“双争”典型，华威特（江苏）生物制药有限公司吴莹莹被评为“双争”活动中成绩突出的个人。

4月，中华全国总工会发文表彰全国五一劳动奖状、五一劳动奖章和工人先锋号。江苏康为世纪生物科技股份有限公司庄志华获全国五一劳动奖章。

4月，省委宣传部、省文明办、省总工会发文表彰江苏省文明职工。江苏硕世生物科技股份有限公司赵延燕获评江苏省文明职工。

4月，省总工会发文表彰江苏省五一劳动奖状、五一劳动奖章和工人先锋号。江苏汇福油脂科技有限公司获江苏省五一劳动奖状，江苏康为世纪生物科技股份有限公司顾婷获江苏省五一劳动奖章，泰州医药高新区（高港区）公共资源交易中心、江苏南瑞泰事达电气有限公司生产中心、江苏乐彩印刷材料有限公司二线甲班获评江苏省工人先锋号。

4月，市总工会发文表彰泰州市五一劳动奖状、五一劳动奖章和工人先锋号。蓝思精密（泰州）有限公司、泰州金泰环保热电有限公司、泰州市宝恒汽车服务有限公司、口岸街道总工会获泰州市五一劳动奖状，薛成阳等8人获泰州市五一劳动奖章，长城汽车股份有限公司泰州分公司涂装车间品技组等11个班组获评泰州市工人先锋号。

4月，区总工会发文表彰泰州医药高新区（高港区）五一劳动奖状、五一劳动奖章、工人先锋号。江苏中慧元通生物科技股份有限公司等10个集体获泰州医药高新区(高港区)五一劳动奖状,徐小强等30人获泰州医药高新区(高港区)五一劳动奖章,长城汽车股份有限公司泰州分公司冲焊车间保全组等30个班组获评泰州医药高新区(高港区)工人先锋号。

5月,区党工委(区委)宣传和统战部、区总工会发文表彰2022年度泰州医药高新区(高港区)“大江风华·最美职工”。王文兵等10人获评泰州医药高新区(高港区)“最美职工”,王峰等10人获提名奖。

6月,泰州市总工会发文表彰泰州市文明职工、文明班组和“最美泰州人”。殷志远等6人获评泰州市文明职工,鲲鱼健康药业江苏有限公司特医研发团队等7个班组获评泰州市文明班组,王磊获评“最美泰州人”。

7月,区总工会发文表彰2022年度“药城工匠”。严浩荣等8人获评“药城工匠”,袁秀珍等4人获提名奖。

【职工思想政治建设】 2022年,区总工会举办学习贯彻中共二十大精神知识竞赛、有奖竞答等活动。组织开展“劳动创造幸福”暨“劳模工匠进校园,思政老师进企业”主题活动10场。举办“职工阅,悦职工”阅读活动暨庆“五一”表彰大会,全区设14个分会场收看活动直播。开展“网聚职工正能量,争做中国好网民”主题活动,征集、报送作品36件,5件作品获得省、市表彰,其中微视频《手望》获省一等奖。开展“吾论‘如何’”征文活动,3篇作品被“先锋泰州”微信公众号采用。动员职工参与文明城市创建工作,推出“企业周边我清扫,文明创建我接力”活动。

【职工技能提升】 2022年,区总工会持续推进产业工人队伍建设改革,举办门座式起重机司机、装载机司机、电焊工等10余个工种技能比武活动,500余名职工参赛。在江苏省高港中等专业学校、泰州港务集团有限公司和江苏金迪克生物技术股份有限公司分别挂牌设立“工匠学院”分院或教学点。举办技能培训班20余场,累计培训800余人次。落实促进产业工人赋能成长激励政策,兑付奖补资金80余万元。

2022年9月30日,区总工会举办职工技能比武大赛。图为门座式起重机司机技能比武现场

区总工会　供图

【职工文化】 2022年,区总工会举办青年人才交友活动、亲子活动、职工健步走活动、企业职工趣味运动会等文体活动,全区150余个企业500余名职工参加。各基层工会举办游泳比赛、篮球比赛、趣味运动会等文体活动20余场次,区总工会对基层工会文体活动给予补助5万元。免费向基层工会赠送书籍5000余册,赠阅《工人日报》《江苏工人报》等工会报纸杂志1800余份。

【职工权益维护】 *职工劳动保护* 2022年,区总工会常态化推进“安康杯”竞赛。开展“百团进百万企业千万员工”安全生产专题宣讲活动和应急演练活动10余场,开展普法及工会劳动法律监督“四季行”活动20余场次,发放普法书籍2000余册、宣传资料1800余份,接待咨询近300人次。在全市率先成立劳动人事争议联合调处中心。

女职工权益保护 升级打造女职工康乃馨服务站6个,江苏康贝宠物食品有限公司女职工康乃馨服务站获评省优秀站点。5月,开展“520”关爱行动,组织144名小微企业女职工参加免费“两癌”筛查。第二季度,组织2014名企业女职工参加“两癌”检查;第四季度,组织12423名女职工参加免费健康体检。

“幸福企业”建设 在全区开展“幸福企业”建设试点,对考核结果为三星、二星、一星的“幸福企业”,分别给予5万元、3万元、2万元的奖励。全区18个企业参与创建,江苏荃信生物医药股份有限公司、泰州港务集团有限公司、江苏平高泰事达电气有限公司被命名为泰州市“幸福企业”。

“一点回忆”劳动者驿站 22个智能化“一点回忆”劳动者驿站投入运营,实现全区联网联通,为户外劳动者提供热饭、饮水、充电、休息等10余项免费服务。制作驿站电子地图。依托驿站开展暖“新”行动、综合服务集市等活动。全年

服务超10万人次。其经验做法被省总工会向全省推广。

【职工帮扶】 2022年，区总工会开展"春送岗位"活动，发布用工岗位600余个。开展夏季"三送"活动，筹集资金60余万元，送出"清凉大礼包"6000余份。开展"金秋助学"活动，向7名贫困学子每人发放5000元助学金。开展"冬送温暖"活动，筹集资金20余万元，慰问困难职工51人，慰问新就业形态劳动者70人。推出"留高过年　工'惠'暖你"系列活动，向就地过年的外来职工赠送"五重好礼"，赠送"爱琴海·欢乐田园"旅游券500张、"掌中"红包1000份、观影券200张、新春大礼包100份，开通24小时心理服务热线。"阳光互助互济"为职工报销医疗费用、实施大病救助及发放慰问金共计23.8万元。推出"巾帼情·绘爱心·助成长"职工子女暑期公益课堂。

【工资集体协商】 2022年，区总工会继续实施"能级工资+"集体协商，打造"揭榜挂帅"、安全赋能、创新激励等"能级工资+"集体协商品牌。工作经验连续3年在全省交流。泰州市乐太食品有限公司协商案例被评为全省解决女职工急难愁盼问题专项集体协商十大典型案例。统之幸食品（江苏）有限公司、江苏乐彩印刷材料有限公司协商案例获评全市能级工资集体协商十佳典型案例。

【工会疫情防控】 2022年，区总工会发布"安心逸心"心理健康服务热线，组织3名心理专家24小时在线提供服务。向滞留高速的货车司机等重点人群赠送"安心礼包"1200余份。向疫情防控一线人员赠送防疫慰问物资计32万元。

【"揭榜挂帅"工作机制】 2022年，区总工会继续推进职工"揭榜挂帅"机制，帮助企业破解技术难题。自2021年推进该机制以来，产生各类创新成果和发明创造100余项，产生经济效益近1.5亿元。设立百万元专项奖励资金，评选表彰优秀创新成果60项。其经验做法被2022年第23期《推进产业工人队伍建设改革协调小组专报》和第4期《新时代江苏产业工人队伍建设改革联席会专报》推介，并被报送至中央全面深化改革委员会办公室。

（隆四清）

团区委

【概况】 2022年，全区新发展团员315人，团员总数9898人。有基层团（工）委26个，团总支82个，团支部1366个，团干部2337人，其中专职团干部6人。有各级少先队组织626个，少先队员25846人。

【共青团泰州市高港区第七次代表大会】 9月28日，共青团泰州市高港区第七次代表大会在高港大江剧院召开。泰州市副市长，泰州医药高新区党工委书记、高港区委书记叶冬华出席大会并讲话。叶冬华希望全区广大团员青年要用理想点亮青春，争做信念坚定、志存高远的表率；要用才干放飞青春，争做力学笃行、敏于求知的表率；要用实干定义青春，争做开拓进取、奋发有为的表率；要用正气激扬青春，争做明德至善、严于律己的表率。团市委主要负责人出席大会讲话。区少先队员代表向大会献词，区群团部门代表向大会致贺词。大会听取并审议通过共青团泰州市高港区第六届委员会工作报告，选举产生共青团泰州市高港区第七届委员会，共有委员28人、候补委员12人。共青团泰州市高港区第七届委员会第一次全体会议选举产生共青团泰州市高港区第七届委员会常务委员会委员11人、书记1人、专职副书记2人、挂职副书记1人、兼职副书记1人。

【中国少年先锋队泰州医药高新区（高港区）第一次代表大会】 6月18日，中国少年先锋队泰州医药高新区（高港区）第一次代表大会在泰州市第一外国语学校召开。全区150名代表参加会议。泰州市副市长，泰州医药高新区党工委书记、高港区委书记叶冬华出席会议并讲话，寄语全区少年儿童做志向远大的好少年，做创新争优的好少年，做

2022年6月18日，中国少年先锋队泰州医药高新区（高港区）第一次代表大会在泰州市第一外国语学校召开　团区委　供图

意志顽强的好少年。大会对十佳少先队员、十佳少先队辅导员等先进个人进行表彰。大会听取《火红队旗高飘扬，扬帆奋进新时代，为建设“中国第一、世界有名”医药名城时刻准备着》工作报告。选举产生泰州医药高新区（高港区）第一届少工委，区少工委由团区委、区教育局和部分学校相关负责人组成。在随后召开的泰州医药高新区（高港区）第一届少工委第一次全体会议上，选举产生区少工委主任、副主任。

【团与队组织建设】 2022年，团区委落实“双积双评”积分入团规定，新发展团员315人。其中，学校领域290人，社会领域25人。推动毕业生团员学社衔接工作，完成转接团员1463人。联合泰州职业技术学院开办“青马工程”高校班，纳入培养计划100人。完成区团代会选举工作。1人成为团市委委员，3人成为团市委候补委员，3人成为省团代会代表。举办全区基层团干部培训班，覆盖全区所有直属团组织负责人、村（社区）团干部、“两新”团组织书记。新增社会领域团组织101个。推进团（总）支部对标定级工作，通过支部自评、上级考评、团工委抽查，对全区1154个团（总）支部进行对标定级。新增“青年之家”3个，累计建成“青年之家”21个。“青年之家”云平台发布活动771个，签到人数35289人，转发人数14091人。团代表联络站和联青服务站累计进站团代表185人，设置专项小组5个，全年开展活动24场，联系团支部82个，联系团员青年2561人。全区各中小学校实现“分批入队”“红领巾争章”工作全覆盖。泰州市永安洲初级中学团总支被评为全国五四红旗团委（团支部），凤凰街道团工委被评为江苏省五四红旗团委（团工委），野徐镇康居社区团总支、刁铺街道圩岸社区团支部被评为江苏省五四红旗团支部（总支），胡庄镇综合指挥中心专职副主任陈振华、明珠街道为民服务中心人社协理员刘晓文被评为江苏省优秀共青团员，白马镇白马社区团支部书记李娟被评为江苏省优秀共青团干部——团支部书记专项。在2022年泰州市少先队辅导员少先队活动辅导技能展示活动中，泰州医药高新区（高港区）代表队获得团体金奖，泰州市第一外国语学校薛静获得少先队活动案例交流初中组特等奖，泰州市白马初级中学严心萌获得“红领巾巡讲团”主题宣讲初中组特等奖，泰州市海军小学李笑天、泰州市口岸小学卞丽娜、中科院大化所中国医药城生物医药创新研究院董子衣（校外辅导员）获得红领巾校外研学活动展示特等奖，泰州市太湖路小学李悦获得少先队活动案例交流小学组一等奖，泰州市永安洲小学王婷获得“红领巾巡讲团”主题宣讲小学组一等奖。在2022年江苏省少先队辅导员少先队活动辅导技能展示活动中，泰州市第一外国语学校薛静获得少先队活动案例展示二等奖，泰州市海军小学李笑天获得红领巾校外研学活动案例展示二等奖。

【青少年思想教育】 2022年，团区委开展“喜迎二十大，永远跟党走，奋进新征程”主题教育实践活动，贯彻落实习近平总书记在庆祝中国共产主义青年团成立100周年大会上的重要讲话精神。组织“红色青骑兵”宣讲团开展“青春礼赞新时代，青年追梦复兴路”主题宣讲活动50场，覆盖团员青年5000余人。开展“红色青骑兵”寻访活动，寻访100名广义“青年群体”，包括革命老兵、老党员、老模范、老团干、团属荣誉称号获得者、优秀团员青年、少先队员等群体。创作“跨时代青年对话”新媒体作品，选择3篇红色故事，改编成《心火》《薪火》《星火》3个系列漫画及微电影作品，在“团聚高港”微信公众号、视频号展播，被“中国共青团杂志”视频号连载，覆盖青年近10万人次。开展“百年期许，铿锵作答”跨时代青年对话主题征文活动，收到征文316篇，优秀作品在“团聚高港”公众号展播。打造“高新·青廉说”品牌，开展“青春·清廉”主题“微团课”、征集廉政文化作品、开通廉洁FM：鉴史述廉等主题互动活动。开展2021年度全区“最美职校生”“最美中学生”评选活动，授予4名中职生“最美职校生”称号，授予23名中学生“最美中学生”称号。中科院大化所中国医药城生物医药创新研究院副院长王超然获评2022年“江苏好青年”。

【服务青年人才】 2022年，团区委推动辖区2个养殖大户与“青禾”科技志愿服务队结对。“新农菁英”就业见习计划共征集岗位35个，2人报名并上岗见习。推荐7个个人（团队）报名参加第二届“青绘乡村”大赛，上报作品3个。举办“新农菁英”训练营6场。1人成功申报大学生返乡创业帮扶计划。开展青商企业进乡村活动21场，实施村企合作项目6个。组织大学生实践团队走进乡村，开展“青耘中国”暨“后稷有人”直播活动。收集“跟着主播看江苏美丽乡村”作品30件。成立区青年商会，启动“活力高新”青年企业家英才计划，开展青商礼遇季、青商校园行等活动，服务企业招才引智、经营发展。联合南京中医药大学泰州校区，举办青年人才“微光讲习堂·青年博士说”活动。指导成立泰州医药高新区（高港区）街区商圈青工委。梳理2010年高中毕业在外的往届毕业生“青候鸟”人才1298人，建立“青候鸟”人才数据库，成立泰州学子（南京）联谊会、泰州学子（北京）联谊会，吸纳青年人才300余人。解决外来青年人才实际困难，免费提供住宿30间、沙龙场地400平方米。联合区防控办到上海接送73名高新高港籍高校学生返乡隔离。

【青年志愿服务】 2022年，团区委组织7名青年志愿者参加团中央、团省委组织的培训。"七彩志愿社区行"覆盖全区91个村（社区）。组织51人参加第二十届省运会志愿服务、317人参与第十三届中国（泰州）国际医药博览会志愿服务。2216人次投身抗疫一线，并参与扶贫助困、敬老爱老、巡河净滩、垃圾分类等工作。开展"濯清高新"文明城市创建随手拍活动，收集并转交有效问题线索577条，追踪、反馈、处理实现闭环管理。青年参与社会治理项目"青春向社区报到"获2021年度江苏省共青团"10100创新创优项目"一等奖，"濯清高新"助力文明城市创建获评2021年度泰州市"最佳志愿服务项目"。

【青少年权益维护】 2022年，泰州医药高新区（高港区）建立青年工作联席会议制度，出台《泰州医药高新区（高港区）"十四五"青年发展规划》。团区委联合区人民检察院、区人民法院、区司法局等部门（单位）开展"开学法治第一课""预防性侵""检爱同行，共护未来""暑期安全法治""反诈进校园""远离毒品，珍爱生命"等主题巡讲活动40余场，覆盖青少年2600人次。举办"青仔公益暑托班"，开设暑托班办班点12个，采取"公益送课+点单选课"相结合的方式，缓解青少年暑期"看护难"问题，服务青少年350余人。深化"橙"光护航活动品牌，联合司法部门开展"模拟法庭面对面，护航青春助成长""法治宣传月"主题活动，举办区中小学生自我保护情景剧大赛，提升未成年人自我保护和防范意识。实施"梦想改造+"关爱计划，承办2022年泰州市"梦想小屋"集中点亮暨泰州医药高新区（高港区）"五优"关爱项目启动仪式，完成全区36间"梦想小屋"改造任务，并完善小屋后期关爱帮扶体系。成立"情暖高新"困境儿童关爱帮扶联盟。

（赵绮婷）

区妇联

【概况】 2022年，泰州医药高新区（高港区）有园区、镇街妇联15个，村（社区）妇联145个，机关事业单位妇联23个，基层妇联干部200人，巾帼网格员462人。有新兴领域妇联组织33个，妇女微家59个。

【妇联组织建设】 2022年，泰州医药高新区（高港区）推动妇联执委、网格员双向交叉任职，462名巾帼网格员全部在各级妇联中担任妇联执委。深化实施"领头雁"培训计划，举办保障妇女儿童权益政策法规培训班和基层妇联干部履职能力提升培训班，培训基层妇联干部190人。开展"进万家门、知万家情、解万家忧、办万家事"活动，帮助解决妇女群众问题建议和来电来访27个。开展"执"她力量巾帼建新功行动，妇联执委承办领办市级项目4个、区级项目37个。新成立"泰有缘"职工交友中心、"点点爱心"志愿者协会、江苏景顺文化旅游产业发展有限公司、凤凰街道广场舞联盟等新兴领域妇联组织。

【妇女思想教育】 2022年，区妇联开展"巾帼心向党·喜迎二十大"宣传教育活动，到基层举办"微宣讲"16场，受益群众2000人次。发布"道德讲堂线上讲"、家风故事线上展示等活动，点击阅读量5000余人次。举办"凤城巾帼讲堂"、"吾论'如何'"巾帼大讨论活动。评选表彰泰州医药高新区（高港区）三八红旗手20人、三八红旗集体20个。开展清廉家风作品征集活动，征集征文类、漫画类等作品131件，评出优秀作品70件。举办"廉洁家风·清风传家"绘画作品展。组织五好家庭、最美家庭和巾帼志愿者30余人参加迎省运"文明实践，与礼一起"巾帼志愿服务。

【巾帼建功活动】 2022年，区妇联开展"聚力巾帼力量，建设美丽乡村"植树活动，30余名巾帼志愿者在胡庄镇赵市村栽种金桂树。评选泰州医药高新区（高港区）巾帼建功标兵20人、巾帼建功先进个人60人。省级巾帼来料加工示范基地江苏世泽艺术品有限公司辐射带动210名农村女性就业，市级巾帼现代农业科技示范基地江苏百达农业有限公司带动120名农村女性就业。组织"乡村振兴巾帼行动"农村女性劳动力转移培训班3期，培训农村女性120余人。在口岸街道引江社区、许庄街道蔡庄村、凤凰街道梅兴社区、大泗镇霍堡村、永安洲镇东江社区打造"泰美小园示范带"5个。评选区级"美丽庭院示范户"100户。举办"巾帼心向党，喜迎二十大"创业女性故事分享会，开展"芳菲高新女科技人才关爱行动"女大学生研学实践活动。泰州蕾灵百奥生物科技有限公司董事长陈蕾和江苏先思达生物科技有限公司董事长兼总经理陈萃英获泰州市首批科技创新十大女杰称号。泰州市妇联在泰州医药高新区（高港区）启动"让一群人爱上一座城"芳菲高新女科技人才关爱行动。从完善女性人才推优荐才机制、建立女性科技创新人才信息库、搭建女性科技人才学术交流平台、加大女性科技人才的激励力度、优化女性科技人才创业创新环境、开展巾帼科技成果转化"三走进"活动、提供女性科技人才金融服务、加强女性科技人才新生力量培养、开展巾帼科普志愿服务等方面深入推进科技创新巾帼行动。

【关爱妇女儿童】 2022年三八维权周期间，区妇联开展"幸福护航，法佑家安"普法宣传活动，发

2022年5月28日，区妇联开展"相聚有缘 情暖六一"关爱留守儿童巾帼志愿服务活动 区妇联 供图

放《中华人民共和国反家庭暴力法》等宣传手册3000余份。在区社会治理服务中心成立区级妇女儿童维权工作站，在凤凰街道、寺巷街道、口岸街道建立镇街妇女儿童维权工作站。开展特殊困难群体救助帮扶和妇女儿童权益保障问题排查整治专项行动，摸排老少边穷地区嫁入高新高港的女性总人数2569人，其中困难家庭29户，开展困境家庭精准微关爱慰问活动。举办"11·25"国际反家庭暴力日宣传活动，宣传普及《中华人民共和国反家庭暴力法》《中华人民共和国妇女权益保障法》等法律法规，区党工委（区委）政法委、区教育局、区妇联等11个单位共同成立"反家暴安心联盟"。开展"牵手成长，成就未来"助学活动，向20名优秀学子发放祝福礼包和助学金。开展"泰享爱，童欣行"留守儿童关爱服务红色研学活动3场，关爱特困留守儿童154人。区妇联全年接待来电来访42件，涉及家庭暴力、离婚、子女抚养、工伤、拆迁安置等方面。

【家庭文明建设】 2022年，区妇联举办"万家有爱，相伴同行"纪念国际家庭日活动，分"建设好家庭""传承好家教""弘扬好家风"3个篇章，3万余人在线观看直播。5月9—15日全国首个家庭教育宣传周期间，邀请家庭教育指导师、心理咨询师开展亲子阅读、亲子沟通、亲子手工等活动13场。开展"温情三八节，关爱美孕妈""关爱女性健康，守护家庭幸福""陌上花开，缓缓行"等活动，发放母婴健康礼包，提升孕妇科学育儿水平，200余名孕妇受益。利用全区19个"三全"社区家庭教育试点村（社区）和26个市级社会化家庭教育指导中心阵地，组织家庭教育志愿者开展"家教巡讲进社区"活动15场。组织撰写"栀子花讲堂"文章13篇，开展"美好一家"快乐系列、"重拾怀旧游戏，穿越父母童年"及"橙黄橘绿秋收时，且学且思促成长"等特色主题活动150余场。 （陈 媛）

区科协

【概况】 2022年，泰州医药高新区（高港区）有区级科技学会组织27个、园区科协5个、镇街科协10个、村（社区）科普协会142个、企业科协240个，中国科技志愿网注册志愿者1860人。区科协被省科协评为基层科协组织"4+1"建设质效评估优秀单位，"持续打造'汇创新'服务品牌，全力创建'科创江苏'示范区"获省科协"县级科协创新发展能力提升计划"单项工作创新案例奖。

【泰州市高港区科学技术协会第四次代表大会】 9月27日，泰州市高港区科学技术协会第四次代表大会在高港大江剧院召开。泰州市副市长，泰州医药高新区党工委书记、高港区委书记叶冬华出席开幕式并讲话。叶冬华要求全区各地各部门、各级科协组织的全体党员干部和广大科技工作者要勇担职责使命，继承优良传统，坚持和发扬科学家精神，坚决扛起"树标杆、学样板、创中心"的职责使命，以实际行动迎接中共二十大胜利召开。泰州市科协主要负责人出席开幕式并讲话。区残联代表群团组织致贺词。大会表彰2017—2021年全区科协工作先进集体和先进个人。审议并通过区科协三届委员会工作报告、《高港区科学技术协会实施〈中国科学技术协会章程〉细则》（修正案）、区科协第四次代表大会决议。选举产生区科协第四届委员会。

【科协基层组织建设】 2022年，区科协开展基层科协组织建设提升年活动，重点推动原泰州医药高新区所辖园区、镇街建立健全科协组织。至年末，全区5个园区、10个镇街（永安洲镇、沿江街道为园区与镇合一）全部成立科协，142个村（社区）均建立科普协会；新增企事业单位科协114个。区科协第四届委员会中有"四长"27人，占比54%；常委中有"四长"13人，占比65%；选聘5名"四长"担任区科协兼职副主席。

【科技服务体系建设】 2022年，区科协依托省药理学会等省级学会、日本华侨华人博士协会和中国药科大学等高校科协，为扬子江药业集团、江苏泰康生物医药有限公司等10个企业选派首席专家（工程师），并设立科技服务站。组织参加省、市科技工作者创新方法大赛、“创新达人”评比等系列活动。开展企业科技信息推送工作，新增用户10个，培育典型案例5个。举办中日（泰州）生物医药高峰论坛暨第九届江苏省青年科学家年会生物医药创新分论坛。日本华侨华人博士协会“2022年（泰州高港）中日健康科技高峰论坛”被省科协列为2022年度国际科技交流与合作重点资助项目。区科协积极构建生物医药产业科技协同创新服务体系，加快高端科技资源集聚，促进科技合作成果转化，提升企业科技创新质效，获批省科协第二批“科创江苏”试点县（市、区）。以“强国复兴有我”为主题，开展“政治引领+政策解读”进园区系列活动。举办“致敬科学家，奋进新时代”主题征文评选活动，评出一等奖作品3件、二等奖作品6件、鼓励奖作品27件。获批“凤城英才”青年科技人才托举工程资助项目3人次，2名科技工作者获评“最美泰州人”。

2022年9月2日，泰州市口岸小学开展“乡村振兴”主题科普研学活动

区科协　供图

【科普惠民工程】 2022年，区科协推动泰州医药高新区（高港区）科技馆暨中国流动科技馆前期筹备工作，在野徐镇仲联社区谋划科普服务驿站样板。泰州海军舰艇文化园、江苏龙凤堂中药有限公司获批泰州市科普教育基地。完成科技志愿者、科普信息员注册工作年度目标任务，被省科协评为“全民科学素质大赛网络竞赛”优秀单位，“全民科学素质大赛网络竞赛”综合得分列全市第一。组织开展科普宣传周、全国科普日系列活动，上报活动260项，发布信息160项，被省、市科协评为优秀组织单位。组织动员科技工作者开展科普进社区、进农村、进企业、进学校、进机关“五进”活动40余场次。举办全区中小学校科技辅导员专题培训班、“科技体验零距离”科普大篷车进校园、“科学家精神”宣讲进校园活动和“乡村振兴”“工业现代化”主题科普研学等活动。组织参加省、市青少年科技创新大赛、“金钥匙”科技竞赛、科技模型比赛等系列活动，100余人次获奖。泰州市太湖路小学获评2022年度江苏省青少年科技创新大赛培源奖（即江苏省青少年科技创新省长奖）。全年获评泰州市青少年科学教育示范学校2所、优秀科技辅导员3人、优秀科技社团3个。打造大泗镇垄上行农场、胡庄镇同人于野农场等科普惠农示范项目，组织江苏西来原生态农业有限公司申报中国科协科技小院。获批2022年泰州市基层科普益民计划项目4个。

【生物医药高峰论坛】 11月19日，中日（泰州）生物医药高峰论坛暨第九届江苏省青年科学家年会生物医药创新分论坛活动在中国医药城会展交易中心举办。论坛由市科协主办，区科协承办。江苏省药物研究所、中国药科大学、南京中医药大学等科研院所的8名专家学者围绕“转运体相互作用的非临床和临床研究策略”“新药非临床药代及安评研究结果对临床研究的影响”“精准医疗时代背景下的伴随诊断试剂开发策略与实践”等课题，以专题报告、现场答疑的形式，与生物医药企业、研发机构一线科技工作者交流。8名海内外高层次人才以线上报告或线下交流的形式，参加中日（泰州）生物医药高峰论坛“双创”项目路演活动，发布“高性能新冠病毒灭活及环境净化新利器——新型光触媒薄膜小球系列”“脑卒中及神经系统遗传病的基因检测及基因治疗”等科技成果及其转化应用方案。活动促成生物医药产业园区与江苏省药理学会、江苏省工程师学会达成全面战略合作，建成扬子江药业集团有限公司、江苏泰康生物医药有限公司、江苏鸿祺生物科技有限公司5个江苏省药理学会企业科技服务站，聘请12名生物医药领域教授为泰州医药高新区（高港区）“科创高新”首批生物医药专业科技服务团特聘专家。　（陈　群）

区侨联

【概况】 2022年，泰州医药高新区（高港区）登记在册华侨华人及其侨眷403人，侨资企业43个。海外侨

2022年9月25日，区侨联组织“侨界孩子看家乡”活动 区侨联 供图

胞主要分布在北美、欧洲、东亚、南亚、大洋洲等国家和地区。侨联相关工作被省级媒体报道5篇、市级媒体报道7篇、区级媒体报道3篇。年内，区侨联获评江苏省第六批双“五有”侨联组织，被市侨联评为2022年度侨联工作先进单位和助力发展工作、信息宣传工作先进单位。

【侨联基层组织建设】 2022年，区侨联开展侨界人士登记、侨企摸排调查工作。整理侨情数据，完善侨情数据库。在生物医药产业园区建立全市首个园区侨联组织。做好泰州市侨谊会人选推荐和泰州市侨谊会高港分会建设工作。

【侨界服务】 2022年，区侨联开展送温暖活动，看望慰问孤寡、病残侨眷。中秋及春节前夕，走访慰问各镇街侨眷。通过“医药高新区（高港区）侨胞之家”微信群发布并邮寄慰问信。8月23日，开展“回眸来时路，奋斗谱新篇”侨企文化沙龙活动。9月25日，组织“侨界孩子看家乡”活动。组织侨界专场宣讲、文化交流等活动。向省侨联推荐“助梦大使”4人。江苏泰德医药有限公司、益海（泰州）粮油工业有限公司获评第四届江苏省优秀侨资企业。 （张 文）

区工商联

【概况】 2022年，区工商联下辖商会20个，其中镇商会6个、街道商会5个、园区商会2个、行业商会2个、异地商会5个。新发展会员170人，共有工商联会员1859人，其中企业会员1820人、个人会员39人。区工商联被中华工商时报社评为江苏省构筑民营经济舆论阵地先进单位。

【商会组织建设】 2022年，许庄街道商会被评为全国“四好”商会，实现“三连冠”。口岸街道商会、刁铺街道商会、大泗镇商会通过江苏省“四好”商会复核验收。电子信息产业园商会成立。推行基层商会“同心·三会一课”制度，相关做法被《新华日报》报道。6月22日，泰州市高港区工商业联合会（总商会）六届三次全体执行委员会会议召开，选举增（替）补4人为区工商联（总商会）第六届执行委员，审议通过《区工商联（总商会）第六届企业家副主席、副会长、常执委履职情况考核考评实施办法》。

【参政议政】 2022年，区工商联组织会员围绕“推动我区建筑业高质量发展”“建设界别委员之家”等议题开展界别协商议事月活动。线上线下相结合召开协商议事会。在协商议事活动中邀请相关部门负责人参会，提高协商成效。工商联界别政协委员撰写提案、社情民意11条，其中《打通服务园区发展“最后一公里”》《给予中小企业政策惠企》被评为优秀提案，9名工商联界别政协委员被评为区优秀政协委员。

【思想政治教育】 2022年，区工商联打造扬子江学堂和泰州海军舰艇文化园2个泰州市民营经济人士理想信念教育基地。组织50余名企业家代表参加南通张謇企业家学院举办的“实业报国，情暖桑梓”企业家培训班。打造商会党建团建阵地，推进“村企联建”党建共同体建设。在爱情海欢乐田园景区开展党建文化沙龙活动，打造“幸福民企”示范点。举办企业家早茶会、企业文化周等党建团建联谊活动。开展中共二十大精神进商会系列宣讲，流动党员学习中共二十大精神的经验做法被《新华日报》刊登。有9名会员入选“高新好人榜”。

【服务企业】 2022年，区工商联联合高港区人民检察院开展预防性公益诉讼工作，联合高港区人民法院开展民商事调解活动，联合区司法局开展律师事务所进商会、进企业和“法治惠企”系列活动。与区党工委（区委）宣传和统战部、中国人寿高港支公司联合举办“筑牢发展基石、护航幸福民企”企业家沙龙。开展“营商环境百日攻坚”、企业家座谈会等活动，收集上报并解决问题40余个。向会员企业发放惠企政策汇编500余册。开展“喜迎二十大，绳彩舞飞扬”绳网吊索具技能比武、营商环境“大走访、大排查、大整治、大提升”百日攻坚活

2022年9月27日，泰州医药高新区（高港区）举办"喜迎二十大，绳彩舞飞扬"绳网吊索具技能比武活动　　区工商联　供图

动。江苏康为世纪生物科技股份有限公司在上海证券交易所科创板上市，扬子江药业集团、益海（泰州）粮油工业有限公司入选2022年度江苏省民营企业200强。江苏硕世生物科技股份有限公司上榜2022年度中国企业信用500强和中国上市公司信用500强。"同心·三会一课"赋能民营经济统战工作被《新华日报》《中国统一战线》杂志、《中华工商时报》刊登推广。

【光彩事业】 2022年，区工商联组织开展"喜迎党的二十大，光彩互助暖民心"慰问活动，发放慰问款物近5万元。完成东西部扶贫协作对口帮扶计划，年内向陕西淳化县投入帮扶资金25万元。新疆新冠疫情防控期间，组织爱心企业家向昭苏县捐赠防疫物资合计30余万元。全年会员企业累计捐赠款物1200余万元，用于新冠疫情防控。

（严　菲）

区文联

【文联组织】 2022年，区文联指导各文艺协会开展换届工作，新成立区作家协会和古琴文化协会。区文联下辖书法家协会、作家协会、摄影家协会、诗词楹联协会、音乐舞蹈家协会、老年书画协会、美术家协会、古琴文化协会8个协会，共有会员483人。其中，书法家协会58人，国家级会员2人，省级会员6人，市级会员20人；作家协会59人，省级会员3人，市级会员6人；诗词楹联协会60人，国家级会员23人，省级会员5人，市级会员16人；摄影家协会53人，国家级会员2人，省级会员8人，市级会员26人；音乐舞蹈家协会55人，省级会员3人，市级会员8人；老年书画协会58人，省级会员5人，市级会员10人；美术家协会75人，省级会员9人，市级会员31人；古琴文化协会65人，国家级会员2人，省级会员1人，市级会员6人。

【文艺作品】 2022年，顾天玺新创作长篇小说《养老院》。曹明德作品入选"米芾墨韵"全国书画名家邀请展。李俊作品《春风带雨》入选中国美协"子恺故里 风雅桐乡"全国中国画大展。陶金华作品入选"筑梦丹青"第三届江苏省中小学教师美术作品展。万周刚作品《江南春晓》入选江苏省首届新文艺群体美术作品展。刘红作品《记录美好时光》获江苏省美术奖提名奖。刘子眉作品《深谷流幽》获江苏省青年美术家协会"青春梦享"新人奖。祁秋实作品《喜迎开海系列三》入选第三届深圳大芬国际油画双年展，《严阵以待》入选2022中宣部组织的"主题性美术作品展览"，《意象同里》入选江苏省油画学会小幅油画作品展，《逐梦青春》入选江苏省油画学会第十二届油画展，《古城新晖》入选四川省美术家协会水彩画年度展，《柴墟古巷》获第三届泰州美术奖，祁秋实被评为泰州市首届文艺新星。李颖琦工笔画《幽艳》入选江苏省花鸟画研究会成立35周年优秀作品网络展，国画《凝聚》入选"喜迎二十大　花开向阳春"——泰州市花鸟画书法作品展，国画《春江花月夜》入选"新时代颂"2022江苏美术摄影主题联展泰州市作品展。王双武作品获"对联中国"年度佳作奖。区作协25名会员在"学习强国"平台发表诗作50余首。区音乐舞蹈家协会编排的舞蹈《有凤来仪》获泰州市新创文艺节目调演一等奖。

（区文联）

区残联

【概况】 2022年，全区有持证残疾人13141人。其中，视力残疾1506人，听力残疾1119人，言语残疾85人，肢体残疾7038人，智力残疾1350人，精神残疾1155人，多重残疾888人。有镇（街道）残联12个。

【泰州市高港区残疾人联合会第五次代表大会】 11月7日，泰州市高港区残疾人联合会第五次代表大会在高港大江剧院召开，会议听取区残联党组书记代表区残联第四届主席团所作题为《立足新起点，奋进新征程，不断开创全区残疾人事业高质量发展新局面》的工作报告。泰州市副市长，泰州医药高新区党工委书记、高港区委书记叶冬华和泰州市残联主要负责人出席会议并致辞。区总工会主席代表群团部门致贺词。会议选举产生新一届主席团及执行理事会。

【残联组织建设】 2022年，泰州医药高新区（高港区）调整区政府残工委成员单位及人员，制定《泰州市高港区人民政府残疾人工作委员会工作规则》《泰州市高港区人民政府残疾人工作委员会成员单位职责分工》。8月中旬，完成145个社区（村）残协组织换届。9月中旬，完成12个镇（街道）残联组织换届。

【残疾人社会保障】 2022年，泰州医药高新区（高港区）实施残疾人意外伤害保险提档升级综合保险项目，将13274名持证残疾人及222名15周岁以下在残疾儿童定点康复机构接受康复训练的非持证残疾儿童纳入保障范围。实施残疾学生和残疾人家庭子女教育专项救助，发放救助资金8万余元。实施低收入残疾人家庭无障碍改造工作，对20户残疾人家庭进行入户筛查，完成招投标程序。制定《2022年全区孤独症儿童基本康复服务全覆盖行动实施方案》，完成2022年度新增疑似孤独症儿童筛查和定点康复机构招投标工作，开展孤独症儿童康复救助政策进社区、进家庭宣传活动。落实疫情防控期间盲人按摩机构纾困解难政策，向8个符合条件的盲人按摩机构发放疫情防控期间专项补贴1.6万元。为全区72户困难残疾人送去慰问金和物资计4.5万元。为全区有需求的残疾人发放各类家电235台，捐赠轮椅、假肢等辅助器具255件。开展公益助残网络募捐活动，募集资金40.03万元。

【残疾人托养】 2022年，区残疾人托养中心恢复运营，胡庄镇残疾人托养分中心有序运行，全区入托残疾人30余人，其中重度残疾人16人。6月下旬，召开全区“残疾人之家”现场观摩会，按照南、北两个片区实地观摩各镇街“残疾人之家”运行实况。打造“残疾人之家”精品服务品牌，新增凤凰街道“残疾人之家”。新增残疾人居家托养服务对象91人，共有托养服务对象130人，服务时长由每人每月10小时增加到15小时。

【残疾人就业创业】 2022年，区残联推动纬创资通（泰州）有限公司、泰州市三江消防器材有限公司、泰州市宏达工矿安全部件有限公司、江苏尚美医疗器械有限公司等企业扩大残疾人用工比例，其中纬创资通（泰州）有限公司开展“惠残助企，职等你来”残疾人专场招聘会，向残疾人提供就业岗位20个。组织3个企业参加中国残联人就业创业网络服务平台开展的全国民企招聘月活动，提供6个岗位、26个残疾人就业名额。举办残疾人抖音短视频制作与剪辑、抖音直播带货、残疾人居家创业实训、农村残疾人实用技术培训等培训班，累计培训近150人次。

【残疾人康复服务】 2022年，区残联完成残疾儿童定点康复机构分流工作。为147名残疾人发放辅助器具211件，为16名贫困白内障患者实施免费复明手术，为20户低收入残疾人家庭实施无障碍改造，为61名贫困精神病患者提供免费送药服务。

【评残服务】 2022年，区残联每季度为有办证需求的残疾人开展残疾人证评定工作。全年完成新增残疾人评定614人次，完成持证满十年和重度残疾人持证满五年重评330人次。全区办理第三代残疾人证13103人次。按照全省残疾人证管理专项治理工作要求，优化残疾人证评定服务措施。

【残疾人维权】 2022年，区残联畅通残疾人诉求渠道，办理省、市批转残疾人来信、来函8件；接待残疾人及亲属来访10人次、电话来访41件，回复网上信访件，信访办结率100%。7月，联合区司法局组建残疾人法律援助站，为残疾人提供法律咨询、普法宣传、法律援助、司法维权等服务。

【残疾人文体活动】 2022年，区残联播放助残新闻32期，利用残联微信公众号、网站发布扶残助残惠残政策等67次。举办“读书迎盛会·一起向未来”主题活动，向“残疾人之家”、村（社区）图书室捐赠图书500余册。组织人员参加江苏省第十一届残疾人运动会，获6金、2银、4铜，凤凰街道选手殷海强在男子S15级100米仰泳比赛中获省残疾人运动会首枚金牌。

（尚建南）

区红十字会

【概况】 2022年，泰州医药高新区（高港区）有红十字基层组织55个，红十字会员10727人，其中青少年会员9059人，注册志愿者491人。区红十字会捐款收入215.3万元、支出197.08万元。组织开展红十字宣传，在《中国红十字报》用稿14篇、省红十字会网站用稿207篇。推选的红十字会员李娟被确定为中国红十字会“会员之星”。组织开展青少年红十字工作、公益性应急救护培训，健全红十字救援体系。组织开展助困、助医、助学活动。组织开展爱心献血、造血干细胞捐献、遗体器官捐献和红十字志愿服务活动。新建红十字博爱家园5个，其中野徐镇康居社区和胡庄镇胡庄社区红十字博爱家园获评省级优秀博爱家园。在泰州海军舰艇文化园建成红十字救护站。

【红十字会组织建设】 2022年，全区12个镇街红十字会的换届、组建工作全面完成。原泰州医药高新区的9所中小学成立学校红十字会。泰州市高港实验小学为第一至第三批江苏省红十字示范学校复查认定学校。建成野徐镇康居社区、凤凰街道永定社区、沿江街道腾龙御园小区3个博爱家园。3月10日，区红十字会召开二届六次理事会议。

【区红十字会捐赠收支】 2022年，区红十字会捐款收入215.3万元。其中，“博爱万人捐”捐款111.19万元，“梦想改造+”关爱计划6万元，“高港区馨语爱心服务队”志愿者定向助学款6.7万元，定向四川地震捐款0.12万元，抗击新冠疫情捐款2.93万元、捐物49万元，定向捐赠医疗设备9万元，“5・8”人道公益日网络筹资项目3.53万元，“99公益日”网络筹资项目18.33万元，定向应急救援队注册资金3万元，省红十字会“博爱光明行”项目经费1.5万元，省红十字会支持爱心洗衣坊建设经费4万元。捐款支出197.08万元。其中，助困支出80.14万元，助学支出18.2万元，支援对口帮扶淳化县7所学校“博爱”医务室项目15万元，抗击新冠疫情捐款支出2.93万元、捐物支出49万元，定向捐赠医疗设备2台、支出9万元，其他支出22.81万元。

【红十字应急救援】 2022年，泰州医药高新区（高港区）红十字应急救援队在民政部门进行登记注册，并成立临时党支部，开通银行基本户，建立规章制度和党建园地。组建成立泰州医药高新区（高港区）红十字水域救援分队，建成水域训练基地，吸纳骨干队员6人，参加省、市红十字会组织的水域救援演练活动。联合市红十字救援队在野徐镇康居社区开展地震灾害应急演练，在凤栖湖景区开展综合应急演练。

【公益性应急救护培训】 2022年，区红十字会完成救护员培训812人、救护培训5473人、CPR+AED培训7161人。突出“关爱生命，救在身边”主题，实施教育系统培训率100%工程；对接企业需求，实施重点企业、重要岗位、重点人员培训率100%工程；对接社会需求，实施新招聘公务员、高一新生培训率100%工程。将6台除颤仪投放到口岸雕花楼景区、生态公园游泳馆、老年人康复中心、泰州海军舰艇文化园、体育文创中心、天虹商场，纳入“健康泰州”便民服务内容。

【助困活动】 2022年，区红十字会开展“红十字博爱送万家”活动，救助957人，支出47.85万元。将省红十字会下拨的价值1.02万元的物资发放给困难群众。定向救助特困群众8人，支出16.26万元。应急救助59人，支出11.8万元。少儿大病救助1人，支出0.6万元。“5・8”人道公益日“救在身边”大病儿童救助2人，支出2万元。“七一”慰问112人，支出1.07万元。重阳节慰问老人111人，支出0.56万元。

【助学活动】 2022年，区红十字会资助孤儿21人，发放助学款6.3万元。“99公益日”的“高港馨语助学”项目及“高港馨语爱心服务队”志愿者定向助学款资助学生85人次，发放助学款9.7万元。定向资助大泗镇大学生6人，发放助学金2.2万元。

【造血干细胞及遗体器官捐献】 2022年，区红十字会为106名造血干细胞志愿者采集血样。完成再动员成功9例，完成高分辨5例，进入体检阶段3例。口岸街道杨世雄实现造血干细胞捐献。白马镇黄河村老人陈如根、胡庄镇赵市村老人叶培泉完成遗体捐献。永安洲镇李涌完成1例器官捐献，实现全区器官捐献零突破。

【红十字志愿服务】 2022年，区红十字会组织“馨语爱心服务队”志愿者开展养老照护活动。完成56户孤寡老人、失能老人的入户走访。组织泰州职业技术学院的大学生志愿者入户开展艾熏、针灸、足浴等老年人护理活动。组织红十字冠名医院、眼科医院到社区开展老年人义诊活动。春、秋学期开学前夕，组织红十字志愿者开展校园消杀活动，共发动志愿者86人次，消杀学校64所，消杀面积超20万平方米。省运会期间，组织红十字志愿者对运动员入驻的日航酒店开展消杀。组织志愿者开展送爱心年夜饭、抗疫情敲门行动、三下乡志愿服务集市、节假日景区保障等活动。

（孙晓红）

法治　军事

政法委与综治工作

【概况】2022年，泰州医药高新区（高港区）推进平安建设，优化平安创建工作质效，全区群众安全感满意度99.5%，排名全市第一。推进法治建设，坚持依法行政，强化法治监督。加强网格化社会治理，创新“一镇一街一品”管理模式。建立扫黑除恶长效机制。加强政法队伍建设，全区政法队伍满意率97.79%，排名全市第一。省高质量考核指标严重精神障碍患者服务管理覆盖率排名全市第一。综治督导工作年终考核列全市第一。政法系统共有3名干警获得国家级表彰。全系统在省级以上主流媒体刊发稿件71篇。

【平安建设】2022年，泰州医药高新区（高港区）制定《2022年度镇、街（园区）平安建设考核细则》、《2022年度部门平安建设考核细则》和平安建设系列规范性文件。推进平安家庭、平安校园、平安食品药品、平安旅游、平安宗教、平安工地“六安”建设，申报平安校园省级示范区，“食不相瞒”做法得到省、市推广。完成54所智慧技防校园、67个智慧技防小区建设。开展特殊困难群体排查工作，组织公安、卫健、妇联、民政等部门对摸排的信息复核确认，建立完善数据库及重点人员“一人一档”“一人一册”。排查侵害妇女儿童权益案件14件，均侦破。排查收集的问题清单中，严重精神障碍患者服务管理问题15个，社会基层治理问题19个，特殊困难群体救助帮扶问题18个，均整改到位。易肇事肇祸精神障碍患者管控经验做法被《江苏政法》简报刊登。开展打击整治养老诈骗专项行动，印刷、发放宣传折页15万份、宣传海报1.5万张，播放宣传片91个，发送反诈手机短信71.21万条。大泗镇防范养老诈骗宣传短视频被确定为全市防范养老诈骗公益宣传片，被“长安评论”“江苏政法”微信公众号转发。全区各级各类调解组织调解员、司法所干警、律师、基层法律服务工作者、网格员等开展矛盾排查860余批次，化解各类社会矛盾纠纷8461件，调处成功率99.8%。

（张云龙　孙继来）

【法治建设】2022年，泰州医药高新区（高港区）以涉法涉诉信访化解为切入点，完善执法监督机制，提升执法监督能力水平。在全区政法系统组织开展以不规范、不公正、不文明、不廉洁、不作为和乱作为“五不一乱”为主要内容的执法评议活动，邀请人大代表、政协委员、人民监督员、企事业代表对政法各部门的工作进行评议评价，提出意见建议。加大司法救助力度，推进律师参与化解和代理涉法涉诉信访案件，依法维护当事人的合法权益，

2022年1月12日，区公安分局干警开展反诈直播　区公安分局　供图

全年救助40人次，发放救助金50万元。引入第三方参与涉法涉诉信访案件的化解，各接待场所律师共参与接待70余人次，律师参与化解涉法涉诉信访案件3件。共收到法学研究课题34项，对16项重点课题、14项一般课题予以结项。

（王小军）

【区域社会治理现代化】 *指挥中心建设*　2022年，泰州医药高新区（高港区）区域社会治理现代化综合指挥中心实现实体化运行，整合全区网格化服务管理、“12345”政务服务便民热线和数字化城管等工作职能，实现资源融合、数据共享、业务协同、智慧治理。全区12个镇街均在党政办公室挂牌设立综合指挥中心。

基层网格治理　推进网格化服务管理标准化建设。出台城乡网格化服务管理实施意见，创新实施政治、荣誉、考核、发展四种激励办法和定格、定人、定岗、定职责、定标准、定奖惩“六定”规章法则。优化设置823个综合网格，发挥3125个微网格精细治理作用。推进警网融合，口岸街道、沿江街道、刁铺街道、凤凰街道、大泗镇创建一级“警网联动指挥室”；所有村（社区）设立网格化管理服务站，凤凰街道凤凰园社区、野徐镇康居社区、刁铺街道关桥社区、许庄街道乔杨社区、口岸街道王营社区、寺巷街道青年公寓、野徐镇香榭社区、泰州职业技术学院创建一级“警网融合工作站”。健全区、镇街、村、网格、微网格五级联动机制，提升网格事项处置效率。健全网格员日常管理、考核激励、学习培训等制度，推进城市社区网格100%配备专职网格员。开展专职网格员入职仪式和网格学院网格员业务骨干培训。依托综治视联网常态化开展网格员队伍业务培训。印制网格员知识口袋书，编制网格员服务管理事项清单、微网格辅助工作事项清单。评选“最美网格员”55人和优秀微网格联络员87人。

基层治理创新　打造“一镇一街一品”基层治理创新项目，全区12个镇街结合自身实际和优势，创新政治、法治、德治、自治、智治新方式，构建基层治理新模式，形成寺巷街道“旅馆式”出租房管理、刁铺街道“智慧社区”小程序、胡庄镇红色网格驿站、大泗镇“泗好办”网格共享小屋、白马镇创新网格议事会等基层治理品牌。“一镇一街一品”经验做法被《新华日报》头版、《泰州日报》头版头条报道，刁铺街道圩岸社区“一心五联”推动基层社会治理工作案例被司法部采用。

便民热线　区“12345”政务服务便民热线受理各类诉求60152件，比上年增长22.67%，办结率100%。其中，省“12345”热线2117件，市“12345”热线58035件。从诉求热点看，集中在医疗卫生（1594件）、城乡建设（1394件）、住房保障（1207件）、环境保护（1044件）、民生保障（420件）等方面。从承办单位看，主要集中在凤凰街道（7088件）、明珠街道（5154件）、口岸街道（5043件）、区住房城乡建设局（4180件）、区社会事业和退役军人事务局（4062件）、刁铺街道（2724件）等单位。全年编发月报12期、周报25期。　（李海飞　张云龙）

【扫黑除恶斗争】 2022年，泰州医药高新区（高港区）印发《常态化扫黑除恶斗争制度汇编》《推进三大行业领域整治工作实施方案》《2022年全区扫黑除恶工作要点》。开展《中华人民共和国反有组织犯罪法》学习宣传活动，结合反诈和打击养老诈骗宣传，印刷、发放宣传折页15万份、宣传海报1.5万张，制作宣传片2个。全年受理举报线索11条，其中红网平台线索6条、市扫黑办交办线索3条、群众来信来访线索2条，均办结。　（孙继来）

【政法队伍建设】 2022年，全区政法系统贯彻落实中央政法委、最高人民法院、最高人民检察院、公安部、国家安全部、司法部联合出台的《新时代政法干警“十个严禁”》，制定出台相关实施意见，推进从严管党治警。采取有效举措，防范化解重大风险，坚持公正执法司法，服务保障发展大局。泰州医药高新区人民法院将“三个规定”相关制度禁令编进《人民法院纪律作风制度汇编》口袋书。组织干警学习市纪委作风建设“十条禁令”，开展新时代政法干警“十个严禁”宣传教育活动，利用电子显示屏、电视滚动播放“十个严禁”的文字图片、视频动漫，向来访群众、案件当事人发放“十个严禁”宣传品，通过微信公众号、短信平台开展宣传活动。开展“司法作风持续转变年”活动，将防止干预司法“三个规定”作为重要内容纳入书记员、人民陪审员培训。开展队伍风险点排查和防范整治，将是否存在受请托向案件承办人员说情打招呼、法院工作人员近亲属从事律师情况作为必查内容。全区政法队伍满意度为97.79%，排名全市第一。　（王小军　陈　红）

公　安

【概况】 2022年，泰州市公安局医药高新区分局（高港分局）（简称区公安分局）完成省运会、泰州医博会等大型活动安保任务。破获刑事案件1508件、经济犯罪案件19件，办理各类治安案件9655件。升级优化营商专员服务机制，深化公安“放管服”改革，实现户政等高频业务“一门通办”“一窗综办”，92%的事项“只跑一次”、当场办结。共有28个集体、306人次受到表彰奖励。创新工作被《人民日报》、中央电视台刊发4篇（则），被《公安内参》《江苏政法》《江苏刑侦研究》各刊用1

篇，被《泰州政法》刊用5篇，4个项目获评全市公安基层革新和科技强警二、三等奖，3个项目获全市公安党建“双十佳”表彰。

【刑事犯罪侦查】 2022年，区公安分局共破获刑事案件1508件，破获“八类”案件51件，抓获刑事作案成员3774人。“八类”案件保持12年全破、命案保持25年全破。侦破“1·18”特大黄金盗窃案，缴获全部被盗黄金饰品2000余件，案值400余万元。常态化推进扫黑除恶斗争，破获黑恶犯罪案件63件，抓获犯罪嫌疑人171人。破获电信网络诈骗案件675件，抓获犯罪嫌疑人220人，止付252次，冻结涉案银行卡4076张，冻结涉案资金344.16万元，挽回群众经济损失138万元，电信网络诈骗案件破案率排名全市第一。查处各类毒品案件20件，其中涉毒刑事案件4件，抓获涉毒犯罪嫌疑人5人；抓获吸毒人员20人，缴获冰毒、大麻等各类毒品8.7克。检查易制毒化学品企业336个次，下发整改通知书30余份，处罚违规化学品企业12个。破获食品药品类案件4件、侵犯知识产权类案件3件、非法采矿案2件，抓获犯罪嫌疑人44人，捣毁非法生产窝点1处。

【经济犯罪侦查】 2022年，区公安分局破获经济犯罪案件19件，刑事拘留7人，提请批准逮捕9人，公诉25人，挽回经济损失5000余万元。侦办非法吸收公众存款案件9件，抓获犯罪嫌疑人19人，刑事拘留2人，公诉4人。“猎狐2022”专项行动抓获经济犯罪外逃人员2人。

【治安管理】 2022年，区公安分局办理各类治安案件9655件，治安处罚875人，查处刑事案件80件，抓获犯罪嫌疑人230人。摸排小区176个，排查群租房268户，排查隐患1500余处，发现泡沫板房16个，发放责令整改通知书600余份，处罚违法违规经营的出租人6人，会同区消防大队查封群租房1户。梳理全区185个涉危化单位基本数据，实行分类分级管控。排查整改安全隐患1120处，收缴烟花爆竹1600箱。对全区9个寄递物流企业、6个寄递分拨中心、200余个寄递网点和1000余名从业人员全部实现在档在册、常态管控，会同邮政管理部门开展联合执法3次，整改安全隐患58处。组建基础管控中心，搭建魔方18个，累计下发数据20万余条，为社区民警提供数据研判支持。

【流动人口管理】 2022年，区公安分局采集流动人口19.95万人、出租房屋2.91万户，注销流动人口15.93万人、出租房屋1.72万户，变更流动人口6.04万人、出租房屋1.96万户。

【出入境管理】 2022年，区公安分局受理出国境申请661人次，其中电子护照151人次、港澳台申请510人次。共登记常住境外人员457人，其中外国人173人、港澳台居民284人。查处涉外行政案件8件，审核上报境外人员临时住宿信息1187条。

【网络安全保卫】 2022年，区公安分局破获网络案件2件，抓获违法犯罪嫌疑人29人；办理网络行政案件145件，发送协查86份，勘验各类电子检材523件。组织对全区重点企事业单位进行网络安全检查，共检查数据中心3个、App运营单位2个、网站备案单位241个、微信小程序1个、即时通信企业2个和直播平台运营公司1个，排查电子显示屏近1000块，发现易受攻击网络工控系统33个，处罚备案单位26个，督促整改安全隐患225处。

【公安惠企便民服务】 2022年，区公安分局成立“爱商护企·四大行动”实体化工作专班，出台《营商专员精准服务十项职责》《“爱商护企·四大行动”计划12项措施》，明确74名专员挂钩148个重点规模以上企业，为其余企业实行“一企一警”联动服务。全年为234个企业提供服务，直接为企业解决急难愁盼事项104个。为海外高端人才发放永久居留身份证25张，为1.18万名高校毕业生提供全程服务，答复本地“走出去”企业咨询46次，进行安全提醒28次。对涉企案件实行“一案一专班”，查处涉企案件17件，抓获犯罪嫌疑人54人，为企业挽回直接经济损失430万余元，避免企业违约损失2000余万美元。推进14个派出所全面建成综合服务窗口，通过“互联网+监管”平台，共监管项目667件，通过微警务平台办件10085件，提供户籍档案查询4249件。在原有“绿色通道”的基础上增设“特需”窗口、“企业服务专窗”。年内，政务服务中心窗口共办理各类业务8428件。其中，公安行政许可类业务6200件，户政类业务627件，出入境业务661件。形成以政务服务中心为主体，以14个综合服务窗口、2个警务服务站、83个警务室、2个24小时自助服务区、15个“企业服务专窗”为补充的公安政务服务格局。

【110接处警】 2022年，区公安分局共接报总警情数48562起。其中，刑事警情3988起，行政警情9853起，交通类警情45起，火灾类警情277起，求助类警情12257起，举报投诉类警情2320起，纠纷类警情13604起，其他类警情6218起。

【智慧警务】 2022年，区公安分局配合完成新一代雪亮智慧技防小区及校园安防建设工作。为一线民警新增4G设备，配发警务通，完成省运会、泰州医博会等各类安保主场馆视频保障38次，开展重点部位视频巡查150余次，保障各类视频点调会议270余次。　　（刘　然）

【道路交通安全管理】 2022年，泰州市公安局交通警察支队医药高新区大队（简称交警医药高新区大队）查处各类交通违法行为3.9万起。其中，非机动车及行人系列违法行为3.1万起，酒驾醉驾189起。共接处交通事故1.76万起，其中亡人道路交通事故警情和死亡人数分别比上年下降2.02%和1.98%。

泰州市公安局交通警察支队高港大队（简称交警高港大队）查纠各类交通违法行为10.53万起。其中，机动车54738起，非机动车40522起，乘车人不系安全带9451起，酒后驾驶307起（饮酒驾驶203起，醉驾104起），其他234起。辖区交通事故共接处警1.24万起，受理一般事故比上年减少0.49%，亡人事故起数及死亡人数分别增长15%和16.39%。完成春运、“五一”、端午、高考、中考等交通安全保卫任务。

交通安全隐患治理　交警医药高新区大队加大对机动车违停、闯红灯、不礼让斑马线等显见交通违法行为的查处力度。加强电动自行车、老年代步车、工程运输车“三车”综合治理。深化“一盔一带”安全守护行动，开展“苏安护行”、夜查酒驾醉驾等专项整治行动。全年召开源头监管工作会议6次，到各运输企业上门检查36次，报废重点车辆95辆，备案重点车辆144辆。对有2次以上超载违法行为的，处罚企业直接负责人17起。

交警高港大队开展交通安全秩序整治，全面完善早晚高峰岗制度，强化重点违法行为查处，加大对电动自行车、行人违法行为的查处力度。不定点不定期开展专项整治，对酒驾醉驾实行零容忍。联合交通运输部门，落实24小时驻站制度，常态化组织开展治超联合执法行动，对超限超载严重的地区和路段，不定期组织流动执法。对有超限超载行为的运输车辆、驾驶人、货运企业及承运人实行“一超四罚”制度。对公路客运、旅游客运、危化品运输车、货运车辆及面包车辆严格落实户籍化管理制度，做好重点车辆和驾驶人管理工作。

交通安全宣传　交警医药高新区大队在各级新闻媒体发布重点违法警示曝光案例。在省、市级新闻媒体发布新闻36篇。开展“系好交通安全第一粒扣子”暨交通安全宣传进校园活动。通过发放宣传资料、交通安全授课、有奖问答、“交通电影”等形式，到学校开展交通安全宣讲活动30余次。加强交通安全宣传阵地建设。通过设置在路口的13块安全宣传屏，开展“一盔一带”、“零酒驾”创建、电动自行车交通安全等宣传。在辖区100余个住宅小区和学校、企业等重点点位布置卡通人物宣传提示站牌。

交警高港大队依托“一村一辅警”和交通安全执法劝导站，突出“一早一晚”时间段，联合派出所警力、社区网格员、志愿者开展“安全入户、敲门行动”走村入户宣教活动。开展交通安全劝导，采集基础数据2.87万条。突出开展“零酒驾”创建和幼儿园接送学生家长交通安全教育。通过新闻报道、入户宣传等形式，宣传“零酒驾”创建活动的工作成效。以随警采访、专题报道等形式发布道路交通安全整治重点举措，发放宣传资料5万余份。在国家、省、市级媒体发布宣传报道36次。　（穆晓明　王阿林）

2022年2月7日，交警对积雪路面进行撒盐处理

区党工委（区委）宣传和统战部　供图

检　察

·泰州医药高新区人民检察院·

【概况】 经江苏省人民检察院批准，自2022年2月22日起，泰州医药高新区人民检察院集中管辖泰州市域范围内涉医药制造、医疗服务、养生养老、健康食品、康养旅游等大健康产业的刑事、民事、行政、公益诉讼检察案件；高港区人民检察院管辖现泰州医药高新区（高港区）辖区内的刑事、民事、行政和公益诉讼检察案件，涉大健康产业领域案件除外；泰州医药高新区人民检察院原受理的市公安局交警支队各高速公路大队办理的刑事案件，一并由高港区人民检察院管辖；泰州医药高新区人民检察院原受理的市公安局直属分局办理的刑事案

件，除由泰州医药高新区人民检察院集中管辖的案件外，按照属地管辖原则分流到其他基层人民检察院管辖。全年泰州医药高新区人民检察院共审查逮捕28人、审查起诉336人。其中，涉医药类133人，食品类86人，知识产权类68人。依法对王某某等12人生产、销售有毒有害食品案提起公诉并附带民事公益诉讼，追索70余万元的惩罚性赔偿金。贯彻少捕慎诉慎押政策，对5人依法不予逮捕，对59人依法不予起诉，对10人开展羁押必要性审查。对因意外伤害骗取医保基金、犯罪情节轻微的27人作出不起诉决定。完善司法救助体系，发放救助金35万元。4件案件办理分别被最高人民检察院、省人民检察院表彰，相关工作被市委、市政府主要领导批示肯定2次，“大健康”检察护航行动获评泰州市政法工作创新奖。各项工作被省级以上媒体宣传报道89次，7个集体和32名个人受到市级以上表彰，其中3个集体和5名个人受到省级以上表彰。“打造大健康领域专门检察院　护航大健康产业高质量发展”获全市改革创新奖一等奖。微电影《回家》获全国检察机关微电影十佳作品奖。

【刑事检察】 2022年，泰州医药高新区人民检察院审查起诉养老诈骗涉案人员20人，纠正漏捕2人，监督立案1人，涉案金额3000余万元；审查起诉医保骗保案件16件40人。落实认罪认罚从宽制度，适用率95.16%，确定刑量刑检察建议采纳率95.51%。加强与公安机关协作配合，开展专项检查3次，组织同堂交流培训3次，提前介入重大、疑难案件13件，对11件长期“挂案”提出处理意见。办理刘某等13人恶势力集团犯罪案被评为全国检察机关十大优秀侦查监督典型案例。1篇法律文书被评为全省检察机关优秀刑事审判纠违类法律文书。

【民事行政检察】 2022年，泰州医药高新区人民检察院办理民事监督案件49件，发出再审检察建议7件，全部得到法院采纳，其中监督虚假诉讼6件；发出审判程序违法和执行监督检察建议16件。针对某医生遭诽谤侮辱的医患纠纷，依职权开展调查并支持起诉得到法院支持。针对1起融资租赁合同纠纷中当事人众多且分布全国多地，依职权调查发出6份再审检察建议，法院全部采纳并改判。开展行政争议化解，针对非法行医申诉人朱某家庭困难的实际现状，与行政机关、法院沟通，达成减免加处罚金的一致意见。围绕污染防治持续发力，办理的守护长江生态环境行政检察监督案件被最高人民检察院评为典型案例，并被央视新闻报道。

【公益诉讼检察】 2022年，泰州医药高新区人民检察院办理公益诉讼案件89件，其中提起刑事附带民事公益诉讼5件、行政公益诉讼84件，发出诉前检察建议36件。开展“消”字号抗抑菌剂专项调查，针对非法添加禁用物质等问题发出检察建议，推动不合规产品下架202批次1747件，相关经验做法在全省会议上交流。开展农村食品安全公益调查专项行动，督促下架过期食品18批次115件，立案查处8件。开展社会公益服务机构食品安全监督专项行动，制作法律风险提示函，联合民政部门发放至各养老机构。

【大健康产业司法保护】 2022年，泰州医药高新区人民检察院到扬子江药业集团、苏中药业集团、江苏硕世生物科技股份有限公司等重点药企听取意见建议。重点关注受疫情影响较大的小微企业，对2个企业依法作出相对不起诉处理，41名涉企人员中不起诉6人，2名企业高管经羁押必要性审查后变更为取保候审，并发出3份检察建议书、风险提示函。开展大型药企合规建设服务专项行动，与扬子江药业集团建立常态化沟通联络机制，结合案件排查风险点发出风险提示函，提出事前合规意见。在办理1件重点企业员工职务侵占案中，通过释法说理督促犯罪嫌疑人退出赃款200余万元。1件案件入选最高人民检察院《涉案企业合规改革试点参考文件》。对涉嫌生产销售假冒伪劣调味品等犯罪的14人提起公诉。开展园区企业重点人员离职后知识产

2022年7月6日，泰州医药高新区人民检察院开展农村食品安全公益调查专项行动　　泰州医药高新区人民检察院　供图

权保护专项行动，联合区“源头活水”企业服务组、区法学会为20余个医药企业集中授课，增强企业知识产权保护意识。组织“大学习、大走访、大调研”活动，掌握大健康领域突出问题，形成4篇专业报告。开展医保基金保护监督、小型医疗养生机构合规监督、农产品地理标志保护监督、泰州本地著名商标保护等十大检察监督专项行动，向相关领域发出社会治理类检察建议13件。关于现制现售饮水安全的公益调查报告得到市委主要领导的批示肯定，市政府牵头召开座谈会会商出台规范性文件。针对系列医保骗保案暴露出的医保监管漏洞、百姓维权难等问题，分别向市医疗保障局、市法律援助中心等发出检察建议，推动出台《泰州市基本医疗保险意外伤害管理暂行办法》。

【检察监督】 2022年，泰州医药高新区人民检察院定期召开检察工作情况通报会，宣传检察职能，征求意见建议。邀请1名全国人大代表和19名市代表委员参与大健康领域专项治理行动。对人大代表提出的“加强行政机关与检察机关职能衔接护航大健康产业发展”的建议，与行政机关沟通，建立完善协作配合机制。人大代表、政协委员14人次参加开放式检委会、评议案件、公开听证答复等活动，3名政协委员被聘为特约检察员。（王兆鑫）

·高港区人民检察院·

【概况】 2022年，高港区人民检察院共办结审查逮捕案件56人、审查起诉案件585人。加大追赃挽损力度，挽回财产损失1000余万元。提前介入、会商重大疑难复杂案件26件。牵头组织市、区7个单位签署纪要，推进解决取保候审监管难、羁押送押难、交付执行难等问题。办理民事检察案件33件、行政检察案件41件、公益诉讼检察案件65件、司法救助案件32件。加强与区纪（工）委监委的协作配合，依法办理职务犯罪案件8件10人。高港区人民检察院获评江苏省文明单位，8件案事例被省级以上采用，9人获得省、市级以上荣誉。

【刑事检察】 2022年，高港区人民检察院面对案件管辖调整后刑事案件数倍增的压力，对外争取区政法各部门支持理解，对内优化调整办案组织，统筹办案力量，人均办案量位居全市第一，共办结审查逮捕案件56人、审查起诉案件585人。从严打击各类严重危害社会秩序的刑事犯罪，对公安部指定管辖的涉枪涉爆案件提起公诉53人。常态化开展扫黑除恶斗争，贯彻落实《中华人民共和国反有组织犯罪法》，严厉打击破坏社会主义市场经济秩序犯罪案件11件22人。严厉打击涉电信网络诈骗犯罪，提起公诉109人。全面贯彻落实少捕、慎诉、慎押刑事司法政策，对63人作出不批捕、不起诉决定，通过开展羁押必要性审查，诉前羁押率压降到8.67%。

【民商事检察】 2022年，高港区人民检察院落实刑事检察、行政检察等与民事检察案件线索双向移送机制，办理的33件民事检察监督案件均被采纳。发挥“民事裁判智慧监督系统”平台作用。以涉及“套路贷”和“职业放贷人”案件为重点，开展虚假诉讼案件线索排查百日攻坚行动。推进涉案企业合规改革，建立涉案企业第三方评估机制，对企业违法犯罪人员慎用强制措施，能不诉的不诉，能判缓刑的建议适用缓刑。办理的某船舶公司申请非诉执行监督案，推动行政机关与企业达成执行和解协议，被最高人民检察院评为“服务保障市场主体”优秀案例。

【行政检察】 2022年，高港区人民检察院办理各类行政检察案件41件，采纳率100%。向行政机关发出检察建议21份。全面落实修订的《行政诉讼监督规则》《开展行政争议实质性化解》等工作指引，在全市率先与区纪（工）委监委会签《关于加强行政违法监督协作配合的意见》，形成监督合力。针对某中介公司出具虚假报告，联动职能部门依法查处、移送犯罪线索，并告知涉案的多个企业重新开展健康检测，维护企业合法权益和职工生命健康，入选全省检察机关典型案例。

【公益诉讼检察】 2022年，高港区人民检察院办理各类公益诉讼检察案件65件。发挥“益心为公”检察云平台作用，聘请公益代言人、公益志愿者、特邀检察官助理，推动公益诉讼检察质效提升。针对某公司在接收转运长江船舶生活垃圾过程中出现的垃圾遗撒等问题，推动行政机关督促该公司实现接收转运处置的全程闭环管理，被省人民检察院发布为江河湖海生态环境和资源保护公益诉讼典型案例。联合生态环境、消防等部门开展再生资源回收整治“回头看”专项行动，办理的督促整治再生资源回收行业专项监督案被最高人民检察院公益诉讼研究基地评为检察公益诉讼优秀案例。围绕乡村振兴战略开展检察履职，针对某村保存的新中国第一代纯木质结构面粉机将被拆除的情况，会同职能单位开展诉前磋商，推动工业机器设备及古建筑群得以保留，被《人民论坛》宣传报道。

【诉源治理】 2022年，高港区人民检察院实行领导包案销号制度，院领导包案化解矛盾纠纷12件。发挥认罪认罚从宽制度在化解矛盾纠纷、促进和谐稳定方面的功能，认罪认罚率达87.5%。与交通、交警等部门联动，通过安全教育、释法说理、巡查监督等形式，整治高港大道泰州大桥路段危险品车辆违规停放、擅自摆摊设点等阻碍交通的安全隐患问题。与应急管理等部门联动，通过列席重大案审会、制发检察建议、专项整治等形式，开展安全生产领域公益诉讼工作。

【检察为民服务】 2022年，高港区人民检察院开展打击整治养老诈骗专项行动，从严办理以老年人为主要目标、涉案资金高达数亿元的某公司涉嫌非法吸收公众存款案。开展老年人爱心助浴、“有爱无碍”等公益活动，联合民政、残联等部门推动付费居家养老惠民政策落地。院领导带头落实法治副校长职责，为2000余名学生提供普法教育。对17名侵害未成年人的犯罪嫌疑人提起公诉。对8名涉罪未成年人作出附条件不起诉决定。牵头9个部门召开强制报告制度推进会，联合区党工委（区委）全面依法治区委员会办公室出台《侵害未成年人合法权益强制报告工作指引》。办理司法救助案件32件，发放救助款40.3万元。依法支持田某某等14名农民工起诉追索劳动报酬40余万元，该案被省人民检察院评为典型案例。针对某社区居民反映的小区长达十年的消防安全隐患问题，通过诉前检察建议、座谈磋商推动问题解决。针对城郊居民反映的管道燃气城乡推广不快、与周边其他市（区）相比初装费偏高、瓶装用气存在安全隐患等问题，联合职能部门共同推动城乡共享管道燃气优质公共服务。发挥“12309检察服务中心”作用，109件信访案件全部做到7日内程序性回复、3个月内办理结果或者办理进展答复。办理涉企业、惠民生等行政争议实质性化解案件14件。与民政部门共同开展婚姻登记领域专项整治行动，办理的李某婚姻登记行政诉讼检察监督案入选全省检察机关典型案例。

【检察监督】 2022年，高港区人民检察院自觉接受人大监督，专题向区人大常委会报告安全生产领域公益诉讼检察工作情况，满意度100%。认真办理人大代表关于“加强行政机关与检察机关职能衔接护航大健康产业发展”的建议，及时办结并当面回复。广泛接受民主监督，聘请政协委员担任听证员、特约检察员，主动邀请人大代表、政协委员、人民监督员等评议检察工作、参与公开听证、参加座谈20余次。加强与人大代表、政协委员的常态化联系，及时报告和传递检察工作信息。接受社会监督，公布案件程序性信息746条，公开法律文书132份，发布重要案件信息18次。举办新闻发布会、“检察开放日”等活动。聘请行政机关8名业务骨干兼任特邀检察官助理。（孙伦步）

法　院

·泰州医药高新区人民法院·

【概况】 经江苏省高级人民法院批准，自2022年1月1日起，泰州医药高新区人民法院对全市一审行政案件，以及全市涉大健康产业医药、医疗、疗养、食品、旅游领域的一审民事、刑事、知识产权、执行各类案件实行跨区划集中管辖。除上述案件之外的其他刑事、民事、执行案件，调整至高港区人民法院管辖。全年泰州医药高新区人民法院受理各类案件6099件，办结5194件。其中，受理刑事案件84件，审结57件；受理民商事案件3059件，审结2678件；受理行政案件1238件，审结911件；受理执行案件1718件，执结1548件。7个集体和19名个人受到区级以上表彰，泰州医药高新区人民法院被最高人民法院评为全国优秀法院，费海燕被最高人民法院评为政治工作先进个人。廉政工作经验被《中国审判》推广。

【刑事审判】 2022年，泰州医药高新区人民法院审结涉食药类刑事案件10件21人，判处罚金及追缴违法所得150万余元，发放禁止令8份。审结知识产权类刑事案件9件19人。审结医保诈骗、养老诈骗案件9件23人。审结非法行医罪名案件2件2人。打击涉互联网犯罪2件2人。严格贯彻落实认罪认罚从宽处理制度，认罪认罚适用率达98.2%。

【民商事审判】 2022年，泰州医药高新区人民法院审结医疗事故案件、侵权类案件64件。在全省法院率先推行医疗损害责任纠纷案件诉前鉴定试点工作，有效解决案件审理周期长、诉前调解难度大等问题，共受理诉前鉴定案件28件，启动诉前鉴定16件。审结买卖合同、合同、加工合同等各类合同纠纷案件432件，案涉标的额2.24亿元。审结涉大健康产业建设工程案件、装饰装修合同纠纷43件，涉案金额1.1亿元。审结各类房屋租赁案件15件，涉案金额2771.04万元。审结劳务合同、追索劳动报酬纠纷案件47件，追索劳动报酬94.64万元。审结破产清算案件44件，解决长期未结破产案件1件，有效化解不良债务逾5000万元，妥善安置职工50余人，盘活土地使用权面积1.8万平方米、厂房面积1593平方米。

【行政审判】 2022年，泰州医药高新区人民法院审结行政诉讼及赔偿案件749件，比上年泰州地区基层法院审结的一审行政诉讼及赔偿案件数增长13.35%。审结行政非诉执行案件153件。优化案件繁简分流，推行简案集约化审理，适用简易程序平均审理天数为35.2天。到各属地法院共开展巡回审判9次，行政机关执法人员参与旁听600人次。派驻法官工作机制得到最高人民法院推广，行政庭被江苏省高级人民法院评为全省法院行政审判工作先进集体。

【大健康产业案件审判】 2022年，泰州医药高新区人民法院受理大健康产业相关民事、刑事案件1170件，审结721件。受理降糖药电信诈骗案，守护老年患者养老钱。对1起网售含有禁用成分减肥胶囊的民事侵权行为，顶格适用10倍惩罚性赔偿。妥善审理医患纠纷和医疗机构安全保障义务纠纷94件。会同市卫生健康委、市司法局建立覆盖全市的医患纠纷诉调对接网络，委托调解60件，调解成功17件。审结以舒安姆健身机构为被告的预付式消费纠纷案件228件。指导寺巷街道寺巷社区制定《烧烤一条街食品卫生业主公约》，指导野徐镇永新社区制定《体育器材生产经营公约》。

【知识产权案件审判】 2022年，泰州医药高新区人民法院受理知识产权刑事、民事案件549件，审结478件，解决赔偿标的额4204万元，发出行为禁令51次。依法审结姚某某、王某某等制造、销售假冒注册商标标识的跨省团伙系列案。设立由调解员、行政人员、专业技术人员等组成的专门调解工作室，建立辐射全市的知识产权纠纷诉调对接工作网络，打造“速裁+调解”“诉前调解+司法确认”等快速解纷机制，调撤率超70%，自动履行率达97%。启动江苏省第二十届运动会标识知识产权法律保护专项行动，联合市司法局促成“苏存证”电子数据存证平台在审判中的运用。依托最高人民法院医药产业知产司法保护泰州调研基地，会同市中级人民法院承办中国医药知识产权法律保护现状与展望研讨会暨江苏省法学会医药法学研究会年会。联合同济大学上海国际知识产权学院，设立泰州医药知识产权研究基地。

【案件执行】 2022年，泰州医药高新区人民法院首次执行案件新收1386件，结案1428件；恢复执行案件新收203件，结案160件；保全案件新收262件，结案263件。首次执行12个质效指标中5个指标位居全市首位。针对行政非诉被执行失信企业面临处罚、执行双重失信的问题，发布泰州市首份信用修复证明。继续探索类个人破产试点工作，受理类个人破产案件5件，审结1件。在全市率先使用电子封条，对涉执尽量采取活封措施。2篇案例分别入选市中级人民法院助企纾困典型案例、“1+4专项行动”典型案例。全年移送拒执罪线索8条，公安机关立案侦查2件。

2022年8月17日，泰州医药高新区人民法院在扬子江药业集团江苏龙凤堂中药有限公司举行“中医药知识产权司法保护工作流动站”揭牌仪式
泰州医药高新区人民法院　供图

【诉讼服务】 2022年，泰州医药高新区人民法院新收各类案件4954件，诉前调解立案2024件，出具释明函85件、补正通知58件。2022年度最高人民法院诉讼服务“一站式”体系建设质效综合指标位于全市第2位。继续深化分调裁审机制改革，全力压降收案数量。一审收案数量比上年下降44.91%，降幅位于全市首位。引导当事人接受诉前调解，加强对调解组织和调解员的业务指导，诉前调解成功率达48.64%。制定完善正负面清单，对案件进行科学的繁简识别，实现轻重分离、快慢分道。

【行政争议调解】 2022年，泰州医药高新区人民法院建立行政审判派出专员机制，派出专员实施现场调查勘验25次、庭外证据交换23次、联席化解争议42次，参与案件审理59件，调撤率达31.2%，比上年提高8个百分点。起草《泰州市行政争议多元调处中心运行规则（试行）》，由市行政审判与行政复议联席会议下发。向属地法院和司法局定向分流与委托协调涉诉行政争议，指导行政调解协议起草并审查确认。委托协调化解行政争议317件，调解成功99件。通过司法建议、专题研讨、联合培训等方式规范行政行为，开展法治宣传、联合培训12次，发送司法建议9份，督促行政机关自我纠错12例。

【司法为民】 2022年，泰州医药高新区人民法院开展涉民生专项执行活动8次，执结涉健身卡消费、工资报酬、人身损害赔偿金等涉民生案件97件，执行到位260万元。对刑事案件受害人、民事案件被侵权人、重大信访案件困难当事人及时给予司法救助，发放司法救助款26万元。组织宪法、民法典、反有组织犯罪法和防范养老诈骗等各类普法宣传活动，开展送法进社区、校园、机关单位等活动42次，被评为全市“七五”普法先进单位。首次适用新民事诉讼法“30天公告送达期限”的举措被《人民日报》《提升诉讼质效回应人民群众司法需求》一文报道。开展巡回审判536件次，参与旁听4000余人次，溱潼镇红旗粮行油料作物互易纠纷等202件案件就地开庭判决。开展人大代表、政协委员联络工作，邀请旁听庭审、见证执行215人次，参观法院56人次。庭审直播1118次，总观看14.7万人次。加强微博、微信公众号、网站等自媒体建设，召开新闻发布会5次，及时发布重要动态信息和典型案件。（时菁菁）

·高港区人民法院·

【概况】2022年，高港区人民法院受理各类案件7044件，审理、执结6159件，比上年分别增长63.82%和51.66%。其中，受理刑事案件376件，审结335件；受理民商事案件4853件，审结4231件；受理执行案件1531件，执结1341件，执行到位1.27亿元。高港区人民法院被评为市“七五”普法先进单位，7个集体、24名个人获上级表彰。

【刑事审判】2022年，高港区人民法院判决故意杀人、故意伤害等暴力犯罪29件42人，对30人判处7年零6个月至1年不等的有期徒刑。推动扫黑除恶斗争常态化，宣传贯彻《中华人民共和国反有组织犯罪法》，及时移交涉“套路贷”虚假诉讼线索26条。审结贪污、受贿、挪用公款等职务犯罪案件3件，组织100余名党员干部旁听庭审。严厉打击危害粮食安全犯罪，公开审理全区粮食系统首起贪污、受贿案。开展“护航云安全”活动，审理陈某等48人非法侵入计算机信息系统、吴某等46人跨境电信网络诈骗等一批影响较大案件。

【民商事审判】2022年，高港区人民法院审理就业、住房、教育等各类民生案件617件。深化“车载法庭·法美夕阳”特色品牌，巡回审判涉老案件6次，1例赡养案件被央视《乡理乡亲》栏目全程跟踪报道。开展“护苗行动”，发出全市首份家庭教育指导令，结对帮扶涉诉困境儿童3人。开展特殊困难群体救助帮扶和妇女儿童权益保障问题专项排查整治行动，联系民政救助2次，进行司法救助4次。依法减缓免诉讼费59万元，发放司法救助金11万元。出台《企业强制公益清算实施意见》，28个“僵尸”企业有序退出市场。深化府院联动机制，召开联席会议18次，合力解决破产企业过户、退税等问题10余项。发挥破产审判市场出清和救治功能，办结破产案件51件，盘活沉睡资产5亿元，为地方财政增加税收5000万元。依法裁定泰州市奥鑫齿轮有限公司、泰州市奥鑫机械有限公司合并重整。健全企业破产重整信用修复机制，协调泰州口岸船舶有限公司环保信用修复，助力企业经营重回正轨，全年销售额比上年增长68%。策应“健康长江泰州行动”，参与化工产业安全环保整治，清退泰州市江泰化工有限公司、泰州市万丰化工有限公司等沿江化工企业7个。

【案件执行】2022年，高港区人民法院落实“854”模式（执行指挥中心集中办理网络查控等8类事务性工作，提供视频会商等5类技术服务，承担终本案件管理等4项管理职能）升级版要求，推动执行事务分段集约、节点管理，探索执行辅助事务外包。推动“执行+网格”机制，在镇街、园区设立执行工作站10个，委托网格员协助执行342次。开展根治欠薪专项行动，开辟护“薪”绿色通道，从快执结涉农民工工资案件391件，追回欠薪1586万元。用好网络司法拍卖平台，网上拍卖成交金额3956.56万元。

【法院服务】司法便民　2022年，高港区人民法院依托“移动微法院”小程序、在线诉讼服务及律师服务平台等，实现网上立案5785件，跨域立案9件，网上缴费率71.49%。在线庭审253件、调解186件、保全511件。启用电子签章系统，实现裁判文书“立等可取”。设立老年人等特殊群体服务窗口、涉企诉讼绿色通道，推出“便民服务十条措施”。

纠纷化解　指导口岸街道口岸社区、王营社区，永安洲镇永胜社区修订居民公约，永胜社区的居民公约入选市人民法院指导村居制定居民公约优秀成果。建立“法院+司法+镇街”长效机制，设立法院驻街道工作站，就地化解矛盾纠纷。推动吊具索具、医疗器械等行业协会制定行业规约，相关做法在《人民法院报》、“学习强国”学习平台等媒体刊登。依托“江苏微解纷”平台，委托调解物业服务合同、买卖合同纠纷285件。联合区工商联，设立商会调解中心3个，化解涉民营企业纠纷36件。设立全市首个劳动人事争议裁审联合调处中心，调解劳动争议1127起，调解成功率91.7%。发挥驻院调解员作用，通过“示范性诉讼+人民调解+司法确认”方式，引导当事人和解息诉1215件，比上年增长150%。开展“涉诉信访突出问题攻坚化解年”行动，化解信访积案4件。

优化营商环境　强化产权司法保护，从快审执结涉企不动产权属纠纷等52件。审结买卖、租赁等合同纠纷2000余件。打造“司法供给·亲清助企”服务品牌，在扬子江药业集团江苏龙凤堂中药有限公司、长城汽车股份有限公司泰州分公司等重点企业增设司法供给优化升级共建基地。全年走访联系企业

31个，协调解决问题46个。开展营商环境百日攻坚行动，创新“巡、精、速、智四诊法”，《人民法院报》、《新华日报》、“学习强国”学习平台等媒体专题报道。调解某知名汽车企业财产保全案，降低对企业生产经营的负面影响。开展“优化法治化营商环境执行年”专项行动，为符合条件的企业修复信用。

风险化解　围绕“保交楼、稳民生”，合力调处楼盘纠纷45起。审结重大责任事故犯罪案件3件，落实每案必发司法建议制度，督促相关企业及时消除安全隐患。强化涉小额贷款公司和资金合作社隐患摸排、债权实现举措。妥善审理中投全球非法集资案，稳步推进姚某、宋某某等案财产处置，清退资金799.37万元。

【法院司法监督】 2022年，高港区人民法院细化完善审判人员、审判组织权责清单，构建司法责任制完整制度闭环，实现“让审理者裁判，由裁判者负责”。发挥专业法官会议、审判委员会作用，规范法官自由裁量权。健全“六类案件”监管机制，纳入监管53件。深化案件评查，加大发改案件绩效考核扣分权重，严守办案质量生命线。召开新闻发布会4场，推送审判流程信息6800余条、执行信息2200余条，上网裁判文书1560份，直播庭审1257场。选任人民陪审员58人，定期开展综合业务培训，随机抽选陪审员参审案件。自觉接受人大及政协监督，向区人大常委会报告破产审判工作，向区政协通报少年家事法庭建设情况，邀请人大代表、政协委员旁听庭审、监督执行26人次。依法接受纪委监委监督，支持配合派驻纪检监察组开展工作。主动接受检察机关监督，邀请检察长列席审委会3次，办理回复检察建议25件。

【法院司法改革】 2022年，高港区人民法院巩固刑事诉讼制度改革成果，以审判为中心，落实《人民法院办理刑事案件庭前会议规程（试行）》《人民法院办理刑事案件排除非法证据规程（试行）》和《人民法院办理刑事案件第一审普通程序法庭调查规程（试行）》“三项规程”，审结认罪认罚案件236件，律师辩护实现全覆盖。落实庭审实质化改革要求，完善庭前准备程序，优化庭审诉辩规则，简化形式性审理环节，单次开庭平均用时缩减20分钟。创新纠纷快速处理改革举措，应对案件管辖调整后收案数量激增态势，探索“365”民事案件快速化处理机制，实现5个速裁团队办理70%民事案件的改革目标，速裁案件平均审理天数仅45天。

（王晓伟）

司法行政

【概况】 2022年，泰州医药高新区（高港区）司法行政系统深化习近平法治思想区域实践，统筹推进全面依法治区工作。推进法治政府建设，做好政府法律事务合法性审核工作和行政复议、应诉指导，加强行政执法监督。推进“谁执法谁普法”工作，加强法治宣传阵地建设，打造精准普法大格局。健全公共法律服务体系，深化“产业链+法律服务”。创新基层治理，全力维护社会大局和谐稳定。规范基层司法所建设，打造“警法融合、三所共建”特色工作。全区司法行政工作被《新华日报》、《江苏法治报》、“学习强国”学习平台等国家、省、市主流媒体宣传报道40余次。

【全面依法治区工作】 2022年，泰州医药高新区（高港区）健全完善依法治理体制机制，调整依法治区委员会及“一办三组”（全面依法治区委员会办公室、执法协调小组、司法协调小组、守法普法协调小组）成员，镇街依法治理委员会及办公室实现全覆盖。5月，召开区党工委（区委）全面依法治区委员会第二次会议，完善《法治高新高港建设规划（2021—2025年）》《泰州医药高新区（高港区）贯彻落实〈法治政府建设实施纲要（2021—2025年）〉实施方案》《泰州医药高新区（高港区）法治社会建设实施方案（2022—2025年）》及其配套措施，审议通过《泰州医药高新区（高港区）关于优化法治化营商环境的实施意见》。6月，通过省委依法治省委员会办公室开展的市县法治建设工作督察。完善法治督察与纪检监察监督协作配合机制，实行法治建设专项巡察模式，自6月起，先后对区住房城乡建设局、凤凰街道办事处、寺巷街道办事处、刁铺街道办事处、区农业农村局5个单位开展专项巡察。实施“三单一谈”和法治专报制度，制发工作提示单12份、问题警示单2份，印发《法治专报》10期。落实法治江苏监测评价指标，10月部署“学访改促”系列法治活动，法治建设群众满意度结果进入全省第一方阵。创新基层治理，全区145个村（社区）实现“援法议事”全覆盖，野徐镇褚雅社区和永安洲镇兴洲社区被省委全面依法治省委员会办公室确认为江苏省第二批城乡援法议事范例。12月，刁铺街道水岸帝景、寺巷街道龙凤家园、沿江街道沿江花苑、野徐镇康居新城、永安洲镇润洲花苑5个小区获评首批市级法治小区建设示范点。

【法治政府建设】 行政法规工作　2022年，区司法局共审核政策性文件110余件，对省、市各类文件征求意见稿10余件提出修改建议；共审查工程建设、技术服务、政府采购等各类政府重大合同85件，招标文件63件，提出修改建议340余条，有效防范法律风险。组织开展“两区融合”后行政规范性文件全面清理，共梳理区级规范性文件234

件。其中，继续有效12件，拟修改52件，宣布失效66件，宣布废止104件，清理结果通过政府门户网站向社会公开。制定出台《医药高新区（高港区）规范性文件和重大决策合法性审查程序规定》，完善决策事前合法性审查机制，促进公众参与、专家论证、风险评估等决策前置程序规范到位。编制、公布《2022年区政府重大行政决策事项目录》，保障公众对重大行政决策的知情权、参与权和监督权，促进重大行政决策的科学化、民主化、规范化。

行政复议与行政诉讼案件办理　全年受理审查行政复议案件45件，推进行政复议规范化建设，做好行政争议实质化解工作。建成区政府行政复议中心，出台《防范和化解行政争议二十条措施》。区司法局与高港区人民法院联合成立行政争议多元调处中心，负责全面统筹、协调、指导和监督全区行政争议多元调处工作。区行政争议多元调处中心共接收人民法院诉前调解委托案件5件，诉中调解委托案件12件，经协商调解，当事人主动自愿撤回起诉5件。行政复议案件直接纠错4件，直接纠错率9.76%。省、市、区三级法院共审理区管委会（区政府）的行政诉讼案件17件，以区管委会（区政府）工作部门、镇（街道）为被告的行政诉讼案件共计65件。行政诉讼案件行政机关负责人出庭应诉率100%，全区执法投诉数和以高港区政府为被告的行政诉讼案件败诉数均为零。

公正文明执法　区司法局会同区财政局开展政府购买服务协议专项清理工作，严格规范政府购买服务协议签订工作，形成专题汇报并报区政府审议。加大对镇街行政执法人员培训和指导力度，制定行政执法管理制度汇编、综合执法手册（执法目录和执法类别）、执法流程、执法文书样式等。根据省、市对基层综合执法赋权事项实施专项评估工作要求，分析、汇总各赋权部门、各行权部门122项行政处罚权实施情况。组织全区行政执法人员网上学习和测试，完成全区第一批执法人员证件发放工作，为1000余名行政执法人员制发行政执法证。用好江苏省行政执法管理监督平台，督促指导全区15个执法部门、12个镇街做好机构信息录入、执法人员信息更新完善和行政执法案卷录入工作。

【法治宣传教育】　*普法责任落实*　2022年，区法宣办、区司法局制定印发法治宣传年度工作要点，细化涵盖45个部门（单位）、546项工作的普法责任清单。制定《关于坚持和完善新时代全区公职人员法治轮训制度的实施意见》。10月，启动普法责任制现场评议工作；12月，完成评议。推进“谁执法谁普法”标准化建设，开展民法典、国家安全日、安全生产、防范养老诈骗等巡展、巡映、巡讲活动140余场次。发放重要工作提示单8份、重点任务督办单11份。区、镇（街道）、村（社区）三级联动，建立法治宣讲团，开展法治宣讲，7—9月在12个镇（街道）开展综合行政执法培训和民法典专题讲座。完善“以案释法”“媒体公益普法”工作机制，向泰州市报送各类法治宣传优秀案例35例，刁铺街道圩岸社区“一心五联”（以党建为中心，推进惠民活动联合、德法文化联育、法律服务联动、智慧社区联网、民主自治联谋）推动基层治理工作案例被司法部采用。做好第十六批省级民主法治示范村（社区）申报工作，口岸街道口岸社区、野徐镇褚雅社区、刁铺街道明发社区、凤凰街道梅兴社区4个村（社区）成功获评。至年末，全区共有国家级民主法治示范村（社区）2个、省级民主法治示范村（社区）71个。

习近平法治思想宣传　制定《关于认真组织学习〈习近平法治思想学习纲要〉的通知》。4月，区党工委（区委）理论学习中心组组织学习《习近平法治思想纲要》。依托微信公众号“药城法管家”开展习近平法治思想知识竞答活动，全区5000余人参与网上答题。开展学习宣传贯彻习近平法治思想进机关、进乡村、进社区、进学校、进园区、进网络、进法律服务机构活动。在沿江街道滨江社区建成习近平法治思想宣传阵地。

法治文化建设　深化法治文化阵地建设，在大泗镇打造全市首个“警法融合·三所共治”宣传阵地。规划建设长江保护法主题法治公园。开展“高小司”系列漫画创作工作，创作以宪法、民法典为主题的漫画30余幅。指导社会组织利用普法抖音公众号开展实时普法。组织开展“八五”普法系列教材和图书的编印，结合部门职能创作“精准普法系列”海报。

“法律明白人”培育　将“法律明白人”培育纳入2022年政府民生实事项目，全年培育“法律明白人”732人，累计有“法律明白人”2462人，全部发放徽章和证书。在各村（社区）宣传栏公布“法律明白人”姓名、联系电话，畅通群众沟通联系渠道，接受群众监督，根据日常工作、群众评议等情况进行综合评价。在全区12个镇街开展“法律明白人”集中培训。9月，区司法局联系专业调查公司对于全体2462名“法律明白人”履职情况进行调查，全区“法律明白人”参与各类普法活动130余场次。

“邮法融合”民法典宣传活动　区司法局与市邮政公司联合开展民法典宣传活动。举办泰州市第二届“民法典宣传月”暨泰州医药高新区（高港区）“典亮高新·邮连万家”活动。组建“邮法同行志愿者服务队”，发放民法典宣传资料1.3万余份。开展“民法典风筝汇”“亲子民法绘”等法治宣传活动40余场次。相关做法被“学习强国”学习平台、

《新华日报》等媒体报道。

【公共法律服务体系建设】 2022年，泰州医药高新区（高港区）建成覆盖区、镇街、村（社区）的三级公共法律服务平台，构建一体化运行体系。组织全区律师事务所为500余个中小微企业开展“法治体检”，出具法治体检表500余张、法治体检报告500余份，提供法治意见100余条。放大“中国医药城法律服务产业园”品牌效应，产业园内的区公共法律服务中心发挥法律咨询、法治宣传、法律援助、人民调解等作用，服务企业职工及弱势群体。启动“中国医药城法律服务产业园法治讲堂”，邀请优质法律服务团成员为企业讲法律、释案例，全年举办法治讲堂20余场。开展“法援惠民生”活动，深化“援润港城”法援惠民生品牌建设，出台法律援助便民措施，推动法律援助律师担任村（社区）法律顾问工作，实施司法行政审批告知承诺制。全年办理法律援助案件631件、各类公证6300余件、律师执业申请及换证等承诺制审批业务项目87件，提供法律咨询2800余人次，组织开展重大宣传活动50余次。

【人民调解】 2022年，泰州医药高新区（高港区）开展矛盾纠纷“大排查、大调解、促和谐”专项活动，全区各级各类调解组织化解各类社会矛盾纠纷1.3万余件，调处成功率99.8%，化解非正常死亡、重大人身损害等重点案件39起，将纠纷当事人导入依法维权轨道。全区99%以上的矛盾纠纷化解在基层。在区教育局、区卫生健康委、区社会事业和退役军人事务局、区司法局、区公安分局、高港生态环境局成立6个行政调解委员会，全区共有11个行政调解委员会，全部入驻“苏解纷”平台。推广“苏解纷”小程序，累计注册63476人。制定《泰州医药高新区（高港区）社会矛盾纠纷调解个案补贴实施办法》。

【基层司法所建设】 规范化建设 2022年，全区12个司法所规范化建设率100%，其中口岸司法所、大泗司法所建成大型司法所。落实明珠司法所办公、业务用房选址。组建由基层法律服务所主任担任团长的“法治体检”服务团。11月，“交汇点”新闻刊发《泰州高新高港：“三项措施”提升司法所规范化建设实效》。

“警法融合、三所共建”工作 以大泗镇为试点，探索开展“警法融合、三所共建”工作，建立“载体共建、人员共融、平台共用、信息共享、机制共联”机制。印发《泰州医药高新区（高港区）建立“警法融合、三所共建”机制推进基层社会治理的工作方案》，打造一镇（街道）一品牌，推进警法融合全覆盖。5月11日，全市“警法融合、三所共建”调研会在大泗镇召开。省委政法委、省司法厅和泰州市政府有关领导到泰州医药高新区（高港区）调研“警法融合，三所共治”工作。相关工作被“学习强国”学习平台等媒体宣传。

【社区矫正与安置帮教】 2022年，泰州医药高新区（高港区）召开社区矫正委员会第一次全体（扩大）会议暨社区矫正和安置帮教安全稳定工作会议，发挥社区矫正委员会统筹协调作用。开展社区矫正隐患排查整治及社矫安帮提质专项行动。社区矫正中心实行日轨迹查询、周电话抽查、月研判通报制度。建成省级示范型阳光帮扶基地，开展特殊人群困难对象帮扶活动。择优购买社会组织“损害修复”项目服务，聘请执业律师驻中心值班，聘任德育老师为区社区矫正德育辅导员，为全区在册的社区矫正对象提供团体心理辅导、个案心理咨询、针对性损害修复工作。制定《社区矫正矫务公开办法（试行）》，编制社区矫正矫务公开制度汇编。打造矫务公开平台，选聘矫务监督员，开展社区矫正中心“开放日”活动。全区接收社区矫正对象217人，解除社区矫正人员218人，无脱管、漏管和重新犯罪。衔接刑满释放人员224人，落实帮教224人，帮教率和安置率均达100%。至年末，在册社区矫正对象221人，安置帮教对象979人。

【公证事务】 2022年，泰州市祥泰公证处共办理各类公证案件6346件，办证量比上年增长4.17%。现场办理政府重点项目拆迁选房公证1400余套。公证卷宗质量合格率连续6年在省、市卷宗质量检查中达100%，全年未发生投诉和违规执业事件，2篇案例入选司法部案例库，1篇论文被《江苏公证》杂志使用。在全区12个镇街公共法律服务中心设置远程公证自助机。

【律师事务】 2022年，全区共有律师事务所16个，其中个人所1个、合伙所15个；律师172人，其中专职律师125人、兼职律师1人、公职律师45人、法援律师1人。全年新增公职律师4人。推进审查起诉阶段律师辩护试点工作，综合运用质量评估、案件检查等措施强化法律援助案件质量管理。引导律师参加“产业链+法律服务”、公共法律服务进园区（进企业）、进村入户大走访等活动。 （蒋　浩）

人民武装

【党管武装】 2022年，泰州医药高新区（高港区）召开武装工作会议，总结2021年工作，表彰先进，部署全年任务。落实经费，保障民兵整组、抗洪演练、兵员征集等工作的开展，完成人武部营房升级改造。区人武部第一书记现场办公，解决人武部职工养老保险遗留问题，推动民兵训练基地建设。区人武部在“八一”建军节以及“九一八”纪念日组织军事日活动，邀请地方党政干部参观军营。

【理论武装】 2022年，区人武部围绕学习贯彻中共二十大精神，巩固深化“不忘初心、牢记使命”和“传承红色基因、担当强军重任”主题教育成果。利用辖区内红色资源，开展红色教育活动。落实意识形态工作责任制，发挥军地协作机制作用，引导官兵自觉抵制不当言行。

【军事训练】 2022年，区人武部开展全员参训、分类施训和联演联训。完成基干民兵队伍的训练任务。组织参加泰州市军地防汛抗洪抢险分队联演、军警民联合安保演练和泰州医药高新区（高港区）防化救援演练等演练任务。

【民兵应急救援】 2022年，区人武部针对新冠疫情，启动应急预案，按照“主动用兵、规范用兵”要求，出动民兵1600余人次参与疫情防控。出动民兵120人参加省运会期间的安保工作。

【后备力量建设】 2022年，区人武部依托区国防动员委员会开展潜力数据调查，协调发改委、工信、科技、统计等部门和各镇街对战潜物资等重点潜力情况进行核实。全区关联重点企业和预征预储装备全部做到精确定位。核查重点企业、基干民兵预编人员、社会组织、军民通用装备。党员、高中以上学历人员、退伍军人的比例均超过标准要求，关键岗位人员专业对口率达100%。

【征兵工作】 2022年，区人武部运用微信、微博、抖音等新媒体平台开展征兵宣传。与区卫生健康委协作，按照“全封闭、小流量、严防护”的要求做好体检站疫情防控。及时更换和续聘廉洁征兵监督员，并组织专题培训，联合区纪（工）委进行专项督导。完成全年新兵征集任务。

【基层武装部规范化建设】 2022年，区人武部指导基层武装部规范民兵营（连）部硬件建设和软件建设。许庄街道和沿江街道先后投入90余万元用于武装部规范化建设，在省军区民兵工作专项检查中获得表扬。完成全区147个民兵营（连）部建设。

【双拥共建】 2022年，区人武部全面落实拥军优属政策，协调解决官兵家庭困难和问题，协调解决1名事业编军属从外地调入事宜。与区教育局协调，为6名军人子女开设“绿色入学”通道。军转干部100%安置在党政机关公务员岗位。对符合政府安排工作条件的士兵，提供事业单位岗位比例达62.5%。（区人武部）

人民防空

【概况】 2022年，泰州市民防局高港办事处（简称高港人防办）坚持“长期准备、重点建设、平战结合”方针，贯彻与经济社会相协调，与城市建设相结合，与防灾、救灾和处置突发事件相兼容原则，坚持防空防灾一体化。推进社区和学校人防工作，开展民防知识教育，加强民防基础设施建设。建成社区民防工作站35个，实现主城区社区民防工作全覆盖。

【人防行政审批】 2022年，高港人防办推进人防工程建设和易地建设费精确化征收。坚持应建尽建、应缴尽缴，优化营商环境，缩减办结时限及非必要材料，将易地建设费下调20%，为企业减压减负。每季度联合税务部门以线上线下双模式核实易地建设费台账，确保收费正确率100%。配合区行政审批局完成“阳光人防”数据整合。

【防空警报试鸣】 2022年，高港人防办组织开展“九一八”全省统一防空警报试鸣。防空警报鸣36秒，停24秒，连续3分钟；空袭警报鸣6秒，停6秒，连续3分钟；解除警报连续鸣3分钟。鸣响率100%，音响覆盖率95%以上。

（陈 诚）

功能园区

生物医药产业园区

【概况】 生物医药产业园区管理机构为泰州医药高新区（高港区）医药产业园管理办公室。2022年，园区完成地区生产总值99.76亿元，比上年增长14.2%，增速高于全区11.5个百分点，排名全区第一。完成工业一般纳税人开票销售、医药产业开票销售、全口径开票销售200亿元、390亿元、520亿元，分别增长31.3%、33.1%、24.2%。亩均税收达33.35万元。协议利用外资和港澳台资3000万美元，实际利用外资和港澳台资4737万美元。进出口总额9.66亿美元，其中进口2.95亿美元、出口6.71亿美元。

【项目建设】 2022年，生物医药产业园区新签约5亿元以上项目16个、3000万美元以上项目1个，招引项目投资总额达170亿元，包括总投资10亿元的卡文迪许（泰州）药业有限公司原料药高端制剂一体化项目、总投资10亿元的普大生物科技（泰州）有限公司二十四价肺炎疫苗项目、总投资5亿元的洛启生物新型纳米抗体药物项目等。新开工5亿元以上项目6个，包括总投资20亿元的江苏中慧元通生物科技股份有限公司新型流感疫苗产业化项目，总投资5.1亿元的江苏诺瓦立医疗用品有限公司高端创面治疗材料及敷料智能制造项目，总投资5亿元的泰州天海金源防务科技有限公司药用机械生产项目，总投资5亿元的江苏蜂奥生物科技有限公司营养保健食品智能制造项目，总投资5亿元的创能威（江苏）生物科技有限公司兽药及动物保健品生产项目，总投资5亿元的江苏百英生物科技有限公司抗体、蛋白药物及诊断试剂原料研发与生产综合服务基地项目。新竣工5亿元以上项目7个，包括总投资15亿元的泰州迈博太科药业有限公司抗体药物产业化项目，总投资10.9亿元的泰州高新置业有限公司商务金融办公中心二期项目，总投资8.45亿元的江苏金迪克生物技术股份有限公司新建新型四价流感病毒裂解疫苗车间建设项目，总投资5亿元的泰州博莱得利生物科技有限公司宠物生物制品与保健品生产项目，总投资5亿元的江苏中慧元通生物科技股份有限公司二十三价肺炎球菌多糖疫苗及冻干人用狂犬病疫苗（人二倍体细胞）生产项目，总投资5亿元的中崇信诺生物科技泰州有限公司兽用生物制品研发生产及专业技术服务平台建设项目，总投资3000万美元的阿斯利康药业（中国）有限公司药品制剂生产线技术改造项目。

【主导产业】 抗体药产业　2022年，泰州迈博太科药业有限公司一类新

生物医药产业园区四期标准厂房　区党工委（区委）宣传和统战部　供图

药(用于治疗晚期实体瘤)临床试验申请获批。至年末,生物医药产业园区有抗体药研发生产企业3个,分别为泰州迈博太科药业有限公司、江苏泰康生物医药有限公司、江苏荃信生物医药股份有限公司。

疫苗产业 2022年,江苏瑞科生物技术股份有限公司重组蛋白新冠疫苗获国家药品监督管理局临床试验批准,第二代新冠疫苗取得药品生产许可证。至年末,生物医药产业园区有人用疫苗企业5个、动物疫苗企业4个,有疫苗产品近50种。生物医药产业园区疫苗产业规模以上企业实现产值12亿元。

诊断试剂及高端医疗器械产业 2022年,生物医药产业园区有诊断试剂及高端医疗器械产业企业近400个,企业总数约占全省的13%,其中诊断试剂企业数占全省的比例超过20%。江苏康为世纪生物科技股份有限公司国内首个幽门螺杆菌粪便核酸检测试剂盒上市,江苏默乐生物科技股份有限公司、江苏硕世生物科技股份有限公司猴痘病毒核酸检测试剂盒获得欧盟认证。东南大学泰州研究院—美凤力医疗器械体外测试实验室、ICGEB 中国区域研究中心—美凤力临床前研究基础医学实验室揭牌。生物医药产业园区诊断试剂及高端医疗器械产业实现产值83.5亿元。

化学药新型制剂产业 2022年,生物医药产业园区集聚阿斯利康药业(中国)有限公司、泰州复旦张江药业有限公司、亿腾药业(泰州)有限公司、江苏汇伦制药有限公司等创新药研发和生产企业,在心脑血管疾病、光动力药物、抗肿瘤等重点领域实现创新品种的产业化。江苏长泰药业有限公司盐酸左沙丁胺醇雾化吸入溶液获批上市。江苏盈科生物制药有限公司研发的丙泊酚乳状注射液报产获批并视同通过一致性评价。生物医药产业园区化学药新型制剂产业实现产值49亿元。

特殊医学用途配方食品产业 生物医药产业园区是中国营养保健食品协会特殊食品产业集群示范基地,集聚雀巢健康科学(中国)有限公司、鲲鱼健康药业江苏有限公司、石药集团中诺药业(泰州)有限公司等一批特医配方食品研发生产企业。雀巢健康科学(中国)有限公司研发的"佳膳佳立畅"取得国内首张特医全营养配方食品注册证书。2022年,生物医药产业园区取得特医食品注册证5张,占全省的1/3,雀巢健康科学(中国)有限公司国内首款肿瘤专用型特医食品"速熠素"获批上市,石药集团中诺药业(泰州)有限公司"葆棠华"投产。生物医药产业园区特医配方食品产业实现产值21亿元。

动物保健产业 生物医药产业园区有江苏勃林格殷格翰生物制品有限公司、华威特(江苏)生物制药有限公司、中崇信诺生物科技泰州有限公司等动物保健产业企业。2022年,国家兽用生物制品技术创新中心(筹)举行建设方案专家咨询会,兽用生物制品(泰州)国泰技术创新中心揭牌成立。生物医药产业园区动物保健产业实现产值8亿元。

【新药产业化】 2022年,生物医药产业园区新获药品注册批件11张,药物临床试验批件14张;药品生产许可证1张,通过药品 GMP 符合性检查7次;二类、三类医疗器械注册证共151张,医疗器械生产许可证9张;保健食品注册证与备案证68张;特医配方食品注册证2张。至年末,园区在研和申报的一类新药达80个,4个一类新药产品获批投产,获得一类新药生产批件8张;44个药品生产企业取得生产许可证,26个企业79条生产线通过 GMP 认证(检查)投产,获得药物临床试验批件229张、药品注册批件179张;已投产医疗器械生产企业174个,医疗器械注册证及备案证2987张,其中二类、三类注册证1164张;取得食品生产许可证20张(其中特殊食品类7张),保健食品注册证与备案证250张,特医配方食品注册证5张。

【平台建设】 2022年,国际遗传工程和生物技术中心(ICGEB)中国区域研究中心获批省"十四五"重大科技创新平台,完成2022—2026年度发展规划编制论证,推动建成"国际化生物医药研发中心",并获得2022年度省国际科技合作专项、国家自然科学基金支持。兽用生物制品(泰州)国泰技术创新中心开始实质性建设运转,成立科学专家委员会,举办第八届动物疫苗与免疫佐剂技术沙龙,动物流感病毒跨种传播亚型疫苗制造技术创新与应用项目获得2022年度江苏省农业自主创新专项资金的立项支持。复旦大学泰州健康科学研究院持续推动"泰州队列"建设,开展队列人群各有关平台健康信息跟踪对比工作,完成5000例衰老表型暴露组、10000例泛癌早筛研究子队列建设,完成脑影像子队列跟踪随访工作,扩充"泰州队列"核心人群2000例;开展技术研发合作,鹍远生物医学检验所营业,千生曜明肿瘤类器官项目完成硬软件建设,维谛代谢组学检测新技术项目落户泰州;举办第三届中国(泰州)精准医学高峰论坛。北京大学泰州医药产业健康研究中心完成共建方案制定、办公场地装修等工作,推进研发人员入驻办公、研发设备采购安装、建设方案论证等运营筹备工作,与江苏先思达生物科技有限公司、扬子江药业集团有限公司合作共建的2个重点项目顺利推进。东南大学泰州生物医药与医疗器械研究院围绕高端植入器械、体外诊断试剂、生物材料、生物医药、机器人与康复器械等方向开展项目开发工作,建成高精密医疗器件制造平台、诊断试剂研发平台和医疗健康虚拟现实产品开发平台。

【科技创新】 2022年，生物医药产业园区规模以上企业研发投入近10亿元；新增发明专利授权数115件，有效发明专利610件；新增高新技术企业16个。江苏亚虹医药科技股份有限公司、江苏亿腾景昂药业股份有限公司2个项目获得江苏省科技成果转化专项资金，为全市仅有；江苏中慧元通生物科技股份有限公司、江苏荃信生物医药有限公司入围省“潜在独角兽”企业，占全市的2/3；江苏康为世纪生物科技股份有限公司、江苏邦士医疗科技有限公司等10个企业入围省“瞪羚”企业，占全市的56%。

【人才引进】 2022年，生物医药产业园区新引进硕士以上高层次人才342人，其中国家级人才11人、省级人才20人。园区累计引进生物医药类海内外高层次人才4300余人，柔性引进两院院士10人，集聚国家级高端专家68人，在地申报江苏省“双创”人才134人、“113”各类高层次人才1369人。

【医药企业上市】 1月7日，江苏亚虹医药科技股份有限公司在上交所科创板上市。2月15日，泰州亿腾景昂药业股份有限公司在江苏证监局进行辅导备案登记。3月31日，江苏瑞科生物技术股份有限公司在香港联交所主板上市，成为全市首个H股上市企业。10月25日，江苏康为世纪生物科技股份有限公司在上交所科创板上市。生物医药产业园区共有医药类上市企业7个，其中科创板上市企业4个，科创板生物医药类上市企业数居江苏省首位。

【助力疫情防控】 由泰州华信药业投资有限公司承建的泰州市核酸检测基地是2022年市政府民生实事项目之一，总投资约2486万元，位于中国医药城标准厂房区G10栋，面积约3000平方米。3月15日，基地首套PCR实验室建成，分为理样区、试剂准备区、样本制备区和扩增分析区。3月下旬，其他2套PCR实验室投入使用，基地单日可检测核酸15万管。上海新冠疫情突发后，京东大药房泰州医药仓库随着京东集团加入上海保供体系，4月5日起，通过“全程闭环”方式，将连花清瘟颗粒、防护服、N95口罩、隔离面罩等药品和医疗物资紧急运输至上海；江苏硕世生物科技股份有限公司、江苏默乐生物科技股份有限公司、江苏康科斯医疗科技有限公司、江苏天邦医疗科技股份有限公司等企业24小时不停机，生产抗疫物资。江苏默乐生物科技股份有限公司病毒保存液产能单日达100万人份，核酸提取试剂产能单日达150万人份；江苏硕世生物科技股份有限公司核酸检测试剂日产能达200万人份，检测仪器日产能50台，派遣多支核酸采集小分队奔赴上海协同医疗机构完成样本采集与信息录入；江苏天邦医疗科技股份有限公司抓紧生产医用一次性防护服、口罩、隔离衣、采样管等物资。

（许文欣）

化学新材料产业园区

【概况】 化学新材料产业园区管理机构为泰州医药高新区（高港区）滨江工业园管理办公室。2022年，化学新材料产业园区完成规模以上工业总产值417.5亿元，比上年增长43.27%。完成固定资产投资58.41亿元，增长5.95%。其中，工业投资50.74亿元，高技术产业投资7.68亿元，民间投资50.88亿元，建筑安装工程投资45.35亿元。完成限额以上批发业商品销售总额60.35亿元，完成限额以上零售业商品销售总额6.09亿元。完成税收收入47.32亿元，增长56.59%，其中工业入库税收47.26亿元，增长63.98%。完成一般公共预算税收收入5亿元，增长54.32%。实际利用外资和港澳台资1203.17万美元。

【项目建设】 2022年，化学新材料产业园区新签约1亿元或1000万美元以上项目25个，投资总额227.67亿元。其中，“三比一提升”项目10个，包括总投资120亿元的盛虹动能科技（江苏）股份有限公司新型储能电池及系统集成项目、总投资10.33亿元的上海精发实业股份有限公司可降解新材料及制品项目、总投资5.16亿元的中海泰州特种油科技有限公司高端白油提质增效项目等。新签约重大项目还有总投资5.5亿元的泰州台铝环境科技有限公司铝型材材料综合利用项目、总投资5亿元的江苏跃飞吸音材料有限责任公司新型吸音材料项目、总投资3000万美元的泰州市三定新材料科技有限公司特种新材料项目等。新签约项目包括高端润滑油和新材料产业项目20个。新开工项目11个，投资总额32.9亿元；其中，“三比一提升”项目5个，包括泰州千石倡新材料科技有限公司年产240万吨光伏新材料项目，泰州杨湾海螺水泥有限责任公司1号、2号水泥磨技改项目，江苏跃飞吸音材料有限责任公司新型车用吸音材料制品项目，江苏海阳锦纶新材料有限公司原位聚合切片及高性能锦纶帘子布项目，中海泰州特种油科技有限公司高端白油提质增效项目。新开工项目还有江苏海思丹德新材料科技有限公司高分子复合材料项目、泰州康福美医疗器材有限公司医用包装材料项目、哈工宁伯医疗科技泰州有限公司高端生物医学陶瓷材料生产项目等。新竣工项目3个，均为“三比一提升”项目，总投资15亿元，包括泰州金泰环保热电有限公司年产70万立方米新型建材项目、泰州金马建设工程有限公司新型建筑材料项目、江苏高泓新

化学新材料产业园区沿江码头　　区党工委（区委）宣传和统战部　供图

材料有限公司年产1万吨可降解材料项目。

【主导产业】 化学新材料产业园区主导产业为石化及新材料产业，重点企业包括中海油气（泰州）石化有限公司、江苏海阳锦纶新材料有限公司、中海泰州特种油科技有限公司、江苏海慈生物药业有限公司等近20个。2022年，园区石化及新材料产业实现工业总产值390亿元，占园区规模以上工业总产值的93.41%。依托龙头企业中海油气（泰州）石化有限公司重点发展高端润滑油，初步夯实润滑油产业基础。中海油气（泰州）石化有限公司润滑油系列产品被央企、国企及大型终端企业广泛采用，在电力用油、内燃机油/工业油、基础油、化工工艺用油4个用油方向实现快速突破，全年销售量64.64万吨；电力用油抢占高端变压器油市场，成为与“昆仑”牌变压器油齐名的品牌；内燃机油/工业油与全国众多知名企业达成商业战略合作协议；开发全系列基础油产品，可以稳定供应高品质基础油产品；与知名企业和科研机构联合研究开发推广食品级白油（疫苗白油）、PS白油、SEBS白油等高端产品，并制定企业专属标准，是当前国内唯一有条件全面替代进口的生产企业。

【科技创新】 2022年，化学新材料产业园区完成科技型中小企业入库登记34个、国家高新技术企业申报10个，规模以上企业有研发活动企业数达到100%，技术合同登记102件、登记额9.45亿元；发明专利拥有量133件，高维持专利拥有量11件。新增省级智能工厂1个；新增省级工业互联网标杆工厂3个；新增5G全连接工厂1个。申报海外引才计划5人，其中“启明计划”4人、“火炬计划”1人；入选市级“双创”人才计划1人、市“113”人才计划1人。承办2022年中国（泰州）复合新材料应用技术高峰论坛，向8名院士、专家颁发科技顾问聘书。指导企业参加“创响江苏”创新创业大赛，泰州颖创新材料科技有限公司和泰州屹飞新材料科技有限公司分获二、三等奖。

【安全生产】 2022年，化学新材料产业园区持续深化安全生产专项整治三年行动，推进安全生产百日攻坚、安全生产大检查等专项行动。落实党工委领导班子成员安全生产责任制，党工委理论学习中心组专题学习安全生产3次，开展领导干部安全生产宣讲14场次，约谈企业8个次，党政主要负责人挂钩化解重大风险隐患3项。推进安全风险等级评估复核整改，完成整改任务44项。发布数据监测报告6期，预警重大危险源6620次，处置危化品车辆入园违规行使、停放899次。开展综合性应急演练1次，行业领域专项演练5次。

【生态建设】 2022年，化学新材料产业园区生态环境形势平稳，辖区未发生环境污染事件。围绕生态环境质量改善目标，推进大气、水、土壤污染防治。全年完成第二轮中央生态环保督察交办的信访整改事项2项，污染物排放限值限量监测监控系统建成投运，完成化工园区地下水环境调查评估，区域规划环评报送省生态环境厅受理，完成突发水污染事件三级防控体系建设方案编制；开展大气污染防治百日攻坚行动和环境质量“提质增优”专项行动，推进工业园区水污染整治，深化危险废物安全专项整治。入选全国首批清洁生产审核创新试点项目。

【"海疆1号"新品润滑油上市】 8月30日，"海疆1号"新品润滑油正式上市。"海疆"润滑油为中国海油自主润滑油品牌，以中国渤海、南海的深海原油为原料，在生产工艺、产品配方、质量体系等方面均达国际先进水平。"海疆1号"润滑油采用全合成油与国际高端添加剂调配而成，使发动机爆震更少、积碳更少、动力更强、油耗更低，能有效延长发动机使用寿命。中海油气（泰州）石化有限公司是"海疆"润滑油唯一生产企业。

【盛虹新型储能电池及系统集成项目签约】 12月15日，盛虹新型储能电池及系统集成项目签约落户化学新材料产业园区。项目计划总投资120亿元，其中一期项目投资约30亿元。该项目依托盛虹控股集团新能源新材料全产业链优势和先进技术，建设盛虹控股集团储能领域基地。盛虹控股集团是民营经济龙头企业，2022年居"世界500强"第241位、"中国企业500强"第76位、"中国民营制造业500强"第9位。

（吴　俊）

电子信息产业园区

【概况】 电子信息产业园区管理机构为泰州医药高新区（高港区）电子信息产业园管理办公室［挂泰州医药高新区（高港区）综合保税区管理办公室牌子］。2022年，电子信息产业园区完成地区生产总值129.58亿元，比上年增长3.47%；规模以上工业总产值322.94亿元，增长0.1%；一般公共预算收入13.84亿元，增长16.6%；固定资产投资88.5亿元，其中工业投资57.3亿元；实际利用外资和港澳台资1.32亿美元，增长46.7%；进出口总额10.5亿美元；完成限额以上贸易额124.58亿元。拥有规模以上工业企业96个，规模以上服务业企业45个，工业战略新兴产业企业36个。

【项目建设】 2022年，电子信息产业园区新签约1亿元以上项目52个。新开工1亿元以上项目4个，其中5亿元或3000万美元以上开工项目4个，计划总投资42亿元；认定5亿元或3000万美元以上竣工项目2个，实际完成投资55亿元。蓝思精密（泰州）有限公司一园、二园及BGA智能化组装车间项目开工建设，三园项目竣工投产。

【主导产业】 电子信息产业　2022年，电子信息产业园区依托蓝思精密（泰州）有限公司、巨腾电子科技（泰州）有限公司等重点企业，延伸电子信息产业链。重点围绕电子产品防护零部件、高端显示、半导体制造装备、医疗电子等开展共性关键技术攻关。蓝思精密（泰州）有限公司［含蓝思旺精密（泰州）有限公司］、巨腾电子科技（泰州）有限公司、纬创资通（泰州）有限公司等电子信息产业企业累计完成工业产值210亿元，占园区规模以上工业总产值的65%。

高端装备制造产业　依托国家火炬泰州医药高新区智能电力装备制造特色产业基地，综合运用要素供应、政策引导、以才引资等方式，发展高端装备制造产业。重点发展新型电力装备中的储能设备、输变电成套设备，大健康领域的制药、医疗、康养装备，新能源汽车关键零部件。代表企业有江苏平高泰事达电气有限公司、江苏安方电力科技有限公司、泰州新源电工器材有限公司、泰州神舟传动科技有限公司、泰州市航宇电器有限公司等。

现代服务业　加快泰州综合保税区转型升级，提升外贸综合服务水平，重点推进现代物流、跨境电商、网购保税进口产业发展。优化泰州国际汽车城产业布局，发展汽车市场服务产业，建成全国二手车交易服务平台。2022年，园区完成现代服务业产值157.26亿元。

【科技创新】 2022年，电子信息产业园区入库科技型中小企业86个，申报高新技术企业30个，有效发明专利拥有量204件，研发投入5.65亿元。获批国家级专精特新"小巨人"企业4个（泰州神舟传动科技有限公司、泰州市航宇电器有限公

电子信息产业园区　　　　　　电子信息产业园区　供图

司、泰州新源电工器材有限公司、泰州润元户外用品股份有限公司)、省级专精特新企业5个、市级专精特新企业6个。唐泽交通器材(泰州)有限公司等企业的5个产品通过省级新产品鉴定。泰州神舟传动科技有限公司、唐泽交通器材(泰州)有限公司通过省级工程技术研究中心验收。

【土地盘活】 2022年,电子信息产业园区加快"五未"土地出清、小散乱污企业拆除以及低效用地清理。完成青年公寓三期地块4个企业拆除工作,推进江苏三星机械制造有限公司及周边近20个企业拆迁,全年盘活提升低效闲置工业用地33.3公顷。泰州华德纺织品有限公司,永定西路南侧、吴陵南路西侧地块,青年公寓三期,泰州大道西侧、祥龙路南侧4宗地块共34.59公顷上市。

【营商环境优化】 2022年,电子信息产业园区在新冠疫情防控期间办理货车通行证1.2万张。成立服务专班,开展"点对点"送工服务。至10月,协助重点企业招工11.11万人次。其中,蓝思精密(泰州)有限公司9.7万人,巨腾电子科技(泰州)有限公司1.05万人,纬创资通(泰州)有限公司3600人。开展营商环境百日攻坚行动,走访企业400余个,自查自纠问题7条。

【生态建设】 2022年,电子信息产业园区围绕污染防治攻坚战目标任务清单,以留学生创业园为中心全面开展排查,制定"一企一策",推进环境治理。关停或搬迁涉气企业4个,完成企业废气处理设施提升改造12个。按时完成限值限量监测平台建设工作,建设上下风向标准站及VOCs站2套、空气微站30套、水质自动站1套。园区$PM_{2.5}$平均浓度为29.9微克/立方米,环境空气优良天数比率为74.7%,南官河祥和大桥国考断面水质达标率100%。

【安全生产】 2022年,电子信息产业园区推进安全生产"三年大灶""百日攻坚""大干四十天、护航二十大"等专项整治,工贸行业、建筑施工、城镇燃气等领域累计排查问题隐患2048条,完成整改1986条,整改率97%。 (周剑锋)

高端装备制造产业园区

【概况】 高端装备制造产业园区依托江苏泰州港经济开发区发展相关产业,其管理机构为江苏泰州港经济开发区管理办公室。2022年,高端装备制造产业园区实现地区生产总值105.81亿元,比上年增长5.88%;征收期工业一般纳税人开票销售300亿元,增长17%;工业净入库税收7.5亿元,增长58.5%;一般公共预算收入5.76亿元,增长28.6%。实际利用外资和港澳台资1.06亿美元。获批国家火炬新能源汽车及零部件特色产业基地,获评2022年度江苏省"互联网+先进制造业"特色产业基地、2022年度江苏省知识产权建设示范(园区)。 (张 曼)

【项目建设】 2022年,高端装备制造产业园区新签约1亿元以上项目69个。其中,5亿元以上17个,3000万美元以上4个,包括江苏锦竹新材料有限公司高性能纤维新材料项目,江苏宝锐汽车部件有限公司汽车冲压、焊接件总成项目,深圳市深国际物流发展有限公司智慧供应链产业园项目,江苏苏萨食品有限公司植物蛋白饮料项目,江苏辰烜消防科技有限公司智能消防装备项目,江苏恒川新材料有限公司高强超轻新材料项目,长城智能科技有限公司汽车零部件智造产业园项目等。新开工5亿元或3000万美元以上项目7个,包括总投资10.5亿元的泰州领航智能科技有限公司长城智造产业园一期项目,总投资5.6亿元的泰州宝锐汽车科技有限公司汽车冲压、焊接件总成项目,总投资5.1亿元的精诚工科汽车零部件(泰州)有限公司汽车底盘项目,总投资5亿元的享运物流科技(泰州)有限公司物流KD工厂项目,总投资5亿元的泰州爱港置业有限公司长城汽车科技产业园商业中心项目,总投资5亿元的江苏恒川新材料有限公司高性能吊装带、汽车内饰件项

长城汽车股份有限公司泰州分公司 高端装备制造产业园区 供图

目，总投资9000万美元的深圳市深国际物流发展有限公司智慧供应链产业园项目。新竣工5亿元或3000万美元以上项目8个，包括总投资10.05亿元的曼德汽车零部件（泰州）有限公司汽车线束和汽车空调总成、汽车冷却模块项目，总投资5.3亿元的长城汽车股份有限公司泰州分公司二期扩能项目，总投资5.2亿元的曼德光电（泰州）有限公司汽车灯具部件产品项目，总投资5亿元的泰州市华强照明器材有限公司汽车灯具项目，总投资5亿元的泰州润杰物流安全装备科技有限公司航空安全紧固器项目，总投资5亿元的蜂巢能源科技有限公司泰州分公司汽车通信用5G电路板项目，总投资5亿元的明发集团泰州房地产开发有限公司高港铂金商业中心项目，总投资3000万美元的泰州大自然家居有限公司橱衣柜及橱衣柜生产线智能化技术改造项目。（程　雯）

【主导产业】 2022年，高端装备制造产业园区汽车整车产量突破15万辆，汽车及零部件产业完成产值213.91亿元，比上年增长33.01%。长城汽车股份有限公司泰州分公司二期扩能项目投产，全年实现产值159亿元，增长39%。精诚工科汽车零部件（泰州）有限公司、诺博汽车零部件（泰州）有限公司、曼德光电（泰州）有限公司等新竣工投产的核心零部件企业年产值均超5亿元。华润雪花啤酒（泰州）有限公司、泰州统实企业有限公司、统之幸食品（江苏）有限公司、江苏苏萨食品有限公司等食品企业实现产值27.85亿元，增长2.77%。（张　曼）

【科技创新与转型升级】 2022年，高端装备制造产业园区加快制造业企业“智改数转”，创成省级智能车间2个、专精特新企业7个、两化融合贯标企业5个，省级企业技术中心和工程技术研究中心各1个。创成省级“互联网+先进制造业”特色产业基地。加大创新型企业培育力度，净增高新技术企业10个；获批省级“潜在独角兽”企业1个、市级科技“瞪羚”企业4个；规模以上工业企业研发投入5亿元，研发经费支出占地区生产总值的4.7%。实现国家重点研发计划项目、国家级海外人才的零突破。创成国家火炬新能源汽车及零部件特色产业基地。长城汽车股份有限公司泰州分公司“长城汽车5G+整车试车创新实践项目”获第五届“绽放杯”5G应用征集大赛江苏区域赛一等奖。（唐　彪）

【基础设施建设】 2022年，高端装备制造产业园区加快推进基础设施建设，富民嘉苑等一批民生工程完成主体施工。中小企业集约区标准厂房、华创电子信息产业园等城建项目投入使用。完成江苏苏萨食品有限公司二期、长城智造产业园、深圳市深国际物流发展有限公司智慧供应链产业园等重点项目的“九通一平”工作，保障重点项目开工建设。（张远沉）

【生态建设】 2022年，高端装备制造产业园区推进绿色发展，编制完成《江苏泰州港经济开发区开发建设规划（2021—2035）环境影响报告书》，通过省生态环境厅专家审查会审查并取得批复。完成27座微型空气监测站建设，并与省生态环境厅联网。组织环保专家对42个重点排污企业开展突出环境问题深度排查，所有问题均落实整改措施。（陈　鹭）

【安全生产】 2022年，高端装备制造产业园区核查验收涉炉、涉化、有限空间作业企业38个，组织粉尘涉爆重点企业安全生产培训11次。推进安全生产大检查及百日攻坚行动，排查隐患352条，全部完成整改。组织专项检查6次，督查企业168个次，排查整改隐患724条。推进小型消防站建设，聘请第三方机构作为“安全管家”。配合国务院安委会督导和省、市、区安全生产督导考核巡查工作，反馈的9个问题均整改到位。（智立安）

【全省首个汽车产业联盟党委成立】 5月31日，泰州医药高新区（高港区）汽车产业联盟党委成立仪式暨首期汽车产业发展高端论坛在长城汽车股份有限公司泰州分公司举行。汽车产业联盟共有区内外汽车产业链上下游企业、政府部门、科研机构、高等院校、金融企业、群团组织等联盟单位54个。首期汽车产业发展高端论坛围绕“新能源汽车产业链破局之道”进行交流。活动现场，举办线上线下签约仪式，高端装备制造产业园区与中国电子信息产业发展研究院规划所签订战略合作协议，与南京理工大学泰州科技学院、泰州职业技术学院签署联动培育产业技能人才协议，与江苏宝锐汽车部件有限公司、保定市长城智能科技有限公司、泰州市健新智造科技有限公司、泰州恩克斯汽车配件有限公司、河北茂重汽车零配件有限公司签署总投资25亿元的项目合作协议。11月，汽车产业联盟党委出台培育扶持产业技能工人“八条措施”，包括开展“学历+技能”双提升工程、推行“企校双师联合培养”新型学徒制、打造区域性技能提升实训基地、举办“兴企有我”职业技能竞赛、实施产业技能工人“礼遇”行动等内容，对产业技能工人培育给予政策支持，最高可给予培育单位（企业）50万元的资金奖补。（张　曼）

【国家火炬新能源汽车及零部件特色产业基地】 9月19日，科技部火炬高技术产业开发中心核定37个国家火炬特色产业基地，泰州高港新能源汽车及零部件特色产业基地成功获批。在龙头企业长城汽车股份有限公司泰州分公司带动下，泰州高港新能源汽车及零部件特色产业基地共集聚新能源汽车及零部件产业企业50余个，总投资超130亿元。（唐 彪）

【江苏省知识产权建设示范（园区）】12月28日，江苏省知识产权局发布2022年度江苏省知识产权建设示范（县域、园区）评定结果公示，高端装备制造产业园区获批江苏省知识产权建设示范（园区）。园区实施知识产权战略，优化知识产权创造、保护、运用、管理和服务工作体系，健全知识产权工作机制，推动知识产权与科技创新、产业发展深度融合。每万人发明专利拥有量103.04件，建成省级高价值专利培育示范中心1个、市级高价值专利培育示范中心3个，累计获得中国专利奖2项，江苏省专利奖6项。曾获评国家知识产权试点园区、江苏省知识产权示范园区、江苏省版权示范园区。（唐 彪）

港口物流产业园区

【概况】 港口物流产业园区管理机构为泰州医药高新区（高港区）港口物流产业园管理办公室。2022年，港口物流产业园区实现地区生产总值144.9亿元，一般公共预算收入4.35亿元，全社会固定资产投资84.54亿元，工业企业一般纳税人开票销售384.78亿元，高新技术产业产值36.04亿元。协议利用外资和港澳台资6760万美元，实际到账1028万美元。自营进出口总额14亿美元，其中进口11.91亿美元、出口2.09亿美元。

【项目建设】 2022年，港口物流产业园区新签约1亿元以上项目40个，其中5亿元及3000万美元以上项目14个。新开工项目7个，其中5亿元以上项目4个，分别为总投资6.5亿元的粮食交易中心项目、总投资5.5亿元的扬子江药业集团江苏海济药业有限公司年产20吨依帕司他API项目、总投资5.05亿元的泰州益嘉物流有限公司粮油产业链运输配套产业化项目、总投资5亿元的国家能源集团泰州发电有限公司50万吨碳捕集与资源化能源化利用技术研究及示范项目。新竣工5亿元以上项目4个，分别为总投资10.9亿元的扬子江药业集团江苏龙凤堂中药有限公司龙凤堂五期中药项目、总投资10.8亿元的龙凤堂中药FDA多功能智能化厂房项目、总投资10亿元的龙凤堂三期保健品项目、总投资5亿元的米柯乳业（江苏）有限公司乳制品及饮料项目。

【主导产业】 *临港产业* 布局在疏港公路以西、长江以东，面积约8平方千米，规划发展现代服务业、粮油食品产业和临港制造业。其中，现代服务业依托已开发的6.87千米岸线资源，重点打造千亿级的粮油、化工油品、区域大宗商品供应链“三大交易中心”，集聚江苏海企化工仓储股份有限公司、泰州国际集装箱码头有限公司、泰州永安港务有限公司、江苏港瑞供应链管理有限公司、泰州益嘉物流有限公司等企业，形成具有港口特色的总部经济格局。粮油食品产业片区依托全国进境粮食指定口岸泰州港，集聚益海（泰州）粮油工业有限公司、江苏汇福蛋白科技有限公司、泰州正大饲料有限公司等粮油深加工企业，以及丸庄益海嘉里（泰州）食品工业有限公司、丰益生物科技（江苏）有限公司等高附加值企业。装备制造业依托泰州三福船舶工程有限公司等重工装备企业，形成集“造、修、拆、航运”一体化的产业链条。

医药原料药产业 布局在疏港公路以东、古马干河以南、马甸界以西、同兴路以北，面积约4.64平方千米，规划作为扬子江药业集团中药、化学药、生物药、保健品生产基地及原料药集中生产基地。扬子江片区集聚扬子江药业集团江苏龙凤堂中药有限公司、圣森生物制药有限公司、扬子江药业集团江苏海济药业有限公司等企业，形成“中药及保健品+化学药+生物药”三药并举的格局。原高永化工园区依托富彤化学有限公司等企业，打造化学药原料药、生物药原料药和中药原料药生产基地。

智能制造产业 布局在高港大道以东、创园路以西、古马干河以北、马永路以南，面积约1.2平方千米，规划发展以新材料、汽车零部件为主的智能制造产业。重点推进新能源汽车产业强链补链延链，吸引汽车零部件优势企业落户，打造智能装备企业库。中小企业产业园集聚以氟塑料制品、轻工制造业等产业为主的企业30个，标准厂房区集聚以汽车零部件配套、5G天线罩等产业为主的企业近30个。

【科技创新】 2022年，港口物流产业园区新增发明授权专利55件。完成中小型科技企业入库备案83个。江苏瑞畅复合材料有限公司、江苏智慧优视电子科技有限公司、泰州润骐防务科技有限公司、恒达亲水胶体泰州有限公司、泰州市天润合成化工有限公司、江苏耐特尔绳带有限公司、江苏安氟龙科技有限公司、江苏福缘达热工科技有限公司、泰州市亚星塑业有限公司、泰州市光明电子材料有限公司、泰州市金驰电力设备有限公司、泰州三福船舶工程有限公司、泰州市宏泰电力设备有限公司、泰州市季氟隆塑胶制品有限公司、泰州市宏博节能环保科技有限公司、泰州祥云软件开发有限公司、江苏永胜海洋工程有限公司17个企业被认定为省高新技术企业。江苏百择高分子有限公司、江苏维特思无纺布有限公司、江苏中科爱码信自动化技术有限公司、江苏省瑞丰高分子材料有限公司、泰州禾智住宅系统设备有限公司5个企业被认定为泰州市高新技术企业。新认定国家级5G智慧工厂1个（国家能源集团泰州发电有限公司），省级互联网标杆工厂1个（扬子江药业集团江苏龙凤堂中药有限公司），省级工程技术研究中心2个（国家能源集团泰州发电有限公司、恒达亲水胶体泰州有限公司）；获批市级以上科技支撑计划5个（泰州市宏泰电力设备有限公司、江苏中科爱码信自动化技术有限公司、泰州市旺灵绝缘材料厂、泰州市光明电子材料有限公司、江苏福缘达热工科技有限公司）；获批市级孵育计划项目4个（泰州市旺灵绝缘材料厂、泰州市光明电子材料有限公司、泰州市宏泰电力设备有限公司、江苏福缘达热工科技有限公司）。

【服务业】 2022年，港口物流产业园区完成服务业增加值68.63亿元，比上年增长10.3%，服务业增加值占地区生产总值的47.36%，增加0.94个百分点。完成服务业产业投资13.25亿元；完成限额以上批零住餐销售总额354.68亿元，增长3.2%；限额以上消费品零售总额3.63亿元。全年新培育规模以上服务业企业12个、限额以上批零住餐企业8个。

【港口建设】 2022年，泰州国际集装箱码头完成吞吐量32.69万标准箱，比上年增长2.1%；完成集装箱业务收入7061万元，增长4.26%。国家能源集团泰州发电有限公司综合码头改扩建、泰州国际集装箱码头三期项目取得航道通航安全评价，泰州永益港务有限公司码头初步设计方案通过专家审查，泰州永安港务有限公司改建项目完成水下施工，泰州港综合提升三期项目通过竣工验收。高港综合物流园获评省物流行业先进集体，国家级示范物流园区创建通过省级评审。

（蒋　颖）

港口物流产业园区　　　　永安洲镇　供图

主导产业

大健康产业

【概况】泰州医药高新区（高港区）大健康产业主要包括医药产业和粮油食品产业，在五大功能园区均有布局。医药产业代表企业有扬子江药业集团、阿斯利康药业（中国）有限公司、江苏硕世生物科技股份有限公司、江苏瑞科生物技术股份有限公司、江苏康为世纪生物科技股份有限公司、江苏金迪克生物技术股份有限公司等。粮油食品产业代表企业有益海（泰州）粮油工业有限公司、江苏汇福蛋白科技有限公司、泰州统实企业有限公司、华润雪花啤酒（泰州）有限公司、江苏苏萨食品有限公司、统之幸食品（江苏）有限公司等。2022年，全区大健康产业实现产值1024.36亿元、利润142.34亿元，比上年分别增长15.8%、41.5%，有规模以上企业104个。参与推动泰州、连云港、无锡生物医药集群参加全国第三轮先进制造业集群决赛，入围优胜榜单。

（孙　骁）

延伸阅读：泰州、连云港、无锡生物医药集群

泰州拥有部省共建中国医药城机制，集聚扬子江药业、瑞科生物、雀巢健康、硕世生物等知名企业，是全国规模最大、产业链最完整的医药类产业园区，形成化学药、生物制品（疫苗+抗体等）、诊断试剂、现代中药、特医配方食品等主导产业和特色产业，疫苗产业集聚度全国最高。还拥有“三个全国唯一”：全国唯一的长江经济带大健康发展试点，全国唯一的新型疫苗及特异性诊断试剂产业集聚发展试点，全国唯一的国家级金融支持升级改革试点。

连云港拥有恒瑞医药、豪森药业、正大天晴、康缘药业等龙头企业，在新型抗肝病及抗肿瘤药物、新型中药及制剂、药用包装材料等新医药领域形成显著的技术和产业优势。

无锡集聚费森尤斯卡比华瑞制药、天江药业等龙头骨干企业，在药物设计、临床试验、CXO（如CRO、CDMO）等领域，具备全球竞争力。阿斯利康、药明康德在泰州、无锡都有产业布局。

集群产业基础雄厚。拥有医药企业3199个，规模以上企业498个。至2021年年末，集群医药企业工业产值3040亿元，占全国该产业总产值比重约9.02%，占江苏省近50%。2021年，集群新增亿元以上投资项目66个，投资总额达559.7亿元。

集群企业实力强劲。拥有国家级制造业单项冠军企业1个、全球品牌药企2个、中国医药研发产品线最佳工业企业榜企业4个、中国医药工业百强榜企业7个、国家专精特新“小巨人”企业9个、上市挂牌企业41个、高新技术企业301个。

集群产品优势突出。年销售收入超过10亿元的大品种共计32个。拥有疫苗企业14个，江苏省已经量产的9个疫苗企业中有6个集中在集群。

集群创新体系完备。2021年，集群研发投入310亿元，占销售收入的10.2%，新增授权发明专利863件。集群内搭建包括分子设计、小试与中试、临床前、临床、规模生产、销售等全产业链的支撑体系。建有特色公共服务平台42个，其中省级以上33个，建有国家级重点实验室和企业技术中心等创新载体52个。

【扬子江药业集团】创建于1971年，是跨地区、产学研相结合、科工贸一体化的大型医药企业集团，是科技部命名的全国首批创新型企业。总部位于泰州医药高新区（高港区），有员工1.6万余人，旗下20余个成员公司分布于泰州市、北京市、上海市、南京市、广州市、成都市、苏州市、常州市等地。2022年，扬子江药业集团再次名列全国工商联2021年度中国医药制造业百强榜第1名，位列2022江苏民营企业200强榜单第17名。实现全国医药行业QC成果评比一等奖总数“十八连冠”，获得欧洲质量管理基金会全球奖。被省委、省政府评为

"江苏制造突出贡献奖"优秀企业。在国家第七批带量采购中，集团中选12个品种，在前七批集采中，累计中选43个品种。药物警戒系统成功上线，受到国家和省不良反应监测中心表彰。

药品研发　建成4个创新药基础研发平台，推动靶向诱导蛋白降解联合体（PROTAC）、抗体药物偶联物（ADC）等新技术平台搭建。与复旦大学签订合作共建国家重点实验室协议，与江苏瑞科生物技术股份有限公司签署战略合作协议。通过"自研+合作+引进"的方式，优化创新药研发管线，多款创新药处于申请临床及以上阶段。聚焦改良型新药和高端制剂品种开发，获得首个改良药临床批件（YZJT-1705注射液），多个高端制剂达到关键节点。仿制药申报保持领先，全年35个品种获批生产并视同过评，其中7个品种为首家获批。在胃病领域再获中成药名方"健脾清化方"，为集团补充非糜烂性反流病用药的重磅品种。清肠温中片获批临床，多个项目到达关键节点。

质量管理　实施《集团化质量管理工作"十四五"规划》，确立四大质量目标、18项主要任务。推进质量管理体系改革，对各工厂实行"实线管理"，将质量管理向工厂前后两端延伸，加强药品全生命周期、生产全过程质量管理。出版"21世纪中国质量管理最佳实践"系列丛书《扬子江药业质量风险管控模式》。3月、9月，开展第四十七次、第四十八次"质量月"活动。10月26—28日，由中国医药质量管理协会主办的第43次全国医药行业质量管理（QC）小组成果发表交流会在云南省昆明市举办，全国185个医药企业787个QC小组参与。扬子江药业集团选派参赛的105个QC课题全部摘得一等奖及最佳发表奖，囊括11个小组第1名，实现全国医药行业QC成果一等奖总数"十八连冠"。10月27日，欧洲质量管理基金会（EFQM）在法国里昂举行现场颁奖典礼，扬子江药业集团有限公司获EFQM全球奖（五星级），成为2019年新版EFQM模型实施后全球首个获得该奖项的制药企业。获得EFQM全球奖为集团高品质产品进入欧洲市场奠定基础。

集团化管理　深化供给侧结构性改革，推动各工厂在优化整合中提质增效。生产体系优化组织架构，打造人才基地、文化阵地、管理标杆。针对各工厂管理存在差异性、评价标准不一的问题，生产运营部启动车间基础管理标准化工作，制定管理手册。统筹推进设备管理体系，加强设备全生命周期管理，保证生产车间各项工作顺利开展。扬子江药业集团有限公司推进产线融合与标准化建设；以冻干产线为试点，打造"柔性生产"模式；组建专业化小组，建成首个自研多功能温湿度传感器和GMP体系软件，完成口服液2号车间码垛机器人新增规格编程并投入使用。上海海尼药业有限公司推进产业升级，打造产业园区规划，推进高端生物医药产业园和综合商业服务园项目建设，获评国家级绿色工厂、上海市绿色供应链。南京海陵药业有限公司仓库获批南京市栖霞区甲类仓库。江苏紫龙药业有限公司建成智慧园区综合管理平台，开展141项降本增效项目，获评国家高新技术企业。江苏龙凤堂中药有限公司的口服液1号车间日均产出提升至4800件，获评省级工业互联网示范工程项目（标杆工厂类）、省级中医药文化宣传教育基地、泰州市中医药健康旅游示范基地。广州海瑞药业有限公司获广东省制造业500强、广东省知识产权示范企业称号。江苏海岸药业有限公司获评省级企业技术中心、五星级上云企业。四川海蓉药业有限公司获评四川省专精特新"小巨人"企业。北京海燕药业有限公司推动增容规划项目，完成扬子江北京创新中心履约监管协议最终签订，获评北京市呼吸疾病工程技术研究中心。江苏海慈生物药业有限公司获批29个新品原料药，配齐"小试—中试—工艺验证—申报备案—落地上市"的产业链条，完善普药类、抗肿瘤类等产品管线，新建2个车间并投入使用。

服务社会　全年向全国各地捐款捐物4000余万元用于抗击新冠疫情，2020—2022年，集团及旗下子公司累计捐赠款物超2亿元。注

扬子江药业集团捐赠的防疫健康礼包

区党工委（区委）宣传和统战部　供图

阿斯利康药业（中国）有限公司 寺巷街道 供图

资200万元设立“镜人致兵”关爱基金会，启动该基金会首个公益项目“护佑老兵·健康‘心’行”。注资200万元设立泰州市“镜人励学”教育基金会。捐资800万元支持江苏省第二十届运动会，被评为泰州市江苏省第二十届运动会组织运行和备战参赛工作先进集体。9月5日，四川省甘孜藏族自治州泸定县发生6.8级地震，四川海蓉药业有限公司和成都海裕医药有限公司向灾区捐款捐物计240余万元。12月16日，集团为全区1318名空巢老人捐赠总价值20万元的防疫健康礼包。

（扬子江药业集团）

【江苏硕世生物科技股份有限公司】 成立于2010年4月，位于药城大道837号。2019年12月在上海证券交易所科创板上市，股票代码“688399”。主要从事体外诊断试剂、配套检测仪器等体外诊断产品的研发、生产和销售，并延伸至关键原材料、体外检测服务、互联网医疗等领域。有分公司1个、子公司8个，主要集中在疾病预防控制、肿瘤诊断、优生优育、女性健康等领域。共有600余种产品，其中新型冠状病毒2019-nCoV核酸检测试剂盒（荧光PCR法）、人乳头瘤病毒核酸分型检测试剂盒（荧光PCR法）、全自动核酸提取仪（SSNP-9600A）为主导产品。2022年，猴痘病毒核酸检测试剂盒获得欧盟CE准入资质，出口全球50余个国家和地区。完成业务收入55.6亿元，实现利润18.7亿元。

（许文欣）

【阿斯利康药业（中国）有限公司】 成立于2011年6月，注册资本8.8亿元，位于药城大道9号。总投资超3亿美元，2014年9月投产供货中国市场，2017年7月开始供货欧洲市场，2021年增资2700万美元新建达格列净（安达唐）固体制剂生产线。主要产品为倍他乐克、波依定、帮备及可定。有员工260余人。2015—2022年，累计供货中国市场超200亿片药品。2022年，实现产值近30亿元，入库税收1.7亿元。

（许文欣）

【扬子江药业集团江苏龙凤堂中药有限公司】 成立于2013年，位于永安洲镇龙凤堂西路9号，占地面积29.68万平方米，有员工1200余人，从事中药材种植、中成药生产、质检、研发、销售及物流等经营业务。主要产品有胃苏颗粒、荜铃胃痛颗粒、蓝芩口服液、黄芪精口服液、神曲消食口服液等。建有中药整体物流系统、机器人投料系统和生产执行系统。获批工业和信息化部儿童专用中药新药神曲消食口服液的产业化项目、中药流程制造智能工厂新模式应用项目。引入国家发展改革委中药质量安全检测及全过程溯源公共服务平台。有260余个品种、600余个规格的产品上市。2022年，实现开票销售20.21亿元，入库税收2.64亿元。获批省级工业互联网标杆工厂。

（孙 骁 蒋 颖）

【雀巢健康科学（中国）有限公司】 成立于2013年1月，位于药城大道359号，注册资本3264万美元，由瑞士雀巢健康科学有限公司投资成立，是雀巢集团在亚太地区设立的第一个液态特医食品生产基地、全国首个特医全营养配方食品液体制剂工厂。占地面积13.33万平方米，投资超10亿元。2019年7月，公司研发的液体特殊医学用途全营养配方食品“佳膳佳立畅”取得产品注册证，成为首款取得注册证的国产特殊医学用途全营养配方食品。2019年11月，雀巢健康科学中国产品创新中心在生物医药产业园区建成。2022年7月，公司研发的液态产品“速熠素”获全国首张特殊医学用途肿

瘤特定全营养配方食品注册证书。2022年，实现开票销售19.9亿元，入库税收2.8亿元。（许文欣）

【江苏海慈生物药业有限公司】 成立于2004年，位于沿江街道泰镇路8号，系扬子江药业集团全资子公司，集团化学原料药研发、中试和生产基地，产品主要服务集团制剂产品。占地面积30.67万平方米，总投资约13亿元。有35个品种通过新版GMP认证，40余个产品满足国外药典标准，28项产品获国家发明专利，30项产品获省级高新技术产品认定，获国际QC论文金奖5项、国内QC论文一等奖61项，多个产品在9个国家成功注册及销售，并填补国内市场空白，是目前国内唯一掌握枸橼酸他莫昔芬A晶型制备工艺的企业，建有国家企业技术中心分中心。2022年，实现产值16.09亿元、利润11.85亿元，上缴税金3.73亿元。（吴　俊）

【上海汇伦江苏药业有限公司】 成立于2010年，位于健康大道801号28幢，为上海汇伦生物科技有限公司全资子公司，从事创新药和仿制药的研发及技术服务。获得10余个产品的批准证书，并上市销售。2020年，公司研发的注射用西维来司他钠获批上市，为全球唯一适应证为急性肺损伤（ALI）、急性呼吸窘迫综合征（ARDS）的药物。2021年，研发的全国首款注射用左亚叶酸获批上市，用于肿瘤的临床治疗。2022年，实现产值10亿元、销售5.1亿元。（许文欣）

【江苏默乐生物科技股份有限公司】 成立于2008年5月，位于健康大道805号，以浙江大学为依托，从事分子生物体外诊断试剂的研发与生产。建有通过医疗器械质量管理体系（YYT 0287/ISO 13485）认证的诊断试剂生产体系。共有58个注册产品和200余个非注册产品。新冠疫情突发后，公司迅速开发出新冠病毒核酸检测产品，并不断推出迭代新冠检测方案。2022年，公司自主研发的幽门螺杆菌23SrRNA基因与gyrA基因突变检测试剂盒（荧光PCR法）获三类医疗器械注册证，成为国内首个幽门螺杆菌多重耐药检测产品。猴痘病毒核酸检测试剂盒获欧盟CE认证，出口法国等欧洲国家。2022年，实现产值8.9亿元、销售8.4亿元、利润1.8亿元。（许文欣）

【江苏金迪克生物技术股份有限公司】 成立于2008年12月，位于郁金路12号，注册资本8800万元，从事人用疫苗研发、生产、经营和服务。首期项目投资3.5亿元，建成四价流感病毒裂解疫苗、冻干人用狂犬病疫苗车间。2020年，投资8.45亿元建设四价流感疫苗二期产业化项目。公司产品管线覆盖流感、狂犬病、水痘、带状疱疹和肺炎5种传染性疾病的预防。2022年，实现产值8亿元、销售3.1亿元、利润4800万元。（许文欣）

【江苏勃林格殷格翰生物制品有限公司】 成立于2012年5月，位于祥泰路297号，注册资本5000万美元，占地面积12.07万平方米。主要从事动物疫苗生产，总投资8500万欧元。主要产品为兽用疫苗产品，有“蓝福莱”及“菌伪净”2个猪用疫苗取得生产批文，并于2019年投产。2022年，实现产值6.4亿元、销售4.9亿元、利润1.1亿元。（许文欣）

【江苏康为世纪生物科技股份有限公司】 成立于2010年9月，位于药城大道1号，主要从事生物试剂、临床诊断试剂、医疗器械产品的研发与生产。占地面积近2万平方米，职工400余人，为国家高新技术企业、科技型中小企业、江苏省“瞪羚”企业、江苏省民营科技型企业。2022年10月25日，公司在上交所科创板上市。公司自主研发生产的幽门螺杆菌核酸检测试剂盒获国家药品监督管理局颁发的医疗器械注册证，系全国基于粪便样本幽门螺杆菌核酸检测首张三类注册证。2022年，实现产值3.3亿元、销售3.2亿元、利润1.1亿元。（许文欣）

【江苏瑞科生物技术股份有限公司】 成立于2012年5月，位于中国医药城疫苗工程中心，注册资本4.48亿元。建设蛋白工程、新型佐剂、免

2022年3月17日，扬子江药业集团与江苏瑞科生物技术股份有限公司举行战略合作签约仪式　　区党工委（区委）宣传和统战部　供图

疫评价等技术平台，布局重组新冠疫苗、九价宫颈癌疫苗、二价宫颈癌疫苗、重组带状疱疹疫苗等产品管线。核心产品重组HPV九价疫苗REC603处于三期临床试验阶段。2022年，公司在香港联交所主板上市，股票代码“02179.HK”，成为港股“HPV疫苗第一股”和“新型佐剂疫苗第一股”。与扬子江药业集团举行合作签约仪式，在产品研发、临床研究、全球商务扩展等领域开展合作。新佐剂重组蛋白新冠疫苗ReCOV获得国家药品监督管理局的临床试验批准。 （许文欣）

【江苏亚虹医药科技股份有限公司】 成立于2010年3月，位于药城大道1号，从事泌尿生殖系统肿瘤及其他重大疾病领域的创新药的研发与生产。产品管线包括辅助膀胱癌诊断或手术的显影剂类药物APL-1706，在抗肿瘤领域进入关键性/Ⅲ期临床试验的口服、可逆性MetAP2抑制剂APL-1202；用于非手术治疗宫颈高级别鳞状上皮内病变（HSIL）的光动力学药物器械组合产品PL-1702进入临床Ⅲ期研究阶段。2022年1月，在上交所科创板上市，股票代码“688176.SH”。 （许文欣）

【江苏邦士医疗科技有限公司】 成立于2013年，位于药城大道898号。产品广泛应用于耳鼻咽喉头颈外科、骨科、泌尿外科、神经外科、口腔颌面外科等。其中，等离子射频手术系统是公司主营产品，获得2020年省科学技术进步二等奖。等离子射频手术系统拥有3项发明专利和多项新型实用专利，具有精准、不碳化、出血少、疼痛轻、愈合快等特点。2022年，实现产值2.6亿元、销售2.6亿元、利润1.5亿元。 （许文欣）

【泰州鑫联诚润生物技术有限公司】 成立于2016年5月，位于刁铺街道民营工业园内。从事体外诊断（IVD）行业耗材的生产、制造。固定资产4000万元。占地面积1.5万平方米，其中车间面积5000平方米，拥有PCR实验室、化学实验室、微生物实验室。职工150人。有全自动化注塑机等设备20台（套）。主要产品包括深孔板、试剂瓶、保存管、PCR管、离心管、摇瓶、血清瓶、抽提管、细菌培养皿、滴瓶、移液器吸头、一次性使用取样器/采样器，兼营核酸提取仪、血液复苏仪、离心机、摇床、混匀仪、PCR工作站。产品出口美国、德国、英国、日本、韩国、澳大利亚、俄罗斯、比利时等国家。通过CE、GMP、FDA、ISO 13485等体系认证。2022年，实现产值1.12亿元、销售1.05亿元、利润260万元。 （孙　骁）

【江苏长泰药业有限公司】 成立于2010年，位于南坝塘路1号，从事呼吸道和精神类新药的研发和产业化。有液体制剂、固体制剂、微球、脂质体等高端制剂的研发及生产平台。有产品管线30余种，获2个药品批件并形成销售，治疗阿尔茨海默病的长效制剂产品盐酸美金刚缓释胶囊进入集采，治疗慢性阻塞性肺炎产品盐酸左沙丁胺醇吸入制剂进入医保。2022年，实现产值1.2亿元、销售6600万元。 （许文欣）

【华威特（江苏）生物制药有限公司】 成立于2011年，位于姜高大道409号，从事动物生物制品的研发、生产、销售和技术服务，是江苏省兽用生物制品工程实验室及泰州市动物疫苗基因工程技术研究中心依托单位。开发动物疫苗和诊断试剂产品30余种，制出没有免疫抑制的蓝耳病活疫苗和猪瘟/蓝耳二联活疫苗。获新兽药注册证书12项、临床批件19项、发明专利16项。上市产品15种，主要服务于国内大型养殖集团。2022年，实现产值1亿元、销售8500万元、利润1300万元。 （许文欣）

【瑞莱生物科技（江苏）有限公司】 成立于2010年，位于口泰路东侧、新阳路北侧，是美国ReLIA生物医疗诊断公司在中国的独资企业，注册资金300万美元，投资总额超过600万美元。主要从事体外诊断试剂，特别是即时检验技术（POCT）产品的研发、生产及销售，研制开发出具有自主知识产权的ReLIA多功能免疫检测系统和ReLIA免疫荧光检测系统。获得国家药品监督管理局颁发的医疗器械生产许可。2022年，实现产值1亿元、销售9600万元、利润3900万元。 （许文欣）

【石药集团中诺药业（泰州）有限公司】 成立于2011年8月，位于药城大道816号，注册资本1.7亿元，为石药集团全资子公司。占地面积11.55万平方米。定位为石药集团营销中心和生产基地，获批特殊医学用途配方食品1个、保健食品78种、食品11类和食品添加剂的生产许可1类。生产基地选用自动化设备，设有保健食品、食品固体制剂、软胶囊、口服液和特医食品等生产线。产品涵盖保健食品、功能性食品、特医食品、医疗器械、特色中药、创新药品等。年生产能力片剂30亿片、软胶囊10亿粒、胶囊5亿粒、粉剂10亿袋、口服液1亿支。2022年，实现产值8100万元、销售9700万元。 （许文欣）

【江苏耀海生物制药有限公司】 成立于2010年，位于健康大道801号27幢，从事微生物表达体系的医药外包服务，业务涵盖重组蛋白/多肽、重组质粒、纳米抗体、核酸药物、新型重组疫苗等。成功交付200余个项目，包括早期研究、IND新药临床申报、临床样品GMP生产和商业化生产。建设研发及生产基地2万平方米，包括符合GMP要求的微生物发酵和纯化生产线5条，不同剂型的制剂生产线2条及质量管理中

心，总发酵规模7500升。2022年，实现产值5700万元、销售1.1亿元。（许文欣）

【江苏中慧元通生物科技股份有限公司】 成立于2015年10月，位于杏林路32号，注册资本3.6亿元。从事人用创新型疫苗的研发、生产和销售。取得儿童四价流感病毒亚单位疫苗、成人四价流感病毒亚单位疫苗、重组带状疱疹疫苗、二十三价肺炎球菌多糖疫苗等新药临床批件。上海/泰州研发中心及中试平台多项病毒性疫苗、细菌性疫苗、结合疫苗、重组亚单位疫苗及mRNA疫苗管线同步推进。成人四价流感亚单位疫苗处于报产上市阶段，儿童四价流感亚单位疫苗开展三期临床；二十三价肺炎多糖疫苗完成一期临床试验。（许文欣）

【安若维他药业泰州有限公司】 成立于2018年1月，位于祥泰路196号，注册资本3500万美元，总投资1亿美元，是印度阿拉宾度制药公司全资子公司。主要从事药品固体制剂的生产和研发。项目按中国GMP、欧盟GMP及美国cGMP标准建设，建有质检研发综合楼、固体制剂生产车间、高架仓库等生产及辅助设施，年生产能力片剂100亿片、胶囊55亿粒。2021年9月取得中国药品生产许可证。（许文欣）

【江苏荃信生物医药股份有限公司】 成立于2015年6月，位于药城大道907号，注册资本2.1亿元。主要从事自免和过敏领域抗体药物的研发、产业化及商业拓展，形成10余个创新品种的产品管线，其中7个品种处于临床试验阶段，覆盖银屑病、特应性皮炎、强直性脊柱炎、炎症性肠病、系统性红斑狼疮、哮喘等疾病领域。获批国内外临床试验申请（IND）15个，5个一类生物药、2个二类生物药处于Ⅰ期至Ⅲ期的临床试验阶段。2022年，公司入选2022中国生物医药产业价值榜最具影响力抗体药企业20强、2022中国药品研发综合实力排行榜100强（第60位）及2022中国生物药研发实力排行榜50强（第20位）。（许文欣）

【鲲鱼健康药业江苏有限公司】 成立于2017年6月，位于泰州大道363号，注册资本3.4亿元，是以特殊医学用途配方食品与功能性保健食品研发、生产为主的技术型服务公司，大健康产业运营“一站式”解决方案提供商。先期建设6000平方米的透明工厂式智慧生产平台，覆盖常用口服固体剂型的生产需求。旗下的B端技术资源合作平台以突出产品力为核心，向大健康产业相关的技术研究单位、中小企业提供实验技术支持、技术申报、全项检测、商品化开发等技术服务，同时对接下游C端市场资源，培育产品市场价值。（许文欣）

【哈工宁伯医疗科技泰州有限公司】 成立于2020年，位于润江路29号，租用大健康新材料产业集聚区10号标准厂房三楼东半侧，面积约1500平方米。主要从事生物相容性高、热稳定性优、耐磨性强的高端生物陶瓷材料的研发、生产及销售。产品应用于牙齿修复、牙骨粉、骨修复、口腔科材料等领域。2022年，全瓷义齿用氧化锆瓷块及染色液获第二类医疗器械注册证。（吴　俊）

【江苏汇福蛋白科技有限公司】 成立于2014年3月，位于疏港北路西侧，系汇福粮油集团全资子公司，由饲料蛋白科技、油脂科技、粮食物流等公司组成。占地面积28.33万平方米，总投资30亿元。年加工大豆400万吨，年产饲料蛋白320万吨、食用植物油80万吨、膨化玉米100万吨、膨化大豆20万吨、生物肽30万吨。2022年，实现开票销售175.98亿元。（蒋　颖）

【益海（泰州）粮油工业有限公司】 成立于2006年12月，位于疏港北路1号，由新加坡丰益国际公司独资兴建，主要从事大豆、菜籽等农产品的加工、仓储及销售，是“金龙鱼”系列食用油的主要生产基地之一。公司有日处理大豆6000吨的榨油车间、日处理毛油1000吨的精炼车间、日罐装1250吨的小包装车间、日生产2600吨的大米车间等，配套建有内河及长江岸线码头，形

安若维他药业泰州有限公司　　区发展改革委　供图

统之幸食品(江苏)有限公司　　　　高端装备制造产业园区　供图

成集生产加工、贸易、中转于一体的粮油集散中心。2022年,实现开票销售105.08亿元。（蒋　颖）

【泰州统实企业有限公司】 成立于2012年3月,位于永平路301号,由台湾统一实业股份有限公司投资兴建。项目总投资2亿美元,注册资本3500万美元,占地面积18万平方米。主要生产"统一"牌海之言、冰红茶、低糖绿茶、鲜橙多、蜜桃多、冰糖雪梨、阿萨姆奶茶、伯爵奶茶等饮料和食品。2022年,实现开票销售6.8亿元,纳税4640万元。

（高端装备制造产业园区）

【统之幸食品(江苏)有限公司】 成立于2016年,位于永盛路29号。日商独资企业,注册资本8200万元。占地面积3.91万平方米。主要研发和生产食品调味料、食品用香精、方便菜肴等产品,是统一企业(中国)投资有限公司的战略合作伙伴及协同创新重要基地。食品香精的生产采用MES信息化管理系统,对投入原料的重量、批号、品名等信息自动识别、记录。方便菜肴生产系统采用日本东洋自动包装机、中国台湾水浴式高温高压杀菌釜、日本安立自动化重量选别机、金属探测机及X光机,实现产品全检。2022年,实现开票销售6.56亿元,入库税金1.1亿元。（孙　骁）

【华润雪花啤酒(泰州)有限公司】 成立于2011年1月,位于创新大道16号,由央企华润集团旗下华润啤酒有限公司投资兴建。总投资1亿美元,注册资本3000万美元,占地面积15.3万平方米,规划年产能40万吨。主要产品有雪花勇闯天涯、雪花干醇、雪花原汁麦、雪花纯鲜啤酒等,产品覆盖全国各地。2022年,实现开票销售4.9亿元,纳税5413万元,售出啤酒12万吨。

（高端装备制造产业园区）

【丰益生物科技(江苏)有限公司】 成立于2013年,位于疏港北路6号。总投资5000万美元,占地面积6万平方米。主要利用油籽精炼后的副产物为原料,引进国外超临界工艺生产天然维生素E和植物甾醇。为江苏省三星级上云企业。2022年,实现开票销售4.56亿元、利润8375.31万元,纳税总额227.85万元。

（蒋　颖）

【江苏苏萨食品有限公司】 成立于2014年10月,位于创新大道58号,注册资本1.5亿元,项目一期用地8万平方米,总投资6亿元。2016年10月建成投产,主要生产生榨椰子汁、果汁、果奶、汽水、运动饮料、苏打水、纯净水、乳酸菌等。2022年,新建二期工程,新增无菌冷灌装饮品生产线5条,年产能2000万箱。2022年,实现开票销售2.7亿元,纳税1054万元。

（高端装备制造产业园区）

【丸庄金龙鱼(泰州)食品工业有限公司】 成立于2015年,位于疏港北路18号。由新加坡丰益国际、台湾丸庄酱油联合兴建,总投资6000万美元,占地面积11万平方米。工厂整合双方在原料、技术及销售渠道等方面的优势,采用高盐稀态生产工艺酿造中高端黑豆酱油和豆麦酱油。2022年,实现营销收入1.33亿元,纳税总额383.92万元。

（蒋　颖）

高端装备制造产业

【概况】 泰州医药高新区(高港区)高端装备制造产业代表企业有长城汽车股份有限公司泰州分公司、泰州三福船舶工程有限公司、万向精工江苏有限公司、精诚工科汽车零部件(泰州)有限公司等,主要集聚于高端装备制造产业园区、电子信息产业园区和口岸街道。2022年,全区高端装备制造产业实现产值399.1亿元、利润7.39亿元,比上年分别增长6.1%、55.7%,有规模以上企业95个。（孙　骁）

【长城汽车股份有限公司泰州分公司】 位于通江东路666号,由保定市长城控股集团有限公司投资兴建。项目总投资48.6亿元,占地面积48.47万平方米,建筑面积21.6万平方米,规划年产能为20万辆整车。项目于2019年2月20日正式签约,11月11日开工建设,2020年

10月22日实现量产。引进德国、意大利、瑞典、日本等国家的先进生产设备2000余台（套），车间自动化率100%，具备多车型、多平台、柔性化共线生产能力。2022年，实现开票销售156.1亿元，售出整车13.5万台。

（高端装备制造产业园区）

【泰州三福船舶工程有限公司】 成立于1999年，是江苏省十大造船企业之一，分为口岸厂区和永安厂区，占地面积约250万平方米，拥有长江岸线超4千米。年造船总量近100万吨，可承接散货船、多用途船、油轮/化学品船、集装箱船、拖船、海洋工程船、铺管船、驳船的生产制造。曾获得国家两化融合贯标示范企业、江苏省高新技术企业、江苏省知识产权管理示范先进单位、江苏省工业设计示范企业等称号。拥有江苏省企业技术中心、江苏省工程技术研究中心、江苏省企业院士工作站等研发平台。获批发明专利6项、实用新型专利45项、软件著作权7项。2022年，实现营业收入65.17亿元。　（孙　骁）

【诺博汽车零部件（泰州）有限公司】 成立于2019年9月，位于通江东路666-2号，由诺博汽车系统有限公司投资兴建。项目总投资19亿元，占地面积9.73万平方米，总建筑面积6.06万平方米，拥有意大利OMMA辊胶机、德国亨内基发泡设备等进口设备603台（套）。2022年，实现开票销售15.7亿元，纳税3585万元。

（高端装备制造产业园区）

【精诚工科汽车零部件（泰州）有限公司】 成立于2019年9月，位于通江东路666-3号，由长城集团旗下全资子公司精诚工科汽车系统有限公司投资兴建。项目一期总投资15亿元，占地面积8.33万平方米，建筑面积9.2万平方米，主要生产汽车底盘、车身冲焊件等核心零部件产品。

曼德汽车零部件（泰州）有限公司生产线　区工业和科技创新局　供图

客户群体有长城、捷豹、路虎、特斯拉等汽车品牌。2022年12月3日，二期项目开工，总投资1亿元，占地面积1.8万平方米，建成后具备年产6万台（套）汽车底盘及排气系统能力。2022年，实现开票销售13.9亿元，纳税5028万元。

（高端装备制造产业园区）

【曼德汽车零部件（泰州）有限公司】 成立于2020年6月，位于新乔路66号，由长城汽车股份有限公司全资子公司曼德电子电器有限公司投资兴建。项目总投资17.4亿元，占地面积11.2万平方米，主要产品为光电系统、热系统及电气系统。其中，年产30万套汽车线束、30万套汽车空调项目总投资12.2亿元，占地面积6.7万平方米，先期租用中小企业集约区标准厂房4号厂房及蜂巢蔚领动力科技（江苏）有限公司厂房面积2.2万平方米；年产30万套汽车灯具项目，总投资5.2亿元，占地面积4.5万平方米，先期租用中小企业集约区标准厂房1号厂房面积1.05万平方米。2022年，实现开票销售9.03亿元，纳税1506万元。

（高端装备制造产业园区）

【万向精工江苏有限公司】 成立于2010年12月，位于永进路19号，由万向集团旗下上市公司万向钱潮股份有限公司投资兴建。占地面积13.3万平方米。“万向”轮毂轴承单元是国家级重点新产品，拥有自主知识产权和自主品牌，主要为奔驰、宝马、奥迪、大众、通用等汽车制造商配套，国内市场占有率30%，全球市场占有率8%。2022年，实现开票销售7.6亿元，纳税2077万元。

（高端装备制造产业园区）

【泰州苏中天线集团有限公司】 成立于1986年，位于江平东路1号，注册资金8880万元。主要从事汽车天线的研发、设计、生产、销售。曾获得江苏省高新技术企业、国家发展改革委汽车电子高技术产业化基地等称号，承担省、市科技成果转化资金资助项目。拥有江苏省级车载信息天线放大器智能生产车间，是江苏省首批五星级上云企业。主要产品为汽车天线，年产量2000万支。2022年，实现主营业务收入4.37亿元、利税9862万元。　（孙　骁）

【雅马哈动力机械（江苏）有限公司】 位于天虹路28号，成立于2010年11月，由日本雅马哈发动机动力机械株式会社投资设立，总投资1000万美元，注册资本500万美元。2016年6月，公司收购泰州雅马哈动力有限公司。公司合并后，总占地面积4万平方米，主要产品为发电机、吹雪机及通用发动机等。有通用发电机2千瓦定转子生产线1条、通用发电机6千瓦定转子生产线1条、变频发电机2千瓦定子生产线1条、通用发电机1～6千瓦组装线1条、变频发电机2千瓦组装线1条。2022年，实现产值3.65亿元、税收2321万元。（周剑锋）

【泰州神舟传动科技有限公司】 位于凤凰西路9号，成立于2002年7月。占地面积5.33万平方米，有员工140人，获得国家高新技术企业证书、江苏省企业信用贯标证书。建有锻造线、焊接线、机加工线、清洗线、前后桥装配线、喷涂线等车桥生产线，形成年产各种前、后桥15万套的生产能力，主要产品有145、153、457、485等系列单级桥，斯太尔、奔驰系列轮边减速桥，国产化日本五十铃8吨和10吨级前桥，拖拉机、起重机、搅拌车、泵车、矿用车等工程机械前、后桥系列产品桥等。2022年，实现产值1.84亿元、税收251万元。（周剑锋）

石化及新材料产业

【概况】 泰州医药高新区（高港区）石化及新材料产业代表企业有中海油气（泰州）石化有限公司、江苏海阳锦纶新材料有限公司、泰州市天润合成化工有限公司、富彤化学有限公司等，主要集聚于化学新材料产业园区、永安洲镇。2022年，全区石化及新材料产业实现产值417.39亿元，比上年增长42.1%，利润6.69亿元，有规模以上企业53个。（孙 骁）

【中海油气（泰州）石化有限公司】 位于海油路1号，2007年由中海石油炼化有限责任公司（中国海洋石油集团有限公司下属公司）收购江苏中海华东燃油化工有限公司后更名组建。2016年，公司投资102亿元的一体化项目（当时泰州市单体投资最大的项目）建成投产，成为全国唯一同时拥有环烷基和石蜡基润滑油加氢装置的炼油基地；2018年，吸收合并原中海沥青（泰州）有限责任公司和泰州东联化工有限公司，在海油系统内率先完成混合所有制改革。公司原（料）油加工能力720万吨/年，主要产品包括国Ⅴ柴油、润滑油基础油、甲乙酮、MTBE、溶剂油料、苯、甲苯、混合二甲苯、重芳烃、石油焦等，产品年产量约490万吨。公司拥有油品码头2座，分别为通江油品码头和东联油品码头，通江油品码头位于泰州港高港港区高港作业区内，设计年通过能力270万吨；东联油品码头位于泰州引江河河口下游，由原泰州港务集团有限公司集装箱码头改建而成，设计年通过能力200万吨。2022年，公司“安全风险实时监测与应急处置”场景入围工业和信息化部优秀场景公示名单，“5G+”智能工厂建设项目入围2022年度江苏省5G全连接工厂项目名单，基于全量感知的石油炼化智能工厂入围2022年江苏省智能制造示范工厂名单。加快推进实施总投资38亿元的高端润滑油、特种油国产化升级项目。实现工业总产值316.86亿元、利润2.79亿元，上缴税金42.12亿元。（吴 俊 孙 骁）

中海油气（泰州）石化有限公司生产的抗磨液压油

区党工委（区委）宣传和统战部 供图

【江苏海阳锦纶新材料有限公司】 成立于2013年3月，位于创汇路2号，为海阳科技股份有限公司控股子公司，从事锦纶6切片、浸胶帘子布等锦纶系列产品的生产和销售。占地面积21.67万平方米。总投资12亿元的40万吨/年锦纶切片项目分三期建设，一期于2015年竣工投产，二期于2019年竣工投产。建有院士工作站和工程技术研究中心，拥有国家实用新型专利10余项。2022年，实现工业总产值28.96亿元、利润7516万元，上缴税金2098万元。（吴 俊 孙 骁）

【中海泰州特种油科技有限公司】 成立于2016年8月，位于通扬路180号，系山东水发集团国有控股企业，占地面积6.67万平方米，总投资5.8亿元。公司采用中海油气泰州石化一体化项目的加裂煤油和工业白油作为生产原料进行深加工，年产轻质白油10万吨、重质白油5万吨、特种定制燃油0.5万吨等高附加值的产品，产品市场覆盖日用化学品产业。2022年，实现工业总产值12.01亿元、利润4904万元，上缴税金1070万元。（吴 俊）

【富彤化学有限公司】 成立于2004年10月，位于永安洲镇高永工业园区。系上市公司湖北兴发化工集团股份有限公司旗下的参股联营子公司。注册资本1亿元，占地面积12.4万平方米，建筑面积3.56万平方米。主要从事有机磷阻燃剂的研发与生产。公司主营三氯化磷、三氯氧磷和有机磷阻燃剂 TCPP、TEP等的生产及销售。设有有机磷系阻燃剂工程技术研究中心，有搪玻璃精馏釜、方形喷雾冷却塔、管套式换热器、福立 9790 型气相色谱仪等设备30 台。通过 ISO 9001 质量管理体系、ISO 14001 质量管理体系、能源管理体系、两化融合管理体系和欧盟 REACH 认证。曾获得江苏省高新技术企业、江苏省企业技术中心等称号。是磷酸三乙酯国家标准、三氯化磷和三氯氧磷行业标准参与制定单位，中国监控化学品协会理事单位。产品出口欧美等国际市场。2022年，实现主营业务收入6.2亿元，上缴税金2745万元。（孙 骁）

【泰州市天润合成化工有限公司】成立于2002年，位于裕兴路1号。注册资本1亿元，占地面积5.33万平方米。有高分子材料工程师8人。主要从事树脂的研发与生产，有模压、拉挤、防腐、船用等系列树脂及胶衣。产品出口澳大利亚、新加坡、越南、埃及等国家。“永兴天润”商标为泰州市著名商标。2022年，实现主营业务收入3.88亿元、利润1386万元。企业被评定为省高新技术企业。（孙 骁）

【江苏海邦新材料有限公司】 成立于2021年，位于泰镇路10号，占地面积4.95万平方米，计划总投资10.96亿元，建设丙纶短纤维材料全自动化生产线10条。项目建成后，具备年产丙纶短纤维材料9万吨的生产能力。公司生产的全系列丙纶短纤维产品主要应用于汽车工业、土木工程、液体过滤、家居、卫生材料、纺织等行业。2022年，实现工业总产值3.73亿元、销售3.67亿元，上缴税金72万元。（吴 俊）

【泰州市永昌化工有限公司】 成立于2003年，位于马船路2号。注册资本525万元。占地面积1.02万平方米。专业生产三氯化磷、三氯氧磷、亚磷酸及盐酸等化工产品。建有年产2.1万吨三氯化磷、5000吨三氯氧磷、2.5万吨亚磷酸及副产9万吨盐酸的生产装置。2022年，实现主营业务收入3.4亿元、利润3603.42万元。（孙 骁）

【中油佳汇新材料科技泰州有限公司】 成立于2017年，位于润河路16号，从事新型防水及先进高分子等材料的研发、生产、销售、咨询、设计。2022年，投资近1000万元建成 RTO 环保设备，自动化立体仓库系统投入使用。2022年，实现开票销售5145万元。（吴 俊）

电子信息产业

【概况】 泰州医药高新区（高港区）电子信息产业代表企业有蓝思精密（泰州）有限公司、巨腾电子科技（泰州）有限公司、纬创资通（泰州）有限公司、泰州市创新电子有限公司、泰州汇锦电子有限公司等，主要集聚于电子信息产业园区、口岸街道和永安洲镇。2022年，全区电子信息产业实现产值270.44亿元，比上年增长3.9%；利润18.12亿元，增长263.9%。有规模以上企业26个。（孙 骁）

【蓝思精密（泰州）有限公司】 位于祥泰路227号，从事高端视窗触控防护玻璃面板、触控模组及视窗触控防护新材料的研发、生产、销售。2020年，蓝思科技收购可成科技旗下的可胜科技（泰州）有限公司、可利科技（泰州）有限公司。2021年2月，收购后的可胜科技（泰州）有限公司更名为蓝思旺精密（泰州）有限公司，可利科技（泰州）有限公司更名为蓝思精密（泰州）有限公司。2021年4月，因公司战略发展和经营管理需要，蓝思精密（泰州）有限公司吸收合并蓝思旺精

蓝思精密(泰州)有限公司厂区　　区党工委（区委）宣传和统战部 供图

密（泰州）有限公司。总占地面积99.07万平方米，总建筑面积69.82万平方米，有职工3.5万人。2022年，实现产值143.24亿元、税收2.92亿元。蓝思精密泰州园区三园投入运营。（周剑锋）

【巨腾电子科技（泰州）有限公司】位于祥龙路28号，成立于2016年4月，由台湾巨腾集团投资建立，总投资5.9亿美元，主要生产笔记本电脑、平板电脑和其他手持装置金属机壳。占地面积23万平方米，建筑面积20.6万平方米，有职工3000余人。2022年，实现产值46.23亿元、税收2.98亿元。（周剑锋）

【纬立资讯配件（泰州）有限公司】位于祥龙路36号，是巨腾国际控股有限公司旗下成员，由香港佳纬集团有限公司全资设立。主要从事电脑机壳及周边产品的制造与销售，总投资4.08亿美元，注册资本1.36亿美元。占地面积45.93万平方米。建成厂房5栋、仓库（含办公楼）3栋及辅房，建筑面积14.7万平方米；有宿舍6栋，建筑面积5.4万平方米。公司A1厂房建有喷涂线14条，A2厂房建有喷涂线9条，A3厂房建有粉体线4条，有补土线4条、研磨线5条、微软产品喷涂线7条。B1厂房新增组立线11条，塑胶成型车间新增注塑机71台。B2厂房有组立线6条、印刷线4条。员工超2000人。2022年，实现产值21.13亿元、税收2529万元。（周剑锋）

【纬创资通（泰州）有限公司】位于泰州综合保税区内中央大道1号，于2009年7月落户，总投资10亿美元，注册资本1.6亿美元。占地面积100万平方米，厂房建筑面积21万平方米，建成宿舍楼及生活配套设施9.5万平方米。生产导光板、液晶屏、触控屏等光电产品。主要通过委托加工模式，为京东方（BOE）液晶面板代工。2022年，实现产值20.05亿元、税收1202万元。（周剑锋）

【泰州市创新电子有限公司】成立于2001年，位于友谊港路189号。注册资本3000万元，专业从事液晶显示器支架的研发与制造。曾获得国家高新技术企业、国家科技小巨人企业、国家知识产权优势企业等称号。公司研发中心被认定为江苏省显示器支架系统工程技术中心、江苏省企业技术中心、江苏省重点研发机构。职工总数998人，其中各类技术人才233人。拥有授权专利182项，其中发明专利25项。企业资信等级为AAA。2022年，实现销售收入16.2亿元，入库税金2134万元。（孙　骁）

【泰州汇锦电子有限公司】成立于2011年，位于临港大道199号。注册资本6000万元，固定资产9500万元，占地面积8万平方米，员工550人。建有注塑车间、压铸车间、冲压车间、办公楼、研发中心、检测中心。专业从事液晶显示器底座、支架等产品生产，主要为海信、创维、三星、大宇、康冠、富士康、冠捷、仁宝、LG等知名厂商配套，国内市场占有率35%。有自动化铝合金压铸机、自动化注塑机、精密冲床、慢走丝切割机、加工中心、三坐标测量仪、高低温测试机、光谱仪等生产及检测设备300余台（套）。通过ISO 9001:2008质量管理体系、ISO 14001:2004环境管理体系、OHSAS 18001:2007职业健康安全管理体系、ISO/TS 16949:2009质量管理体系、两化融合管理体系认证，系高新技术企业。建有省、市级研发中心，研发团队80人，获得发明、实用型、外观专利40余项。与南京理工大学、南京航天航空大学等国内知名院校开展模具设计、开发、使用等专项合作。2022年，完成营业额1.83亿元。（孙　骁）

【泰州市旺灵绝缘材料厂】成立于1984年，位于马船路8号。总资产1.63亿元，员工230人。拥有微波材料覆铜箔板专业化生产线，主要产品为高性能毫米级覆铜箔板系列。市场占有率居国内生产覆铜箔板企业前列。曾获得江苏省高新技术企业、江苏省民营科技型企业、江苏省科技型中小企业等称号。建有江苏省企业技术中心、江苏省高频微波复合材料工程技术研究中心、中科院泰州应用技术研究及产业化中心高频微波复合材料分中心、江苏省高频高速纳米陶瓷微波复合材料工程研究中心、江苏省聚合物功能复合材料工程研究中心。2022年，研发投入839万元，实现销售7438万元。（孙　骁）

【泰州市博泰电子有限公司】成立于2005年，位于马船路10号。总资产1.19亿元，职工136人。主要产品为微波高频电路板系列，市场占有率居国内生产高频电路板企业的前列，主要用于移动通信、汽车电子等领域。曾获得江苏省高新技术企业、江苏省民营科技型企业、江苏省科技型中小企业、江苏省企业知识产权管理标准化示范单位、江苏省两化融合转型升级示范企业、江苏省管理创新示范企业等称号。建有江苏省企业技术中心、江苏省微波高频多层电路板工程技术研究中心、江苏省博士后创新实践基地。2022年，实现销售7711万元、利润602万元。（孙　骁）

开放型经济

港口·口岸

·泰州港高港港区·

【概况】 2022年，泰州港高港港区在高港作业区、杨湾作业区、永安作业区有公用长江泊位11座。其中，万吨级泊位7座，集装箱、石油制品专用码头各1个。堆场面积64万平方米，其中集装箱堆场14万平方米，各类仓库面积1.2万平方米。港口有各类装卸机械300余台（套），最大起吊能力40吨，具备集装箱、件杂、散货、液体各形态货物的装卸能力，接卸钢铁、铁矿、煤炭、粮食等境内外主要大宗外贸货种近20个，与40余个国家的港口有运输往来。港口完成自然吨1977万吨。泰州国际集装箱码头完成吞吐量32.69万标准箱，比上年增长2.1%。泰州港务集团有限公司完成总营业收入3.3亿元。

【港口设施建设】 2022年，永安作业区改造工程进入全面施工阶段。年内，先后取得交通运输部和江苏省交通运输厅岸线批复，取得项目施工关于初步设计审查批复和施工图设计审查批复。8月，项目进入全面施工阶段。装船机和吸粮机完成招标和采购合同签订工作，进入制造阶段。开展埋刮板式卸船机技术论证比选工作。推进杨湾作业区一期改造工程前期工作。

【港口管理】 2022年，泰州港务集团有限公司与益海嘉里金龙鱼粮油食品股份有限公司、厦门市江海川供应链有限公司签约成立泰州杨湾益嘉港务有限公司，完成人员劳动关系转移工作。加强安全管理，在泰州永安港务有限公司和泰州杨湾益嘉港务有限公司开展安全生产双重预防工作机制建设。完善环保管理制度，加强环保设备设施的维护保养。推动技术革新，集团技术部门开发的远程电能监控系统运行成功，泰州永安港务有限公司通过微波雷达报警装置解决路口交会存在的视觉盲区隐患问题。　（季　玲）

【泰州港综合提升三期项目通过竣工验收】 泰州港综合提升三期工程位于疏港北路西侧、环港大道南侧、泰州东君物流发展有限公司北侧，占地面积7.44万平方米，投资总额5亿元。主要建设内容包括集装箱堆场、道路、排水、绿化及附属设施，建筑面积1.65万平方米，集装箱堆场面积4.43万平方米，道路面积1.31万平方米，绿化率7.3%。堆场年设计通过能力25万集装箱。2021年10月22日，集装箱堆场工程开工。2022年4月12日，配套设施工程开工。9月19日，配套设施工程通过竣工验收。11月25日，集装箱堆场工程通过竣工验收。

泰州国际集装箱码头　　区住房城乡建设局　供图

【泰州港至济宁港运河航线开通】 8月，泰州港至济宁港运河集装箱航线开通，泰州至山东西北区域的水运物流成本下降约40%，时间缩短3～4天。全年完成3个航次，航线箱量108标准箱。

【整车滚装船航线开通】 11月，泰州港至太仓港、上海港整车滚装船航线开通。全年完成长城汽车股份有限公司泰州分公司整车填箱600标准箱、汽车配件近3000标准箱，完成长城汽车股份有限公司泰州分公司滚装船临时靠泊作业6个航次、整车装船2707辆。

（蒋　颖）

·泰州综合保税区·

【概况】 泰州综合保税区前身为泰州出口加工区，2010年4月28日经国务院批准设立，总规划面积1.76平方千米，2015年5月经国务院批准整合优化为综合保税区，是全市唯一的海关特殊监管区。2022年1月22日，经国务院批准，泰州市获批跨境电子商务综合试验区，泰州综合保税区是跨境电子商务综合试验区的主要载体。泰州综合保税区具有功能全、政策优、通关快等优势，可开展加工制造、保税研发、跨境贸易、仓储物流等多种业务，入驻企业享受保税、退税、免税等多种税收优惠政策。区内货物24小时通关，建有各类标准厂房23万平方米、保税仓库14万平方米、进口商品展示交易中心3万平方米。2022年，泰州综合保税区完成进出口贸易额4.83亿美元。跨境电商综合服务平台“泰嗨淘跨境购”成功走通全市首单保健品跨境电商业务。在2021年全国综合保税区绩效评估中首次进入全国前70位，比上年度前移6位。

【中国（泰州）跨境电子商务综合试验区建设】 基础设施建设　在泰州综合保税区选址建成总面积3500平方米跨境电商监管中心，共建成3条X光检机及同屏比对系统，视频监控系统安装到位并接入海关管理网，监管所需的办公用房配备齐全。2016年1月29日起，泰州综合保税区跨境电商监管中心开始批量发货，每天监管1500～2000件出口货物。在园区内规划建成3万平方米的保税展示交易中心大楼，其中地上2.1万平方米、地下0.9万平方米，总投资超过1.3亿元。展示交易中心共5层，一层、二层为仓储式卖场，三层为O2O体验店，四层、五层为跨境电商及贸易公司办公用房。建成保税仓库2栋，规划有大宗商品库、高标准恒温恒湿库、低温冷库。

跨境电商平台建设　2015年，泰州综合保税区平台公司——泰州鑫泰集团有限公司投资建设承担泰州市单一窗口功能的跨境电商公共服务平台，总投资252万元，同年12月完成搭建工作，经南京海关认证同意后，实现与南京海关监管平台对接后上线运行。系全市唯一的跨境电商公共服务平台，为全市跨境电商产业提供载体支撑。2018年9月，泰州综合保税区完成该平台与海关总署统一版本系统的对接与升级，打通跨境电商物流、申报、支付、通关等各个环节，覆盖一般进出口、保税进出口、B2B出口等全部业务模块。2019年，成立阿里巴巴（泰州）LBS中心，打造泰州市统一的跨境贸易综合服务平台。该平台内的泰州综合保税区跨境电商保税展示交易中心为全市制造业企业和贸易企业在跨境电商业务上提供通关、物流、退税、外汇、金融、保险等“一站式”外包服务。全市与该平台合作的企业超1000个。2022年，平台完成进出口额1.9亿美元。

泰州综合保税区　　区党工委（区委）宣传和统战部　供图

跨境电商业务 泰州综合保税区实现跨境电商业务模式全覆盖，打通“9610”“1239”“1210”“9710”“9810”等业务模式渠道。2016年，泰州海豚国际贸易有限公司启动“9610”出口业务。2018年，完成监管软件模块的开发并叠加到跨境电商公共服务平台；8月，走通省内网购保税进口（“1239”）业务非跨境电子商务综合试验区城市的第一票。2021年3月，扩大跨境电商零售进口试点范围至泰州综合保税区，引进日韩化妆品进口项目并完成海关系统对接，完成“1210”首单测试；同年，与泰州润元机电科技发展有限公司达成合作共识，利用泰州综合保税区跨境电商公共服务平台，开展“9710”“9810”出口业务，完成测试单。2022年，签约保健品跨境保税进口、邮政跨境电商出口等项目，搭建泰州跨境电商综合服务平台“泰嗨淘跨境购”。6月14日，泰州综合保税区首单保健食品跨境电商网购保税进口业务顺利走通，亦是全市首单。该票货物由江苏厂店人信息科技有限公司自日本进口，储存在泰州综合保税区保税仓库内，根据消费者在销售平台的订单，以个人物品的方式从泰州综合保税区直接配送到消费者手中。消费者通过该方式购买的商品可享受零关税、增值税7折的政策。

（周剑锋）

·海　关·

【海关查验】 2022年，泰州海关驻泰兴办事处查验一科共计查验进出口货物225票，其中集装箱货物77票、大宗散货液体化工品148票。共查获7票，移交缉私部门一般案件处理1件。全年运用H986大型集装箱检查设备开展机检5642自然箱，日均机检22.75自然箱。

【进出船舶监管】 2022年，泰州海关驻泰兴办事处监管一科共监管进出口货运总量438.95万吨，比上年下降51%。其中，进口货运量435.12万吨，下降45%，出口货运量3.83万吨，下降96%。监管进出口集装箱70973标准箱，增长8%。其中，进口6620标准箱，下降8%，出口64353标准箱，增长13%。监管进出境船舶680艘次，下降22%。其中，进境337艘次，下降22%，出境343艘次，下降22%。

（陈　雨）

·边防检查·

【概况】 泰州出入境边防检查站主要承担长江沿线高港段24千米岸线、10座对外开放码头、16个泊位的边防检查任务。2022年，监管船舶652艘次、船员13067人次，总巡查6929次，查验上下轮人员2543人次，核查搭靠船舶293艘次，处置船员强行登陆事件2件，开通“绿色通道”救助受伤船员2人。完成中国籍船员换班231人次，服务外轮出口2艘，联合海事、长航等部门开展行动14次，查处违法违规案件2件。

【执勤管理】 2022年，泰州出入境边防检查站执勤一队在3个开放码头设立前沿警务室，实行“远散码头联动管理、港池锚地联合巡航、非法入境联合打击”三联机制。参加泰州医药高新区（高港区）疫情防控指挥部专题研讨会20余次，严格上下轮人员闭环管理，督促企业、船方加强自管。开展普法学习6期。开展开门纳谏、边检推介、法治宣传、警地共建等活动20余次，走访辖区涉外企业7个，发放宣传单155份，征求意见建议6条。开展“无接触”式船员换班3批次36人次，降低一线执勤人员染疫风险，提升口岸边检勤务效率，相关做法被国家移民管理局、“江苏边检”微博客户端、“江苏边检”微信公众号、《中国移民管理报》等媒体报道。

（贲程祥）

经贸合作

·进出口贸易·

【概况】 2022年，泰州医药高新区（高港区）完成进出口总额40.89亿美元，比上年增长4.4%，进出口总额位居全市第三。其中，出口总额17.94亿美元，下降7.9%；进口总额22.95亿美元，增长16.7%。

【服务外包】 2022年，泰州医药高新区（高港区）完成服务外包执行额1.76亿美元，其中离岸服务外包执行额0.81亿美元。

【参展“广交会”】 受新冠疫情影响，4月15—24日、10月15—24日，第131届、第132届中国进出口商品交易会在线上举办。全区共有22个外贸企业参展，主要产品包含五金、大型机械及设备、墙纸、餐厨用具、汽车轮毂、冷柜、吊索具、羽毛工艺品、绣花线、纺织面料等。

（詹　锋）

·招商引资·

【概况】 2022年，泰州医药高新区（高港区）新签约1亿元或1000万美元以上项目283个，总投资852.12亿元。其中，内资项目267个，总投资815.87亿元；外资和港澳台资项目16个，总投资5.57亿美元；5亿元或3000万美元以上项目87个，总投资638.15亿元。

【招商活动】 2022年，泰州医药高新区（高港区）组织参加市级招商活动1次，举办区级大型招商活动4次。4月，举办化学新材料产业园区2022年度首批项目集中云签约仪式，举办生物医药产业园区2022年度一季度项目云签约仪式。6月，举办电子信息产业园区供应链发展大会。11月，参加泰州（上海）城市及产业投资环境推介会，全区6个项目集中签约；举办泰州医药高新区（高港区）汽车产业联盟党委联席会暨“链”上企业家沙龙。

【利用外资和港澳台资】 2022年，泰州医药高新区（高港区）新批外商和港澳台商投资企业19个，其中制造业项目6个，占比超过30%；总投资3000万美元以上新批项目9个。协议利用外资和港澳台资4.46亿美元，实际利用外资和港澳台资2.7亿美元。（蒋进　殷晨）

2022年泰州医药高新区（高港区）新批外商和港澳台商投资企业一览表

表12　　单位：万美元

企业名称	企业性质	投资总额	注册资本	协议利用资金
艾兰得（泰州）生物科技有限公司	独资	9000	3000	3000
泰州深泰综合物流港有限公司	独资	9000	3000	3000
泰州市高泰金属材料科技有限公司	独资	7555.50	5288.85	5288.85
江苏安港新材料有限公司	独资	6100	6100	6100
江苏江农新材料有限公司	独资	6000	3000	3000
泰州沃斯克智能化科技有限公司	独资	3954.33	3954.33	3954.33
泰州立恩特新材料科技有限公司	独资	3954.33	3954.33	3954.33
江苏新佳柏新能源科技有限公司	独资	3580	3580	3580
江苏泰多供应链管理有限公司	独资	3180	3180	3180
江苏纽氪泰生物医药有限公司	合资	1451.25	145.13	49.34
江苏三沣源新材料科技有限公司	独资	1018.48	509.24	509.24
江苏瑞晶电子科技有限公司	合资	790.87	790.87	—
江苏晟高电气有限公司	合资	400.75	400.75	170.79
兴宝泰（泰州）科技有限公司	合资	313.75	313.75	141.19
泰州玖星元创管理咨询合伙企业（有限合伙）	合伙	207.60	207.60	8.08
江苏觉华医疗科技有限公司	合资	199.05	199.05	14.93
泰州睿源生物科技有限公司	独资	45.04	30.03	30.03
泰州滨港智慧能源有限公司	独资	14.90	14.90	14.90
泰州信泰医疗科技合伙企业（有限合伙）	合伙	0.15	0.15	0.11

·境外经济技术合作·

【概况】 2022年，泰州医药高新区（高港区）新设境外投资企业3个，完成增资企业1个，协议投资总额1605万美元。

【境外投资】 2022年，泰州市创新电子有限公司加大在越南投资力度，全年增资150万美元；江苏亚虹医药科技股份有限公司在美国设立亚虹制药（美国）有限公司，协议总投资1000万美元；江苏默乐生物科技股份有限公司在美国设立默乐生物美国子公司，协议总投资200万美元；复红康合医疗江苏有限公司在日本设立复红康合医药江苏有限公司日本营业所，协议总投资255万美元。（詹　绛）

农　业

综　述

【概况】 2022年，泰州医药高新区（高港区）实现农业总产值25.97亿元。其中，种植业产值19.27亿元，林业产值0.18亿元，畜牧业产值2.39亿元，渔业产值2.52亿元，农林牧渔专业及辅助性活动产值1.7亿元。粮食总产量11.2万吨，种植面积16579公顷。培育高素质农民840人。新认定农业产业化市级示范联合体2个，新增市级农业龙头企业6个。新增年投资额1000万元以上农业农村重大项目22个，完成投资8.57亿元。获批全国县域农业农村信息化发展先进县。高港现代农业产业园区获批创建省现代农业产业高质量发展示范园，胡庄镇获批创建国家级农业产业强镇。

（华琳琳）

【高标准农田建设】 2022年，全区实施高标准农田建设项目1个，治理面积246.67公顷，主要涉及口岸街道东南、新明社区，总投资1130万元，均为财政资金。项目区主要建设泵站15座、涵洞13座、衬砌明渠10736米、暗渠331米、机耕路9071米。

（徐秋月）

【农产品质量建设】 2022年，全区823个农产品经营主体纳入省农产品质量安全追溯平台监管，生产主体的上市农产品全部打印合格证或者追溯码。全年打印合格证138.4万张，打印标签主体占比100%，开展巡查检查4564个次，巡查主体占比100%，抽检果蔬等农产品样品速测4.3万批次，抽检覆盖率100%。新认证绿色食品6个、有机农产品61个，胡庄镇、口岸街道、许庄街道、大泗镇建设省级绿色优质小麦基地共6696公顷。胡庄镇农产品质量安全监管站入选江苏省五星级乡镇农产品质量安全监管机构。泰州泗润米业有限公司的“泗润”牌稻米入选江苏省农业品牌目录（产品品牌）。

（王义超）

【农业保险】 2022年，全区农业保险（含涉农保险）保费总额1301.19万元，稻、麦、油菜种植覆盖面80%以上。政策性农业保险保费除农户承担的103.3万元外，其余全部由各级财政承担。全年赔付总额397.81万元。

（桂　婷）

【农业安全生产】 2022年，泰州医药高新区（高港区）组织农水领域安全生产专项整治深化提升行动，突出农机、农村桥梁、涉渔“三无”船舶、船舶碰撞桥梁、防汛抗旱重点行业领域，兼顾自建房等既有房屋专项整治和畜牧兽医、农村能源等相关行业安全生产工作。修订完善农业农村、水利工程和防汛抗旱安全生产专业委员会工作机制。编制涉及农水领域的安全生产权力和责任事项65项。其中，行政许可9项，行政处罚43项，行政强制5项，行政奖励2项，行政确认3项，其他行政权力3项。组织开展“百团进百万企业千万员工”专题宣讲3场次，组织专委会监管能力提升培训3场次，开展安全生产主题宣讲2场次、现场宣传活动5场次。排查整改各类安全隐患498条，排查办公用房、宿舍、食堂等既有建筑物47座，发现并整改安全隐患2条。全年未发生农业安全生产事故。（潘　峰）

种植业

【概况】 2022年，泰州医药高新区（高港区）实现种植业产值19.27亿元。粮食作物面积16579公顷，比上年增长1.4%，总产量11.25万吨；油料作物面积1948.2 公顷，降低2%，总产量6502吨，降低0.7%；果蔬种植面积5892公顷，增长1%，总产量21.43万吨，增长2.24%。种植的粮食作物主要为水稻和小麦。水稻主推品种为南粳5055、南粳9108，占比96%，搭配泰香粳1402，集中育供秧与机插比率为95%。小麦主推品种为苏隆128、宁麦13，搭配镇麦12，种植方式以机条播为主。经济作物主要有油菜籽、花生和果

稻田除草 区党工委(区委)宣传和统战部 供图

蔬(含菜用瓜和瓜果类)。油菜主推品种为德核杂8号、沪油17,以十边隙地直播为主,占播种面积的60%。蔬菜主要有茄果类、叶菜类、葱蒜类、根茎类。果品类主要有桃、葡萄、梨、草莓、西瓜等。

【粮食作物】 2022年,全区夏粮生产苗情高于往年,尤其是中后期气候条件极为有利,销售价格持续走高,农户增产增收。夏粮生产面积8050公顷,比上年增长0.9%;每公顷产5685吨,增长1%;总产量4.58万吨,增长2%。小麦种植面积7630公顷,增长0.9%;每公顷产5775吨,增长1%;总产量4.41万吨,增长2.1%。秋粮生长期间,中期遭遇持续高温热害,影响孕穗,小花退化,后期又逢阴雨天气,灌浆慢而不足,对秋粮生产有一定影响。秋粮生产面积8529公顷,总产量6.67万吨。其中,水稻种植面积6036公顷,增长0.2%;总产量5.6万吨,降低0.4%;每公顷产9270吨,降低0.7%。优质食味性稻米占比96%,居全市前列。实施大豆扩种,新增种植面积200公顷。实施玉米大豆带状复合种植试点,全区推广面积62公顷。

【经济作物】 2022年,全区油菜籽种植面积1173.3公顷,比上年降低1.8%;总产量3488吨,增长0.52%。花生种植面积757.4公顷,降低2.2%;总产量2968吨,降低2%。蔬菜种植面积5623公顷,增长1.6 %;总产量20.5万吨,增长3%。瓜果种植面积269.8公顷,降低10.3%;总产量0.96万吨,降低9.4%。花卉种植面积115.6公顷。

【种植业财政补贴】 2022年,全区第一次发放实际种粮农民一次性补贴面积6365公顷,补贴标准为每公顷480元,全区发放金额305.52万元;第二次发放实际种粮农民一次性补贴面积13153.23公顷,补贴标准为每公顷105元,全区发放金额138.11万元;第三次发放实际种粮农民一次性补贴面积13103.6公顷,补贴标准为每公顷150元,全区发放金额196.55万元。发放稻谷实际生产者补贴755.52万元。(施菊琴)

【种业管理】 2022年,泰州医药高新区(高港区)制定种业监管执法年活动实施方案,开展"双随机"检查2次,抽查种子经营门店12个,未发现生产经营问题。 (朱 佳)

畜牧业

【概况】 2022年,泰州医药高新区(高港区)实现畜牧业总产值2.39亿元、增加值1.22亿元。全区生猪存栏3.97万头、出栏8.09万头,家禽存栏43.14万羽、出栏48.95万羽,羊存栏1.47万只、出栏1.62万只。有畜禽规模养殖场67个,其中省级17个、市级22个、区级28个。全区生猪大中型规模养殖场比重为97.72 %,比上年提高个0.09百分点。

【动物疫病防控】 2022年,泰州医药高新区(高港区)共检测牲畜口蹄疫免疫抗体505份、高致病性禽流感752份、高致病性猪蓝耳病250份、猪瘟250份、新城疫225份、小反刍兽疫185份,全区牲畜口蹄疫、高致病性禽流感等重大动物疫病抗体检测合格率均超过省、市规定的标准。检测口蹄疫、高致病性禽流感、猪瘟、高致病性猪蓝耳病和牛结节性皮肤病病原学样品各50份,检测结果均为阴性。监测羊布病3286份、血吸虫病85份。开展流行病学调查工作,调查畜禽养殖场(户)16个,查看生猪3.15万头、羊4600只、鸡15.61万羽。组织修订《泰州医药高新区(高港区)突发重大动物疫情应急预案》。泰州医药高新区(高港区)动物疫情信息报送工作受到省农业农村厅的表扬;在全省兽医实验室检测能力比对实验中,非洲猪瘟病毒检测、布鲁氏菌病抗体检测、细菌分离与鉴定3个参比项目结果全部正确。

【非洲猪瘟防控】 2022年,泰州医药高新区(高港区)举办非洲猪瘟防控技术暨应急管理培训班，全区畜牧兽医技术人员及生猪规模养殖场（户）共60人参加。针对生猪养殖、无害化处理收集及市场流通等重点环节开展非洲猪瘟专项监测工作，共检测非洲猪瘟病原学样品405份，结果均为阴性。在全区组织开展集中灭蚊灭蝇灭鼠和清洗消毒行动7轮，累计发放使用消毒药2.8吨，洗消面积165.38万平方米，洗消场点2450个次；使用灭害药物679.39千克，灭害场点2394个次，灭害面积121.15万平方米。

（王小斌）

【动物检疫监督】 2022年，泰州医药高新区（高港区）未发生动物及其产品安全事件。对养殖环节开展"瘦肉精"抽样检测，共检测样品612份，结果均为阴性。检疫畜禽14.96万头（只、羽）。强化养殖环节病死动物无害化处理监管，共收集处理病死猪104头。动物保健企业共获新兽药证书29个，通过新版兽药GMP认证生产线40余条；动物诊疗机构执业兽医备案15人。完成化学药80个批准文号抽样，生物制品173批次、4.77亿羽（头）份批量的批签发抽样。推进无纸化出证工作，培训官方兽医、养殖场户、承运人186人次。

【畜禽屠宰监管】 2022年，泰州医药高新区（高港区）开展为期100天的规范整顿清理畜禽屠宰百日攻坚行动，出动执法人员120人次，发放牛羊家禽"集中屠宰、集中检疫"告知书40余份，开展联合执法检查2次，清理不合格屠宰点1个。

（鲁　锋）

渔　业

【概况】 2022年，泰州医药高新区（高港区）水产养殖面积900公顷，总产量6240吨，实现渔业总产值2.52亿元。区农技推广中心（水产站）在胡庄镇宗林村、许庄街道马厂社区、永安洲镇东江社区建立水生动物疫病测报点3个，全年未发生重大水生动物疫病。推进水产养殖尾水达标治理，在口岸街道戴集社区建立达标排放示范点1个。推进用药减量示范基地建设，建立3.33公顷以上的示范基地5个，示范推广面积41.87公顷。

【渔业安全管理】 2022年，泰州医药高新区（高港区）开展渔业安全生产培训、宣传活动。开展渔业安全检查40余次，发放安全宣传资料300余份。全年无渔业安全生产事故。

（马荣刚）

农业产业化

【概况】 2022年，泰州医药高新区（高港区）上争省级以上农业产业化财政专项资金1037.28万元，实施项目32个。招引农业规模项目24个。完成省级农业农村重大项目建设22个。胡庄镇获批创建国家级农业产业强镇，上争资金1000万元。永安洲农产品加工集中区获批2022年度四星级农产品加工集中区；新增泰州市农业产业化联合体2个（泰州市高港区海泰中药材农业产业化联合体、光普蔬菜农业产业化联合体）；永安洲镇东江社区（河豚）创成全国"一村一品"示范村，大泗镇佴庄村获评市级"一村一品"示范村。全区共有全国"一村一品"示范村4个、市级"一村一品"示范村10个。新增市级农业龙头企业6个（泰州博莱得利生物科技有限公司、江苏中牧倍康药业有限公司、江苏勃林格殷格翰生物制品有限公司、江苏福马高新动力机械有限公司、泰州市高港区怡农农业生产资料有限公司、泰州市御膳源生态农业有限公司），全区市级及以上农业龙头企业保有量增至39个，其中省级以上农业龙头企业5个。

（李　丹）

【农业项目建设】 2022年，全区新招引农业规模项目24个，其中总投资5000万元以上项目14个、1亿元以上项目8个，农业实际利用外资和港澳台资1808.4万美元。共有22个年度投资额1000万元以上项目（含续建项目3个）被列入省农业农村重大项目，当年实际完成投资8.57亿元。江苏蜂奥生物科技有限公司营养保健食品智能制造项目、港口物流产业园粮食交易中心粮油物流项目被认定为省级示范项目，博莱得利动物疫苗及生物制品研发生产基地建设项目入选全省"加、新、高"示范项目。

江苏蜂奥生物科技有限公司营养保健食品智能制造项目　由江苏蜂奥生物科技有限公司建设，引进智能化生产设施设备，建设具备原料提取、产品制造能力的净化生产车间和公辅系统，包括软糖车间、溶剂提取车间、办公室、实验室及其他辅助设施，配套建设工业管理软硬件系统。以蜂蜜、蜂王浆等中药材为原材料，生产各类营养保健品。2022年，完成投资7000万元。

港口物流产业园粮食交易中心粮油物流项目　由泰州永安港务有限公司、泰州益海码头有限公司建设，将原泰州永安港务有限公司1～4号泊位加装粮食、食用油卸输送系统，升级改造为专业粮油装卸泊位。沿岸边新建3000万吨级散粮泊位1个。在码头增设输送线，配备皮带机、刮板机、提升机等设备。码头年吞吐量超1000万吨。2022年，完成投资5000万元。

粮食原料筒仓扩建项目　由江苏汇福蛋白科技有限公司建设，在公司原有空地开展粮食原料筒仓扩建，新建直径27米、高46.5米的粮食原料筒仓8个，容量1.6万吨。配

套建设监测、安全、照明等辅助设施和设备。主要用于玉米、大豆等粮食原料的储存、发运及中转。年粮食中转量72万吨。2022年,完成投资1.4亿元。

博莱得利动物疫苗及生物制品研发生产基地项目　由泰州博莱得利生物科技有限公司建设,总用地面积2公顷,建设动物生物制品、药物制剂及功能性保健品生产车间。生产动物用灭活疫苗、血液蛋白制品等动物生物制品、宠物快速诊断试剂、宠物药物制剂及功能性保健品等产品。2022年,完成投资6000万元。

丸庄金龙鱼天然酿造酱油二期项目　由丸庄金龙鱼(泰州)食品工业有限公司建设,使用公司原有土地,建设发酵罐、酵母车间、危废品仓库、酱油成品库等建筑,总建筑面积约1.5万平方米。引进各类设备100余台(套),配套吹瓶生产线、清洗和辅料添加系统。年产高端天然酿造酱油5万吨。2022年,完成投资5000万元。　(余文娴)

【江苏福马高新动力机械有限公司】成立于2011年11月,位于许庄街道。是中国机械工业集团有限公司下辖林海股份有限公司全资子公司,主要从事农业机械、消防机械等产品的开发、生产及销售。先后获得国家授权专利9项,通过ISO 10012:2003测量管理体系、ISO 9001:2015质量管理体系、ISO 14001:2015环境管理体系、ISO 45001:2018职业健康安全管理体系认证。农业机械产品手扶插秧机2ZS-4A及2ZS-6被认定为江苏省高新技术产品。2022年,实现销售收入2.3亿元。

【江苏中牧倍康药业有限公司】　成立于2004年12月,位于凤凰西路68号,集兽药产品研发、生产经营、技术服务于一体,是农业农村部唯一指定动物麻醉药氯胺酮注射液的生产企业。拥有GMP生产线6条。被认定为全国农业院校校办产业优秀企业、江苏省高新技术企业。承担省部级以上项目17项,成功研制国家二类新兽药2个、三类新兽药2个,获授权专利22项。2022年,实现销售收入8562万元。

【泰州博莱得利生物科技有限公司】成立于2018年1月,位于檀香路66号,注册资本5719万元,从事宠物创新药物、功能性保健品研发与生产。业务范围涵盖宠物疾病诊断、预防、治疗和保健用医药产品及宠物临床健康检测服务等,是江苏省"小巨人"企业(创新类)、江苏省高新技术企业、江苏省民营科技型企业和泰州市"瞪羚"企业。获得农业农村部兽用生物制品临床试验批件7件,获授权专利13项,并通过CNAS认证和GCP检查。2022年,实现销售收入5196万元。

【泰州市高港区怡农农业生产资料有限公司】　成立于2017年8月,位于许庄街道富民路北侧,主要从事农药、种子、肥料销售以及生产性服务等。在全区设立直营经营网点2个、连锁经营网点7个,种子、化肥和农药经营品种100余个。2022年,实现销售收入632万元。

【泰州市御膳源生态农业有限公司】成立于2015年7月,位于胡庄镇,注册资本998万元。主要从事特色水果、花卉苗木的种植及生态观光农业,种植的特色果木包括猕猴桃(金魁、红阳、金桃)、樱桃(夔早、红灯)、水蜜桃(阳山)、黄桃、梨、枇杷(大白沙)、石榴(突尼斯软籽)、杨梅、冬枣等品种。2022年,实现销售收入665万元。　(刘　姗)

农业机械化

【概况】　2022年,泰州医药高新区(高港区)推广各类新型农机具169台(套),报废更新农机具9台,使用农机购置补贴资金266.39万元。全区农机总动力14.5万千瓦。水稻、小麦耕种收综合机械化水平分别达97.8%、97.5%。创成全国"平安农机"示范县。建成省级农业生产全程机械化智能化示范基地2个、省级"全程机械化+综合农事"服务中心1个、市级特色农业全程机械化示范基地3个、市级粮食生产"无人化"农场1个。

【水稻种植机械化】　2022年,泰州医药高新区(高港区)新增高速插

胡庄镇海丰有机农场水稻机插秧现场　　区农业农村局　供图

秧机11台（套），水稻机插率95.8%。有面积0.2公顷以上育秧秧池66.47公顷。

【农机安全监理】 2022年，泰州医药高新区（高港区）注册登记联合收割机25台、拖拉机23台，年检拖拉机220台、收割机95台，注销长期脱检收割机37台、拖拉机26台。投保各类农机政策性保险302份。

【特色农业生产全程机械化智能化示范基地】 2022年，泰州医药高新区（高港区）组织全省第一批农业生产全程机械化智能化示范基地申报工作，牧原生猪养殖全程机械化示范基地和汇丰水产养殖全程机械化示范基地获批省级农业生产全程机械化智能化示范基地。建设水产养殖、林果、蛋鸡养殖全程机械化智能化示范基地3个，投入省补资金150万元，自筹资金146万元，基本完成建设任务。 （赵 荣）

农业园区

【概况】 2022年，泰州医药高新区（高港区）有市级以上现代农业产业园区6个。其中，省级农业产业园区1个（江苏省高港现代农业产业园区），市级农业产业园区5个（胡庄镇蔬菜园艺产业园区、大泗镇生态种养产业园、白马镇现代农业园、胡庄镇粮食生产现代化示范园、大泗镇中药文化观光园）。

【江苏省高港现代农业产业园区】 位于胡庄镇，创建于2008年。园区以瓜果蔬菜为主导产业。核心区面积913.33公顷，其中设施面积640公顷，辐射面积3286.67公顷。2011年6月，被江苏省人民政府认定为省级现代农业产业园区。2022年8月，被省农业农村厅和财政厅列为省级现代农业产业高质量发展示范园建设名单，上争省级资金5000万元。

【胡庄镇蔬菜园艺产业园区】 规划面积533.33公顷，组建专业合作经济组织10个，培育新型职业农民520人，拥有注册农产品商标2个，申报绿色农产品基地1个、绿色农产品3个、无公害农产品3个。有“润涛”蔬菜、“高伟”草莓等农业品牌和商标。

【胡庄镇粮食生产现代化示范园】 规划面积1333.33公顷，建成面积1333.33公顷，高标准农田面积1333.33公顷。主要种植小麦和水稻，有小农场35个、种植大户15个，基本实现机械化。粮食连片种植面积1333.33公顷，小麦平均亩产约450千克，水稻平均亩产约600千克，粮食总产量2.1万吨，较当地平均单产高5%以上。

【白马镇现代农业园】 规划投资1.6亿元，规划总面积为913.33公顷。主导产业为苗木和果蔬。有各类苗木企业20余个，苗木种植面积486.67公顷。建成高标准农田面积800公顷。

【大泗镇生态种养产业园】 规划面积462.67公顷，计划投资8812.3万元，已投资9050万元，建成面积446公顷，其中养殖区106公顷。2022年，生猪出栏0.02万头，肉羊出栏0.5万头，家禽出笼5万羽，禽蛋产量450吨。

【大泗镇中药文化观光园】 规划面积200公顷，已建成面积120公顷，其中药用药材种植面积26.67公顷，观赏性药材种植面积33.33公顷，设有中药种植景观区、中药养生体验区、中药加工区、设施盆栽蔬菜种植区、优质果品种植区等功能区，建成区高效设施种植比重达90%。

（佘文娴）

农业科技

【农业人才培育】 2022年，泰州医药高新区（高港区）采取“区级指导+镇街自主”的工作模式，推进高素质农民培育工作，区级负责资金上争、工作指导，镇街结合自身实际制定培训计划，全年完成培育810人，拨付项目资金23.4万元。组织53人次基层农技人员参加省级班、市县班等各级培训10余期，涉及园艺业、畜牧业、渔业、种植业等产业。推进科技入户工程项目，公开招标购买兽药、农药、技术手册等物资，惠及科技示范户超200户。

【农业科技示范基地】 2022年，江苏泰供海诞现代农业发展有限公司创成市级现代农业科技综合示范基地。江苏现代农业（河蟹）产业技术体系高港推广示范基地项目通过市级验收。江苏海泰药业有限公司牵头完成农业科技创新联盟创建考核任务。高港区亚芳家庭农场、高港区钱赵农之梦家庭农场完成农业科技示范展示基地年度建设任务。

（刘 岳）

【农业转基因生物安全】 2022年，泰州医药高新区（高港区）组织学习《农业转基因生物安全管理条例》《农业转基因安全评价管理办法》和《农业转基因生物标识管理办法》。全年开展农业转基因安全生产检查4次。 （朱 佳）

工业　建筑业

工　业

【概况】 2022年，泰州医药高新区（高港区）征收期工业一般纳税人开票销售、工业净入库税金分别完成2145.87亿元、117.67亿元，比上年分别增长18.6%、22.4%；规模以上工业产值2370.41亿元，增长12%；规模以上工业增加值622.77亿元，增长7.6%；战略性新兴产业产值占规模以上工业总产值的49.5%。大健康、高端装备制造、石化及新材料、电子信息四大主导产业共实现产值2111.29亿元，增长16.4%；利润174.54亿元，增长50.2%；四大主导产业有规模以上企业278个。全年新增规模以上工业企业56个。获批省工业设计中心1个（江苏玖星精密科技集团有限公司）、省服务型制造示范企业3个（江苏华泰疫苗工程技术研究有限公司、江苏圣洁达水处理工程有限公司、泰州大自然德森堡木业有限公司）。新增国家级专精特新“小巨人”企业7个，省级专精特新“小巨人”企业35个。新增省“潜在独角兽”企业3个、省“瞪羚”企业12个，累计有省“潜在独角兽”企业9个、省“瞪羚”企业22个。泰州医药高新区（高港区）被工业和信息化部确定为2022年消费品工业“三品”战略示范城市。创成江苏省首批制造业高质量发展示范区。生物医药产业园区和高端装备制造产业园区入围省“互联网+先进制造业”特色产业基地。

新增国家级专精特新“小巨人”名录

江苏硕世生物科技股份有限公司
江苏邦士医疗科技有限公司
泰州航宇电器有限公司
泰州新源电工器材有限公司
泰州润元户外用品股份有限公司
泰州神舟传动科技有限公司
泰州日顺电器发展有限公司

新增省级专精特新“小巨人”名录

江苏圣洁达水处理工程有限公司
泰州世纪天虹纺织有限公司
江苏康泰环保装备有限公司
江苏江豪发电机组有限公司
江苏康泰环保股份有限公司
泰州信力机械制造有限公司
唐泽交通器材（泰州）有限公司
江苏追日汽车同步器有限公司
泰州鑫联诚润生物技术有限公司
泰州市旺灵绝缘材料厂
泰州市博泰电子有限公司
恒达亲水胶体泰州有限公司
江苏神驰机电有限公司
泰州东田电子有限公司
泰州友润电子科技股份有限公司
泰州永盛包装股份有限公司
江苏鹏翎胶管有限公司
泰州星瑞精密工业有限公司
泰州市柯普尼通讯设备有限公司
江苏乐彩印刷材料有限公司

恒达亲水胶体泰州有限公司　　区党工委（区委）宣传和统战部　供图

江苏富华新型材料科技有限公司
江苏正申索具有限公司
江苏凯威药用包装有限公司
泰州市榕兴医疗用品股份有限公司
江苏金迪克生物技术股份有限公司
江苏耀海生物制药有限公司
江苏长泰药业有限公司
江苏默乐生物科技股份有限公司
江苏诺瓦立医疗用品有限公司
江苏盈科生物制药有限公司
江苏康为世纪生物科技股份有限公司
江苏戴格诺思生物技术有限公司
瑞莱生物科技江苏有限公司
江苏美凤力医疗科技有限公司
江苏锦竹工业用布有限公司

新增省级“潜在独角兽”企业名录

江苏中惠元通生物科技股份有限公司
江苏荃信生物医药股份有限公司
江苏百宁盈创医疗科技有限公司

新增省级“瞪羚”企业名录

江苏华亘泰来生物科技有限公司
江苏邦士医疗科技有限公司
扬子江药业集团江苏龙凤堂中药有限公司
江苏海王健康生物科技有限公司
泰州泽成生物技术有限公司
江苏康为世纪生物科技股份有限公司
江苏耀海生物制药有限公司
江苏长泰药业有限公司
江苏盈科生物制药有限公司
泰州敬道电力工程有限公司
江苏爱原医疗科技股份有限公司
江苏默乐生物科技股份有限公司

【工业项目建设】 2022年，泰州医药高新区（高港区）实施3000万元以上工业投资项目100个，年度总投资额187.49亿元。其中，新建项目33个，投资额68.87亿元；技改项目67个，投资额118.61亿元。全区有15个工业投资项目入选2022年江苏省重大工业项目清单，入选项目总数占全市的46.9%。

【“智改数转”工作】 2022年，泰州医药高新区（高港区）制定“智改数转”（智能化改造、数字化转型）三年行动计划，建立工作专班。实施“智改数转”项目161个，覆盖企业123个，占规模以上工业企业的58%。新增省级智能工厂2个［雀巢健康科学（中国）有限公司、中海油气（泰州）石化有限公司］，占全市的40%。益海（泰州）粮油工业有限公司日产2000吨稻谷深加工智能制造车间、诺博汽车零部件（泰州）有限公司汽车座椅总成智能制造车间、蜂巢蔚领动力科技（江苏）有限公司汽车涡轮增压器智能制造车间获评省级智能车间，全区累计建成省级智能车间27个，占全市的26.5%。新增省级工业互联网标杆工厂4个［中海油气（泰州）石化有限公司、扬子江药业集团江苏龙凤堂中药有限公司、泰州金泰环保热电有限公司、江苏富华新型材料科技有限公司］，占全市的44.4%，实现零的突破。中海油气（泰州）石化有限公司建成全市首个省级5G全连接（工厂级）项目。长城汽车股份有限公司泰州分公司的5G+整车试车创新实践项目在第五届“绽放杯”5G应用征集大赛江苏区域决赛上获一等奖。

【工业企业“亩均论英雄”改革】 2022年，泰州医药高新区（高港区）出台《工业投资项目综合评价暂行办法》，明确对所有新增用地和存量盘活用地项目一律实行园区初审、专家评审、部门联审，避免低端低效项目落户。全年组织开展工业项目综合评估7期，评价项目12个，总投资额77.2亿元。对工业企业大数据平台进行扩容升级，全区924个工业企业，评定A类企业263个、B类企业448个、C类企业111个、D类企业54个、T类企业48个。2022年，全区盘活提升低效闲置工业用地面积2159亩，完成年度计划的119.9%，占地3亩以上的工业企业亩均税收比上年增长43.8%。

【工业企业纾困解难】 2022年，泰州医药高新区（高港区）出台《关于积极应对疫情影响进一步做好工业企业纾困解难工作的通知》，清欠企业账款2笔，合计1937万元。帮助2个科创载体（泰州医药高新区医药创业服务中心、华越医疗器械供应链创业服务中心）获批免税资格。通过召开企业家座谈会等形式，征集企业意见建议60余条，下发交办函至相关部门及园区、镇街。制定工业企业生产物流运输保障工作方案，协调企业供应链和产业链物资保供，做好“货泰通”线上申请和线下纸质通行证发放工作。发放通证数2.6万余张。出台企业市外员工留泰过年补贴政策，兑现补贴299.2万元，惠及企业316个、市外员工5984人。

【工业企业疫情防控】 2022年，区工业和科技创新局牵头做好企业组疫情防控工作，推动企业常态化防控措施落实落细。指导476个规模以上工业企业明确内部防控组织和责任人清单，编制防控、应急、封闭生产运行3个预案，组建25个重点企业防控专班，推荐86个企业入选市“白名单”企业，数量居全市第一。牵头建立区防疫医疗物资生产保供专班，跟踪企业生产情况，协调解决生产问题，推动扬子江药业集团、江苏中天药业有限公司、江苏默乐生物科技股份有限公司、阿里生物技术泰州有限公司等医药（械）企业完成北京和市、区防疫医疗物资生产保供任务。

【工业企业安全生产】 2022年，区工业和科技创新局围绕安全大检查、百日攻坚等活动，组织政策宣讲培训7次，覆盖400余人次。组织督查船舶修造企业70个次，排查隐患489条，检查科研院所17个次，排查隐患14条，整改率100%。对2017—2021年已关停的35个化工生产企业开展“回头看”，督查化工企业10个，排查问题隐患54条，整改率100%。

【入围消费品工业“三品”战略示范城市】 11月30日，工业和信息化部发布《2022年消费品工业“三品”战略示范城市名单公示》，泰州医药高新区（高港区）入围，系全市唯一。此次全国共39个城市入围公示名单，其中江苏省6个。“三品”战略示范城市创建要求申报城市深入实施消费品工业“增品种、提品质、创品牌”战略，具有较好的消费品工业基础，在稳增长、扩消费、惠民生等方面表现突出，在推动企业技术创新、引领消费供给升级、提升品牌影响力等方面示范作用明显。泰州医药高新区（高港区）因形成以医药制造业为特色优势的产业体系而入选。（孙 骁）

【国家能源集团泰州发电有限公司】 2022年，国家能源集团泰州发电有限公司共有员工372人。其中，经营管理人员73人，专业技术人员43人，技能操作人员256人。招聘应届大学毕业生4人。全年发电量完成224亿千瓦时（火电），新能源完成1350万千瓦时，上网电价（火电）完成461.15元/兆瓦时。入厂标煤单价完成1004.18元/吨（不含税）。供电煤耗完成274.93克/千瓦时，发电厂用电率完成1.7%。供热量完成248.67万吨，完成固弃物销售150.7万吨。实现营业收入94.75亿元，上缴税费5.89亿元，利润总额13.99亿元（含国能龙源环保有限公司）。2022年，公司获评江苏省文明单位、江苏省健康企业，获得江苏省职业健康达人技能竞赛专业奖。

经营优化　全年上网电价（煤机）完成461.15元/兆瓦时，为历史新高。灰场水面电站成为国内首个通过厂用电系统实现保障性消纳转入商业运营的光伏电站，全年完成绿电交易1908.25万千瓦时，电价较基准价上涨92元/千千瓦时。向泰兴经济开发区第二根供热管线于3月投入运行。公司单日供热量连续突破9000吨、10000吨，全年供热量完成248.67万吨，比上年增加43.51万吨。

转型升级　完成4号机组灵活性改造，通过30%深调认证，在行业内率先实现自并网起的氮氧化物达标排放。2号机组成为首台同时完成“三改联动”和DCS“三化”改造的机组。全厂供电煤耗比上年下降1.26克/千瓦时（不含特许），二期机组连续6年获评中国电力企业联合会能效对标1000兆瓦组别AAAAA级。全年光伏发电项目立项305.77兆瓦，开工58.32兆瓦，投产15.38兆瓦，泰兴东夹江50兆瓦渔光互补项目被省发展改革委列入2022年第一批市场化并网项目。加快兴化干热岩勘察进度，协同江苏省地质调查研究院、华东电力设计院共同开展能源化资源化利用可行性研究。申报省科技厅专项课题，进入合同签订阶段。50万吨级碳捕集利用与封存（CCUS）项目被国家发展改革委列为可再生能源发展和煤炭清洁高效利用关键核心技术攻关项目，被省科技厅列为碳达峰碳中和重大科技示范项目。2000吨螺旋卸船机项目于12月13日投入运营，实现“国产化、大出力、全煤种、无人值守”四大创新。

国家能源集团泰州发电有限公司二氧化碳捕集与资源化能源化利用技术研究及示范项目　国家能源集团泰州发电有限公司　供图

科技创新　完成科技投入1.73亿元，比上年增加6278.54万元，科技投入研发强度完成1.83%，增加0.44个百分点。获批江苏省、泰州市两级工程研究中心。科技创新成果获中国电力技术市场协会创新成果2项，中国电力企业联合会全国电力5G应用创新竞赛优秀案例1项，国家能源集团江苏电力有限公司科技成果二等奖1项、三等奖2项。全年获实用新型专利授权32项，39项专利获得受理，其中发明专利13项。QC质量管理成果获中国水利电力质量管理协会特等奖1项、一等奖1项，国家能源集团二等奖2项。（张周佳）

【泰州杨湾海螺水泥有限责任公司】 成立于2002年6月，位于泰高路2号，系海螺集团安徽海螺水泥股份公司全资子公司。占地面积18.67万平方米，总投资约7亿元。拥有水泥粉磨生产线4条，年总产能600万吨。产品通过ISO 9001国际质量管理体系认证。拥有自用码头1座，设计年吞吐量1000万吨。公司生产的水泥主要销往泰州、扬州和福建、山东等沿海地区，应用于公路、桥梁、铁路、居民住宅等重点工程和民用建筑。2022年，公司总投资5亿元对1号、2号水泥磨进行技改，对原生产线进行节能改造，对配套工程进行适应性改造。实现工业总产值10.53亿元、利润2540万元，上缴税金3941万元。

【泰州金泰环保热电有限公司】 成立于2002年，位于港城西路2号。占地面积20万平方米，有员工300余人。主营供热、发电业务，以及绿色建材产品的生产与销售。曾获评全国模范职工小家、江苏省工人先锋号。2022年，完成供汽量207万吨、售电量1.45亿千瓦时，实现工业总产值6.24亿元、利润2619万元，上缴税金1502万元。　（吴　俊）

【江苏明浩新能源发展有限公司】 成立于2012年7月，位于永安洲镇高永化工集中区马船路南侧。注册资本1亿元，占地面积3.4万平方米，建筑面积3975平方米。主要从事废矿物油的处置、利用，燃料油、润滑油、公路沥青（不含危险化学品）等的销售。拥有高级工程师5人、固体废物处置工程师3人、企业技术人才25人。为安全生产三级标准化企业和江苏省质量、服务、诚信AAA级企业，通过ISO 9001国际质量管理体系认证。2022年，实现开票销售10亿元，入库税金600万元。

【泰州日顺电器发展有限公司】 成立于1994年，位于姜高大道880号。建有泰州市（日顺）电线电缆材料工程技术研究中心。主要产品为电线、电缆、绝缘套管、家电连接件、办公用品连接件、通信设备连接件、汽车部件连接件等，应用于航空、通信、仪器仪表、计算机、汽车、家电等行业。拥有员工148人。拥有专利32项，其中发明专利6项、实用新型专利22项、外观设计4项。通过ISO 9000、ISO 14001、TS 16949体系认证。2022年，实现营业收入2.2亿元、利润2608万元。

【泰州市三江消防器材有限公司】 成立于2002年，位于寺巷街道人民路249号，有生产厂区4个，占地面积16万平方米。专业生产各类消防器材、消防装备，提供消防工程的设计和施工服务。“沱雨”商标为江苏省著名商标。建有省级工程技术研究中心和省级企业技术中心，是中国消防协会、江苏省消防协会会员单位。2022年，实现营业收入1.61亿元、利润1302万元。

【江苏正申索具有限公司】 成立于2001年，位于龙港路188号。注册资本1.08亿元，职工总数629人。主要生产、设计、开发钢丝绳索具、吊装带、吊梁三大系列产品，主要用户为首钢、中国一重、三一重工、南车集团、上海港务集团、上海电气集团、东方电气集团、中石化等国内大型企业。公司为江苏省高新技术企业、泰州市专精特新“小巨人”企业，建有江苏省企业技术中心、泰州市工程技术研究中心。2022年，实现销售1.28亿元。　（孙　骁）

【泰州大自然德森堡木业有限公司】 成立于2011年12月，位于兴国路1号，是大自然家居控股有限公司旗下全资附属子公司。项目总投资10亿元，占地面积8.67万平方米，厂房面积6万平方米，主要从事实木复合门、实木窗、衣橱柜的生产和销售。曾获得中国木门现代化示范工厂、国家优秀工业设计奖、江苏省服务型示范培育企业等称号。2022年，实现开票销售3.13亿元，纳税1455万元。　（高端装备制造产业园区）

【江苏平高泰事达电气有限公司】 位于泰事达路1号，前身是泰州苏源泰事达电力科技有限公司，成立于2004年4月，为国家电网公司三级单位。注册资本1.1亿元，占地面积15万平方米，有员工406人。主要从事高中低压成套电气设备的研发、设计、生产和销售，产品主要包括中置柜、低压柜、环网柜、箱式变电站等成套变配电装置，柱上断路器、隔离开关、TXT系列低压断路器等开关类设备元器件、仪表产品，延伸开展输变电工程总承包、设备集成以及输变电设备安装调试、运维检修、技术改造等。产品覆盖国内30个省（市、自治区），远销菲律宾、刚果、加蓬等国家。拥有国家专利49项，其中发明专利9项，15项产品被认定为江苏省高新技术产品。企业被评为全国守合同重信用企业、江苏省高新技术企业、江苏省企业技术中心、江苏省管理创新优秀企业、江苏省模范职工之家。2022年，实现产值7.33亿元、税收1723万元。

【江苏安方电力科技有限公司】 位于吴州南路19号，成立于2001年12月。注册资本5000万元。厂区占地面积6.67万平方米，有员工180余人。从事电网节能、电压稳定、电网污染治理、配网自动化技术服务。2022年，实现营业收入3.5亿元、税收2237万元。

【泰州新源电工器材有限公司】 位于永定西路419号，成立于2007年7月。为500～1000千伏超、特高压绝缘纸板及成型件成套产品的专业制造商。2008年，经国家发展改革委批准，建成生产及研发中心。占地面积15.2万平方米，已建和在建厂房6万平方米。有员工343人。具备年产3.2米×6.3米超特高压绝缘纸板9500吨、成型件角环120万只、湿法成型高压出线装置800台（套）、机加工成型件1000吨的生产能力。产品经中国机械工业电工材料产品质量监督检测中心及国内大型企业抽样检测，指标均优于国际电工标准。2022年，实现产值3.18亿元、税收1282万元。

【泰州市美画艺术品有限公司】 位于无量寺路33号，注册资本1.25亿元。生产车间面积近4万平方米，有员工400余人，其中专业技术人员50余人。专业从事家居艺术画及衍生品的设计、生产，形成年出口1000万幅全品类艺术装饰画及衍生品的产能规模，产品销往全球近20个国家和地区。2009—2022年，被连续评定为国家文化出口重点企业。2019年，入选省级“瞪羚”企业。2022年，实现产值1.37亿元、税收568万元。　（周剑锋）

说明：此处企业选介为四大主导产业以外的企业。

建筑业

【概况】 2022年，泰州医药高新区（高港区）完成建筑业总产值746.97亿元，出省施工产值415.88亿元，境外营业额757万美元，完成工程结算收入705.95亿元，利润总额36.65亿元，本地区入库税收5.28亿元。新增资质以上建筑业企业19个。创成市级文明工地8个、江苏省星级工地5个，全区纳入监管的92个工程项目实现安全平稳生产。

【建筑企业】 2022年，全区新增资质以上建筑企业19个，其中一级资质企业8个、二级资质企业11个。全区共有资质以上建筑企业565个，其中一级资质企业38个。有年产值超1亿元的建筑企业63个。其中，年产值10亿～20亿元企业9个，年产值20亿～30亿元企业5个，年产值30亿～50亿元企业1个，年产值50亿元以上企业4个。江苏大江建设工程有限公司、江苏三泰建设工程有限公司、泰州宝厦建设工程有限公司入选泰州市建筑业综合实力三十强企业，江苏金领建设发展有限公司、泰州市宏泰市政工程有限公司入选泰州市建筑业企业基础设施类专业十强，江苏广源幕墙装饰工程有限公司、双建建设股份有限公司、江苏瑞兴建设有限公司、鹏浩建设工程有限公司入选泰州市建筑业企业基础设施类和装饰装修类专业十强。江苏中江装配式建筑科技股份有限公司获评2022年度省级建筑产业现代化示范基地。

2022年泰州医药高新区（高港区）新增资质以上建筑企业一览表

表13

资质	企业名称
一级资质	江苏金云建设工程有限公司
	江苏华为项目管理有限公司
	江苏首泰建设发展有限公司
	双建建设股份有限公司
	江苏吉成建设工程有限公司
	江苏琦源建设工程有限公司
	江苏君益智能建筑科技有限公司
	江苏大天环境科技有限公司
二级资质	泰州市金俊市政建设工程有限公司
	江苏诚益建筑科技有限公司
	江苏骏嘉建筑工程有限公司
	泰州鑫沐源建设工程有限公司
	泰州市飞恒建设工程有限公司
	泰州市嘉昊市政园林工程有限公司
	江苏派润智能科技有限公司
	江苏巨凯建设工程有限公司
	泰州鑫耘机电工程有限公司
	江苏捷事达电气有限公司
	江苏君越建筑装饰有限公司

2022年泰州医药高新区（高港区）产值10亿元以上建筑企业一览表

表14

企业名称	2022年产值（亿元）
江苏华泰建设工程有限公司	83.07
江苏大江建设工程有限公司	79.88
江苏临港建设有限公司	61.01
江苏三泰建设工程有限公司	51.13
泰州市宏泰市政工程有限公司	48.24
江苏洲岸建设工程有限公司	28.57
泰州市飞越建筑安装工程有限公司	28.33
泰州金土木建设工程有限公司	23.51
泰州宝厦建设工程有限公司	21.78
江苏环宇水利水电工程有限公司	21.63
江苏沪泰建设工程有限公司	19.67
江苏省东南交通工程有限公司	15.50
江苏昀都建设工程有限公司	15.41
泰州市金伟天建筑安装工程有限公司	13.96
江苏广源幕墙装饰工程有限公司	13.66
泰州市建平建筑安装工程有限公司	12.57
江苏祥安建设工程有限公司	11.10
江苏鼎豪建设工程有限公司	10.82
江潮建设有限公司	10.15

【建筑装饰企业】 2022年，全区有在建筑装饰企业163个，其中一级资质企业15个。全区建筑装饰企业产值35.08亿元，从业人员3571人。江苏广源幕墙装饰工程有限公司被认定为江苏省建筑业“百强企业”（建筑装饰类）。

【建筑队伍】 2022年，全区建筑业从业人员19.98万人，境外施工人数127人。通过建设工程高级职称评审61人、中级职称评审231人、初级职称评审110人。

【建筑市场开拓】 2022年，江苏大江建设工程有限公司继续拓展深圳市场和海外市场。江苏临港建设有限公司承接宿迁泗阳东方红郡地块项目三期和南京六合区宇业・天逸华府建筑安装工程。江苏广源幕墙装饰工程有限公司承建或参建秦山核电信息中心建设项目幕墙工程、陇南市公共卫生应急中心建设项目室内装修工程、长春东北亚国际博览中心F01地块展馆（一批次）幕墙工程、岳阳市妇幼保健院迁建及岳阳市儿童医院新建PPP项目装饰装修工程、乳山市人民医院新院区建设PPP项目室内精装专业分包工程等。江苏瑞兴建设有限公司在上海承建集成电路制造用300毫米硅片技术研发与产业化项目装修工程二阶段工程和东华大学附属实验学校扩建工程项目。

【建筑市场监管信息平台】 2022年，泰州医药高新区（高港区）推进“泰州市建筑市场监管与信用信息一体化工作平台”应用，完善、更新入库企业信息。全区入库建筑企业318个，信用平台信息达标率100%。

（程　刚）

【建筑工程创优】 2022年，全区建筑企业共获得市优质工程奖“梅兰杯”5个，分别为江苏临港建设有限公司承建的天逸名邸20号、23号、25号楼工程，江苏省江建集团有限公司承建的泰州市高港高新区中小企业集约区标准厂房（双创基地）项目，江苏三泰建设工程有限公司承建的柴墟幼儿园项目，江苏三泰建设工程有限公司承建的泰州明发国际广场8-1地块37号、38号楼项目，正太集团有限公司承建的泰州市第三水厂深度处理工程。正太集团有限公司承建的云栖苑1号、2号、3号楼项目入选江苏省建筑产业现代化（装配式建筑）示范工程，正太集团有限公司承建的泰州市人民医院新区医院（二期）工程、江苏省建安建设集团有限公司承建的医药园区6号地块商住项目（写字楼二期）项目入选江苏省建筑产业现代化（BIM技术应用）示范工程。江苏润泰工程项目管理咨询有限公司在2022年度江苏省百万城乡建设职工职业技能竞赛“新点杯”建筑工程电子交易决赛取得全省第1名。

【建筑施工管理】 2022年，全区共有纳入监管的新建工程项目113个，总施工面积215.36万平方米，工程造价57.09亿元。召开安全例会18次，举办现场安全集中咨询活动2次、安全宣讲2次、安全培训2次，发放安全宣传手册2000余份，布置安全生产警示标语和举报奖励公告400余处。组织节后复工、扬尘整治、起重机械、深基坑及高支模、脚手架工程、施工消防等专项检查12次，下发隐患整改通知书467份、停工整改通知书36份。约谈参建单位项目负责人15人，集中约谈项目8次，由区城建监察大队查处案件10例，通报批评项目8个，对8个企业扣除信用分。配合市住房城乡建设局开展在建工程项目综合大检查2次，对预拌混凝土企业进行专项督查考核1次。全区建筑工地围挡设置率100%，施工道路硬化率100%，规模以上工程车辆冲洗平台设置率100%，渣土密闭运输率100%，裸土覆盖率98%，建筑工地整治达标率98%。

【建筑行业农民工工资保障】 2022年，区住房城乡建设局推行农民工实名制系统，实现实名用工全覆盖。全年受理建筑行业农民工工资上访案件56件，涉及农民工230人，帮助农民工追回拖欠工资200万元。

（王　斐）

【江苏华泰建设工程有限公司】 成立于1996年12月，拥有建筑工程施工总承包一级资质、对外承包工程经营资质，拥有8万平方米的后方基地和科技创业基地。连续多年被评为江苏省建筑行业竞争力百强企业。2022年，完成建筑业总产值83.07亿元，工程结算收入74.66亿元。

【江苏临港建设有限公司】 前身为泰州市口岸建筑安装工程有限公司，始创于1975年。取得房屋建筑施工总承包一级资质，建筑装修装饰专业承包一级资质，市政公用工程施工总承包二级资质，防水防腐保温工程、消防设施工程专业承包二级资质，机电、钢结构、起重设备安装专业承包资质。2022年，完成建筑业总产值61.01亿元，工程结算收入24.91亿元，获评泰州市建筑业最具成长型企业。

【江苏三泰建设工程有限公司】 前身为1983年成立的泰兴县刁铺建筑安装工程公司。取得建筑工程总承包一级资质、建筑装修装饰工程专业承包一级资质、市政公用工程施工总承包二级资质、钢结构工程专业承包二级资质。2022年，完成建筑业总产值51.13亿元，工程结算收入44.48亿元，获评泰州市建筑业综合实力三十强企业。

【泰州市宏泰市政工程有限公司】 前身为1993年成立的泰兴市煤气设备安装公司。取得市政公用工程施工总承包二级资质，桥梁工程专业承包二级资质，建筑工程施工总承包三级资质，GB1公用管道、GC2工业管道特种设备生产许可证。2022年，完成建筑业总产值48.23亿元，工程结算收入43.07亿元，获评泰州市建筑业企业（基础设施类）专业十强企业。

【江苏洲岸建设工程有限公司】 前身为1997年成立的泰州市口岸市政工程有限公司。取得建筑工程总承包二级资质、建筑装修装饰工程专业承包二级资质、市政公用工程施工总承包二级资质、消防设施工程专业承包二级资质。2022年，完成建筑业总产值28.57亿元，工程结算收入25.49亿元，获评2022年度泰州市建筑业最具成长型企业。

【泰州宝厦建设工程有限公司】 系由泰州市交通产业集团下属子公司江苏中泰建发建设集团有限公司与江苏宸业建设工程有限公司共同出资成立的国有控股公司。成立于2016年12月，注册资本1亿元。获得建筑工程总承包一级资质。2022年，完成建筑业总产值21.78亿元，工程结算收入19.59亿元，获评泰州市建筑企业综合实力三十强企业。

（程　刚）

服务业

金融业

【概况】 至2022年年末，泰州医药高新区（高港区）共有各类金融机构88个。其中，银行机构20个，保险机构38个，证券机构4个，小额贷款公司12个，融资担保机构3个，融资租赁机构2个，商业保理机构4个，典当行5个。年内，工商银行金融中心支行、江苏银行新区支行、邮储银行智慧支行相继落户开业。至年末，银行机构本外币各项存款余额1484.1亿元、贷款余额1241.9亿元，比年初分别增加158.1亿元、197.5亿元。保费收入48.23亿元，比年初增长100万元。（张　驰）

【中国工商银行股份有限公司泰州高港支行】 至年末，支行各项存款余额75.3亿元，较年初新增6.07亿元；支行各项贷款余额58.09亿元，较年初新增23.7亿元。共有营业网点4个，自助银行5个。全年投放项目贷款12.88亿元，普惠贷款（人行降准口径）余额6.61亿元，个人贷款余额8.62亿元，其中个人住房贷款余额3.81亿元。成功落地“扬子江医药代表个人经营贷款”方案化营销，打通普惠批量获客的新通道。（工行高港支行）

【中国农业银行股份有限公司泰州高新支行】 资产业务　至年末，本外币各项贷款余额129.26亿元，比年初净增16.58亿元，其中制造业贷款净增6.22亿元。全年普惠贷款净增5.69亿元。其中，小微贷款净增2.7亿元，农户货款净增1.41亿元，个人生产经营贷款净增1.58亿元。

负债业务　至年末，本外币各项存款余额190.2亿元，比年初增加39亿元，比同期增加38.3亿元。本外币各项存款日均余额176.2亿元，比年初增加15.7亿元。其中，人民币对公各项存款日均增量8.56亿元，人民币个人各项存款日均增量7.51亿元。组织首季综合营销活动、“季季争先”、“比学赶超”等营销竞赛活动。

中间业务　实现中间业务营业收入4.93亿元，比同期增加0.32亿元；实现拨备后利润3.74亿元，增加0.27亿元；实现中间业务净收入9917万元。（赵　晨）

【中国银行股份有限公司泰州高港支行】 至年末，支行本外币存款（含表内）日均余额95.81亿元，较年初上升16.51亿元。其中，公司存款余额67.5亿元，储蓄存款余额28.31亿元。人民币贷款时点余额为42.66亿元，较年初上升2.62亿元。其中，公司贷款余额33.68亿元，个人贷款余额8.98亿元。对区域内重点客户进行授信支持，与扬子江药业集团有限公司、中海油气（泰州）石化有限公司、长城汽车股份有限公司泰州分公司、江苏汇福蛋白科技有限公司、江苏苏萨食品有限公司、益海（泰州）粮油工业有限公司、国家能源集团泰州发电有限公司等重点企业保持业务合作。发挥外汇业务专长，向区域内的外汇外贸企业提供专业服务。（田　军）

【中国建设银行股份有限公司泰州医药高新区支行】 至年末，支行一般性核心存款余额52.78亿元，新增7.35亿元；各项贷款余额59.84亿元，新增14.41亿元；实现中间业务净收入5600万元。

资产业务　新增大中型授信批复14笔，金额40亿元，投放贷款20亿元。普惠贷款较年初净新增5.4亿元，客户数净新增超417户，比年初增长66%。

风险防控　建立负面风险客户名单，认识潜在风险，提前预判。全年主动压缩退出潜在风险客户4户，金额3500万元，不良处置1921万元，贷款不良率较年初下降0.38%，降至0.09%。（建行医药高新区支行）

【交通银行股份有限公司泰州高港支行】 至年末，支行各项存款余额48.35亿元，较上年新增11.92亿元。各项贷款余额36.14亿元，较上年新增9.17亿元。普惠客户累计159户，新增60户；普惠贷款余额3.04亿元，新增发放0.88亿元。（李　华）

【中国邮政储蓄银行股份有限公司泰州市分行】 至年末，分行资产总额770.08亿元，比年初增加100.86亿元，增长15.07%；本外币各项存款余额714.53亿元，比年初增加93.7亿元，增长15.09%；本外币各项贷款余额355.55亿元，比年初增加55.19亿元，增长18.37%；不良贷款率0.31%。获评2019—2021年度江苏省文明单位、2021年度泰州市诚信单位、2021年度泰州市放心消费创建示范企业。

服务实体经济　实体贷款净增50.03亿元，占比90.67%。制造业贷款余额45.41亿元，增长31.43%。服务科创类企业客户269户，占全行小企业客户比重的41.19%，省、市级及以上专精特新企业服务覆盖率14.88%。绿色贷款余额19.24亿元，增长29.3%。

服务乡村振兴战略　涉农贷款余额126.18亿元，净增19.66亿元，其中普惠涉农贷款净增6.05亿元；获批乡村振兴项目贷款6个，金额9.3亿元，投放2.3亿元。建成信用村1381个，采集信用户信息4.69万户，其中A级以上信用户2.2万户，完成信用村及A级信用户建设目标。

助力中小企业纾难解困　全行普惠型小微企业贷款余额71.59亿元，增长22.54%，贷款户数7752户，增加642户。小微企业贷款中，中长期贷款占比较上年提升3.07个百分点，信用贷款占比较上年提升3.01个百分点。民营企业贷款余额111.96亿元，占企业类贷款的52.64%，净增28.77亿元，贷款户数10509户，增加1769户。

（邮储银行泰州市分行）

【平安银行股份有限公司泰州分行】 至年末，分行各项贷款余额51.52亿元，较年初减少1.84亿元。其中，公司贷款余额40.05亿元，较年初减少2.35亿元；个人贷款余额11.47亿元，较年初增加0.51亿元。至年末，各项存款余额98.34亿元，较年初增加11.15亿元。其中，单位存款余额87.35亿元，较年初增加9亿元；储蓄存款余额11.68亿元，较年初增加2.15亿元。扶持小微企业普惠小微贷款7.08亿元，较年初增加0.63亿元。全年普惠小微首贷户合计287户，投放贷款1.14亿元。支持制造业发展，制造业贷款余额4.03亿元，较年初增加2.03亿元。其中，制造业信用贷款2.8亿元，较年初增加1.17亿元。（唐　琴）

【江苏苏州农村商业银行股份有限公司泰州分行】 至年末，分行共有信贷客户近3000户，贷款余额49.63亿元。其中，公司客户500户，贷款余额38.06亿元；零售客户2500户，贷款余额11.57亿元。分行走访园区18个、乡镇民营小微企业600余个，新增合作小微企业32个，向普惠小微企业发放贷款10.73亿元。通过无还本续贷、展期等方式对4.16亿元普惠小微贷款实现延期还本付息，惠及小微企业及个体工商户278个。（陈菲菲）

【渤海银行股份有限公司泰州分行】 至年末，分行本外币各项贷款余额19.5亿元，比上年末增长130.2%；本外币各项存款余额15.5亿元，增长98.6%。普惠小微贷款新增0.57亿元，实现零的突破。鑫泰集团美元债发行备证、高教集团二期项目贷款、海发集团城市更新贷等重点项目落地。（严文渊）

【中信银行股份有限公司泰州高港支行】 至年末，支行各项存款余额38.73亿元，各项贷款余额24.53亿元；实现国际收付汇量9580.96万美元，结售汇业务6032.9万美元。全年资产业务不良率为零。陆续新增“订单e贷”“出口e贷”“惠加e贷”“信e链”“信e销”等供应链金融产品，以及各类积分卡打分模式优化融资流程。（季　蕾）

【上海浦东发展银行股份有限公司泰州高港支行】 至年末，支行各项存款余额6.8亿元，其中对公存款余额5.2亿元、储蓄存款余额1.6亿元；各项贷款余额12.2亿元，比年初增加2.4亿元，其中零售贷款3.32亿元。个人金融资产3.34亿元。

（浦发银行高港支行）

【招商银行股份有限公司泰州高港支行】 至年末，支行各项存款余额9.6亿元，贷款余额0.78亿元。年内，推出“目标盈”等特色产品，通过“闪电贷”“小微贷”等贷款产品助力经济发展。（肖　辰）

【江苏银行股份有限公司泰州高港支行】 至年末，支行各项存款余额85.09亿元。其中，公司存款余额75.73亿元，较年初新增13.18亿元，个人存款余额9.36亿元，较年初新增0.95亿元。总资产余额16.5亿元，较年初新增1.01亿元。各项贷款余额72.13亿元，其中公司贷款余额64.86亿元，较年初新增9.05亿元，公司贷款中普惠贷款余额5.56亿元，较年初净增7439万元；个人贷款余额7.27亿元。5亿元并购贷款完成批复并投放，实现支行民营并购贷款投放的新突破。走进园区、镇街开展政策宣传、项目路演等活动，普惠金融新增投放1.92亿元。（汪　俊）

【南京银行股份有限公司泰州高港支行】 至年末，支行本外币各项存款余额72.64亿元，其中企业存款余额60.87亿元、储蓄存款余额11.77亿元。贷款余额50.68亿元，其中公司贷款余额46.58亿元、个人类贷款余额5.1亿元。共签约投贷联动企业4个。为中小微企业通过各种担保措施新增提供授信近20户，合计提供授信1.5亿元。（张　平）

【江苏泰州农村商业银行股份有限公司】 至年末，泰州医药高新区（高港区）辖区内所有支行各项存款

344.5亿元，较年初增加29.46亿元，增长9.35%。各项贷款余额300.19亿元，增长12.6%。全年通过整村授信、践行普惠型金融完成165个行政村（社区）的“阳光E贷”预授信，授信户数84612户，金额100.07亿元，户均12万元；已签合同户数13088户，金额22.5亿元；已用信户数8198个，金额11亿元。评选出“信用镇”1个、“信用村”5个、“信用企业”15个、“信用户”466户。通过推出针对普通人群的新产品“惠民抗疫贷”，授信5301户，授信金额4.75亿元，其中用信2801户，用信金额2.37亿元。　（泰州农商行）

【泰州高港兴福村镇银行有限责任公司】 至年末，全行各项存款余额6.38亿元，各项贷款余额10.1亿元，不良贷款率为0.99%，资产状况良好。净利润1599.36万元。全年无安全责任事故和案件发生。

（高港兴福村镇银行）

【江苏江阴农村商业银行高港支行】 至年末，支行实现存款余额6.27亿元，其中对公存款5.09亿元、对私存款1.18亿元。加强对重点企业、成长型小微企业的信贷投放，推出“结算贷”“生意贷”“余抵贷”等特色信贷产品。贷款余额7.25亿元，其中短期贷款5.2亿元、中长期贷款2.05亿元。推出普惠贷款“无忧贷”产品、“江小鱼”线上贷款产品，向合法生产经营的小微企业、个体工商户或者个人发放信用贷款。（苏慧萍）

【中国人民财产保险股份有限公司泰州市分公司高港营业部】 2022年，高港营业部完成全险种保费9470万元。完成车险保费4509万元，比上年增长3.16%；完成个非业务保费372万元，增长48.6%；完成商团业务保费3627万元，与上年基本持平；完成农险保费962万元，增长3.35%。实现表结利润878万元，增长281.61%。　（季　丹）

旅游业

【概况】 2022年，泰州医药高新区（高港区）共接待游客193.21万人次，实现旅游总收入2740.53万元。全区有国家AAAA级旅游景区2个、国家AAA级旅游景区6个、省工业旅游区4个、全国乡村旅游重点村1个、旅行社11个。全年旅游行业无安全生产事故。

2022年泰州医药高新区（高港区）省级以上旅游景区、工业旅游区、乡村旅游区一览表

表15

类　别	景区名称	级别	地　址
国家A级以上旅游景区	口岸雕花楼景区	AAAA	口岸街道金港南路五一桥南侧
	天德湖公园	AAAA	海军东路
	中国人民解放军海军诞生地纪念馆	AAA	白马镇
	白马文化旅游区	AAA	白马镇野黄线白马庙
	泰州市本草养生景区（江苏中药科技园）	AAA	大泗镇泗白路8号
	泰州市凤栖湖景区	AAA	口岸街道张马社区
	引江河风景区	AAA	泰州引江河高港枢纽
	泰州海军舰艇文化园	AAA	泰州长江公路大桥东南侧
省工业旅游区	世泽雕艺文化旅游区	—	野黄线东50米
	中国医药城工业旅游区	—	中国医药城
	蜂奥工业旅游区	—	健康大道803号G53幢3层西侧
	扬子江药业集团工业旅游区	—	扬子江中路
全国乡村旅游重点村	白马镇陈家村	—	白马镇陈家村

2022年泰州医药高新区（高港区）旅行社一览表

表16

旅行社名称	地　址
泰州市高港区中山国际旅行社有限公司	口岸街道通扬路51号
泰州走天下国际旅行社有限公司	口岸街道港都花园综合楼102室

续表16

旅行社名称	地　址
泰州市高港区曙光国际旅行社有限公司	口岸街道金港北路540号
泰州市驿鹿国际旅行社有限公司	口岸街道金港南路庆元街60号
泰州市永乐旅行社有限公司	刁铺街道扬子江北路28路
泰州市蔡家大院研学旅行有限公司	许庄街道蔡庄村孝义路12号
泰州市飞鹿国际旅行社有限公司	青年南路2号
江苏途乐国际旅行社有限公司	鼓楼南路293号
泰州鸿程文化旅游发展有限公司	健康大道803号
泰州芯超康旅旅游有限公司	中国医药城标准厂房区5期G103栋
泰州市正华文化传媒策划有限公司	泰高路309号泰州国际汽车城7幢102室

【旅游品牌创建】 2022年，泰州海军舰艇文化园创成国家AAA级旅游景区。爱情海欢乐田园景区和白马镇陈家村入选泰州市乡村旅游精品线路之“杏好有你采摘玩乐之旅”，爱情海欢乐田园景区入选省第十三届江苏省乡村旅游节康养度假产品，中国人民解放军海军诞生地纪念馆、泰州海军舰艇文化园、白马镇陈家村、爱情海欢乐田园景区入选江苏省文化和旅游厅“相约红色圣地，品味田园风情”乡村2日游线路，泰州海军舰艇文化园—口岸雕花楼景区—爱情海欢乐田园景区旅游线路入选市文化广电和旅游局、市总工会职工（劳模）疗休养活动推荐线路。泰州城色文化传媒有限公司“梅郎故里戏剧娃娃”获得第二届江苏文创商品大赛铜奖。6月，泰州医药高新区（高港区）被列入江苏省全域旅游示范区建设单位。

【文化旅游项目建设】 2022年，全区实施文化旅游项目9个。其中，新建项目1个（文化创意设计项目），续建项目7个（住宿餐饮项目1个、景区项目1个、乡村旅游项目1个、文旅综合体项目1个、旅游医疗健康与养生养老项目1个、文化创意设计项目2个），改扩建项目1个（住宿餐饮项目）。9个文化旅游项目计划总投资35.59亿元。

（孔小军）

2022年泰州医药高新区（高港区）文化旅游项目一览表

表17　　单位：万元

项目名称	建设性质	项目类别	建设规模和内容	计划投资总额	年内完成投资
天禄湖国际大酒店	续建	住宿餐饮	占地面积2.33万平方米，总建筑面积6.6万平方米（地上4.2万平方米，地下2.4万平方米）。分两期建设，其中，一期建筑面积4.2万平方米，二期建筑面积2.4万平方米	80000	4000
海燕大酒店A、B区装饰改造项目	改扩建	住宿餐饮	对海燕大酒店A、B区进行改造，改造面积3.83万平方米，改造内容为室内装饰工程、消防工程、给水工程、排水工程（雨水、污水）、电力工程、绿化工程、照明工程等	19555	400
雕花楼景区二期项目	续建	景区	占地面积6.67万平方米，建筑面积6.9万平方米，包括休闲娱乐、商业餐饮、主体展馆等设施	55000	1000
大马水生植物园	续建	乡村旅游	主要建设水生植物扩展区、小动物饲养园区及配套厕所、道路等	1000	160
泰州爱情海欢乐田园	续建	文旅综合体	规划用地面积约180万平方米，建设玫瑰种植区、核心旅游景区、康养社区和玫瑰深加工销售研发中心等	100000	3200

续表17

项目名称	建设性质	项目类别	建设规模和内容	计划投资总额	年内完成投资
国际精准健康中心特色医疗区（原精准医疗孵化基地）	续建	旅游医疗健康与养生养老	占地面积5.47万平方米，总建筑面积约12.6万平方米（地上约8.1万平方米，地下约4.5万平方米）。其中，一期共7栋建筑面积约6.4万平方米，二期共7栋建筑面积6.2万平方米	100000	400
柴墟“宝”系列文创产品项目	续建	文化创意设计	该项目由“柴墟宝盒”“柴墟宝香”“柴墟宝囊”“柴墟通宝”4个类型文创产品组成	80	8
梅郎故里戏剧娃娃项目	续建	文化创意设计	源自梅兰芳创立的“梅派”艺术人物造型以及传统戏剧经典人物造型，通过娃娃的形式表现出来，将“手办”与传统文化相结合	120	5
梅郎故里天然富硒水项目	新建	文化创意设计	以梅兰芳故乡泰州地标景色结合梅兰芳舞台造型，创作出12幅作品；结合恩施大峡谷天然富硒自涌泉水，讲述梅兰芳与故乡泰州的故事	150	126
合计	—	—	—	355905	9299

【旅游公共服务设施】 2022年，泰州医药高新区（高港区）推进旅游标识牌规范管理和旅游厕所建设，建立旅游标识牌名录库和巡查台账，新建旅游厕所2座（刁东路游园公厕、天禄湖5号厕所）。

【旅游推介】 2022年，泰州医药高新区（高港区）组织旅游企业、文创单位参加泰州市在江西省南昌市、安徽省芜湖市举办的旅游推介活动。组织旅游企业参加第四届大运河文化旅游博览会。组织江苏蜂奥生物科技有限公司、泰州城色文化传媒有限公司参加泰州市美食旅游季上海开幕式活动。

【泰州海军舰艇文化园获评国家AAA级旅游景区】 12月15日，泰州海军舰艇文化园被认定为国家AAA级旅游景区。泰州海军舰艇文化园位于永安洲镇泰州长江公路大桥东南侧，东至锦江路，西至长江，南至建桥路，北至生态红线边界（港池）。总面积36.07万平方米，核心地块舰艇港池面积16万平方米，一期投资约3000万元。主要依托881洪泽湖号补给舰、108西宁号驱逐舰、515厦门号护卫舰和274潜艇“三舰一艇”规划建设，包括舰艇研学拓展中心、舰艇文化体验中心、生态湿地保护区等片区，于2021年对外营业。2022年，共接待游客30.6万人次。　（仲　明）

房地产业

【概况】 2022年，泰州医药高新区（高港区）共有房地产开发企业38个。金通海棠湾、金通桃花源、翰林赋花园、和风雅居等项目基本建成。万象天成花园、山河原著花园、大华锦绣四季、山望花园、东方小镇四期等项目开工建设。

【房地产开发项目】 官河湾　位于江州南路东侧、南官河西侧、高港路南侧，由泰州华诚金晟置业有限公司投资建设。占地面积5.28万平方米，建筑面积11.62万平方米，总投资12亿元，年内在建。

金通桃李园　位于鼓楼南路东侧、惠山路西侧、淮河东路北侧，由泰州海通置业有限公司投资建设。占地面积14.08万平方米，建筑面积39.56万平方米，总投资51.01亿元，b地块住宅全部封顶，其余住宅正在施工中，商业暂未开工。

和风雅居　位于春风路北侧、丰岸路东侧、鼓楼南路西侧，由江苏赛福瑞企业管理有限公司投资建设。占地面积1.01万平方米，建筑面积1.09万平方米，总投资1.84亿元，年内在建。

金铭雅园、茂悦雅园、华樾花园、悦天地商业街区　位于海陵南路东侧、金山路西侧、周山河路北侧、洪泽湖路南侧，由泰州城茂房地产开发有限公司投资建设。占地面积30.78万平方米，建筑面积70.29万平方米，总投资80.59亿元，年内在建。

君启雅苑　位于栖霞山路西侧、钟山路北侧，由泰州市弘居房地产开发有限公司投资建设。占地面积8.11万平方米，建筑面积21.23万平方米，总投资24.13亿元，年内在建。

栖凤园　位于周山河路北侧、太湖路南侧，由泰州市弘居房地产开发有限公司投资建设。占地面积11.78万平方米，建筑面积21万平方米，总投资26.73亿元，年内在建。

金通桃花源　位于引凤路东侧、东风快速路西侧、永定快速路北

金铭雅园、茂悦雅园、华樾花园、悦天地商业街区项目
区住房城乡建设局 供图

侧，由泰州海湖置业有限公司投资建设。占地面积15.23万平方米，建筑面积37.07万平方米，总投资36.6亿元，1～3栋、5～12栋、15～23栋、26～32栋已竣工，其余住宅楼栋封顶。

盛雅园 位于华欣路东侧、海陵南路西侧、仲野路南侧，由泰州华盛投资开发有限公司投资建设。占地面积6.6万平方米，建筑面积17万平方米，总投资15亿元，1～8栋完工。

华润国际花园 位于鼓楼南路东侧、海陵路西侧、洪泽湖路北侧，由华润置地（泰州）有限公司投资建设，占地面积28.36万平方米，建筑面积124.38万平方米，总投资48.74亿元，年内在建。

锦绣四季 位于江州南路西侧、鲍中路北侧，由大华泰州投资发展有限公司投资建设。占地面积7.7万平方米，建筑面积16万平方米，总投资26亿元，年内在建。

山河原著 位于前进河东侧、永定快速路北侧，由泰州市领航房地产开发有限公司投资建设。占地面积6.66万平方米，建筑面积17.81万平方米，总投资21.23亿元，年内在建。

天禄湖花园 位于海陵南路东侧、仲联路西侧、药城大道北侧，由泰州华盛投资开发有限公司投资建设。占地面积12.2万平方米，建筑面积31万平方米，总投资25亿元，1栋、4～25栋完工。

山望花园 位于天虹路东侧、江州南路西侧、高港路北侧，由泰州润通房地产开发有限公司投资建设。占地面积7.3万平方米，建筑面积22.5万平方米，总投资26.3亿元，年内在建。

东方温莎小镇花园四期 位于泰州大道西侧、药城大道北侧、口泰路东侧，由江苏华联东方置业有限公司投资建设。占地面积7.47万平方米，建筑面积18.87万平方米，总投资15.07亿元，125～127栋、135～140栋、143栋、147～151栋完工，141～142栋出地面，128～134栋主体建设至17层。

金通海棠湾 位于南官河东侧、青年南路西侧、永兴路北侧，由江苏金文置业有限公司投资建设。占地面积12.23万平方米，建筑面积30.49万平方米，总投资27.8亿元，11月全部交付。

万象天成花园 位于扬子江路西侧、春港路南侧，由泰州爱港置业有限公司投资建设。占地面积8.44万平方米，建筑面积24.7万平方米，总投资18.6亿元，年内在建。

天逸河畔 位于天虹路东侧、鲍中路南侧，由泰州宇和置业有限公司投资建设。占地面积5.73万平方米，建筑面积11.42万平方米，总投资8.25亿元，6月全部交付。

映月璟园 位于永定路南侧、春兰南路西侧，由江苏泰湖地产有限公司投资建设。占地面积9.61万平方米，建筑面积24.38万平方米，总投资27.16亿元，年内在建。

映月兰庭 位于春兰南路西侧、兴塘路北侧，由江苏泰湖地产有限公司投资建设。占地面积8.64万平方米，建筑面积20.65万平方米，总投资26.27亿元，年内在建。

翰林赋花园 位于海军大道南侧、海陵南路西侧，由泰州港新正置业有限公司投资建设。占地面积5.37万平方米，建筑面积18.94万平方米，总投资16亿元，年内在建。

华润国际花园四期 位于永定东路南侧、洪泽湖路北侧，由华润置地（泰州）有限公司开发建设。占地面积3.29万平方米，建筑面积10.79万平方米，总投资8.65亿元，年内在建。

深业云栖苑 位于海陵南路西侧、云龙湖路南侧、天德湖公园西侧，由深业集团投资开发。占地面积1.94万平方米，建筑面积5.72万平方米，年内在建。

置地商务中心 位于永定东路南侧、洪泽湖路北侧，由华润置地（泰州）有限公司开发建设。由高188米的双塔组成，建筑面积23.9万平方米，总投资11亿元，年内在建。

【房产管理】 2022年，全区批准预销售面积51.75万平方米、4049套，成交面积41万平方米、2991套。商品住宅成交均价14559元/平方米。做好既有房屋安全排查和白蚁防治等工作。

【物业管理】 2022年，全区有物业企业85个。康居东苑、三星嘉苑创成党建引领物业管理服务工作省级示范点，康居新城东苑、康居新城西苑创成省级宜居示范居住区，香樟湾、西湖翠苑、祥龙家园、荣御蓝湾、格林美郡创成党建引领物业管理市级示范点，康居新城东苑、华润国际社区、永安花苑、明发秋红园、凤凰园创成祥泰小区，康祥颐园、天禄湖花园、湖畔铭园等24个小区创成市级园林居住区，世茂河滨、苏源花园、苏源聚福园、西湖翠苑、华润国际花园、泰和福苑、香榭湾、金通桃花源及上海大花园9个小区创成智慧物业示范小区。共成立业主委员会（物业管理委员会）109个。妥善处置物业服务、房地产开发、中介服务矛盾诉求和咨询求助1050件。

（魏国涛）

批发零售业

【概况】 2022年，泰州医药高新区（高港区）完成批发业销售额1260.6亿元，比上年下降1.8%；完成零售业销售额280亿元，增长4.5%。全区在库限额以上批发零售单位562个。全区有大型城市综合体3个，包括华润万象城、泰州天虹购物中心、教育教学区邻里中心。有各类商品交易市场27个，其中农贸市场19个、小商品市场1个、专业市场7个。有38个加油站（点）通过成品油零售经营批准证书年检，其中中石化21个（水上加油点1个）、中石油3个、中海油5个、社会加油站9个。全年累计完成汽车销售主体登记管理103个。

【泰州万象城】 位于永定东路南侧，鼓楼南路西侧，海陵南路东侧，于2021年6月25日开业。总建筑面积18.3万平方米，主体地上3层（局部4层）、地下2层，商业租赁面积6.4万平方米，拥有停车位近1400个。涵盖三大商业空间（A、B、C馆），4大特色主题区（儿童主题区、连廊主题区、牙蜜市集主题区、mama care母婴旗舰），10种业态分布（零售、餐饮、儿童、配饰、家用、个护、超市、生活精品、数码、娱乐），超过300个知名品牌入驻。2022年，月均营业额超1亿元。创成全区首个国家级绿色商场。

泰州万象城夜景　　区党工委（区委）宣传和统战部　供图

【泰州天虹购物中心】 位于泰州大道与药城大道交会处，于2019年12月29日开业，共有4层，经营面积近6万平方米，地上停车场1.5万平方米、停车位500余个。共有餐饮“YES！街”、亲子主题街区“儿童小镇”、RUN LIKE 运动街区3个街区。有职工800余人，入驻商户120余个。2022年，完成营业额超5000万元。

（徐　颖）

【泰州名流国际家居博览中心】 位于东风南路和永定东路交会处，于2011年12月建成开业，地下1层、地上5层，占地面积6万平方米，总建筑面积约16万平方米，投资总额6亿元。经改造商场一层至五层原有家居建材类门店调整至中心位置，外圈门店改造成临街店铺，用于引进餐饮、酒店、大型百货、购物超市、儿童娱乐、影院、休闲网咖、KTV等服务业项目。2022年，完成收入1313.41万元。

【红星美凯龙国际家居生活广场】 位于创业大道与泰州大道交会处，于2013年7月开业，总建筑面积6.29万平方米，营业面积4.45万平方米，采用第八代水晶魔方 shopping mall 结构，全玻璃外观造型。入驻商户200余个，汇集家居、建材、装饰品牌近300个。2022年，完成营业额1亿元。

【泰州国际汽车城】 位于泰州大道309号，占地面积1.59平方千米，于2010年11月开业。以汽车贸易为产业主导，入驻商户200余个，其中4S店31个，涵盖奔驰、宝马、奥迪、捷豹、路虎、林肯、沃尔沃、大众等品牌；配套建有4万平方米的汽车用品市场和4.2万平方米的室内二手车交易市场，从业人员8000余人。2022年，完成汽车销售约6万辆，占全市总量的70%。9月，杰通环保科技有限公司取得省商务厅报废汽车回收拆解企业资质认定，开始试运行。

（周　洪）

住宿餐饮业

【概况】 2022年，泰州医药高新区（高港区）完成住宿业营业额4.8亿

泰州天德湖宾馆　　区商务局　供图

元，餐饮业营业额21亿元。有限额以上住宿餐饮企业116个。

【泰州世茂茂御酒店】 位于泰州大道329号，拥有客房和套房262间、御咖啡西餐厅、御珍轩中餐厅、大宴会厅、大堂吧、健身房、游泳池等设施。2022年，酒店营业额4344万元。

【泰州天德湖宾馆】 位于海陵南路268号，建筑面积8万平方米，按五星级标准设计建造，拥有客房288间、3000个餐位的多功能厅、宴会厅、自助餐厅、包厢等设施。温泉面积近2万平方米，拥有室外温泉、室内温泉及休闲区域，温泉泡池40余个。2022年，酒店营业额1.24亿元。

【泰州万怡酒店】 位于三新路788号，有客房313间，其中双床房151间。设有宴会大厅2间，面积分别为1080平方米和430平方米；有多功能会议室7个，面积共1930平方米。万荟轩全日制餐厅有席位208个。行政酒廊位于酒店22层，可同时接待54人。2022年，酒店营业额2819万元。

【泰州中国医药城假日酒店】 位于健康大道805号，有客房192间。2022年，酒店营业额960万元。

【泰州维景国际大酒店】 位于港城路1-1号，由泰州市港城建设投资发展有限公司投资建设，并委托中国旅游集团酒店运营有限公司全权经营管理。是集客房、餐饮、康乐、会议、健身、娱乐于一体的五星级标准酒店。共有地上24层，地下2层。总建筑面积4.5万平方米，包括五星级酒店客房338间（套）、餐厅5间、会务及康体水疗中心等设施。2022年，酒店营业额6421万元。

【泰州海燕金陵精选酒店】 位于扬子江南路5号，由扬子江药业集团投资兴建、南京金陵酒店管理有限公司经营管理。有面积46平方米以上的宽敞客房240余间，包括行政套房、行政客房及豪华房。有宴会包间40余间，可同时容纳3800余人同时就餐。有会议室17个，最大的多功能厅可同时容纳3000人。2022年，酒店营业额1876万元。　（周　洪）

粮食购销

【概况】 2022年，泰州医药高新区（高港区）严格地方储备粮管理，推动涉粮问题巡察整改落细落实，组织开展夏秋两季粮食收购，修订《泰州医药高新区（高港区）粮食应急预案》，落实应急救灾物资储备，强化疫情防控物资保障，推进国有粮食企业改革，开展成品粮油及社会责任储备等工作。全区涉粮企业原粮收购79694吨，其中收购小麦3301吨、稻谷76393吨。原粮贸易销售140787吨，其中小麦贸易销售3301吨、粳稻贸易销售137486吨。国有粮食企业收购原粮7000吨，其中收购小麦2700吨、稻谷4300吨。全区落实社会责任储备2000吨，其中大米储备1000吨、大豆油储备1000吨。

【地方储备粮管理】 2022年，泰州医药高新区（高港区）完善地方储备粮补贴资金标准，出台《泰州医药高新区（高港区）区级储备粮财政补贴资金管理办法》，按照每年保管费110元/吨和轮换费小麦40元/吨、稻谷80元/吨的标准，由区财政予以补贴。贷款利息按照储备粮入库成本和同期银行一年期贷款利率计算，区财政给予全额补贴。全年实际拨付地方储备粮补贴193.86万元。

【粮食共同担保基金】 2022年，泰州医药高新区（高港区）设立区级粮食共同担保基金，由区发展改革委、区财政局、泰州引江城市开发建设有限公司、中国农业发展银行泰州市分行、泰州市高港丰穗粮食贸易有限公司签订粮食收购共同担保基金五方协议，成立粮食共同担保基金专户，区政府注入财政性引导资金25万元，泰州市高港丰穗粮食贸易有限公司参与出资25万元。

【涉粮问题专项巡察整改】 2022年，泰州医药高新区（高港区）粮食购销领域腐败问题专项工作领导小组召开专题工作部署会、专项民主生活会，制定出台开展粮食购销领域腐败问题专项整治工作方案，制定整改措施39条，完成专项巡察整改任务。　（戚湘群）

供销合作

【概况】 至2022年，区供销社建成镇级供销社8个、村级供销社4个，农民专业合作社（联合社）26个，社有企业11个，构建覆盖区、镇街、村（社区）的三级为农服务网络体系。2022年，全区供销系统实现销售总额49.36亿元，连锁企业销售额25.69亿元，农产品市场交易额13.06亿元，农副产品购进额7.71亿元。

【基层供销组织建设】 2022年，全区供销系统新增为农服务综合体1个（白马镇岱白村为农服务体）、专业合作社2个（泰州红发农资专业合作社、泰州市佴陈牛犇犇生态养殖专业合作社）。利用凤凰街道梅兴社区闲置资产成立凤凰街道供销有限公司，打造城市供销社样板。建设梅兴社区为民服务中心，提供老年活动、老年助餐、快递收发、日用品超市等综合服务。永安洲镇东江社区为民综合服务中心获评省级“三体两强”基层社。

【为农服务体系建设】 2022年，区供销社依托口岸街道供销社，建立引江社区乡村振兴服务中心，总投资1.5亿元，打造占地面积30万平方米的“相聚缘”乡村文化旅游示范区，提供文体旅游、农资配送、农业社会化等服务。推动药肥集采统配及包装废弃物回收工作，全区集采统配农药6.2吨，回收药肥包装废弃物233.6万件，处置药肥包装废弃物30.44吨，回收率95%，处置率100%。出台《关于开展生产、供销、信用“三位一体”综合合作试点的实施方案》，与中国农业银行股份有限公司泰州高新支行达成初步合作意向，签订战略合作框架协议，通过自建平台、冷链配送等模式，推动全区特色农产品出村进城，解决农产品销售难的问题；通过简化授信程序、延长授信期限、提高授信额度、放宽担保条件等方式，为新型农业经营主体发展提供金融支撑。选取胡庄基层供销社，开展生产、供销、信用“三位一体”试点工作。与区农业农村局对接，将“三位一体”试点纳入泰州医药高新区（高港区）2022年乡村振兴工作目标任务。区冷链物流配送中心项目完成主体工程建设，进行配套设施施工。

【社有资产管理】 2022年，区供销社出台《社有资产监督管理实施办法》，发挥泰州市高港区润港供销有限公司社有资产运营平台作用，完善“三重一大”、薪酬方案、财务管理等制度，提升社有资产运营效率。
（陈　巍）

电子商务

【概况】 2022年，泰州医药高新区（高港区）开展农村电商培训766人次，农村电商销售额6.7亿元，其中农产品线上交易额3.84亿元。落实“区农业十条”农产品流通销售奖励申报工作，江苏上膳源生态农业发展有限公司、江苏西来原生态农业有限公司获得支持；落实市、区电子商务专项扶持资金项目，促进企业开拓网络市场项目5个。区党工委（区委）农村工作领导小组下发《关于开展全区农产品流通增收服务的工作方案》，将农村电子商务考核纳入全区乡村振兴考核，细化农村电子商务交易额、农产品电子商务交易额、农产品电商品牌、农产品电商龙头企业等目标任务。培大育强江苏上膳源生态农业发展有限公司、江苏西来原生态农业有限公司、农村电商特色村胡庄镇赵市村等电子商务载体，打造“江水清沙”“大泗良食”等区域公用品牌和企业品牌。上海突发新冠疫情后，江苏上膳源生态农业发展有限公司向上海供应蔬菜63.5吨、大米7.68吨、鸡蛋25.23万枚、禽类0.42万羽。江苏西来原生态农业有限公司与陕西省淳化县签订合作协议，日销售黄桃、葡萄等农产品2000余千克。组织社有企业开展电商助农销售活动2次，举办送电商实战培训课程“下乡”活动3次、农民丰收节暨农村电商直播大赛1次。农村电商相关经验做法被《中华合作时报》刊登推广。

【电商直播活动】 9月23日，泰州医药高新区（高港区）第五个“中国农民丰收节”暨农村电商直播竞赛活动在口岸街道引江社区举办，活动内容包含电子商务金融知识培训、电子商务技能培训、电子商务直播技能竞赛。12月15日，“健康名城”泰州首届电商直播大赛在扬子江大礼堂举办启动仪式，共吸引当地52个知名企业、76个直播团队、150名主播参赛。
（陈　巍　周　洪）

会展业

【概况】 2022年，泰州医药高新区（高港区）有会展中心1个，为中国医药城会展交易中心。

【中国医药城会展交易中心】 位于泰州大道388号。具有展览展示、专业交易、国际会议、综合配套等功能。会展中心室内展览面积4万平方米，主会议厅2990平方米，停车位1318个，会议室18间。2022年，中心共接待会议、展览活动48场。
（中国医药城会展交易中心）

物流业

【概况】 2022年，泰州医药高新区（高港区）有规模以上现代物流企业60个，实现营业收入68.9亿元。

2022年泰州医药高新区(高港区)规模以上现代物流企业名录

江苏优力博国际物流有限公司
泰州鸿宇国际货运代理有限公司
大泗医疗器械物流有限公司
泰州外轮代理有限公司
泰州中外运物流有限公司
泰州中外运船务代理有限公司
泰州长丰海运有限公司
泰州港务集团有限公司
泰州顺丰运输有限公司
泰州市长运汽车运输有限公司
中国邮政集团有限公司泰州市分公司
泰州市飞鹿客运有限公司
泰州远东国际船舶代理有限公司
泰州市华通船务有限公司
泰州申燃航运有限公司
江苏正德物流有限公司
泰州国际集装箱码头有限公司
泰州益友船务代理有限公司
泰州益海码头有限公司
泰州益嘉物流有限公司
江苏海企化工仓储股份有限公司
泰州港盛船务有限公司
泰州永安港务有限公司
泰州华盛物流有限公司
泰州东田船舶代理有限公司
泰州东港货运有限公司
泰州徽商物流有限公司
泰州统一超商有限公司
泰州韵达电子商务有限公司
泰州高远物流有限公司
江苏省粮食集团泰州粮食收储有限公司
泰州市通江油品装卸有限公司
泰州海泰油品装卸有限公司
泰州高港港务有限公司
泰州中瑞物流有限公司
泰州圆通速递有限公司
江苏泰高高速公路有限公司
泰州稳强船舶服务有限公司
江苏泰州大桥有限公司
泰州嘉航海运有限公司
泰州市锦泰货运代理有限公司
泰州芬威克物流设备有限公司
江苏永信船务有限公司
江苏皇成供应链管理有限公司
江苏鑫耀运输有限公司
泰州市德成航运有限公司
泰州远邦船舶服务有限公司
江苏华特物流有限公司
泰州东联油品装卸有限公司
江苏金扬子船务有限公司
泰州科建航运有限公司
泰州市百川物流有限公司
泰州杨湾益嘉港务有限公司
享运科技物流(泰州)有限公司
泰州汇福长荣物流有限公司
泰州天恒物流有限公司
江苏科畅供应链管理有限责任公司
江苏泰多供应链管理有限公司
泰州韵泰速递有限公司
泰州韵泰物流有限公司

【泰州外轮代理有限公司获评省重点物流企业】 2022年,泰州外轮代理有限公司被认定为省级重点物流企业,并纳入省级物流企业目录。公司位于伟创路68号,主要从事国际船舶代理业务,兼营海运代理业务和陆海联运国际货物运输代理业务,空运进出口货物运输代理业务,报关、报检业务。（苏 辉）

邮政·通信

·邮 政·

【概况】 2022年,泰州医药高新区(高港区)有快递分拨中心6个,快递公司25个,网点200余个,从业人员1700余人。全年快递业务量5815.84万件,比上年增长11.27%;快递业务收入9.94亿元,增长11.27%。成立中共泰州医药高新区(高港区)快递行业委员会,建立新业态新就业群体党员花名册。1人被省邮政局评为2022年度全省邮政管理系统邮政管理标兵。

【邮政发展服务】 2022年,区邮政管理局开展快递职工“喜迎二十大,走进新征程”红歌比赛。开展“高港小蜜蜂,关爱在行动”慰问活动,组织行业妇女参加“舒心解压”艺术插花培训和免费体检。做好基层快递网点参加工伤保险工作,开展参保培训300余人次。区寄递调解委员会受理快递矛盾纠纷246起,调处完成率100%。

【寄递安全保障】 2022年,区邮政管理局组织寄递企业做好常态化疫情防控和复工复产工作。构建安全风险分级管控和隐患排查治理双重预防工作机制。做好重要时期的寄递安保工作,开展安全、消防、救助等演练,共350余人次参加。开展联合检查、专项检查60余次。

（嵇晓东）

·通 信·

【电信】 2022年,中国电信股份有限公司泰州分公司两高区局(简称区电信局)完成主营收入2.52亿元,比上年增长12.9%,新兴业务收入0.66亿元,增长33.5%。新开服务网点9个。

业务发展　为全区18.3万用户提供移动通信服务,电信天翼用户较上年末增加1.69万户,网间份额提升1.82%。向11.2万户家庭、企业提供宽带服务,宽带用户增加0.78万户。向7.92万户家庭、企业提供电视接入服务,电视用户增加0.39万户。

家庭数字信息化　电信宽带平均带宽达368 M,较上年末提升94 M,电信宽带中千兆宽带占比达22.8%。5G用户占比达68.2%。推进智慧家庭及组网业务渗透,电信宽带家庭Wi-Fi渗透率52.4%。

企业云改数改　签约实施5G项目5个、智慧景区1个、智慧社区40个、智慧校园14所。国家能源集团泰州发电有限公司获评国家级5G全连接工厂，中海油气（泰州）石化有限公司获评省级5G全连接工厂。

适老化服务　组织适老微课堂82场次，服务特殊群体15人，开展相约星期二爱心翼站、夏日给户外工作者派发清凉大礼包、高考考点服务等活动。（夏　勤）

【移动通信】 2022年，中国移动通信集团江苏有限公司泰州分公司高港营销中心（简称高港移动）用户规模达26万户，运营收入超过2.3亿元，比上年增长4%。

网络建设　累计建设5G基站37个、700 M站点55个，完成高港沿江及建制乡镇5G全覆盖。利用5G室内分布系统完善扬子江药业集团等重点企业5G室内覆盖。解决网络弱覆盖16处，解决弱覆盖小区问题27个。结合政府民生工程，新增覆盖地下室5个及电梯36部。新增覆盖小区（行政村）10个，基本实现标准小区全覆盖，99%以上小区和村（社区）实现宽带接入。新购节点机房1处，千兆宽带用户达3.8万户。

宽带业务发展　新增覆盖小区（行政村、沿街）10个，新增覆盖用户6278户，实现小区、沿街、行政村全覆盖，宽带总覆盖18.34万户，带宽1000 M以上的用户占比40.14%，互联网电视用户5.62万户。

企业事业单位和集团业务发展　有政府、金融、卫生、交通及企业用户24万人，集团客户服务满意度99.88%。全年新增签订专网专线、一网通3000余条。（王　艳）

居民服务业

【理发美容业】 2022年，泰州医药高新区（高港区）新增理发及美容业个体户121户，包括高港区刘蓉便民理发店、高港区语悦美容护肤店、医药高新区颜容美容院、医药高新区韩式蜜美容院等。新增理发及美容业公司7个，包括泰州市茉里美容美甲有限公司、泰州尤美嘉美容咨询有限公司等。累计注册的理发及美容业公司27个、个体户969户。

【洗浴业】 2022年，泰州医药高新区（高港区）新注册洗浴业个体户57户，包括高港区伍三伍休闲中心、高港区希蕾洗浴中心、医药高新区如林足浴店、医药高新区东莲阁足道养生馆。累计注册的洗浴业公司32个、个体户409户。

【中介业】 2022年，泰州医药高新区（高港区）新注册房地产中介服务公司16个，包括泰州市嘉园房地产咨询有限公司、泰州市星辰大海房产中介有限公司、泰州市宇顺房地产营销策划有限公司、泰州鼎富融房地产营销顾问有限公司等。新增房地产中介个体户2户。累计注册的房产中介公司163个、个体户77户。

【广告业】 2022年，泰州医药高新区（高港区）新注册广告业公司50个，包括泰州泰火文化传媒有限公司、泰州市小叮当文化传媒有限公司、泰州众安广告装饰有限公司、泰州市汇锦广告有限公司等。新增个体户36户，包括高港区讯森广告中心、医药高新区观水广告工作室、医药高新区博文广告设计服务部、医药高新区笔尖广告工作室等。累计注册的广告经营单位729个，其中内资公司461个、个体工商户268个。

【家政服务】 2022年，泰州医药高新区（高港区）新注册家政服务公司3个，包括泰州市尊康养老服务有限公司泰州高港区护理站分公司、泰州市谊维民家政服务有限公司、泰州市泰缘月嫂保姆家政服务有限公司。新增个体户2户，包括高港区老张家政服务中心、医药高新区兰兰家政经营部。累计注册的家政服务公司27个、个体户53户。

【信息咨询】 2022年，泰州医药高新区（高港区）新注册信息咨询公司321个，包括泰州市敏涛市场营销策划服务中心、泰州市腾莱建市场营销有限公司、泰州市坤朋市场营销策划有限公司、泰州市彤茹市场营销策划有限公司等。新增个体户333户，包括高港区起航信息咨询经营部、医药高新区欣安信息咨询服务部、医药高新区武欣信息咨询服务部等。累计注册的信息咨询公司1275个、个体户1546户。

（孔　芳）

科　技

综　述

【概况】 2022年，泰州医药高新区（高港区）实现高新技术产业产值1152.27亿元。新增省级高新技术企业132个，市级高新技术企业25个。全社会研发投入占地区生产总值的3.41%。新增省级研发型企业1个，省级工程技术研究中心10个、市级工程技术研究中心9个。各级各类平台载体获省级以上绩效考评优秀7个。其中，省工程技术研究中心绩效考评优秀4个，科技企业孵化器绩效考评国家级优秀2个、省级优秀1个。获批科技计划61项。扬子江药业集团获批江苏省创新型领军企业。

【科技成果】 2022年，江苏莱尔生物医药科技有限公司的Lib-Lab细胞分选仪、泰州苏中天线集团有限公司的车联网V2X天线、泰州市航宇电器有限公司的交流量连接器组件（GHT-JLD26T-2、GHT-JL26Z-2）3个产品入选省重点推广应用新技术、新产品目录。泰州亿腾景昂药业股份有限公司承担的治疗晚期乳腺癌的一类靶向抗肿瘤新药恩替诺特的临床开发及产业化项目和江苏亚虹医药科技股份有限公司承担的国家一类新药首创口服治疗膀胱癌APL-1202片的研发及产业化项目获批省重大科技成果转化项目，上争资金2500万元。在2022年度泰州市科技创新奖评审中，全区共有5个项目获奖。其中，江苏长泰药业有限公司承担的基于国家一类新药技术的鼻腔喷雾系列关键技术及应用项目和华威特（江苏）生物制药有限公司承担的猪重要呼吸道传染病疫苗创制及产业化项目获一等奖，扬子江药业集团有限公司承担的治疗急性鼻炎中成药散风通窍滴丸的关键技术研发与产业化项目获二等奖，泰州市航宇电器有限公司承担的高性能抗辐射密封电连接器的研发及产业化项目和江苏盈科生物制药有限公司承担的基于药品一致性评价的丙泊酚中/长链脂肪乳注射液项目获三等奖。

【企业科技创新积分】 2022年，泰州医药高新区（高港区）有创新活动的企业共572个，获创新积分22708分，占全市的27%，平均每个企业积分40分，企业数、总积分数均列全市第一。全市积分排名前100名企业中，泰州医药高新区（高港区）占30个，分别涉及生物医药、高端装备、电子信息等领域，其中扬子江药业集团有限公司、江苏硕世生物科技股份有限公司等5个企业列2022年科技创新积分榜单前十。

（周　静　杨　凌）

科技研发机构

【概况】 2022年，泰州医药高新区（高港区）新增省级工程技术研究中心10个，全区累计有省级工程技

复旦大学泰州健康科学研究院　区党工委（区委）宣传和统战部　供图

术研究中心60个。新增市级工程技术研究中心9个，全区累计有市级工程技术研究中心101个。泰州市创新电子有限公司承担的江苏省显示器支架系统工程技术研究中心、扬子江药业集团有限公司承担的江苏省高端仿制药工程技术研究中心、扬子江药业集团江苏海慈生物药业有限公司承担的江苏省细胞毒抗肿瘤原料药工程技术研究中心、江苏硕世生物科技股份有限公司承担的江苏省体外试剂检测工程技术研究中心在2022年省级工程技术研究中心绩效考评中获优秀等次。全区有已建或在建的新型研发机构9个，其中已建成并正常运营的7个，包括中科院自动化所泰州智能制造研究院、哈工大泰州创新科技研究院、东南大学泰州生物医药与医疗器械研究院、中科院大化所中国医药城生物医药创新研究院、复旦大学泰州健康科学研究院、国际遗传工程和生物技术中心（ICGEB）中国区域研究中心、国科大医疗健康产业平台；在建的2个，包括北京大学泰州医药健康产业创新中心、兽用生物制品技术创新中心。扬子江药物制剂新技术国家重点实验室重组方案提交科技部。

2022年泰州医药高新区（高港区）新增科技研发机构一览表

表18

类别	机构名称	承担企业
省级工程技术研究中心	江苏省多肽药物分离纯化工程技术研究中心	江苏耀海生物制药有限公司
	江苏省单人份化学发光平台工程技术研究中心	泰州泽成生物技术有限公司
	江苏省创新药及高端制剂工程技术研究中心	江苏长泰药业有限公司
	江苏省（盈科）特殊剂型制剂工程技术研究中心	江苏盈科生物制药有限公司
	江苏省（艾美康淮）新型疫苗工程技术研究中心	艾美康淮生物制药（江苏）有限公司
	江苏省专用羧甲基纤维素钠工程技术研究中心	恒达亲水胶体泰州有限公司
	江苏省智能家居精密功能件工程技术研究中心	江苏星徽精密科技有限公司
	江苏省（榕兴）功能性医用敷料工程技术研究中心	泰州市榕兴医疗用品股份有限公司
	江苏省药用高阻隔复合材料工程技术研究中心	江苏凯威药用包装有限公司
	江苏省（日顺）电线电缆材料工程技术研究中心	泰州日顺电器发展有限公司
市级工程技术研究中心	泰州市水性漆健康木门工程技术研究中心	泰州大自然德森堡木业有限公司
	泰州市抗体药物工程技术研究中心	泰州迈博太科药业有限公司
	泰州市（蜂奥）天然产物超临界萃取工程技术研究中心	江苏蜂奥生物科技有限公司
	泰州市高通量测序工程技术研究中心	臻悦生物科技江苏有限公司
	泰州市（百世诺）心血管分子诊断工程技术研究中心	江苏百世诺医疗科技有限公司
	泰州市微创外科医疗器械工程技术研究中心	江苏百宁盈创医疗科技有限公司
	泰州市椎体成型工程技术研究中心	江苏尚美医疗器械有限公司
	泰州市高性能纤维纺织材料工程技术研究中心	泰州万诺纺织科技有限公司
	泰州市建筑智能专用设备工程技术研究中心	江苏维骏工业设备有限公司

【中科院大化所泰州生物医药创新研究院】 该研究院建有中药原创创新药物发现平台，获批建设国家中医药管理局中药精准检测质控技术重点实验室，为扬子江药业集团、苏中药业集团股份有限公司、中崇信诺生物科技泰州有限公司等50余个企业提供各类技术服务。2022年，完成研发区C楼12～16楼6000平方米实验室装修和搬迁入驻。实现营业收入约1400万元，获省级新型研发机构奖补150万元，完成市级新型研发机构绩效奖补创新积分53.2分。

【复旦大学泰州健康科学研究院】 2022年，该研究院持续推动“泰州队列”建设，开展队列人群各有关平台健康信息跟踪对比工作，完成5000例衰老表型暴露组、10000例泛癌早筛研究子队列建设，完成脑影像子队列跟踪随访工作，扩充“泰州队列”核心人群2000例。鹍远生物医学检验所正式营业，千生曜明肿瘤类器官项目完成硬软件装修，维谛代谢组检测新技术检项目落地泰州。举办第三届中国（泰州）精准医学高峰论坛暨复旦大学泰州健康科学研究院十五周年活动。获批2项国家级项目和1项泰州市项目，立项金额累计955万元。

【东南大学泰州生物医药与医疗器械研究院】 该研究院主要围绕高端植入器械、体外诊断试剂、生物材料、生物医药、机器人与康复器械等方向开展项目开发工作，建成高精密医疗器件制造平台、诊断试剂研发平台和医疗健康虚拟现实产品开发平台。2022年，“医工坊众创空间”被认定为市级“众创空间”，东南大学泰州研究院—美凤力医疗器械体外测试实验室揭牌运营。

【ICGEB中国区域研究中心】 该研究中心建成分子水平、细胞水平及动物水平的功能实验室，与ICGEB总部进行双向技术转让合作，推动建成国际化生物医药研发中心，获批省“十四五”重大科技创新平台。2022年，召开ICGEB国际学术研讨会4期，完成2022—2026年度发展规划编制论证，与江苏美凤力医疗科技有限公司联合建设的临床前研究基础医学实验室揭牌运营，与江苏瀚江生物科技有限公司（瀚江小动物实验中心）签订战略合作协议，与江苏伟禾生物科技有限公司签署技术合作协议，获得省国际科技合作专项、国家自然科学基金支持。

【国科大医疗健康产业平台】 至2022年，该平台成立平台公司2个，建成全国首个综合保税区保税研发实验室，安装2套全基因组芯片检测系统及1套蛋白质组芯片检测系统。完成近7万例的全基因组芯片检测服务，上线健康管理系统及微信公众号，初步建立全生命周期精准健康管理服务体系。

【哈工大泰州创新科技研究院】 至2022年，该研究院完成高硅铝/梯度高硅铝项目建设并投产；完成碳纤维氢气车载高压容器项目建设，即将投产。协助化学新材料产业园区举办2022中国（泰州）复合新材料应用技术高峰论坛。（徐辉宇）

科技管理与服务

【科技计划】 2022年，泰州医药高新区（高港区）共获批各级各类科技计划61项。其中，省重点研发计划7项，省科技成果转化项目2项，省科技副总计划5项，省国际合作计划1项，省级“星创天地”建设后补助项目1项，省创新能力建设计划1项，省创新支撑计划1项，省研发型企业1项；市科技支撑项目30项，市重大科技成果转化资金项目8项，市“揭榜挂帅”产学研协同创新项目3项，市备案“众创空间”1个。

2022年泰州医药高新区（高港区）科技计划项目一览表

表19

计划类别	项目名称	承担单位	奖励资金（万元）
省重点研发计划（社会发展）	治疗失眠新机制药物YZJ-1139的研究开发	扬子江药业集团有限公司	200
	重组抗VEGF人源化单克隆抗体注射液的Ⅰ期临床研究	江苏泰康生物医药有限公司	200
	射用重组抗IgE人源化单克隆抗体的Ⅲ期临床研究	泰州迈博太科药业有限公司	200
	注射用英夫利昔单克隆抗体的临床研究	泰州迈博太科药业有限公司	350
	中药精准质量控制关键技术研究与应用示范	泰州医药城国科化物生物医药科技有限公司	300
省重点研发计划（产业前瞻与关键核心技术）	LNG储配站管道泄漏遥测与联动处置智能机器人关键技术研发	江苏中科智能制造研究院有限公司	900
	管道LNG泄漏多机器人协同联动与智能调度系统研发	江苏中科智能制造研究院有限公司	—
省科技成果转化	治疗晚期乳腺癌的Ⅰ类靶向抗肿瘤新药恩替诺特的临床开发及产业化	泰州亿腾景昂药业股份有限公司	1000

续表19

计划类别	项目名称	承担单位	奖励资金（万元）
省科技成果转化	国家Ⅰ类新药首创口服治疗膀胱癌APL-1202片的研发及产业化	江苏亚虹医药科技股份有限公司	1500
省科技副总	周振雷	江苏朗博特动物药品有限公司	—
	孙肖林	江苏张驰轮毂制造有限公司	—
	邢强	江苏东旷包装制品有限责任公司	—
	贺振	江苏西来原生态农业有限公司	—
	郝小利	中崇信诺生物科技泰州有限公司	—
省国际合作	国际遗传工程和生物技术中心区域研究中心国际创新合作能力提升	国际遗传工程和生物技术中心中国区域研究中心	300
省级星创天地后补助	泰州高港真江河豚星创天地	泰州丰汇农业科技有限公司	30
省创新能力建设计划	新型研发机构奖补	泰州医药城国科化物生物医药科技有限公司	150
省创新支撑计划	科技型创业企业孵育	泰州医药高新区生物医药众创社区	370
省研发型企业	—	江苏美凤力医疗科技有限公司	—
市级科技支撑计划（农业）	白果原料脱毒保鲜一体式协同发酵关键技术研究	江苏恒康生物科技有限公司	15
	中华绒螯蟹和克氏原螯虾生态轮养技术集成创新研究	泰州市高港区南官河大闸蟹养殖专业合作社	15
	食药同源蒲公英种质资源收集、良种筛选与栽培示范	江苏神奇中药科技有限公司	15
	低升糖功能性淀粉的合成及应用	江苏海王健康生物科技有限公司	15
	基于物联网模块化数智农业方舱系统的关键技术研发	泰州百思特制冷设备制造有限公司	15
	鸭群中病毒性肝炎的快速检测及净化技术	江苏奈尔森生物技术有限公司	15
市级科技支撑计划（社会发展）	重组抗表皮生长因子受体（EGFR）抗体前药（Pan-P）的临床前研究	泰州迈博太科药业有限公司	10
	用于心血管医疗器械评价的大动物模型的构建和应用研究	江苏美凤力医疗科技有限公司	10
	治疗糖尿病足2、3类中药改良新型药连榆烧伤膏的开发	扬子江药业集团江苏龙凤堂中药有限公司	10
	基于环境和遗传因素的社区人群肝癌风险预测模型开发	复旦大学泰州健康科学研究院	5
	基于5G网络节能型智慧照明关键技术研发	泰州莱迪弗彻照明科技有限公司	10
	基于物联网大数据的城市排水管网测绘及智慧排水信息平台系统研发	江苏诚泰测绘科技有限公司	10
	江苏省非遗项目史氏中医儿科的儿童中医体质分型法应用研究	泰州市中西医结合医院	—

续表19

计划类别	项目名称	承担单位	奖励资金（万元）
市级科技支撑（产业关键技术研发）	全数字化IGBT电压反馈串联谐振中频感应炉的研发	泰州市科健电炉电器有限公司	30
	蓝宝石绝缘子混合集成电路金属封装外壳项目的研发	泰州联鑫电子科技有限公司	30
	超临界萃取工艺中CO_2高效吸脱附及回用关键技术研发	江苏鸿祺生物科技有限公司	30
	基于超敏荧光抗体的多色拼接智能扫描诊断关键技术的研发	江苏诺高生物科技有限公司	30
	高精密汽车齿圈节能环保成型工艺关键技术研发	泰州市东方传动技术有限公司	30
	采用聚四氟乙烯复合材料制备高性能微控流芯片的研发	泰州市光明电子材料有限公司	30
	高效率智能真空聚结透平油净油机关键技术研究	泰州市宏泰电力设备有限公司	30
	适用于高湿高尘环境的节能型空气冷却器的研发	江苏福缘达热工科技有限公司	30
	具有悬停功能的双向阻尼式精密铰链关键技术研究	江苏星徽精密科技有限公司	30
	新型管桩钢筋智能滚焊机关键技术研发	江苏维骏工业设备有限公司	30
	大型电站主变压器智能变轨移位液压系统关键技术的研发	江苏凯恩特机械设备制造有限公司	50
	污泥无害化及其高效节能深度脱水智能化装备的研发和产业化	江苏康泰环保装备有限公司	50
	基于集成撬装的方舱医院用智能化纯水处理系统的研发	江苏圣洁达水处理工程有限公司	50
	基于氢氧化铝的复合乳剂佐剂在疫苗中的增效研究	江苏瑞科生物技术股份有限公司	50
	抗真菌创新药的关键技术研发	扬子江药业集团有限公司	50
	PTFE玻纤布功能陶瓷覆铜箔高介电低损耗复合基板材料的研究开发	泰州市旺灵绝缘材料厂	50
	一种适用于识别甲状旁腺的新型高精度无创荧光探针的研发	江苏百宁盈创医疗科技有限公司	50
市级重大科技成果转化资金项目	感染与炎症因子标志物检测试剂的研发及产业化	瑞莱生物科技江苏有限公司	100
	高通量测序肿瘤基因突变联合检测试剂盒的研发及产业化	臻悦生物科技江苏有限公司	200
	靶向抗肿瘤药注射用紫杉醇（白蛋白结合型）的研发与产业化	江苏康禾生物制药有限公司	100
	沙眼衣原体、淋球菌和脲原体多重核酸检测试剂盒的研发及产业化	中生方政生物技术股份有限公司	100
	超大口径双筋并绕钢筋笼全自动焊接机器人的研发及产业化	泰州市天海金源防务科技有限公司	100

续表19

计划类别	项目名称	承担单位	奖励资金（万元）
市级重大科技成果转化资金项目	人类血小板抗原基因分型产品和临床精准应用的研发及产业化	江苏伟禾生物科技有限公司	200
	逆流超声辅助智能提取蜂胶成分的关键技术研发及产业化	江苏蜂奥生物科技有限公司	200
	高导热低泄漏多通道光电连接器组件的研发及其产业化	泰州市航宇电器有限公司	200
市"揭榜挂帅"产学研协同创新项目	基于NGS技术检测胃黏膜或粪便样本中幽门螺杆菌抗生素耐药性基因、毒力基因和CYP2C19基因多态性	江苏康为世纪生物科技股份有限公司	—
	新型纳米颗粒增强抗原免疫原性、稳定性和靶向性研究	江苏瑞科生物技术股份有限公司	—
	重要动物疫病疫苗新型白油佐剂研究及产业化	中崇信诺生物科技泰州有限公司	—
市级备案众创空间	医工坊众创空间	东南大学泰州生物医药与医疗器械研究院	—

【产学研合作】 2022年，泰州医药高新区（高港区）共征集企业技术需求60项，组织签订产学研合作协议30项。邀请专家到生物医药产业园区开展"技术巡诊"活动，解决企业技术难题6项。开展线上线下产学研对接洽谈活动12次，组织40个企业参加首届江苏省产学研合作大会。

【科技金融】 2022年，泰州医药高新区（高港区）发放"苏科贷"贷款1.47亿元。共有43个企业获得贷款，获贷金额500万元以上企业有9个。其中，江苏蜂奥生物科技有限公司获贷金额1000万元，泰州市鑫灵塑料制品有限公司获贷金额800万元，江苏百世诺医疗科技有限公司获贷金额600万元，江苏杜瑞制药有限公司获贷金额500万元，泰州神舟传动科技有限公司获贷金额500万元，江苏尚美医疗器械有限公司获贷金额500万元，中崇信诺生物科技泰州有限公司获贷金额500万元，盛世东唐江苏生物科技有限公司获贷金额500万元，阿里生物技术泰州有限公司获贷金额500万元。2月，科技部火炬中心与中国工商银行共同发布《关于同意中关村科技园等58家国家高新区实施科技金融创新服务"十百千万"专项行动的通知》，泰州医药高新技术产业开发区入选首批国家高新区"十百千万"专项行动实施单位。

（周　静　陈　燕）

高新技术产业

【概况】 2022年，泰州医药高新区（高港区）实现高新技术产业产值1152.27亿元，占规模以上工业产值的48.61%。新增省级高新技术企业132个、市级高新技术企业25个，省级民营科技型企业35个。编制细胞基因治疗创新链图谱，探索引育相关产业科创企业。

2022年泰州医药高新区（高港区）新增各类科技企业一览表

表20

类别	企业名称
省级高新技术企业	江苏环川环境工程有限公司
	泰州市雄峰机械有限公司
	江苏新智源医学科技有限公司
	江苏福马高新动力机械有限公司
	泰州市天润合成化工有限公司
	中崇信诺生物科技泰州有限公司

续表20

类别	企业名称
省级高新技术企业	江苏力之创特种装备制造有限公司
	恒达亲水胶体泰州有限公司
	江苏鹏翎胶管有限公司
	江苏尚美医疗器械有限公司
	江苏盛泰科技集团有限公司
	江苏瑞阳医疗科技有限公司
	江苏瑞畅复合材料有限公司
	泰州永盛包装股份有限公司
	江苏赛维环保有限公司
	泰州星瑞精密工业有限公司
	江苏耐特尔绳带有限公司
	江苏世冠自动化设备有限公司
	泰州新测检测科技有限公司
	复星诊断科技（泰州）有限公司
	泰州和润自动化科技有限公司
	江苏星徽精密科技有限公司
	泰州特科塑料技术有限公司
	江苏立峰生物科技有限公司
	泰州汇锦电子有限公司
	艾美康淮生物制药（江苏）有限公司
	江苏都能智云电力科技有限公司
	江苏籽硕科技有限公司
	江苏中盛医学诊断试剂有限公司
	泰州医药城博奥邦科生物科技有限公司
	泰州巨环起重防护装备有限公司
	泰州新源电工器材有限公司
	江苏圣琪双金属材料有限公司
	江苏春帆生物科技有限公司
	泰州欣康生物技术有限公司
	江苏鼎为云智能科技有限公司
	江苏海宁船用器材厂有限公司
	江苏海王健康生物科技有限公司
	江苏泰康生物医药有限公司
	江苏硕世生物科技股份有限公司
	泰州市航宇电器有限公司
	江苏量点科技有限公司

续表20

类别	企业名称
省级高新技术企业	泰州度博迈医疗器械有限公司
	江苏诺髙生物科技有限公司
	泰州市神龙消防科技有限公司
	唐泽交通器材（泰州）有限公司
	江苏迈威康新药研发有限公司
	江苏康林贝医疗器械有限公司
	江苏默乐生物科技股份有限公司
	泰州億达彩印包装有限公司
	蜂巢蔚领动力科技（江苏）有限公司
	江苏张驰轮毂制造有限公司
	江苏保力装配式住宅工业有限公司
	江苏南洋舞台设备有限公司
	泰州葛林美克医药科技有限公司
	泰州市创新电子有限公司
	江苏苏心遮阳科技有限公司
	泰州库宝制冷设备制造有限公司
	泰州铭建精机模具有限公司
	泰州市宏达工矿安全部件有限公司
	江苏永胜海洋工程有限公司
	江苏大力神链传动有限公司
	泰州东田电子有限公司
	江苏乐彩印刷材料有限公司
	江苏三木页岩气高压软管有限公司
	泰州市银杏舞台机械工程有限公司
	江苏宇马铝业有限公司
	江苏光耀演艺装饰工程有限公司
	泰州市泰帆工业用布有限公司
	江苏巨邦机械制造有限公司
	泰州市世泽通用机械有限公司
	江苏立宇自动化焊接科技有限公司
	泰州印染机械有限公司
	泰州创达电子有限公司
	江苏追日汽车同步器有限公司
	泰州鑫联诚润生物技术有限公司
	泰州建源仪表有限公司
	泰州诺盟新材料科技有限公司

续表20

类别	企业名称
省级高新技术企业	江苏鸿赞蜂窝科技有限公司
	江苏三瑞生物技术有限公司
	江苏科泰岩土工程有限公司
	泰州联鑫电子科技有限公司
	江苏苏吴信息技术有限公司
	泰州驰骏智能设备有限公司
	江苏德克沃热力设备有限公司
	江苏米山科技有限公司
	泰州年糕房车技术有限公司
	鹰普机械（泰州）有限公司
	泰州市鑫光机电有限公司
	泰州市瑞康再生资源利用有限公司
	泰州新联印染机械有限公司
	泰州科华船舶科技有限公司
	江苏佳洲节能环保技术有限公司
	江苏安奇正特种车辆装备有限公司
	江苏中泰吊索具有限公司
	泰州市诚信气动设备有限公司
	江苏铁佑德液压科技有限公司
	泰州市正峰机电有限公司
	泰州泽成生物技术有限公司
	江苏杜瑞制药有限公司
	艾兰得营养品泰州有限公司
	泰州福声电子科技有限公司
	泰州精英化成医药科技有限公司
	盛世东唐江苏生物科技有限公司
	江苏华亘泰来生物科技有限公司
	江苏盈科生物制药有限公司
	江苏百世诺医疗科技有限公司
	江苏安泰生物技术有限公司
	江苏艾博得医疗器械有限公司
	江苏恒康生物科技有限公司
	江苏德威兰医疗器械股份有限公司
	江苏信立康医疗科技有限公司

续表20

类别	企业名称
省级高新技术企业	江苏安氟龙科技有限公司
	泰州市宏泰电力设备有限公司
	泰州祥云软件开发有限公司
	泰州市宏博节能环保科技有限公司
	泰州润骐防务科技有限公司
	泰州市季氟隆塑胶制品有限公司
	江苏智慧优视电子科技有限公司
	江苏福缘达热工科技有限公司
	泰州市金驰电力设备有限公司
	泰州市光明电子材料有限公司
	泰州市亚星塑业有限公司
	泰州三福船舶工程有限公司
	江苏三帝快速制造科技有限公司
	泰州圣斯泰科汽车部件有限公司
	泰州市海新汽车部件有限公司
	江苏兴洲工矿设备有限公司
	江苏中信吊索具有限公司
	泰州凯瑞电子有限公司
	泰州市润辉机械制造有限公司
	泰州友润电子科技股份有限公司
市级高新技术企业	江苏百择高分子有限公司
	泰州禾智住宅系统设备有限公司
	泰州皇牌医疗器械科技有限公司
	泰州市玉鸽工索机具有限公司
	安烟生物科技江苏有限公司
	泰州市清华明森机床有限公司
	江苏富震智能科技有限公司
	江苏钜顺链业科技有限公司
	江苏兴洲工矿设备有限公司
	江苏中科爱码信自动化技术有限公司
	泰州企业征信服务有限公司
	五湖消防安全科技泰州有限公司
	泰州市太平洋消防器材有限公司
	泰州金源软件科技有限公司

续表20

类别	企业名称
市级高新技术企业	泰州市泰帆工业用布有限公司
	泰州市爱利特金属制品有限公司
	江苏安瑞特消防装备有限公司
	江苏天邦机械科技有限公司
	江苏苏安安防科技有限公司
	泰州市富泰吊装设备有限公司
	江苏维特思无纺布有限公司
	泰州市云联网络信息系统有限公司
	泰州市科飞橡塑机械有限公司
	泰州市瑞康再生资源利用有限公司
	泰州开图电气有限公司
省级民营科技型企业	江苏建声影视设备研制有限公司
	江苏亚太吊具有限公司
	泰州德诚精密线材科技有限公司
	江苏永大化工设备有限公司
	江苏圣洁达水处理工程有限公司
	泰州晟禾水处理设备制造有限公司
	泰州市永正救护装备有限公司
	中崇信诺生物科技泰州有限公司
	江苏莱尔生物医药科技有限公司
	江苏恒康生物科技有限公司
	泰州神舟传动科技有限公司
	泰州泽成生物技术有限公司
	江苏悦兴医药技术有限公司
	江苏贝佳制药有限公司
	江苏普若维生物技术有限责任公司
	江苏永健医药科技有限公司
	江苏盛泰科技集团有限公司
	江苏亨瑞生物医药科技有限公司
	泰州尚诚数控科技有限公司
	江苏尚美医疗器械有限公司
	鲲鱼健康药业江苏有限公司
	江苏鑫焱物业管理有限公司
	江苏京华澄电力科技有限公司

续表20

类别	企业名称
省级民营科技型企业	江苏泰氟隆科技有限公司
	泰州高意诚复合材料有限公司
	江苏百顺胶粘带有限公司
	泰州建源仪表有限公司
	江苏百择高分子有限公司
	泰州润骐防务科技有限公司
	江苏西迪尔生物技术有限公司
	泰州飞荣达新材料科技有限公司
	江苏百世诺医疗科技有限公司
	江苏鑫焱消防装备有限公司
	阿里生物技术泰州有限公司
	江苏爱华泰克医疗器械有限公司

（陈　燕）

【科技企业孵化器】 2022年，泰州医药高新区（高港区）建有科技企业孵化器11个，孵化面积53.91万平方米，在孵企业超400个。其中，专业孵化器4个，综合性孵化器7个；国家级孵化器3个，分别为泰州市高新技术创业服务中心、江苏华创医药研发平台管理有限公司、泰州市高港区高新技术创业服务中心；省级孵化器8个。在2022年公布的2021年度国家级科技企业孵化器评价结果中，泰州市高新技术创业服务中心、江苏华创医药研发平台管理有限公司被评为优秀等次；在2022年公布的2021年度江苏省科技企业孵化器绩效评价结果中，江苏华创医药研发平台管理有限公司获评优秀等次（A类）。泰州市高新技术创业服务中心累计毕业企业261个，年末在孵企业104个。江苏华创医药研发平台管理有限公司属于生物医药与医疗器械类专业孵化器，累计毕业企业105个，当年毕业企业11个，其中高新技术企业3个，年末在孵企业42个。泰州市高港区高新技术创业服务中心累计毕业企业236个，年末在孵企业85个。　（徐辉宇）

气　象

【公共气象服务】 2022年，区气象局启动内部应急响应6次，发布常规气象预报1930次，发布重要天气报告、专题服务材料32期，发送天气提醒、实况汇报短信637条。每周一发布“一周天气”公报51期，内容包括最新天气变化、天气过程防灾减灾建议、夏收夏种及秋收秋种意见等。春节、清明、“五一”、端午、中考、高考等重要节点发布天气公报13期。开展重要农事阶段的气象服务，全年发布小麦赤霉病防治、春耕春播、夏收夏种、秋收秋种等农事气象服务专报19份，发布农业气象提醒短信33次，出具气象服务证明26份。与市气象服务中心共同做好沿江海事、电厂、造船等行业单位的气象服务。完成全区气象灾害风险普查任务。开展线上气象普法活动6次、线上气象科普活动24次。

【气象防灾减灾】 2022年，区气象局发布各类预警信号78次。其中，高温黄色预警信号13次、高温橙色预警信号15次、高温红色预警信号6次，霾橙色预警信号1次，暴雪黄色预警信号1次，道路结冰黄色预警信号2次，台风黄色预警信号2次，寒潮蓝色预警信号2次、寒潮橙色预警信号1次，暴雨黄色预警信号7次、暴雪黄色预警信号1次，大风蓝色预警信号5次，雷暴大风黄色预警信号12次、雷暴大风橙色预警信号1次，大雾黄色预警信号4次、大雾橙色预警信号5次。修订《泰州医药高新区（高港区）气象灾害应急预案》，镇街气象灾害应急预案覆盖率100%。

【防雷安全监管】 2022年，区气象局开展国庆、中秋期间安全检查和安全生产专项整治行动等防雷安全监管工作。对全区40个重点监管企业开展安全检查43次，排查出安全隐患4处，全部整改到位。完成防雷装置设计审核项目1个。（言文峰）

经济管理

宏观经济管理

【推动产业转型升级】 2022年，区发展改革委优化资源要素合理配置，协同推进大健康产业集聚示范区创建，深化“医药名城+医药名企”互动发展路径，打造生物医药产业集聚区。推进数字经济发展，编制数字经济发展实施方案，数字经济核心产业增加值占地区生产总值比重为11%，高于全市近3个百分点。推动提高产业自主创新能力和核心竞争力，获批省级工程研究中心10个、市级工程研究中心9个。推动服务业发展，全区实现服务业增加值489.02亿元，比上年增长0.9%，服务业增加值占地区生产总值比重为42.4%。租赁和商务服务业营业收入52.5亿元，增长20.2%；科学研究和技术服务业营业收入28.1亿元，增长10.6%。

【临港经济发展布局】 2022年，区发展改革委摸排全区长江岸线保护利用和沿江产业发展情况，牵头绘制完成“长江岸线+沿江腹地”现状图，推动临港片区生产力布局调整。港口能级提升工程、益海粮油永益港务等项目有序实施。沿江“一带三极多点”产业发展体系逐步建立。

【资金上争】 2022年，区发展改革委梳理申报政策性开发性金融工具项目13个，推进生物医药产业园区基础设施公募项目。组织企业申报国家先进制造业和服务业发展专项等资金，江苏海和药业有限公司、江苏瑞科生物技术股份有限公司的2个产业基地项目共获得省级战略性新兴产业发展专项资金3100万元，扬子江药业集团江苏龙凤堂中药有限公司全流程可溯源高品质中药饮片关键技术研发及产业化项目、江苏耀海生物制药有限公司大分子药物研发及产业化服务平台等5个现代服务业项目共获得专项资金1400万元。

【营商环境优化】 2022年，区发展改革委调整优化营商环境工作领导小组，对照中介服务、行业协会商会、政务服务、政务诚信等7大方面33项任务清单，牵头开展全区营商环境“大走访、大排查、大整治、大提升”百日攻坚行动。实施五大专项行动：开展便利市场主体投资服务专项行动，主要包括简化项目审批流程、优化工程建设项目审批服务、深化区域评估加快项目落地、提升涉审中介服务质效等；开展深化市场主体全生命周期集成服务专项行动，主要包括推进企业开办便利化，完善市场主体退出机制，深化“证照分离”改革，保持涉企政策连续性透明度，落实公平竞争审查制度，健全惠企政策直达制度，推动招标投标领域改革；开展推进简政放权优化涉企服务专项行动，主要包括赋能放权激发市场主体活力，深化“一件事”改革精简办事流程，推动不动产登记提质增效，提升纳税便利度，提高电水气网等公用服务便利度；开展公平审慎监管服务专项行动，主要包括提升跨部门综合监管效能，推行容错纠错审慎监管，严格规范监管执法行为；实施政务服务标准化规范化便利化专项行动，主要包括加快推进政务服务标准化规范化建设，实现线上线下融合办事更便利、“一网通办”高效好办。

【推动长江经济带发展】 2022年，泰州医药高新区（高港区）贯彻落实国家《长江经济带发展负面清单指南（试行，2022年版）》和省实施细则，成立区推动长江经济带发展领导小组，出台《2022年医药高新区（高港区）推动长江经济带发展工作要点》，完成市级5个生态警示片披露问题整改销号。沿江板块产业转型稳步推进，益海（泰州）粮油工业有限公司、江苏汇福蛋白科技有限公司、恒达亲水胶体泰州有限公司等企业实施节能减排技术改造，腾退能耗约3万吨标煤。沿江生态持续改善，建成凤栖湖生态区、永安洲沿江生态小镇，泰州医药高新区（高港区）被划入长江国家文化公园泰州段核心区，成为长江国家文化公园建设的重要节点。

（王　伟　苏　辉　朱建军）

【疫情防控物资保供】 2022年，泰州医药高新区（高港区）定期召开全区疫情防控物资储备工作推进会，明确物资保障组成员单位职责，制定出台《医药高新区（高港区）生活物资供应保障预案》和《医药高新区（高港区）疫情防控物资保障应急预案》。根据全区疫情防护主要物资需求情况，合理安排应急防疫物资采购计划，为防疫一线调拨口罩、防护服等8类物资50.3万件。

【救灾应急物资采购】 2022年，泰州医药高新区（高港区）成立区级物资储备库，选址胡庄镇汪群粮库，对600平方米的罩棚仓进行升级改造。制定出台物资储备库物资入库制度、物资出库制度、安全管理制度等6项内控管理制度，建立24小时物资发放机制。全年共采购棉衣棉被、折叠桌椅、帐篷、照明发电等14类应急救灾物资计25.3万元。

（戚湘群）

江苏中慧元通生物科技股份有限公司新型流感疫苗产业化项目建设现场 区发展改革委 供图

【项目建设】 2022年，泰州医药高新区（高港区）新开工"三比一提升"项目28个，在全市排名第二，计划总投资189.1亿元，其中外资和港澳台资项目2个；认定竣工项目24个，在全市排名第二，实际完成投资193.7亿元。新开工1亿～5亿元项目26个，总投资22.49亿元。1亿～5亿元项目中，工业项目21个，总投资17.72亿元；服务业项目5个，总投资4.77亿元。共有江苏中慧元通生物科技股份有限公司新型流感疫苗产业化项目等7个项目被列入2022年度省重大投资项目计划，至年末，累计完成投资106.82亿元。

项目建设推进与督察　区党工委、区委主要负责人每月观摩督查重大产业化项目，听取各园区、各部门汇报。建立"周协调、月通报"滚动推进机制，由区发展改革委负责人带队现场办公，交办攻坚任务，协调解决相关问题，每月通报项目建设情况。排定省重大项目、省集中开工项目、"三比一提升"项目的开工、竣工计划。总投资38亿元的中海油气（泰州）石化有限公司产业升级等项目加快推进，总投资50亿元的蓝思三园、总投资12.2亿元的曼德汽车模块等项目竣工投产。

项目集中开工活动　3月1日，泰州医药高新区（高港区）首季项目集中开工活动在生物医药产业园区江苏中慧元通生物科技股份有限公司新型流感疫苗产业化项目现场举行。集中开工项目31个，计划总投资131.7亿元，涵盖生物药、化学药、诊断试剂和高端医疗器械、特医食品、电子信息、汽车零部件等产业领域。其中，投资5亿元和3000万美元以上项目13个。

项目能评　区发展改革委完善区域能评制度，启动编制区域能评工作方案，开辟重大项目服务"绿色通道"，实行新增能耗重特大项目"一事一议"政策。

（朱宇坤）

2022年泰州医药高新区（高港区）新开工"三比一提升"项目一览表

表21

序号	项目名称	建设规模及主要内容	计划总投资	
			内资（万元）	外资和港澳台资（万美元）
生物医药产业园区			451180	—
1	江苏中慧元通生物科技股份有限公司新型流感疫苗产业化项目	新用地面积4.8万平方米，建设总建筑面积8.27万平方米的流感疫苗车间、老年人佐剂流感疫苗车间，以及与之配套的办公、研发、质检、仓储、动力、环保等辅助设施，采购主要仪器设备421台（套），形成年产新型流感疫苗20亿支的生产能力	200000	—

续表21

序号	项目名称	建设规模及主要内容	计划总投资	
			内资（万元）	外资和港澳台资（万美元）
2	江苏诺瓦立医疗用品有限公司高端创面治疗材料及敷料智能制造项目	利用原有用地面积3.2万平方米，总用地面积3.23万平方米，总建筑面积3.27万平方米。新建研发综合楼1座、丙类车间2座、丙类仓库2座、消防水池1座、配套环氧乙烷灭菌站1座、配套控制室1座，采购主要仪器设备212台（套），形成年产各类医用胶带1200万平方米、多孔聚氨酯泡沫50万平方米、硅凝胶材料120万平方米，水胶体敷料500万片、一次性使用无菌敷贴1亿片、功能性敷料1200万片、止血敷料400万片、止血粉500万瓶的生产能力	51000	—
3	江苏百英生物科技有限公司抗体、蛋白药物及诊断试剂原料研发与生产综合服务基地项目	新用地面积2.33万平方米，总用地面积2.37万平方米，建设总建筑面积3.8万平方米的生产车间、研发中心、综合办公楼，采购主要仪器设备1727台（套），形成年提供抗体、蛋白药物生产与服务12万升，抗体发现服务2000次的能力	50180	—
4	泰州天海金源防务科技有限公司药用机械生产项目	新用地面积3万平方米，建设总建筑面积3.54万平方米的生产车间一、生产车间二、辅助用房、门卫、消防水池及泵房。采购主要仪器设备119台（套），形成年产自动硬胶囊充填机100台（套）、高速压片机100台（套）、高效智能包衣机150台（套）、离心式制粒包衣机80台（套）的生产能力	50000	—
5	江苏蜂奥生物科技有限公司营养保健食品智能制造项目	新用地面积1.87万平方米，建设总建筑面积4.2万平方米的营养食品车间、保健食品（软胶囊、固体制剂、口服液）生产车间、蜂产品及其制品车间、原料提取车间，采购主要仪器设备142台（套），形成年产软胶囊剂3亿粒、硬胶囊剂3亿粒、片剂2亿粒、粉剂1亿袋、口服液1亿支的生产能力	50000	—
6	创能威（江苏）生物科技有限公司兽药及动物保健品生产项目	新用地面积1.87万平方米，建设总建筑面积1.62万平方米的兽药车间、动物保健品车间，采购主要仪器设备428台（套），形成年产动物用醋酸曲普瑞林凝胶3000万头份、2%兽用氟苯尼考预混剂1000吨、包被单宁酸微囊2000吨、包被酸化剂微囊2000吨、多层包被氯化胆碱颗粒500吨、多层包被赖氨酸颗粒500吨、信息素5000万毫升、多维口服液20万瓶、多维氨基酸预混料200吨的生产能力	50000	—
		高端装备制造产业园区	362000	6000
1	泰州领航智能科技有限公司长城智造产业园一期项目	新用地面积13万平方米，建设厂房及配套用房12万平方米。主要从事汽车内外饰、车灯、座椅、仪表盘、汽车电器系统、汽车安全系统、汽车悬架系统等产品的生产，配备发动机生产线4条、起动机生产线7条、电枢生产线1条、冲压自动线4条和注塑机及压铸机等生产设备共1200台（套）	105000	—
2	泰州宝锐汽车科技有限公司年产50万套汽车车身冲压、焊接件总成项目	占地面积4.69万平方米，建设厂房及配套用房6.26万平方米，配备机器人、压力机、点焊机等主要生产设备220台（套），形成年产汽车车身冲压、焊接件总成50万套的生产能力	56000	—
3	精诚工科汽车零部件（泰州）有限公司汽车底盘项目	新用地面积2万平方米，建筑面积1.7万平方米，同时利用领诚公司原有厂房面积约1万平方米，配备机器人工作站、冲压多工位压力机、机械手臂焊接线、底盘电泳线等主要生产设备约350台（套），新增年产汽车底盘12万套的生产能力	51000	—

续表21

序号	项目名称	建设规模及主要内容	计划总投资	
			内资（万元）	外资和港澳台资（万美元）
4	享运物流科技（泰州）有限公司物流KD工厂项目	新用地面积3.67万平方米，新建厂房面积2.4万平方米，配备机器人机械手夹具、库卡搬运码垛机器人、AGV搬运机器人等主要设备330台（套），建成多个分散式工位和10条包装自动化生产线，主要从事汽车零部件KD项目的组装和销售，年组装销售7万台	50000	—
5	泰州爱港置业有限公司新建3.6万平方米长城汽车科技产业园商业中心项目	新用地面积4810平方米，主要建设商业配套中心5幢，建筑面积3.6万平方米，主要为长城汽车科技产业园高层次人才，整车及零部件企业职工，汽车产业链中销售、金融、租赁、共享汽车、物流等方面从业人员提供科研、社交、生活、商务等综合服务	50000	—
6	江苏恒川新材料有限公司年产6万吨高性能吊装带、汽车内饰件项目	利用原有用地2.91万平方米、厂房面积1.38万平方米，新扩建厂房面积1.76万平方米，配备纺丝机、织带机、整烫机、电脑花样机等主要设备共计约299台（套），主要从事高性能吊装带、汽车内饰件的生产，年产能6万吨	50000	—
7	泰州深泰综合物流港有限公司泰州智慧供应链产业园项目	新用地面积8.73万平方米，总用地面积8.76万平方米，新建厂房8.06万平方米，配备全自动分拣系统8条、冷链系统4条等主要生产设备，建设含VMI物流中心、智慧云仓中心、冷链产业中心、供应链金融及结算中心等功能的智慧供应链产业园	—	6000
		电子信息产业园区	321800	15000
1	蓝思精密（泰州）有限公司BGA智能化组装车间项目	改造原有标准厂房面积约3万平方米，新建BGA组装线19条，采购组装机等各类生产设备700台（套）	—	15000
2	蓝思精密（泰州）有限公司电子产品零部件生产项目（二园扩产）	原有厂区空地新建厂房1栋、消防控制中心1栋、招募中心1栋及相关环保、安全等配套设施，建筑面积5.84万平方米，改造A4、A6、A8、B3、B4、B6、B7、B9厂房，扩建阳极生产线4条，购置CNC、线割机、磨床机、压饼机等主要生产设备1128台（套），形成年产模具360套、治检具65400套的生产能力	150000	—
3	蓝思精密（泰州）有限公司消费类电子产品零部件项目（一园扩产）	原有厂区空地新建2栋厂房及相关环保、安全等配套设施，建筑面积7.47万平方米，购置压饼机、CNC、镭雕机等主要生产设备3347台（套），形成年产电子产品铝合金机壳2100万件的生产能力	120000	—
4	泰州市美画艺术品有限公司艺术装饰画生产项目	新用地面积3.8万平方米，建筑面积5.1万平方米，建厂房6栋、传达室1个，购入水性大幅面喷绘机、直喷打印机、丝印流水线等设备，从事艺术装饰画等产品的生产，形成年产艺术装饰画1000万幅的生产能力	51800	—
		化学新材料产业园区	253699	—
1	江苏跃飞吸音材料有限责任公司新型车用吸音材料制品项目	租用大健康新材料产业集聚区15号、16A号、16号和18号厂房5.04万平方米，新建生产车间、研发中心、仓库等，购置直立棉生产线、四柱精密冲裁机（200吨）、空压机、模压生产线（400吨）、冲切生产线、发泡生产线等生产设备120余台（套），新建新型车用吸音材料制品生产线，通过热合、模压、铆接、冲裁、吸塑、发泡等工艺对中空短纤维、PP玻纤板、硬质纤维毡、EVA等原材料进行生产，形成年产发动机下护板、汽车门户板、顶盖内饰板总成、顶棚本体等车身隔音降噪类零部件300万件的生产能力	52000	—

续表21

序号	项目名称	建设规模及主要内容	计划总投资	
			内资（万元）	外资和港澳台资（万美元）
2	江苏海阳锦纶新材料有限公司原位聚合切片及高性能锦纶帘子布项目	在江苏海阳锦纶新材料有限公司现有规划范围内建设，配套购置自动配胶系统、烟气处理设备、缝纫机、浸胶机、打包机等国产设备14台（套），建设聚合生产线1条、帘子布生产线3条，并对公用配套工程进行适应性改造，形成年产高性能聚合切片15万吨、高性能锦纶帘子布3.6万吨的生产能力	51000	—
3	中海泰州特种油科技有限公司高端白油提质增效项目	对重质白油加氢装置进行加工轻质白油适应性技术改造，主要包括塔器4台、换热器20台、储罐8台、新氢压缩机1台、机泵等15台、鹤位2个、SIS系统1套等设备，提高产品质量及种类，降低产品单位能耗	50628	—
4	泰州杨湾海螺水泥有限责任公司1号、2号水泥磨技改项目	购置辊压机、V型分级机、入料斗提、循环斗提等设备25台（套），对原生产线进行节能改造，并对配套工程进行适应性改造	50071	—
5	泰州千石倡新材料科技有限公司年产240万吨光伏新材料项目	盘活原泰州联泰建材有限公司闲置土地2.07万平方米，总建筑面积3.2万平方米，新建生产厂房、原料库、成品仓库等，配套建设环保、安全、消防等辅助生产设施，购置棒磨机、擦洗机、螺旋溜槽等设备109台（套），形成年产光伏新材料（高纯石英砂）240万吨的生产能力	50000	—
港口物流产业园区			220500	—
1	泰州永安港务有限公司医药高新区（高港区）港口物流产业园粮食交易中心粮油物流项目	将原永安港务1号、2号泊位改造为专业粮油装卸泊位，增加粮食、食用油装卸和输送系统；3号泊位布置食用油装卸线；1号泊位拆除内档泊位及引桥，增设1.5万吨级散粮泊位1个（4号泊位）；沿岸边新建3000吨级散粮泊位1个（5号泊位）。建设输送线2条，配备皮带机、刮板机、提升机等设备。形成1200吨/时原料卸载和800吨/时发运能力，整个码头设计吞吐量为1795万吨/年（粮食1430万吨、食用油85万吨）	65000	—
2	扬子江药业集团江苏海济药业有限公司年产20吨依帕司他API项目	利用原有用地4.33万平方米，建设生产车间2栋、综合楼1栋、中控楼1栋、原料库2栋、连廊等，总建筑面积4.9万平方米，配备购置双锥干燥器、板框压滤机、水喷射真空泵机组、臭氧发生器、双效蒸汽制冷机、智能微粒检测仪设备约500台（套），形成年产替格瑞洛、盐酸莫西沙星、依帕司他、左乙拉西坦等原料药约30吨的生产能力	55000	—
3	泰州益嘉物流有限公司粮油产业链运输配套产业化项目	对600艘合作船舶进行信息化改造，采购长江散货船6艘、长江植物油船8艘、沿海船舶13艘，同步建设长江流域的粮油水路运输公共服务平台（集实时监控、航速检测、货物配载等功能于一体），主要为益海、汇福等粮油企业水上运输、物流等环节进行产业化服务	50500	—
4	国家能源集团泰州发电有限公司50万吨碳减排与资源化能源化利用技术研究及示范项目	建设50万吨/年二氧化碳捕集系统，新增引风机、吸收塔、再生塔、二氧化碳压缩液化储存等设备91台（套），实现每年回收再利用二氧化碳50万吨	50000	—

续表21

序号	项目名称	建设规模及主要内容	计划总投资	
			内资（万元）	外资和港澳台资（万美元）
其他地区			135000	—
1	泰州城茂房地产开发有限公司凤城悦天地商业街区D地块（凤凰街道）	利用金茂府原有用地8.67万平方米，总建筑面积15万平方米，主体地上3层，局部4层，地下建筑面积6万平方米，街区整体设置机动停车位约1000个、非机动停车位约3000个	65000	—
2	泰州城茂房地产开发有限公司凤城悦天地商业街区E地块（凤凰街道）	利用金茂府原有用地5.78万平方米，总建筑面积10.5万平方米，其中地上面积约6万平方米	70000	—

2022年泰州医药高新区（高港区）新竣工“三比一提升”项目一览表

表22

序号	项目名称	建设规模及主要内容	实际完成投资	
			内资（万元）	外资和港澳台资（万美元）
生物医药产业园区			443685	3000
1	泰州高新置业有限公司商务金融办公中心二期项目	用地面积5.6万平方米，总建筑面积17.6万平方米，其中，地上写字楼11.5万平方米、商业用房1.6万平方米，地下建筑面积4.5万平方米	108995	—
2	泰州迈博太科药业有限公司抗体药物产业化项目	用地面积10.07万平方米，总建筑面积11.6万平方米，建设原液生产车间和制剂生产车间，以及办公、研发、质检、仓储、动力、环保等辅助设施，采购主要仪器设备118台（套），形成年产重组抗IgE人源化单克隆抗体注射液200万支、重组抗TNF人鼠嵌合单克隆抗体注射液200万支、重组抗EGFR人鼠嵌合单克隆抗体注射液200万支、重组抗PD-1人源化单克隆抗体注射液200万支的生产能力	100000	—
3	江苏金迪克生物技术有限公司新建新型四价流感病毒裂解疫苗车间建设项目	位于原厂区南侧预留地块，占地面积7200平方米，总建筑面积28000平方米，建成符合GMP要求的四价流感裂解疫苗生产车间、分包装车间、废胚无害化处理车间，采购主要仪器设备4680台（套），形成年产四价流感裂解疫苗成人型（预充注射器）2250万人份、儿童型（预充注射器）疫苗750万人份的生产能力	84500	—
4	泰州博莱得利生物科技有限公司宠物生物制品与保健品生产项目	用地面积2.06万平方米，建筑面积2.4万平方米，建设宠物用药品及功能性保健品生产车间、动物实验房、研发与质控实验室和办公、环保等辅助设施，形成年产血液蛋白制品系列200万支、细胞因子系列300万支、转移因子系列200万支、治疗性抗体系列100万支、灭活疫苗50万支、宠物快速诊断试剂600万条（头份）、宠物药物制剂与功能性保健品系列1000万支・瓶・盒的生产能力	50190	—
5	江苏中慧元通生物科技有限公司二期疫苗生产项目	在厂区西侧扩建，占地面积6562.5平方米，总建筑面积2.24万平方米，建设23价肺炎球菌多糖疫苗、重组新型冠状病毒疫苗（毕赤酵母）生产线各1条，采购10升发酵罐、100升发酵罐、1000升发酵罐、高速冷冻离心机、超滤系统、层析仪等主要仪器设备193台（套）	50000	—

续表22

序号	项目名称	建设规模及主要内容	实际完成投资	
			内资（万元）	外资和港澳台资（万美元）
6	中崇信诺生物科技泰州有限公司兽用生物制品研发生产及专业技术服务平台建设项目	用地面积1.53万平方米，规划总建筑面积2.3万平方米，采购主要仪器设备378台（套），形成年产兽用Elisa诊断试剂盒13000盒、胶体金试剂条3000万条、专业技术信息服务1000项的生产及服务能力	50000	—
7	阿斯利康药业（中国）有限公司药品制剂生产线技术改造项目	位于阿斯利康北生产楼内，引进干法制粒机、包衣机、除尘机、密闭阀等设备46台（套），配套提升机、隔离器、终混机等国内设备31台（套），对固体口服片剂制剂车间进行技术改造，形成年产达格列净产品片剂20亿片的生产能力	—	3000
		高端装备制造产业园区	405500	3000
1	曼德汽车零部件（泰州）有限公司年产30万套汽车线束和组装60万套汽车空调总成、汽车冷却模块项目	用地面积6.67万平方米，建筑面积4.4万平方米，配备自动机、绞线机、超声波、热缩管机、注塑机等主要设备约700台（套），主要从事汽车线束、空调和冷却模块的生产	100500	—
2	长城汽车股份有限公司泰州分公司汽车扩建焊装、涂装车间新上全自动生产线项目	利用公司原有土地2.2万平方米，新建2.6万平方米的焊装二车间和涂装二车间及配套设施，配备焊装机器人、全自动线体机器人、单岛工装机器人、全自动面涂线、总装机械手臂、蓝光扫描设备以及数字化软件等主要设备1029台（套）	53000	—
3	曼德光电（泰州）有限公司年组装35万套汽车灯具部件产品项目	用地面积4.53万平方米，建筑面积3万平方米，配备灯具注塑机、激光焊接机、检测机、试验设备等设备1276台（套），主要从事汽车灯具部件产品注塑、喷漆、镀铝、镭雕、组合前照灯、侧围灯及后背门灯的组装	52000	—
4	泰州市华强照明器材有限公司年产60万只汽车灯具项目	用地面积6万平方米，总建筑面积11.85万平方米，配备SMT贴片机、回流焊、AOI测试检验机等设备140余台（套），投资实施汽车灯具、汽车电子、集成电路设计及制造项目，年产汽车灯具60万只	50000	—
5	泰州润杰物流安全装备科技有限公司年产1000万套高端航空安全紧固器项目	新建建筑8幢，总占地面积4.3万平方米，总建筑面积4.88万平方米，配备数控冲压机床、数控车床、数控磨床、数控铣床等设备500余台（套），主要从事高端航空安全紧固器具的生产，年产能1000万套	50000	—
6	蜂巢能源科技有限公司泰州分公司年产800万平方米汽车通信用5G电路板项目	用地面积1.4万平方米，建筑面积9160平方米，配备数控钻孔机、数控电铣机等原有设备175台（套），年产汽车通信用5G电路板800万平方米	50000	—
7	明发集团泰州房地产开发有限公司高港铂金商业中心项目	用地面积4万平方米，建筑面积8万平方米，主要建设高端写字楼2栋及配套商业中心等	50000	—
8	泰州大自然家居有限公司年产215万平方米橱衣柜及橱衣柜生产线智能化技术改造项目	利用公司原有空地及现有生产线，新建生产车间1幢，占地面积1.67万平方米，建筑面积1.62万平方米，引进智能化生产系统、质量管理软件系统、生产管理系统，新增橱衣柜生产线3条，配备后上料高速电脑裁板锯、智能抓板机、CNC加工中心等主要生产设备约120台（套），新增年产橱衣柜215万平方米的产能	—	3000

续表22

序号	项目名称	建设规模及主要内容	实际完成投资	
			内资（万元）	外资和港澳台资（万美元）
电子信息产业园区			550000	—
1	泰州淯成光电科技有限公司手机摄像头及其配件生产项目	租用创新创业产业园标准厂房约3万平方米，建设生产车间和配套的办公、质检、仓储等辅助设施，采购光学和真空镀膜机、激光机、4轴CNC等主要生产设备近200台（套），主要生产手机摄像头、镜片及其配件等产品，应用于手机、平板计算机、数码相机、PDA面板、仪表面板等电子产品	50000	—
2	蓝思精密（泰州）有限公司泰州园区消费类电子产品精密部件扩能项目（三园扩产）	回收蓝思精密东侧低效利用项目现有土地和厂房实施，用地面积17.13万平方米，新建厂房9栋、仓库4栋、餐厅2栋及相关环保、安全等配套设施，建筑面积23.48万平方米，购置CNC数控加工中心、ABB研磨机、钻孔机等生产设备10698台（套），形成年产消费类电子产品合金制品3300万件的生产能力	500000	—
化学新材料产业园区			108085	3000
1	泰州金泰环保热电有限公司年产70万立方米新型建材项目	占地面积3.05万平方米，总建筑面积4.31万平方米，新建工业厂房1栋、办公楼1栋及附属用房，配套建设安全、环保、消防等辅助生产设施，购置磨机、高速浇筑搅拌机、切割机组、蒸压釜等设备772台（套），建设成粉煤灰和炉渣再加工制浆生产线1条和加气混凝土制品生产线2条，形成年产加气混凝土制品70万立方米的生产能力	58085	—
2	泰州金马建设工程有限公司年产20万吨沥青混凝土路面材料、100万吨水稳、15万吨高钙粉、6万立方米预应力空心板梁项目	新建办公研发大楼、生产车间、钢结构仓库，配套建设环保、安全、消防等辅助生产设施，总建筑面积13.68万平方米，采购主要仪器设备49台（套），形成年产沥青混凝土路面材料20万吨、水稳100万吨、高钙粉15万吨、预应力空心板梁6万立方米的生产能力	50000	—
3	江苏高泓新材料有限公司年产1万吨可降解材料项目	利用原有空置厂房1万平方米，建成生产车间、仓库等，配套建设环保、安全、消防等辅助生产设施，购置PLA热轧材料生产线、PLA纺粘材料生产线、PLA熔喷材料生产线、针刺材料生产线和PE膜生产线及辅助设备，形成年产PLA热轧材料4000吨、PLA纺粘材料4000吨、针刺材料1000吨、PLA熔喷材料800吨和PLA流延膜200吨的生产能力	—	3000
港口物流产业园区			367050	—
1	扬子江药业集团江苏龙凤堂中药有限公司龙凤堂五期中药生产项目	用地面积7.27万平方米，建筑面积8.1万平方米，建设饮片车间、综合仓库、动力中心等车间，购置洗润切烘生产联动线、切烘生产联动线、节能型除湿热泵烘干设备等设备100余台（套），配套建设道路、围墙、绿化、环保设施、供配电、给排水、消防等公用辅助工程，年加工中药材和中药饮片1万吨	109000	—
2	扬子江药业集团江苏龙凤堂中药有限公司龙凤堂中药FDA多功能智能化厂房项目	占地面积23.15万平方米，建设生产厂房、质检楼、行政办公楼等建筑，总建筑面积19.08万平方米	108000	—
3	扬子江药业集团江苏龙凤堂中药有限公司龙凤堂三期保健品项目	占地面积29.68万平方米，建设保健品车间、提取车间、前处理车间、固体制剂车间、口服液车间、动力中心及辅助配套设施等共计19万平方米，主要生产中药及保健系列产品	100000	—

续表22

序号	项目名称	建设规模及主要内容	实际完成投资	
			内资（万元）	外资和港澳台资（万美元）
4	米柯乳业（江苏）有限公司年产60000吨乳制品及6000吨饮料生产项目	盘活购买江苏奥莱克冷链有限公司土地6.67万平方米，使用1号车间厂房1.58万平方米，3号、5号厂房8864平方米，采购全自动CIP设备、均质机、杀菌机、袋包装机等设备232台（套），从事乳制品及饮料的生产，形成年产乳制品（包括巴氏杀菌乳、调制乳、发酵乳、灭菌乳、稀奶油、奶酪、植脂奶油等）60000吨、饮料（乳酸菌饮料、果汁饮料等）6000吨的生产能力，系市认定的"亩均论英雄"的典型案例	50050	—

2022年泰州医药高新区（高港区）省重大项目一览表

表23

序号	项目名称	计划总投资（万元）	年内完成投资（万元）	建设进展
1	泰州益海嘉里粮油深加工项目	1050000	162208	米糠综合利用项目：进行总平图预审、施工图深化设计、环评及能评手续报批；稻谷二期：开工建设；码头项目：取得航评批复、洪评批复、通航安全性评价批复、岸线批复、安评评审意见、环评批复、初步设计方案审查批复
2	泰州蓝思精密消费类电子产品精密部件扩能项目	1000000	550000	三园竣工投产，一园、二园设备进场安装完成80%，BGA项目进行设备安装，2条生产线试产
3	扬子江中西药研发生产项目	430000	140031	圣森生物制药项目一期：主体厂房基本竣工，地下管网完工，进行道路施工；制剂车间设备安装完成，进行调试。龙凤堂四期：完成部分配套设施建设，深化设计建设规划总平图
4	泰州港核心港区港口能级提升工程	300000	50000	一、二期：完成水工施工项目所有PHC管桩、灌注桩工程。三期综合提升：道路堆场、配套设施、信息化升级改造均已完成竣工验收，具备使用条件。设备主体安装结束，进行布线调试
5	泰州金迪克生物新型四价流感病毒裂解疫苗、冻干水痘减毒活疫苗及其他疫苗生产项目	250000	60000	四价流感疫苗车间土建完成，净化装修和设备安装调试完成；开展冻干水痘减毒活疫苗、冻干带状疱疹减毒活疫苗车间建设的前期准备工作
6	江苏中慧元通生物科技股份有限公司新型流感疫苗产业化项目	200000	56000	3幢厂房、1幢仓库主体结构封顶，开展二次结构施工
7	泰州泰康生物抗体药物产业化项目	159600	50000	主体结构全部封顶，进行幕墙施工，净化装修进场施工

财　政

【概况】 2022年，泰州医药高新区（高港区）完成一般公共预算收入101.13亿元，位列全市首位，较上年增收0.59亿元，同口径增长12.6%，高于全市平均增幅5.2个百分点。其中，税收收入完成65.08亿元，同口径增长0.8%，高于全市平均增幅6个百分点。

【市场主体降本减负】 2022年，泰州医药高新区（高港区）完成增值税留抵退税31.01亿元。减征失业和工伤保险费6933万元、缓缴199万元，帮助中小微企业、个体工商户和困难行业渡过难关。国有房屋租金减免3～6个月，做到应免尽免、能免快免。支持企业保生产、稳供应、强预期，拨付稳定外贸、安全生产、留泰补贴等资金8700万元。扩大普惠金融覆盖面，组织申报普惠金融资金1429万元，完成“泰信保”放款9.1亿元。综合运用预留份额、价格扣除等方式，鼓励中小微企业积极参与政府采购。

【重点领域财政保障】 2022年，泰州医药高新区（高港区）统筹安排科技创新、智改数转、制造业转型升级等奖补资金3.7亿元。推进乡村振兴战略，上争农村综合性改革试点、中型灌区续建等省级补助2亿元，统筹落实“四好农村路”、“一路高畅”、高标准农田建设等经费4.17亿元，安排1162万元实施钢结构厂房等村级集体经济“造血”项目，将农村贫困群众防贫综合险纳入预算保障。贯彻碳达峰碳中和重大战略，启动实施村庄生活污水治理PPP项目二期，安排9500万元保障污水处理、绿化养护、环境监测等项目支出。强化粮食安全支撑，拨付各项惠农补贴3598万元，投入农业保险财政补贴1274.8万元，撬动农业风险资金1.78亿元。

【民生资金投入】 2022年，全区民生支出完成81.47亿元，比上年增支18.3亿元，增长21.4%。支持稳岗就业，安排就业补助资金2496万元，发放稳岗返还补贴1269万元，惠及企业1564个。安排教育项目资金1.15亿元、公用经费3418万元。安排2.07亿元用于核酸检测基地建设、疫情防控物资购置、全民免费核酸检测等。安排基本养老保险、医疗保险等财政补助预算5.11亿元，发放城乡低保、特困供养、困境儿童、抚恤优待等补助6000万元。安排农村危房改造、保障性安居工程等项目经费1.1亿元，拨付市容环境整治、老旧小区改造、智慧技防社区等经费1.5亿元。安排文化体育发展等专项经费1212万元，支持办好省运会。

【政府采购管理】 2022年，全区政府采购预算11440.9万元，实际采购金额10610.37万元，节约财政资金830.52万元。出台政府集中采购目录及采购限额标准。推进“互联网+政府采购”工程建设，政府采购交易系统投入运营。政府绿色采购考核指标连续5年高于省、市要求。完成政府购买服务项目16个，实际采购金额6528.63万元，节约财政资金108.86万元。

【预算绩效管理】 2022年，泰州医药高新区（高港区）出台《调整和完善区与园区（镇街）财政管理体制方案》，理顺区以下财政事权和支出责任，重新核定园区、镇街收支基数，建立“保障存量、分成增量”的收入分配机制。出台《关于进一步厉行节约坚持过紧日子的通知》《关于进一步强化财政支出预算执行管理的通知》等文件，制定会议费、差旅费、培训费等管理办法，规范“三公两费”开支标准和预算经费追加流程。严格专项资金设立程序，实行“大专项+项目清单”，合理确定分年度预算要求。建立工资津补贴联席会议制度，全面规范工资津贴补贴。出台《泰州医药高新区（高港区）财政投资评审管理办法》和《泰州医药高新区（高港区）财政投资评审操作规程》，加强政府投资项目监管，审核概（预）算6.59亿元，审定金额5.52亿元，净核减1.07亿元，核减率16.24%。跟踪工程资金2403万元，采用月报制了解建设过程跟踪情况。完成竣工财务决算审核项目4个，形成国有资产1737.64万元。

【政府债务管理】 2022年，泰州医药高新区（高港区）守住债务风险等级和债务率不反弹的底线，完成政府债务等级降橙。成立债务管理“一办八组”（债务办、融资管控组、投资管控组、融资指导组、资产盘活组、债权追收组、土地经营组、组织人事组和督查问效组），建立区领导挂钩联系制度，实现法定债务、隐性债务、经营性债务全口径的闭环管理。制定“一保二清三降”任务清单，完善“一企一策”“一债一档”管理模式和应急预案。清退定向和高息融资，压降非标产品占比，严防流动性风险和涉众风险。

【会计管理】 2022年，区财政局共办理13个企业代理记账许可证书、3个代理记账企业分支机构备案。4月底前，完成全区46个代理记账机构的年度备案工作。6月，开展2021年度内控报告编报工作。7月，完成全区181个行政事业单位内控报告的汇总上报工作。10月，选派区内上市公司财务总监1人参加上海国家会计学院组织的财政部高层次财会人员（企业总会计师）岗位能力培训班。全年初级会计专业技术资格考试报名人数1022人，通过219人；中级会计专业技术资格考试报名人数1004人，通过112人；通过高级会计师评审材料初审20人，通过高级会计师评审14人。

（曹舒扬）

税　务

【概况】 2022年12月，国家税务总局泰州医药高新技术产业开发区税务局与国家税务总局泰州市高港区税务局合并成立国家税务总局泰州医药高新技术产业开发区（高港区）税务局（简称区税务局）。全年区税务局组织入库税收收入161.39亿元（含免抵调库收入10.98亿元），比上年下降2.85%。其中，地方一般公共预算税收收入67.37亿元，下降13.80%。还原留抵退税后，全年完成税收收入192.4亿元，增长

11.69%。其中,地方一般公共预算税收收入82.88亿元,增长2.04%,两者增幅保持全市第一。

【税收征管改革】 2022年,区税务局梳理分析新征管体系推进中的具体情况,针对5项可能存在"两头跑""多次跑"的事项以及环节,建立健全相关工作机制,提升涉税事项流转效率。强化大数据治税,做好电子专票试点推广工作,运用大数据智能分析日常税收管理、组合式税费支持政策落实等情况,自行建立风险分析指标14个、经济税收分析指标3个。

【减税降费】 2022年,区税务局做好增值税留抵退税资金保障工作。成立退税减税工作领导工作小组,下设10个工作组,形成"统筹指挥、任务落实、督察督办、反馈改进"的闭环机制;严格台账管理、对单销号机制,细化责任分解,逐项逐级推进落实。全年释放红利32.14亿元,其中增值税留抵退税完成1821户次、31.76亿元,退税规模列全市第一。

【税收风险管理】 2022年,区税务局共完成风险应对281户,应对成效16901.48万元,其中大企业风险应对1户;处置自然人异议申诉任务共计2562户次,增值税发票受托协查194条。落实非税收入征管职责划转工作,对接自然资源管理、财政等部门,就划转方案、征收方式、信息传递进行沟通,完善流程。开展房地产预缴税专项排查,针对前期排查出的房地产预售开票和申报预缴比对异常企业,逐户开展风险排查。加快土地增值税项目清算进度,规范审核流程、统一执行口径、消除管理风险。

【依法治税】 2022年,区税务局与泰州医药高新区人民法院构建"税务+法院"税法协作机制,推进行政执法"三项制度"落实,规范开展各项执法事项公示,全年完成执法音像记录246户次。强化税务行政处罚裁量权管理,规范裁量标准,不予行政处罚551户次,行政处罚3731户次,罚款39.53万元,组织税收债权入库334.28万元。推进自然人个税汇算,实际完成汇缴69346人,补税1884人,退税58406人。做好企业所得税汇算清缴,汇缴企业10540户,汇缴净补税4.65亿元。

【税收营商环境】 2022年,区税务局办税服务厅与市政务服务中心一体化运行。全年线下服务大厅办理综合业务3.2万户次、退税业务7840笔,自助办税区接待1.6万余人次;线上电子税务局办理各类涉税事项21915户次,其中同步核定电子专票率100%。开展个税汇算、退税减税等政策解读3次,累计收看超1.5万人次。重点加强"一口进、一口出"体系建设,逐步规范资料流转,严格落实"前台受理、内部流转、限时办结、窗口出件"等要求。 (李星灿)

金融监管与服务

【金融行业监管】 2022年,泰州医药高新区(高港区)强化对地方金融组织的日常监管,完善监管档案,多部门联合开展"双随机、一公开"现场检查。严把地方金融组织注册设立入口关,核查股东资金合法合规性,促进机构设立依法合规。采取约谈、警告、整改、劝其退市、司法移送等措施,对各类机构加强监督。泰州市高港区信本农村小额贷款有限公司、泰州市金诚商业保理有限公司获批设立。

【企业融资服务】 2022年,泰州医药高新区(高港区)举办"创投机构面对面"云路演生物医药企业专场活动、"江苏招控康健基金"揭牌仪式暨中国医药城企业投融资路演活动、中国医药城企业融资上市论坛、"国企有招 改革同行"国有企业未来发展主题沙龙活动、中信集团"百园万企"走进泰州医药高新区(高港区)活动、"普惠金融县区行"走进电子信息产业园活动、泰浦医贷推广会等活动,解决企业融资难、融资贵的问题。至年末,全区共有7245个企业注册上线产融平台,累计解决企业融资需求231.63亿元。

【企业上市】 1月7日,江苏亚虹医药科技股份有限公司在科创板上市。2月15日、3月18日,泰州亿腾景昂药业股份有限公司、江苏中慧元通生物科技股份有限公司分别获江苏证监局辅导备案受理。3月31日,江苏瑞科生物技术股份有限公司在港交所上市。6月15日,泰州润元户外用品股份有限公司调入"新三板"创新层。10月25日,江苏康为世纪生物科技有限公司在科创板上市。至年末,全区共有上市企业7个、交易所在审企业1个、证监局在辅企业3个。

【产业基金投资】 2022年,泰州医药高新区(高港区)与招商局资本管理有限责任公司和建信(北京)投资基金管理有限责任公司合作设立总规模4.34亿元的江苏招控康健股权投资合伙企业(有限合伙)和总规模2亿元的泰州建兴科技创新投资合伙企业(有限合伙)。全区共有政府控股的基金管理公司4个(泰州中国医药城新药基金管理有限公司、泰州中国医药城融健达创业投资管理有限公司、泰州华鑫创业投资管理有限公司、江苏瑞鸿基金管理有限公司);国有控股或参股基金24支,总规模135.24亿元,其中母基金2支、天使投资基金1支、创业投资直投基金4支、股权投资基金17支。

【金融风险防范】 2022年,泰州医药高新区(高港区)开展农民资金互助社清理清退工作，新增5个农民资金互助社社员互助金余额实现清零，其中口岸街道口岸互助社完成经营范围核减并退出省监管系统。开展非法金融活动普法宣传和风险排查，对涉嫌非法金融活动线索开展走访调查、综合研判、打击处置，累计核查约谈金融中介公司8个，推动金融组织依法合规经营。

（张　驰）

审　计

【概况】 2022年，区审计局组织实施审计项目14个，其中由省、市统一组织实施或委托项目3个，出具审计报告17个，向区领导报送审计要情12篇，就国有企业内部管理、大宗商品贸易、股权投资、股权质押以及EPC模式变形等风险发出预警、提出建议，获区主要领导批示。审计整改促进财政资金及时缴库8008.21万元，规范管理资金5.62亿元，追回财政资金4.52亿元，完善制度、办法24项。编印领导干部履行经济责任风险清单。聘请3名党外人士担任特约审计员。建立健全党委领导、政府督查、人大监督、部门联动的审计整改责任体系，履行审计整改跟踪指导责任，推动审计发现问题整改落实。代表区政府向区人大常委会采取"报告+清单"模式汇报审计整改情况，测评满意和基本满意率达100%。

【政策跟踪审计】 2022年，区审计局持续重点关注全区政府隐性债务化解工作，对全区2021年度政府隐性债务化解情况实施审计。选派人员参加省审计厅统一组织的地方政府隐性债务化解情况及融资平台公司经营管理、风险防范审计。持续跟进推动区内省级以上园区违规借款和出借资金情况整改，加大督促、检查力度，推进债务化解，落实债务风险防范，规范融资行为，优化融资结构，降低融资成本。

【财政审计】 2022年，区审计局对区本级和区财政局、农业农村局、残联、卫生健康委2021年度预算执行和其他财政收支情况，以及明珠街道、刁铺街道2021年度财政决算和其他财政收支等实施审计，同时延伸对地方政府债券发行使用情况、生态环境保护专项资金、购买中介服务情况等进行审计。

【经济责任审计】 2022年，区审计局对区供销社、泰州东方中国医药城控股集团有限公司、江苏大江建设工程有限公司3个单位主要负责人，以及明珠街道、刁铺街道2个单位原党政主要负责人实施经济责任审计，规范所属单位权力运行和经济管理，提升领导干部法律、经济、责任等方面的风险意识，促进领导干部廉洁履职尽责。

【专项审计调查】 2022年，区审计局按照市审计局"交叉审计"要求，开展靖江市2020—2021年老旧小区改造项目实施情况专项审计调查。开展泰州长江公路大桥建设协调服务小组办公室清产核资，高港中医院经营绩效，生物医药产业园区标准厂房建设运营情况，区老建会、区关工委等社团组织财务收支情况等专项调查。会同财政、人社等部门对全区津补贴发放情况开展摸底检查，严肃财经纪律。

【国有企业审计】 2022年，区审计局开展泰州通泰投资有限公司资产负债损益审计，重点关注公司资产运营管理、投资和建设项目管理情况，提出审计意见建议，推动企业健康发展、规范高效运行、资产保值增值。

【民生审计】 2022年，区审计局按省统一部署，对2019年至2022年6月全区养老服务体系建设政策措施落实情况开展专项审计调查。围绕社区居家、机构养老服务、医养结合、优化养老服务市场等方面落实情况，有针对性地提出审计建议。实施区民生工程实施情况专项审计调查，将教育惠民、困境儿童保障政策落实等纳入审计。

【固定资产投资审计】 2022年，区审计局对泰州学院二期项目、数据园四五六期地下室工程、数据园四期地上工程、区村庄生活污水治理二期项目4个项目实施全过程跟踪审计，累计跟踪投资额度约18.32亿元。完成对南京中医药大学翰林学院改造工程、体育中心外幕墙及土建工程、周山河初中项目、周山河小学项目等31个工程项目的造价审核（结算审核），审结项目净核减工程造价约3.36亿元。组织对区各平台公司25个城建项目招标文件、方案进行审核，提出审计意见141条。

【内部审计】 2022年，区审计局出台《加强内部审计工作的实施意见》及配套规范性文件5个，指导32个单位成立内审机构，配备内审人员99人，实现镇街、园区党工委审计委员会全覆盖。与国资、卫生、教育等行业主管部门建立内审联动合作框架，抽调近20人参加为期6个月的以审代训，实施内审项目424个，收回资金约7.42亿元，挽回经济损失约232万元，建立制度24个。及时出具泰州国有企业改革中存在问题的审计建议，获市委主要负责人批示。

（徐　辉）

统　计

【概况】 2022年，区统计局组织开展住户调查、人口抽样调查、劳动力调查、粮食测产等统计调查，做好经济形势监测预警、"四上"企业监测、高质量发展监测等统计服务。发布《2022年医药高新区（高港区）国民经济和社会发展统计公报》，发行《高港统计年鉴（2021）》。撰写统计专报28期，撰写各类统计分析16篇。有1篇文章被《中国统计》刊登，5条信息被国家级媒体采用，9条信息被省级媒体采用，43条信息被市统计局采用，3篇分析专报被市级领导批示。

【统计调查】 住户调查　2022年，区统计局推进样本框核实、调查员选聘、宣传动员、调查小区落实、入户摸底、开户调查等住户调查大样本轮换工作，落实16个样本点160户记账户。

人口抽样调查　9—11月，全国统一开展1‰人口抽样调查，泰州医药高新区（高港区）样本点涉及8个镇街、23个村（社区）、920户样本户。区统计局做好样本信息核实、业务技术指导员及调查人员选聘与管理、宣传动员、调查摸底、PDA数据采集报送、质量控制和事后质量抽查、数据处理和评估推算、分析研究等工作。

劳动力调查　抽取7个镇街的10个调查社区进行劳动力调查，全年调查1920户。

粮食测产　组织15个遥感测量面积点进行春夏播和秋冬播遥感测量工作，组织8个粮食测产点进行夏、秋粮测产工作，将测产数据汇总上报，由省调查队评估反馈全区粮食播种面积及粮食产量。全区粮食播种面积约1.66万公顷，总产量11.25万吨。其中，夏粮播种面积0.81万公顷，秋粮播种面积0.85万公顷。

【统计服务】 经济形势监测预警　2022年，区统计局依托全区机关党员干部清企亲政“五个一”走访服务活动，及时收集整理基础指标，把握数据变化的规律、趋势和特点。围绕GDP核算基础指标，实行平台报表预测，加强经济形势的研判，做到一月一研判、一月一分析、一月一通报，形成定期召开经济形势分析会的常态机制。

“四上”企业监测　出台“四上”企业培育纳统实施方案，规范“四上”企业审批标准和工作流程。召开“四上”企业入库工作推进会，通报新增“四上”企业入库情况。加强在库企业、“准四上”企业以及线索企业动态监测，撰写的多篇分析专报被区领导批示。全年新增规模以上企业236个。

高质量发展监测　会同区考核办做好高质量发展监测考核工作，完善监测体系，发挥责任导图的指导作用，开展“红黑榜”评选。建立统计监测库，整合部门数据资源，实现数据共享，围绕时间节点、薄弱指标，强化培训、精准指导。

【统计执法监督】 2022年，区统计局对45个企业开展统计执法检查，其中由省统计局从江苏省统计依法行政管理系统中随机抽取20个企业，区统计局联合区市场监管局在市场监管平台中随机抽取25个企业，检查情况良好。开展统计造假不收手不收敛专项纠治工作，围绕查权力干预、查“数据寻租”、查执法不严、查入退库和结合重点工作“四必查一结合”要求，逐条逐项进行核实，防范统计违纪违法行为，提高统计数据质量。

【统计法治宣传】 2022年，区统计局结合统计开放日、“12·4”国家宪法日和“12·8”统计法宣传日等重要时间节点，开展普法宣传。组织领导干部和统计系统人员专题学习《关于深化统计管理体制改革提高统计数据真实性的意见》《统计违纪违法责任人处分处理建议办法》《防范和惩治统计造假、弄虚作假督察工作规定》《关于更加有效发挥统计监督职能作用的意见》和国家统计局查处典型案例通报情况。在统计执法检查中，向检查对象发放统计普法宣传资料，宣传统计法律法规及统计工作相关规定，讲解统计违法典型案例，增强企业法人和统计人员的统计法治意识。

【统计基层基础建设】 2022年，区统计局更新完善泰州医药高新区（高港区）统计四项制度（统计资料审核制度、统计资料签署制度、统计工作交接制度、统计资料归档制度），规范统计业务流程。制定《2022—2023年泰州医药高新区（高港区）统计基层基础规范化建设工作要点》。全区所有园区、镇街统

2022年9月20日，区统计局开展统计开放日宣传活动　区统计局　供图

计站（统计科）均配备3名以上统计人员，所有村（社区）配备专职统计协管员。推进区级统计机构、部门、园区、镇街、村（社区）、企业“六位一体”统计规范化建设，开展全区园区、镇街统计机构规范化验收工作。落实村（社区）统计协管员登记备案机制，全年统计协管员备案145人，备案更新4人。联合区党工委（区委）组织部举办统计专业能力建设培训班，进行集中授课、分类授课和专业测试。完成100个企业的规范化“回头看”和15个园区、镇街统计站规范化“回头看”，现场提出整改要求。开展新增联网直报企业的规范化验收工作，共验收新增联网直报企业125个，验收率100%、合格率100%。在全区单项考核中增设统计工作专项考核，从组织领导、基层基础、统计业务、贡献份额4个方面进行考核。

（张　浩）

市场监督管理

·综　述·

【概况】 2022年，泰州医药高新区（高港区）新增企业3983户，注册资本200.7亿元，从业人数12976人，其中有限责任公司3651户、个人独资企业332户。新增农民专业合作社3个，成员出资总额70.6万元。新增个体工商户5350户，从业人员4296人，注册资本9.7亿元。至年末，全区登记企业32240户，注册资本4458.2亿元；个体工商户55802户，注册资本86.8亿元；农民专业合作社167个，注册资本5.04亿元。共有食品生产企业76个、食品小作坊82个、食品销售单位2742个，餐饮服务单位2688个，特殊食品经营单位390个，药品零售企业220个（连锁门店124个、单体药店96个），互联网药品信息服务单位1个；疾病预防控制中心1个，疫苗接种单位14个，医疗机构17个，社会办诊所、门诊部41个，卫生室（所）、医务室、护理站16个，村卫生室93个，第三方实验室9个，医疗器械网络销售单位154个，医疗器械经营企业1832个（其中医疗器械批发企业1589个、医疗器械零售企业243个）；化妆品经营企业44个，化妆品使用单位153个。全区各类特种设备使用单位2282个，在用特种设备数量2.19万台（套），其中电梯8448台、压力容器9315台、锅炉154台、起重机械2023台、场内机动车辆2029台，压力管道2274千米。共有农贸市场19个。广告经营单位729个。

【市场监管行政执法规范化建设】 2022年，区市场监管局严格落实行政执法规范化建设各项要求，重大执法决定100%经过部门负责人讨论及法制审核双把关。组织召开案件审理会7次，法制审核案件200余件。开展行政执法案卷评查活动，随机抽取稽查大队、各分局办理的14件案件卷宗，对案件的主体适格、证据确凿、程序合法、文书制作、立卷归档等内容进行检查。受理行政复议21件。其中，复议机关维持行政行为3件，驳回申请人复议申请6件，申请人撤回行政复议申请10件，区司法局调解行政复议申请2件，均办结。完成行政诉讼答辩1件，起诉人撤回诉讼请求。未发生行政复议、行政诉讼败诉案件。应行政相对人申请举行行政处罚案件听证会2次，听取行政相对人听证意见。

【稽查执法】 2022年，区市场监管局共查办各类违法案件592件，罚没入库485.45万元。其中，食品案件390件，药品、化妆品、医疗器械案件35件，商标案件20件，专利案件2件，标识案件1件，特种设备案件25件，广告案件15件，网络案件16件，合同案件4件。移送公安机关案件9件。其中，孙某某生产销售假冒杜蕾斯案被省市场监管局、省公安厅联合挂牌督办，杨某某未经许可生产经营假冒调味品案被国家市场监管总局挂牌督办。7月，泰州医药高新区（高港区）打假扶优政企联盟成立。该联盟是泰州市首个打假扶优政企联盟，首批联盟成员单位18个，包括益海（泰州）粮油工业有限公司、阿斯利康药业（中国）有限公司等企业，区市场监管局、区公安分局等执法机关和泰州市食品检验院等检验检测机构。全年该联盟为益海（泰州）粮油工业有限公司、江苏汇福蛋白科技有限公司节约用气成本约300万元，组织开展打假维权13次，帮助企业挽回经济损失近2000万元。

【抽样检验】 2022年，区市场监管局完成食品抽检3376批次，检出不合格食品153批次，对检出的不合格食品依法采取下架、封存、召回、立案查处等措施。各市场监管分局快检室每月快检120批次以上，全年食品快速检测10877批次，检出疑似阳性180批次，合格率为98.35%。做好不合格食品的后处理工作，将检测情况及分析依法进行公示。完成药品抽检120批次，其中西药101批次、中药饮片19批次，检验结果全部合格。

【消费维权】 2022年，区市场监管局共接到投诉举报6549件。其中，全国“12315”互联网平台2095件，“12345”政务服务便民热线4454件。涉及食品、药品、特种设备等领域，均在规定的时限内办结和回复，为消费者挽回经济损失800余万元，调解成功率100%，消费者满意率达95%以上。在大型商场、超市、集贸市场等地段开展“3·15”宣传活动。在区全媒体中心发布消费维权、消费警示系列报道6篇。

（丁　强）

·工商行政管理·

【外资企业注册登记】 7月15日，区市场监管局取得高港区外资企业登记授权，实现泰州医药高新区、高港区外资登记权限统一。全年办理外资企业开业14件，变更79件，备案28件，注销7件。

【市场主体信用监管】 2022年，泰州医药高新区（高港区）企业年报率99.2%、农民专业合作社年报率100%。完成全区425户市场主体年报公示信息的抽查工作，抽查结果依法在全国企业信用信息公示系统中公示。组织开展娱乐场所、售卖野生动物、人力资源市场等55项跨部门"双随机"联合抽查，市场监管、商务、应急管理、工信等26个部门参加，累计检查689户。检查结果在国家企业信用信息公示系统上向社会公示。全年办理合同案件3件，罚没款合计0.95万元。帮助企业开展信用修复，全年区市场监管局实施暂缓列入经营异常名录86个、移出172个，帮助12个企业开展行政处罚信息信用修复。20个企业获得江苏省"重合同守信用"企业称号。

2022年全区新增江苏省"重合同守信用"企业名录

泰州港华燃气有限公司
江苏环川环境工程有限公司
江苏公元物业管理有限公司
泰州市宏达工矿安全部件有限公司
江苏明杰应急救援装备有限公司
泰州市华通消防装备厂有限公司
泰州汇锦电子有限公司
泰州市中泰教学装备有限公司
泰州市旺灵绝缘材料厂
恒达亲水胶体泰州有限公司
江苏华照节能服务有限公司
江苏正方工程项目管理房地产评估有限公司
江苏泰禾房地产土地造价咨询评估有限公司
江苏耀海生物制药有限公司
江苏海王健康生物科技有限公司
江苏美通制药有限公司
江苏香江物业发展有限公司
江苏福泰物业管理有限公司
江苏华强工程投资管理咨询有限公司
江苏网易拍卖有限公司

【电商网络监管】 2022年，区市场监管局开展网络商品和服务集中促销监测专项行动。全年办理网络案件15件，罚没款17.21万元。

【广告监管】 2022年，区市场监管局组织开展疫情防控期间广告、涉及金融业务违法广告、校外培训广告、借重大活动从事违法违规商业广告宣传、儿童青少年近视防控产品违法违规商业营销宣传、涉老"食品"及"保健品"等领域涉诈问题隐患排查等专项整治活动，线下检查户外广告1258条，线上监测互联网广告4015条，查处广告案件13件，罚没款12.65万元。完成2021—2022年度全国广告业统计工作。

【农贸市场监管】 2022年，区市场监管局优化《农贸市场长效考核管理办法》，开展文明城市创建、卫生城市创建、长江禁渔、市场秩序整治等工作，拨付区级长效管理奖补资金200余万元。开展农贸市场新冠肺炎疫情常态化防控培训及演练活动。排查人货流向，保障农副产品溯源。组织开展平安市场创建周活动，制定出台《农贸市场安全风险隐患研判例会制度》，平安市场创建工作排名全市第一。全区共有农贸市场19个。其中，三星级农贸市场11个，二星级农贸市场4个，一星级农贸市场4个。

【公平竞争审查】 2022年，区市场监管局牵头制定《泰州医药高新区（高港区）公平竞争审查联席会议工作规则（试行）》《泰州医药高新区（高港区）涉公平竞争审查投诉举报处理办法》等文件。对公平竞争审查联席会议11个成员单位进行专项督查。全年共计审查文件13份，均未违反公平竞争审查各项标准。

（孔　芳　杨　君）

·质量技术监督管理·

【质量强区工作】 2022年，泰州医药高新区（高港区）实施的长三角生物医药行业质量提升示范试点项目通过验收。江苏南瑞泰事达电气有限公司、唐泽交通器材（泰州）有限公司、万向精工江苏有限公司通过"江苏精品"认证评审，扬子江药业集团江苏海慈生物药业有限公司获评省质量信用评价AAA级企业，万向精工江苏有限公司、唐泽交通器材（泰州）有限公司获评省质量信用评价AA级企业。万向精工江苏有限公司获得市长质量奖提名奖。江苏华创医药研发平台管理有限公司、江苏中江装配式建筑科技股份有限公司、恒达亲水胶体泰州有限公司、江苏扬子江医疗科技股份有限公司获"泰州品质"认证。扬子江药业集团江苏海慈生物药业有限公司获泰州市2022年质量攻关项目成果一等奖，中海油气（泰州）石化有限公司、万向精工江苏有限公司获三等奖。新增工业产品生产许可证获证企业2个，共有获证企业24个。其中，危险化学品获证企业3个，直接接触食品的材料等相关产品获证企业17个，危险化学品包装物及容器、化肥、电线电缆、水泥获证企业各1个。共有各类检验检测中心48个。其中，国家级质检中心2个，分别为国家精细化学品质量检验检测中心、江苏省特种安全防护产品质量监督检验中心；省级以上质检中心4个，分别为江苏省磨料磨具产品质检中心、江苏省泵阀产品质检中心、江苏省墙体装饰装修材料质检中心、江苏省测绘仪器计量中心。

【标准化工作】 2022年，扬子江药业集团的中药流程智能制造国家高新技术标准化试点项目通过验收；江苏硕世生物科技股份有限公司的“体外诊断试剂及设备战略性新兴产业”省级标准化试点获批立项；泰州巨纳新能源有限公司牵头的江苏省低维材料技术标准创新基地获批筹建，为泰州市首个由本地企业牵头筹建的技术标准创新基地；江苏海泰药业有限公司承担的市级农业地方标准《玫瑰种植技术规程》获批立项；泰州市超仁人力资源管理有限公司承担的劳务派遣服务标准化试点获批立项。江苏平高泰事达电气有限公司、江苏蜂奥生物科技有限公司、唐泽交通器材（泰州）有限公司被评为泰州市专利标准融合创新型示范企业，万向精工江苏有限公司、泰州市旺灵绝缘材料厂、华威特（江苏）生物制药有限公司等6个企业被评为泰州市专利标准融合创新型企业。区内企业主导或参与制定（修订）国家标准、行业标准、团体标准15项。

2022年泰州医药高新区（高港区）参与制定（修订）国家标准、行业标准、团体标准一览表

表24

标准号	标准名称	参与（负责）起草单位	发布时间
T/CCFA 01054—2022	有色原位聚合纤维级聚己内酰胺切片	江苏海阳锦纶新材料有限公司	2022-01-20
T/CNHFA 001—2022	特殊食品用脂肪粉	鲲鱼健康药业江苏有限公司	2022-01-24
YY/T 1226—2022	人乳头瘤病毒核酸（分型）检测试剂盒	江苏硕世生物科技股份有限公司	2022-05-18
T/SZAS 46—2022	热启动Taq DNA聚合酶性能验证	江苏康为世纪生物科技有限公司	2022-07-01
T/JSAD 033—2022	椎体扩张球囊导管	江苏尚美医疗器械有限公司	2022-10-07
GB/T 41914.1—2022/ISO 20480—1:2017	微细气泡技术　微细气泡使用和测量通则第1部分：术语	泰州巨纳新能源有限公司	2022-10-12
GB/T 36148.3—2022/ISO 17325—3:2018	船舶与海上技术　海上环境保护　围油栏第3部分：端部连接器	泰州市金海运船用设备有限责任公司	2022-10-12
T/CSP 9—2022	颗粒技术锂离子电池用磷酸锰铁锂	泰州巨纳新能源有限公司	2022-11-01
T/JSAS 031—2022	一次性使用呼吸过滤器	江苏瑞阳医疗科技有限公司	2022-12-07
T/JAASS 73—2022	灵芝茶	江苏蜂奥生物科技有限公司	2022-12-28
T/JAASS 74—2022	灵芝片、丝	江苏鸿祺生物科技有限公司	2022-12-28
GB 3565.2—2022	自行车安全要求　第2部分：城市和旅行用自行车、青少年自行车、山地自行车与竞赛自行车的要求	唐泽交通器材（泰州）有限公司	2022-12-29
GB/T 3565.4—2022	自行车安全要求　第4部分：车闸试验方法	唐泽交通器材（泰州）有限公司	2022-12-30
GB/T 41914.2—2022	微细气泡技术　微细气泡使用和测量通则第2部分：微细气泡属性分类	泰州巨纳新能源有限公司	2022-12-30
GB/T 42240—2022	纳米技术　石墨烯粉体中金属杂质的测定电感耦合等离子体质谱法	泰州石墨烯研究检测平台有限公司	2022-12-30

【计量工作】 2022年，区市场监管局开展定量包装商品净含量和商品包装计量监督检查，控制商品过度包装行为，共抽检定量包装商品净含量195批次、商品包装45批次、预包装食品100批次。开展眼镜配置场所、电子计价称、燃油加油机、涉农领域、医疗卫生机构等重点民生领域计量专项监督检查，检查眼镜制配场所24个，检查焦度计24台、验光仪24台、验光镜片组24台；检查商场超市27个、集贸市场18个，检查电子秤1253台；检查加油站38个，检查加油机及油气回收装置673件；抽查农资销售单位5个、农资商品30个批次，检查粮食收购点6个、在用计量器具23台；检查乡镇医疗机构12个，检查各类

医疗机构计量器具361台(件)。开展能效、水效标识计量专项监督检查,检查家用电器销售企业38个、厨卫产品销售企业33个。

【特种设备安全监管】 安全专项整治 2022年,区市场监管局开展特种设备超期未检整治行动,建立特种设备超期未检预警通报制度,对照被通报企业名单开展专项检查,出动检查人员68人次,检查企业34个,下达检查指令书12份。完善"96333"电梯应急处置服务平台,全区8543台电梯全部安装"96333"标识牌,及时对标识牌进行查漏补缺。处理电梯相关投诉举报128起,处置满意率100%。查处未按技术规范开展维保、使用超期未检电梯等违法行为为6起。对全区3个液化气充装站开展检查12次,排查整改问题32条,对液化气充装站负责人及安全管理员开展集中约谈1次;联合区应急管理局、住房城乡建设局对新华路疏导点和四号路疏导点的流动摊贩的液化气钢瓶和灶、管、阀开展夜查行动3次。将3个液化石油气充装站全部接入"阳光充装"视频监控。对3个燃气单位实施重点检查,出动检查人员40人次,检查单位14个次,排查整改隐患41条。在全市率先完成457千米公用燃气主管道及500余个工商用户自有产权支管道的检验。将全区5个造拆船企业列入重点监督检查对象,在夏季高温汛期期间、百日攻坚、大风暴雨等重点时段,提醒企业落实好防护措施。对5个造船企业开展安全隐患专项检查30次,排查各类安全隐患156条。督促电梯维保单位、使用单位开展电梯鼓式制动器排查治理,累计拆解、保养鼓式制动器2047台,更换鼓式制动器49台。督促全区桥式、门式起重机使用单位开展自查,开展起重机械"双限位"装置(安装两种不同形式的高度限位装置)的查漏补缺,完成全区"双限位"加装工作。开展特种设备百日攻坚,出动检查人员298人次,检查单位149个,下达监察指令书86份,排查各类隐患776条。开展特种设备安全大检查,出动检查人员606人次,检查单位303个,下达监察指令书151份,排查整改各类隐患1385条。强化特种设备执法检查,立案查处特种设备违法行为19起,罚没款73.9万元。

重大活动特种设备安全保障 对活动所涉场所特种设备开展排查,出动执法人员162人次,保障重大活动5次。实现活动期间场地驻地特种设备运行零故障、区域内特种设备零事故。组织开展电梯无脚本综合实战演练,邀请所有涉及服务保障的宾馆、酒店、维保单位安全管理人员参加观摩。

特种设备安全宣传 对企业员工开展主题安全宣讲3次。在社区、广场开设电梯安全、气瓶安全的宣传活动4次,发放安全知识手册2500余份。针对电梯投诉问题、液化气瓶安全问题,对物业、电梯维保单位、液化气站开展约谈教育4次,督促其落实安全责任。承办全市电梯应急救援演练,开展全区电梯应急响应桌面推演。对相关安全责任落实不力的单位开展约谈4次。

(陈 娟 葛玉斌)

·食品药品监督管理·

【食品安全监管】 食品生产企业监管 2022年,区市场监管局加强食品生产及流通环节日常监管,共检查食品生产企业47个次,发现问题358个;检查食品小作坊69个次,发现问题840个;检查食品销售单位2742个次,发现问题21696个。检查覆盖率及问题整改率均达100%。结合日常监管重点及专项整治工作,开展食品生产企业、食品销售单位食品安全"双随机"检查,共抽查食品生产经营主体492个。落实企业主体责任机制,督促企业建立公开承诺、自查报告制度,履行安全管理、风险管控、检验检测等食品安全主体责任。食品生产企业自查率、自查报告率和食品安全管理人员监督抽考覆盖率、合格率均达100%。

食品小作坊及农村食品市场监管 通过政府引导、政策支持、资金扶持、监督规范、技术服务等方式为小作坊提供服务,鼓励、动员部分食品小作坊改善生产条件、提升质量安全管理水平。组织食品小作坊申创省级"名特优"小作坊,全年获评省级"名特优"小作坊8个、省级示范小作坊6个。引导农村食品市场规范化经营,建成农村食品规范化经营示范店20个。开展农村假冒伪劣食品整治行动,共查处食品案件23件,罚没金额12.26万元。开展校园周边食品销售检查,重点查处学校周边销售"五毛食品"、过期食品和无底线营销食品等行为,检查辖区校园周边食品经营户31户,立案9起。

餐饮服务单位监管 全区共有持证餐饮服务单位2688个,其中特大型餐饮单位17个、大型餐饮单位101个、中型餐饮单位411个、小型餐饮单位2159个;学校(含幼托机构)食堂71个,机关企事业单位食堂183个,养老机构食堂18个。开展各类专项检查13次,检查餐饮经营单位516个;开展重大活动餐饮安全保障17次,出动保障人员400余人次,进行食品安全快速检测625批次。

特殊食品安全监管 开展婴幼儿配方乳品等专项检查,共检查保健食品生产企业9个,特殊食品经营单位527个次,出动执法人员1139人次,检查覆盖率100%。对检查发现的专区专柜设置不到位等问题,均当场责令改正,累计发现问题447处,处置率100%。"双随机"检查特殊食品经营企业46个。

食品安全"阳光系列"惠民工程 建设农村(社区)集体聚餐"阳光宴会厅"11个、智慧农贸市场"阳光菜篮子"2个、"阳光食坊"18

个、“阳光食堂（厨房）”100个。

基层食安办规范化建设 完善区—镇（街道）—村（社区）三级食品安全治理体系，全区12个镇街均完成规范化建设。

智慧监管 建成万象城食品安全示范街，运用物联网、人工智能、大数据等信息技术手段，实现食品安全的智慧监管。

【食品安全风险排查】 2022年，区市场监管局突出重点领域重点环节食品安全风险防控，强化乳制品、肉制品、调味品等重点领域风险隐患排查。强化对重点区域、重点时段、重点品种以及重点场所的监管力度，加强肉制品、乳制品、酒类、饮料等节日热销食品的安全监管，共开展重大节日、农村假冒伪劣食品、乳制品、地产食品、食用植物油、食品添加剂等食品类专项整治10余次。

【进口冷链食品疫情防控】 2022年，泰州医药高新区（高港区）强化进口冷链食品疫情防控。全区共有进口冷链食品生产经营单位67个，从业人员93人，第三方冷库2个。建立进口冷链食品生产经营单位日常巡查机制，督促食品生产经营者落实进货查验及索证索票制度，落实无检验检疫证明、无核酸检测证明、无消毒证明、无溯源信息不得生产加工和上市销售要求，实行专用通道进货、专区存放、专区售卖，规范使用江苏冷链追溯系统。全年共检查进口冷链食品生产经营单位2070个次，发现问题101个。组织开展进口冷链食品疫情防控应急演练1次。创成“祥泰冷链”企业3个。

【食品安全宣传与培训】 2022年，区市场监管局开展食品安全宣传周活动，组织食品安全宣传进校园、进社区、进市场、进商超，开展“你点我检”现场快检活动。制作展板72块，悬挂横幅100余条，发放宣传资料和礼品1万余份，接受咨询1000余次，参与群众5万余人。

【药品安全监管】 *药品安全专项整治* 2022年，区市场监管局开展药品经营和使用单位专项检查、省运会期间零售药店含兴奋剂药品销售和含麻精药品复方制剂购销管理专项监督检查等专项行动，共收集自查报告226份，检查零售药店199个、医疗机构37个。落实对重点单位、重点品种、重点季节的药品抽检，累计抽检药品120批次。

疫苗使用环节监管 对区疾控中心及疫苗接种单位开展2轮全覆盖检查，强化对新冠病毒疫苗储存、运输和预防接种的质量监管工作，确保新冠疫苗进货配货渠道、储存运输及接种均符合国家相关规定。开展过期疫苗处置工作，经与区卫生健康委及区疾控中心三方签字确认，向医疗废物集中处置单位移交过期失效疫苗。

药品安全培训 组织监管人员参加全省化妆品注册备案业务培训、江苏省特殊食品监管系统培训、《特殊医学用途配方食品生产企业体系检查指南》贯宣会等培训5次。

【化妆品安全监管】 2022年，区市场监管局开展美容美发机构亮承诺、亮管理、亮产品“三亮”专项行动，共检查化妆品经营使用单位149个。开展化妆品“线上净网线下清源”专项行动，出动执法人员449人次，共摸排化妆品经营使用单位156个次，摸排化妆品网络销售者2户。联合区卫生健康委对医疗美容行业开展专项整治，“双随机”检查美容美发单位50个。联合泰州市市场监督管理局、泰州市药品不良反应监测中心开展以“安全用妆、携手‘童’行”为主题的公益活动，共发放宣传资料300余册，接受群众咨询60余人次。

【医疗器械安全监管】 *医疗器械安全专项整治* 2022年，区市场监管局开展医疗器械清网行动、新冠病毒检测试剂监督检查、疫情防控医疗器械专项检查、医学检验实验室监督检查、医疗美容医疗器械专项检查、集中带量采购中选医疗器械质量监管、体外诊断医疗器械批发企业专项检查、医疗器械质量安全风险隐患排查治理、装饰性彩色隐形眼镜经营专项整治，共收集各类自查报告1320份，出动执法人员2614人次，检查医疗器械生产经营使用单位1307个次，对检查发现的问题，责令企业限期改正到位。

医疗器械线索协查 开展涉嫌销售不合格医疗器械和医疗器械网络监测线索核查工作，落实属地监管责任，保障医疗器械安全有效和公众用械安全。协查涉嫌销售不合格医疗器械单位2个。

医疗器械安全培训 开展无菌医疗器械及供应商管理线上培训、医疗器械新法规线上公益培训、医疗器械质量安全和风险管理公益培训、医疗器械企业高层管理人员法规培训、医疗器械注册专员培训等专题培训，培训人员超1500人次。

一类医疗器械备案后现场检查 完成15个一类医疗器械生产企业备案后现场检查工作。

企业体系考核 外派检查员30人次参加省、市市场监管局组织的2022年医疗器械生产企业体系考核。

【药品和化妆品不良反应、医疗器械事件监测报告】 2022年，区市场监管局上报药品不良反应报告886份、化妆品不良反应报告65份、医疗器械不良事件报告280份，完成率分别达127%、110%和119%。

（丁　强）

·知识产权管理·

【概况】 2022年，全区专利授权量3402件，其中发明专利授权量474件。有效发明专利量2879件，居泰州各市（区）首位，比上年增长22.3%。

每10亿元地区生产总值发明专利拥有量24.96件，增长17.35%。年限发明专利量385件。万企有效商标注册企业数为895个。有全国驰名商标3件，分别为“扬子江”“护佑”和“唐泽”。江苏祥泰电力实业有限公司等33个企业为省地方标准《企业知识产权管理规范》贯标备案企业。扬子江药业集团江苏龙凤堂中药有限公司、江苏泰氟隆科技有限公司等29个企业获批省知识产权贯标管理绩效评价合格单位。江苏邦士医疗科技有限公司等5个企业承担泰州市知识产权战略推进计划项目。扬子江药业集团江苏龙凤堂中药有限公司等4个企业被认定为省“正版正货”承诺企业。江苏贝佳制药有限公司等19个企业被认定为市“正版正货”承诺企业。扬子江药业集团获泰州市专利金奖，泰州日顺电器发展有限公司等4个企业获泰州市专利优秀奖。组织区级银企对接会，拓宽知识产权证券化融资渠道，新增知识产权质押贷款42笔（6笔为知识产权证券化融资），融资金额3.84亿元，增长219.83%。

2022年泰州医药高新区（高港区）知识产权计划立项情况一览表

表25

计划类别	承担单位
省知识产权贯标管理备案企业	江苏迈桀德医疗科技有限公司
	泰州市苏中软件有限公司
	江苏盛泰科技集团有限公司
	江苏瀚至锦科技有限公司
	泰州鸿行信息科技有限公司
	江苏益明荣药医疗科技有限公司
	江苏贝美医疗科技有限公司
	江苏弗克立医疗科技有限公司
	江苏祥泰电力实业有限公司
	江苏万合信息技术有限公司
	摩克科技股份有限公司
	江苏乐聚医药科技有限公司
	江苏乐汇生物技术有限公司
	泰州億达彩印包装有限公司
	泰州市万鑫泵阀配件有限公司
	江苏亨瑞生物医药科技有限公司
	泰州承逸智能装备科技有限公司
	江苏洁诚智慧能源科技有限公司
	泰州永健智能装备科技有限公司
	泰州南潇新材料科技有限公司
	泰州华微信息技术有限公司
	江苏中联智能工程有限公司
	江苏若尧医疗装备有限公司
	江苏百择高分子有限公司
	江苏兴洲工矿设备有限公司
	泰州城色文化传媒有限公司
	江苏德威兰医疗器械股份有限公司
	江苏巨邦机械制造有限公司

续表25

计划类别	承担单位
省知识产权贯标管理备案企业	江苏中芯生物科技有限公司
	泰州祥瑞食品有限公司
	中科微影（泰州）医疗科技有限公司
	江苏诚谦电气科技有限公司
	江苏长宏舞台设备有限公司
省知识产权贯标管理绩效评价合格单位	扬子江药业集团江苏龙凤堂中药有限公司
	江苏泰氟隆科技有限公司
	泰州高意诚复合材料有限公司
	泰州润骐防务科技有限公司
	江苏邦士医疗科技有限公司
	江苏一米生物科技有限公司
	江苏荃信生物医药股份有限公司
	江苏硕世生物科技股份有限公司
	泰州万诺纺织科技有限公司
	江苏中慧元通生物科技股份有限公司
	江苏耀海生物制药有限公司
	江苏艾博得医疗器械有限公司
	江苏核泰生物有限公司
	江苏优尼泰克生物科技有限公司
	江苏昱邦医械科技有限公司
	江苏蜂奥生物科技有限公司
	江苏锦竹工业用布有限公司
	泰州神舟传动科技有限公司
	江苏康泰环保装备有限公司
	泰州市佳源机带有限公司
	江苏美凤力医疗科技有限公司
	泰州市万达轮业制造有限公司
	臻悦生物科技江苏有限公司
	泰州巨环起重防护装备有限公司
	江苏弘爱医疗科技有限公司
	泰州鑫联诚润生物技术有限公司
	江苏奥雅生物科技有限公司
	江苏承康医用设备有限公司
	江苏洁乐医用敷料有限公司
省“正版正货”承诺企业	扬子江药业集团江苏龙凤堂中药有限公司
	华威特（江苏）生物制药有限公司
	泰州城色文化传媒有限公司
	江苏耐特尔绳带有限公司

续表25

计划类别	承担单位
省“正版正货”承诺企业	江苏莱尔生物医药科技有限公司
	江苏贝佳制药有限公司
	江苏百世诺医疗科技有限公司
	江苏亨瑞生物医药科技有限公司
	江苏恒康生物科技有限公司
	江苏瑞科生物技术股份有限公司
	江苏海王健康生物科技有限公司
	江苏艾博得医疗器械有限公司
	江苏祥祐医疗器械有限公司
	江苏百英生物科技有限公司
	江苏先思达生物科技有限公司
	唐泽交通器材（泰州）有限公司
	泰州烯美特石墨烯科技有限公司
	江苏山达智能科技有限公司
	江苏海企化工仓储股份有限公司
	泰州市红五星食品有限公司
	江苏世泽艺术品有限公司
	扬子江药业集团江苏龙凤堂中药有限公司
	江苏百宁盈创医疗科技有限公司
市企业知识产权战略推进计划	江苏邦士医药科技股份有限公司
	江苏康为世纪生物科技股份有限公司
	江苏迈威康新药研发有限公司
	泰州万诺纺织科技有限公司
	江苏尚美医疗器械有限公司
市知识产权密集型企业	唐泽交通器材（泰州）有限公司
	江苏硕世生物科技有限公司
	江苏长泰药业有限公司
	江苏泰氟隆科技有限公司
	江苏迈威康新药研发有限公司
市“正版正货”承诺企业	江苏莱尔生物医药科技有限公司
	江苏贝佳制药有限公司
	江苏百世诺医疗科技有限公司
	江苏亨瑞生物医药科技有限公司
	江苏恒康生物科技有限公司
	江苏瑞科生物技术股份有限公司
	江苏海王健康生物科技有限公司
	江苏艾博得医疗器械有限公司
	江苏祥祐医疗器械有限公司

续表25

计划类别	承担单位
市“正版正货”承诺企业	江苏百英生物科技有限公司
	江苏先思达生物科技有限公司
	唐泽交通器材（泰州）有限公司
	泰州烯美特石墨烯科技有限公司
	江苏山达智能科技有限公司
	江苏海企化工仓储股份有限公司
	泰州市红五星食品有限公司
	江苏世泽艺术品有限公司
	扬子江药业集团江苏龙凤堂中药有限公司
	江苏百宁盈创医疗科技有限公司
泰州市专利金奖	扬子江药业集团
泰州市专利优秀奖	泰州日顺电器发展有限公司
	江苏硕世生物科技股份有限公司
	江苏邦士医疗科技有限公司
	泰州市康驰汽车配件有限公司

【知识产权宣传与培训】 “3·15”消费者权益保护日、“4·26”世界知识产权日及全国知识产权宣传周期间，区市场监管局开展各类知识产权宣传活动，发放知识产权宣传资料100余套。开展知识产权进企业、进园区、进院校、进服务机构活动，宣传知识产权法律、法规和政府奖励政策。11月1—4日，举办全区知识产权发展和保护培训班。

【大健康产业知识产权联盟】 7月，泰州医药高新区（高港区）大健康产业知识产权联盟成立，共有会员单位41个。主要开展知识产权服务和培训、建立数据库、构筑专利池等工作。（戴新琴）

价格管理

【市场价格监督检查】 2022年，区市场监管局围绕疫情防控及节假日期间生活必需品、交通旅游、商贸服务等领域民生价格监管，加大价格监督检查和巡查力度，促进经营者价格行为自律，确保民生价格基本稳定。开展粮食市场秩序专项整治、转供电价格专项检查、涉企收费专项检查、教育收费专项检查、中介机构专项整治、涉疫物资价格专项检查等专项检查工作。其中，8个转供电主体价格行为全部整改到位，共退还多收价款20.49万元。全年查处价格欺诈案2件，罚没款9万元；查处明码标价及哄抬价格案2件，罚没款2552元。

【价格投诉举报】 2022年，区市场监管局共受理价格投诉举报320件，办结320件，协调退还消费者价款2950元，办结率和回复率均达100%。（杨　君）

【价格认定】 2022年，区发展改革委做好涉纪、涉案价格认定工作，严格履行内审、集体审议制度，强化对价格认定依据真实性、合法性和关联性审查。完成涉案财物价格认定200余件，标的总额1000余万元。完成存量房交易计税价格认定50件，计税总额10926万元，防止税收流失525万元。

【非居民用天然气价格】 6月1日起，泰州科思燃气有限公司管道天然气配气价格调整为0.7元/立方米，泰州永安港华燃气有限公司管道天然气配气价格调整为0.78元/立方米。

6月1日至10月31日，泰州科思燃气有限公司非居民用天然气销售基准价格为3.52元/立方米，最高浮动幅度6.3%，下浮不限，最高销售价格不得超过3.74元/立方米；泰州永安港华燃气有限公司非居民用天然气销售基准价格为3.54元/立方米，最高浮动幅度15%，下浮不限，最高销售价格不得超过4.07元/立方米。

11月1日起，泰州科思燃气有限公司非居民用天然气销售基准价格为3.8元/立方米，最高浮动幅度6.3%，下浮不限，最高销售价格不超过4.03元/立方米；泰州永安港华燃气有限公司非居民用天然气销售基准价格为3.91元/立方米，最高浮动幅度15%，下浮不限，最高销售价格不超过4.47元/立方米。（谢丽丽）

自然资源管理

【土地供应和储备】 2022年，泰州市自然资源和规划局高港分局（简称高港区自然资源和规划分局）共获批农转用征收批次（项目）2个，征收土地面积30.19公顷。其中，城市批次1个，为泰州市2019年城市2批次，面积共15.58公顷；村镇批次1个，为泰州市高港区2022年村镇1批次，面积共14.61公顷。

泰州市自然资源和规划局泰州医药高新区分局（简称泰州医药高新区自然资源和规划分局）完成3个村镇批次（泰州医药高新区2021年度村镇第2批次建设用地、泰州医药高新区2022年度村镇第1批次建设用地、泰州医药高新区2022年度村镇第2批次建设用地），1个城市批次（泰州市2019年度国务院批准城市建设用地农用地转用和土地征收第5批次），2个增减挂钩（高港区城乡建设用地增减挂钩专项规划2022年度第1501批、高港区城乡建设用地增减挂钩专项规划2022年度第1601批）的用地报批，总面积90.99公顷，安置失地农民1139人。确定包含工业、三产、保障性住房、基础设施等在内的年度国有建设用地供应计划，认真组织实施。办理供地手续18宗，面积39.13公顷。

【自然资源确权登记】 2022年，高港区自然资源和规划分局开展农村集体土地所有权更新汇交工作。采取"内业为主，外业为辅"的作业方式，完成9405宗的数据建库工作，形成汇交数据库，利用不动产统一登记发证系统开展登记发证工作。对高港区域范围内的宣堡港、南官河等水流自然资源所有权开展首次登记。

泰州医药高新区自然资源和规划分局完善农村"房地一体"不动产确权登记，组织对数据质量进行"回头看"，通过省、市组织的检查。开展全区集体土地所有权更新工作，在2012年发证的基础上，对2800余宗集体土地组织外业调查、现场申请签字等工作，形成最新的土地所有权登记成果，通过省自然资源厅检查。

【不动产登记】 2022年，高港区不动产登记窗口共发放不动产权证书5486本，发放不动产登记证明6732本，发放房屋预告登记、预抵押登记证明2121份，出具各类不动产权属证明3998份，办理抵押权注销1847宗（户），办理查封业务582宗（户），办理解封业务107宗（户）。配合泰州市土地储备和不动产登记中心完成"互联网+不动产登记"品牌、"线上苏小登"等信息平台建设，实现全业务网上申请。在区内金融机构增设便民服务点，推动外网申请、内网审批的便民模式，推广电子证照的应用。与住建部门联动，开通存量房资金监管业务，存量房转移登记和抵押登记合并办理全面实现0.5个工作日办结。推动不动产登记历史遗留问题的解决，为扬子江药业集团等企业的不动产登记难题提出解决方案并办理不动产证书。梳理区内未办理不动产登记的老小区19个，逐一分类汇总并有针对性提出解决方案，解决龙湖美景小区、育才花苑小区的不动产首次登记。至年末，共受理农房不动产登记申请23720宗，登簿31618宗，不动产证书逐步发放中。共调查全区宅基地总宗地数52077宗，总面积1898.64公顷。所有宗地全部完成"房地一体"权籍调查。完成"房地一体"登记发证任务，共28773宗，实现"应登尽登"。

【用地服务】 2022年，高港区自然资源和规划分局向市自然资源和规划局请示、报告，研究供地矛盾下的项目推进途径，保障统之幸食品（江苏）有限公司、益海（泰州）粮油工业有限公司、泰州宝锐汽车科技有限公司等项目的实施。全区共获批用地30.19公顷，保障江苏港城污水处理有限公司、姜高路等项目的用地需求。完成土地征收成片开发方案编制工作，获省政府批复。严格控制新增用地供应，土地供应程序严谨规范，发布工业用地出让公告5个，共8宗，面积65.94公顷，收取出让金3.08亿元，保障圣森生物制药有限公司、益海（泰州）粮油工业有限公司等项目用地，实现"交地即发证"，帮助企业缩短审批时间。上争经营性用地上市计划，优选存量、批而未供地块进行挂牌出让，督促平台公司开展上市前土地平整和各类调查、评估工作，全年共挂牌出让经营性用地6宗，面积30.86公顷，收取出让金17.55亿元。创新改革土地供应，开展土地征收、出让方案、出让公告"三审合一"工作，圣森生物制药有限公司项目作为首宗"三审合一"试点项目，全部手续的审批时间跨度由原来最低60个工作日压缩到20个工作日左右。

泰州医药高新区自然资源和规划分局开展工业用地准入评估工作，加大信息公示和批后监管力度。出让工业用地3个批次4个宗地，面积11.88公顷，合同总金额约0.5亿元。完成16宗土地交易鉴证初审。把好项目入口关，组织召开综合评估会3次，对5个项目15.1公顷工业用地进行评估。

【地质灾害危险性区域评估】 2022年，泰州医药高新区自然资源和规划分局优化和完善网上办公平台，将开发区地质灾害危险性区域评估查询涉矿行政权力事项与土地农转用征收报批事项由"串联"向"并联"转变，变企业外部申请为部门内部流转，即时办结并推送至相关职能处室。免费为北沿江高铁等重大项目方提供地质灾害危险性区域评估报告、压覆重要矿产资源调查报告和地质灾害防治规划等资料。

（余 涛 蔡京华 杨松柏 黄 梅 吕 峰）

国有企业

综　述

【概况】 2022年，全区国有资产统计范围的一级企业共9个，分别是泰州国控投资集团有限公司、泰州华信药业投资有限公司、江苏创鸿资产管理有限公司、泰州引江城市开发建设有限公司、泰州鑫泰集团有限公司、泰州市新滨江开发有限责任公司、泰州医药城控股集团有限公司、泰州市高港高新区开发建设有限责任公司、江苏泰州港核心港区投资有限公司。至年末，全区国有企业资产总额4441.78亿元，比上年增长5.69%。

【国有企业改革与管理】 2022年，区财政局（区国资办）深入推动国企改革三年行动，完成127项改革任务。推进融资平台清理整合，全年完成注销94个。出台《国有企业投资监督管理办法》《关于进一步规范国有企业投资管理规定的通知》《关于加强国有企业管理的若干措施的通知》等16项管理制度。推进预算管理全覆盖，建立区属国企年度预算方案报告机制，加强国企预算审核指导，并对预算执行进行事中监测，将企业预算管理及执行情况纳入年度经营业绩考核。建立以市场化经营收入、经营利润、资产收益、投融资管理为主要维度的考核体系，将考核结果与企业负责人绩效薪酬紧密挂钩。以企业经济效益和全员劳动生产率为导向，结合企业人工成本预算，科学合理核定区属企业薪酬总额。严格执行融资管理规定，压降融资成本，控制债务规模，守牢风险防控底线。

（凌晓君）

泰州华信药业投资有限公司

【概况】 泰州华信药业投资有限公司（简称华信公司）成立于2005年12月，注册资本73亿元，是泰州市人民政府出资组建、泰州医药高新区（高港区）管理的国有公司。公司主要承担泰州医药高新区（高港区）基础设施、重点项目的投资建设任务，主营业务为医药康养产业、基础设施开发运营、城市商业服务等。公司的国际评级为BBB-、国内评级为AA+。实体化运营的子公司有江苏华为医药物流有限公司、泰州华盛投资开发有限公司、泰州高新区康居建设开发有限公司、泰州中国医药城资产管理有限公司、泰州信康建设有限公司、泰州华康投资有限公司，混改子公司有泰州信诚新型建材有限公司、泰州华璨文化传媒有限公司。2022年，公司资产总额890.55亿元，实现营收40.4亿元，实现利润5.97亿元，比上年增长5%。

【项目建设】 2022年，华信公司自建、代建项目共61个，其中区级以上重点项目33个。全年累计上市地块5宗，承建重点项目22个，计划总投资75.47亿元，年内完成投资11.88亿元。总投资约10亿元的精准医疗孵化基地项目完成一期竣工验收，部分科研院所准备入驻；总建筑面积41.48万平方米的康泽东苑拆迁安置房项目完成主体结构和二次结构内外墙粉刷；天禄湖花园项目完成一期至四期房源交付；盛雅园项目完成部分外墙和雨污水施工；泰州市核酸检测基地、野徐“黄码医院”完成装修改造并投入使用。泰州华盛投资开发有限公司获评泰州市区房地产开发A+级企业，公司承建的中国医药城研发区二区CMC-C2大楼室内装饰装修工程获中国建筑工程装饰奖，康泽东苑项目获评江苏省建筑施工标准化星级工地，天禄湖国际大酒店项目获评江苏省建筑产业现代化示范工程，康居邻里中心项目获评江苏省建筑业新技术应用示范工程，泰州市核酸检测基地建设团队获泰州市第十二批“骏马奖”。

【融资保障】 2022年，华信公司累计完成融资292.24亿元，完成全年融资计划的102.56%。5月31日，公司发行的2022年第一期短期融资券票面利率仅为4%，创华信公司同期限发行价格新低；10月24日，公

泰州华信药业投资有限公司投资建设的天禄湖花园项目　　泰州华信药业投资有限公司　供图

司发行的第四期非公开发行公司债券票面利率仅为5%，创华信公司债同期限单笔规模最大、价格最低。9月启动的REITs项目为国内稀缺品种、苏中地区首单，是公司推进资产证券化的重要创新之举。

【资产盘活】 2022年，华信公司加大对闲置土地的盘活力度，通过招标方式完成海陵南路东侧、健康大道北侧、鼓楼南路西侧3块约66.67公顷土地的对外出租，收取土地租金约50万元。将CMC大楼C1楼18、19层装修改造后租由中国（泰州）知识产权保护中心使用。通过资产委托经营管理模式提高国有资产的专业化运营程度，至年末，公司累计收取厂房、门面房等房屋租金约1.6亿元。盘活入园“僵尸”企业6个。

【产业优化】 2022年，华信公司在建设泰州市核酸检测基地期间，依规与泰州健为医学检验实验有限公司开展股权合作，由合作成立的泰州祥泰医学检验实验室有限公司负责运营核酸检测基地，提高国有资产的投资收益。公司完成天禄湖国际大酒店、康居生活广场、盛雅园邻里中心等项目招商前期的考察调研工作，完成CMC人才港项目的功能设计、布局规划等工作。

（华信公司）

泰州国控投资集团有限公司

【概况】 2022年，泰州国控投资集团有限公司（简称泰州国投）资产总额30.46亿元，完成营业收入1138.31万元。开展泰州华信药业投资有限公司、江苏创鸿资产管理有限公司股权划转审批手续办理工作，以及评级、债券私募投资基金公司注册等工作，完成人员招聘工作。

【人力资源服务】 4月27日，泰州国投成立子公司泰州市华钜人力资源有限公司。签约企业17个，推荐高端人才65人，成功匹配10余人。对接江苏满天星企业管理咨询有限公司、上海傲库管理咨询集团有限公司等人力资源机构完成注册入驻，与中国国际技术智力合作集团有限公司、上海外服（集团）有限公司、科锐国际人力资源有限公司等企业对接洽谈，达成合作意向。江苏天仁人力资源管理有限公司、泰州市达威人力资源服务有限公司、泰州市派立德人力资源服务有限公司等10余个泰州本地人力资源服务机构进驻。承接市（区）企事业单位委托招考、劳务派遣等业务，完成市总工会、市交通局（公路和铁路）、区党工委（区委）政法委等部门社会化工作人员公开招聘工作。承办第九届中国（泰州）国际大健康产业高层次人才创新创业大赛等活动。

【项目建设】 2022年，泰州国投重点推进泰州市人力资源产业园项目建设。7月，形成泰州市人力资源产业园一期项目装修工程设计方案，总预算3000万元。至年末，完成装修施工、软件和家具招投标及采购

工作、人才展厅的装饰装修及物联设备集成工作。（泰州国投）

江苏创鸿资产管理有限公司

【概况】 江苏创鸿资产管理有限公司（简称创鸿公司）前身为泰州市高港区公有资产管理中心，成立于2010年8月13日，为市属区管平台公司。泰州市港城建设投资发展有限公司为创鸿公司三级子公司，主要从事政府授权范围内的国有资产经营、资产运作、房屋建筑工程施工、房地产开发经营、城市基础设施建设工程施工、土地管理、旅游景点经营管理、园区开发、驾驶员培训、热力供应等。

【项目建设】 2022年，创鸿公司完成龙窝片区污水管网改造工程项目，并通过验收。总投资3.31亿元的江苏港城污水处理有限公司三期扩建工程项目进入主体施工阶段，开设分公司完成税收落地。育才花苑一期屋面维修工程完成项目招标，确定施工单位。江苏港城污水处理有限公司及配套管网特许经营项目完成企业排污情况、周边地区污水处理费调研及现金流量测算等工作，形成初步实施方案。

【资产盘活】 2022年，创鸿公司完成蔡圩河南侧5.2公顷土地挂牌、摘牌工作。取得江苏港城污水处理有限公司用地批文，办理建设用地规划许可证。配合完成临港电子产业园14公顷工业地块、大泗医疗产业园7.67公顷工业地块土地收回事宜。3—4月，完成东方明珠小区安置房分配41套，总面积4555.2平方米；完成龙湖美景小区安置房分配11套，总面积1418.02平方米。接收东方明珠小区300余套公租房管理工作，配合区住房城乡建设局完成40余套公租房、保租房分配工作。

【资产保值增值】 2022年，创鸿公司子公司泰州市富康融资担保有限公司完成担保收入100万元，比上年增长1.32%；净利润262.5万元，增长214.93%。泰州江东热力有限公司完成汽费总收入1.72亿元，净利润950万元。泰州市港城驾驶员培训有限公司完成考试任务1.69万人次，主营收入445.33万元；6月，获得机动车驾驶员培训二级驾校资质。泰州市港城绿化工程有限公司完成各类项目55个。其中，港城路绿化移栽、白马拆迁地块苗木移栽等绿化工程类项目14个，城区绿化道路养护、苗圃养护等绿化养护类项目33个，福利院二期配合考古工程、龙窝片区污水管网工程等市政工程类项目7个，市政维修及数字化城管项目1个。全年新签合同总额1348.43万元，实现利润617万元。泰州市嘉昊市政园林工程有限公司新签合同总额1330.59万元（不含市政维修及数字化城管合同额910万元），利润43.3万元，比上年提高12.7%。江苏港城污水处理有限公司共处理污水约1441万吨，平均日处理污水3.95万吨，运行负荷率达98.8%，污染物达标排放率100%，完成营业收入3690万元，利润805万元。

【债务控制】 6月，创鸿公司发行交易所短期公司债5.6亿元，票面利率3.91%。8月，发行PPN（非公开定向债务融资）2.5亿元，票面利率4.09%。全年平均债务成本压降至6.4%。（创鸿公司）

泰州引江城市开发建设有限公司

【概况】 泰州引江城市开发建设有限公司（简称引江公司）成立于2016年11月，注册资本7.45亿元。2019年8月，升级为区级平台公司。公司主营业务为“一主两线”，即以房产投资开发（安置房、保障房、商品房）建设为主业，以工程建设（社会事业、园林绿化、市政水利等工程）、社会服务（文体旅游、农业发展、养老和残疾人服务等产品）为两线，下属企业有泰州市江隆建设工程管理有限公司、泰州市嘉木园林绿化有限公司、泰州春江文化旅游有限公司、泰州源航体育产业发展有限公司等13个。全年上争中央财政补助资金0.5亿元，政府债券拨付使用率达97%。

【项目建设】 2022年，引江公司在建工程项目12个，总投资30亿元。按期完工交付环溪花园安置房及内、外部供电项目，完成二次分房结算工作，累计分房2255套，支出10.47亿元。江苏省高港中等专业学校改扩建、泰州市白马幼儿园、泰州市高港实验幼儿园、泰州市高港实验小学春港校区等项目于7月交付使用。泰州市高港实验小学春港校区、泰州市高港实验幼儿园、泰州市高港中等专业学校改扩建项目获评市优质结构奖。

【企业改革发展】 2022年，引江公司国企改革三年行动80项任务完成率100%。完成18个子公司契约化管理，清理整合下属公司4个。7月，泰州市江隆建设工程管理有限公司取得双乙级监理资质。12月，引江公司正式退出政府融资平台，转型为市场化运作国有企业，不再承担政府举债融资职能；竞得许成河北侧地块，开展招商引资工作。各下属企业克服疫情影响，拓展主营业务，完成全年各项经济指标。泰州源航体育产业发展有限公司健身场馆接待12万人次，营业收入520万元，比上年增长41.3%；泰州春江文化旅游有限公司接待游客13.47万人，实现主营业务收入353万元；泰州市嘉木园林绿化有限公司完成产值1322.83万元；泰州市高港丰穗粮食贸易有限公司保管

托市粮11131吨，完成储备粮轮换4913吨。　　（李云霞）

江苏大江建设工程有限公司

2022年7月，江苏大江建设工程有限公司承建的长城汽车股份有限公司新建216073平方米厂房钢结构项目（总包）获“中国钢结构金奖”。图为奖杯与证书　　江苏大江建设工程有限公司　供图

【概况】 江苏大江建设工程有限公司（简称大江公司）成立于1997年8月，注册资本2.5亿元。有深圳、泰州、广西、苏南、成都、内蒙古6个分公司，职工387人，其中高级职称9人、中级职称45人。2022年，完成施工产值21.16亿元，实现净利润4286.14万元，上缴财政利润1217.38万元，完成纳税3184.44万元。获评泰州市建筑业综合实力“三十强”企业和泰州医药高新区（高港区）建筑业综合实力明星企业、建筑业纳税突出贡献企业。

【市场开拓】 2022年，大江公司深圳分公司承接鸿荣源凤塘项目9栋140米超高层住宅垫资项目，建筑面积36万平方米，造价约11亿元；中标满京华狮山项目二标段，建筑面积22万平方米，造价约4.4亿元。广西分公司与广西地产集团就柳州卧龙湖项目达成合作意向，合同面积14.8万平方米，造价约5.3亿元。泰州分公司承接9.4万平方米的中国美业港科创中心建设工程。成都分公司与成都本土开发商开展合作。苏南分公司入库保利、天安、华鸿嘉信等地产公司供应商名录。

【工程质量】 2022年，大江公司获中国钢结构金奖1项、全国BIM大赛三等奖1项、省优质工程奖2项、省优质结构奖2项、省绿色施工示范工程2项、省QC成果奖6项、省建设科技示范工程1项、省安全文明示范工地1项、市优质工程奖3项、市建设科技示范工程1项、市QC成果奖1项、市安全文明示范工地1项。大江公司深圳分公司艺展天地展示中心项目入选2022—2023年度第一批国家优质工程奖候选工程，长城汽车股份有限公司新建216073平方米厂房钢结构项目（总包）获第十五届“中国钢结构金奖”，广西分公司杨柳郡柳园项目2个标段再获广西“真武阁”杯优质工程奖，内蒙古中海河山郡和广西中海天钻项目获市级优质工程奖。首次引入第三方评估机构，对各分公司在建项目进行独立评估。深圳分公司在2022年度江苏华建深圳分公司综合检查中获得安全生产第一、文明施工第三。中海望京府项目获评内蒙古安全标准化示范工地。深圳宝翠雅苑项目获评深圳安全生产与文明施工优良工地。

【技术创新】 2022年，大江公司获批实用新型专利3项、发明专利1项。中海望京府项目获评内蒙古新技术应用示范工程，该项目施工阶段BIM综合应用获中国施工企业管理协会第三届工程建设行业BIM大赛三等奖。

【风险管控】 2022年，大江公司妥善解决内蒙古恒大名都三期、中星花园、洪兴建材城、泰禾领寓等历史遗留问题。推动各项目结算和签证索赔，加强应收账款风险管理，加快回收工程款。严格执行国有企业“三重一大”和内部招标等制度，严格招标流程。收紧项目实施决策权，做好业务资格、资质审查，严格合同审批。

（大江公司）

城市建设

城市规划

【“三区三线”划定】 2022年，高港区自然资源和规划分局在前期国家级生态红线评估调整方案和生态管控区域方案的基础上，会同泰州医药高新区自然资源和规划分局推进“三区三线”划定工作。10月，“三区三线”划定成果通过自然资源部批准，划定永久基本农田70.92平方千米、城镇开发边界64.09平方千米、生态保护红线5.67平方千米。

【国土空间分区规划编制】 2022年，高港区自然资源和规划分局会同泰州医药高新区自然资源和规划分局根据“三区三线”划定成果，形成泰州市国土空间总体规划泰州医药高新区（高港区）分区规划（2021—2035）初步成果，推动金融商务、健康服务和高铁枢纽片区3个重要增长极建设，构建区域性产业服务基地。

【预支空间规模指标落地上图方案编制】 2022年，高港区自然资源和规划分局会同泰州医药高新区自然资源和规划分局按照《江苏省自然资源厅关于预支部分空间规模保障高质量发展的通知》要求，争取省级重大项目空间规模周转指标80公顷，完成预支空间规模落地上图方案编制。4月1日，预支空间规模指标落地上图方案通过省自然资源厅批复，保障泰州市田河小学、泰州市高港实验初级中学、长城汽车产业园、诺博汽车零部件等26个重点项目的建设。泰州医药高新区自然资源和规划分局参与编制《泰州市海陵区预支空间规模指标落地上图方案》，8月获省自然资源厅批准。

【土地征收成片开发方案编制】 2022年，高港区政府组织编制《泰州市高港区2022-01号土地征收成片开发方案》，共包含5个开发片区，其中高港区3个片区、泰州医药高新区代管范围内2个片区，成片开发范围土地面积共935.55公顷。方案以符合公共利益需要为前提，对成片开发范围内基础设施、公共服务设施等公益性用地进行合理安排，明确开发建设内容、实施期限和年度实施计划，要求开展经济、社会、生态效益评估，并制定具体的实施

横穿南北的泰州大道　　　　区党工委（区委）宣传和统战部　供图

保障措施。

至2022年年末，泰州医药高新区自然资源和规划分局完成泰州医药高新区土地征收成片开发方案的编制工作。共有12个片区，总面积2095.27公顷，拟征收土地面积为623.87公顷。公开征求社会意见和农村集体经济组织成员、人大代表、政协委员、专家学者意见，完善成果文本、图表和附件等材料，获批准后启用。

【控制性详细规划图则调整】 2022年，高港区自然资源和规划分局结合泰州市第三高级中学改扩建等项目实施，对现行的《高港区刁铺街区控制性详细规划》部分图则进行调整。10月，刁铺街区控制性详细规划图则调整通过审批。结合产业、民生等项目建设需求，从保障项目用地、补充城市基础设施及公共服务设施角度出发，调整完善许庄街区、大泗镇镇区控制性详细规划图则，科学指导城市建设，推进城乡统筹发展。11月，许庄街区、大泗镇镇区控制性详细规划局部地块图则调整通过审批。

泰州医药高新区编制有寺巷街区、明珠街区、野徐镇东片区、野徐镇西片区、滨江工业园区、泰州综合保税区、医药园区西部片区、医药园区西南片区、医药教学区、塘湾街区、周山河街区等区域控制性详细规划。2022年，泰州医药高新区自然资源和规划分局开展寺巷街道、明珠街道、滨江园区等园（街）区共13幅控制性详细规划图则调整工作，获市政府批准。

【规划审批】 2022年，高港区自然资源和规划分局履行项目规划审查集体决策机制，上报市自然资源和规划局技术审查会讨论项目15个；配合召开区自然资源和规划委员会3次，讨论项目58个。严格对照预支空间落地上图方案、城乡规划开展建设项目规划选址，完成宣堡港整治治理工程、泰州市高港实验小学春港校区配套道路、永安洲镇疫情防控点等项目用地预审和选址红线划定，出具华夏重工南侧码头、益海稻米深加工、长城汽车等项目规划条件。完成苏骏纺织、华永医药平台等工业项目规划方案审查19个，110千伏变电站、泰州市口岸幼儿园等民生项目规划方案审查3个，富民嘉苑燃气管道工程、雕花楼二期燃气引入工程、泰州市高港实验小学春港校区配套电路等市政管线项目规划方案审查4个。协调处理项目审批中遇到的问题，办理东田电子、将军机械、白马幼儿园等项目建设工程规划许可22个。

泰州医药高新区自然资源和规划分局严格按照权限，做好建设用地预审和选址意见审查，办理建设项目用地预审16宗，面积97.87公顷。出具各类红线13件、规划条件7件，办理选址方案17件，完成工业项目方案审查19宗、工业项目工程规划许可23宗。

（张小平　余　涛　梅　嘉　杨松柏）

城市更新

【城建重点项目】 2022年，泰州医药高新区（高港区）实施城建重点项目67个，计划总投资239亿元。其中，完成港城路综合提升改造、福康路（海陵路—仲联路）、雅茶路（康居路—福康路）、口永路改造4个交通和城市道路项目，完成龙窝片区污水管网工程、双庆河活水工程、世纪家园泵站改造及新建压力管道工程、健康大道泵站改造及新建压力管道工程、大健康新材料产业集聚区配套雨水排涝工程、通扬路及长江大道管网项目、润祁项目配套管网改造工程、乔庄河健康河龙庄河大王庄河截污工程8个水污染治理项目，完成市民广场改造提升工程、康居邻里中心周边道路绿化（含人行道）、康祥颐园周边道路绿化（含人行道）、环溪花园周边绿化及景观工程4个园林绿化项目，完成江苏省高港中等专业学校改扩建、泰州市高港实验小学春港校区、泰州市高港实验幼儿园、泰州市白马幼儿园、泰州市第三人民医院门诊楼改造、向阳人家综合整治项目、港城花苑综合整治项目、住宅小区电动自行车室外集中充电点、环溪花园（保障性安置房）、中国医药城会展交易中心功能提升项目（市民服务中心迁址）10个社会事业和人居环境项目；推进高港大道城市化改造及地下综合管廊工程、马永路西延、鸿兴路西延3个交通和城

改造后的港城路与市民广场　　区住房城乡建设局　供图

市道路项目；推进泰州医药高新区（高港区）村庄生活污水治理二期、老旧小区雨污分流改造工程二期、江苏港城污水处理有限公司三期扩建工程3个水污染治理项目，推进康居社区南侧地块保障性安置房二期（康泽东苑）、双寿三期保障性安居工程、永兴花园综合整治项目3个民生保障和人居环境项目。

港城路综合提升改造项目　港城路改造范围西起腾龙桥，东至高港大道，全长2.67千米。红线宽度为60米，改造内容为道路白改黑、景观绿化、涵洞挖除重建、交通管理设施等。市民广场位于港城路段南北两侧，占地规模约为4.5万平方米，改造内容为景观绿化及周边配套设施、两侧道路等。2022年，竣工通车并交付使用。

福康路（海陵路—仲联路）项目　位于康居路南侧、药城大道北侧，西起海陵路，东至仲联路，道路全长约380米，路幅宽度为25米，配套建设道路、排水、交通安全设施、路灯、绿化等工程，项目总投资1200万元。2021年10月，开工建设；2022年，完成道路、排水、交通安全设施等主体工程建设。

雅茶路（康居路—福康路）项目　位于东风快速路东侧、春晖路西侧，北起康居路，南至福康路，道路全长约330米，路幅宽度为15米，配套建设道路、排水、桥梁、交通安全设施、路灯、绿化等工程，项目总投资1300万元。2021年7月，开工建设；2022年，建成通车。

口永路改造项目　针对道路路基沉降、路面沉陷、网裂等路基路面病害问题实施维修改造，全线加铺6厘米SBS改性沥青混凝土AC-16C下面层和4厘米SBS改性沥青混凝土AC-13C上面层，总投资约200万元。2022年，竣工。

江苏省高港中等专业学校改扩建项目　占地面积6.4万平方米。新建地上建筑面积2.47万平方米，包括实训楼、教学楼、食堂及风雨操场；新建地下建筑面积4297平方米。新建桥梁，修缮原有桥梁，配套建设雨污水管网、道路、绿化等工程。2022年，竣工并交付使用。

泰州市高港实验小学春港校区项目　位于春港路以北、天逸名邸以东、蔡圩河以南。占地面积4.19万平方米，建筑面积1.96万平方米，学校规模为6轨36班。建设2栋4层教学楼、2栋艺体综合楼（东楼4层、西楼2层）、风雨操场和食堂，配套建设门卫、书屋、消控室、配电房，新建室外篮球场、足球场、300米标准跑道等体育设施。2021年9月，开工建设；2022年，竣工并交付使用。

泰州市高港实验小学春港校区　　区教育局　供图

康居社区南侧地块保障性安置房二期（康泽东苑）项目　位于福康路以南、春晖路以东、药城大道以北、春兰路以西。占地面积14.23万平方米，总建筑面积41.48万平方米，其中地上28.39万平方米、地下13.09万平方米。2020年12月，开工建设；2022年，康泽东苑1～36号楼完成单体五方验收以及室外雨污水管网、供水工程、燃气工程、景观绿化工程。

江苏港城污水处理有限公司三期扩建项目　占地面积5.55万平方米，扩建污水处理厂1座，日处理污水4万吨，新建深度处理工程，日处理污水8万吨，新增中水回用设施。2022年，完成粗格栅及进水泵房沉井至-4.5米标高结构、鼓风机房及变配电间主体结构、臭氧发生间基础结构，完成桩基施工3.6千米。

（朱海明）

【市政公用设施建设与维护】 2022年，泰州医药高新区（高港区）投入7.6亿元，用于全区市政公用设施建设及维护。修复路面约1.2万平方米、道板约7600平方米，清掏雨水箅子约3000只，疏通雨污水管网20千米，维修隐患消防栓106处，补缺井盖160只，维修损坏护栏约2800米，市政设施完好率95%以上。对完成整治的14条黑臭水体进行长效管护。日常维护城区路灯6342杆（12739盏）、景观灯1350盏、高杆灯871盏、配电箱102组、专用变压器43组，补全路灯和电箱标牌及安全标识；维修灯杆50盏、接触器37个、熔断器16个、保险丝21个、基础笼18个、电缆线4786米、铜鼻218个、波纹管140米、护套线130米、镀锌钢管182米、尼龙管35米、经纬时控9个、PE管2046米、电井53套、井盖73个、配电柜1套、单匹开关77个、门盖16个、电箱门1个。处理数字化城管反映问题56件，处理“12345”政务服务便民热线反映问题67件，回复率100%，处置率

100%。路灯设施完好率95%以上，主要干道亮化良好率99%以上。定期对燃气企业开展安全检查，实现全区燃气安全生产零事故。新增燃气主管网17千米、次管网37千米。新增管道燃气用户14697户，其中老小区、城中村改造用户302户。（张　庆）

【城市绿化】 2022年，全区新增绿地面积66.09万平方米。其中，公园绿地4.22万平方米，附属绿地44.09万平方米，防护绿地2.78万平方米，区域绿地15万平方米，绿化覆盖率40.3%。完成港城路提升改造、银杏广场改造、大华滨水公园等绿化项目。泰州医药高新区（高港区）通过创建国家生态园林城市省级初检。（徐　咏）

【老旧小区改造】 2022年，泰州医药高新区（高港区）投入2000余万元，对向阳人家、港城花苑、永兴花园等老旧小区实施整治改造。对小区内机动车停车位及电动车充电设施、垃圾房、导视牌、显示屏、晾衣架、小区大门、单元门禁、路灯、道路、绿化、管网、建筑立面、围墙等设施进行新建、改造、维修和提升。完成老楼加装电梯8部，增设机动车停车位463个、电动自行车集中充电位3500个。（魏国涛）

城市管理

【市容秩序专项治理】 2022年，泰州医药高新区（高港区）开展重点区域周边市容秩序专项整治，共取缔劝离露天烧烤10处、流动摊点3119处，整治占道经营418次，清理物料乱堆乱放450余处，重新签订市容环卫责任状1.1万余份。排查各类户外广告和店招标牌设施4626处，对画面破损、陈旧以及存在安全隐患的户外广告设施督促整改到位。拆除各类违规广告、楼顶广告35处，修复整改破损店招14处，清理小广告、“牛皮癣” 4000余处。新增道旗广告68个、灯箱广告26个、高炮广告2处。划设、增补、出新人行道停车线9800余米，增补、出新停车方向箭头3100余个，出新自行车标识2600余个，制作安装文明停车告示牌70余个，设置文明停车提醒牌30余处。

【城乡卫生管理】 2022年，泰州医药高新区（高港区）对城区主次干道实行深度保洁，形成“道路清扫车为主、人工清扫保洁为辅、洒水车定时作业降尘”的保洁模式，主次干道基本实现全天候保洁、无缝隙覆盖，建成区机扫率95%以上。按照地面不滑、味道不臭、光线不黑、蚊虫不叮、如厕有纸“四不一有”标准，改造公厕17座。及时收集生活垃圾，统一密闭运输至泰州垃圾焚烧发电厂进行无害化处理，全年垃圾处理量14.14万吨，投入处置费1125.35万元、运输费1951.8万元，无害化处理率100%。

【垃圾分类专项治理】 2022年，泰州医药高新区（高港区）在20个小区开展“三定一撤”试点工作。全年建成垃圾“四分类”小区95个、省级垃圾分类达标小区20个、垃圾分类单位271个、公共区域垃圾分类设施3968组。共清运处置城乡生活垃圾16.18万吨，其中城市餐厨废弃物处置量2.04万吨，处理率100%；城市建筑垃圾资源化处置量7190.81吨，资源化利用率100%。（赵杏春）

【停车便利化】 2022年，泰州医药高新区（高港区）新增停车泊位1649个，备案公共停车场和路内临时泊位9处。印发《医药高新区（高港区）机关企事业单位内部停车泊位错时共享推进方案》，推动11个具备条件的机关和企事业单位对外开放停车泊位270个。对江洲路230个、济川路36个停车泊位缩短收费时间，减免部分停车费用。（姚　翔）

【违法建设治理】 2022年，区住房城乡建设局共受理违法建设案件83件，其中上级交办29件、群众举报54件，办复率100%。共拆除违法建设30处、面积1.09万平方米。其中，新生违法建设16处、面积1922平方米，历史违法建设14处、面积9026平方米。

【城市管理行政执法】 2022年，区住房城乡建设局城市管理行政执法大队审核各类立案查处的案件32件，罚款231.25万元，没收违法所得2.52万元。其中，违法建设案件7件，罚款47.55万元；破坏绿化案件1件，罚款1680元；城建类案件24件，罚款183.53万元，没收违法所得2.52万元。全年未发生行政诉讼（复议）案件，无行政行为经复议、诉讼被撤销、变更、确认违法或者责令履职。（孙　伟）

【数字城管】 2022年，泰州医药高新区（高港区）推进数字城管与区域社会治理现代化综合指挥中心融合。数字城管平台上报、受理、派遣各类城市管理问题信息4.73万件，立案4.72万件，各专业部门应处理案件4.71万件，其中部门反馈办结4.54万件，月度平均结案率为96.43%。开展省运会有关点线环境整治和文明城市创建督查46次。（申宝忠）

交　通

【概况】 2022年，泰州医药高新区（高港区）公路总里程946.54千米。其中，按技术等级分，一级公路200.9千米，二级公路134千米，三级公路

101.58千米，四级公路510.06千米；按行政等级分，县道192.8千米，乡道375.3千米，村道378.44千米。公路桥梁334座。有过江通道1个（泰州长江公路大桥）、汽渡1个（高港汽渡）、通航船闸2座。公路客运总量393.8万人次。共有公交线路24条，营运车辆242辆，线路总长567千米，日运营1054趟次。

【疫情交通管控】 2022年，泰州市交通运输局高港分局（简称高港交通分局）牵头负责泰州医药高新区（高港区）交通口岸防控组工作，成立高速卡口、火车站、涉外水路口岸等疫情防控工作专班，对到泰州车辆、涉外船舶、人员进行检查。在G345高港大桥和S231高港渡口设立核酸检测便民服务点，向有需要的司机提供24小时核酸检测服务。1月1日至12月7日，火车站接驳专班共接驳6.12万人。泰州医药高新区（高港区）口岸国际航行船舶停靠累计322次，船员换班6次，上下轮累计5005人次，处置“泽诺号”轮涉疫事件等突发事件5次。

【交通项目建设】 2022年，高港交通分局推进高港大道改扩建工程。进行高港大道（345国道至向阳路段）6.44千米拓宽段施工。全年完成交通项目投资3.1亿元。 （魏　晶）

水　利

·综　述·

【概况】 2022年，泰州医药高新区（高港区）投资8000余万元，实施城乡水利基础设施建设项目。投资5657万元，实施2022年高港灌区续建配套与节水改造工程。深化河湖长制工作，建设幸福河湖，投资2000余万元，打造15条城区河道、52条农村河道幸福河湖。

【城市水利项目】 2022年，泰州医药高新区（高港区）投资450万元，完成宣堡港戴荡、刘荡、陈庄大桥拆建工程。投资2200万元，完成区级水利项目双庆河活水工程、北徐庄河整治工程和农村河道（梅兴8组沟）整治工程建设任务，完成河道综合整治1.23千米，拆坝建桥2座，拆坝建涵2座，配套实施排水沟、水码头的建筑物。配合市级水利项目实施，做好泰州体育公园周边河道整治工程、宣堡港整治工程的前期工作，保障工程顺利实施。配合市水利局推进省级项目古马干河闸外段整治工程。推进凤栖湖整治工程前期工作，完成土地预审、环评、稳评、项目建议书、可行性研究报告报批等工作。 （杨　帆）

周山河　　顾祥忠　摄

·泰州引江河建设与管理·

【概况】 2022年，江苏省泰州引江河管理处完成工程管理、防汛防旱、河湖管理等工作。通过水利部水利安全生产标准化一级单位复审，获全国水安将军趣味知识竞赛优秀集体奖，文明创建成果入选水利部文明办第二届水利系统基层单位文明创建案例，科普活动被中国科协评为优秀活动，引江河风景区入选国家水利风景区高质量发展典型案例。

【工程管护】 2022年，江苏省泰州引江河管理处实现泵站、水闸、船闸管理精细化全覆盖，并加以研究总结，形成《高港枢纽工程精细化管理》专著。审核、完善工程基础资料。完成20个维修养护项目、5个防汛项目。江苏省泰州引江河管理处工程观测和资料整编工作在江苏省河道管理局组织的评审中获得优秀等级。完成高港枢纽闸站下游左岸堤防应急加固工程，堤顶宽度由6米拓宽至10.5～14米。优化防汛装备物资仓储布局，完成2个防汛物资仓库、防汛抗旱抢险训练室加固改造以及1个仓库局部维修。完成高港枢纽部分道路黑色化。修订安全生产责任清单以及综合预案2项、专项预案26项、现场处置方案8项，开展应急演练9次。通过水利部水利安全生产标准化一级单位复审。获全国水安将军趣味知识竞赛优秀集体奖、全省水利系统“身边隐患大家查”活动单位组织奖，14人获全国水安将军趣味知识竞赛个人奖，33人获全国水利安全生产法知识竞赛个人奖，7人获全省水利系统“身边隐患大家查”活动个人奖。编印《水利安全文化手册》。定期组织开展危险源辨识及风险评价工作，管控率100%。开展常规安全检查24次、特殊节点专项检查12次，问题整改率100%。开展高港一线、二线船闸和拉马河闸3座工程的安全鉴定，完成安全鉴定报告编制，提请省水利厅审查。所管7座水利工程的安全鉴定工作全部完成。

【防汛防旱抢险】 2022年，江苏省泰州引江河管理处严格执行江苏省水旱灾害防御调度指令调引长江水，并组织工程建成以来首次主汛期闸站联合运行。高港枢纽自流引水333天共50.39亿立方米，泵站开机运行43天送水2.55亿立方米，拉马河闸引水2240万立方米。开展里下河圩区防汛应急抢险救援演练2次、应急调水演练3次，参加泰州市军地联合防汛抢险演练1次，与泰州职业技术学院联合开展防汛抢险综合能力培训。新增10寸便携式变频潜水泵30台（套）、移动泵车1辆、移动照明灯塔2套、无人监测船1艘、水下机器人1台、手推式电动叉车2辆。

【船闸通航】 2022年，江苏省泰州引江河管理处推行“不见面服务、不上岸过闸”服务模式，成立通航业务受理中心，通过智能化语音平台，“一站式”线上办理各项业务。利用船闸视频监控系统、闸口抓拍系统的视频数据、水位数据，对船舶实施精准调度，提高放闸效率。高港一线、二线船闸累计放行船舶11.69万艘、船队1619个，船舶通航量1.56亿吨。

【河湖管理】 2022年，江苏省泰州引江河管理处落实省水利厅部署要求，强化泰州引江河行业管理、里下河湖区监管，推进幸福河湖建设。与里下河各地开展联合巡查1309次，处置问题10余起、违法点30余个，编制里下河湖泊湖荡电子书以及月报、季报和年报。组织实施2022年度里下河湖区、引江河、通榆河、泰东河“一湖三河”水域及滩地遥感监测等项目，完成1296个变化点现场核查及分级审核任务。组织验收2021年度大纵湖射阳湖水生态监测及健康报告编制项目。建成建湖县九龙口省级湖泊管控站，完成里下河湖区管理中心选址。实施泰州引江河幸福河湖研究，推动沿线新增绿化35万平方米，建成河长制公园1个。持续跟踪泰州引江河江都段风电项目，制止违法施工。加强与省、市自然资源规划部门沟通，确保引江河权属面积不减少。兴化市得胜湖新退圩还湖1.28平方千米，宝应县兰亭荡、广洋湖新退圩成湖面积5平方千米。龙溪港（海陵区域）退圩还湖实施方案报省水利厅审查。兴化市平旺湖退圩还湖一期工程（成湖面积1.59平方千米）通过监管验收。做好省级河湖长巡查准备工作。复核里下河碍洪问题2411个，指导地方落实整改。协助省河长办组织开展2022年里下河地区“清剿水葫芦，改善水环境”联保共治专项行动。

【水政执法】 2022年，江苏省泰州引江河管理处开展水政监察队伍、水行政执法基地标准化建设，修订完善管理处水行政执法管理等制度，编印《水行政执法工作手册》。开展各类学习培训58次、法律知识测试15次、模拟水事案件查处5次，联合泰州市水政支队、姜堰区及泰州医药高新区（高港区）水政大队开展水行政执法技能竞赛。开展泰州引江河、长江泰州沿线“清四乱”联合巡查活动和专项督查行动。与地方渔政、公安部门加强沟通会商，建立常态化执法机制，推动泰州引江河依法禁渔联合执法工作站及滨江派出所警务室挂牌。全年收缴各类渔具23件，移交渔政部门查处违法捕鱼行为2起，办结高港枢纽管理范围内违法建设案件1件。

【水利课题研究】 2022年，江苏省泰州引江河管理处成立船闸通航能力提升、“江苏莱茵河”建设、枢纽环境规划等课题组，委托高校、科研院所开展总体规划，完成信息化、抢险能力建设、高港枢纽建设等规划编制。与河海大学、中科院植物研究所等高校、科研院所合作开展课题研究，2项课题获省水利科技立项。编制《数字孪生引江河高港枢纽建设方案》，成为首批省级数字孪生水利试点项目。

（王昕炜　万　静　黄雪婷）

乡村振兴

综　述

【概况】 2022年，泰州医药高新区（高港区）出台《关于应对疫情影响支持新型农业经营主体纾困解难若干措施》（简称“惠农十条”）《泰州医药高新区（高港区）关于加快推进农业农村高质量发展的若干政策意见》（简称“农业十条”）等文件。全区农村居民人均可支配收入3.07万元，比上年增长7.4%。清减乡村振兴重点帮促村集体经营性收入50万元以下村13个。完成各镇街原农村建档立卡对象信息核对。完成2021年市财政扶持经济薄弱村6个项目的建设资金拨付。上争2022年市级财政扶持重点帮促村集体补助资金。规范农村集体产权交易，全区产权交易项目963个。规范适度规模经营，全区各级示范家庭农场占比39.4%。认定省、市、区三级农民合作社示范社16个。68个合作社实现股份分红。开展富民强村帮促行动接续推进乡村全面振兴获省政府督查激励。举办全省首场“苏韵乡情”乡村休闲旅游农业专场推介活动。大泗镇被认定为乡村振兴市级示范镇，口岸街道徐庄村、刁铺街道环溪社区、许庄街道许庄社区、野徐镇仲联社区被认定为市级乡村振兴示范村。（桂　婷）

【数字农业农村建设】 2022年，全区新增市级数字农业农村基地3个，分别为泰州高港牧原农牧有限公司、江苏西来原生态农业有限公司和泰州市东浦水产养殖有限公司。上争省级财政资金29万元，建设农业农村大数据平台（二期），重点打造特色产业“一张图”、乡村休闲旅游农业“一张图”和农业智慧物联网基地，并与“苏农云”平台实现对接。获评2022全国县域农业农村信息化发展先进县。（李　丹）

【乡村公益医疗试点】 2022年，区农业农村局印发《泰州医药高新区（高港区）乡村公益医疗互助项目试点实施方案》，在凤凰街道、沿江街道、白马镇开展乡村公益医疗互助项目试点。试点镇街所辖行政村参与试点占比100%，试点村农户参与率72%，共筹资498.13万元。至年末，全区补助944人次，补助金额115.16万元。（曹丹丹）

【乡村建设信息采集】 2022年，泰州医药高新区（高港区）开展乡村建设信息采集工作。共录入全国乡村建设系统农户数6.45万户23.08万人，录入村庄总数125个。其中，集聚提升类村庄52个，城郊融合类村庄27个，特色保护类村庄10个，搬迁撤并类村庄17个，待定类村庄3个，基本实现城市化城镇化类村庄16个。（于　辉）

【乡村治理模式创新】 2022年，泰州医药高新区（高港区）探索乡村治理“清单制”和三个“一张图”模式，加强和改进乡村治理，促进农村和谐稳定。全区126个涉农村（社区）全部运用“清单制”。《大泗镇：聚力数字赋能　绘就“智安大泗”样板》入选第二批全省乡村治理典型案例。（桂　婷）

【金融服务乡村振兴】 2022年，泰州医药高新区（高港区）推动“泰惠农·金融服务乡村振兴”工作，动态更新金融支持新型农业经营主体名录库，纳入名录库主体316个，包含家庭农场、农民专业合作社、农业企业和专业大户。辖区内农业银行、建设银行、兴福村镇银行等银行发放涉农贷款1.46亿元，政府性融资担保公司小微和“三农”户数新增89户，小微和“三农”担保金额新增3.82亿元，涉农小额意外险保费77万元。（高　鹏）

【返贫致贫风险防控】 2022年，泰州医药高新区（高港区）强化防贫预警动态监测，做好相关部门数据比对与信息共享，组织镇村每月开展排查，全区无人员被列为防贫预警对象。全面实施防贫综合保障保险，财政投入112万元。全区防贫综合险累计理赔35.25万元，帮助278人有效减轻经济负担。做好国家返贫监测系统扶贫资产录入，共录入扶贫项目6个（大泗镇马龙村中草药烘干加工项目、大泗镇佴庄村联栋温室大棚项目、胡庄镇周马村新建秸秆处置工程项目、胡庄镇戴陈村新建仓储冷库项目、大泗镇北港村泗兴水上工程作业项目及大泗镇曹于村秸秆处置机械设备项目），总值766.03万元。（曹丹丹）

农村经济

【概况】2022年，泰州医药高新区（高港区）农村集体资产总额42.26亿元。其中，流动资产25.05亿元，农业资产1386.92万元，长期资产5.57亿元，固定资产11.5亿元，其他资产18.64万元。全区农村集体经济总收入3.57亿元，村平均283.3万元。其中，村集体经济总收入50万～200万元的村（社区）55个，200万～500万元的村（社区）53个，500万～1000万元的村（社区）16个，1000万元以上的村（社区）2个。

【农村集体"三资"管理】2022年，区农业农村局联合区财政局转发财政部、农业农村部印发的《农村集体经济组织财务制度》，加强农村集体经济组织财务管理。实施农村集体"三资"管理村级财务审计项目，印发《关于开展农村集体"三资"管理区级抽查审计的通知》，完成对全区33个村集体经济组织的财务审计工作。出台《泰州医药高新区（高港区）启用村（社区）股份经济合作社账户相关规定》，全面启用村（社区）股份经济合作社会计账套，推进村民委员会与集体经济组织财务公开。

【农村集体资产资源交易】2022年，区农业农村局推进区农村产权交易市场建设，规范流转交易，严格村集体产权交易线上交易审核。全区产权交易项目达1011个，其中线上交易297个，产权交易成交总金额6149万元，完成土地类交易面积417公顷，其他交易面积6.96公顷。完成原高港区8个交易中心监控系统的升级改造和原泰州医药高新区5个交易中心监控系统的新建工作。（白红果）

【休闲农业】2022年，全区休闲农业综合收入突破2.79亿元，游客接待量121.6万人。"相聚缘"儿童乐园项目获评省级乡村休闲旅游农业特色模式（项目），泰州市高港区车马生态园休闲运动基地、泰州市高港区爱情海欢乐田园休闲运动基地获评省级乡村休闲运动基地。推介大泗镇"泗水天香"牛肉和胡庄镇"阙圣春"牌蟹黄包作为乡土特色美食。以春季"花海乡情"一日游、秋季"花香四溢，果香醉人"自驾游和冬季"篝火通明，怡然垂钓"为主题，打造景点线路。利用电商平台实现休闲农业收入1.04亿元。7月，2022"苏韵乡情"乡村休闲旅游农业（泰州）专场推介暨"活力省运·魅力高新"乡村休闲健身跑活动在刁铺街道爱情海欢乐田园景区举办。（李　丹）

【新型农业经营主体发展】2022年，全区录入家庭农场名录系统279个（含大户），培育各级示范家庭农场110个。其中，省级示范家庭农场20个，市级示范家庭农场48个，区级示范家庭农场42个。全区经工商注册的农民专业合作社166个（不含资金互助合作社），农民专业合作社示范社50个。其中，省级示范社7个，市级示范社11个，区级示范社32个。

【家庭农场建设】2022年，泰州医药高新区（高港区）推行"家庭农场随手记"App。全区各级示范家庭农场占比39.4%，运用"家庭农场随手记"App记账家庭农场数131个。高港区膳泰游家庭农场入选2022年省级家庭农场典型案例，泰州凤栖湖农场获评"农行杯"首届江苏省"百佳家庭农场"，高港区光普农场获批2022年省级园艺作物标准园建设单位。

【农村"一事一议"财政奖补项目】2022年，泰州医药高新区（高港区）立项实施农村"一事一议"财政奖补项目44个。项目主要用于乡村振兴建设，提升通组路硬质化水平和农村人居环境水平，向经济薄弱村基础设施建设倾斜。年内，计划投资1553万元。其中，省、市奖补资金925万元，区级补助215万元，"一

2022年7月12日，"苏韵乡情"乡村休闲旅游农业（泰州）专场推介暨"活力省运 魅力高新"乡村休闲健身跑活动在爱情海欢乐田园景区举办

区党工委（区委）宣传和统战部　供图

事一议”筹集资金113万元，村集体配套资金300万元。（桂 婷）

【富民强村帮促行动】 2022年，全区清减乡村振兴重点帮促村集体经营性收入50万元以下村13个。获得省政府办公室督查激励，被评为2021年度开展富民强村帮促行动接续推进乡村全面振兴成效明显的地方，获省级财政激励奖励资金600万元，在白马镇实施富民强村示范建设项目。将泰州（咸阳）消费扶贫综合馆纳入区消费帮促专馆管理，新增入选市级消费帮促产品名录10个。寺巷街道新港社区、口岸街道雅儒村、许庄街道管营村成功申报2022年度市级财政资金扶持重点帮促村集体经济发展项目，共获180万元财政奖补。认定泰州市乐太食品有限公司等12个经营主体为就业帮促基地、帮促车间。投入财政资金112.04万元，为集中认定的低保、特困、农村低收入人口家庭及动态监测新增对象共计3395人，实施人身（健康）、财产保险和基金救助。（曹丹丹）

农村改革

【第二轮土地承包到期后再延长三十年改革试点】 2022年，泰州医药高新区（高港区）在口岸街道张马社区、大泗镇杨营村、胡庄镇史庄村开展第二轮土地承包到期后再延长三十年改革先行试点。各试点村（社区）结合实际情况，制定具体实施方案。制定完善53条政策问答（口袋书）、典型案例汇编、风险评估报告、应急预案等改革成果，总结出继续延包11种情形、取消延包6种情形、不延包1种情形。建立收回土地二次分配机制，以“动态确利”“取消延包、保留权益”“收回土地净增人口再分配”等机制解决进城落户、外嫁女户、入赘户土地延包处置问题，系统化解决“人多地少”改革问题。

【宅基地管理与改革】 2022年，泰州医药高新区（高港区）加强农村宅基地管理，合理利用农村集体土地，保护耕地资源，引导村民住房建设合理化、规范化。大泗镇试点建成宅基地管理平台，建立宅基地权与信息“一本账”，形成宅基地管理“一张图”，实现宅基地审批“一条链”，盘活闲置宅基地“一盘棋”。各地结合乡村特色，盘活闲置农房和宅基地，口岸街道引江社区打造乡村旅游项目，刁铺街道万庄社区建成农房羊肉一条街与爱情海欢乐田园景区，许庄街道蔡庄村建成阳光宴会厅。（桂 婷）

【黄桥茅山老区农村“三变”改革】 2022年，泰州医药高新区（高港区）承担省第四轮改革试验区探索黄桥茅山老区农村“三变”改革新路径试点任务，选取黄桥茅山老区范围内17个村（社区）开展资源变资产、资金变股金、农民变股东“三变”改革试点。成立区农村“三变”改革试点工作领导小组和试点专家组，印发《探索黄茅老区农村“三变”改革新路径试点方案》，引导各村走资产租赁、资源经营、服务创收、产业带动等多元化发展路径。初步形成村村抱团、村企共建、物业经济、项目经济、融合经济等新型集体经济发展路径。口岸街道引江社区入选首批全省“共同富裕　百村实践”新型农村集体经济发展典型案例。（白红果）

【农村土地“三权分置”改革】 2022年，泰州医药高新区（高港区）推进农村土地所有权、承包权、经营权“三权分置”改革工作，印发《关于加强农村土地经营权流转管理的通知》，指导镇、村加强土地经营权流转日常管理，严格执行土地流转用途管制。加强农村土地经营权流转分级备案，将土地流转情况纳入“江苏省农村承包土地管理信息系统”，明确备案要求，提高信息化管理水平。（桂 婷）

镇村建设

【镇村概况】 至2022年年末，泰州医药高新区（高港区）有建制镇5个、行政村40个、自然村105个。镇村户籍人口142978人，常住人口145890人。建制镇建成区面积28.58平方千米。

口岸街道引江社区“相聚缘”儿童乐园　　口岸街道　供图

【农村危房改造】 2022年，全区完成农村危房改造9户，其中修缮加固3户、翻建新建6户，拨付危房改造资金14.79万元。

【农村生活污水治理】 原高港区农村生活污水治理项目于2018年启动，对全区45个涉农行政村（社区）的75个自然村生活污水实施治理。至2022年，完成建设并进入商业试运营阶段，累计建设就地处理设施383座，铺设污水管网740千米，总投资4.3亿元，受益总户数2.24万户、总人口7.56万人。2022年，启动实施泰州医药高新区（高港区）村庄生活污水治理（二期）项目，共涉及44个行政村（社区）、59个自然村。至年末，共实施16个行政村、27个自然村的污水管网建设，铺设管网长度205千米。全区农村生活污水治理率30.2%。

【特色田园乡村建设】 2022年，全区各省、市级特色田园乡村创建村庄完善道路、绿化、生活污水处理等项目建设，开展坑塘河道治理，新建为农服务综合体、村庄快递驿站、环卫设施等便民工程，打造村庄小品、文化体育设施、村庄亮化等乡村风貌提升项目。口岸街道引江社区宁都自然村入选第十批次江苏省特色田园乡村，获得省级奖补资金300万元。许庄街道乔杨社区、大泗镇大马村创成市级特色田园乡村，共获得市级奖补资金300万元。全区共有省级特色田园乡村4个、市级特色田园乡村5个。

口岸街道引江社区于2019年创成市级特色田园乡村。2021—2022年，社区投入5400万元，打造泰州引江河堤岸精致景观带、“相聚缘”儿童乐园和文化民俗商业街；创建“一米”蔬菜采摘园，发展特色蔬果产业；通过电子商务平台带动农特产品销售，拓展农民增收渠道。2022年9月，引江社区宁都自然村通过省特色田园乡村建设工作联席会议办公室综合考评组验收，成为第十批次省级特色田园乡村。（朱海明）

【农村人居环境整治】 2022年，泰州医药高新区（高港区）实施村庄生活污水治理项目16个，改造农村户厕1356个，打造精致高新示范村居10个，新增省级生态宜居美丽乡村示范乡镇1个、示范村5个。全区实现城乡环卫一体化和生活垃圾分类全覆盖，农村生活垃圾集中收运处理率和无害化率均达100%。

村庄清洁行动 全区清理村内水塘1461口，清理村内沟渠2173千米，清理畜禽养殖粪污等农业生产废弃物3870吨，清理乱搭乱建及残垣断壁366处，清洁、整理院落3万余个，清理各类农村生活垃圾3.75万吨，村庄环境长效管护率100%。

农村“厕所革命” 对2006—2021年改厕底数和问题户厕底数进行全面摸排，累计摸排涉及11个镇街7.09万户农户的4.71万座户厕，其中改厕数量为3.57万座，发现问题户厕数量2501座。完成农村户厕改造1344座，其中新建改造733座、改造达标611座。全区累计建成农村公共厕所170座，建有满足实际需求的公共厕所的行政村比例达100%。

精致高新示范村居建设 启动实施农村人居环境整治提升暨精致高新示范村居创建三年行动，打造精致高新示范村居10个（胡庄镇史庄村、口岸街道集成社区、许庄街道许庄社区、刁铺街道界牌社区、寺巷街道屠桥社区、明珠街道靳新社区、野徐镇永新社区、大泗镇佴陈村、口岸街道张马社区、大泗镇马龙村）。创成省级生态宜居美丽示范乡镇1个（大泗镇）、生态宜居美丽示范村5个（口岸街道集成社区、口岸街道张马社区、永安洲镇东江社区、大泗镇佴陈村、明珠街道靳新社区）。（吉跃辉）

【农村生态河道建设】 2022年，高港灌区续建配套与节水改造项目通

绿色家园　　朱浩 摄

过验收，总投资9800万元。当年投资5657万元。其中，中央财政补助资金2875万元，省级财政补助资金519万元，其余由区级配套，建设二青中沟、利民中沟、赵王中沟、关西中沟、海潮中沟、胡马中沟、新跃河和双马中沟8条生态河道共14.35千米。推进骨干河道农桥更新改造，投资450万元拆建宣堡港胡庄镇戴荡大桥、刘荡大桥、陈庄桥。完成双庆河活水工程和北徐庄河整治工程。（邹　航）

【农村公路建设】 2022年，全区完成农村公路建设投资4300万元。完成农村公路建设道路项目9个，完工里程8.7千米；完成桥梁项目5座；建设安防工程224千米。1月22日，泰州医药高新区（高港区）获评"四好农村路"全国示范县。8月1日，"一路高畅"品牌公路获泰州市优质工程奖"梅兰杯"。

【农村交通安全】 2022年，全区完成农村公路道路维修约5000平方米，处置临水路段约50千米，设置防撞护栏近45千米，道口加装警示桩2200余根，增设行人过街系统12套，增设标识、标牌1200余块。投入362万元完成38座桥梁的防碰撞隐患治理。投入500余万元在永安洲镇开展农村地区道路交通安全综合治理试点工作。（魏　晶）

老区建设与扶贫开发

【概况】 2022年，高港区老区经济建设会、扶贫基金会、扶贫开发协会（简称区扶贫"三会"）新增扶贫基金270万元，各镇街分会新增慈善互助会资金396万元。获批省公募项目12个，完成慈善公募捐款61.7万元。发放"双百工程"助学助困资金32.75万元，全区115名困难学生和155户困难家庭受益。形成各类调研宣传文章21篇。完成红色资源普查任务。实施各类产业帮扶项目8个，带动110名低收入农户就近就业。

【扶贫资金募集与发放】 2022年，区扶贫"三会"共征集申报12个公募项目，成功获批后，在省扶贫基金会募捐系统线上运行。共获得线上捐款61.7万元。新增扶贫基金270万元。其中，寺巷街道、明珠街道、凤凰街道、沿江街道、野徐镇共220万元，区财政划拨50万元。至年末，区扶贫基金会规模金额780万元。新增慈善互助会资金396万元，至年末，区慈善互助会资金约1500万元。实施助学帮困"双百工程"，资助115名困难学生每人1500元，资助155户困难户每户1000元。8月，申报落实"爱暖学子　逆风飞翔"公益慈善项目资助对象，全区共申报困难学生12人，每人获得资助金3000元。

【扶贫项目建设】 2022年，区扶贫"三会"共实施省、市、区各类产业帮扶项目8个。实施省扶贫开发与老区建设示范项目1个，项目借款20万元，扶助4名低收入户的高中生每人2000元，并帮扶农户6人到合作社就业，人均年收入1.5万元以上，带动10户低收入农户发展经济。实施市扶贫"三会"老区扶贫专项贴息贷款项目2个，每个项目各贷款20万元，吸纳低收入家庭2名劳动力就业。实施区扶贫贴息贷款项目5个，全部按规划要求组织实施。

【乡村振兴调研】 2022年，区扶贫"三会"共组织撰写各类调研宣传文章21篇。其中，15篇在中国老区网等网站、刊物上发表，8篇得到上级领导批示。区扶贫"三会"到乡村振兴帮促村胡庄镇刘元村和许庄街道蔡庄村开展调研，形成调研报告《发展集体经济，推进乡村振兴》，在中国老区网上发表。口岸街道分会形成调研文章《紧贴时代主题，助推振兴发展》，在中国老区网发表。大泗镇分会形成调研文章《关于如何加快实施乡村振兴战略的思考》。

【红色资源普查】 2022年，区扶贫"三会"组织人员到扬州市、泰州市各地走访调查，寻找线索，收集史料。走访革命烈士遗属、后代和革命战争年代的事件经历者和目睹者，实地考察红色遗址遗迹保存情况，形成泰州医药高新区（高港区）红色资源（档案）台账。整理出革命历史事件和活动遗址、遗迹60处，综合性革命历史纪念馆（室）4处，革命历史的口头与非物质文化遗产46个（篇），革命故事78个（篇），曾以烈士命名的乡镇（公社）2个。撰写调研报告《保护利用红色资源的调查与思考》，被《江苏老区》第5期刊载。编写以红色遗址遗迹和红色故事为重点内容的《红色印记》，文字35万字，图片160余幅。（区老建会）

生态环境

环境质量

【空气环境质量】 2022年，原泰州医药高新区空气环境质量优110天，良好182天，轻度污染69天，中度污染4天，严重污染0天。空气质量优良率为80%。污染天气中，细颗粒物（$PM_{2.5}$）有17天超标，可吸入颗粒物（PM_{10}）有1天超标，臭氧（O_3）有55天超标。原高港区空气环境质量优113天，良好183天，轻度污染62天，中度污染5天。空气质量优良率为80.6%。污染天气中，细颗粒物（$PM_{2.5}$）有15天超标，可吸入颗粒物（PM_{10}）有2天超标，臭氧（O_3）有50天超标。

二氧化硫（SO_2） 原泰州医药高新区平均浓度为8.1微克/立方米，较2021年升高14.3%，达到国家二级标准。原高港区平均浓度为8微克/立方米，与2021年持平，达到国家二级标准。

二氧化氮（NO_2） 原泰州医药高新区平均浓度为22.7微克/立方米，较2021年下降4.2%，达到国家二级标准。原高港区平均浓度为25微克/立方米，与2021年持平，达到国家二级标准。

可吸入颗粒物（PM_{10}） 原泰州医药高新区平均浓度为53.6微克/立方米，较2021年下降5.3%，达到国家二级标准。原高港区平均浓度为55微克/立方米，较2021年下降5.2%，达到国家二级标准。

细颗粒物（$PM_{2.5}$） 原泰州医药高新区平均浓度为31.6微克/立方米，较2021年下降2.5%，达到国家二级标准。原高港区平均浓度为30.3微克/立方米，较2021年下降5.9%，达到国家二级标准。

一氧化碳（CO） 原泰州医药高新区一氧化碳（CO–95per）浓度为1毫克/立方米，与2021年持平，达到国家二级标准。原高港区一氧化碳（CO–95per）浓度为1.1毫克/立方米，与2021年持平，达到国家二级标准。

臭氧（O_3） 原泰州医药高新区 O_3–8–90per 浓度为173微克/立方米，较2021年上升8.1%。原高港区 O_3–8–90per 浓度为171微克/立方米，较2021年上升4.9%，达到国家二级标准。

【水环境质量】 饮用水源地 2022年，原泰州医药高新区备用饮用水源地——泰州市引江河备用水源地水质达标率、覆盖率均为100%。原高港区城区集中式饮用水源地——泰州市长江永安洲永正水源地水质达标率、覆盖率均为100%。

地表水 2022年，原泰州医药高新区2个地表水监测断面（南官河祥和大桥、引江河高港大桥）水质均达Ⅲ类以上，优于Ⅲ类标准达100%。原高港区2个地表水监测断面（南官河口岸闸、古马干河马甸闸西）水质保持优于Ⅲ类标准。

【生态环境质量指数】 依据《生态环境状态评价技术规范（HJ 192—2015）》，2022年全区生态环境质量指数为62.19，处于良好状态。

（胡志全　高竟明）

生态资源保护

·综　述·

【生态文明建设示范创建】 2022年，原高港区完成省级生态文明示范区复核工作，生态示范效应明显，生态文明建设示范区称号有效期延续3年。1月25日，大泗镇霍堡村被省生态环境厅命名为第四批江苏省生态文明建设示范村（社区）。7月，完成《泰州医药高新区（高港区）生态文明建设规划（2021—2025）》编制，召开专家评审会，通过司法审查，通过区管委会主任会议（区政府常务会议）审议。

【生态环境保护项目申报】 2022年，泰州市生态环境局医药高新区分局（简称泰州医药高新区生态环境分局）组织辖区内8个投保环境污染责任保险的重点企业申报绿色金融奖补资金，获得补助8.18万元。组织园区、镇街及各有关部门申报市级环保专项资金项目7个，获得市级环保专项补助资金224.5万元。原高港区上争各类生态环境保护资金400.28万元。其中，中央土壤污染防治资金31万元，省生态环境保护专项资金79万元，全省农村生活污水治理奖补资金60万元，统筹返还及高质量指标考核奖励资金16万元，绿色金融奖补资金3.68万元，水环境区域补偿20.6万元，上争市级环保资金190万元。扬子江药业集团江苏制药股份有限公司、益海（泰州）粮油工业有限公司成功申报江苏省“绿色发展领军企业”。

（高竟明　曹金丽）

·水资源保护·

【节水型社会建设】 2022年，泰州医药高新区（高港区）创成节水型企业2个（江苏张驰轮毂制造有限公司、长城汽车股份有限公司泰州分公司）、节水型学校2个（泰州市周山河小学、泰州市寺巷幼儿园）、节水型单位1个（泰州医药高新区管委会商务一号楼）、节水型社区（小区）1个（口岸街道水岸景城）。完成高港高新技术产业园区节水型工业园区创建资料收集并上报。完成大泗服务区节水型服务区创建方案编制。完成华润雪花啤酒（泰州）有限公司节水典型示范样板与水效领跑单位申报。完成12个企业用水审计，完成14个企业单位水平衡测试，实现计划用水户与重点监控用水户水平衡测试与用水审计基本覆盖。

【取水项目管理】 2022年，全区新批地表水取水项目1个（泰州万诺纺织科技有限公司）。非农自备水源企业均按月抄表计量，定期检查水表运行情况。对自备水源企业建立一证、一表、一卡、一牌管理的“四个一”管理制度，按月抄表存档。水资源费做到应收尽收。（刘　虎）

【水土保持监管】 2022年，泰州医药高新区（高港区）对照水利部、省水利厅图斑信息，组织现场察看，对生产建设项目水土保持情况进行核查、认定。下发限期整改通知书，要求生产建设单位编制水土保持方案报告书或报告表。组织专家对生产建设项目水土保持方案报告书进行审查，督促生产建设单位按要求办理行政审批手续，缴纳水土保持补偿费。全年共完成41个生产建设项目的水土保持行政许可。

（蔡修青）

幸福河湖许庄河　　　　区农业农村局　供图

【河长制工作】 2022年，泰州医药高新区（高港区）编制《骨干河道2022年河长制目标任务清单》《区河长制工作领导小组成员单位工作职责清单》等工作清单。出台《泰州医药高新区（高港区）河道长效管理实施意见》，增加河坡绿化养护补助资金，投入河道长效管护和绿化养护经费900余万元。每半年对全区河长制工作及河道长效管护情况进行考核通报。制定《区级河湖长履职交办督办机制》，对区级河湖长巡查、上级督查检查、区河长办及成员单位督查排查、群众举报、媒体曝光的河湖问题，下发督办单33份、交办单12份，问题全部整改到位。全区17名区级河长履职60余次，148名镇级河长履职2300余次，137名村级河长履职8600余次，协调解决各类涉水问题1000余件。新建河长制主题公园8座。

【幸福河湖建设】 2022年，区农业农村局全面摸排河道现状，掌握河道问题，合理划分阶段性任务，编制《医药高新区（高港区）幸福河湖实施方案（2021—2025）》。投入1100余万元，打造许庄河幸福河湖。投入5300余万元，打造15条城区河道、52条农村河道幸福河湖。许庄河获评市级“十佳”幸福河湖，蔡圩河、王营河获评市级“五星”幸福河湖。

（滕智超）

【水政执法】 2022年，区水政监察大队开展巡查204次，其中江上联合巡查120次。抓获非法运砂船1艘，及时移送长航公安局镇江分局侦办。开展长江河道采砂综合整治和疏浚砂监管工作。（徐　斌）

·土地资源保护·

【耕地保护】 2022年，泰州医药高新区自然资源和规划分局围绕城镇开发边界、永久基本农田保护红线、生态保护红线“三线”划定，运用第三次全国国土调查成果和最新卫星遥感影像，全面核实永久基本农田，进行整改补足。泰州医药高新区现状永久基本农田608.41公顷。按照基本农田保护政府目标责任制、基本农田保护动态巡查制度及基本农田监管体系，加强耕地保护工作，占补平衡严格按照“占一补一、占优补优”的原则落实到位。建立年度耕地卫片监督工作机制，对下发的疑似图斑，按时完成摸排。

高港区自然资源和规划分局严格执行耕地保护政策，将耕地保有量、永久基本农田保护面积纳入年度国土资源保障的专项考核内容，开展年度耕地保护激励镇、村的评价。以“长期稳定利用耕地不减少”为目标，严守耕地保护红线，严把耕地调出关，在保障地区经济社会发展、落实乡村振兴要求的基础上，编制《泰州医药高新区（高港区）2022年耕地“进出平衡”总体方案》，保障农业项目用地共30个，项目用地面积43.1公顷，其中耕地“转出”面积22.74公顷。落实耕地“转进”面积45.79公顷。

【土地资源执法监管】 2022年，泰州医药高新区自然资源和规划分局落实最严格的耕地保护制度，推进违法用地“清零”行动。编印耕地保护相关法律法规宣传资料1000余册，向基层党员干部和涉农社区发放。利用“慧眼守土”系统加强巡查，实行科室包镇街日常巡察制度，全年共巡查127次。落实违法用地日报制度。拆除新增违法用地22宗、4.74公顷，整改“非粮化”图斑4宗、2.63公顷，存量违法用地2宗、0.62公顷。

高港区自然资源和规划分局完成国家自然资源督察南京局下发的高港区问题图斑整改，宗数4个，面积0.42公顷，全部整改到位。全年共核查市自然资源和规划局下发监测图斑45个，总面积13.68公顷（其中耕地7.69公顷、基本农田4.25公顷）；核查省级下发监测图斑44个，总面积16公顷（其中耕地8.07公顷、基本农田3.59公顷）；核查部级下发监测图斑582个，总面积369.22公顷（其中耕地172.2公顷、基本农田21.62公顷）。完成核查、上报工作，未发现违法用地现象。

（余　涛　常　栋　杨松柏　凌华东）

·森林资源与湿地资源保护·

【概况】 2022年，原泰州医药高新区新增造林面积2.6公顷，森林抚育面积13.4公顷，四旁植树6.1万株。野徐镇永新社区创成省级绿美乡村。原高港区新增造林面积7.91公顷，完成森林抚育面积97.34公顷，新建及完善农田林网面积642.4公顷。全区林木覆盖率31.55%。口岸街道徐庄村和徐桥村、许庄街道乔杨社区、大泗镇佴陈村、胡庄镇周马村和赵市村创成省级绿美村庄。全区自然湿地保护率达70%以上。

【森林督察】 2022年，高港区自然资源和规划分局对国家林草局下发的425个图斑进行核准，提出处置建议，提交自查报告。加强中幼林抚育和退化林修复，采取割灌、除草、修枝、施肥、涂白等森林抚育经营工作。督促指导大泗镇完成112.67公顷低效林改造和退化林修复任务。

【林业安全】 2022年，泰州医药高新区自然资源和规划分局做好全国森林火灾风险普查工作，形成普查初步成果。开展“森林防火回头看”活动。加强美国白蛾等林业有害生物的监测和防治，防治面积60公顷，未成灾。

高港区自然资源和规划分局落实第三方对美国白蛾进行监测防控，首次在白马镇、胡庄镇发现美国白蛾幼虫，根据监测情况划定美国白蛾治理范围，确定治理面积，划定区、镇两级重点防控区域，防治面积154公顷。会同区应急管理局、高港区消防救援大队开展隐患检查。加强森林防火宣传教育和野外火源管控宣讲，配合区森林防灭火指挥部开展森林防火主题活动。

【林地和林木采伐管理】 2022年，高港区自然资源和规划分局严格执行限额采伐、凭证采伐制度，全年批准林木采伐4.15公顷，其中征占用林地2公顷。

【林长制工作】 2022年，泰州医药高新区（高港区）完善区、镇街、村（社区）三级林长体系，明确各级林

杏林光影　　郑文才　摄

长分工联系区域。设置林长制公示牌160个，其中市级2个、区级9个、镇级67个、村级82个。

【湿地保护修复】 2022年，泰州医药高新区（高港区）对胡庄镇肖崇中沟进行湿地修复，完成修复面积5.25公顷。研究制定长江永安洲段湿地保护小区建设方案，通过专家评审，湿地建设总面积446.84公顷。

（毛春帮　吕　峰）

·渔业资源保护·

【长江禁捕】 2022年，泰州医药高新区（高港区）开展长江禁捕宣传，在长江沿线、各镇（街道）重点场所设置长江禁捕宣传横幅100余条、警示标牌10个，开展现场宣传活动3次。印发《关于贯彻落实〈江苏省长江禁捕网格化管理体系运行管理办法〉的通知》。口岸街道、永安洲镇、沿江街道及下辖沿江村（社区）安排专人组成基层网格员队伍开展长江禁捕巡查。区级开展联合执法行动4次，镇街开展禁捕巡查120余次，基层网格员开展禁捕巡查1000余次。销毁各类"三无"船舶、渔网具、钓具、电鱼器、电挂浆、吸螺机等非法捕捞渔具800余件。落实退捕渔民生计保障，参保率、就业率实现100%。

【增殖放流】 6月6日，泰州市农业农村局、高港区政府在长江泰州医药高新区（高港区）段举行全国"放鱼日"增殖放流暨非法捕捞渔具销毁活动，共放流鱼苗约300万尾。

（马荣刚）

节能减排

【污染物减排】 2022年，泰州医药高新区生态环境分局完成水污染防治工程4个，分别为新建污水管网3千米、左岸名都小区雨污分流改造、小港河截污工程和乔庄河截污工程。全年化学需氧量、氨氮、总磷、总氮减排总量分别为300吨、5吨、4吨、10吨。泰州滨江工业园区清洁生产审核创新试点项目入选全国首批清洁生产审核创新试点项目。原高港区化学需氧量减排318.5吨、氨氮减排6.2吨。

（胡志全　高竟明）

【工业企业节能减排】 2022年，泰州医药高新区（高港区）加强节能降耗监测，开展节能和循环利用工作，对12个企业开展节能监察，完成1个企业的节能监测、3个企业的能源审计。对国家能源集团泰州发电有限公司、泰州金泰环保热电有限公司新型建材分公司等3个企业分别进行能源管理体系认证和评价。泰州金泰环保热电有限公司新型建材分公司成功申报江苏省绿色工厂。泰州医药高新区（高港区）创成江苏省首批碳达峰碳中和（绿色生物医药领域）科技成果转化基地。

（孙　骁）

【公共机构节能】 2022年，区党政办（区机关事务服务中心）深化公共机构节能管理，加强节能宣传。全国节能宣传周期间，组织全区公共机构职工观看全国公共机构节能周"云启动"仪式；利用区政府网站和各公共机构电子显示屏、大厅、电梯口多媒体宣传平台等播放节能宣传视频、动画和标语，张贴节能宣传画480张、标识牌250张，发放宣传画册400张、环保宣传购物袋400只，悬挂横幅10条。组织开展节约型机关创建和节能低碳示范单位创建，全区所有党政机关均完成节约型机关创建，区机关事务服务中心、江苏省高港中等专业学校创成江苏省公共机构节能低碳示范单位。开展线上培训，完善公共机构基础信息，确保上报能耗数据真实准确；推进党政机关垃圾分类工作，对区属办公楼垃圾分类情况进行检查监督。全区公共机构单位建筑面积能耗和人均综合能耗逐年下降。

（朱爱民）

环境污染防治

【水污染防治】 2022年，泰州医药高新区生态环境分局制定《泰州医药高新区（高港区）南官河祥和大桥国考断面提优争先方案》《泰州医药高新区（高港区）引江河高港大桥省考断面提优争先方案》。实施并完成4项水污染防治工程，保障国考断面水质稳定达标。在全区范围内开展淮河流域入河（湖）排污口排查整治工作，共涉及8条骨干河流及2个湖泊（库），形成78个入河排口问题初步排查清单，组织第三方开展溯源、监测工作，完成72个排口的溯源和34个排口的采样监测工作。实施杰盛俊园、左岸名都、世贸河滨、龙凤花园、祥和花园、康和花园、东方小镇7个小区雨污分流改造工作，其中左岸名都、龙凤花园、祥和花园、康和花园、东方小镇于年末前完成。开展区域水污染物平衡核算管理工作，全面核算区域内各类排放废水中主要污染物收集量、生活污水主要污染物产生总量及集中式污水处理厂主要污染物削减总量，编制泰州医药高新区和泰州综合保税区区域水污染物平衡核算评估报告，评估区域主要水污染物收集处理能力及处理量缺口，通过专家评审并上报市生态环境局。完成市政排水管网改造类项目2项，分别为口泰路（泰事达路—姜高路）污水管道接通工程和寺巷集镇区域沿街商铺生活污水收集工程。实施南官河重要支流治理项目5个，寺巷街道健康河截污工程、寺巷街道乔庄河截污工程、寺巷街道大王庄河截污工程、寺巷街道龙庄河截污工程和小港河沿河两

城市绿地　　郑文才　摄

侧生活污水收集工程均完工。

（胡志全　刘宇庭）

高港生态环境局推进入河排口整治工作，涉及高港区的排口均分布在刁铺街道共34个，全部完成整治工作。编制《泰州医药高新区（高港区）古马干河马甸闸西国考断面提优争先方案》《泰州医药高新区（高港区）南官河祥和大桥国考断面、口岸闸省考断面提优争先方案》等4个工作方案，方案均通过专家评审并推进实施。保障汛期断面水质，推进污水治理百日攻坚行动，协调开展集中排查整治，利用汛前有限时间，推进沿线7个住宅小区雨污分流改造，采取临时封堵措施确保污水不入河。协调实施污水管网新建及改造项目，启动全年市政老旧雨污水管网检测、修复、错混接整治，保障雨污水管网自身严密性和独立性，降低污水入河风险。持续推进入河（湖）排口整治，完成34个排口取样监测。配合省生态环境厅完成淮河流域入河（湖）排污口一级排查，聘请第三方机构开展二、三级排查。古马干河马甸闸西国考断面、南官河口岸闸省考断面地表水优Ⅲ比例100%，集中式饮用水源地永安洲永正水源地、杜庄备用水源地水质达标率100%；国、省考断面无劣五类水体。（高竟明）

【大气污染防治】 2022年，泰州医药高新区生态环境分局实施大气污染防治工程138个。其中，产业结构调整项目6个，能源结构调整项目1个，挥发性有机物源头替代项目15个，挥发性有机物综合治理项目18个，无组织排放、储罐治理项目98个，均完成。泰州市留学人员创业园国控空气站点周边蓝思精密（泰州）有限公司、康翔铝业（泰州）有限公司、泰州神舟传动科技有限公司均完成涉挥发性有机物原辅料源头替代，泰州市清华明森机床有限公司、雄英金属制品（泰州）有限公司完成涉气喷漆工序关停退出；江苏苏中印刷有限公司、泰州市海锋机械制造有限公司、泰州市神龙消防科技有限公司等8个工业企业完成废气提标改造，泰州浩普塑胶有限公司完成关闭退出。制定《泰州医药高新区国控站点周边各类污染源管控责任清单》《泰州医药高新区（高港区）空气质量异常预警和应急管控方案》，明确责任单位与责任人；印发《泰州医药高新区（高港区）大气污染防治百日攻坚实施方案》《泰州医药高新区（高港区）餐饮油烟百日攻坚行动方案》，推动大气污染防治突出问题整改。

（胡志全）

高港生态环境局实施并完成大气污染防治工程138个。其中，产业结构调整项目4个，能源结构调整项目4个，挥发性有机物源头替代项目18个，挥发性有机物综合治理项目2个，重点行业和重点设施减排项目10个，无组织排放、储罐治理项目100个。每日对王营国控站点3千米范围内各类大气污染源进行动态巡查管理，发现问题及时交办并督促整改。“五一”、国庆期间，对国控站点周边大气扬尘源交办件整改情况逐个核查，并督促整改，王营国控站点空气质量从7月起持续改善。制定《泰州医药高新区（高港区）国控站点周边各类污染源管控责任清单》《泰州医药高新区（高港区）空气质量异常预警和应急管控方案》。至年末，王营国控站点 $PM_{2.5}$ 平均浓度为30.3微克/立方米，比上年改善5.9%，在全市6个国控站点中，绝对值和改善幅度排名均为第一。（高竟明）

【土壤污染防治】 2022年，泰州医药高新区生态环境分局会同泰州医药高新区自然资源和规划分局组织“两公一住”用地地块土壤污染状况调查评审11次，确保农用地、建设用地安全利用。加强在产企业土壤污染预防，完成9个土壤污染重点监管单位落实土壤污染防治责任书情况年度考核，落实土壤污染隐患排查、土壤和地下水自行监测、有毒有害物质排放报告制度，完成3个土壤污染重点监管单位土壤及地下水周边监督性监测。完成泰州滨江工业园区地下水环境状况调查评估工作。（宋秉法）

高港生态环境局开展土壤污染状况详查，突出重点行业污染防治，指导现有土壤污染重点监管单位依法依规开展土壤污染隐患排查整治和自行监测，及时更新土壤污染重点监管单位名录清单。完成5个土壤污染重点监管单位土壤及地下水周边监督性监测。完成年度涉镉等重金属重点行业企业排查，及时更新全口径涉重金属重点行业企业清单。完善“地块管理系统”日常管理，定期对列入系统的地块进行现场核查。协同区住房城乡建设局推进农村生活污水治理工作，农村生活污水治理率30.2%。强化受污染耕地安全利用，配合区农业农村局持续做好农用地分类管理，对优先保护类耕地加大保护力度，对安全利用类耕地分类分区分级精准落实安全利用技术措施；对严格管控类耕地，依法划定特定农产品严格管控区域。（高竟明）

【危险废物污染防治】 2022年，泰州医药高新区生态环境分局开展危险废物安全生产专项整治工作，共检查企业184个，梳理问题66个，无重大隐患问题，全部整治到位。开展危险废物规范化管理现场检查，对产生危险废物及经营危险废物企业按比例进行抽查并打分。推广江苏省危险废物全生命周期监控系统。辖区243个危险废物产生单位、1个危险废物经营单位完成基本信息、管理计划填报和危险废物信息申报入库，4个市级视频联网单位完成监控系统联网。（宋秉法）

高港生态环境局将“一企一档”以及移动执法系统中涉危险废物企业与全生命周期系统进行比对，核实对象35个，其中危险废物产生单位23个、进入全生命周期系统产废单位4个、一般工业污泥产生单位1个。检查危险废物领域企业107个，发现问题67个，立案查处涉废违法行为企业3个。开展2017—2022年关闭退出的化工、电镀、酸洗、印染等生产企业专项整治，排查企业38个，其中转租非化工类企业9个、闲置26个、完成绿化3个，未发现危险废物领域重大安全隐患。关闭苏宁化工厂区内储存污泥23.47吨，责令其委托有资质单位处置。加强医疗废弃物环境监管，涉疫医疗废弃物均规范暂存并张贴感染源标识，由泰州市港城建设投资发展有限公司统一安排转移至泰兴淳蓝医废处置有限公司规范处置。（高竟明）

【向环境污染宣战专项行动】 2022年，泰州医药高新区（高港区）成立以区党工委（区委）主要领导为组长的向环境污染宣战指挥部，召开打好污染防治攻坚战推进会等专题会议6次，统筹推进全区污染防治工作。定期组织召开向环境污染宣战指挥部会议，下发《2022年度深入打好污染防治攻坚战实施方案》和市交目标任务。制定2022年向环境污染宣战目标任务分解表。继续执行深入打好污染防治攻坚战考核考评办法，细化分解工作任务至每个季度，对八大类54项考核指标，及时组织各园区、镇街及生态环境、住建等相关部门进行督查和“回头看”。全年下发督办函60件，曝光环境问题13个。（高竟明）

【排污许可证核发与登记】 2022年，高港生态环境局落实排污许可制，倒逼企业革新生产工艺、进行技术改造，提高污染治理能力。统筹优化环境容量要素配置，推动产业结构优化升级、污染深度治理，挖掘减排潜力。为诺博汽车零部件（泰州）有限公司的年产12万台（套）汽车内外饰项目，扬子江药业集团的新增年产2400万瓶滴眼剂、5523万支/瓶注射剂、792万瓶冻干粉针剂、13400万粒滴丸技术改造项目，益海（泰州）粮油工业有限公司的新建米糠综合利用项目等55个新上项目平衡排污总量。全年发放企业固定污染源排污许可证121份，完成企业登记管理859个。（高竟明）

【污染防治设施专项整治】 2022年，泰州医药高新区生态环境分局在脱硫脱硝、煤改气、挥发性有机物回收、污水处理、粉尘治理、RTO焚烧炉六类环境治理设施的审批过程中，督促企业对重点环保设施和项目进行安全风险辨识，共排查重点环保设施企业24个、重点环保设施45处，移送区应急管理局安全线索2条。会同区应急管理局开展联合检查，共检查企业15个，发现安全隐患4条，全部完成整改。（尤俊杰）

【农业面源污染防治】 秸秆综合利用 2022年，全区产生秸秆总量13.03万吨。其中，小麦4.6万吨，水稻4.3万吨，其他农作物（油菜、大麦、花生、玉米、豆类等）4.13万吨，小麦、水稻秸秆基本实现全量化还田，其他农作物收集利用量4.03万吨，全区秸秆机械化还田率97.62%。发放秸秆综合利用奖补资金196.98万元。（朱　佳）

化肥农药减量增效 全区药肥施用量较上年分别减少0.65%和1.3%。在全区12个镇街设置农药使用监测点27个、肥料使用监测点100个。组织监测点、调查员业务培训会议，开展药肥监测记录互查。在永安洲镇和口岸街道分别建立水稻绿色防控示范区和化肥减量示范区各1个。（施菊琴）

畜禽养殖污染整治 推进畜禽粪污资源化利用巩固提升行动，制定《畜禽养殖污染防治规划》《畜禽粪污资源化利用和台账管理办法》，建立畜禽粪污资源化利用整治提升清单，组织开展畜禽规模养殖场畜污治理达标检查认定。定期开展畜禽粪污资源化利用巡查指导，推广节水减排、臭气监控等技术，推动养殖场落实主体责任，促进粪污就地就近还田利用。全区规模养殖场粪污处理设施装备配套率、畜禽粪污综合利用率均达100%。（曹德桂）

渔业绿色生态发展 推广工厂化循环水养殖，推进水产养殖池塘养殖尾水专项治理。完成池塘标准化改造及尾水治理4.14公顷；建成尾水达标排放示范基地1个，面积15.8公顷。（马荣刚）

环境监督管理

【排污许可管理】 2022年，泰州医药高新区生态环境分局聘请技术服务单位对辖区内全行业发证企业进行技术审查，针对企业排污许可执行报告填报率低的问题，组织开展排污许可专项培训，执行报告内容规范性审查完成率100%。（聂 莉）

【环境执法检查】 2022年，泰州医药高新区生态环境分局共形成执法记录2354条，其中标准执法记录1571条、快捷留痕783条，出动执法人员4708人次，立案130件，查封扣押3件，行政拘留2件，刑事移送2件。下发行政处罚决定书85件，罚款897万元。出动执法人员104人次，对重点排污单位21个、一般排污单位31个进行“双随机”执法检查。对检查中发现的环境问题，现场提出整改要求。推进打击废水偷排直排专项执法，以祥和大桥南官河流域国考断面区域为重点检查地区，以长江沿线电镀、化工、印染等涉水排放企业为重点检查对象，共发现环境违法问题3个，均下达行政处罚决定书。（夏恋秋）

高港生态环境局出动执法人员2035人次，检查企业966个次，形成标准执法记录728条，快捷留痕238条。立案查处环境违法案件54件，省生态环境厅转办案件立案75件，下发行政处罚决定书56件，共处罚款812.07万元，运用环境保护法配套办法查处案件6件。对辖区内94个企业开展“双随机”执法检查，其中重点排污单位51个、一般排污单位43个。（高竟明）

【大气专项执法行动】 2022年，泰州医药高新区生态环境分局以抑尘为重点，对国控站点周边工地开展执法检查，发现环境违法问题2个，均下达行政处罚决定书。对国控站点周边汽修、加油站及涉挥发性有机物无组织排放企业进行检查，发现环境问题40个，立案调查35件，均下达行政处罚决定书。对辖区内2个热电厂开展“零点驻厂”工作，发现环境违法问题2个，均下达行政处罚决定书。对辖区内粉尘建材与铸造企业进行排查，发现环境违法问题8个，下达行政处罚决定书8份。利用非现场执法手段，对涉气重点单位在线监控情况进行24小时监管。对省生态环境厅臭氧帮扶组、大气帮扶组交办的47个企业共计126个问题进行核查并督促企业整改，完成39个企业共计89个问题的整改。对异地交叉执法检查第一轮次至第七轮次交办的75个企业共计111个环境问题进行核查，整改到位问题88个，立案65个，下达告知书2份、决定书2份，移送刑事案件线索1个。（夏恋秋）

【环境应急管理】 2022年，泰州医药高新区生态环境分局共接收突发环境事件应急预案48个，发放备案表48份，其中重大风险级别企业3个、较大风险级别企业5个、一般风险级别企业37个。针对应急预案资料不全的，不予备案并及时告知企业需要补充的材料。针对应急预案即将到期或已经到期的企业，采取发放限期整改通知书和提醒函的形式，要求企业在期限内完成突发环境事件应急预案修编工作。（尤俊杰）

高港生态环境局督促指导企业开展应急培训和应急演练。完成突发环境事件应急预案备案企业78个，其中重大风险级别3个、较大风险级别2个、一般风险级别73个。11月14日，组织富彤化学有限公司开展化磷泄漏应急救援预案演练。编制泰州医药高新区（高港区）突发环境事件相关应急预案。（高竟明）

【生态环境问题专项督查】 2022年，省生态环境保护督察第二督查组对泰州市开展突出生态环境问题专项督查，共交办高港区5个问题，全部整改到位。第二轮中央生态环境保护督察进驻江苏省期间，共交办高港区环境信访件16件，其中重点信访件1件、一般信访件15件。针对交办信访件中涉嫌环境违法行为立案查处相关企业7个，共处罚款230.21万元，所有交办信访件全部办结。推动“减污降碳，源头治理”，强化重点时段、重点行业、重点区域、重点污染物的执法监管，开展大气环境专项执法行动，对交办的问题进行核实并督促整改，立案查处涉气案件44件，完成在线监督帮扶交办任务3个。加大危险废物环境监管力度，出动检查261人次，检查企业128个，发现问题74个，立案查处3个企业涉废违法行为。持续开展水环境专项检查，检查涉水企业51个，查处涉水环境违法行为3件。开展核与辐射安全监督执法，督促核技术利用单位及时整改存在的问题，完成对辖区内21个核技术利用单位的监督检查。推进“百日会战”专项行动，累计检查企业83个次，排查环境安全隐患19条，全部完成整改。移交省生态环境厅臭氧攻坚监督帮扶工作组交办问题1件给区应急管理局，并联合开展现场督查。会同区应急管理局对7个化工企业重点环保设施和3个危险废物产生单位开展联合执法检查。（高竟明）

泰州医药高新区生态环境分局联合区应急管理局开展安全生产联合执法行动，共检查企业10个，发现隐患10个。其中，2个移交区应急管理局，8个隐患下达限期整改通知书，全部完成整改。（尤俊杰）

【生态环境宣传】 2022年，泰州医药高新区生态环境分局在爱情海欢乐田园景区、凤凰街道举办生物多样性宣传活动；在世界环境日，组织开展绿色宣传进社区、进企业等主题活动，协助市生态环境局举办“共建清洁美丽世界”——“6·5”世界环境日主场活动；在全国低碳日，与高港生态环境局联合开展节能宣传主题宣讲进园区活动。结合文明城市创建工作，制作以“绿色生活，践行双碳行动”为主题的公益广告宣传作品1个，组织志愿者到挂钩路段开展“城市清洁日”志愿服务活动。全年在《新华日报》刊发报道3篇、专版1个。

（曹金丽）

高港生态环境局开展国际生物多样性日、“6·5”世界环境日、全国低碳日等主题活动。到永安洲镇开展“助企纾困”环保法律法规知识培训会，到刁铺街道开展“环保法规进企业活动”，到泰州市创新电子有限公司开展环保法治宣传讲座。在高港电视节目中心《深入打好污染防治攻坚战》栏目播出曝光新闻13期。全年编制污染防治攻坚战工作简报12期。组织22个重点监管单位负责人参加新修订的《中华人民共和国固体废物污染环境防治法》问卷考试。在《中国环境报》、《新华日报》、“江苏生态环境”微信公众号、“美苏263”微信公众号等省级以上平台用稿13篇，在“泰州生态环境”微信公众号、“泰州263在行动”微信公众号等平台用稿30篇。拍摄污染防治攻坚微电影《水落石出》和主题短视频《守护家园　往日时光》。

（高竟明）

【环保信访】 2022年，泰州医药高新区生态环境分局接到各类信访158件。其中，“12345”政务服务便民热线信访件104件，“12369”生态环境信访举报系统信访件11件，网络及微信来件38件。信访问题主要集中在工业废气、工业噪声方面。各类信访的结案率和回复率均为100%，满意度达99%以上。

（夏恋秋）

高港生态环境局共收到各类信访件572件，比上年下降7.6%。其中，“12345”政务服务便民热线信访件518件，网络及微信来件34件，群众来访10件，市级转办信访10件，全部办结。高港区污染防治综合监管平台共纳入有效线索731件，办结701件。（高竟明）

天德湖春色　　区党工委（区委）宣传和统战部　供图

文化 体育

文化综述

【概况】 2022年，泰州医药高新区（高港区）围绕全面建成小康社会、新冠疫情防控、法治、廉政等主题，开展群众文艺创作活动。组织文艺演出、艺术普及、戏曲进乡村、知识讲座等活动，服务群众200万余人次。发放“文化惠民券”资助演出金额290.14万元。组织“大江文化惠万家”等品牌文化活动。其中，“苏演院线”大江剧院演出9场，大江放歌广场文艺演出12场，大江艺术团基层巡演12场。

【文化产业】 2022年，泰州医药高新区（高港区）组织申报省、市各类文化产业发展专项资金，共获得资金298万元。其中，泰州海军舰艇文化园一期及配套设施项目、梅郎故里戏剧娃娃创意开发项目获得省级文化和旅游发展专项资金共计110万元，梅郎故里健康水文化创意开发项目、原创舞台剧《泰宝风娃奇幻历险记》项目、契合大健康产业发展升级智能化包装印刷项目、艺术装饰画生产项目（一期）4个项目获市级文化产业发展专项资金共计127万元，泰州市浩雅装饰材料有限公司、江苏登科印务有限公司、江苏声光影剧设备有限责任公司、江苏阳康医药科技服务推广有限公司、泰州酷动数码有限公司、泰州高教投资发展有限公司、泰州华信药业投资有限公司、泰州高教商业管理有限公司、泰州翎玺文化传媒有限公司、宏玮音乐器材（泰州）有限公司10个企业获得2022年度市区规模以上文化企业奖补共计61万元。开展特色文化产业调研工作，梳理辖区内文化类企业。全年新增规模以上文化企业17个。全区文化产业增加值48.47亿元。（徐 欣）

公共文化设施

【区美术馆（书画院）】 泰州医药高新区（高港区）美术馆（书画院）位于口岸雕花楼景区西侧。占地面积2465平方米，建筑面积3540平方米，总投资1700余万元，由南京大学建筑设计院设计，局部2层建筑，整体风格与口岸雕花楼景区融合。该工程于2016年8月上旬竣工，8月13日揭牌开馆。美术馆内设展览大厅、精品展厅、书画创作室、书画培训室、学术报告厅等。2022年，举办线下展览13场、线上展览19场、线上名师讲堂7场、巡展5次。作品《榜样系列之粉刷界的娘子军》入选全国画院作品展，为全市唯一入选作品；《喜迎开海系列三》入选2022全国少数民族美术作品展；《喜迎开海》入选“互联与发展”——2022第三届深圳大芬国际油画双年展；《记录美好时光》获江苏省美术奖提名奖；《老者》入选“新时代颂”2022江苏美术摄

区美术馆（书画院）　　区党工委（区委）宣传和统战部 供图

影主题联展；《山居图》入选第十届“百花争艳”江苏省女书画家作品展；《意象同里》入选相约扬州——2022·江苏省小幅油画作品展；《逐梦青春》入选第十二届江苏省油画展；《古城新晖》入选“可行性——2022四川水彩画年度展”；《柴墟古巷》获“新时代颂”2022江苏美术摄影主题联展泰州市作品展美术奖（最高奖）；《头像组画》入选“翰墨凝书韵、丹青颂党恩”民盟泰州市委喜迎中共二十大书画邀请展；《老战士》获第三届泰州美术奖。画院画师祁秋实入选泰州市首届青年“文艺新星”，画院画师刘红被聘为江苏省南京市浦口区求雨山书画院青年艺术家。（隋　东）

【区图书馆】 泰州医药高新区（高港区）图书馆位于市民广场西侧，建筑面积近4000平方米。2022年，投入60万元用于图书采购。征订报纸杂志220种。全年书刊文献外借册次15.38万，外借14.81万人次，总流通人次21.39万。举办公益性讲座3场、培训活动3场、展览4场、其他文化活动15场。利用图书馆微信公众号，举办线上讲座31场、线上展览29场、线上阅读推广活动175场。（姚家艳）

【区文化馆】 泰州医药高新区（高港区）文化馆位于泰州市扬子江初级中学东侧。建筑面积2420平方米，共3层，总投资300余万元。一楼大厅配备数字化设备、文化长廊、文化一体机。二楼、三楼设有功能室8间。其中，舞蹈、器乐、曲艺排练室各1间，书法、美术等群众活动室4间，多功能厅1个。2022年，举办“三下乡”演出1场、“苏演院线”大江剧院演出9场、基层巡演12场；举办“民乐普及”“非遗大讲堂”“大力践行社会主义核心价值观，做传递正能量的使者”等专题讲座；到全区10所小学开展“强国复兴有我——喜迎二十大，筑梦向未来”集报、火花、图片巡展；开展成人免费公益性培训12班次、200余课时，招收学员近500人。（张　莹）

【城市书房】 2022年，区融媒体中心城市书房投入使用，位于区体育文创中心一楼，面积近300平方米，有藏书近1万册，读者可自助完成借阅证办理和图书借阅。至年末，全区共有城市书房3个（蔡滩社区城市书房、全民健身中心城市书房、区融媒体中心城市书房），向读者免费开放。

【农家书屋】 2022年，全区共有农家书屋153个，合计藏书30.29万册，所有农家书屋均纳入总分馆制建设，与区图书馆实现通借通还。（姚家艳）

【镇街宣传文化中心】 全区12个镇街宣传文化中心全部免费对外开放。2022年，共组织文化活动2000余次、各类惠民演出300余场，服务群众130万人次。

【村（社区）综合文化服务中心】 全区126个村（社区）综合文化服务中心免费对外开放。2022年，开展送戏下乡、“文化惠民券”点单演出、体育健身等群众性文化活动。（孙国星）

公共文化

【文艺创作】 2022年，泰州医药高新区（高港区）组织精品文艺创作活动，编排舞蹈《有风来仪》、女声小组唱《挑担号子》、男女声对唱《美丽乡村走一走》、舞蹈《京韵花旦》、京歌《盛世梦想》、男女声对唱《港城儿女》等。舞蹈《有风来仪》获泰州市新创文艺节目调演一等奖。（孙国星）

【“苏演院线”大江剧院演出】 2022年，泰州医药高新区（高港区）共举办“苏演院线”大江剧院演出9场，分别是锡剧《红楼夜审》、扬剧《江姐》、锡剧《双珠凤》、锡剧《八珍汤》、黄梅戏《江姐》、锡剧《十八双绣花鞋》、锡剧《卿卿如唔》、扬剧《三江口》、越剧《梁山伯与祝英台》。观众近7000人次。

【“文化惠民券”资助演出】 2022年，全区“文化惠民券”资助演出金额共290.14万元，点单演出315

2022年9月18日，文化惠民演出走进白马镇陆家村

区党工委（区委）宣传和统战部　供图

场次，观众近65万人次。编创歌曲《顾炎武》和《挑担号子》等节目。举办“文化惠民券”精品剧目下基层点单演出2场，分别为11月1日的淮剧《唐知县沈诰命》、11月23日的越剧《凤凰台》。

【大江艺术团“文化港城行”基层巡演】 10月6—25日，大江艺术团在全区12个镇街开展“文化港城行”基层巡演活动12场，约1万名观众观看演出。代表节目有舞蹈《福进万家门》、音乐快板《放歌新时代》、小品《换爸爸》、打鼓说唱《反腐倡廉慰民心》等。

【“大江放歌”广场文艺演出】 9月20日—10月20日，泰州医药高新区（高港区）举办“大江放歌”广场文艺演出12场。活动由区党工委（区委）宣传和统战部主办，12个镇街分别承办，约1万名观众观看演出。代表性节目有民族舞《母亲是中华》、小品《兄弟请客》、表演唱《老两口学文件》等。　（张　莹）

电视节目

【概况】 2022年，区全媒体中心在泰州高清三套播出自办栏目《高新新闻》，范围覆盖至泰州各市（区）。有记者、编辑、广播电视技术员等各类专业技术人员33人。在泰州广播电视传媒集团（台）年度新闻评奖中获得二等奖1次、三等奖6次。

【电视演播】 2022年，区全媒体中心围绕学习贯彻中共二十大精神，在《高新新闻》推出《奋进新征程，建功新时代》专栏，设置“看企业项目”“晒民生幸福”“走美丽乡村”“非凡十年”四大系列。围绕“两高融合”一周年，推出《走进医药城》系列报道16集。围绕贯彻区委六届四次全体会议，推出《新五年　新奋斗——践行党的二十大精神一把手访谈》《村书记话二十大》等专栏。围绕文明城市创建，推出《创建曝光台》《一把手谈创建》《我与文明同行》等系列和专栏。围绕“疫情要防住、经济要稳住、发展要安全”的要求，持续做好疫情防控、纾困解难、经济发展、安全生产等方面的宣传报道近200条。采制疫情防控各类新闻，开设访谈系列专题《健康心　战疫情》，制作疫情通告整版40余个、公益广告4条。依托《身边的美丽》专栏，衍生《巾帼风采》《劳模风采》《代表委员风采》《高温下的坚守》《最美退役军人》等系列报道，播出相关节目120余篇。采制《今日扬子江》12档、《法治天地》24档、《高新先锋谱》12档。共对外发片200余条。其中，被《泰州新闻》头条和主题新闻采用13条，被《新闻夜班车》《看泰州》《小范帮你忙》等栏目采用近100条。在央视用稿4篇，江苏卫视用稿6篇。

【电视节目安全保障】 6月28日，泰州医药高新区（高港区）全媒体演播厅启用。先期承担《高新新闻》出像工作，同步实施《高新新闻》栏目高清包装改版。对演播厅录制系统进行技术改造，节目生产和传输技术保障保持全年安全优质无事故，完成全国两会、春节、国庆等重要时段安全优质播出保障任务。

（区全媒体中心）

文化遗产保护

【物质文化遗产保护】 3月，泰州医药高新区（高港区）组织口岸雕花楼、李信昌过载行、解放街戚宅、解放街孙宅、口岸城隍庙、泰昌生木号等省、市级文物保护单位签订文物保护管理责任书。4月，对口岸雕花楼景区内各文物保护单位进行文物疫情防控及防汛专项检查。“五一”、暑期、国庆、元旦、春节期间，分别开展文物安全生产、疫情防控专项检查。组织口岸雕花楼、口岸城隍庙等文物保护单位安全工作负责人参加全区文体旅游和宗教领域“119”消防宣传活动。

【非物质文化遗产保护】 1月，泰州医药高新区（高港区）组织泰州木雕、高港宫灯、高港根雕、砖雕、白马糖画等非遗项目参加2022年江苏省暨泰州市“三下乡”集中服务

泰昌生木号　　区党工委（区委）宣传和统战部　供图

活动；组织高港宫灯、泰州木雕等非遗项目参加全区“三下乡”活动。3月，组织泰州木雕、高港根雕、白马糖画等非遗项目参加全区学雷锋暨志愿服务大集市活动。6月10日，在刁铺街道明发社区党群服务中心举办全区文化和自然遗产日宣传展示志愿服务系列活动，开展戴氏喉科义诊和非遗项目展示活动，为江苏省口岸中学新疆部学生开设“福文化”民俗文化专题讲座。组织泰州木雕、口岸虎头鞋、高港根雕等项目参加“水韵江苏——非遗购物节”活动、2022“苏韵乡情”乡村休闲旅游农业（泰州）专场推介暨“活力省运·魅力高新”乡村休闲健身跑开幕式活动、泰州市“喜迎二十大 非遗进校园”活动。组织高港根雕传承人参加江苏省传统雕刻工艺创新应用研修班培训学习。戴永星、帅春燕、孙学仁、袁永亮、戴文峰、袁国湘等获省、市级非遗传承人获专项补助共3万元。泰州木雕作品《龙宫探宝》获第二届“艺术新时代”全国书画大赛工艺美术类作品金奖。全区有省级非物质文化遗产名录项目4个，市级非物质文化遗产名录项目6个，区级非物质文化遗产名录项目9个，年内无新增。

（仲　明）

文化市场管理

【文化场所安全生产】 2022年，泰州医药高新区（高港区）加强文化场所安全生产隐患日常检查工作，制定日检查、周上报、月汇总、季联查制度。共出动检查200余人次，排查文化场所620余个次，其中66个单位存在一般安全隐患260条，全部完成整改。（孔小军）

【文化执法行动】 2022年，泰州医药高新区（高港区）开展“扫黄打非·固边”“扫黄打非·净网”“扫黄打非·清源”“扫黄打非·秋风”“扫黄打非·护苗”等文化执法专项行动，出动157人次，检查相关单位65个次。查获“扫黄打非”行政案件3件，立案查处“扫黄打非”刑事案件1件。

【电影事业管理】 2022年，泰州医药高新区（高港区）获得省级农村电影放映财政补助资金5.76万元，区级财政配套农村电影放映专项资金4.8万元。常态化开展送电影下乡480场次，观众2.96万人次。

（孙国星）

体　育

【概况】 2022年，泰州医药高新区（高港区）承办江苏省第二十届运动会开幕式、闭幕式和青少年部跆拳道、空手道、象棋、攀岩、山地（公路）自行车5项赛事，并组队参加柔道、趣味田径、曲棍球、自行车等项目比赛，共获金牌13枚。加强公共体育设施建设，开展全民健身活动。优化城区“10分钟体育健身圈”，基本建成农村“15分钟体育健身圈”。

【体育设施】 泰州体育公园　位于泰州城市中轴线、天德湖公园以南地块，占地面积46.93万平方米，总投资约24亿元，主体工程于2021年竣工。主要包括1座3万人综合体育场、1座6000人体育馆、1座1500人游泳馆和1座全民健身馆。2022年，承办江苏省第二十届运动会开幕式、闭幕式和田径、游泳等比赛。

泰州医药高新区体育文创中心　位于学院路与泰州大道交会处，紧邻泰州职业技术学院及南京中医药大学泰州校区，建筑面积8.08万平方米，拥有停车位1538个。由体育运动中心、商业文化中心2个部分组成。体育运动主馆建筑面积3.12万平方米，涵盖篮球馆、足球场、网球场、羽毛球馆、壁球馆、乒乓球室、台球室等。南广场约6500平方米，拥有室外免费游乐区域。整体建筑外围环绕一圈总长约560米的健身步道。2022年，承办江苏省第二十届运动会青少年部跆拳道比赛和青少年部空手道比赛。

高港全民健身中心　位于高港生态公园北部，占地面积约12万平方米，建筑面积约1万平方米，总投资约7亿元，集健身、文娱、休闲活动于一体。象棋广场建筑面积4000平方米。综合运动馆建筑面积5800平方米，内设乒乓球场、羽毛球场、瑜伽房、健身房等运动健身场所。恒温游泳馆建筑面积3500平方米，内设25米×21米恒温游泳池、400平方米少儿训练池和幼儿戏水池。足球场于2015年建成，占地面积2926平方米，免费向市民开放。足球场西侧建有二代智能健身器材1套。户外篮球场设有4个场地，网球场设有2个场地。

【群众体育活动】 2022年，泰州医药高新区（高港区）组织开展骑行、门球、广场舞、环湖长跑等体育活动。组队参加省体育局、省卫生健康委举办的“健康江苏—给你骨力”健骨操竞赛，泰州医药高新区（高港区）代表队获得一等奖。组队参加第二届江苏省健身气功·八段锦网络公开赛，区党工委（区委）宣传和统战部获得优秀组织奖。组织开展“全民健身 科学跑步”科学健身知识讲座及主题路跑活动。

【学校体育】 2022年，区教育局组织首届中小学生乒乓球比赛、中小学生篮球比赛、幼儿园及小学趣味田径比赛、中小学生足球比赛和第二届中小学生田径运动会。组队参加泰州市篮球、校园足球、乒乓球、田径比赛。根据《省教育厅体育局关于推进实施青少年体育“5621”计划的通知》要求，推进10所小学、2所初中练习田径项目，10所小学、

2所初中练习篮球项目，9所小学、2所初中练习足球项目，6所小学、2所初中练习击剑项目，7所小学、2所初中练习柔道项目。泰州市永安洲初级中学田径队获得泰州市田径运动会比赛团体总分第1名、女子篮球队获得泰州市篮球比赛第3名；泰州市高港实验初级中学女子乒乓球队获得泰州市乒乓球比赛团体总分第4名、男子乒乓球队获得团体总分第5名，足球队获得泰州市“市长杯”足球比赛男子甲组第3名、男子乙组第3名；泰州市第一外国语学校足球队获得泰州市“市长杯”足球比赛小学女子乙组第1名、男子乙组第2名，田径队获得泰州市田径运动会比赛团体总分第2名；泰州市野徐小学足球队获得泰州市“市长杯”足球比赛小学女子甲组第2名、小学女子乙组第2名；泰州市塘湾小学乒乓球队获得泰州市乒乓球比赛团体总分女子乙组第2名；泰州市鲍徐小学足球队获得泰州市“市长杯”足球比赛男子甲组第1名。在泰州市田径比赛中，38人次被认定为国家三级运动员，其中4人次达国家二级运动员水平。

【少儿体适能趣味田径运动】 2022年，泰州医药高新区（高港区）在区内推广少儿体适能趣味田径运动项目，作为区自训项目代表泰州市参加江苏省第二十届运动会。先期在全区范围内普及推广，为各校配置专业器材，聘请培训教师。选拔运动员，组建市级少儿体适能趣味田径队。在江苏省第二十届运动会趣味田径比赛中，获得金牌5块、银牌3块、铜牌7块，列该项目金牌榜和奖牌榜第二。

【体育产业发展专项资金】 2022年，泰州润元户外用品有限公司、泰州华富商业管理有限公司华腾分公司、泰州市鸿运体育器材有限公司、江苏皇仕堡健身管理有限公司开发区分公司获得市级体育产业发展专项资金48万元。

（唐一枝　王　昊　毛建军）

泰州医药高新区体育文创中心　　成　吉　摄

教 育

综 述

【概况】2022年，泰州医药高新区（高港区）有区管各级各类学校75所，其中幼儿园43所、小学17所、初中12所、九年一贯制学校2所、中等专业学校1所。在校生46467人，其中幼儿14221人、小学生23090人、初中生6647人、中职生2509人。专任教师3419人。全区教育经费总投入11.54亿元，其中国家财政性教育投入9.5亿元。境内有市直小学1所、市直初中3所、市直普通高中4所、高等学校3所。

泰州医药高新区（高港区）学校名录

1.高等学校

南京中医药大学泰州校区

南京中医药大学翰林学院

泰州职业技术学院

2.市直学校

江苏省泰州中学

江苏省口岸中学

泰州市第三高级中学

泰州实验中学

江苏省泰州中学附属初级中学

泰州市凤凰初级中学

泰州市周山河初级中学

泰州市凤凰小学

3.中等专业学校

江苏省高港中等专业学校

4.九年一贯制学校

泰州市大泗学校

泰州市第一外国语学校（民办）

5.初级中学

泰州市鲍徐初级中学

泰州市野徐初级中学

泰州市扬子江初级中学

泰州市高港实验初级中学

泰州市环溪初级中学

泰州市孔桥初级中学

泰州市田河初级中学

泰州市许庄初级中学

泰州市永安洲初级中学

泰州市白马初级中学

泰州市胡庄初级中学

泰州市汪群初级中学

6.小学

泰州市周山河小学（泰州市寺巷小学）

泰州医药城实验小学

泰州市太湖路小学

泰州市野徐小学

泰州市塘湾小学

泰州市鲍徐小学

泰州市高港实验小学（金港校区、春港校区）

泰州市环溪小学

泰州市扬子江小学

泰州市口岸小学

泰州市田河小学

泰州市许庄小学

泰州市永安洲小学

泰州市海军小学

泰州市孔桥小学

泰州市胡庄小学

泰州市汪群小学

7.公办幼儿园

泰州市太湖路幼儿园

泰州市绿地幼儿园

泰州市康居新城幼儿园

泰州市祥龙幼儿园

泰州市龙凤幼儿园

泰州市御园路幼儿园

泰州市寺巷幼儿园

泰州市塘湾幼儿园

泰州市东方明珠幼儿园

泰州市高港实验幼儿园

泰州市口岸幼儿园

泰州市田河幼儿园

泰州市环溪幼儿园

泰州市许庄幼儿园

泰州市永安洲幼儿园

泰州市白马幼儿园

泰州市胡庄幼儿园

泰州市汪群幼儿园

泰州市大泗幼儿园

泰州市柴墟幼儿园

8.民办幼儿园

泰州医药高新区（高港区）盛唐幼儿园

泰州医药高新区（高港区）永兴幼儿园

泰州市盛和幼儿园

泰州医药高新区（高港区）凤凰幼儿园

泰州市恒景大地幼儿园

泰州医药高新区（高港区）希润幼儿园

泰州市寺巷镇新华幼儿园
泰州医药高新区(高港区)红五星幼儿园
泰州市明珠幼儿园
泰州医药高新区东方幼儿园
泰州医药高新区泰外幼儿园
泰州医药高新区乐童幼儿园
泰州市蓝天实验幼儿园
泰州市世茂蓝天幼儿园
泰州市鲍徐中心幼儿园
泰州市高港区尚德智幼儿园
泰州市高港区小福龙幼儿园
泰州市高港区机关幼儿园
泰州市高港区水岸幼儿园
泰州市高港区格林幼儿园
泰州市高港区明发幼儿园
泰州市金泰堡幼儿园
泰州市高港区枫雅幼儿园

【教育经费】 2022年，泰州医药高新区(高港区)义务教育经费全部纳入区财政保障范围，义务教育生均公用经费按省定标准的120%执行，即小学每生每年840元、初中每生每年1200元，其中20%统筹经费向小规模学校和经济薄弱地区倾斜，对不足300人的按300人核拨。学前教育生均公用经费为每生每年840元，超过省定标准，达到小学标准。中职教育生均公用经费为每生每年1500元，达到省定标准。

【学校项目建设】 2022年，泰州医药高新区(高港区)完成江苏省高港中等专业学校、泰州市高港实验小学春港校区、泰州市高港实验幼儿园、泰州市白马幼儿园、泰州市塘湾幼儿园5所学校建设项目，启动泰州市高港实验初级中学、泰州市田河初级中学、泰州市田河小学、泰州市口岸幼儿园4所学校项目前期工作。9所学校项目总投资3.24亿元，总建筑面积6.12万平方米，新增学位2660个。

【素质教育】 2022年，泰州医药高新区(高港区)开展“喜迎党的二十大，筑梦向未来”红色主题活动、寻访革命英雄、红色实践等革命传统教育。在传统节日，开展写对联、做花灯等传统文化教育活动。以迎接省运会和文明创建为契机，加强文明礼仪宣传和养成。开展心理健康公益活动，关爱留守学生。打造多元课程，满足学生个性化需求，促进学生全面发展。举办区中小学生运动会、童话剧、舞蹈比赛，组织参加泰州市个人艺术单项比赛、大课间比赛，共获市一等奖31项。泰州市永安洲初级中学团总支获全国五四红旗团支部称号。泰州医药高新区(高港区)教育局的“让幼儿享受快乐有质量的教育”、泰州医药城实验小学的“小学‘本草学堂’课程基地建设”、泰州市高港实验小学的“非遗传承口岸虎头鞋创意课程基地建设”、泰州市扬子江初级中学的“学校融合教育高质量发展工程”入选省基础教育内涵建设项目。泰州医药城实验小学、泰州市白马初级中学获评省优秀家长学校；泰州市寺巷幼儿园、泰州市太湖路小学、泰州市野徐小学、泰州市扬子江小学获评市科学教育特色学校。泰州市太湖路小学的“e创科技空间”、泰州市海军小学的“航海模型社团”、泰州市口岸小学的“STEM创客社团”获评市中小学优秀科技社团。

泰州市口岸小学元宵节活动　　区教育局　供图

【教育督导】 2022年，泰州医药高新区(高港区)开展综合督导14次，中小学体育工作、劳动教育专项督导4次。坚持“月主题”督导，建立经常性督导快报和通报机制，全年发布快报8次、通报4次。优化培训机制，设计中小幼责任督学实务培训项目，安排督学素养提升系列培训。在全市率先启动保育教育质量督导评估，做好2022年义务教育优质均衡和幼儿园普及普惠监测，对8所幼儿园开展办园行为督导。

【校园安全】 2022年，区教育系统保持安全稳定零事故，在全市平安建设考核中列第1位，获评2021—2022年度市平安校园建设(安全生产)先进市(区)。开展安全生产宣讲活动4次，召开月度安全工作例会6次。印发《2022年全区教育系统平安建设和安全工作要点》《2022年度学校安全应急演练计划》，指导、督促学校做好治安防控、消防、校车等领域隐患整治。全年发现安全隐患576条，其中区领导挂钩的重大隐患1条，整改率100%。推进学校危化品、危废品专项治理，对全区学校危险化学药品和废液分类统计，委托专业公司妥善处置。51所公办学校建成智慧技防校园，达到省加强版标准；24所民办学校同步建成，达到省加强版标准。改造升级原高港区所有校车车载监控系统。完成12所学校“瓶改电”和“瓶改管”工程，食堂食品安全保险购买率100%。完成6所学校门口交通设备隐患整治。完成泰州安全教育平台专题教育和演练，开展平安寒假、安全教育日等11项专题教育，定期发送周末安全提醒、节假日提醒，所有安全教育内容完成率100%。常态化开展应急演练。5批次472名教师参加泰州市教师安全素养线下培训，均取得培训合格证书。

（张　峰　王　昊　李　蓉　高　俊　徐筱艳　王网生　王文兵　杨　刚）

学前教育

【概况】 2022年，全区有幼儿园43所。其中，公办幼儿园20所，民办幼儿园23所（普惠性民办幼儿园12所）。在园幼儿14221人，教职工1838人，专任教师975人，教师持证上岗率100%，大专以上学历占比99.71%。学前教育资源配置率89.4%，公办园和普惠性民办园在园幼儿覆盖率72.3%，公办园在园幼儿占比46.6%。

【幼小衔接】 2022年，全区小学和幼儿园建立结对园校18对。构建跨领域、跨学校、跨学段的教育教学研究共同体，建立家、园、校、社四方联动育儿机制。举行“发现问题”座谈会、“观点碰撞”对谈会以及“看见儿童”畅谈会，做好“儿童”“课程”“共育”研究。幼儿园将入学准备教育融入日常教育教学，制定、完善幼儿园一日生活规范，梳理形成入学准备教育方案，编制完善幼小衔接教师、家长指导手册，打造入学准备教育活动典型案例。区域推进幼小衔接工作经验《科学幼小衔接：让儿童走实、走顺、走稳》在中国教育在线、中国教育网推出。泰州市东方明珠幼儿园幼小衔接案例被教育部官网、中国学前教育研究会、《中国教育报·学前周刊》、“学习强国”学习平台推介。

【优质幼儿园创建】 2022年，全区有省优质幼儿园35所、市优质幼儿园41所。6所幼儿园通过江苏省优质幼儿园复审，泰州市高港区明发幼儿园、泰州市祥龙幼儿园通过江苏省优质幼儿园评审，泰州市高港区枫雅幼儿园、泰州市御园路幼儿园通过泰州市优质幼儿园评审。

【泰州市祥龙幼儿园】 位于明珠街道祥龙家园二期内，创办于2019年9月，原名泰州医药高新区第二实验幼儿园。2021年11月，改用现名。占地面积6993平方米，建筑面积3400平方米。2022年，有大、中、小班6个，在园幼儿190人，专任教师14人，其中在编教师14人。获评江苏省优质幼儿园。

【泰州市御园路幼儿园】 位于凤凰街道皇家花园二期小区向南500米，创办于2021年9月，原名泰州医药高新区第四实验幼儿园。2021年11月，改用现名。2022年春学期投入使用，占地面积6620平方米，建筑面积4340平方米，绿化面积1880平方米，幼儿户外活动场地面积4000平方米。为江苏省托幼机构卫生保健合格校。2022年，有大、中、小班9个，在园幼儿290人，专任教师20人，其中在编教师15人。获评泰州市优质幼儿园。

【泰州医药高新区（高港区）凤凰幼儿园】 位于上海大花园小区西门，创办于2013年2月，占地面积7300平方米，建筑面积4849平方米，户外活动场地3980平方米。2022年，有托、小、中、大班18个，在园幼儿455人，专任教师38人。通过江苏省优质幼儿园复审。

【泰州市太湖路幼儿园】 位于凤凰曦城小区内，创办于2013年9月，直属区教育局的公办园。占地面积3800平方米，建筑面积2400平方米。2022年，有大、中、小班9个，在园幼儿315人，专任教师21人，其中在编教师9人。通过江苏省优质幼儿园复审。（李　蓉　田　倩）

义务教育

【概况】 2022年，全区有义务教育阶段学校31所（不含市属学校）。其中，小学17所、初中12所、九年一贯制学校2所。有教学班739个，学生29737人，其中小学生23090人、初中生6647人。专任教师2226人，其中小学教师1389人、初中教师837人。做好进城务工人员子女、留守儿童和残疾儿童入学工作，保障适龄少年儿童接受义务教育的合法权益，义务教育入学率、巩固率均为100%。

【课后延时服务】 2022年，全区义务教育学校根据省、市要求，全面推进课后延时服务。课后延时服务范围扩大到所有义务教育学校，服务对象扩大到每个有需要的义务教育阶段学生。区教育局出台《关于进一步提升中小学课后服务质量和水平的通知》，推行课后延时服务“5+2”模式，即学校每周5天、每天至少提供2小时课后延时服务。参与课后延时服务的教师2218人、学生27563人。建立“政府补助、家长分担”的经费保障机制，共发放教师课后延时服务补助经费1760万元。

【“双减”政策落实】 2022年，泰州医药高新区（高港区）贯彻“双减”政策要求，实行“333”管理模式，即树立“上下互动、内力驱动、点面带动”的“三动式”联合意识，践行

“深入调研、科学研判、优化实施”的“三段式”工作路径，建立“常态督查、智能管控、双重监督”的“三环式”监控体系，相关工作经验在市义务教育作业管理改革现场会、省“双减”培训会、省班主任高级论坛上交流，“双减”工作成效被“交汇点”新闻、“学习强国”学习平台等媒体或平台专题推介。泰州医药城实验小学获评省首批“双减”示范创建学校；泰州市扬子江小学的《以“大作业”建设推动“双减”落地》、泰州市高港实验初级中学的《智能分层系统助力作业控量提质》入选省第三批“双减”典型案例；在市义务教育学生作业管理改革优秀案例评选中，泰州医药高新区（高港区）教师发展中心的《“双减”背景下的初中数学引导性作业设计与使用》、泰州市扬子江小学的《深耕作业设计　助力“双减”增效》获一等奖。

【集团化办学】 2022年，泰州医药高新区（高港区）出台《关于调整和组建基础教育集团化办学的实施意见》，按照“名校+分校”“城校+农校”“强校+新校”思路，调整和新组建教育集团，包括区域内和跨区域共24个。其中，紧密型教育集团8个（学前教育3个、小学3个、初中2个），教育联盟（教育共同体）16个（学前教育8个、小学4个、初中4个）。全区所有幼儿园、中小学参与集团化办学，各集团总校和牵头校制定和完善本集团的具体实施方案，推进管理机制、师资队伍、教育教学、评价考核一体化。

【泰州市周山河初级中学】 位于玄武湖路6号，创办于2021年7月。按照江苏省一类学校标准建设，占地面积3.67万平方米，建筑面积3.04万平方米，总投资约1.5亿元，设置规模为12轨36个班，可容纳学生1800人。2022年，有教学班12个，学生641人，教师50人。其中，

泰州市周山河初级中学　　　　区教育局　供图

具有中小学高级职称教师20人，市、区级骨干教师7人。1名教师获泰州市“春蚕奖”，学校“澄澈”好教师团队获评泰州市“四有”好教师团队。

【泰州市扬子江初级中学】 位于口岸街道扬子江南路666号，创办于2014年9月，原为九年一贯制学校，校名泰州市口岸实验学校。2019年，拆分成泰州市口岸实验初级中学和泰州市口岸实验小学。2021年11月，初中部改用现名。占地面积8.3万平方米，建筑面积5.86万平方米（含泰州市扬子江小学）。曾获全国国防教育示范校、省文明校园、省青少年科技教育先进学校、省健康促进金牌学校、省防震减灾科普示范校、省节水型学校、省体育特色学校（田径）等称号。2022年，有教学班21个，学生989人，教师134人，其中市、区级骨干教师33人。

【泰州市鲍徐初级中学】 位于明珠街道吴陵南路86号，创办于1958年。2013年9月，迁址新校区，更名为泰州市明珠实验学校。2021年，恢复原校名泰州市鲍徐初级中学。占地面积2万平方米，建筑面积1.26万平方米，绿化面积7030平方米，户外活动场地面积8893平方米。曾获得江苏省平安校园、江苏省依法治校示范校、江苏省五四红旗团总支、江苏省国防教育合格学校、江苏省体育特色学校、泰州市文明单位等称号。2022年，有教学班13个，学生605人，教师72人，其中市、区级骨干教师25人。

【泰州市白马初级中学】 位于白马镇学府路1号，创办于1958年。1992年，张爱萍上将题写“白马中学”校名。占地面积2.7万平方米（与泰州市海军小学合署办学）。曾获江苏省优秀家长学校等称号。2022年，有教学班8个，学生278人，教师51人。其中，全国优秀教师1人，省、市、区级骨干教师29人，高级教师19人。

【泰州市第一外国语学校】 位于野徐镇海陵南路166号，创办于2014年，系泰州医药高新区管委会引进苏州外国语学校教育资源创办的双语学校。占地面积10万平方米。曾获得全国青少年校园足球特色学校、江苏省优质幼儿园、江苏省艺术特色学校、江苏省智慧校园、江苏省食堂安全示范单位等称号。2022年，中小学共有班级49个，学生1290人。教职工257人，其中市、区级骨干教师13人。

【泰州市周山河小学】 位于凤凰街道海军东路与钟山路交叉口往西北约220米，创办于2021年7月。学校委托泰州市教育局管理，与泰州市凤凰小学进行集团化办学。占地面积4.6万平方米，建筑面积3.9万平方米。2022年，有教学班37个，学生1783人，教师93人，其中市、区级骨干教师26人。26名教师在市、区基本功竞赛和优质课评比活动中获一、二等奖。

【泰州市扬子江小学】 位于口岸街道友谊路1号，创办于2015年。曾获得全国足球特色学校、江苏省体育传统项目学校（田径）、江苏省健康促进学校（金牌）、江苏省国防教育先进学校、江苏省文明校园等称号。2022年，有教学班36个，学生1605人，教师91人，其中市、区级骨干教师27人。

【泰州市野徐小学】 位于野徐镇春晖路以东、康居路以南，创办于1950年。占地面积3.2万平方米，设计办学规模4轨24个班。曾获得全国青少年校园足球特色学校、江苏省绿色学校、江苏省班队集体建设示范校、江苏省优秀少先队集体、江苏省文明单位、江苏省校外辅导站活动基地、江苏省优秀社团等称号。2022年，有教学班21个，学生923人，教师64人，其中市、区级骨干教师17人。（李　蓉　薛文斌）

普通高中教育

【概况】 2022年，全区有市直普通高中4所。其中，江苏省泰州中学、江苏省口岸中学、泰州市第三高级中学为四星级高中，泰州实验中学为三星级高中。

【江苏省泰州中学】 位于凤凰街道海军东路669号。创办于1902年，原址位于迎春西路。1999年8月，迁至迎春东路。2014年3月，江苏省泰州中学新校区开工建设。2016年秋学期，整体搬迁至新校区。占地面积20.2万平方米，建筑面积5.9万平方米。曾获得国家级示范高中、全国文明单位、全国教育系统先进集体、全国文明校园、江苏省高品质示范高中建设首批立项学校、江苏省智慧校园示范校、江苏省先进基层党组织、普通高中新课程新教材实施省级示范校等称号。2022年，有教学班55个（含国际部），学生2829人，教师278人。有高级教师14人，特级教师11人，骨干教师77人，硕士学位以上教师114人。

【江苏省口岸中学】 位于口岸街道港口路26号，创办于1926年。占地面积11.67万平方米，建筑面积6.09万平方米。1996年，被确认为江苏省重点高级中学。1997年8月，成为泰州市教育局直管学校。2001年，通过国家级示范高中评估验收。2003年，成为江苏省首批四星级高中。校内有清源亭、岳飞像等历史文化景点36处。曾获得全国教育网络系统示范单位、全国民族团结进步模范集体、江苏省园林式单位、江苏省绿色学校、江苏省文明单位、江苏省文明校园、江苏省德育先进学校、江苏省实施素质教育先进学校、江苏省教科研先进集体等称号。2022年，有教学班52个，学生2599人，教师233人。

【泰州市第三高级中学】 位于刁铺街道校园路1号，创办于1942年。2002年，被确认为江苏省重点高级中学。2005年，被确认为江苏省三星级高级中学。2018年，被确认为江苏省四星级高级中学。占地面积6.8万平方米，建筑面积2.1万平方米。教室、实验室、电教馆、图书馆、阅览室均参照江苏省教育现代化标准配置。曾获得中国教育改革创新

江苏省泰州中学　顾祥忠　摄

示范校、全国教育科研先进单位、全国特色语文示范校、全国青少年校园足球特色学校、全国青少年校园篮球特色学校、全国五一劳动奖状、全国生态文明教育特色学校、江苏省德育先进学校、江苏省青少年科技教育协会四十周年突出贡献奖等称号。2022年，有教学班33个，学生1578人，教师153人。

【泰州实验中学】 位于寺巷街道泰事达路3号，创办于1950年，原名泰县寺巷中学。2003年，更名为泰州实验中学，同年被确定为泰州市重点高中。2005年，被评为江苏省三星级高中。2006年，上划为泰州市教育局直接管理，同年被确定为江苏省重点高级中学。2021年，完成高中、初中分设，成为举办高中教育的独立法人单位。占地面积13.33万平方米，建筑面积3.75万平方米，教室、实验室、电教馆、图书馆、阅览室、体育馆均参照江苏省教育现代化标准配置。曾获得江苏省文明校园、江苏省五四红旗团支部、江苏省科学教育特色学校、江苏省教科研基地等称号。2022年，有教学班30个，学生1317人，教师140人。（李松涛）

职业教育

【概况】 2022年，全区有中等职业学校1所。有教学班47个，学生2509人，其中全日制在校生1942人，成人教育学生567人。专任教师218人。其中，“双师型”教师99人，正高级讲师2人，省特级教师1人，市特级教师1人，区级以上骨干教师74人。

【江苏省高港中等专业学校】 创办于1983年，有许庄、孔桥2个校区。其中，许庄校区位于许庄街道三星南路1号，孔桥校区位于孔桥集镇。系首批国家级重点中等职业学校、江苏省四星级中等职业学校、江苏省高水平现代化职业学校、江苏省智慧校园、江苏省现代化示范性职业学校。占地面积15.53万平方米，建筑面积7.2万平方米。学校开设8大专业、12个专业化方向，拥有省级品牌专业3个，省级高水平实训基地2个，省级现代化专业群、实训基地各1个。（高　俊）

高等教育

【概况】 2022年，全区有高等学校3所，其中公办本科1所、民办本科1所、全日制高等职业技术院校1所。

【南京中医药大学泰州校区】 位于匡时路6号，2020年秋季开始招生，办学类型为公办本科院校。共建有6个本科专业和方向，涵盖2个学科门类。教学任务主要由南京本部教师承担。常驻校区管理团队19人。2022年，全日制普通本科在籍且在校生1842人。

【南京中医药大学翰林学院】 位于匡时路6号，前身是2002年3月由江苏省教育厅批准成立的南京中医药大学公有民办二级学院。2005年5月，被教育部批准为独立学院。2010年9月，移址泰州市办学，为首个进驻中国医药城的全日制本科院校，也是全省高等教育综合改革试点独立学院之一。共建有20个本科专业和方向，涵盖医、管、理、工、经5个学科门类，具有相关专业独立的学士学位授予权、高校教师资格认定权和高校教师高级职称评审权。2022年，共有教职工184人，其中专任教师91人。全日制普通本科在校生3513人，成人本科在校生20人。

【泰州职业技术学院】 位于天星路8号，创办于1998年3月，是全国第一批全日制高等职业技术院校，江苏省第一所冠以“职业技术学院”名称的院校，地级泰州市第一所普通高校。占地面积72.11万平方米。设有医学技术学院、智能制造学院、经济与管理学院、信息技术学院、药学院、建筑工程学院、艺术学院7个二级学院和马克思主义学院、基础科学部，设置专业47个。年均社会培训2万人次以上。为江苏省示范性高职院校、江苏省中国特色高水平高职学校建设单位、江苏省高质量平安校园建设高校。曾获得江苏省文明校园、江苏省园林式学校、江苏省平安高校、江苏省高校毕业生就业工作先进集体等称号。2022年，

泰州职业技术学院　　区教育局　供图

有教职员工669人，高级职称教师194人，其中正高级教师31人。各类全日制在校生11057人，成人学历教育在籍学生8079人。（杨　刚）

社会教育

【概况】 2022年，全区社区教育采取线上线下相结合形式，发动社区居民、青少年、老年人及各类人群参加培训活动。全区经常性参与社区教育活动老年人2.79万人，参与率25.43%。江苏省终身教育学分银行平台注册开户数4582人，存入率16.4%。"家庭教育方式方法"获评江苏省"能者为师"专题特色课程，野徐镇家长素质提升工程被教育部职业教育与成人教育司确定为社区教育"能者为师"推介典型案例；泰州市白马中学王友传获评全国全民终身学习活动周先进个人、省级社区教育先进工作者，胡庄镇社区教育中心刘红泉获2022年泰州市首届"能者为师"社区教育教师技能大赛三等奖。

【老年大学】 2022年，泰州医药高新区（高港区）在刁铺街道明发社区业勤园27栋成立区老年大学，依托各镇街社区教育中心设立12所老年学校，镇街覆盖率100%。明珠街道老年学校启动"西湖学院"系列教育工作品牌，开展"西湖学堂""西湖书画""西湖乐韵""西湖特色夕阳红腰鼓队""西湖武术"等系列活动。年内，各老年学校共开设线下课程524次，开班1166次，培训6.49万人次；线上课程培训58课时，培训1362人次。（高　俊）

教师队伍

【概况】 2022年，全区有专任教师3419人。其中，中等职业学校218人，初中837人，小学1389人，幼儿园975人。有江苏省特级教师9人、正高级教师8人，泰州市特级教师3人、特级校长1人、特级班主任1人。

【教师交流】 2022年，全区215名义务教育阶段专任教师参加交流，占符合交流条件专任教师的27.32%；76名骨干教师参加交流，占符合交流条件骨干教师的25.85%，均高于省定15%要求。

【教师培训】 2022年，区教师发展中心成功申报小学数学和小学语文省乡村骨干教师培育站，开展培训活动。完成区骨干校长教师高端研修项目。借助国家中小学智慧教育平台，组织全区中小学、幼儿园教师参加"暑期教师研修"专项培训项目活动。7月，组织456名中小学教师参加泰州市中小学教材培训和骨干教师专项培训。8月，组织全区中小学教师参加"泰州师说"全员网络培训活动，统一征订卓越教育丛书《泰州师说（2022）》3435套，供各中小学、幼儿园校本研修和教师自主学习使用。组织开展区级暑期教师全员培训活动。11月，组织全区教师参加省级中小学（幼儿园）教师自选网络课程学习。在国家、省、市各级各类培训活动中，全区教师参培率、合格率均达100%，学时达标率100%。

【教学科研】 2022年，区教师发展中心、泰州市扬子江初级中学获评江苏省教科研先进集体。区教师发展中心徐书红、于秀芹，泰州医药城实验小学教师焦卉，泰州市东方明珠幼儿园教师陈爱华，泰州市御园路幼儿园教师戚伟文，江苏省高港中等专业学校教师李玉华获评江苏省教科研先进个人。区教师发展中心朱月萍、泰州市周山河小学顾爱芳入选江苏省第三批网络名师工作室领衔人。全年新立项省规划课题10个（重点课题1个）、省教研课题8个（重点课题3个）。

【教学比赛】 2022年，全区教育系统获省级教学比赛一、二等奖14人次，省级精品课3人次；市级教学比赛一等奖22人次，市级优课11人次。其中，泰州市许庄小学教师宗家富、江苏省高港中等专业学校教师李玉华获"领航杯"江苏省教师信息素养提升实践活动一等奖，泰州市大泗学校（小学部）教师黄琳珑、金晨，泰州市扬子江小学教师王珂、周洁获江苏省中小学音乐学科单元教学设计评比一等奖。在2022年泰州市初中体育教师优秀课评比中，泰州市高港实验初级中学教师韩晓冬、殷梦琳分别获九年级、七年级组一等奖，吴伟获八年级组二等奖。

（王　琳　冯　宇）

卫生健康

医疗卫生机构

【概况】2022年，泰州医药高新区(高港区)有各级各类医疗机构177个。其中，二级以上医院5个(含民营医院2个)，街道社区卫生服务中心及镇卫生院12个，村卫生室93个，个体诊所等其他医疗机构67个。创成省级重点专科2个，市级重点专科13个、特色科室25个。全区医疗机构核定床位2321张。其中，泰州市中西医结合医院618张(实际开放417张)，泰州市第三人民医院600张(实际开放400张)，泰州市高港中医院310张(实际开放150张)，乡镇卫生院(社区卫生服务中心)738张，民营医院55张。大型医疗设备中，有核磁共振仪3台、CT机7台，DSA(数字减影血管造影)机2台。有卫生专业技术人员1714人，乡村医生224人。其中，有执业(助理)医师654人，注册护士1026人。在职职工中，高级职称人员占17%，中级职称人员占25.5%；本科学历人员1121人，占52%，研究生以上学历人员50人，约占2%。56周岁以上、41～55周岁、40周岁及以下分别占6%、38%、56%。

【泰州市第三人民医院】始建于1958年，全民二级甲等综合性医院，是泰州职业技术学院、甘肃医学院、芜湖医药卫生学校教学医院，江苏省助理全科医师培训基地。设有病区11个，一、二级临床医疗、医技科室43个，核定床位600张。创成全国基层胸痛中心，有市级重点专科5个(心内科、消化内科、康复科、麻醉科，中医肛肠科)、市级重点专科建设单位1个(影像科)。2022年，在职职工636人。其中，临床医技人员192人，药剂人员37人，护理人员243人；正高职称44人，副高职称84人，中级职称185人。门急诊27.47万人次，住院1.31万人次。北病房楼、门诊楼西侧、急诊区域完成装修改造并投入使用，门诊楼东侧进入装修改造扫尾阶段。

泰州市第三人民医院　　区住房城乡建设局　供图

【泰州市中西医结合医院】前身为中外合资泰州普济医院，建成于2006年1月，为综合民营医院。2008年，由中国医药城收购，成立公办中国医药城普济医院。2014年3月，更名为泰州市中西医结合医院，增挂“泰州市医药高新区人民医院”牌子。2017年6月，经国家中医药局批准成为三级乙等中西医结合医院。医院是泰州职业技术学院附属医院、南京中医药大学翰林学院教学医院、东南大学中大医院集团医院。占地面积10万平方米，建筑面积8万平方米。核定床位618张。2022年，有员工596人。其中，临床医技人员224人，护理人员210人；有市级名老中医2人，高级职称99人。有肿瘤科、脾胃病科、骨伤科、肺病科、普外科、妇产科、药剂科7个市级中医临床重点专科；引进省级非物质文化遗产“兴化史氏儿科”，开设工作室，共有3人成为师承对象。门急诊16.65万人次，收治住院病人8960人次。

【泰州市高港中医院】 始建于1968年，系集医疗、预防、保健、康复于一体的二级甲等中医医院。为江苏省中医院协作单位、泰州市中医医联体副理事长单位，新型农村合作医疗保险、市直及乡镇基本医疗保险定点医院。建筑面积1.5万平方米，设置床位310张。设有急诊科、内科、儿科、外科、妇产科、骨伤科、针灸科、眼科、耳鼻咽喉科、治未病科等临床科室，以及检验、放射、B超、心电图、肺功能、内窥镜等医技科室。儿科、针灸科、妇科为市中医重点专科。开展中医特色服务项目80余种，具有中医特色的医疗技术40余项。2022年，有职工235人。其中，临床医技人员92人，药剂人员16人，护理人员89人；正高级职称11人，副高级职称19人，中级职称39人。门急诊11.22万人次，出院4366人次。

【泰州张勤眼科医院】 系泰州市第一个眼科专科品牌医院，创办于2006年。开办海陵、高港、泰兴3个院区。依托复旦大学附属眼耳鼻喉科医院、上海交通大学附属新华医院组建眼科专家团队，成立泰州市第一个儿童眼病科专科、近视激光治疗中心、早产儿视网膜病变筛查中心。2016年，成为上海交通大学附属新华医院泰州眼科基地。2022年，有员工60人。其中，临床医技人员6人，药剂人员3人，护理人员12人。门急诊2.6万人次，收治住院病人1162人次。

【口岸街道田河社区卫生服务中心（高港中医喉科医院）】 始建于1958年。设有中医喉科、内科、外科、五官科、妇产科、检验科、影像科等科室。开设病床40张。2022年，有职工50人，卫生技术人员41人，护理人员13人。门急诊4.02万人次，住院712人次。中心特色科室戴氏中医喉科门诊1.44万人次，手术3766人次。消化内科作为中心新的市级特色专科，完成胃镜检查180例、肠镜检查80例。完成65岁以上老年人体检4486人，完成妇女免费“两癌”筛查1816人。

【泰州市泽泰体检中心】 成立于2017年5月，位于鑫泰写字楼4楼。营业面积3600平方米，内设内科、外科、五官科、眼科、妇科、口腔科、皮肤科、放射科、超声科、检验科、心电图等科室，集健康体检、职业健康体检、健康咨询与管理、名医门诊为一体。2022年，有职工68人。完成健康体检4.64万人次，职业健康体检1.48万人次。 （杨少春）

泰州市高港中医院 区卫生健康委 供图

妇幼保健

【妇幼重大公共卫生服务项目】 “两癌”筛查 2022年，泰州医药高新区（高港区）共完成“两癌”筛查1.7万人。其中，宫颈癌筛查人数1.7万人，结案人数1.7万人，HPV检测人数1.7万人，阳性人数2265人，TCT检查人数1723人；乳腺癌筛查人数1.7万人，结案人数1.7万人。确诊宫颈癌8人、乳腺癌8人。

母婴阻断 完成孕产妇艾滋病、乙肝、梅毒检测2689例，其中住院分娩产妇检测242例。孕期梅毒感染孕产妇0例，乙肝表面抗原阳性孕妇9例；乙肝表面抗原检测阳性9人，所生婴儿均注射免费的乙肝免疫球蛋白。

叶酸增补 增补叶酸女性862人，服用依从率100%，增补叶酸知识知晓率100%。

【儿童健康管理】 2022年，泰州医药高新区（高港区）加强3岁以下儿童特别是体弱儿的筛选、随访，实行婴儿出生后产房建卡，对高危新生儿增加访视次数。加强5岁以下儿童死亡监测及自动出院危重儿、严重缺陷儿的追踪、随访等工作。全区新生儿疾病筛查率100%、访视率100%，婴儿出生缺陷率4.1‰，新生儿死亡率0.42‰，婴儿死亡率0.42‰，5岁以下儿童死亡率0.42‰，无活产漏报；0～6岁儿童健康管理率99.99%，0～3岁儿童系统管理率97.55%，5岁以下儿童消瘦率

0.73%。完成在园儿童的“六一”体检工作，共体检儿童1.1万人，入园新生健康档案建档率100%。

【孕产妇健康管理】 2022年，全区产妇总数为2358人，早孕建册2151人，早孕建册率91.22%。对孕产妇全程跟踪管理，保健覆盖率100%。孕产妇系统管理率90.2%。住院分娩2358人，住院分娩率100%，新法接生率100%，产后访视2314人。孕产妇死亡率为零。

【孕前优生健康检查】 2022年，全区完成免费婚前医学检查878对，婚前医学检查率97.02%，免费孕前优生健康检查612对，筛查出高风险756人。

【出生缺陷综合防治】 2022年，全区完成免费产前筛查2332人、新生儿疾病筛查2379人、听力筛查2379人。

（杨少春）

疾病预防与控制

【新冠疫情防控】 2022年，泰州医药高新区（高港区）建立区领导挂钩基层板块指导疫情防控工作机制，常态化开展“四不两直”督查指导。优化设立综合协调、医疗救治、物资和资金保障、便民服务、接诉即办、社会运转保障等应急处置工作专班。制定《突发公共事件医疗卫生救援应急预案》以及企业、学校、社区、物资等专项应急预案。组建流行病学调查三级梯队，成立流调小组；在三级梯队中抽调精干力量，组建区级流行病学调查核心队伍，14个园区、镇（街道）均建立密接快速处置小分队。及时优化调整生活物资保障机制，维护市场价格秩序。建成野徐“黄码医院”。全面加强新冠药械物资储备保供，引导群众按需购药。出台《支持市场主体纾困帮扶三十条措施》，完成增值税留抵退税31亿元，发放留泰过年补贴400.9万元。开展亲企清政“五个一”走访服务活动，解决疫情防控相关问题94个；支持疫情防控期间企业生产经营和项目建设，为工业、商贸、建筑等在泰企业办理“绿色通道”证明281人次；制定工业企业“驻厂员”战时（平时）疫情防控工作清单，强化企业防控措施落实和生产运输保障，累计派出“驻厂员”707人，服务企业1458个。

（王加明）

【传染病防治】 *传染病疫情报告管理* 2022年，全区16个医疗机构无迟报漏报，网报率、及时率、身份证填写完整率100%。网络直报传染病乙类9种471例，发病率1.83‰，丙类5种314例，发病率1.21‰，比2021年报告数分别上升79.77%、下降1.26%。区、镇街医疗卫生单位网上报卡完整率、准确率、及时率均为100%。

结核病防治 发现并登记活动性肺结核82例，网络报告率、转诊率、病人家属筛查率、追踪到位率、系统管理率均为100%。

艾滋病及性病防治 报告HIV抗体阳性24例，新增管理艾滋病、HIV抗体阳性27例，干预各类高危行为人群3311人次，开展检测923人，艾滋病、HIV抗体阳性196例，随访干预率100%，CD+4T淋巴细胞免费检测率100%。新增抗病毒治疗27例，累计196例。

【禽流感疫情控制】 2022年，全区禽流感外环境监测实现镇街全覆盖，共采集样本130份，阳性28份，其中H_9N_2 26份、H_9N_2和H_5N_6 1份、H_9N未分型1份，阴性102份。

【血吸虫病防治】 2022年，全区查螺面积450.72万平方米，其中江滩149.27万平方米，未发现螺情。春秋两季灭螺总面积为65.76万平方米，使用50%氯硝柳胺1.45吨，未出现中毒事件。血清学查病3023人（血检3023人、粪检47人），流动人口查病506人，血检阳性2人，扩大化疗2人。救助晚期血吸虫病患者12人，救助金额5.5万元。永安洲镇国家级血吸虫病监测点完成流动人群查病200人，间接血凝试验检测阳性1人，尼龙绢袋集卵孵化阴性。永安洲镇新街社区、口岸街道郎庄村调查辖区所有环境26.24万平方米，未查出活螺。

【地方病防治】 2022年，全区监测居民户碘盐300份，检出不合格碘盐4份、非碘盐4份，碘盐合格率98.65%、覆盖率98.67%，合格碘盐食用率97.33%。碘营养监测学生200人、孕妇100人，儿童合格碘盐食用率98.5%，8～10周岁儿童未发现甲状腺肿大者，尿碘中位数为244微克/升，孕妇合格碘盐食用率95%，孕妇尿碘中位数为168微克/升。

【寄生虫病防治】 2022年，全区完成疟疾血检314人，规范处置国外输入性恶性疟病例1例。

【慢性非传染疾病防治】 2022年，全区居民电子健康档案建档41.75万份，建档率86.58%。建档高血压5.92万例、糖尿病1.75万例，高血压、糖尿病规范管理率分别为68.5%、68.6%。网络报告死亡4033人，死亡报告率8.3‰，粗死亡率8.36‰；网络直报肿瘤1778例、心脑血管2226例。登记严重精神障碍患者2227人，报告患病率4.72‰，规范管理率98.91%。

【预防接种和免疫规划】 2022年，全区安全接种免疫规划疫苗11种6.05万剂次，适龄儿童接种免疫规划疫苗2.77万人次，接种率95.62%，新生儿乙肝疫苗接种及时率91.35%。常规免疫接种率：卡介苗98.04%，脊灰第三剂96.31%，百白破第三剂96.63%，含麻疹成分第一剂94.61%，乙肝第三剂92.59%，A群流脑第二剂94.7%，乙脑第一剂94.28%，甲肝第二剂92.93%。报告疑似预防接种反应中一般反应68起、异常反应0起。对63所托幼机构、学校开展预防接种证查验，补证率100%，补种率90.02%。报告急性弛缓性麻痹（AFP）排除病例2例、麻疹排除病例12例。

【食源性疾病风险监测】 2022年，全区报告食源性疾病296例。其中，泰州市中西医结合医院报告124例，泰州市第三人民医院报告123例，其他医疗卫生单位报告49例。

（杨少春）

卫生监督

【概况】 2022年，区卫生监督所发放各类公共场所卫生许可证298张，组织开展各类卫生监督执法检查457次，检查相关单位1569个次。区卫生监督所共受理投诉举报33件，实行行政处罚20例，均结案，处罚金额18.29万元。国家“双随机”抽查总数为260个，省“双随机”抽查总数为15个，完成全部抽查工作和抽检工作，将抽查结果和检测数据录入信息系统。开展食品安全标准进企业、进学校、进社区宣传活动2次。

【医疗机构监管】 2022年，区卫生监督所组织全区医疗机构签订依法执业承诺书142份、乡村医生签订依法执业承诺书200余份。根据群众投诉举报线索，依法查处未取得医疗机构执业许可证擅自开展诊疗活动案3件，没收药品、医疗器械20余箱。移送公安假出具核酸报告案1件。排查出全区取得医疗机构执业许可证的有证有照单位4个、有照无证单位16个，梳理形成医疗美容行业重点违法线索台账。对各级各类医疗机构进行专项监督检查，共检查医疗机构142个，下达卫生监督意见书64份。

【公共场所监管】 3—8月，区卫生监督所对辖区内定点酒店进行卫生监督检查，针对检查发现的问题，现场进行指导，限期整改。对全区游泳场所开展现场监督检查3次，对6个不合格场所实施行政处罚。对各小区现制现售饮用水进行调查，并委托第三方检测机构抽检26个供水点的现制现售饮用水水样，所检项目指标均符合要求。对校外培训机构就疫情防控开展抽查，共抽查校外培训机构27个。

【职业与放射卫生监管】 2022年，区卫生监督所对全区18个放射诊疗机构进行专项监督检查，其中医疗机构12个、个体牙科诊所6个，下发卫生监督意见书10份。开展防暑降温专项检查，共检查企业11个，其中冶金企业2个、铸造企业3个、其他企业6个。查处某第三方服务机构出具假《职业病危害因素检测评价报告》案件，移送公安机关。

【消毒产品监管】 “三八”妇女节和“六一”儿童节前，区卫生监督所对大型超市、药店、母婴店等营业场所开展专项检查工作，抽查22个品种的消毒产品，抽查产品标识齐全，符合消毒管理规定。8月，收到检察院的检察建议书后，对4个药店进行消毒产品监督检查，责令其立即下架涉及的26款问题产品。对全区223个药店开展巡查，发放卫生监督意见书223份。

（杨少春）

健康促进

【控烟工作】 2022年，区卫生健康委推进无烟环境建设，在公共场所张贴禁止吸烟标识，规定公共场所不得摆放烟具。发挥控烟监督员作用，做好劝阻吸烟工作。5月，组织开展“世界无烟日”宣传活动，对全区公共场所开展控烟督查。

【健康教育】 2022年，区卫生健康委组织开展健康促进医院创建工作，泰州市高港中医院通过市级评估。推广运用居民健康素养网上学习测评系统。开展2022年城乡居民健康素养综合水平监测工作。开展卫生宣传日咨询义诊及健康素养巡讲活动，宣传疾病防控和新冠疫情应急健康知识。

【病媒生物防治】 2022年，区卫生健康委做好居民楼院、农贸市场、餐饮行业等场所的病媒生物防治工作，发放鼠药450千克、灭蟑毒饵1.5万袋。

【卫生创建】 2022年，区卫生健康委做好国家卫生城市长效管理工作。按照《国家卫生城镇评审管理办法》和《国家卫生城市和国家卫生县标准》（2021版）新要求，组织培训，明确各部门工作任务，定期督导卫生城市长效管理情况，发现问题及时整改。口岸街道郎庄村、胡庄镇陈隆村创成省级卫生村。大泗镇通过省级健康镇评估，口岸街道柴墟社区通过省级健康社区评估。

【学生健康监测】 2022年，区卫生健康委做好学习缺课监测工作。春学期当天上报率、非零报告率分别为96.44%、64.03%，秋学期当天上报率、非零报告率分别为74.82%、63.12%。春学期导致学生缺课的疾病前5位：感冒、胃肠道疾病、气管炎和肺炎、水痘、耳鼻喉疾病；秋学期导致学生缺课的疾病前5位：感冒、胃肠道疾病、水痘、气管炎和肺炎、手足口病。33所学校报送30688名学生的常见病监测数据（录入江苏省学生健康监测平台），监测覆盖率100%。全区学生视力不良率

59.41%，恒牙龋齿率3.21%，生长迟缓率0.31%，轻度消瘦率2.97%，中重度消瘦率3%，超重率16.39%，肥胖率18.53%，血压偏高率17.04%。完成泰州市扬子江初级中学、泰州市周山河小学等7所学校的环境卫生监测任务，覆盖率21.21%，按时录入江苏省学生健康监测平台。

【职业病防治】 2022年，区卫生健康委收集、审核用人单位职业健康检查个案7763条。对蓝思精密（泰州）有限公司、江苏神驰机电有限公司、泰州神舟传动科技有限公司、江苏耐特尔绳带有限公司4个企业开展重点人群职业健康素养监测与干预工作，188名一线工人参与问卷调查。邀请市疾控中心协助对泰州医药高新区尚品石材加工部等30个企业开展工作场所职业病危害因素监测工作。

【健康惠民工程】 2022年，泰州医药高新区（高港区）继续实施“健康惠民一号工程”，幽门螺杆菌检测样本数2.12万例，检出阳性数7668例，阳性检出率36.31%；结直肠癌症早筛样本数2.12万例，便隐血检出阳性数780例，阳性检出率3.69%。对便潜血检测结果阳性和问卷调查提示高风险的人群全部实施结直肠癌基因甲基化检测的技术方案，从2.12万人中遴选出6970人进行甲基化检测，筛选出结直肠癌中高风险2195人，对甲基化检测结果高风险人群进行胃肠镜检查，做到早发现、早诊断、早治疗、早康复。实施“健康惠民二号工程”，对236种常见病、59种高危遗传病、1054种罕见病、68种药物基因组、57种个人基因体质进行基因检测，形成翔实报告，提供健康风险提示和健康管理指导建议。实施多种癌早期筛查工程，对40～80岁高、低危人群开展多癌种早期筛查，筛查出胃息肉占比6.24%，结直肠息肉占比16.27%，肺结节占比12.95%，乳腺结节 BI-RADS 1～3级占比8.64%，乳腺结节 BI-RADS 4a级及以上占比0.2%。 （杨少春）

医政管理

【医疗机构新冠疫情防控】 *新冠感染医疗救治* 2022年，泰州医药高新区（高港区）及时调整医疗机构防控策略，成立区级医疗救治专家组和各医疗机构院内专家组。区政府投入1000余万元，改造和新建泰州市高港中医院和8个卫生院（中心）发热诊室，添置设施设备，在凤凰街道和寺巷街道人群密集场所增设发热诊疗站。添置重症监护床单元11张，培训重症监护医护人员212人。制定《关于进一步做好医疗机构疫情防控的通知》，建立医院院感防控自查和驻院员督查制度，组织开展每周区域自查和每月区外互查工作，共开展院感防控督查28轮，督查医疗机构112个次，提出整改意见236条，督促整改到位。

【医疗质量管理】 2022年，泰州医药高新区（高港区）成立以泰州市中西医结合医院、泰州市第三人民医院、泰州市高港中医院为牵头单位的3个医共体，制定医共体内分片包干巡诊、会诊制度，提高基层医疗机构的医疗质量和服务水平。组织开展“三合理”、感染控制、护理、药品及高值耗材采购使用管理等专项督查，全年未发生医疗责任事故。泰州市高港中医院通过二级甲等中医医院评审。泰州市中西医结合医院接受三级乙等医院评审。泰州市第三人民医院影像科、骨科、内分泌科创成市级重点专科。永安洲镇卫生院成立“王少华名医工作室”，大泗镇卫生院成立“金晖名医工作室”。寺巷街道社区卫生服务中心、口岸街道田河社区卫生服务中心创成市级消化内科基层特色科室，许庄街道孔桥社区卫生服务中心创成市级中医内科基层特色科室，凤凰街道社区卫生服务中心创成市级口腔科基层特色科室，白马人民医院创成市级针灸推拿科基层特色科室。大泗镇卫生院通过省级五级中医馆评审验收。刁铺街道社区卫生服务中心、野徐镇卫生院创建成四级中医馆。

【药事管理】 2022年，区卫生健康委每月对各单位基本药物配备比进行通报，全区12个镇街医疗机构基本药物配备的品种和金额占比平均达70%以上，较省卫生健康委下达的基本药物配备比高10%。加强毒麻药品和抗生素合理使用的管理，进行抗生素、辅助用药的“三合理”督查。做好抗生素使用目录、医用耗材分级备案管理工作。印发《泰州医药高新区（高港区）中药饮片阳光采购实施方案（试行）》，召开中药饮片集中采购工作部署会议，全区各医疗机构按要求集采20个品种的中药饮片计114.45万元。

（杨少春）

收入与分配

就业创业

【概况】 2022年，泰州医药高新区（高港区）举办线上招聘活动52场次。全区城镇新增就业2.42万人，城镇失业人员再就业1.12万人，城镇调查失业率小于5%。新增创业人数1.4万人，支持成功自主创业3360人，创业带动就业4549人。

【援企稳岗行动】 2022年，泰州医药高新区（高港区）针对疫情影响，实施失业保险援企稳岗“护航行动”，帮助企业减轻负担、稳定就业岗位。全年减征社保费2047万元，向1564个企业发放稳岗返还补贴1269万元。

【“春风行动”线上招聘】 2022年，泰州医药高新区（高港区）组织开展“春风行动”线上招聘系列活动，累计发布招聘信息7500余条，参加网上招聘企业740个次，提供就业岗位7500余个，达成就业意向4200余人次。

【职业培训补贴】 2022年，泰州医药高新区（高港区）完成补贴性职业技能培训1.05万人次。其中，组织开展企业岗位技能提升培训2500人，就业技能培训191人，通过培训取得初级工证书1726人、高级工证书432人、合格证书120人。

【未就业高校毕业生就业服务】 2022年，泰州医药高新区（高港区）全面开展离校未就业高校毕业生服务攻坚行动，开展实名登记，动态做好跟踪帮扶，优化招聘服务。对有就业意愿的未就业毕业生，免费提供1次职业指导、3次岗位推荐、1次职业培训或就业见习机会；对有创业意愿的，免费提供创业培训、项目推介、咨询辅导、跟踪扶持等创业服务；对暂无就业创业意愿的，做好状态记录，及时跟进服务。

【创业培训】 2022年，泰州医药高新区（高港区）为中高等院校毕业生（含毕业前2年在校大学生、职技校生）、新生代农民工、下岗失业人员、城乡未充分就业人员、农村转移就业劳动者、灵活就业人员等提供免费创业培训。举办创业培训班17期，培训人员668人，成绩合格647人。

【创新创业大赛】 5—6月，泰州医药高新区（高港区）举办第六届创新创业大赛暨“中国创翼”“创响江苏”选拔赛。大赛主题为“创响新时代，共圆中国梦”，共有132个项目报名参赛，评选产生主体赛一等奖2个、二等奖4个、三等奖6个，专项赛优秀创业项目6个。其中，江苏百宁盈创医疗科技有限公司“术中神经监测导航系统”项目被选送参加市级选拔赛、省级选拔赛、全国总决赛，最终获第五届“中国创翼”创业创新大赛优秀奖，被授予全国优秀创业创新项目称号，系全市唯一。

2022年6月11日，泰州医药高新区（高港区）举办第六届创新创业大赛暨“中国创翼 创响江苏”选拔赛决赛活动　区党工委（区委）宣传和统战部　供图

2022年泰州医药高新区（高港区）第六届创新创业大赛评选结果一览表

表26

参赛类别	组别	项目名称	负责人	奖项
主体赛	制造业	术中神经监测导航系统	陈　亮	一等奖
		全印刷介电湿润微流控生物芯片开发研究	周颖梅	二等奖
		智联天下	陆志天	
		智能家居产品的研发及生产销售	陈苏徽	三等奖
		全流程纺纱胶辊自动涂料设备的研发	朱春龙	
		复合微生物协同发酵饲料	魏思敏	
	服务业	膳捷共享中央厨房	张小军	一等奖
		生命之书物联网平台	夏　俊	二等奖
		元宇宙——沉浸式虚拟教育	顾丽媛	
		青燃体育	徐　飞	三等奖
		医如反掌——寻医问药新篇章项目	曹雨晴	
		泰州市德艺艺术文化发展	熊为德	
专项赛	乡村振兴	“新文创”赋能助力地方红色旅游发展	张　杨	优秀创业项目
		菌林天下	林明富	
		有益微生物驱动的有机水稻种植体系	张春宁	
		基于光催化氧化降解技术的工农业废水处理	胡婷婷	提名奖
		红木雕刻	徐　爽	
		数智农场	徐培培	
	青年创意	智慧校园行	汤大林	优秀创业项目
		海琼智航 Autonomous 无人船	张傲东	
		新型碳纳米管复合聚四氟乙烯防腐膨胀节的研发	陶　金	
		祥泰君——非遗文化及农业 IP 城市网络化打造项目	游豫皖	提名奖
		一种复合组分肝癌靶向制剂的制备	吴心怡	
		一种新型有机活力营养米	潘怡婷	

【职业技能比赛】 11月，泰州医药高新区（高港区）举办职业技能大赛暨卓越工程师选拔赛。大赛以“‘凤栖高新’·赛技能　铸匠心”为主题，设置养老护理员、育婴员、保育师、家政服务员、茶艺师、中式烹调师、西式面点师、药物制剂工、药物检验员、电工、车工（数控车）、制图员、铣工（数控铣）、钳工、汽车维修工、砌筑工、起重装卸机械操作工等17个竞赛工种，共有600余人报名参赛，302人获得双合格的成绩，284人获得高级工证书。（李　玲）

【劳动权益保护】 农民工工资保障　2022年，泰州医药高新区（高港区）落实保障农民工工资支付制度，执行实名制管理和工资专用账户制度，推进欠薪治理。全年处理各类矛盾5614件。其中，“12333”劳动保障热线、“12345”政务服务便民热线等平台流转信访件3987件，国务院欠薪平台反馈案件1625件，“泰无聊”、微博、行风“7号键”投诉举报等网络媒体欠薪线索2件。排查重大问题隐患13起，为870名农民工追讨工资1020万元。

劳动保障监察　区劳动监察大队共受理投诉举报案件308件，其中工资及执行最低工资标准案件

277件、未缴纳社会保险案件25件、其他案件6件，查处案件308件，按期结案率100%，无行政复议和行政诉讼。主动监察用人单位1253户。劳动监察联动平台举报投诉动态录入率100%，联动平台案件按期运行率100%，咨询信息录入数5721条，一级网格运行率100%。调解685件简易劳资矛盾纠纷，指导服务用人单位4632个次，采集新增用人单位信息7312条。劳动保障监察专职监察人员持证在岗率100%。规模以上企业劳动合同签订率100%，已建工会企业集体合同签订率100%。

劳动争议仲裁 区劳动人事争议仲裁委员会共处理各类劳动人事争议案件2024件，涉及案件标的4900余万元，涉及人数2071人。立案处理480件，不予受理76件，案外调解案件1468件；立案处理的案件全部审结，按期结案率100%；结案案件中，调解、撤诉共308件，裁决172件（其中一裁终局112件），结合案外调解案件数，调解成功率87.94%。

和谐劳动关系创建 组织开展和谐劳动关系企业评选活动，江苏神驰机电有限公司、江苏汇福蛋白科技有限公司、扬子江药业集团江苏龙凤堂中药有限公司创成江苏省和谐劳动关系企业。（李 玲）

收入与消费

【全体居民人均收入和消费支出】 2022年，泰州医药高新区（高港区）全体居民人均可支配收入47986元，比上年增长6.1%。其中，工资性收入28498元，增长4.7%；经营净收入8257元，增长7.3%；财产净收入5140元，增长9.8%；转移净收入6091元，增长8.2%。人均消费支出31959元，比上年增长5.2%。其中，食品烟酒支出8940元，增长3.5%；衣着支出2208元，增长3.1%；居住支出5780元，增长4.3%；生活用品及服务支出1803元，增长10.2%；交通通信支出4857元，增长4.8%；教育文化娱乐支出5289元，增长5.4%；医疗保健支出2327元，增长6.9%；其他用品和服务支出755元，增长26.5%。

【城镇常住居民人均收入和消费支出】 2022年，泰州医药高新区（高港区）城镇常住居民人均可支配收入57970元，比上年增长5.4%。其中，工资性收入34755元，增长3.6%；经营净收入9155元，增长7.1%；财产净收入6769元，增长10%；转移净收入7291元，增长8%。人均消费支出35938元，比上年增长4.1%。其中，食品烟酒支出9558元，增长3.1%；衣着支出2538元，增长2.6%；居住支出6710元，增长3.5%；生活用品及服务支出2178元，增长7.8%；交通通信支出4870元，增长3.3%；教育文化娱乐支出6220元，增长4.3%；医疗保健支出2985元，增长5.6%；其他用品和服务支出879元，增长12.8%。

【农村常住居民人均收入和消费支出】 2022年，泰州医药高新区（高港区）农村常住居民人均可支配收入30685元，比上年增长7.4%。其中，工资性收入17656元，增长7.2%；经营净收入6700元，增长7.5%；财产净收入2317元，增长6.5%；转移净收入4012元，增长8.1%。人均消费支出25065元，比上年增长7.5%。其中，食品烟酒支出7870元，增长4.1%；衣着支出1637元，增长4%；居住支出4168元，增长5.8%；生活用品及服务支出1153元，增长17.4%；交通通信支出4835元，增长7.5%；教育文化娱乐支出3673元，增长7.7 %；医疗保健支出1188元，增长10.7%；其他用品和服务支出541元，增长88.5%。

（区统计局）

社会保险

【养老保险】 *城镇职工基本养老保险* 至2022年年末，原高港区城镇职工基本养老保险参保人数8.52万人，比上年增加3000人。其中，参保职工6.6万人（含参保农民工4329人），参保离退休人员1.92万人。缴费人数6.48万人。全年办理养老保险关系转移1154人次，办理到龄退休人员1215人，非因工丧失劳动能力提前退休20人，特殊工种提前退休61人。享受企业养老保险待遇1.96万人，人均养老金每月2224.84元。企业退休人员全部纳入社区管理，基本养老金按时足额发放率100%。全年城镇职工基本养老保险基金总收入19.23亿元，其中征缴收入8.74亿元；基金总支出14.41亿元，其中基本养老金支出5.14亿元；当期结余4.81亿元；累计结余11.35亿元。

城乡居民基本养老保险 至2022年年末，全区城乡居民基本养老保险参保人数7.2万人，其中原高港区5.45万人、原泰州医药高新区1.75万人。全区城乡居民基本养老保险基础养老金标准每人每月236元，领取待遇人数8.01万人，其中原高港区5.13万人、原泰州医药高新区2.88万人，基础养老金发放率100%。全年城乡居民基本养老保险基金总收入2.82亿元，其中个人缴费收入1.14亿元；基金总支出2.2亿元；当期结余6145万元，累计结余6.08亿元。

机关事业单位养老保险 至2022年年末，原高港区机关事业单位养老保险参保单位230个，在职参保人数5027人，正常缴费人数4801人，退休人数2367人。归集机关事业单位职业年金5808.04万元，其中存量缴费5805.93万元，归集利息2.11万元。调整机关事业单位退休人员基本养老金，人均增加基

本养老金206.54元，增长约3.19%。全年机关事业单位养老保险基金总收入2.31亿元，其中征缴收入1.11亿元；基金总支出1.99亿元；当期结余3236万元，累计结余4332万元。

原高港区被征地农民社会保障　至2022年年末，原高港区按《江苏省征地补偿和被征地农民生活保障办法》（省政府26号令）共办理基本生活保障4.09万人。其中，第二年龄段1.46万人（生活补助费标准为每月300元，领取3年），第三年龄段271人（生活补助费标准为每月350元，领取至第四年龄段），第四年龄段1.69万人（养老金标准为每月740元）。按《江苏省征地补偿与被征地农民社会保障办法》（省政府93号令）共办理社会保障人数1.63万人。其中，劳动年龄段9595人，养老年龄段5564人（养老金标准为每月814元）。共有退捕渔民388人，除去死亡人员13人，375人全部按照征地保障政策落实社会保障补贴。全年原高港区累计征收被征地农民社会保障资金1.38亿元，累计发放1.42亿元，累计结余8.75亿元。

原泰州医药高新区被征地农民社会保障　至2022年年末，原泰州医药高新区按《江苏省征地补偿和被征地农民生活保障办法》（省政府26号令）共发放基本生活保障6.03万人，其中，第二年龄段2.11万人（生活补助费标准为每月160元），第三年龄段1.52万人（生活补助费标准为每月200元），第四年龄段2.39万人（养老金标准为每月814元）。按《江苏省征地补偿与被征地农民社会保障办法》（省政府93号令）共办理社会保障人数1.07万人。其中，劳动年龄段7551人，养老年龄段3152人（养老金标准为每月814元）。共有退捕渔民3人，均按照征地保障政策落实社会保障补贴。

【工伤保险】　2022年，原高港区推进超过法定退休年龄人员和实习生参保工伤保险，1733名超龄就业人员和实习生被纳入工伤保障范围，至年末，原高港区工伤保险参保人数6.34万人。开展工伤预防宣传培训和康复工作，共组织工伤预防宣传培训929人次，其中危化品企业从业人员337人次；完成工伤康复18人次。完成工伤认定案件555件、劳动能力鉴定案件453件，其中达到伤残等级440件。审核工伤一次性待遇693人次、定期待遇130人。全年工伤保险基金总收入2428万元，基金总支出3539万元，当期结余负1111万元，累计结余负1755万元。

2022年9月21日，区社会事业和退役军人事务局在中海油气（泰州）石化有限公司开展工伤预防培训　　区社会事业和退役军人事务局　供图

【补充工伤保险】　2022年，原高港区继续推进补充工伤保险，将新业态灵活就业人员、超过法定退休年龄的人员、在校实习生以及各类群众自治性组织聘（雇）用人员纳入补充工伤保险，解决工伤保险参保困难人群的职业风险难题，减轻用工单位经济负担。全年共有10个企业为符合参保条件的470名员工购买补充工伤保险。

【失业保险】　至2022年年末，原高港区失业保险参保人数5.21万人。全年失业保险基金总收入3227万元，基金总支出3370万元，当期结余负143万元，累计结余217万元。

【城乡居民基本养老保险扶贫】　2022年，全区按照每人每年100元的标准，为符合条件的建档立卡低收入人口、低保对象、特困人员、重残等1786名贫困人员代缴城乡居民基本养老保险，投入财政资金17.86万元。

【社会保险费减免】　2022年，针对新冠疫情影响，全区继续执行社保降费政策，失业保险按1%费率征收（单位0.5%，个人0.5%）。1—4月，工伤保险在执行行业基准费率的基础上阶段性下调缴费费率50%。全年减免区内企业社会保险费2047万元。

【社保基金管理】　2022年，全区持续组织开展社会保险基金安全“警示教育月”活动，防止欺诈骗保、套保或挪用贪占社会保险基金等违法行为的发生。至年末，各项社会保险基金累计结余24.46亿元。

【社会保障信息化】 2022年，全区按照“整体推进、自然过渡、发用并重”的原则，全面启动第三代社会保障卡及电子社保卡申领工作。全区设立即时发卡网点60个，至年末，累计制发第三代社保卡3.6万张，电子社保卡持卡率达63%。为全区镇街及部分社区配备人社自助服务一体机170台，累计访问人数160万人次。 （李 玲）

【医疗和生育保险】 2022年，泰州市医疗保障局医药高新区（高港区）分局统筹做好新冠疫情防控和医保经办服务，细化完善经办窗口标准化建设，配合做好国家医保平台征缴系统上线测试、培训等工作，推进“网上办”、“掌上办”、承诺制等便民服务。推动基本医疗保险参保工作，扩大参保覆盖面和群众受益面，减轻参保人员医疗费用负担。强化长期护理险日常监管，保障失能人员待遇享受。落实困难群体资助参保、监测预警、救助帮扶等政策，兜牢民生底线。建成明珠街道为民服务中心、刁铺街道为民服务中心2个“15分钟医保服务圈”省级示范点，口岸街道为民服务中心、凤凰街道为民服务中心等10个“15分钟医保服务圈”市级示范点。

城镇职工基本医疗保险 至2022年年末，原高港区城镇职工基本医疗保险参保10.99万人，比上年增加7486人。其中，参保职工8.29万人，参保退休人员2.7万人。职工基本医保政策范围内住院报销比例为87.22%。

城乡居民基本医疗保险 城乡居民基本医疗保险个人缴费标准为一般居民每人每年440元，特困人员每人每年170元，学生儿童每人每年200元。财政补助标准提高到每人每年720元。至2022年年末，原高港区城乡居民基本医疗保险参保13.05万人。门诊待遇享受58.06万人次，住院待遇享受2.4万人次，大病保险待遇享受2.35万人次。居民基本医保政策范围内住院报销比例为72.05%。

生育保险 至2022年年末，原高港区生育保险参保6.17万人，其中女职工2.56万人。全年享受生育保险待遇5627人次，支付各项生育保险待遇2121万元。

医疗救助 资助困难群体参加城乡居民基本医疗保险8271人，落实资助参保资金278.71万元。医疗救助待遇享受2.89万人次，医疗救助基金支付705.63万元。建档立卡低收入人口医疗救助资金托底288人次，托底金额0.35万元。新中国成立前入党的老党员享受医疗救助217人次，医疗救助金额3.72万元。 （于 慧）

社会救助

【最低生活保障】 7月，全区城乡低保标准由每人每月740元提高至770元，按时足额补差发放。全年向低保家庭2.18万户次、2.71万人次发放生活保障金1635.76万元。

【特困人员供养】 7月，原泰州医药高新区特困人员供养标准由每人每月962元提高到1001元；原高港区特困人员分散供养标准由每人每月962提高到1001元，集中供养标准由每人每月1058元提高到1101元。全年发放特困人员保障金4327人次计438.52万元。 （杨 倩）

【临时救助】 2022年，泰州医药高新区（高港区）向符合临时救助条件的对象25人次发放临时救助金8.85万元。 （李 燕）

【慈善救助】 2022年，泰州医药高新区（高港区）共募集各类慈善捐款198万元。开展“情暖江苏·爱在泰州”春节慰问活动，慰问家庭70户，发放慰问金7万元。 （马 娟）

社会福利

【老年福利】 尊老金发放 2022年，泰州医药高新区（高港区）按照“严格审核、及时增减、按时发放”的原则，加强对高龄老人尊老金发放的动态管理，发放尊老金2515万元，惠及老人1.7万余人。 （戴 晶）

区域性养老服务中心改造提升 口岸、白马、大泗3个镇街敬老院均建成标准化区域性养老服务中心，并获得三级养老机构等级评定。养老服务中心将服务内容拓展延伸到社区，向周边居家老年人提供助餐助浴、医疗保健、照料护理、健康监测、精神慰藉等服务。

特殊困难老年人家庭适老化改造 结合老年人身体状况及改造意愿实施具体项目，开展有效评估，进行合理设计，完成275户改造任务。 （韩 韫）

养老护理员培训 继续开展养老服务技能培训“三年计划”，委托泰州市养老护理组织开展全区养老护理员（初级、中级）培训，累计完成培训141人次。 （赵 颖）

老年人能力评估 对9291名老年人开展能力评估工作。其中，政府补贴对象（低保、特困、重点优抚、计划生育扶助对象中的自理、失能、半失能人员）1708人，普惠对象（80周岁以上老年人）7313人，入住养老机构的老人270人。

政府购买居家养老上门服务 继续为高龄、经济困难失能老年人提供助餐、助洁、助浴、助行、助购等居家上门服务。其中，政府补贴对象1618人，普惠对象1.78万人，服务总人数1.94万人，总投入638.03万元。全区接受居家养老上门服务老年人占比达16%以上。

关爱空巢独居老人 摸排空巢

位于刁铺街道的环溪花园保障性住房项目　　　泰州引江城市开发建设有限公司　供图

独居老人1318人，其中80周岁以上及低保家庭中失能、半失能空巢独居老人73人。对重点空巢独居老人全面建立信息台账，签订关爱服务协议，提供每周至少1次上门或者电话、视频探访服务。

居家养老服务中心建设　共建成居家养老服务中心（站）135个。2022年，通过自主运营和社会化委托运营的共有43个，每周开放时间不少于5天，每月开展为老服务活动不少于4次。（王竹芳）

【儿童福利】 2022年，泰州医药高新区（高港区）成立未成年人关爱保护委员会。6月，泰州医药高新区（高港区）未成年人保护中心建成运营，位于泰州医药高新区体育文创中心一楼，面积约3000平方米，内设心理疏导室、心理宣泄室、音乐放松室、图书室等功能室以及培训、活动室。7月，全区散居孤儿基本生活费标准由每人每月1776元提高至1848元。全年发放孤儿基本生活费192人次、34.75万元，发放困境儿童基本生活费6139人次、358.47万元。11月，凤凰街道刘庄社区儿童"关爱之家"创成省级示范性未成年人保护工作站。

（陈美慧）

【残疾人"两项补贴"】 3月，泰州医药高新区（高港区）办理全市首例残疾人"两项补贴""跨省通办"业务。7月，全区残疾人生活补贴标准由每人每月740元提高至770元。原高港区城镇重度残疾人护理补贴标准为每人每月130元，农村重度残疾人护理补贴标准为每人每月100元；原泰州医药高新区城乡重度残疾人护理补贴为每人每月130元。全年发放"两项补贴"10.15万人次、3929.6万元。（李　燕）

【福利彩票】 2022年，全区各类福利彩票销售2810万元。其中，电脑票销量2206万元，即开票销量604万元。（马　娟）

住房保障

【保障性住房建设】 2022年，泰州医药高新区（高港区）新开工建设棚户区改造住房1532套，总面积38.35万平方米，基本建成3317套。新增配租公租房23套、保租房17套、人才公寓28套，发放城镇中低收入家庭住房租赁补贴6户，共3万余元。（魏国涛）

【住房公积金管理】 2022年，泰州市住房公积金管理中心医药高新区（高港区）分中心累计归集住房公积金5.7亿元，比上年增长9.6%。新开户单位76个，新增开户职工5400人，年末开户人数5.26万人，年利息转本金2029万元。全年发放个人住房贷款431户，共1.3亿元。回收贷款1.36亿元，年末贷款余额9.5亿元，个人贷款逾期率为0.01‰，贷款抵押到位率97.8%。（肖巍巍）

社会事务管理

人口服务

【婚姻登记】 2022年，泰州医药高新区（高港区）办理结婚登记2561对，比上年减少606对；办理离婚登记569对，减少43对；补发结婚证345对，减少268对；补发离婚证35对，减少8对。（张丽莹）

【殡葬管理】 2022年，泰州医药高新区（高港区）落实惠民殡葬政策和生态葬要求，为3752名死亡人员免除基本丧葬服务费438.25万元。新建扩建永安敬仙堂、沿江寄思园公墓2个城乡公益性骨灰安放（葬）设施。（曹　雪）

【计划生育扶助资金发放】 2022年，泰州医药高新区（高港区）发放计划生育家庭奖励扶助资金2358.82万元，惠及25174人；发放计划生育家庭特别扶助资金954.55万元，惠及1030人；发放持独生子女父母光荣证退休职工一次性奖励金420.3万元，惠及1401人；发放持独生子女父母光荣证城镇非从业居民一次奖励金11.4万元，惠及38人；发放独生子女父母奖励金9.6万元，惠及4800人。继续落实节育手术并发症人员生活补助制度，发放生活补助金110.47万元，惠及400人。

【托育机构】 2022年，泰州医药高新区（高港区）有普惠托育机构31个。刁铺街道溪园托育有限公司、凤凰街道爱悠教育培训有限公司创成省级普惠托幼机构，口岸街道田田乐园托育有限公司、凤凰街道小七幼幼托育有限公司创成市级普惠托幼机构。规划建设区级托育综合服务中心，新增托位190个。

【老龄健康】 2022年，泰州医药高新区（高港区）组织全区65岁及以上老年人健康体检7.08万人次，健康管理率达86%以上。组织实施老年人运用智能技术专项普及培训工程，提供免费培训服务2500人次。全区15个医疗卫生单位建成老年友善医疗机构，泰州市中西医结合医院、永安洲镇卫生院被省卫生健康委评为优秀老年友善机构。（杨少春）

位于凤凰街道的鹅卵石幼幼园阅览室　　区卫生健康委　供图

基层自治组织建设

【社区队伍管理】 2022年，泰州医药高新区（高港区）推进“全科社工”队伍建设，提升社区工作者能力和水平，3名社区党组织书记获评泰州市“社区工作名师”，17名社区工作者获评泰州市首届“全科社工”，其中4人获评泰州市“金牌社工”。12个村（社区）完成村（居）民委员会成员的补选工作，补选成员16人。开展“大江风华·最美社区工作者”评选活动，表彰20名在城乡社区治理服务中表现突出的社区工作者。

【基层民主管理】 2022年,泰州医药高新区(高港区)打造“邻里中心·五美驿站”6个,分别为胡庄镇田野村、大泗镇马龙村、刁铺街道明发社区、永安洲镇中心社区、白马镇陈家村、野徐镇康居社区。组织参加泰州市“一地一品”区域社区治理品牌创建活动,“‘五社’联动聚合力,助力基层融治理”获评泰州市优秀品牌。组织开展社区服务品牌创建活动,4个社区服务品牌获评泰州市优秀社区服务品牌,分别为许庄街道蔡庄村“知行传扬,言‘孝’晏晏”、寺巷街道康和社区“17880睦邻驿站”、寺巷街道龙凤社区“安居龙凤,乐享银龄”、口岸街道新城社区“一片‘城’心·情暖邻里”。明珠街道城南社区、凤凰街道殷蒋社区获评泰州市“微自治”示范村(居),永安洲镇润洲社区《清润万家“1231”社区治理典型案例》、野徐镇仲联社区《“5+”工作法搭建“1+”民心桥》获评泰州市基层治理优秀案例,白马镇前进村、许庄街道明河村、许庄街道许庄社区、口岸街道集成社区的村规民约(居民公约)获评泰州市优秀村规民约(居民公约)。

【社区治理服务】 2022年,泰州医药高新区(高港区)实施民生“微实事”项目,共有5个民生“微实事”项目获得泰州市民政局奖补,分别为永安洲镇润洲社区“心之桥”社区心理健康服务项目,刁铺街道明发社区、寺巷街道石桥社区、野徐镇香榭社区3个社区的睦邻点建设项目,野徐镇仲联社区斑马线驿站项目。凤凰街道新增设城市社区居民委员会2个,分别为凤凰街道天德湖社区居民委员会和周山河社区居民委员会;调整4个居民委员会的管辖范围,分别为向阳社区居民委员会、西谢社区居民委员会、钟山社区居民委员会、华润社区居民委员会。 (陈春龙)

社会组织管理

【概况】 2022年,泰州医药高新区(高港区)新登记社会组织11个。其中,社会团体7个,民办非企业单位4个。至年末,全区登记社会组织总数922个。其中,社会团体525个,民办非企业单位394个,基金会3个。

2022年泰州医药高新区(高港区)新登记社会团体一览表

表27

单位名称	地址	主管单位	登记时间
泰州医药高新区(高港区)旅游协会	凤栖湖景区内	区党工委(区委)宣传和统战部	2022-01-21
泰州市高港区人大工作理论研究会	港城路6号	区哲学社会科学界联合会	2022-03-15
泰州市高港区劳模工匠协会	港城中路5号	区总工会	2022-04-12
泰州医药高新区(高港区)大健康产业知识产权联盟	高新写字楼811室	区市场监管局	2022-08-03
泰州医药高新区(高港区)青年商会	白马镇陆家村陈垛组66号	团区委	2022-09-01
泰州医药高新区(高港区)滨江商会	疏港路6号3001室	区工商联	2022-10-18
泰州医药高新区(高港区)点点爱心志愿者协会	府后人家商业内街21、23号	区党工委(区委)宣传和统战部	2022-11-02

2022年泰州医药高新区(高港区)新登记民办非企业单位一览表

表28

单位名称	地址	主管单位	登记时间
泰州医药高新区(高港区)小蝌蚪青少年儿童发展中心	大泗生态园办公室	团区委	2022-05-19
泰州医药高新区(高港区)聚慧职业培训学校	永兴花园小区11栋108室	区人力资源社会保障局	2022-08-22
泰州医药高新区(高港区)麦田公益服务中心	东方明珠小区12栋6号	区党工委(区委)宣传和统战部	2022-09-23
泰州医药高新区(高港区)红十字应急救援队	港城东路369号	区红十字会	2022-11-17

【社会组织监管】 2022年，泰州医药高新区（高港区）组织开展社会组织网上年检工作，符合年检条件的社会组织共有910个，参加年检414个，年检率45.5%。年检合格的248个，基本合格的166个。对12个行业协会商会、民办幼儿园开展“双随机、一公开”检查。指导“僵尸型”社会组织主动注销6个，完成限期整改3个。全面排查和梳理区行业协会商会各类涉企收费事项，全区社会团体2021年收入在10万元以上的有23个，未发现行业协会商会违规违法收费行为。

【社会组织培育发展】 2022年，泰州医药高新区（高港区）加大政府购买社会组织服务力度，组织开展“两区融合”后首届“美好社区·幸福港城”公益创投活动，面向全区社会组织征集老年人服务、青少年服务、扶贫助残服务、社区治理和服务以及专业社会工作服务5个类型的服务项目15个，投入资金92万元。共有31个社会组织获得评估等级。其中，AAA等级2个，AA等级15个，A等级14个。（陈春龙）

地名管理

【概况】 2022年，泰州医药高新区（高港区）新命名道路6条（鹏举路、戚庄南路、戚庄北路、翠苑巷、太湖路、永兴路），桥梁2座（学院桥、杨家垛桥）。共纠正6条街道路名牌110块，新补设安装街道路名牌2块。

【地名文化遗产评定】 6月，泰州医药高新区（高港区）开展全区首批地名文化遗产名录评审活动。经推荐征集、查阅资料、实地调查、资料考证、专家论证、研究确定和社会公示等程序，共评选产生全区首批5个地名文化遗产名录，分别为口岸雕花楼、蔡王庄、陈家舍、梧桐庄、古寿佛寺。10月24日，江苏省民政厅发布《关于2022年省级地名文化遗产评定结果的公示》，白马入选古镇地名，柴墟入选古村落地名。

【平安边界创建】 2022年，泰州医药高新区（高港区）将开展平安边界创建活动与贯彻落实国务院《行政区域界线管理条例》结合，分层次签订平安边界管理责任书，落实行政区域界线日常管理责任，加强界桩及其他标识物的管理。（陈　娟）

退役军人事务

【退役军人思想政治工作】 2022年，泰州医药高新区（高港区）开展“大江风华”之“最美退役军人”“最美军嫂”“最美民兵”评选，田伟等10人获评2022年度泰州医药高新区（高港区）“大江风华·最美退役军人”，丁嘉雯等5人获评“大江风华·最美军嫂”，马忠保等10人获评“大江风华·最美民兵”。12月26日，江苏省退役军人事务厅、江苏省总工会联合印发《关于优秀“戎耀之家”命名授牌的决定》，泰州港务集团有限公司和大泗镇大泗社区居民委员会被评为2022年度江苏省优秀“戎耀之家”。区社会事业和退役军人事务局组织退役军人参加中国人民解放军江苏省军区政治工作局、江苏省退役军人事务厅、江苏省文联举办的“赞颂新时代，喜迎二十大”书画摄影展，栾虎成的书法作品《南海阅兵颂》、陈根红的书法作品《学党史，颂党恩》入展。

【退役军人安置】 2022年，泰州医药高新区（高港区）完成转业士官和计划分配军转干部移交安置工作。严格执行积分选岗制度，军转干部全部安置党政机关公务员岗位。符合政府安排工作条件退役士兵事业单位安置比例达62.5%。接收退役义务兵、退役士官，发放退役士兵一次性经济补助金。

【抚恤优待】 2022年，泰州医药高新区（高港区）向优抚对象发放水电气补助210万元和物价补贴167万元。对立功受奖现役军人家属发放优待金5.08万元。发放义务兵家属优待金和大学生入伍奖励金933

2022年6月23日，第四届江苏省百城联动退役军人及随军家属就业泰州专场招聘会暨退役军人跨区就业战略合作协议签约仪式在中国医药城会展交易中心举行　　区社会事业和退役军人事务局　供图

万元。由镇街发放抚恤补助近2240万元、老复员军人遗孀生活补助187万元。春节和“八一”建军节发放慰问金324万元。组织重点优抚对象参加短期疗养。优抚对象按每人300元标准进行免费体检。做好重点优抚对象免费参加下年度城乡居民医疗保险工作。为自主择业军转干部和伤残军人缴纳医疗保险共20万元。向下岗、失业的转业及自谋职业志愿兵发放生活困难补助28万余元。

【退役军人创业就业】 2022年，泰州医药高新区（高港区）实施退役军人“一件事”办理、“一站式”服务，为退役军人提供退役报到、养老医疗关系转接、党团员关系转接、优待证办理、适应性培训、职业技能培训等服务。举办退役军人专场招聘会、特岗招聘推介会，为退役军人提供岗位100余个。全区2021年自主择业退役军人实现稳定就业。

【退役军人健康关爱】 2022年，全区启动“情暖老兵——为退役军人排忧解难”专项行动，发动区、镇、村三级退役军人服务中心（站）运用居民微信群、村务公示栏、走访入户宣传等方式，宣传退役军人“防癌抗癌专属保险卡”，并帮助符合条件的困难退役军人免费申领。组织开展“护佑老兵·健康‘心’行”活动，为优抚对象免费提供动态心电图检测。

【拥军工作】 4月21—25日，泰州医药高新区（高港区）运用楼宇电子屏、户外LED移动电视平台等，开展纪念海军成立73周年活动。“八一”期间，举办“喜报送上门，尊崇暖人心”集中送喜报活动，将现役军人立功受奖喜报送到家属手中；向泰州舰官兵邮寄价值19.6万元的慰问物资。

【烈士祭扫】 2022年，泰州医药高新区（高港区）组织开展“2022·奋进·清明祭英烈”主题活动。清明前夕发布《关于疫情防控期间英雄烈士祭扫服务管理的通告》，倡导通过退役军人事务部官网、中华英烈网“2022·奋进·网上祭英烈”平台线上祭扫烈士。4月2日，区社会事业和退役军人事务局组织机关系统党员干部及部分镇街退役军人服务站工作人员在区烈士陵园开展线下代祭扫英烈活动。

（秦丽莉）

民族宗教事务

【概况】 2022年，泰州医药高新区（高港区）共有少数民族34个，户籍人口1741人，其中以土家族、苗族、满族、回族和壮族居多。江苏省口岸中学新疆部有班级9个，学生379人。全区经批准设立的宗教活动场（处）所16处，其中佛教场（处）所7处、道教场（处）所2处、基督教场（处）所7处；有宗教教职人员49人，其中佛教8人、道教16人、基督教25人。

【民族宗教政策法规宣传】 2022年，泰州医药高新区（高港区）在民族宗教政策法规宣传月、法治宣传月等节点，开展民族宗教政策法规宣传教育。举办民族宗教政策法规培训班、开展学法交流，提高党政领导干部、宗教工作干部、宗教界代表人士的法律意识。建成市级民族宗教政策法规宣传教育基地2个，分别为寿胜寺、泰州市基督教堂新堂。

【民族团结进步】 2022年，泰州医药高新区（高港区）举办全区民族宗教知识竞赛、少数民族读书分享会、“筑梦港城一家亲”演讲比赛等活动。组织区内少数民族学生分别到中国人民解放军海军诞生地纪念馆、泰州海军舰艇文化园参观，接受爱国主义教育。在全区成立民族团结志愿服务队16支，参加健康长江护航联盟，开展“健康江来”志愿放流、江岸清洁美化等活动，相关做法被央视《新闻联播》报道。在凤凰街道永兴路打造“民族团结一条街”，在泰州职业技术学院打造“红石榴家园”。为1名少数民族群众更改民族成分，帮助1户少数民族家庭协调解决有关问题。承办全市民族团结进步宣传月暨“凤城石榴红”品牌发布活动、全市“红石榴就业行动”现场观摩会。

【宗教活动场所安全管理】 2022年，泰州医药高新区（高港区）开展宗教活动场所星级创建、平安建设等工作。邀请第三方对宗教活动场所安全生产情况和建筑安全进行检查，排查宗教活动场所安全隐患，指导宗教活动场所完成安全隐患整改。开展宗教场所消防演练和安全培训，提升场所人员应急处置能力。

（唐中琴　耿红喜）

关心下一代工作

【概况】 6月，泰州医药高新区关工委、高港区关工委融合为泰州医药高新区（高港区）关工委。全区有基层关工委组织563个。其中，镇（街道）关工委12个，村（社区）关工委145个，教育系统关工委75个，民营系统关工委303个，政法系统关工委15个，农业系统关工委13个。全区从事关心下一代工作的“五老”志愿者5524人，在职志愿者214人；“五老”宣讲团2个，共有成员68人；网吧义务监督员118人。在《中国火炬》杂志及其网站、阳光少年网等媒体发表宣传信息90余篇（条）。区关工委连续4年获“泰州关工新闻奖”宣传报道工作先进集体一等奖。区关工委微信公众号“高新高港关工人”投入运行，发布信息36篇。

【青少年主题教育】2022年，区关工委系统开展“老少心向党，喜迎二十大”主题教育。组建区级主题教育宣讲团，60余名“五老”线上线下开展宣讲180余场，受众4.6万余人。“海魂育人”被评为省关工委优秀项目品牌奖。口岸街道、沿江街道、野徐镇等镇街依托校外教育辅导站，开展青少年主题教育活动。《中国火炬》杂志第7期整版报道白马镇关工委青少年主题教育情况；《薪火》杂志第6期以《培根铸魂，重在常态长效》为题，报道全区关工委青少年主题教育情况；“学习强国”学习平台报道胡庄镇、凤凰街道等镇街关工委青少年主题教育情况5次。

【关爱青少年弱势群体】2022年，区关工委联合区党工委（区委）区级机关工委开展“春风行动”，对1600余名特殊儿童实施挂钩帮扶；开展“点亮微心愿·助力微梦想”活动，为930余名弱势群体学生筹资捐物。联合区妇联、区教育系统关工委举行“六一关爱周”启动仪式，74所中小学幼儿园关工委联动，向1600余名特殊和困境儿童发放助学金。联合区总工会开展“金秋助学”行动，向93名贫困学生发放助学金。联合区民政部门做好“双特双助”工作，形成“区关工委干部+镇街关工委干部+村居‘五老’志愿者”结对关爱工作模式，建立专项档案和电子信息库，跟踪管理受助学生及“五老”关爱情况。年末，向“双特双助”受助对象发放资助金28万元。

【青少年法治教育】2022年，高港区人民检察院推进“袁好人课堂”“汤姐姐说法”“牵手朝阳·校园卫士”等青少年法治教育品牌建设。区公安系统推进基层警所关爱工作站三年提升行动。区政法系统关工委打造“爱洒网格育新苗”品牌。暑假期间，凤凰街道关工委邀请泰州医药高新区人民检察院检察官给暑托班学生“谈网说法”，引导学生依法上网、加强自我防范。大泗镇在公益暑托班开展“扫黄打非·护苗2022”绘画活动。高港区人民法院、区“扫黄打非”工作领导小组办公室在泰州市高港实验初级中学等学校开展“喜迎二十大·法伴我成长”暨“开学法治第一课”主题活动。

【校外辅导站建设】2022年，区关工委与区妇联合作办好家长学校，泰州医药城实验小学、泰州市白马初级中学被省教育系统关工委评为优秀家长学校。泰州市扬子江初级中学关工委组织辅导站学生开展夏令营活动，到泰州海军舰艇文化园、泰州市科技馆研学。凤凰街道“凤栖小屋”、寺巷街道康和社区邀请退役老兵授课。永安洲镇、胡庄镇、刁铺街道、明珠街道等镇街辅导站开设党史、手工、非遗、舞蹈、书法等兴趣课。刁铺街道明发社区实施“优辅乐教助成长”项目，建设“东皋诗屋”“颉伦书屋”“三乐画屋”。

【“双五好”创建】2022年，区关工委推进“五好”关工委、“五好”五老创建活动，成立“双五好”创建工作班子，细化“双五好”创建标准，制定《医药高新区（高港区）五老工作室建设要求》。全区达市“五好”条件的基层关工委有479个，占总数的85.1%。永安洲镇永胜社区“夕阳红工作团”10余名成员常年参与乡村文化建设、辅导站建设、调解工作等，成为全市先进典型。白马镇20余名“五老”组成“道德评议团”，在乡风文明建设中发挥作用。胡庄镇汪群社区组建“五化”（化解矛盾、化解心结、化解困难、化解纠纷、化解压力）工作室，全年参与调解各类矛盾纠纷30余起。许庄街道商会关工委有会员单位200余个，培养青年企业家20余人，帮助安排困境青年职工就业500余人，资助贫困学生200余人。胡庄镇关工委成立红色文化宣讲团，编写《史庄村群英谱》，到学校、机关及田间地头宣讲200余场。刁铺街道先后在泰州市环溪小学和明发社区、圩岸社区设立“五老”工作室。大泗镇“五老”工作室帮助西来原农场探索生态农业产业化经营模式。全区建有“五老”工作室12个。

【蔡庄村青少年教育实践基地】2022年，许庄街道蔡庄村利用红色文化、孝义文化、粮油文化和农耕文化资源建设青少年教育实践基地。修缮蔡家古民居，建立航模馆、摄影馆、家政馆、放映厅等特色场馆；开辟种植实践园。11月，该实践基地被授予区级青少年教育实践基地牌子。

（陈连龙）

应急管理

综 述

【概况】 2022年，泰州医药高新区（高港区）应急管理系统健全完善系统治理体系，组建区应急管理综合行政执法大队，挂区危化品安全监管执法大队牌子。印发《关于进一步加强基层应急管理体系和能力建设的实施意见》，12个镇街应急管理局全部挂牌成立。建立专业应急救援队伍19支。建立应急救援物资储备制度，各类应急物资储备到位。科学编制应急救援预案，定期组织演练。开展各类专项治理和宣传教育活动。

【应急指挥】 2022年，泰州医药高新区（高港区）应急管理中心配置小型应急指挥车、移动布控球、移动指挥箱、无人机、单兵装备等应急装备，做好综合视频会议室、综合值班室、指挥大厅、研判室等重点指挥场所建设。全年接受应急管理部、江苏省应急管理厅、泰州市应急管理局视频调度20余次，开展应急通信设备测试10余次，保障重要节日和重大活动期间应急通信畅通。

【应急救援队伍】 2022年，泰州医药高新区（高港区）建立消防、防汛、自来水、燃气抢修、市政抢修、供电等专业应急救援队伍19支，各园区、镇街建立各类专兼职队伍15支。在全区范围内择优遴选出各领域突发事件应急专家30人，发挥应急专家的决策咨询和技术支撑作用。强化应急救援队伍技能提升，定期组织训练演练。

【应急救灾物资储备】 2022年，泰州医药高新区（高港区）应急救灾物资采用分布式存储，主要由区内各园区、镇街及相关部门按照各自职能储备相应的应急物资，日常应急物资储备基本完善。

防灾减灾应急救援物资储备 建立区级救灾应急物资库。储备有棉被200床、床垫200床、床单200套、毛毯300床、单帐篷150顶、棉帐篷20顶、指挥帐篷5顶、折叠床200张、折叠桌凳100套、防潮垫300张、睡袋100个、场地照明灯8台、帐篷应急灯60台（套）、发电机2台，储备库设在胡庄镇汪群粮油公司。

防汛抗旱应急救援物资储备 汛前足额储备防汛“三袋” 8.69万只、木桩1340根、土工布1.19万平方米、块石2.5万吨、钢管9000米、应急排水泵29台（套）、打桩机2台、应急灯13台（套）、多功能移动照明工作灯2台、应急帐篷20顶，储备点主要在区人武部、区农业农村局、区住房城乡建设局、区供销社等部门。

消防设备设施 消防综合应急资源由泰州医药高新区和高港区消防救援大队统一管理，有执勤车辆15辆。其中，水罐消防车3辆，泡沫消防车1辆，18吨重型泡沫消防车3辆，城市主战水罐消防车3辆，登高平台消防车3辆，抢险救援消防车2辆。共有个人防护装备1882件（套），抢险救援器材992件（套），抗溶性泡沫灭火药剂31吨，A类泡沫灭火药剂1.7吨。

【应急演练】 2022年，泰州医药高新区（高港区）开展区级专项应急预案演练12次、镇街各类综合专项演练29次、企业无脚本拉练52次，督促企业自行开展各类演练1332次。6月30日，在中海油气（泰州）石化有限公司开展危险化学品泄漏火灾事故应急救援演练。9月18日，在全区开展防空应急演练。9月26日，在蓝思精密（泰州）有限公司组织开展重点工贸企业人员密集场所火灾事故应急演练。11月25日，在沿江街道永长圩江滩举行防汛抢险1小时应急响应圈实战演练。

【应急预案编修】 2022年，全区完成《泰州医药高新区（高港区）突发事件总体应急预案》《泰州医药高新区（高港区）地震应急预案》《泰州医药高新区（高港区）突发地质灾害应急预案》《泰州医药高新区（高港区）危险化学品生产安全事故应急预案》《泰州医药高新区（高港区）一般生产安全事故应急预案》

《泰州市高港区自然灾害救助应急预案》等32部区级专项应急预案的编修。（姚　莹）

安全生产

【安全生产责任制落实】 2022年，泰州医药高新区（高港区）制定《医药高新区党工委（高港区委）、管委会（区政府）领导班子成员2022年安全生产重点工作清单》，建立并落实区月度安全风险分析研判制度，深化党政领导挂钩化解重大（较大）安全风险隐患机制，推动4个市领导挂钩重大风险隐患和77个区、镇两级党政领导挂钩重大（较大）风险隐患摘牌销号。成立泰州医药高新区（高港区）安全生产委员会，优化调整16个专委会；明确52个区级部门及驻区单位安全生产工作职责；出台全区12个负有安全监管职责的部门安全生产权力和责任清单，共涉及1129个事项；制定《电化学储能电站及相关行业领域安全生产监管职责》，加强新行业、新业态安全监管。落实园区（镇街）行政主要负责人分管安全生产工作制度，督促基层合理配置监管力量；开展园区（镇街）安全生产工作责任考核评价，科学设置评价指标。出台《压紧压实企业安全生产主体责任若干措施》。推进安全发展示范城市创建工作，131项独立完成任务和配合市级完成的任务基本完成。

【安全生产执法】 2022年，泰州医药高新区（高港区）组织开展安全生产执法检查394次。其中，计划内检查272个次，专项检查73个次，“四不两直”抽查24个次，举报核查6次，其他检查19次，涉及企业317个；出具文书4615件；排查隐患2539条，其中重大隐患32条。事前立案143起，移交公安部门1起，罚没金额约530万元，其中5万～10万元案件28起、10万元以上案件8起，“一案双罚”60起。

【安全生产专项整治三年行动】 2022年，泰州医药高新区（高港区）推进安全生产专项整治三年行动，制定《深化提升“安全生产专项整治三年行动”实施方案》，完成2个专题、8个专项和10个重点行业领域的43项重点工作任务。开展督导检查316次，检查企业720个次；排查隐患18295条（重大隐患13条），全部完成整改；行政处罚207次，责令停产整顿单位18个，罚没金额393.93万元。

【安全生产大检查和重点行业领域百日攻坚行动】 2022年，泰州医药高新区（高港区）开展安全生产大检查，共检查企业（场所）13.24万个次，排查隐患2.23万条；下达整改指令186个，警示约谈644人，移送司法机关6人，罚款468.89万元。区纪（工）委监委、区督查和效能监察中心开展督查5批次，区安全生产委员会办公室编发专报11期。针对重点行业领域突出的、特有的风险隐患，开展重点行业领域百日攻坚行动。梳理出11个行业领域87条重点整治事项，建立“周调度月通报”工作机制，编发专报2期、安全生产提示函（交办单）42份。区级层面11个重点行业领域涉及的552个企业（单位）全部完成自查，发现问题隐患923条；检查单位（场所）1.35万个次，发现问题隐患7267条；下达整改指令235个，对涉嫌违法违规企业责任人开展警示约谈301人次；对违法违规企业实施经济处罚45.85万元，停产整顿4个。

【工贸重点领域专项整治】 2022年，泰州医药高新区（高港区）按照企业对标自查、属地检查整改、区级核查验收的要求，推进重点领域专项整治。聘请第三方服务机构，统一标准、统一尺度，确保验收质量。共核查验收涉炉企业19个，粉尘涉爆企业102个（含搬迁、拆除等企业21个），危险化学品使用企业39个（其中重点危险化学品使用企业26个），具有污水处理系统企业76个。

【安全生产专项巡查督导】 2022年，泰州医药高新区（高港区）成立安全生产专项整治巡查督导组6个和自建房等既有建筑安全隐患排查整治专题督导组12个，累计督导194天次。召开调研座谈会198次，实地检查单位、企业和现场353个次，发现并移交问题隐患302条。推进省、市交办问题整改闭环，对于省督导交办涉及泰州医药高新区（高港区）的3个企业18条问题、市督导交办的45条问题，均制定整改方案，明确整改措施、整改时限、责任人，所有问题隐患均按期整改闭环。涉及泰州医药高新区（高港区）市级党政领导挂钩化解重大风险隐患4条，区党政领导挂钩化解重大风险隐患18条，园区（镇街）党政领导挂钩重大风险隐患59条，均按时闭环销号。

【危险化学品安全监管】 2022年，泰州医药高新区（高港区）推进危险化学品使用安全专项治理工作，排查危险化学品使用单位7726个次，排查一般隐患1.93万条，立案查处52起，罚款155.08万元。对13个重点化工、医药企业开展记分检查，共记分47分，其中记7分以上企业1个，要求其主要负责人重新参加安全生产培训考核。印发《进一步做好醇基液体燃料监管工作的通知》，摸排餐饮行业使用醇基液体燃料单位15个，发现各类安全隐患10条，拆除醇基燃料装置2套，停产停业整顿企业1个。向50个危险化学品（化工）、医药企业发放《区应急管理局安全指导服务指南》，组织召开原料药企业负责人座谈会，聘请省级化工领域专家对重点企业开展现场服务。组织开展“实景体验式”安全教育培训活动，现场模拟演示物体打击、碾压、高处坠落、触电、窒息、爆炸等生产安全事故所造成的伤害，引导企业人员自觉遵守操作规程。立案查处危险化学品生产经营单位30个次，处罚金额近150万元。

【危险化学品安全风险集中治理】 2022年，泰州医药高新区（高港区）制定《危险化学品安全风险集中治理实施方案》和《落实大型油气储存基地安全风险管控措施实施方案等8个工作实施方案工作任务推进表》，明确责任单位、时间节点和具体内容。对涉及苯乙烯、重氮化的3个企业开展专项治理和检查，督促5个涉及高危工艺企业完成全流程自动化改造工作，指导7个重大危险源企业完成风险辨识管控和隐患排查治理“双重预防机制”信息化建设。对7个企业老旧装置开展专项摸排，要求2个中小型单位开展专项治理，督促油气长输管道企业对管道占压、间距不足、不满足标准规范要求的交叉穿越等隐患情况进行排查，落实管道保护工作。统筹协调滨江化工集中区危险化学品专用停车场、封闭化建设，加快推进特勤消防站、公共事故废水应急池等重点工程的投用。组织开展工伤预防培训4期，对重点危险化学品企业主要负责人、安全管理人员、一线操作人员开展专题培训，累计培训200余人次。推广应用新版化学品登记系统，组织开展线上培训、线下核查，推行“一企一码一品”。

【烟花爆竹安全监管】 2022年，泰州医药高新区（高港区）检查烟花爆竹零售网点120个次，排查各类安全隐患82条，均整改到位。对1起严重超量储存行为进行立案查处。对烟花爆竹批发公司开展执法检查2次，排查安全隐患8条，均整改到位。烟花爆竹销售旺季，应急、公安、市场等部门联合对口岸街道、刁铺街道、大泗镇、永安洲镇等重点镇街烟花爆竹经营情况进行巡查、抽查20个次，查处非法经营烟花爆竹行为2起、私储烟花爆竹的经营单位1个。各镇街按月上报烟花爆竹安全监管统计表。

【安全生产标准化】 2022年，泰州医药高新区（高港区）共上报创建二级标准化企业27个、创建三级标准化企业118个。通过标准化评审企业14个。其中，安全生产二级标准化企业5个，安全生产三级标准化企业11个。对7个重点企业开展安全生产标准化运行质量审计和履职评估工作。

【安全生产宣传和培训】 2022年，泰州医药高新区（高港区）开展“百团进百万企业千万员工”安全宣讲和新安全生产法宣传贯彻活动。区安全生产委员会及成员单位主要负责人、园区（镇街）党政主要负责人到基层和企业开展宣讲60余场次，受众1万余人次。安全生产工作被《人民日报》《中国应急管理报》等国家级媒体报道13篇，被《新华日报》、《江苏新时空》、江苏省应急管理厅网站、《江苏安全生产》杂志等省级媒体报道35篇，被“学习强国”泰州平台、泰州市政府网站、泰州市应急管理局微信公众号等市级媒体报道96篇。举办各类安全生产培训班372场，培训“三项岗位”人员6402人次，特种作业人员3728人、高危行业主要负责人206人、安全管理人员228人通过考试。

【安全生产中介服务机构监管】 2022年，泰州医药高新区（高港区）摸排安全评价报告238份、安全咨询服务项目406份，排查、上报问题线索797条。加大对辖区内安全培训机构检查频次，上报问题线索30条。对存在违法行为的7个安全评价机构和2个安全培训机构实施行政处罚，累计处罚金额9.25万元。

【安全生产专项服务】 北京冬奥会期间，区应急管理局对中国医药城会展交易中心开展安全巡查，排查水电、消防方面事故隐患9条。7月，服务保障2022“苏韵乡情”乡村休闲旅游农业（泰州）专场活动，开展安全巡查督查4次，排查各类事故隐患25条，向相关部门和单位发送安全监管建议书2份。服务生物医药产业园区方舱建设，排查各类事故隐患9条。江苏省第二十届运动会举办期间，组织人员到供水、供气等单位走访4次，电话调度相关单位安全防范工作9次。针对白马镇北沿江高铁先行用地拆除工程存在的危险源点，提出整改建议11条。将每月的第一周定为执法服务周，执法前服务企业178个次。按金属熔融、危险化学品使用、有限空间作业、粉尘涉爆、综合管理5个类别，设立专家指导服务工作站6个，全年指导服务重点企业112个。

（姚　莹）

消防救援

【概况】 2022年，泰州医药高新区消防救援大队有国家队消防队员29人。其中，干部12人，消防员17人，有政府专职消防队员45人。下设1个国家队（祥泰路消防救援站）、1个政府专职消防队（滨江政府专职消防队）和1个企业专职消防队（中海油企业专职消防队）。全年共接警出动281起。其中，火灾扑救134起，抢险救援31起，社会救助72起，其他救援任务44起。出动车辆522辆次，出动警力2436人次。辖区共发生火灾238起。其中，轻微火灾124起，非轻微火灾10起，火灾共造成直接经济损失123.7

万元，无人员伤亡。泰州医药高新区消防救援大队被国家消防救援局评为消防安全专项整治三年行动工作先进单位，被江苏省消防救援总队评为2022年基层建设标兵大队，获评泰州市江苏省第二十届运动会组织运行和备战参赛工作先进集体。

高港区消防救援大队有国家队消防队员26人。其中，干部12人，消防员14人，有政府专职消防队员15人。下设1个国家队（通港路消防救援站）、1个政府专职消防队（永安洲镇政府专职消防队）和2个企业专职消防队（益海粮油企业专职消防队、海企仓储企业专职消防队）。全年共接警出动412起，抢救疏散被困人员103人，抢救财产价值1.74亿元。辖区共发生火灾203起，比上年下降3.4%；财产损失数1785.3万元，下降3.7%。未发生人员伤亡事故及重特大火灾事故。高港区消防救援大队被评为省级文明单位，通港路消防救援站党支部被评为全省消防救援队伍示范基层党组织，通港路消防救援站团支部被评为全省消防救援队伍五四红旗团支部，1人获第三届泰州市“青年五四奖章”提名奖。

【消防救援能力建设】 2022年，泰州医药高新区消防救援大队开展“863”熟悉演练178次，修订预案130份，联合多部门开展应急综合演练8次。完成化工实操演示、超高层建筑灭火救援实战拉动、“祥泰行动4号”应急演练及消防救援局“一短三快”初战机制改革拉动考核。挂牌成立首个“119+120”联动急救站。

高港区消防救援大队修订完善数字化预案125份、熟悉演练96次。摸排高层建筑、大型商业综合体底数，开展高层固定消防设施测试，对全区高层公共建筑和小区内高层住宅全部完成测试，发现并解决高层缺水和水压不足问题18处。与泰州市第三人民医院、高港区中医院签订医疗急救联动协议，强化敏感时节前置联动备勤。邀请区红十字会开展医疗救护理论授课8次，夏训期间每周三、五分批次到辖区游泳馆开展水域救援训练。与辖区2个消防器材厂签订应急救援合作协议，与公安、交通、环保、供电所等单位组成应急联动力量。深化执勤岗位大练兵活动，严格落实业务训练要求，完成单兵训练280课时、班组训练160课时、整建制训练90课时。组织开展体技能训练和各类专业培训工作。在全市消防救援队伍冬训体能比武竞赛活动中，高港区消防救援大队获团体第1名，通港路消防救援站获团体第2名；在泰州市消防作战训练安全技能比武竞赛中，高港区消防救援大队获三等奖；在全市消防救援队伍执勤岗位练兵比武竞赛活动中，高港区消防救援大队获团体第3名，永安洲镇政府专职消防队获团体第2名。

【火灾隐患治理】 2022年，泰州医药高新区消防救援大队组织开展消防“三年行动”、“百日攻坚”、安全大检查等重点工作任务，持续深化“三年大灶”专项整治。聚焦15条硬措施、50项重点整治工作内容，紧盯风险等级高、易失控漏管的重点区域、重要环节，全面排查整治火灾风险隐患。

高港区消防救援大队累计排查自建房2075个，发现突出隐患2693处，督促整改2658处，临时查封1处，联合属地街道拆除用于出租住人的违章搭建自建房3处。排查居民小区66个，发现火灾隐患150处，督促整改150处，约谈培训小区物业服务企业和其他统一管理单位的消防安全责任人、管理人132人。联合住建、商务、工信等部门，对人员密集场所、工贸企业的厨房等燃气使用情况开展联合执法检查，发现并移交整改隐患30余处。做好省运会、医博会等重大安保工作，组织开展集中夜查6次，发现并整改隐患478处。

【消防安全检查】 2022年，原泰州医药高新区共有消防安全重点单位239个，其中二级重点单位181个、三级重点单位58个，大型商业综合体4个（5万平方米以上大型商业综合体3个），高层建筑852栋（住宅建筑812栋，公共建筑40栋）。泰州医药高新区消防救援大队检查社会单位1079个次，发现火灾隐患或违法行为1286处，督促整改1286处，下发责令改正通知书736份，临时查封4处，责令“三停”单位16个，下发行政处罚决定书135份，罚款129.31万元。

高港区消防救援大队编写“九小场所”检查要点手册9份，开展专题培训7场次，培训镇街工作人员400余人次。打造镇街“九小场所”消防安全治理示范街7条。开展专项检查指导30余次，指导整改各类隐患1000余处。联合住建、公安、属地镇街等部门开展电动自行车夜间清理专项行动3次，集中清理在室内公共区域停放的电动自行车90余辆，针对个人当场处罚6次。开展电动自行车室内停放火灾试验警示观摩活动和电动自行车火灾案例现场警示教育活动各1次。

【消防设施建设】 2022年，泰州医药高新区消防救援大队加快推进东部消防站、生物医药产业园区消防站、明珠街道消防站建设，达到5分钟到达责任区边缘要求。

【消防宣传】 2022年，泰州医药高新区消防救援大开展“119”消防宣传月活动，举行“送消防安全进千家万户”主题宣传活动启动仪式，发动消防志愿者和社区网格员在54个社区、70个住宅小区宣传消防知识。到企业、中小学校、社区开展消防安全知识讲座、灭火操作演练、火灾应急逃生等活动。与《江苏经济报》、泰州电视台等媒体合作，定期开展座谈策划、新闻报道、隐患曝光。开展“消防安全码”扫码推广工作，累计张贴2万余个，共覆盖6.8万人。

高港区消防救援大队按照受众群体需求，分批次、分类别开展消防宣传工作。协调地方各级宣传部门加强“全民消防学习平台”和“消防安全码”的推广和宣传。组织宣传车开展流动宣传10余次，全年发放宣传资料2.2万余份，张贴宣传海报2万余张，发动消防志愿者开展宣传活动20余次；培训公安派出所民警30余人、基层网格员80余人、政府和企业专职消防员100余人。

（泰州医药高新区、高港区消防救援大队）

2022年5月12日，泰州医药高新区（高港区）举办“5·12”全国防灾减灾日宣传活动启动仪式暨防灾减灾书法绘画展

区党工委（区委）宣传和统战部　供图

防汛抗旱

【汛前检查及准备】 2022年，泰州医药高新区（高港区）开展水利工程安全大检查和长江水下地形测量，对发现的问题及时交办，列出防汛隐患整改责任清单，明确责任单位、责任人和整改完成时间。推动口岸街道、永安洲镇分别落实专业维修队伍、人员，对沿江闸站机械设备进行维修养护，确保工程运行安全。及时修订防汛防旱、防御台风、排水防涝应急响应等应急预案。成立各类防汛抢险突击队82支，有队员1356人。4月29日，对防汛抢险党员先锋队（青年突击队）开展集训活动和授旗仪式。5月27日，按全市统一要求，开展“祥泰行动5号”军地联合防汛抢险演练。在永安洲镇新街社区同兴路南演练封堵缺口、前帘封堵、构筑月堤、应急照明4个科目。11月25日，在沿江街道举行防汛抢险1小时应急响应圈实战演练。

【安全度汛】 2022年，泰州医药高新区（高港区）落实汛期24小时防汛值班制。值班人员按时到岗，负责值班信息上传下达，做好每天雨水情记录。根据水情、雨情科学调度水利工程。梅雨期降水，均及时开机排涝和开闸排水，保持内河水位基本稳定，未有灾害损失。8—11月，长江流域出现1961年有完整实测资料以来最严重长时间气象水文干旱，高港枢纽和沿江闸站积极引提水，保障农作物灌溉用水需求，大旱之年实现供水无虞、粮食丰收。应对台风“轩岚诺”“梅花”，启动防台风Ⅳ级应急响应2次、Ⅲ级应急响应1次、Ⅱ级应急响应1次。

（陈江华）

防震减灾

【概况】 2022年，泰州医药高新区（高港区）共有地震科普场馆1个、固定应急避难场所5个。12月，野徐镇香榭社区被应急管理部命名为国家综合减灾示范社区。全区共有国家综合减灾示范社区12个。

【群防群测和防震减灾知识宣传】 2022年，泰州医药高新区（高港区）利用地震宏观测报点开展群测群防工作。在科普宣传周等时间节点，发放宣传资料，开展防震减灾科普咨询活动。对区地震科普馆进行维护。　（丁　毅）

街道　镇

口岸街道

【概况】 2022年，口岸街道总面积50.71平方千米，耕地面积1605.67公顷。辖行政村6个、社区17个、村（居）民小组337个。户籍户数23370户，户籍人口70740人，常住人口92266人。全年实现地区生产总值173.38亿元，比上年增长0.86%。其中，第一产业增加值3.05亿元，第二产业增加值54.05亿元，第三产业增加值116.27亿元。固定资产投资31.88亿元。服务贸易总额1.22亿美元。居民人均可支配收入增长19.23%。　（陈道中）

【经济建设】 项目建设　2022年，口岸街道新开工1亿元以上项目3个，包括泰州苏中天线集团有限公司年产30万套鲨鱼鳍4G双天线项目、兴常泰物流园项目、引江社区特色田园综合体项目，总投资4.5亿元。

农业　高标准农田建设总面积246.67公顷，总投资1130万元。完成粮食播种复种面积2006.67公顷，粮食产量1.42万吨。建设引江社区乡村生态旅游田园综合体、“一米”特色果蔬采摘园、泰州市高港中药饮片有限公司银杏果冻干深加工项目等农业重点项目。新增绿色食品2个（高港区承虎家庭农场绿色大米和泰州市雅润农场绿色大米）。

工业　共有规模以上工业企业46个，规模以上工业总产值173.69亿元，工业战略性新兴产业产值99.21亿元。创成省级四星级上云企业1个（泰州汇锦电子有限公司）、三星级上云企业12个。江苏凯威药用包装有限公司、江苏正申索具有限公司、泰州市榕兴医疗用品股份有限公司获评省级专精特新“小巨人”企业。泰州汇锦电子有限公司建成省级企业技术中心。泰州德诚精密线材科技有限公司、泰州汇锦电子有限公司创成市级智能车间。

建筑业　完成建筑业产值261.44亿元，其中42个规模以上建筑企业完成建筑业总产值192.55亿元。

服务业　完成服务业投资31.88亿元。实现限额以上贸易额424.53亿元，比上年增长5.1%，在全区贸易额总数中占30.61%。其中，批发业贸易额408.12亿元，零售业贸易额13.87亿元，住宿业贸易额2243万元，餐饮业贸易额2.32亿元。

科技创新　完成规模以上工业企业研发投入3.73亿元，新增高新技术企业8个，共有高新技术企业23个。新增授权发明专利63件，新增高维持年限发明专利5件，共有授权发明专利375件，高维持年限发明专利43件。江苏凯威药用包装有限公司、泰州市榕兴医疗用品股份有限公司建成省级工程研究中心。
（李美娟　李继新　徐　健　王益平　汪　敏）

口岸雕花楼景区　　口岸街道　供图

【人居环境】 城乡建设 2022年，口岸街道推进港城花苑、向阳人家2个老旧小区改造工作。对银杏苑、府后人家、船闸家属区、春江花园等小区进行雨污水改造。在新明社区、引江社区、朱营社区、龙窝口社区和大石村建设农村生活污水设施。完成引江社区7条农村公路的验收，上争建设资金200余万元。完成薛陈路和育才路等道路维修、路域环境整治。对吴楼村李庄桥进行加固维修，对陵园桥、田河小学桥进行加固和限高。引江社区创成江苏省特色田园乡村，徐桥村、徐庄村创成省级绿美村庄。

生态环境 开展土壤污染重点监管单位隐患排查，督促扬子江药业集团完成隐患排查及报告编制。委托第三方检测机构对辖区内长江入河排口进行水质检测，包括整治类和规范类排口共35个（其中1个排口因无出水，未能取样，最终有效取样排口为34个），检测报告显示水质与2021年基本持平，检测结果逐一录入排污口管理平台。

（李继新）

2022年8月24日，口岸街道举办“阅读悦享 书香柴墟”暑期共读专场活动

口岸街道 供图

【社会建设】 教育 2022年，口岸街道区域有学校（幼儿园）12所。其中，高中1所，为江苏省口岸中学；初中2所，为泰州市扬子江初级中学、泰州市田河初级中学；小学3所，为泰州市口岸小学、泰州市扬子江小学、泰州市田河小学；公办幼儿园4所，为泰州市东方明珠幼儿园、泰州市口岸幼儿园、泰州市田河幼儿园、泰州市高港实验幼儿园；民办幼儿园3所，为泰州市高港区机关幼儿园、泰州市高港区小福龙幼儿园、泰州市高港区尚德智幼儿园。

（毛 燕）

文化体育 举办文化惠民演出29场，“全民迎省运”活动15场，抗疫摄影展、图书巡展、非遗展、书画展等主题展览36场，各类公益培训、读书会、绘画等培训68场，线上文化娱乐活动34场，围棋、象棋、广场舞比赛等活动40余场。培训各级社会体育指导员152人。共有全民健身设施68处、43.11万平方米，人均体育场地面积4.67平方米。

（毛 燕）

卫生健康 有公办医疗机构2个，分别是高港中医院和田河社区卫生服务中心。有村卫生室10个、社区卫生服务中心2个。扬子江药业集团申报省级健康企业，郎庄村申报省级卫生村，柴墟社区申报省级健康社区，均通过验收。实现辖区重点大型餐饮单位、农村集体聚餐食品安全责任保险全覆盖。完成街道食安办规范化建设。为辖区内65岁以上老年人进行免费体检。

（毛 燕）

社会生活 新增临时性公益性岗位安置就业困难人员5人，创业培训120人。组织泰州凤栖湖农场法人王艳申报“创富泰州”创业指导专家团成员，泰州市口岸雕花楼景区申报省级创业示范基地动态管理。引进高层次人才89人，新增留学回国人员7人，发放购房券278张。组织扬子江药业集团305人参加高技能人才认定，通过160人。城乡居民养老保险续费率93.96%，人均缴费1929.55元；新增待遇人员人均缴费24293.38元。（许世忠）

平安与法治建设 开展民法典、社区矫正法等进村居活动。发挥13个“交通劝导点”作用，宣传道路交通安全知识。推进“新一代雪亮工程”建设，建好智慧技防小区、智慧技防校园。将67个城市社区网格优化调整为42个，将131个农村网格优化调整为110个，其中设置专属网格7个。调处各类矛盾纠纷2300余件。排查燃气泄漏报警装置安全隐患76处，完成整改69处，限期整改7处。

（栾凌峰）

【政治建设】 基层党组织建设 2022年，口岸街道共有基层党组织201个，党员3299人。开展“村村到、户户进、人人访”集中走访活动，收集、解决问题48个。举办新任党支部书记任职培训班、“我是党员、奋斗有我”党员主题轮训培训班。梳理流动党员96人，成立街道流动党员云党支部。在泰州市榕兴医疗用品股份有限公司举办“两新”组织“党建共享日”活动。实施“放样子、亮群像”书记项目25个。发展党员26人。完成167个基层党支部换届选举工作。新增“持证上岗”社区工作者18人。发放“光荣在党50年”纪念章48个。 （李 婷）

宣传统战工作　开展“强国复兴有我”主题宣教活动，举办“喜迎二十大”文艺演出10余场、“大江放歌”广场文艺演出1场，口岸艺术团获评江苏省优秀群众文化培育团队。组织党工委理论学习中心组学习12场次、集体研讨6次。获评江苏省基层党员冬训工作示范乡镇（街道）。召开意识形态工作联席会议2次、研判分析会议2次。开展文明实践活动600场次，参与群众1000人次。被“学习强国”学习平台、“交汇点”新闻等平台采用信息62篇，其中全国平台采用2篇。《点燃乡村振兴新引擎　新型集体经济美村又富民》在《新华日报》头版刊登。在全区率先新成立新的社会阶层人士联谊会，有会员46人。在引江社区电商发展中心打造“同心助力社会治理”工作室。（贾爱兰）

纪检监察　约谈问责7人，运用第一种形态30人。党纪、政务立案15件，给予党内警告处分4人，严重警告1人，留党察看1人，政务警告7人，开除党籍2人。查处违反“四风”典型问题4个，处分3人。查处群众身边腐败和作风问题1个，处分2人。在重要时间节点集中开展警示教育活动3次。（姚　浚）

人大工作　有全国人大代表1人、市人大代表3人、区人大代表43人。成立全区首个街道议政代表会，选聘议政代表63人。创立“清风徐来”工作室，开展“人大代表工作日”活动，推动解决百姓“小”事30余件。口岸街道人大工委被评为全省人大系统先进集体。（孙　杰）

街道办事处自身建设　执行民主集中制，落实《口岸街道议事规则》，坚持重大问题集体讨论、集体决定。组织学习法律、法规，提升干部依法执政的能力和水平。推行政务公开，对重大事件做到“墙上（公示栏）、网上、会上”公开“三同步”。为民服务中心办理事项1.43万件，满意度99.99%。接到区网管中心派发“12345”政务服务便民热线工单5000余件，按时办结率100%。

（刘蒙蒙）

政协工作　口岸街道政协委员活动小组共有委员34人。全年开展“政协委员工作日”活动3次。街道围绕高标准农田建设、园区停车难问题以及民生专题议事月“人居环境大提升　乡村振兴显实效”主题开展“有事好商量”协商议事活动3次，村（社区）开展协商议事活动69次。提交提案30余篇，办结满意率100%。（贾爱兰）

【村（社区）简介】　引江社区　区域面积4.5平方千米，耕地面积84.53公顷。有居民小组21个，户籍户数678户，户籍人口2516人。2022年，社区集体经济收入突破1000万元，农民人均可支配收入4.25万元。“相聚缘”儿童乐园投入运营。入选第十批次江苏省特色田园乡村。

（张竹山）

新明社区　区域面积3.5平方千米，耕地面积和水域面积共127.6公顷。有居民小组21个，户籍户数765户，户籍人口2931人。2022年，社区集体经济收入81.09万元。对流转的73.33公顷耕地进行集中开发治理，建设高标准农田，新建泵站5座、闸涵3座、硬质化渠道9.6千米、硬质化田间道路6.2千米。建立新明社区疏导点，疏导流动摊贩，解决群众就业，增加集体收入。（李　忠）

东南社区　区域面积1.5平方千米，耕地面积71.03公顷。社区下辖网格2个，有居民小组22个，户籍户数657户，户籍人口2633人。2022年，社区集体经营性收入65.11万元。建成长350米、宽4米的5组、6组通组道路。完成高港大道城市化改造项目征地进保30人。春节慰问90周岁以上老人13人。

（陈开伦）

城南社区　区域面积2.5平方千米，耕地面积38.8公顷。有涉农小组17个、小区2个。常住户数1259户，常住人口4552人。2022年，社区集体经济收入122.57万元。新建连接勤丰组、西薛组的道路，长128米、宽4米，安装太阳能路灯4盏。

（李留华）

龙窝口社区　区域面积2.6平方千米，耕地面积46.67公顷，全部流转实施虾蟹养殖和高效农业种植。有居民小组30个，户籍户数1415户，户籍人口4813人，常住人口5449人。2022年，社区集体经济收入192.3万元。新增注册资金500万元以上企业1个，新办个体工商户3户。对2组、7组、新民组近1千米破损路面进行整体拓宽浇筑，新装路灯12盏；对船闸家属区进行改造，增设停车位、健身器材。

（顾益民）

城东社区　区域面积2平方千米，耕地面积6.23公顷。有居民小组21个，居民小区3个，户籍户数1118户，户籍人口5149人。2022年，社区集体经济收入181.69万元。社区党总支升格为党委。完成原许陈片9个组的失地保障办理工作。对小沈组、沈东组破损路道进行拓宽修缮。向60周岁以上老年人赠送意外保险。开展健康讲座、免费体检、送电影送文艺演出、送温暖等为民办实事项目。（许迎春）

王营社区　区域面积4.6平方千米。有宏达花苑、天逸华府、海裕山庄、蓝波湾、龙锦华庭、锦绣珑湾、东方明珠、鹏欣瑞都、南韵家园、天逸名邸、金港装饰城、珑悦花园12个居民小区，常住人口1.64万人。2022年，社区集体经济收入271.11万元。打造网格化治理中心，突出警格加网格的治理模式。打造党建服务品牌“王营邻礼通”。（孙永平）

蔡滩社区　区域面积1.47平方千米。有银杏苑、港城花苑、百年豪景、金港别墅等居民小区16个。户籍户数4313户，常住人口14212人。以三产服务业为主，有大型农贸市场、超市、商贸中心各1个，餐饮店164个，休闲中心7个。2022年，社区集体经济收入229万元。建立“茶语茶

言谈社区”议事平台。（刘 俊）

口岸社区 区域面积4平方千米。有居民小组16个，户籍户数1410户，户籍人口4516人。2022年，社区集体经济收入123.9万元。开展文化惠民演出4场。完成东兴街片区管道燃气安装准备工作，完成曙光新村管道燃气铺设工作。获评全区七五普法先进集体。（赵庆晨）

田河社区 区域面积5平方千米，耕地面积92公顷。有居民小组22个，户籍户数832户，户籍人口2940人。辖区企业以生产绳网带和吊索具为主。2022年，社区集体经济收入181.76万元。投资约34.5万元，对社区12组至15组的道路实施硬质化改造。（徐永根）

集成社区 区域面积2平方千米，耕地面积92.46公顷。有居民小组18个，户籍户数742户，户籍人口2578人，常住人口1325人。有智能化养殖示范基地1个，面积18.67公顷，养殖品种有螃蟹、甲鱼等。有家庭农场2个，其中高港区兄妹农场种植面积20公顷、高港区徐李家庭农场种植面积11.33公顷。2022年，社区集体收入300万元，获精致高新示范村居一等奖。（孙丽俊）

戴集社区 区域面积2.32平方千米，耕地面积116.2公顷，河沟面积33.47公顷，建设用地82.27公顷。有居民小组18个，户籍户数663户，户籍人口2180人。主要产业为传统农业、绳网加工、水产养殖等。2022年，社区集体收入257万元，其中经营性收入140万元。投资30万元用于基础设施建设，对300平方米破损道路进行维修，对16组下水道进行整改，对17组、18组低洼田地进行改造。（戴 勇）

张马社区 区域面积2.1平方千米，耕地面积118.2公顷。有居民小组23个，户籍户数982户，户籍人口3491人。2022年，投入168万元，打造以“人水和谐、水韵张马”为主题的水文化。获评江苏省生态宜居美丽乡村示范村。（周爱琴）

朱营社区 区域面积0.72平方千米，耕地面积55.33公顷。有村民小组12个，户籍户数432户，户籍人口1465人。重点企业有江苏凯威药用包装有限公司。2022年，社区集体经济收入123.58万元。完成泰州市高港实验初级中学东校区的征地进保前期准备工作，对被高校录取的大学生进行奖励，为社区新农合参保人员进行补贴。（徐竞峰）

柴墟社区 区域面积0.66平方千米。有居民小组18个，户籍人口3966人，常住户数712户，常住人口2315人，流动人口1032人。驻社区单位12个。2022年，获评江苏省健康社区。（王 毅）

新城社区 区域面积0.98平方千米。有居民小区10个，商住公寓1座。户籍户数2731户，常住人口1.12万人。驻社区单位有泰州市第三人民医院、泰州市口岸小学、大润发商业圈、海燕大酒店和银行机构等。2022年，社区集体经济收入105.05万元。实施府后人家老小区雨污分流改造。打造“红色管家”党建服务品牌。（薛余俊）

育才社区 区域面积0.9平方千米。常住户数1377户，常住人口3154人，户籍人口2589人。辖区内有国家AAAA级旅游景区口岸雕花楼景区、江苏省口岸中学。2022年，社区集体经济收入48.51万元。开展文化惠民演出2场。（徐少华）

大石村 区域面积2.6平方千米，耕地面积76.62公顷。有村民小组18个，户籍户数710户，户籍人口2642人。主要产业为传统农业和绳网带产业。2022年，社区集体经济收入130万元。实施“放样子、亮群像”书记项目，清理村庄垃圾，改善村庄环境。（张桂荣）

徐桥村 区域面积3平方千米，耕地面积199.87公顷。有村民小组20个，户籍户数951户，户籍人口3568人。主要产业为传统农业、特色农业和三产服务业。2022年，村集体经营性收入79.85万元。将闲置厂房出租，引进企业1个，为集体经济增收7万余元。注册成立泰州市徐桥村劳动服务有限公司，与长城汽车股份有限公司泰州分公司等企业建立合作关系。（周红生）

郎庄村 区域面积2.28平方千米，耕地面积117.07公顷。有村民小组20个，户籍户数652户，户籍人口2110人。主要产业为传统农业、花卉苗木。2022年，村集体经济收入122.4万元。被评为2022年度江苏省卫生村。（陈 明）

雅儒村 区域面积3平方千米，耕地面积107.67公顷。有村民小组14个，户籍户数680户，户籍人口

口岸街道徐桥村 口岸街道 供图

2229人。特色农产品有润海生态大闸蟹和雅儒香米。建有11.33公顷的迷迭香种植、加工基地。2022年，村集体经营性收入47.75万元。将闲置的老厂房翻建成标准化钢结构厂房。 （陈叶林）

吴楼村　区域面积2.8平方千米，耕地面积139.93公顷。有村民小组19个，户籍户数738户，户籍人口2353人。2022年，村集体经济收入351.7万元。协调完成兴化清水管网吴楼段整体项目建设。对李庄引水河进行生态护坡建设。

（叶建峰）

徐庄村　区域面积6.4平方千米，耕地面积142.67公顷。有村民小组25个，户籍户数842户，户籍人口3019人。2022年，村集体经营性收入408万元。举办第三届“徐庄杯”中国象棋赛、“徐庄杯”第三届老年掼蛋赛。成立“清风徐来”人大代表工作室。为居民安装天然气，每户补贴3000元，共补贴250余万元。 （宗礼胜）

刁铺街道

【概况】 2022年，刁铺街道总面积17.58平方千米，耕地面积431.91公顷。辖社区8个，居民小组103个。户籍户数8127户，户籍人口25434人，常住人口37084人。全年实现地区生产总值37.36亿元，比上年增长13.73%。其中，第一产业增加值1.04亿元，增长0.92%；第二产业增加值9.56亿元，增长1.03%；第三产业增加值26.76亿元，增长19.27%。一般公共预算收入8440万元。全社会固定资产投资31.44亿元。

（孙子茜）

【经济建设】 农业　2022年，刁铺街道利用农业“三资”0.32亿元。新增造林面积0.33公顷。集中育秧面积2.4公顷，机插秧面积175.47公顷，机插率98%，夏秋两季秸秆还田391.67公顷，全年收集秸秆1655吨。新建“三化”树种育苗基地20公顷。 （黄海萍）

工业　实现工业总产值21.34亿元、增加值8.73亿元。共有规模以上工业企业20个，规模以上工业产值13.23亿元、增加值2.98亿元、销售收入20.76亿元、利税1.01亿元、利润0.53 亿元。工业企业净入库税收9921万元。工业企业用电量1230万千瓦时。 （栾菊芳）

建筑业　共有建筑企业13个。建筑业总产值57.5亿元，比上年增长15.2%。 （栾　裕）

服务业　共有规模以上服务业企业56个。服务业固定资产投资5.67亿元。服务业增加值占地区生产总值比重为71.61%。 （栾菊芳）

科技创新　有效发明专利拥有量151件。江苏赛维环保有限公司、江苏追日汽车同步器有限公司、泰州鑫联诚润生物技术有限公司和泰州建源仪表有限公司通过省高新技术企业复审。江苏保力装配式住宅工业有限公司和泰州创达电子有限公司获批省高新技术企业。12个中小企业获批泰州市科技型中小企业。

（陈子源）

【人居环境】 城乡建设　2022年，刁铺街道推动环溪花园保障房项目竣工，完成安置房分配1000余户。推进高港大道改扩建工程。实施关桥社区、环溪社区农村生活污水治理二期和老旧小区雨污分流二期项目。维修镇村道路3965平方米，更换窨井盖53个，维修、更换路灯385盏、线路2604米，疏通下水管网4849米，养护绿化面积2.9万平方米。完成成片造林面积0.33公顷，森林抚育面积6.87公顷，农田林网控制面积23.67公顷，四旁零星植树1.26万株，美国白蛾检测率100%。

（孙永忠）

生态环境　完成解放彩印厂挥发性有机化合物专项治理项目。督促15个企业完成废气排放在线监控安装、调试、使用。开展全域入河排污口排查整治，排查南官河、引江河沿线排口37个，封堵或治理排口13个。开展河道“三乱两违”整治，清理河坡乱垦乱种1万平方米、乱堆乱放19处，新增绿化8000平方米。建成标准化河长工作站5个。投入50余万元，打造卫生院南北河、爱情海连片水系（普丰河、同丰河、庆丰河、普贤河、爱情河、祥丰河）、祠堂北河共8条“幸福河道”。投入45万元，实施陈吉中沟北段、祥南河、大丰生产河南段疏浚整治工程。

（时红俊　许江泰）

刁铺街道东部新城区　　刁铺街道　供图

【社会建设】 教育 2022年，刁铺街道区域有学校8所。其中，高中1所，为泰州市第三高级中学；初中1所，为泰州市高港实验学校；小学2所，分别为泰州市高港实验小学(金港校区)、泰州市环溪小学；幼儿园4所，分别为泰州市环溪幼儿园、泰州市高港区明发幼儿园、泰州市高港区水岸幼儿园、泰州市高港区格林幼儿园。 (张 静)

文化体育 举办广场舞、太极拳培训进社区活动，培训约5000人次。组织人员参加区组织的八段锦、太极拳、广场舞等培训，共培训约400人次。开展文艺演出3场、文化惠民演出22场。举办报纸、非遗、地方乡贤、书画作品等各类巡展18场，开展特色文化(非遗、传统京剧)进校园进社区等活动。在2022年泰州市"晨新奖"新创文艺节目调演中，原创节目女生小组唱《挑担号子》获二等奖。 (朱 颖)

卫生健康 刁铺街道社区卫生服务中心辖社区卫生服务站8个，有工作人员68人，其中卫生技术人员61人、正高级职称1人、副高级职称20人、中级职称14人。朱军获评泰州市卫健委系统优秀党员，孙小朋获评全区十佳医生，戴云凤获全区十佳护士提名奖。 (吴 剧)

社会生活 城镇新增就业800人，支持成功自主创业150人，创业培训100人。城镇职工养老保险参保人数净增100人，工伤保险参保人数净增153人，城乡居民基本养老保险参保人数4600人，城乡居民养老保险续缴费人数4158人。完成辖区内用人单位用工书面审查182户。完成191名灵活就业人员社保补贴申请工作。 (霍 惠)

平安与法治建设 将8个社区、113个居民小组划分为78个网格(特殊网格3个)，共有网格工作人员97人。开展农民工学法活动周、"4·15"全民国家安全教育日、反有组织犯罪法宣传、民法典宣传、宪法宣传周等主题宣传活动20场次。打造明发社区民法典法治文化园。调解各类矛盾纠纷489件，调处成功率100%。明发社区获评省级民主法治示范社区。圩岸社区水岸帝景小区被确认为全市首批"法治小区"试点单位。刁铺街道司法所获评泰州医药高新区(高港区)"七五"普法先进集体。

(张邦钰 薛 婵 张纪萍 霍雨佳)

【政治建设】 基层党组织建设 2022年，刁铺街道新发展党员14人，共有党员1223人。关桥社区、通太社区、环溪社区党总支升格为党委，明发社区党支部升格为党总支。建成"暖新驿站"8个，圩岸社区获评区优秀驿站。实施"以'治善'之功，建'至美'之城"基层党建"书记项目"，获区基层党建"书记项目"银质奖。成立环溪花园分房工作临时党支部，210余名党员干部9天完成1242户、2280套安置房的分房工作。实施"环溪新干将"年轻干部培养计划。深化"环溪有约"共商共办机制，收集问题1352条，解决1320条。制定《机关干部积分管理办法》，修订《社区干部报酬发放方案》。 (朱 晨)

宣传统战工作 将习近平新时代中国特色社会主义思想、《习近平谈治国理政》第四卷、中共二十大精神等作为街道党工委中心组学习的重要内容。发挥"银发讲师团""环溪新干将"宣讲团作用，开展理论宣讲活动。推荐优秀代表参加市、区比赛，霍碧玉获市、区两级"百姓名嘴"风采大赛一等奖。在各类平台发稿70余篇。制作《文明如水 汇聚成"溪"》《志愿有你》《精刁网格治理小盆景 细铺民生服务大幸福》等微视频。街道新时代文明实践所获评市十佳新时代文明实践所，圩岸社区乡贤共建志愿服务项目被评为市优秀志愿服务项目典型，明发社区被评为市最美志愿服务社区。在泰州鑫联诚润生物技术有限公司打造"红石榴家园"。春节等传统节日期间，组织慰问困难少数民族家庭。为困难少数民族家庭提供公益性岗位。 (薛倩云)

纪检监察 刁铺街道纪工委立案审查调查案件11件，给予党纪政务处分11人次，办结信访件2件，发放"清风卡"6张。开展文明城市创建、疫情防控等专项监督检查。深化"环溪廉韵"廉政品牌建设，打造"板桥竹风"圩岸社区廉洁书屋。做好区委巡察整改工作。 (徐晓莉)

人大工作 刁铺街道人大代表团共有市级人大代表1人、区级人大代表15人，街道人大代表联络员

刁铺街道圩岸社区根雕工作室 刁铺街道 供图

7人。成立第一届议政代表会，推选出议政代表50余人。开展社会保障、医疗卫生、人居环境等民生实事项目调研视察活动4次，走访接待选民600余人次，收集建议39件。（钟鸣宇）

街道办事处自身建设　重大决策均提前征求法律顾问意见。推进政务服务集成化，做到“一窗通办、一章审批、一站服务”。办理“12345”政务服务便民热线反馈问题3548件，区长公开电话和市、区长信箱反馈问题8件。办理人大代表议案、政协委员提案19件，办结率100%、满意率100%。加强预算管理，严格落实“过紧日子”要求，全面压缩“三公”经费。（戴　毅）

政协工作　政协刁铺街道工委共有政协委员13人。在各类媒体发表宣传政协工作的稿件18篇。撰写提案6篇、社情民意25篇、文史稿件10篇。围绕“古镇溪畔四草堂”（东皋草堂、环溪草堂、叙乐草堂和花雨草堂），开设“书香政协”故事讲堂。（薛倩云）

【村（社区）简介】　圩岸社区　区域面积1.5平方千米。有水岸帝景、格林美郡和吉祥园3个住宅小区。规划建设总户数5796户，常住人口1.15万人。户籍户数1110户，户籍人口2737人。辖区有机关事业单位10个、共建单位8个，有高港生态公园、高港全民健身中心、泰州市高港实验初级中学、泰州市高港实验小学。2022年，被市委全面依法治市委员会办公室确认为全市首批“法治小区”试点单位。（李　露）

万庄社区　区域面积4.7平方千米，耕地面积130.49公顷。有居民小组18个，户籍户数938户，户籍人口3543人。2022年，社区集体经济收入177.37万元。围绕教学仪器、汽车配件等支柱产业，探索“支部+电商+农户”发展模式，由10余户居民家庭组成支撑杆“线上营销队”，年均营销额1000余万元。与江苏省农科院合作，种植新品花生、宁紫薯，引导农民发展高效农业。与江苏农牧科技职业学院合作，养殖万庄小香猪，改进万庄羊肉制作技艺，扩大万庄羊肉知名度。（缪正南）

通太社区　区域面积3.6平方千米，耕地面积14.87公顷。有居民小组18个，户籍户数1614户，户籍人口4833人。有民营企业11个。2022年，社区集体经济收入223.08万元。推进育才花苑一期综合整治项目。开展被征地农民失地保障工作，为部分居民发放不动产权证书。社区党总支在基层党组织规范化建设中被评定为“四星级”，社区团支部被评为泰州医药高新区（高港区）五四红旗团支部。（杨福琴）

环溪社区　区域面积3.5平方千米，耕地面积74.33公顷。有居民小组21个，户籍户数1825户，户籍人口5334人，常住人口7439人。共有企业56个，主要产品为光伏电子产品、船用电器、医用耗材、气弹簧、羽毛工艺品、化妆品、实木制品。2022年，社区集体经济收入138.43万元。对赵庄后庄东西河进行集中整治，完成护坡工程、进水口工程；维修赵庄片区3条主干道的路灯、线路；将赵庄景观路纳为社区“一事一议”项目，投入50余万元，在东西河旁打造景观路1条，安装路灯40余盏；在栖园小区补栽绿化，设置防撞警示桩1200米，新建混凝土路面2500平方米，新增汽车、电瓶车停车位56个，修建电瓶车充电桩棚7个，建成小区西门电动车临时停放点；在解放西路打造社区健身休闲广场。（孙　佳）

关桥社区　区域面积3.2平方千米。有居民小组18个，住宅小区2个，户籍户数1050户，户籍人口4290人，常住人口3145人。2022年，社区集体经济收入101.5万元。整治河道4条，清理家前屋后卫生死角，清运垃圾、杂草30余吨。组织党员干部成立“惦着您五帮服务队”，为孤寡独居老人、残疾人提供代购生活用品、快递上门等服务。（黄　璐）

明发社区　区域面积1.05平方千米。辖区内建有秋红园、明贵园、业勤园、千顺园和百和园5个居民小区，有明发商业综合体和明发商业中心，有泰州市高港区明发幼儿园、泰州市环溪小学。常住户数7193户，常住人口7449人，户籍人口614人。2022年，社区集体经济收入38.71万元。在党群服务中心打造“汇智坊”文化空间，设有多功能厅、青年微讲堂、红色放映厅、颉

刁铺街道明发社区高层住宅区　　　　刁铺街道　供图

伦书屋、三乐画屋、东皋诗屋、未成年人关爱之家“金葵苑”,以及集报、火花、老电影剧照和地方戏曲等藏品陈列室。（霍 丹）

界牌社区 区域面积1.88平方千米,耕地面积83.3公顷。有居民小组12个,户籍户数574户,户籍人口2104人。2022年,社区集体经济收入111.2万元。盘活社区闲置资产,翻建薛李片区老厂房,增加集体经营性收入。（赵元元）

大丰社区 区域面积3.1平方千米,耕地面积59公顷。有居民小组16个,户籍户数844户,户籍人口3185人。有工业企业30个,主要产品为汽车配件、教学教具、智能水表。2022年,社区集体经济收入82万元,农民人均纯收入2.4万元。完成大丰社区260米南北向河道绿化工程,修缮道路300余平方米,新建旭光1组王庄中沟南路与北栾1组庄内道路共405米。（霍碧玉）

许庄街道

【概况】 2022年,许庄街道总面积42.46平方千米,耕地面积1527.8公顷。辖村(社区)14个,其中行政村4个、涉农社区9个、城市社区1个,村(居)民小组254个,户籍户数11633户,户籍人口38111人。全年实现地区生产总值48.44亿元。其中,第一产业增加值1.48亿元,第二产业增加值8亿元,第三产业增加值38.96亿元。完成一般公共预算收入4704万元。完成固定资产投资项目21个,总投资12.1亿元。新增市场主体1100个。居民人均可支配收入42390元,增长8%。（朱 芳）

【经济建设】 农业 2022年,许庄街道新增市级农业龙头企业2个,共有省级农业龙头企业1个、市级农业龙头企业6个。有家庭农场20个,其中示范家庭农场11个。新增省级河蟹产业技术体系示范基地1个。新建兰花种植基地1个。获评市级小麦高产创建A级方。围绕水产养殖和连栋大棚种植,推广特色农机和农业物联网。组织申报“高港金桔”地理标志。（唐晓庆）

延伸阅读:高港金桔

高港金桔大规模种植历史有35年,全区有省级标准化林果种植基地8个。高港金桔果形美观、品质优良、色泽鲜美,具有消食、散寒、化痰、醒酒等药用价值,其产品销售网遍布苏州、无锡、常州等地。

工业 规模以上工业实现利润2138万元、利税4884万元。完成工业企业一般纳税人开票销售15亿元,工业净入库税收3000万元。新增规模以上工业企业4个,分别为江苏沃克机械有限公司、泰州市富泰吊装设备有限公司、泰州市昊鑫电力机具有限公司、泰州元润玻璃制品有限公司。完成泰州凯尔机具有限公司和江苏圣煌机电工程有限公司三星上云申报及入库。泰州市万诺纺织科技有限公司、江苏安凯隆消防装备实业有限公司获评市级服务型制造示范企业。（唐为兵）

建筑业 共有规模以上建筑企业24个,规模以上建筑业入库总产值151.71亿元。新增建筑企业2个,分别为泰州领航机电设备安装有限公司、江苏嘉振建设有限公司。（徐 颖）

服务业 新增规模以上服务业企业7个、限额以上批零住餐企业13个,共有规模以上服务业、贸易企业86个。（刘朋生）

科技创新 获批科技型中小企业18个。获评省级高新技术企4个、市级高新技术企业5个。江苏维骏工业设备有限公司、泰州万诺纺织科技有限公司获批市级工程研究中心。完成研发投入2647万元。（杨新锋）

【人居环境】 城乡建设 2022年,许庄街道新投放分类垃圾桶300余只。做好已实施农村生活污水治理项目的9个自然村的设备、管道维护工作。对辖区内农村道路巡查、养护近135千米,新建、维修道路约4500平方米。投入近10万元,用于防护栏、减速带、警示牌等交安设施的建设。推进蔡庄村省级特色田园乡村建设,打造研学、教育实践基地。乔杨社区创成市级特色田园乡村。（徐 颖）

生态环境 完成江苏子辰教育设备有限公司、江苏宇乐机械设备有限公司雨污分流管网改造。完成8个重点污染源企业用电监控安装联网。泰州万诺纺织科技有限公司800千瓦光伏发电项目投产,年发电96万千瓦时,3个企业的光伏发电项目完成设计。空气质量优良天数率、地表水达到或好于Ⅲ类水体比例在全区名列前茅。投入1800万元,打造2022年中型灌区提档升级工程(包括关西中沟、赵王中沟、二青中沟、利民中沟)。投入200万元,建设幸福河湖8条(周梓中沟、关西中沟、赵王中沟、千岛湖、幸福母亲河、星六河、张马河、老许庄河)。农村生态河道覆盖率80%。（王茂东 张晓旭）

【社会建设】 教育 2022年,许庄街道区域共有学校7所,分别为江苏省高港中等专业学校、泰州市许庄初级中学、泰州市许庄小学、泰州市许庄幼儿园、泰州市孔桥初级中学、泰州市孔桥小学、泰州市金泰堡幼儿园。共有教师468人,在校学生4454人。（朱小敏）

文化体育 开展惠民演出活动35场、公益电影放映48场。在14个村(社区)举行“喜迎二十大,起航新征程”主题文艺演出、“强国复兴有我”惠民文艺演出等活动。在各社区开展非遗、书法等展览87场。3月,在马厂社区举办许庄街道全民健身趣味运动会,300余人参加。对乔杨、孔桥等10个村（社区）的室外健身点进行提档升级。共有体育健身点98个，全民健身路径92套，篮球场26片，实现文体活动室、全民健身路径在村（社区）全覆盖。（房　静）

卫生健康　有社区卫生服务中心2个，为许庄街道社区卫生服务中心和许庄街道孔桥社区卫生服务中心，下辖村（社区）卫生室12个。共有医护职工115人，核定病床110张。许庄街道社区卫生服务中心获评江苏省老年友善医疗机构。朱兆朋、张玉兰被评为江苏省基层卫生骨干人才。许庄街道孔桥社区卫生服务中心被评为江苏省老年友善医院，中医内科被评为泰州市基层特色专科。王正获评泰州市抗击新冠肺炎疫情先进个人。开展全基因组芯片检测“健康惠民二号”工程，为561人提供免费检测。（张　静）

社会生活　新增就业2200人，帮助城乡就业困难人员就业96人，开发公益性岗位安置就业困难人员8人，支持成功自主创业317人，完成SYB创业培训107人。城乡居民基本养老保险续缴人数7289人，续费率96.95%。城乡居民基本医疗保险参保19886人，参保率超98%。完成低保户160户214人、低保边缘户51户84人的动态管理工作，将46名困境儿童纳入保障范围，为5户困难家庭申请临时救助金2.23万元，为25户特殊困难老人家庭完成适老化改造，为1名低保户白内障患者免费实施复明手术，为12户残疾人家庭进行无障碍改造。蔡庄村“知性传扬，言‘孝’晏晏”社区服务品牌被评为泰州市优秀社区服务品牌。曹官营社区残疾运动员邱玉鑫参加江苏省第十一届残疾人运动会，获得1银、2铜的好成绩。（王晓娟）

平安与法治建设　网格化治理中心开展法律服务200次，调处各类社会矛盾纠纷1167起。共有省级民主法治示范村（社区）6个。建成三星佳苑等智慧小区。开展民法典进社区系列宣传，向企业提出法律风险提示意见、建议25条。将营商环境纳入法治政府考核。开展安全生产检查，共检查单位470余个次，排查隐患597条，全部整改到位。（彭永国）

【政治建设】 基层党组织建设　2022年，许庄街道党工委下辖党组织71个，党员1702人。实施“书记项目”，提档升级网格综合平台，形成“许优服”“全要素”等特色品牌。组织村干部能力大比武，开展第十二届村干部培训周活动。牵头组织区“源头活水”工程乡村振兴组到蔡庄村开展“振兴游学”活动，成立“唯实唯勤农忙服务站”。组织近400人参加“我是党员、奋斗有我”党员轮训。设立流动党员管理服务中心，成立5个流动党员云支部。组织村书记认领实施集体经济项目，许庄社区获评泰州市首批乡村振兴示范村。实施村（社区）党组织书记“放样子、亮群像”书记项目15个，三星嘉苑获评党建引领物业省级示范点。发放“光荣在党50年”纪念章47枚。打造长城汽车股份有限公司泰州分公司“众治诚成”党建示范点。（谭丽娟）

许庄街道社区卫生服务中心　　许庄街道　供图

宣传统战工作　开展中共二十大精神宣讲18场次。开展党工委中心组学习12次，组织交流研讨6次。党工委会议分析研判意识形态领域问题4次。在“学习强国”学习平台、《新华日报》《泰州日报》、泰州电视台等主流媒体上发稿130余篇，利用泰州港经济开发区（许庄街道）微信公众号宣传抗疫一线、项目招引、企业发展等各条线先进典型。打造“书香飘村居”农家书屋经典诵读活动品牌，组织阅读讲座、分享红色经典130余场。许庄街道商会再次获评全国“四好”商会。（顾　莲）

纪检监察　对乔杨社区农家书屋进行升级改造，增添廉洁文化类图书100余册，打造廉洁书屋。开展作风会风督查13次、重点工作督查39次，下发通报28期。开展重点领域专项治理10次，发现问题线索7条。运用监督执纪“第一种形态”处置16人，立案查处12人，处理各类信访18件。（李　佳）

人大工作　许庄街道人大代表团共有市级人大代表3人、区级人大代表23人，聘请议政代表45人。开展人大代表工作日活动4次，接待、走访选民200人次，收集居民诉求30余条。开展“百姓小事，你点督”活动，新城花园垃圾房分类新建、官沟社区流动摊贩疏导点建设等10个建议得到办结。建成许庄片区

"许你幸福"工作室。组织代表围绕文明城市创建、疫情防控、营商环境等主题,开展调研、视察等活动。（陈 澄）

街道办事处自身建设 坚持"三重一大"事项集体议事制度,提高政府民主、依法、科学决策水平。依法公开政务信息,推进基层治理体系和治理能力现代化。加大审计、监察工作力度,压实安全生产、生态环保、河道管护等工作责任。（郭贤蓉）

政协工作 组织政协委员视察许庄街道社区卫生服务中心新址、许庄街道基层法治建设情况,调研许庄社区"精致高新示范村居"建设情况。组织委员列席街道第一次议政代表会。围绕河道清理、道路拓宽、环境保护等民生实事问题,开展协商议事活动60次,形成协商议事成果45件,推动解决问题36件。（宗 晶）

【村(社区)简介】 马厂社区 区域面积3.6平方千米。有居民小组18个,安置小区2个、商业小区2个,户籍人口4106人,常住人口5000人。主要以工业经济为主。2022年,社区集体经营性收入264万元,居民人均可支配收入4.37万元。完成王戚自然村南庄雨水管网建设,解决湖滨小区屋顶下水管道堵塞问题,对王戚围庄河进行河道绿化提档改造。（朱海军）

三星社区 区域面积1.5平方千米。共有网格4个,户籍人口273人,常住人口3000余人,流动人口500余人。辖区有三星街区、三星嘉苑拆迁安置小区、许庄农贸市场,有各类商铺414个,有泰州市许庄幼儿园、泰州市许庄小学、泰州市许庄初级中学和江苏省高港中等专业学校。2022年,三星嘉苑小区获评省级物业管理服务工作示范点,许庄农贸市场获评区优胜市场。（李茂永）

许庄社区 区域面积3.78平方千米,耕地面积64.1公顷。共有居

许庄街道乔杨社区村庄河道 许庄街道 供图

民小组26个,户籍户数1029户,户籍人口3307人。共有私营企业73个,个体工商户152个,主要经营绳网带、吊索具、羽毛工艺品、服装加工、五金加工等。2022年,社区集体经济收入242万元,完成税收190万元。被评为泰州市首批乡村振兴社区,获精致高新示范村居二等奖。（唐 勇）

三旗营社区 区域面积1.5平方千米,耕地面积63.53公顷。有居民小组13个,户籍户数594户,户籍人口1988人。特色经济为花卉苗木产业。有村级下属企业3个,主要从事羽毛工艺品制作。2022年,社区集体经济收入96.73万元、经营性收入42.01万元。扩展修缮永丰组道路,修缮大东桥桥梁。（蔡 剑）

官沟社区 区域面积4.8平方千米,耕地面积约100公顷。有居民小组28个,户籍户数1141户,户籍人口4126人。2022年,社区集体经济收入265.09万元、经营性收入214.59万元,主要来源为发包收入、投资收益等。（周宜江）

曹官营社区 区域面积3.1平方千米,耕地面积63.8公顷。有居民小组21个,户籍户数965户,户籍人口3276人。辖区内有私营企业15个,其中规模以上企业1个,为泰州市柯普尼通讯设备有限公司。有许庄街道社区卫生服务中心、泰州市港城驾驶员培训中心和兰花种植基地。2022年,社区集体经济收入102.86万元。打造群众健身休闲广场1处,新建道路1条,铺设下水管道2处。（顾宏兵）

周梓社区 区域面积3.6平方千米,耕地面积101.31公顷。有居民小组17个,户籍户数920户,户籍人口3243人。产业以个体工商户、绿化培植和家庭农场为主。2022年,社区集体经营性收入103.1万元,居民人均可支配收入3.26万元。（李惠民）

乔杨社区 区域面积3.78平方千米,耕地面积242.07公顷。有居民小组23个,户籍户数877户,户籍人口2914人。2022年,社区集体经济收入105.07万元,居民人均可支配收入4万元。获评江苏省文明社区,创成泰州市特色田园乡村。（乔宝余）

赵王社区 区域面积3.97平方千米,耕地面积262公顷。有居民小组24个,户籍户数964户,户籍人口3336人。主要产业有荞麦酒、三汇水蟹、珍珠米、花卉苗木等。2022年,社区集体经济收入117.81万元。配合完成赵王中沟清淤固岸工程,完成农户改厕项目,修整社区硬质化道路。（王 勇）

孔桥社区 区域面积2.01平方

千米，耕地面积63.47公顷。有居民小组11个，户籍户数565户，户籍人口1893人。2022年，社区集体经济收入23.7万元，完成税收119万元。被评为泰州市文明社区。

（孙学军）

管营村　区域面积2.13平方千米，耕地面积136.51公顷。有村民小组12个，户籍户数570户，户籍人口1856人。经济以种植业为主，有家庭农场4个。2022年，村集体经济收入122.58万元、经营性收入18.81万元。新建钢结构厂房1座，获得省扶持项目厂房建设资金。

（薛　勇）

钱赵村　区域面积4.11平方千米，耕地面积260.47公顷。有村民小组22个，户籍户数1225户，户籍人口3854人。2022年，村集体经济收入253.49万元。完成省级高标准农田项目整治。（王子豪）

明河村　区域面积2.36平方千米，耕地面积121.67公顷。流转土地113.33公顷，其中花卉苗木种植49.33公顷、水产养殖44公顷。有村民小组15个，户籍户数571户，户籍人口1901人。2022年，村集体经济收入89.7万元。打造许庄河、关西中沟2条幸福河，新增硬质路327米，新安装路灯67盏。

（许　峰）

蔡庄村　区域面积3.33平方千米，耕地面积202.6公顷。有村民小组 23 个，户籍户数 931户，户籍人口 3010 人。2022年，村集体经济收入141.42万元，居民人均可支配收入 4.22万元。完成二青中沟幸福河工程，在蔡家大院内设立“政协书吧”。累计接待游客、学生约4000余人。（蔡　春）

寺巷街道

【概况】 2022年，寺巷街道总面积38.62平方千米，陆地面积32.98平方千米，农业用地面积17.38平方千米，工业用地面积10.93平方千米，商业用地面积1.74平方千米，水域面积5.64平方千米。辖社区14个，居民小组121个。其中，14个社区7533户，其他各生活小区4951户。常住人口10万余人，户籍户数12484户，户籍人口43845人，其中乡村人口26730人、非农村人口17115人。全年实现地区生产总值8.91亿元，比上年增长0.35%。其中，第一产业增加值0.22亿元，第二产业增加值5.72亿元，第三产业增加值2.97亿元。一般公共预算收入1.38亿元。完成固定资产投资3.68亿元。新签约1亿元以上项目2个，新开工1亿元以上项目1个。进出口总额3248万美元。（焦宏斌）

【经济建设】 农业　2022年，寺巷街道完成粮食播种面积406.67公顷，粮食总产量0.25万吨。完成医药城社区、祥和社区、康和社区、寺巷社区、军甫社区、新华社区、石桥社区、新港社区农村集体经济组织成员变更，共新增成员448人、减少成员415人。培训农业技术人才、拖拉机手、收割机员等60余人。

（张　斌）

工业　实现规模以上工业总产值22.21亿元、增加值5.32亿元，工业企业一般纳税人开票销售31.08亿元。完成工业投资2.74亿元，比上年增长9.7%。新增规模以上工业企业2个，共有规模以上工业企业24个。新增星级上云企业7个。泰州市三江消防器材有限公司通过省级工程技术研究中心验收。泰州日顺电器发展有限公司获批国家级专精特新“小巨人”企业。获批市级专精特新产品1个。

建筑业　完成建筑业产值3.5亿元，建筑业入库税收835万元。共有规模以上建筑企业2个，建筑业从业人员2300人。

服务业　完成限额以上消费品零售额0.65亿元、批发业销售额3.58亿元、零售业销售额0.22亿元、餐饮业营业额4457万元。新增限额以上贸易企业6个，共有规模以上服务业企业25个。完成服务业投资0.94亿元。

科技创新　完成研发投入0.59亿元。完成科技型中小企业备案14个。获批省高新技术企业2个。申请发明专利21件，获授权发明专利10件。新增企业注册商标10个。完成知识产权质押融资1600万元。

（马恒燕）

【人居环境】 城乡建设　2022年，寺巷街道完成祥和花园（二期）综

位于寺巷街道的东方温莎小镇雪景　区党工委（区委）宣传和统战部　供图

合整治改造工程，健康河、龙庄河、乔庄河、大王庄河截污工程，小港河沿河截污工程，寺巷集镇沿街商铺生活污水收集工程。推进龙凤家园综合整治改造工程、康和花园综合整治改造工程、口泰路污水管道接通工程。完成龙凤家园物业委托管理服务合同续签工作及祥和花园物业管理服务整体发包工作。新增垃圾分类收集点13座，增加小区收集容器156个。完成康和花园、龙凤家园生活垃圾分类“两定一撤”收集点建设。祥和花园小区申报省垃圾分类“两定一撤”示范小区。开展农村人居环境整治，清理积存垃圾，清理乱堆乱放行为。实施“党建+防违控违”书记项目，开发防违控违综合信息管理平台。完成青年公寓三期项目海伦路民营科技园4个企业的拆迁扫尾工作。完成大王社区（原江都浦头镇引江新村东野、永兴组）改造项目动迁户的房屋动迁工作，统一安置在龙凤家园、祥和花园等地。完成北沿江高铁先行用地项目石桥社区2户动迁户的房屋动迁工作。完成北沿江高铁先行区石桥社区红线内征地、人员进保工作。

（袁 斌 王根林 单华峰 张 斌）

生态环境 落实餐饮油烟治理、扬尘综合治理等措施。完成20个重点企业的用电监控安装。开展挥发性有机物专项治理，完成泰州市神龙消防科技有限公司、泰州日顺电器发展有限公司废气收集处理装置安装工作。加强南官河祥和大桥国控站点周边水环境整治。落实乡级河长9人、村级河长9人，累计巡河440余次。（袁 斌）

【社会建设】 教育 2022年，因北沿江高铁（寺巷段）拆迁项目启动，寺巷街道区域原有的寺巷中心小学搬迁至泰州市周山河小学。辖区内有大学2所，高中1所，公办幼儿园1所，民办幼儿园1所，成人教育中心学校1所。

文化体育 有社区综合文化服务中心9个、百姓大舞台3个。全年开展文化活动100余场次。举办巡回展览活动60余次。组织文化惠民演出30场，组织文艺进社区活动20场。开办百姓生活课堂20场。

卫生健康 有公办医疗机构1个（寺巷人民医院），共有医务工作人员105人，其中专业技术人员95人。有社区卫生服务中心（站）9个，辖区内大学、中学、小学、幼儿园均有卫生站。组织无偿献血和免费“两癌”筛查。（周文慧）

社会生活 新增就业1017人、创业235人，创业带动就业368人。有农村低保户59户73人，城市低保户2户2人，享受困难残疾人生活补贴483人、残疾人护理补贴357人。发放残疾人补助355万元，临时救助金6.95万元，尊老金277.42万元，困境儿童补贴38.14万元，抚恤金222.39万元，义务兵优待金89.75万元。有综合性养老服务中心1个，日间照料中心1个，AAA级社区养老服务中心12个。康和社区、龙凤社区获评泰州市社区优秀服务品牌。

（周文慧）

平安与法治建设 开展预防青少年犯罪、国家安全教育日、防范非法集资、反有组织犯罪法、烟花爆竹禁放、“12·4”国家宪法日、民法典等法治宣传活动。制作《儿女关心沟通多一点、父母距离诈骗远一点》动漫短片，在“泰州政法”微信公众号推广。阳光信访平台受理信访件113件，办结109件。排查整改安全隐患6126条，整改率100%。开展高层消防安全综合治理，排查整改消防隐患4155条。开展“九小场所”消防安全综合治理回头看，排查整改问题隐患415条，清理违规住人127户。开展城镇燃气集中治理，累计排查4.65万户，清理违规使用液化气钢瓶26只。推广安装餐饮场所燃气报警切断装置，安装燃气报警切断装置317套。开展既有建筑安全隐患排查，累计排查自建房屋5319户，其中经营性自建房1241户，共排查出隐患7条，均整改到位。共设置网格109个，配备网格长14人、网格员109人。排查出租房3605户，发现安全隐患1426条，全部完成整改。

（袁小琴 陈秋芹）

【政治建设】 基层党组织建设 2022年，寺巷街道共有基层党组织68个，党员1442人。建成标准化暖

2022年11月4日，寺巷街道举办“你讲我听”党务知识小课堂活动

寺巷街道 供图

"新"驿站2个，设置暖"新"落脚点14个。举办第十二届村干部培训周、党员轮训等专题培训。参加泰州市第一届村干部能力大比武决赛，获得全市二等奖。实施"书记项目"，建立"红色代言"信访机制，妥善处理遗留矛盾与难题；组织社区党组织实施20个"放样子、亮群像"书记项目。完成基层党建提级管理重点乡镇整改提升验收工作。

宣传统战工作　围绕"强国复兴有我"主题，开展群众性主题宣教活动60余次。在"学习强国"学习平台用稿24篇，"交汇点"新闻用稿38篇，《新华日报》用稿8篇，《泰州日报》用稿25篇，《高新新闻》用稿35篇。举办道德讲堂活动4场次。开展志愿服务活动200余次，形成"17880睦邻驿站"、"巷理而来送学团"、"流动驿站"志愿服务队等志愿服务品牌。（李　亭）

纪检监察　立案调查13件，查处13件，给予党纪政务处分9人，其中重处分4人。提醒谈话6人、批评教育4人、诫勉谈话5人。开展"清风行动"系列专项检查督查12次，采用"第一种形态"处置4人。开展作风建设督查17次，发现"四风"问题线索2个，诫勉谈话2人、提醒谈话2人，党纪政务处分2人。打造"寺清巷廉"家风馆1个，举办党员领导干部家庭助廉活动1次，建设廉洁书屋14个。（赵　越）

人大工作　有市人大代表2人、区人大代表20人。议政代表会有正式代表65人。召开寺巷街道第一届议政代表会第一次会议。建成"千成"人大代表工作室。每季度开展"人大代表工作日"活动1次，开展谈话、视察、调研15次。开展五级人大代表回选区访选民"你点我督"主题实践活动，解决祥和小区30号楼与27号西侧路灯设置等问题5个。围绕乡村振兴、食品安全、民生实事，进行专项监督检查3次。（傅朝阳）

街道办事处自身建设　制定完善议事决策规则。细化党政联席会、主任办公会流程制度，从严从实把好议题前置审核关。建立健全领导班子挂钩联系社区（企业）制度、重点信访问题领导包保责任制。落实应急管理值班值守制度，处理"12345"政务服务便民热线电话及群众诉求电话3072件，处理疫情突发事件2起。针对文明城市创建、疫情防控、秸秆禁烧、人居环境整治等工作开展专项督查39次，编发《督查通报》22期。（焦宏斌）

政协工作　寺巷街道政协委员活动小组有成员21人，其中区政协常委1人。组织政协委员调研、走访10余次，协同办理网上提案10件，报送社情民意信息10余篇。组织"坡子街文化迎春周"、"书香政协·巷理而来"阅读分享等活动10余场。开展"改造污水管网，提升集镇环境"等协商议事活动10余次。（孙济云）

【村（社区）简介】屠桥社区　区域面积3.3平方千米，耕地面积82公顷。有居民小组19个，户籍户数987户，户籍人口3678人。社区大学生返乡创业48人，农民返乡创业241人，有各类私营企业143个，有1962人从事电子商务及其相关行业。建有屠桥社区工业园。2022年，社区集体经营性收入54.1万元，实现网上销售2.7亿元。完成蒋庄片区污水管网改造和自来水管网改造项目。打造区级人居环境提升点，获精致高新示范村居二等奖。（李　坤）

新港社区　区域面积1.27平方千米，耕地面积54公顷。有居民小组10个，户籍户数526户，户籍人口1992人。2022年，社区集体经营性收入32.97万元。完成公共设施建设10余处。（蔡　琴）

新华社区　区域面积1.13平方千米。有村民小组8个，户籍户数536户，户籍人口2059人。社区内有农贸市场1个、私营企业19个、个体饭店5个、其他个体私营服务业单位35个。2022年，社区集体经济收入99万元，其中经营性收入62.7万元。（栾粉玲）

康和社区　区域面积0.2平方千米。为安置小区，总建筑面积20万平方米，共有安置房1676套，住户1653户，总人口4958人。户籍户数863户，户籍人口3227人。2022年，社区集体经济收入246.7万元。完成康和花园一期、二期老旧小区改造主体工程，在一期西门停车场、二期南门广场新增汽车充电桩5个。获评泰州市先进新时代文明实践站、泰州市优秀社区服务品牌、泰州市十佳标准化家事调解社区工

寺巷街道屠桥社区工业园　　寺巷街道　供图

作室。（姚淑颖）

祥和社区　区域面积1.8平方千米。有居民小组11个，户籍户数630户，户籍人口2234人。2022年，社区集体经济收入76.06万元。完成祥和花园二期老旧小区的提档升级改造工程。对出租房、群租房进行排查管理。（邱小兵）

小王社区　区域面积2.23平方千米，耕地面积10.88公顷。有居民小组11个，户籍户数816户，户籍人口3270人，外来人口1374人，出租房276户。有规模企业3个、个体私营企业66个。2022年，社区集体经济收入163万元。对毛氏宗祠进行提升改造，打造“寺清巷廉”家风馆。（毛慧云）

军甫社区　区域面积1.8平方千米，耕地面积5.2公顷。户籍户数596户，户籍人口2055人。2022年，社区集体经济收入135万元。提升“万年青幸福之家”党建品牌，离退休老干部支部获评市五星级离退休干部党组织。社区被市人民防控办公室评为人防工作先进集体。

（周小江）

医药城社区　区域面积2平方千米。户籍户数530户，户籍人口1890人。有东方温莎小镇和多个医药企业。2022年，社区集体经济收入68.7万元。启动口泰路的扩宽改造建设。（李卫生）

龙凤社区　区域面积50.77平方千米。有村民小组28个，户籍户数1576户，户籍人口4901人，流动人口3000余人。2022年，社区集体经济收入475.39万元。获评省民主法治示范社区。（栾兰平）

寺巷社区　区域面积2.5平方千米，耕地面积37.96公顷。有村民小组23个，户籍户数1301户，户籍人口5066人。有规模企业6个、个体私营企业82个。社区内长泰路、海仓路、口泰路等主干道上有门面房130个。2022年，社区集体经济收入314.4万元。完成小港河、龙庄河、健康河、乔庄河沿河截污工程，口泰路雨污分流工程，长泰路沿街商铺污水接入工程。（毛兰梅）

大王社区　区域面积1.5平方千米，耕地面积45公顷。有村民小组11个，户籍户数777户，户籍人口3052人。2022年，社区集体经济收入246万元。完成10组、11组（原扬州市江都区浦头镇引江新村东野村、永兴组）208户搬迁及安置工作。（戴兰华）

二桥社区　区域面积5.1平方千米，耕地面积216.67公顷。有村民小组30个（拆迁后剩下居民小组10个），户籍户数1413户，户籍人口5450人。社区内企业以绳网带、绝缘纸生产加工为主。2022年，社区集体经营性收入260.56万元。完成10个居民小组内门前屋后的废弃水缸清理工作。解决17组、20组、21组、22组、24组、25组、27组的失地保障问题，办理失地保障370人。

（王小梅）

三野社区　区域面积1.82平方千米，耕地面积12.44公顷。有村民小组9个，户籍户数630户，户籍人口2540人。有绳网企业50个，个体工商户158个。2022年，社区集体经济收入236万元。完成路灯老旧线路改造1600米，完成7组、8组、9组污水管网改造。（赵艳阳）

石桥社区　区域面积0.68平方千米，耕地面积23.39公顷。有居民小组8个，户籍户数552户，户籍人口2132人。2022年，社区集体经济收入65.9万元。（孙梅凤）

明珠街道

【概况】 2022年，明珠街道总面积19.88平方千米，耕地面积105.71公顷。辖社区11个，居民小组98个。户籍户数1.18万户，户籍人口3.6万人，常住人口5.72万人。全年实现地区生产总值8.11亿元，比上年增长7.13%。其中，第一产业增加值700万元，增长7.35%；第二产业增加值4.17亿元，增长15.68%；第三产业增加值3.87亿元，下降0.1%。完成一般公共预算收入1.42亿元，增长8%。全社会固定资产投资2.91亿元，增长0.8%。新增规模以上企业11个。（费晶晶）

【经济建设】 农业　2022年，明珠街道实现农业总产值1200万元、增加值700万元。小麦亩产约400千克，水稻亩产613千克。

工业　共有规模以上工业企业13个。全年实现规模以上工业产值8.45亿元、销售8.28亿元。

明珠街道城南社区薛家塔　　明珠街道　供图

建筑业　有资质以上建筑企业16个。实现建筑业总产值4亿元，比上年增长111.4%

服务业　共有规模以上服务业企业40个。服务业固定资产投资5800万元。完成限额以上批发业商品销售额、零售业商品销售额3.54亿元、餐饮业营业额5543万元。

科技创新　新增发明专利申请量15件，取得授权5件，有效发明专利拥有量22件。新增省高新技术企业4个。获批科技型中小企业11个。（张怀娣　吉　鹏　费晶晶）

【人居环境】 城乡建设　2022年，明珠街道投资9500万元实施世茂河滨、杰盛俊园、左岸名都及鲍徐集镇鲍九路南北主干道4个项目的雨污分流改造及周边环境整治工程。投资36.39万元实施西湖翠苑小公园修缮、嘉和幸福里截污、泰河名府景观桥维修、梅兰花园健身广场橡胶跑道4个小区"微整治"项目。新增鲍九路、扬子港路、吴州路、天虹路停车位380个。完成世茂河滨花园老楼加装电梯1部并交付使用。完成泰墅园、鑫泰花园业委会换届工作。完成7个居民小区垃圾分类"两定一撤"设施投放工作，投放垃圾分类收集房10座。靳新社区道路建设"一事一议"财政奖补项目通过验收，被市财政局、市农业农村局评为村级公益事业"一事一议"财政奖补工作先进村。

生态环境　江苏江泰食品有限公司完成污水处理池除臭、面粉车间粉尘收集装置安装；泰州市巾被厂有限公司完成高温高压染色车间落后产能淘汰；江苏苏中印刷有限公司完成印刷车间封闭改造、废气收集管网改造；泰州第一铝材厂有限公司完成喷粉和抛光打磨工序粉尘处理设施改造；泰州市华源印染机械厂完成熔炉设备拆除；江苏海宁船用器材厂有限公司、泰州市静溪洋服饰有限公司完成生物质锅炉淘汰，新增天然气锅炉。督促企业严格落实重污染天气限停产方案。督促辖区内38个小微企业完成厂区内部雨污分流改造，自建生活污水收集池，定期安排第三方实施清运。完成9条样板河道打造、13条骨干河道绿化提升。（刘小芳）

【社会建设】 教育　2022年，明珠街道区域有学校8所，分别是泰州市鲍徐初级中学、泰州市鲍徐小学、泰州市祥龙幼儿园、泰州市鲍徐中心幼儿园、泰州医药高新区（高港区）红五星幼儿园、泰州市蓝天实验幼儿园、泰州市明珠幼儿园、泰州市世茂蓝天幼儿园。共有在职教师412人，学生4461人。开展安全隐患检查巡查24次，检查学校和培训机构84次，排查问题15处。（常玉娟）

文化体育　组织开展文艺活动140次、惠民演出40场、送戏下乡2场、文化展览142场、培训讲座44场，惠及17.3万人次。开展体育培训10场、体育活动15场。新建乒乓球台2张、健身路径3套。共有体育健身点92个，实现全民健身路径社区全覆盖。（常玉娟）

卫生健康　为95对夫妻进行免费婚前及孕前优生体检。为245名育龄妇女开展"两癌"筛查。全街道享受奖励扶助对象1773人，伤残特别扶助对象38人，死亡特别扶助对象62人，共发放扶助资金126.55万元；为203名退休持证职工办理一次性奖励计60.9万元。实施"健康惠民二号工程"，共有1138人参与。（鲍玉龙）

社会生活　新增就业1859人，城镇失业人员再就业1023人，城乡就业困难人员再就业215人，发放灵活就业人员社保补贴3606人次计321万元。完成城乡劳动者创业、就业技能培训700人。居民养老保险参保缴费3830人，续缴费人数3781人，续缴费率98.72%。推进"15分钟医保服务圈"省级示范点建设，全面实现"一站服务、一窗通办"模式。城乡居民医疗保险基本实现应保尽保，1万余名被征地农民享受医疗补助计117万元。城乡低保共28户48人，发放低保金32.08万元。成立儿童关爱之家，发放各类困境儿童补贴16.7万元。为1300余名老人提供居家养老上门服务，完成15户困难残疾人家庭适老化改造，为1368名老人发放尊老金206.5万元。成立残疾人联合会，享受残疾人"两项补贴"361人，街

2022年6月18日，明珠街道春风社区开展"彩绘童愿　帐篷派对"亲子活动

明珠街道　供图

道累计发放补助255.47万元。发放各类优抚对象及遗孀补助151.03万元，为退役军人及其他优抚对象申领优待证，获评泰州市优秀镇街退役军人服务站。 （韩永莉）

平安与法治建设 将11个社区划分为80个网格，配备网格长、网格员等90人，其中城市社区专职网格员27人。实现辖区居民网格微信群全覆盖，发布民生服务事项、反养老诈骗、新冠疫情防控等信息。成功调处各类矛盾纠纷1258起，化解率100%。完善公共法律服务体系建设，落实"一社区一法律顾问"制度。开展志愿服务大集市、法治进校园、普法进社区、送法进企业、"三八"妇女节集中维权、"4·8"司法日、"4·15"全民国家安全教育日等法治宣传活动。全面推进应急管理工作融入平安治理"一张网"，将安全生产、自然灾害等风险隐患巡查以及避险转移、抗灾自救等应急管理工作纳入网格员职责，及时报告生产安全事故和自然灾害信息。 （周景阳）

【政治建设】 基层党组织建设 2022年，明珠街道共有基层党组织40个，新发展党员14人，转正32人，共有党员1531人。新增"两新"党组织1个，打造暖"新"驿站11个。开展红色文化主题教育、"喜迎二十大 建功新时代"、党史故事分享会等活动120余场次。组织229名党员干部到基层排查解决问题115个。实施"党建+物业"书记项目，打造"薛家塔"公益服务队、"芳华爱心之家"、"580（我帮您）"等服务品牌。11个社区围绕"放样子、亮群像"书记项目，破解小区环境改造、小区经营管理秩序等问题17个，其中祥龙社区、春风社区2个项目入选市优秀"放样子、亮群像"书记项目。 （王倩玉）

宣传统战工作 开展中心组学习12次、研讨交流7次。开展"强国复兴有我"系列主题宣教活动。举办"道德讲堂"3次，发布"美德善行榜"3期。开展新冠肺炎疫情防控、全民阅读推广等文明实践活动，累计服务1万余人次。在央视13套发布报道1条，《江苏新时空》发布报道1条，在"交汇点"新闻、《泰州日报》、泰州电视台等媒体发布稿件161篇，在"学习强国"学习平台用稿20篇、"高新发布"微信公众号用稿17篇，"印象明珠"微信公众号发布动态460篇。召开企业家座谈会，宣传中共二十大精神。打造统战工作基地"同心屋"。对留学归国人士、少数民族、海外知名人士、台胞台属人员、台资企业、侨胞侨眷、无党派人士以及新阶层人士基本情况、就业信息进行统计摸排。 （朱 瑾）

纪检监察 运用"第一种形态"处理22人，运用"第二种形态"立案12人。开展明察暗访12次，发现违反工作纪律问题6个，提出整改意见6条。开展购买第三方服务领域突出问题专项治理、绿化景观专项督查、违法用地和违法建设督查等专项治理行动。办理信访举报5件。 （祝 婕）

人大工作 开展各类督查活动5次。代表走访联系选民500余人次，整理收集问题建议136条。运用视察调研、专题问询等方式，推进精致高新示范村居靳新社区示范点打造、左岸名都等老旧小区雨污分流等为民办实事项目。建立街道"人大代表之家"1个，祥龙、靳新等4个片区人大代表工作站，东明社区、春风社区2个户外联系点。协调化解各类矛盾纠纷30余起，推动解决道路、交通、水利等基础设施问题20余个，协调办理临时救助、教育卫生、就业创业等民生实事80余件。推行议政代表会制度，推荐选聘议政代表45人。 （陈小勇）

街道办事处自身建设 制定完善议事决策规则。细化党政联席会、主任办公会流程制度，把好议题前置审核关。建立健全领导班子挂钩联系社区（企业）制度、重点工程项目领导包保责任制，对重点工作实行一周一督查、一月一通报。落实应急管理值班值守制度，处理"12345"政务服务便民热线电话及群众诉求电话5836件，处理突发事件10余起。针对文明城市创建、疫情防控、秸秆禁烧、人居环境整治等工作开展专项督查43次，编发《督查通报》26期。建成集信访接待、法律服务、矫正安帮、效能投诉、人口计生、民政事务、志愿服务7大功能于一体的基层政务服务平台。统筹建立街道、社区两级"1+11"服务站点，完善"江苏省政务服务网"政务服务事项。梳理部门、社区权力清单，推动建立权责统一的基层政务公开网络。 （高 飞）

【村（社区）简介】 鲍徐社区 区域面积2.4平方千米，有凤城丽都、西花园、泰和福苑3个住宅小区。有居民小组10个，常住人口约3500人。2022年，社区集体经营性收入123.9万元。完成9组闲置田地复垦工作、花园小区物业管理矛盾协调、河道整治等为民办实事项目。发动党员对辖区内633户既有自建房进行排查。推动39个餐饮单位更换燃气不锈钢软管。 （吉进章）

殷庄社区 区域面积1.22平方千米，有嘉和幸福里、左岸名都、凤桥豪庭、文旅和苑4个住宅小区。有居民小组12个，常住人口3154人。2022年，社区集体经济收入174.84万元。完成左岸名都雨污分流工作；实施左岸名都"绿改停"项目，增加停车位500余个。 （田红根）

祥龙社区 区域面积3.8平方千米。有村民小组34个，户籍户数1936户，户籍人口7589人。2022年，社区集体经济收入199万元。获评市优秀"放样子、亮群像"书记项目、泰州市妇联"优秀妇女儿童'家'阵地"。 （田 伟）

北徐社区 区域面积1.5平方千米，有住宅小区1个（御园）。有村民小组22个，总户数2400户，总人口6500人。2022年，社区集体经济收入80万元。建立社区干部和农村党员工作联系点制度，开展党支部工作提升行动。打造样板河道4条。（朱小兰）

城南社区　区域面积1.6平方千米。有居民小组10个，常住人口7245人。社区集体资产4123.6万元。2022年，社区集体经营性收入416.6万元。实施小区环境综合提升改造、天然气入户、黑臭水体整治、文体广场建设等为民办实事项目。（徐　演）

新新社区　区域面积4.06平方千米，耕地面积69.79公顷。有居民小组23个，户籍户数987户，常住人口3781人。2022年，社区集体经营性收入159.51万元。投入20.15万元，完成"一事一议"道路硬质化工程200余米。完成新春中心幸福河湖的打造项目。完成人居环境整治示范点孙龙珍文化广场的建设。推进雨污分流项目。开展文化惠民演出5场。获评江苏省生态宜居美丽乡村。（王桂华）

东明社区　区域面积0.37平方千米，有梅兰花园、杰盛俊园等6个住宅小区。有居民小组12个，户籍人口2068人，常住人口5500人。2022年，社区集体经营性收入239.54万元。完成梅兰花园小公园党建阵地打造、东明物业市场化运营、梅兰花园监控技防工程、废品收购站整改、香兰湾小区居民安置分房、香兰湾小区西门南北路改造工程等为民办实事项目，升级改造杰盛俊园小区污水管网。（张才喜）

春风社区　区域面积2平方千米，有鑫泰花园、鑫泰苑、玉城茗墅、鑫福源4个住宅小区。常住人口5000余人。有泰州市社会福利中心、泰州市中西医结合医院、泰州市港华燃气公司等便民服务机构。2022年，社区集体经营性收入126.8万元。获评泰州市绿色社区。对接项目落户，按照序时进度撤除地障、违章建筑物和扒翻种植，完成福利院二期工程清缴交地工作；完成鑫泰花园五期危墙整修工程；"见'圾'行事，全民'绿'动"入选市优秀"放样子、亮群像"项目。（张桂祥）

西湖翠苑社区　区域面积0.5平方千米，有西湖翠苑、世茂河滨2个住宅小区。下设网格10个，常住人口6300人，户籍人口1875人。2022年，整治西湖翠苑西车库泡沫夹芯板等消防安全隐患，为西车库48户居民更换防火阻燃板材。联合在职党员开展志愿大集市活动。联合区社会事业和退役军人事务局开展"温暖西湖、幸福银发"公益项目，为辖区老年人开展免费理发、老年生日会、讲座、文艺汇演、乒乓球友谊赛、慰问等活动；联合街道团委开展留守儿童暑托班；实施"党建红"引领"生态绿"助力美丽河岸打造和"党建红"引领"志愿红"增添小区治理新"栋"力"书记项目"。获评泰州市"青仔公益暑托班"工作先进集体、泰州市十佳镇（街）百家村（居）称号。（陈　鹏）

明珠社区　区域面积0.32平方千米，有住宅小区1个（明珠花园），规划建筑面积35万平方米，已建成面积28万平方米。下设网格片区7个，常住人口7000余人。2022年，维修小区破损道路，粉刷小区东侧外围墙，升级社区远程教育中心。获评泰州市"巾帼文明岗"。（秦爱华）

丹凤社区　区域面积0.5平方千米，有凤凰21、泰墅园、泰河名府、聚丰园4个住宅小区。常住人口3675人，户籍人口1205人。2022年，完善社区文体活动室，推进小区微改造，整治小区环境，开展志愿服务活动30余场。（吴　镕）

明珠街道新新社区人居环境整治示范点

区党工委（区委）宣传和统战部　供图

凤凰街道

【概况】2022年，凤凰街道总面积32平方千米，耕地面积710公顷。新增天德湖社区和周山河社区2个城市社区，共辖涉农社区13个、城市社区8个，有商业住宅区40个、拆迁安置小区7个。户籍户数20456户，户籍人口62286人，常住人口98207人。全年实现地区生产总值47.42亿元，比上年增长1.81%。其中，第一产业增加值0.42亿元，增长0.1%；第二产业增加值5.16亿元，增长8.24%；第三产业增加值41.84亿元，增长1.17%。完成一般公共预算收入3.81亿元。全社会固定资产投资89.36亿元，增长17.1%。培植"四上单位"22个，其中批发零

位于凤凰街道的万象城商圈及周边　　凤凰街道　供图

售单位5个、住宿餐饮单位5个、服务业企业5个、房地产企业4个、建筑业企业3个，完成目标的138%，列全区园区、镇街第一。居民人均可支配收入45214元，增长10.5%。

（李　华）

【经济建设】 项目建设　2022年，凤凰街道完成精彩家园品质绿化158工程项目等固定资产投资项目11个，完成新入库房地产项目4个（山河原著、云栖苑、映月璟园、映月兰庭）。开工建设1亿元以上项目2个（瑞慈体检、桃花源A地块），“三比一”提升项目1个（金茂府E地块）。

农业　实现农业总产值6818万元，比上年增长4.41%。重点推广优质高产水稻良种“泰香粳1402”“南粳5055”43.5吨，推广优质小麦良种“苏隆128”“镇麦12”195.7吨，秸秆还田和综合利用面积100%。新增大型收割机3台。

工业　完成规模以上工业总产值2.28亿元、增加值0.52亿元。有规模以上工业企业7个。完成工业企业一般纳税人开票销售2.41亿元。

建筑业　有建筑企业60个，建筑业总产值13.96亿元。其中，有资质建筑企业27个，建筑业总产值10.45亿元。

服务业　限额以上社会消费品零售额12亿元、零售业销售额9.45亿元，总量均列全区镇街第二；限额以上住宿业营业额1.5亿元，总量占全区的48.5%；餐饮业营业额1.9亿元，总量列全区镇街第二。规模以上服务业单位30个。

科技创新　获批省高新技术企业5个，分别是泰州市泰帆工业用布有限公司、江苏都能智云电力科技有限公司、江苏盛泰科技集团有限公司、江苏巨邦机械制造有限公司、泰州巨环起重防护装备有限公司。获批科技型中小企业10个。规模以上企业研发投入600万元，技术合同成交额1亿元。有效发明专利拥有量44件。新增注册商标数159个。

（蔡　君　许春龙　陈　盛）

【人居环境】 城乡建设　2022年，凤凰街道投入1000万元，将梅兴社区精致高新示范村居项目提档升级为泰州市特色田园乡村创建项目。新建、整改达标卫生户厕117座。美化出新破损墙面9万平方米，完成墙体文化提升3000平方米，制作文化宣传栏、文化墙2000平方米。完成24.5公顷土地征收工作，完成涉及回迁安置杨庄陈庄地块项目、双河高铁新城安置区项目和兴化长江引水项目搬迁728户。建成垃圾分类收集亭62个。投入230余万元、机械车辆318台次，清理积存垃圾685吨、乱堆乱放2435处。处理数字化城管派件5516件，案件反馈率、处理率均达100%。实现48条主次干道、42个小区、2000余个楼道包保到人。对出店经营、占道经营、乱堆乱放、违法停车等实施专项整治。

生态环境　成立凤凰街道大气环境监管网格化领导小组。完成中央环保督察组5件交办信访件的验收销号。完成省生态环境厅“提质增优”攻坚行动交办问题的整改工作。对辖区内不符合环保要求的7个水泥制品企业进行查处停工。督促周山河街区国控站点所在公园做好微环境整治，加强周边绿化养护、定期洒水工作。做好夏季高温臭氧管控和冬季大气管控。

（蔡　君　王小进）

【社会建设】 教育　2022年，凤凰街道辖区有学校20所。其中，市直高中1所，为江苏省泰州中学；市直初中3所，为江苏省泰州中学附属初级中学、泰州市凤凰初级中学、泰州市周山河初级中学；小学4所，为泰州市凤凰小学、泰州市太湖路小学、泰州市塘湾小学、泰州市周山河小学；幼儿园12所，为泰州市绿地幼儿园、泰州市太湖路幼儿园、泰州市塘湾幼儿园、泰州市御园路幼儿园、泰州医药高新区（高港区）盛唐幼儿园、泰州医药高新区（高港区）永兴幼儿园、泰州市恒景大地幼儿园、泰州市盛和幼儿园、泰州医药高新区（高港区）凤凰幼儿园、泰州医药高新区（高港区）希润幼儿园、泰州医药高新区乐童幼儿园、泰州市寺巷镇新华幼儿园。配合区教育局联合其他部门依法依规严肃查处不具备相应资质条件、未经审批多址开展培训的学科类培训机构。

文化体育　开展文化艺术展览进社区进学校活动160场次，指导社区开展文化活动29场次，举办文化培训32场次，服务群众超100万人次。新创文艺节目13个，5个文艺团队开展文艺演出92场次。

卫生健康　有公办医疗机构1个，为泰州市塘湾卫生院，共有医务工作人员45人。有社区卫生服务中心9个。对计生特殊家庭成员进行1次免费体检，为57户生育特殊困难家庭92人建立居民电子健康档案。春节及端午节，向50户计生特困家庭发放慰问金共3.8万元。完成“两癌”筛查210人。

社会生活　在钟山社区建设农村集体聚餐点1处，实际使用面积565平方米。向城市低保3户6人、农村低保104户135人发放低保补助金116.61万元。排查梳理居民各类诉求698件，撬动各类资金6000万元，办理民生实事32件。组织开展残疾人公益项目、甘露行动、残疾人助学等活动20余次。组织优抚对象参加体检，完善健康档案；为退伍军人申报60岁以上农村籍退役士兵补贴。发放计划生育奖扶资金321.93万元。（陈和宝）

平安与法治建设　构建街道党工委、社区党组织、网格党支部、网格党小组四级基层组织体系。全年阳光信访系统接处信访52件，办结率100%。网格员排查化解矛盾纠纷问题260起。开展反电信网络诈骗、反养老诈骗宣传活动，制作30套270块宣传展板进社区宣传。推进消防“四有”社区建设、祥泰高层专项行动，开展小区车库使用液化气瓶整治和车库私接燃气管道整治，加强商业综合体消防安全管理。组织工贸行业安全大检查和“百日清零行动”，发现安全隐患492条，整改率90%。对小区违规使用瓶装液化气现象进行“回头看”，收缴小区内违规使用钢瓶15例。排查辖区内212个餐饮服务单位油烟净化装置安装情况，安装率100%。

（殷春华　王小进）

【政治建设】基层党组织建设　2022年，凤凰街道党工委辖基层党组织65个，党员1994人。开展城乡基层党组织建设专项整顿工作，落实社区党群服务中心“规范+提升”工程。开展“我是党员我在前、我是干部干在先”主题教育活动。完成党员轮训班培训。秦蒋、殷蒋、永定、刘庄4个社区的“放样子、亮群像”书记项目获评泰州市百佳项目。做好村（社区）书记领办集体经济项目，东谢社区获区比武第1名。承办泰州医药高新区（高港区）新业态新就业群体“新心向党”品牌集群品质提升推进会。（雷婷婷）

宣传统战工作　组织开展党工委中心组学习、研讨12次。专题召开意识形态工作会议3次。组织人员参加泰州市“礼赞新时代　追梦复兴路”“百姓名嘴”风采展示大赛，获三等奖。拍摄的视频《一条“红带子”》获评泰州市“我是冬训主讲人”优秀视频，微视频《“手”望》获评泰州市网络“十佳”新媒体作品。在新华网、“交汇点”新闻、我苏网等媒体刊登稿件200余篇，“学习强国”学习平台用稿73篇。做好宗教场所安全管理工作。（胡　婧）

纪检监察　开展“清风行动”系列专项整治和专项监督，严肃查处群众身边腐败和作风问题。做好区委巡察整改工作。全年立案18件，给予党政纪处分17人、组织处理1人。（钱季峰）

人大工作　健全议事制度，扩充议政队伍。开展监督评议工作，推动民生实事工作落细落实。建立健全片区联动工作体系，打造“网格蓝”服务本色工作室。（范轩瑜）

街道办事处自身建设　优化“店小二”服务专班。加强工作作风、文明创建、节能降耗、秸秆禁烧、应急抢险等督促检查，下发督查通报14期。自觉接受人大监督和政协民主监督。受理群众诉求6569件，办结率100%。（李　华）

【村（社区）简介】梅兴社区　区域面积2.3平方千米，耕地面积138.8公顷。有居民小组16个，户籍户数699户，户籍人口2508人。2022年，社区集体经济收入89万元。完成三亩头前生态河道打造工程，全长198米。将兴庄通组道路梅兴大道拓宽至7米，全长600余米。（徐文亮）

秦蒋社区　区域面积1.55平方千米。有居民小组9个，户籍户数556户，常住人口1970人。2022年，

2022年6月7日，凤凰街道志愿者开展护航高考志愿服务

区党工委（区委）宣传和统战部　供图

社区集体经济收入79.35万元。开展“我为群众办实事”实践活动，走访146名残疾人，为6名困难残疾人进行适老化改造。打造民兵工作室。开展人居环境整治，建设健身广场2个，安装健身器材，铺设硬质道路400余米，更换路灯80余盏，建设和维护“河长制主题公园”，打造和维护秦庄湖、大旺湖。

（孙守斌）

塘湾社区　区域面积2.31平方千米，耕地面积119.8公顷。主要道路有328国道、泰白路、塘梅路、塘秦路。有居民小组14个，户籍户数961户，常住人口3068人。辖区共有各类小微企业17个，涉及生产加工、建筑建材和机械电子等领域，从业人数近200人。2022年，社区集体经济收入61.8万元。建成社区党群服务中心及居家养老服务中心。

（张天平）

朱穆社区　区域面积2.72平方千米，耕地面积87.2公顷。有居民小组7个，户籍户数474户，户籍人口1761人。2022年，社区集体经济收入50.8万元。将春兰路以西巷道100余盏路灯更换为太阳能灯，重新打造百姓大舞台，整治脏乱角落30余处，维修破损道路100余米、硬质渠道20余处。（孙启斌）

殷蒋社区　区域面积1.76平方千米。已征地面积35.39公顷，耕地面积28.14公顷。有居民小组10个，居民588户，总人口2430人，办理征地保障522人。2022年，村集体经济收入159.23万元。解决群众急难愁盼问题10件。修缮村庄小巷破损路面，疏通下水管道20余处，在东风路与海军东路交界处安放垃圾分类亭，更换路灯25盏。（蒋乃圣）

陈庄社区　区域面积2.47平方千米，耕地面积97.33公顷，林地覆盖率29.16%。2008年起，社区17个居民小组被整体拆迁，大多数居民安置在凤凰曦城、凤凰三居苑、东谢欣园等小区。有居民小组17个，户籍户数716户，户籍人口3010人。2022年，社区集体经济收入378.5万元。完成体育公园南侧清表、淮河路东延等项目。为居民办理城乡居民养老保险、独生子女奖励、残疾人补助等685人次。开展文艺会演、公益活动等20余次。免费为农户购置种子、进行耕地、使用无人机治虫，折合补贴每亩210元。

（陈荣斌）

杨庄社区　区域面积1.5平方千米。有居民小组12个，户籍户数872户，户籍人口3677人。2022年，社区集体经济收入50.93万元。完成凤凰三居苑326户与锦绣双河城522户的分房任务；完成126.67公顷土地流转工作；推进3条河道的扩宽和景观改造工程。（袁廷洛）

向阳社区　区域面积0.48平方千米。有凤凰曦城西苑拆迁安置小区和华泽天下一期、华泽天下二期商住小区，常住人口6500余人。2022年，社区集体经济收入259万元。升级改造社区文化广场80平方米，完善配套设施；完成老旧单元门改造；更换破损井盖20余处；增加社区书屋藏书量1000余册。（陈亚伟）

西谢社区　区域面积0.4平方千米。有商住小区1个、拆迁安置小区1个，常住人口5643人，户籍人口2246人。2022年，社区集体经济收入220万元。开展“为民办实事”实践活动，收集社情民意30条；协调维修路灯20盏。（刘建罗）

双河社区　区域面积2.4平方千米。有居民小组13个（已全部拆迁）。户籍户数570户，户籍人口2147人。建有社区舞蹈队、秧歌队、志愿服务队。2022年，社区集体经济收入416万元。启动双河社区新党群服务中心建设。完成锦绣双河城南侧征地工作。（穆殿成）

刘庄社区　区域面积原有2.73平方千米，经过拆迁11批次，大部分居民安置在永兴花园小区。永兴花园小区共有住宅楼60幢，入住1980户，总建筑面积28万平方米。社区建有公益性用房1600平方米，自建商业用房4000平方米。2022年，社区集体经济收入816.23万元。选取部分小区楼道作为试点，制作新时代文明实践点主题宣传栏。永兴花园小区新增机动车位30个、非机动车位1600个。（马长庆）

东谢社区　区域面积2.5平方千米。有盛唐花苑、东谢欣园2个拆迁安置小区和东润第一城、东润首府、金通桃花源3个商住小区，商业中心有百饰得装饰城和名流家居国际博览中心。常住人口1万余人。2022年，社区集体经济收入587万元。开展“我为群众办实事”实践活动，完成实事项目5个，包括建设东

凤凰街道杨庄社区党群服务中心　凤凰街道　供图

润首府电动自行车充电桩、打造民兵连建设阵地、维修小区道路和广场、更换安装健身器材等。（王爱珍）

振兴社区　区域面积1.9平方千米，耕地面积70公顷。有居民小组17个，户籍户数959户，户籍人口3372人，流动人口约800人，共有5个组被整体搬迁，2个组部分被搬迁。辖区内有泰州市泰帆工业用布有限公司、泰州市红五星食品有限公司等规模以上企业，有液压工具、机械加工、塑料制品等小微企业30余个，带动周围500余人就业。2022年，社区集体经济收入494万元。碧桂园·山河原著、绿城·桂语映月房地产项目按序时进度建设中。（孔德明）

集镇社区　区域面积0.1平方千米。共有住户168户，人口389人，户籍户数387户，户籍人口804人。2022年，开展“我为群众办实事”实践活动，有效解决群众急难愁盼问题7件。建设150平方米的健身广场1个，铺设硬质化道路近600平方米，疏通下水20余处，清理河岸和后街背巷垃圾20余次，更换路灯22盏。（马罗根）

盛和社区　区域面积0.95平方千米。有景泰园、恒景国际花园、皇家花园和盛和花园4个商住小区，户籍人口6393人，常住人口10968人。辖区有市直单位5个，商务写字楼4栋，企业近200个，沿街商铺258个。2022年，开办公益课堂14期。打造盛和花园文明角，升级改造睦邻点，粉刷皇家花园楼道墙面，更换恒景国际花园消防栓玻璃门。（吴金鑫）

永定社区　区域面积0.9平方千米。有上海大花园、景瑞·荣御蓝湾、润和·滟澜湾、碧桂园柏悦府4个商住小区，住户5812户。2022年，打造景瑞物业党支部“红心物业　情满蓝湾”党建服务品牌，召开红色议事会10余次，解决小区地面塌陷、管网返水等难题20余个，加装室外充电桩10组。开办公益课堂8期。升级社区党群服务中心，建设永定社区“职工之家”和“博爱家园”。（毛爱军）

华润社区　区域面积0.62平方千米。户籍人口约3000人，常住人口约1万人。辖区内有邮政、邮储银行机构，有泰州市凤凰小学南校区，有城市综合体万象城，有双子塔商务楼、置地星座等代表性建筑。2022年，开展“我为群众办实事”实践活动，解决电动车乱停乱放、部分草坪被压死裸土问题，改造草格砖1200平方米；解决华润二期木栈道安全隐患；整治华润一期公共空间乱堆乱放问题，处理各类垃圾杂物15吨。（陈庆喜）

凤凰园社区　区域面积1.2平方千米。社区服务范围涵盖凤凰园小区、泰州市文化艺术中心、泰州市金融服务区、泰州市人民广场和泰州市检察院、财政局、行政服务中心、住建局、档案馆、交通局等市级单位。辖区内共有住户462户，常住人口1271人。2022年，实施“为民办实事”项目15件。与青禾公益、邦乐琴行、康居养老、泰州棋院等社会组织合作，开办特色“凤”字班8个。与泰州市总工会、泰州市行政审批局、泰州市金控集团、泰州市中级人民法院等单位达成共建协议，为社区居民提供上门服务。（王　赟）

钟山社区　区域面积1.7万平方千米。住宅小区有凤凰三居苑、湖悦天境花园、云锦香郡、智在云辰花苑、观澜天境花园等，学校有泰州市周山河小学、泰州市周山河初级中学。有居民5684户，总人口1.28万人。2022年，安装充电桩8台，有充电位80个；引进护理院项目，总投资约1.2亿元，建筑面积9000余平方米，设置养老床位202张；投资40万元，打造阳光宴会厅，可同时容纳300余人。（赵兴罗）

天德湖社区　组建于2022年5月。东至鼓楼南路，南至海军东路与杨庄社区相接，西至栖霞山路与钟山社区接壤，北至周山河。区域面积1.76平方千米。社区服务范围涵盖云栖苑、恒大小区（一、二、三期）、天德湖公园、天德湖宾馆、泰州市科技馆等单位。常住人口2900人。（石　磊）

周山河社区　组建于2022年5月。东至凤凰河，南至周山河，西至海陵南路，北至太湖路（凤凰河起）、折金山路到洪泽湖路。区域面积约0.7平方千米。社区服务范围涵盖绿地世纪城、金铭雅园、华樾花园、茂悦雅园等住宅小区和悦天地商业街区。常住人口4786人，户籍户数382户，户籍人口845人。2022年，推动绿地世纪城成立首届业主委员会。（陈剑锋）

沿江街道

【概况】2022年，沿江街道总面积13.08平方千米，耕地面积37.79公顷，拥有长江岸线4.99千米。辖涉农社区1个。户籍户数4657户，户籍人口14573人。全年实现地区生产总值87.97亿元，比上年增长13.84%。固定资产投资58.41亿元。实际利用外资和港澳台资1203万美元。进出口总额2.42亿美元。（吴　俊）

【经济建设】2022年，沿江街道实现农业增加值240万元。全年发生产权交易28笔，交易金额207.45万元。向266户农户发放农业支持保护补贴6.8万元。完成规模以上工业总产值417.5亿元，工业投资50.74亿元。完成限额以上批发业商品销售总额60.35亿元、限额以上零售业商品销售总额6.09亿元。完成科技型中小企业入库登记34个。新增省级智能工厂1个、省级工业互联网标杆工厂3个。（王　琦）

【人居环境】2022年，沿江街道完成通扬路及长江大道管网改造工程，

位于沿江街道的滨江公园　　区党工委（区委）宣传和统战部　供图

重新铺设破损管道1200米。完成东联路雨水管网布设，建设管径1.2米的排水沟450米。完成润江路及港城西路管网修复工程，对759.3米的管网破损部分进行修复。完成特勤消防站升级改造工程，改造维修营房面积约4200平方米。实施幸福河湖工程，投资35万元，完成6条河道清淤、沿线清杂、筑坝、埋设涵管等工作。开展秸秆“双禁”工作，设置秸秆集中堆放点1个，组织集中清运，未发生着火点，未发生乱抛现象。（周蓓 姜曲）

【社会建设】 文化体育　2022年，沿江街道开展文艺演出活动13场，服务小区居民7200人次。开展全民阅读活动7次。举办全民健身运动会、综合性群众体育活动。人均体育场地面积位居全区第一。（李敏）

卫生健康　完成“健康惠民一号工程”幽门螺杆菌筛查697人，儿童基因组芯片检测218人，65周岁以上老年人健康体检1627人，“两癌”筛查884人，孕前优生检查5对。办理农村计划生育奖励扶助86人。开展职业病防治，完成26个企业的职业健康检查，开展3个企业的治理工作。（杨年华）

社会生活　向城乡低保家庭11户、15人发放低保金12.72万元，向634名80周岁以上老人发放尊老金100.92元，向75户特殊困难家庭发放生活救助金21.6万元。城镇新增就业1530人，失业人员再就业400人，城乡就业困难人员再就业40人。高技能人才取证50人。城镇职工养老保险新增参保720人，城乡居民养老保险新增参保105人，城乡居民医疗保险累计参保3537人。完成养老保险资格认证10657人。其中，企业职工养老保险认证118人，失地保障待遇资格认证7943人，城乡居民基本养老保险资格认证2596人。（殷丹 王启年）

平安与法治建设　接待处理信访及各类矛盾纠纷375件。推动法律援助“应援尽援”，实现社区“法律顾问”、调解室业务用房、司法行政服务站全覆盖，建立沿江花苑公共法律服务联系点，建成警法融合工作室和法治文化墙，沿江花苑成为泰州首批法治试点小区。（何伟）

【政治建设】 基层党组织建设　2022年，沿江街道党工委下辖基层党组织39个，党员763人。组建化学新材料产业联盟党委，帮助企业解决经营发展问题11个。开展第三期“我是党员、奋斗有我”党员集中轮训，有150名党员参加。组织党员干部开展“村村到、户户进、人人访”集中走访活动，共走访群众2600余户，收集问题建议70余条。引导企业党组织开展“主题党日”活动。（蒋敏）

宣传统战工作　沿江街道党工委理论学习中心组集中学习13次、交流研讨8次。在市级以上主流媒体发稿159篇，其中省级以上媒体发稿60余篇。宣讲作品《在打造营商环境新高地中争当“店小二”》获全市“喜迎二十大，奋进新征程”征文活动一等奖。开展中共二十大精神学习交流暨“习语共鸣”沙龙等系列活动6场。开展“喜迎二十大，全民迎省运”长江健身跑、“喜迎二十大，童心永向党”红色经典诵读、“喜迎二十大，强国复兴有我”文化惠民演出等群众性主题宣传教育活动。创建“创书香滨江，享阅读之美”全民阅读品牌，开展全民阅读进机关、进社区、进企业等活动6场。（徐纯）

纪检监察　制定全面从严治党“三张清单”，明确个性化任务42个。组织开展廉政风险点排查，制定防控措施45条。围绕公务用车加油卡、“三公”经费、农村集体“三资”管理、营商环境等开展专项督查10余次。召开警示教育大会2次。准确运用监督执纪“四种形态”，运用“第一种形态”12人、“第二种形态”6人、“第三种形态”1人。（孙圆）

人大工作　制定人大工委议事规则等制度20余项。建成沿江街道人大代表工作站（腾龙御园人大代表工作室）线下履职平台和“群众急难愁盼，代表‘码’上督办”线上履职平台。组织代表开展调研、视察、工作评议、专题询问等活动8次。开展“人大代表工作日”活动4次。成立议政代表会，召开会议2次。（栾美凤）

街道办事处自身建设　完成基层“三整合”改革，优化职能配置和机构设置。组织召开街道主任办公

2022年7月14日，泰州市文化惠民演出走进沿江街道滨江社区

沿江街道　供图

会议3次，议决事项18个。公开街道办事处政策文件7件，发布公益性岗位招聘、项目环境影响评价公示等信息3条。接待群众政策咨询4900余人次，及时公布最新民生政策、办事流程等120余次。“创在滨江”微信公众号发布工作动态317条，各类政策、通告、时政报道、权威信息、服务咨询200余条。围绕民生服务、社会保障、文明城市创建、高质量发展考核、新冠疫情防控等年度重点工作，开展督查检查40余次，下发督办单3份、通报8份。办结“12345”政务服务便民热线460件。

（戚益民　吴　俊　汪小冬）

政协工作　在园区（街道）党群服务中心打造“有事好商量”协商议事室、政协委员工作室、社情民意信息联系点和“祥泰书房”。在滨江社区设立“有事好商量”协商议事室。全年开展“书香政协”读书活动6次、“有事好商量”协商议事活动5次。　（王　斐）

【滨江社区】 区域面积与沿江街道面积一致。户籍户数4657户，户籍人口14573人。2022年，社区集体经济收入198.8万元。做好苏中钢材交易市场配套服务工作，完成原杨湾片区和故土片区闲置厂房修缮。做好网格内基础信息采集，为每个网格配备“法律明白人”3人。完成民兵整组和退役军人入户走访工作。　（黄良发）

永安洲镇

【概况】 2022年，永安洲镇总面积55.9平方千米，耕地面积937.67公顷。辖社区11个，居民小组189个。户籍户数8191户，户籍人口29488人。全年实现地区生产总值144.9亿元，比上年增长6.55%。其中，第一产业增加值1.6亿元，下降2.46%；第二产业增加值74.66亿元，增长5.35%；第三产业增加值68.63亿元，增长8.05%。一般公共预算收入4.35亿元（还原留抵退税）。全社会固定资产投资84.54亿元，增长6.9%。协议利用外资和港澳台资6760万美元，实际到账1028万美元。自营进出口总额14亿美元。其中，进口11.91亿美元，出口2.09亿美元。新增私营企业163个、个体工商户250户。城乡居民人均可支配收入47986元，增长6.1%。

（李　誉）

【经济建设】 农业　2022年，永安洲镇招引农业规模项目4个。农业综合机械化率100%，种管收机械化实现全覆盖。推广南粳9108、南粳5055等优质稻米，优质稻米率达95%以上，绿色食品认证面积551.6公顷、品种10个。东江社区（河豚）入选全国“一村一品”示范村。农产品加工集中区入选江苏省农产品加工集中区典型案例，共入驻企业18个，完成销售收入278亿元，比上年增长9.15%。新街社区冬娣农场创成市级家庭农场。　（叶　伟）

工业　工业企业一般纳税人开票销售384.78亿元。龙凤堂五期中药项目、龙凤堂中药FDA多功能智能化厂房项目、龙凤堂三期保健品项目、米柯乳制品及饮料项目等重大项目建成投产。国家能源集团泰州发电有限公司获评国家级5G智慧工厂，扬子江药业集团江苏龙凤堂中药有限公司获批省级互联网标杆工厂。　（徐建峰）

建筑业　有建筑企业18个，建筑业总产值102.7亿元。加强建筑业安全监管，按季度召开各企业单位负责人会议，每月对在建项目进行检查。　（陶秋蓉）

服务业　完成服务业产业投资13.25亿元。限额以上批零住餐销售总额354.65亿元、社会消费品零售总额3.6亿元。新培育规模以上服务业企业4个、限额以上批零住餐企业8个。　（杨　峰）

科技创新　新增发明授权专利55件。完成中小型科技企业入库备案83个。获批省高新技术企业17个、市高新技术企业5个。获批市级以上科技支撑计划5个、市级孵育计划4个。　（陆　军）

【人居环境】 城乡建设　2022年，永安洲镇完成古马干河供热管网迁移改造工程，并通过竣工验收。完成疏港公路（疏港南路）项目建设扫尾工作和交工验收。推进鸿兴路西延、马永路西延道路建设。完成永安花苑三期地块土地挂牌上市。

（曹留军）

永安洲镇镇区　　永安洲镇　供图

生态环境　古马干河马甸闸西国考断面水质稳定达到或好于Ⅲ类水体，村庄河道基本消除劣Ⅴ类水体。实施臭氧污染“夏病冬治”和国考站点“对标进位”专项行动，排查整治环境问题80个。4个企业通过强制性清洁生产审查审核。推进扬尘管控，加强建筑工地、各类堆场、道路施工等日常督查巡查。加强排污单位非现场监管，推动48个企业开展用电监控规范化建设联网工作。开展生态环境领域安全生产大排查大整治攻坚行动，检查企业102个次，排查整改环境安全隐患82条，完成10个企业危险废物储存设施清理整治。　（刘东阁）

【社会建设】　教育　2022年，永安洲镇有小学、初中各1所，为泰州市永安洲初级中学、泰州市永安洲小学，共有教学班42个，学生1930人，教师148人；幼儿园2所，为泰州市永安洲幼儿园、泰州市高港区枫雅幼儿园，共有教学班22个，在园幼儿680人，教师49人。泰州市永安洲初级中学团支部获评全国五四红旗团支部，泰州市永安洲小学获评江苏省智慧校园，泰州市高港区枫雅幼儿园获评泰州市优质幼儿园。　（刘丽萍）

文化体育　推进图书“通借通还”全覆盖，全年图书流通量约4万册。成立“祥安读书基金”。开展“喜迎二十大·书香漂万里”图书漂流活动。打造“一起读课文”“红色故事会”线上读书品牌，累计上线作品23件，总播放量超过3.5万次。成立书法兴趣小组，举办农民书法巡回展、摄影展、图片展等展览100余场次。自编自导自演的情景剧《渡江支援“渔”水情》获评全市“理论+文艺”优秀微宣讲作品。举办戏曲进校园等传统文化活动17场次、文化惠民演出14场次。

（张　明）

卫生健康　卫生院门诊服务17.39万人次，比上年增长76.05%，住院633人，手术121台。完成居民电子健康档案建档2.73万人，建档率91.23%。完成慢阻肺初筛1000人，心血管病高危人群早期干预初筛1000人。国家免费孕前优生健康检查覆盖率100%，计划生育奖励扶助政策兑现率100%，生育登记服务规范率100%。　（祝　婵）

社会生活　新增就业1500人，城镇失业人员再就业937人，支持成功自主创业330人，扶持农民自主创业132人，城乡劳动者就业技能培训550人，引领大学生创业79人，新增职业技能鉴定获证57人。“智能家居产品的研发及生产销售”项目获区第六届创新创业大赛暨“中国创翼·创响江苏”选拔赛主体赛制造业项目组三等奖，永安洲镇获优秀组织奖。新增高层次人才104人、海外人才11人。泰州丰汇农业科技有限公司获评省级乡土人才大师示范工作室。企业职工养老保险参保人数净增185人，工伤保险参保人数净增214人，城乡居民基本养老保险参保人数5974人。全年发放城乡低保金和困境儿童补助金135万元、五保生活费11万元。发放优抚金177万元、“八一”荣誉金1.2万元、重点优抚对象春节慰问金1.5万元，镇退役军人服务站被泰州市退役军人事务局评为就业创业高质量考评工作先进单位。

（侯志霞　庞　瑶　陶安荣）

平安与法治建设　开展“信访突出问题攻坚化解年”专项行动，化解一类重点信访事项5件。化解社会矛盾纠纷245件。开展侵害妇女儿童及精神异常人员权益问题排查整治等专项行动。开展法治讲座20余次。向全镇群众发放养老反诈等宣传手册1万余份。兴洲社区“‘援法议事’有4‘+’，居民和谐是一家”案例入选全省城乡基层援法议事范例，润洲花苑建成泰州市“法治小区”示范点。“三福阳光帮扶基地”被确定为省级安置帮教阳光帮扶基地示范点。（唐　君）

【政治建设】 基层党组织建设　2022年，港口物流产业园党工委（永安洲镇党委）有直属党组织91个，其中党委6个、党总支8个、党支部77个。有党员1471人，发展新党员20人。深化“联支强基”制度，党政负责人常态挂联基层党支部。中心社区、上桥社区党总支升格为党委。上桥社区“发展高效农业，铺就乡村致富路”项目获全区“乡村振兴四季谈——村书记集体经济项目创意擂台赛”三等奖。开展非公有制企业“四同八助”党组织创建。选调“85后”社区“两委”正职1人，提拔“90后”社区副职1人，补选社区“两委”成员8人。成功申报省党内关爱资金1人、市党内关爱资金2人，颁发“光荣在党50年”纪念章33枚。（陈　科）

宣传统战工作　学习宣传贯彻中共二十大精神，开展专题巡回宣讲14场次，创作专题理论文艺作品1部。开展党委中心组学习12次、集中研讨6次，中心组成员到基层宣讲11次，录制《新思想、我来讲》系列微视频2条、音频4条。开展理论宣讲、疫情防控、阅读推广、增殖放流、暑期托管等文明实践活动1000余次。举办道德讲堂48次，发布美德善行榜48期。全镇在线注册志愿者6200余人，活跃度保持在80%以上。被中央电视台用稿2篇，《人民政协报》用稿1篇，江苏卫视用稿3篇，《新华日报》用稿3篇（头版1篇）。组织开展民营经济助推乡村振兴活动，新增合作项目9个，总投资1252万元，帮助社区集体经济增收204.1万元。成立永安洲镇新的社会阶层人士联谊会。组织镇侨联、非公经济代表人士走访慰问困难群众、在外知名人士家庭、少数民族家庭等100余人次。（李　誉）

纪检监察　开展监督检查16次，下发主体责任交办单9份，督促各基层党组织运用“第一种形态”提醒教育党员干部12人次。开展专项督查31轮次，制发典型问题通报11期。立案15件，给予党纪处理10人，政务处分4人，为国家和集体挽回经济损失120余万元。运用“容错纠错”机制，减轻或免予处理党员干部3人次。（陆荣喜）

人大工作　有省人大代表1人、市人大代表3人、区人大代表20人、镇人大代表50人。召开人代会2次、主席团会议4次，开展“人大代表工作日”活动3次，听取和审议专项工作报告15项。组织代表视察、专项检查和调研活动6次。有20余篇稿件被《人民与权力》《泰州日报》和上级人大网站采用。（施广东）

政府自身建设　优化调整内设机构和岗位人员职责。健全督查考核体系，加强对项目推进、城镇建设、疫情防控、安全生产等重点任务的跟踪问效。办理人大代表建议和政协委员提案37件，答复率和满意率达100%。办好“12345”政务服务便民热线，解决群众诉求近4000件。推进法治政府建设，落实“三重一大”决策机制，强化财政资金全领域全过程无缝隙监管，加强政府投资项目管理，规范政府投资行为。全年公务接待费用下降5%。（展　霖）

政协工作　永安洲镇政协委员活动小组开展集中学习2次。推进“书香政协”建设，成立“祥泰书吧”，开展“书香政协·坡子街文化”进社区、进校园活动，拍摄“书香政协”委员荐书、“委员带你读党史”等系列微视频5条。完成政协换届工作。发动政协委员参政议政，区政协全会期间提交提案40余件。报送社情民意信息52篇，被省政协采用1篇、市政协采用1篇、区政协采用18篇，得到区领导批示2篇。（朱　璟）

2022年3月4日，永安洲镇举办志愿服务大集市活动　永安洲镇　供图

【村（社区）简介】 福沙社区　区域面积5.6平方千米，耕地面积101公顷。有居民小组21个，户籍户数927户，户籍人口2888人。2022年，社区集体经济收入554万元，年终居民股份分红331万元，居民人均可支配收入4.95万元。出资62万元，为全社区居民购买新型农村合作医疗保险。向80岁以上老人发放尊老金13万元，发放特困、特病、伤残人员补助20万元。（苏　阳）

新街社区　区域面积8.56平方千米，耕地面积126.2公顷。有居民小组24个，户籍户数220户，户籍

人口2207人。2022年，社区集体经济收入243.15万元，居民人均可支配收入4.67万元。投入4.38万元，为70周岁以上的老年人购买意外伤害保险。投入17.3万元，补贴社区居民购买合作医疗保险。投入6.96万元，向502名老年人发放孝老金。投入5.23万元，慰问大病、残疾、生活困难人员159人。（蔡周莹）

永兴社区　区域面积4.81平方千米，耕地面积139.78公顷。有村民小组26个，户籍户数995户，户籍人口2139人。2022年，社区集体经济收入428.89万元，居民人均可支配收入3.61万元。投入8.88万元，为60周岁以上老人购买意外伤害保险。投入18.38万元，为70周岁以上老年人缴纳新型农村合作医疗保险。投入3.55万元，为50～59周岁的计生家庭人员购买意外保险。投入帮扶资金2.04万元。向老党员、孤寡老人、特困家庭发放慰问金9万元。开展"送戏下乡"活动1场。向10名在中考、高考中取得优异成绩的学生发放奖学金2.9万元。（潘　晶）

兴洲社区　区域面积1平方千米，耕地面积0.68公顷。有别墅37幢、安置房57幢和7个涉农居民小组，户籍户数1438户，户籍人口5173人，常住人口1万余人。基本实现由涉农社区向城市社区的转型。拥有各类企业424个、个体工商户1459户。2022年，社区集体经济收入392.69万元，居民人均可支配收入3.94万元。帮扶贫困家庭15户29人，投入帮扶资金14.5万元，开展困难救助活动439人次。投入13万元，为20余名失业人员提供免费劳动技能培训。投入4.6万元，为老人和计生家庭购买意外伤害保险、家庭保险。投入9.94万元，补贴居民购买农村合作医疗保险。（徐　寅）

润洲社区　区域面积0.3平方千米。有多层安置楼74幢、高层安置楼17幢，安置拆迁户2247户，常住人口超过9000人，外来人口约1000人。2022年，社区集体经济收入339.01万元。支持创业34人。投入265万元，用于居民房屋及基础设施维修。"情润万家最洲到"项目获泰州医药高新区（高港区）新时代文明实践项目金奖，"情润万家1231"社会治理典型案例获评全市第三届基层治理"三评三促三提升"优秀案例，"物防技防升级　共建共享平安"项目获评全区"五带三星"优秀服务项目。（高　艳）

2022年6月1日，永安洲镇润洲社区新时代文明实践站举办"浓情端午·'粽'享欢乐"包粽子比赛　永安洲镇　供图

中心社区　区域面积9平方千米，耕地面积90.6公顷。有居民小组36个，户籍户数1147户，户籍人口2613人。2022年，社区集体经济收入285.72万元，居民人均可支配收入3.41万元。投入20余万元，实施"幸福河湖，美丽乡村"项目；投入60余万元，在永安花苑一期和二期建设充电桩。（施　亮）

兴隆社区　区域面积3.38平方千米，耕地面积143.27公顷。有居民小组22个，户籍户数609户，户籍人口2035人。建有健身广场6处、家庭农场5个、垂钓中心3个，落户小型企业12个。2022年，社区集体经济收入80.61万元，居民人均可支配收入2.8万元。新增个体工商户30户。各项惠民资金支出6.5万元。结对帮扶低收入农户10户。（邵一荃）

建安社区　区域面积2.71平方千米，耕地面积172.41公顷。有居民小组21个，户籍户数580户，户籍人口2091人。有小规模企业6个、高效设施农业基地2个、绿化苗木基地3个，共流转土地93.97公顷。2022年，社区集体经济收入275.8万元。投入30余万元，对农田水利设施进行维护贯通、对部分生产路道进行修缮。投入12万元，在建安19组河道开展清淤护坡作业，打造幸福河湖。（朱　玲）

东江社区　区域面积2.75平方千米，耕地面积77.93公顷。有居民小组14个，户籍户数724户，户籍人口2313人。2022年，社区集体经济收入553.39万元，其中经营性收入464.69万元，居民人均可支配收入4.23万元。投入34万元，修补破损道路及桥梁。获评全国"一村一品"示范村、江苏省生态宜居美丽乡村。（王　怡）

上桥社区　区域面积5.2平方千米，耕地面积135.33公顷。有居民小组28个，户籍户数843户，户

籍人口3014人。2022年，社区集体经济收入300.38万元，居民人均可支配收入3.5万元。各项惠民资金支出50万元，分别用于为70周岁以上的老年人购买意外保险，补贴社区居民购买农村合作医疗保险，为80岁以上人老年人发放尊老金，慰问大病、残疾、生活困难人员等。投入180万元，打造上桥24组、25组村庄河道坡岸工程，进行河道清理、护坡绿化和河道两侧道路硬质化、亮化。（周巧红）

永胜社区　区域面积3.9平方千米，耕地面积16.75公顷。有居民小组17个，户籍户数665户，户籍人口2627人。2022年，社区集体经济收入460.1万元，集体经营性收入316.8万元，居民人均可支配收入3.59万元。投入200余万元，开展为民办实事活动13次，整改民生问题10余条，惠及居民2000余人。（陶逸群）

白马镇

【概况】2022年，白马镇总面积23.21平方千米，耕地保有量1344公顷。辖行政村5个、社区2个，村（居）民小组127个。户籍总数6490户，户籍人口22072人。全年实现地区生产总值15.17亿元，比上年增长0.41%。其中，第一产业增加值1.54亿元，第二产业增加值5.01亿元，第三产业增加值8.62亿元。完成一般公共预算收入2485万元。固定资产投资9.25亿元。白马镇获评2021—2022年度全市党员冬训工作示范乡镇、泰州市2021年信访综合成效示范乡镇，获全区2021年度园区（镇街）综合考评一等奖。“白马”入选2022年省级地名文化遗产名录。（陈　懿）

【经济建设】农业　2022年，白马镇完成农业总产值2.02亿元、增加值1.54亿元。新增省重大农业项目4个，包括投资4000万元的新逸夏农旅项目、投资2000万元的维清源阳光玫瑰葡萄扩建项目、投资2000万元的浙江青创农旅智能葡萄大棚项目和投资3000万元的智能蔬菜大棚项目。高标准农田覆盖率100%，水稻植保统防统治覆盖率100%，农业机械化率达95%以上，承办全区特色农机（设施农业、林果业）现场观摩会。农产品抽检合格率、产品追溯出证率均达100%，泰州市赣东家庭农场入选江苏特色优势种苗中心，泰州市高港区车马休闲生态园有限公司获得江苏省乡村休闲运动基地称号，白马现代农业园入选全市首批三星级现代农业产业园，江苏泰供海诞现代农业发展有限公司入选全市首批现代农业科技综合展示基地。成功实施农业生产全程机械化智能化示范基地建设项目。完成4个农村综合性改革试验试点项目建设，完成投资1960万元，其中中央财政资金400万元。申报富民强村项目3个，总投资640万元，其中省级乡村振兴衔接资金600万元。

工业　实现工业投资7.98亿元，工业产值3.03亿元，规模以上工业企业营业收入3.84亿元，规模以上工业企业利润总额1708万元。实施1亿元以上项目2个，分别为年产3万套室内外跳伞装备项目和年产350万包医用缝合针项目。

建筑业　有建筑企业7个。实现建筑业总产值31.36亿元，比上年增长3.1%。

服务业　完成服务业投资1.27亿元，新增规模以上服务业入库企业1个（泰州天鸿生化科技有限公司）。

科技创新　江苏圣洁达水处理工程有限公司基于集成撬装的方舱医院用智能化纯水处理系统的研发项目获批市级科技支撑项目。完成科技型中小企业入库12个。（窦　平　朱　峰）

【人居环境】城乡建设　2022年，白马镇投资70余万元，打造集镇疏导点，供流动摊贩集中经营，占地面积约6公顷。开展城市功能与品质提升行动，完成村（社区）道路维修约3千米；配合推进兴化引水工程白马段建设、姜高路一期改扩建工程建设。白马幼儿园完成竣工验收。完成北沿江高铁白马段拆迁任务。

生态环境　对水、大气、固体废物等生态环境问题开展排查整治，

江苏泰供海诞现代农业发展有限公司蔬菜大棚　　白马镇　供图

白马镇打造集镇疏导点，供流动摊贩集中经营　　白马镇　供图

做好秸秆"双禁"工作，严格管控扬尘污染，开展餐饮油烟污染整治"回头看"，空气质量持续改善，$PM_{2.5}$年均浓度27.7微克/立方米，空气质量优良天数比率75.7%。常态化推进"河长制"工作，镇、村两级河长共巡河500余次，发现、整改问题52个。开展国土绿化行动，新增造林面积11公顷，土壤环境质量总体良好。（袁　磊）

【社会建设】 教育　2022年，白马镇有学校4所，分别为泰州市白马幼儿园、泰州市海军小学、泰州市白马初级中学、白马镇社区教育中心。在校学生1139人，教师141人。泰州市白马初级中学家长学校被评为省教育系统优秀家长学校。泰州市海军小学获评江苏省文明校园。

文化体育　举行文化惠民活动、重大节日文艺演出活动、文艺培训等文化活动60余场，受众人数超10万人次。新增体育场地面积10.56万平方米，人均体育场地面积5.82平方米。接待游客56万人次。

卫生健康　有医疗卫生机构7个。其中，医院1个（白马人民医院），社区卫生服务站6个。白马人民医院有职工52人，其中主任医师1人、副主任医师6人、主治医师4人。组织实施"健康惠民一号工程、二号工程"，惠及1400余人。开展敬老月活动，实施"安康关爱行动"。有序推进孕前优生健康检查。常态化做好新冠疫情防控工作。

社会生活　城乡居民养老保险参保人数5500人，续缴率96%，城乡居民基本医疗保险参保人数9500人。城镇新增就业500人。引进高层次人才68人、海外留学回国人才6人。开展居家养老服务6500人次，完成24户特殊困难老年人家庭适老化改造。区域性养老服务中心通过市级验收。发放城乡低保、特困人员保障金205.64万元，发放尊老金130.33万元。发放抚恤和生活补助金149.87万元。常态化开展退役军人返乡关爱活动。（陈　蓉）

平安与法治建设　开展社会矛盾风险隐患大排查大起底大化解专项活动，排查化解各类矛盾纠纷400余起。开展特殊困难群体救助帮扶和妇女儿童权益保障问题专项排查整治。拍摄反诈宣传视频，发放宣传资料6000余份。全镇42个综合网格通过市网格规范化验收。将"群众议事团""有事好商量"与网格化社会治理相融合，在村（社区）探索建立"网格议事"制度。制定"八五"普法规划，开展普法宣传活动，组织党员、"法律明白人"、机关工作人员网上学法考试。（熊利民）

【政治建设】 基层党组织建设　2022年，白马镇党委下辖基层党组织53个。其中，村（社区）党委4个，党总支3个、党支部46个。共有党员924人，其中新发展党员9人。5月5日，金马社区、前进村、陈家村、岱白村4个村（社区）党总支升格为党委。组织党员干部开展"进万家门、知万家情、解万家忧、办万家事"集中走访活动和"我是党员我在前、我是干部干在先"主题教育活动。各村（社区）党组织实施"放样子、亮群像"书记项目13个，完成率100%。5个企业支部开展"四同八助"党组织创建活动。启动新一轮村干部队伍雁阵培育计划，选配培育"头雁"1人、"强雁"3人、"雏雁"14人。举办第十二届村干部"培训周"活动。推进村（社区）党群服务中心"规范+提升"建设，打造陈家村党群服务中心样板。组织开展"老干部助航年轻干部成长"结对活动。开设"银龄说"微讲堂，入选2022年泰州市老干部工作创新创优项目。镇党委授予18人"我最喜爱的共产党员"称号。

宣传统战工作　开展中心组学习12次，集中研讨6次。参加市、区"喜迎二十大，强国复兴有我"理论宣讲活动，获市"礼赞新时代，追梦复兴路"演讲决赛三等奖1个、市"喜迎二十大，奋进新征程"征文活动二等奖2个。开展"强国复兴有我"群众性主题宣教活动、"强国复兴有我·逐梦深蓝　一起向未来"主题宣传教育活动等活动30余场，惠及2万余人。开展理论宣传教育活动20余次。在"学习强国"国家平台用稿4篇、省平台用稿12篇，央视网及CCTV-7用稿2篇，《新华日报》用稿4篇，江苏新时空用稿1篇，《泰州日报》用稿8篇。开展侨眷、台属、台胞、侨企、台企走访活动2次。开展民族宗教领域安全隐

患检查24次。（李　梅）

纪检监察　与各村（社区）、单位（部门）主要负责人签订《党风廉政建设责任书》16份，在各村（社区）建立廉政书角8处，组织开展专题廉政党课6次。对11名党员干部进行提醒（诫勉）谈话，责成书面检查11人，通报批评9人。立案17件，其中查处“四风”问题3件，处理7人；查处群众身边腐败问题4件，处理8人；问责2件，处理2人。

人大工作　1月5—6日、7月22—23日，分别召开泰州市白马镇第十八届人民代表大会第一次会议、第二次会议。组织人大代表专题视察陈家村农村综合改革试点项目实施进展情况和7个村（社区）村容村貌、水环境及基础设施。在陈家村打造“陈人之美　服务大家”人大代表工作室。

政府自身建设　规范重大行政决策程序，提高科学决策水平和依法行政能力。办理人大代表建议和政协委员提案13件，满意率100%。处理市长、区长信箱和“12345”政务服务便民热线等各类来信来电来访1100余件。做好巡察反馈问题跟踪督办，完成市委巡察反馈问题整改。市场准入窗口共受理办结行政审批597件。（陈　懿）

政协工作　白马镇政协委员活动小组完善镇、村政协协商议事平台建设，组织政协委员围绕医疗卫生、公共场所惠民、乡村振兴等课题建言献策，提交提案9件。收集社情民意42条，被省政协采用0.5篇，市政协采用2篇，区政协采用4篇，得到区领导批示1.5篇。

（李　梅）

【村（社区）简介】 金马社区　区域面积4.13平方千米，耕地面积210公顷。有居民小组22个，户籍户数1459户，户籍人口4847人。2022年，社区集体经营性收入80.23万元。实施为民办实事项目4个，整治家前屋后乱堆乱放等120余处。开展法治文化宣传、文化惠民演出等各类活动10余次。（李　敏）

白马镇金马社区　　白马镇　供图

白马社区　区域面积2.71平方千米，耕地面积153公顷。有居民小组15个，户籍户数707户，户籍人口2394人。2022年，社区集体经营性收入51.51万元。完成育才路东延道路约400米改造，将电缆管线下地，铺设排水系统，对路面重新进行硬质化浇筑。整治家前屋后等脏乱差80余处，清理河道6条。（刘　洋）

前进村　区域面积3.28平方千米，耕地面积193公顷。有村民小组16个，户籍户数929户，户籍人口3373人。2022年，村集体经营性收入78.03万元。新增会车道3处，协助完成北沿江高铁先行用地动迁工作，配合举办北沿江高铁泰州南站开工仪式。（马梅兰）

陈家村　区域面积3.45平方千米，耕地面积212公顷。有村民小组20个，户籍户数1007户，户籍人口3388人。2022年，村集体经营性收入61.9万元。完成农村综合性改革试点试验项目建设。创成全区城乡社区“五美驿站”示范工程建设项目。获评泰州市“七五”普法先进单位。（李　燕）

陆家村　区域面积2.41平方千米，耕地面积130公顷。有村民小组17个，户籍户数608户，户籍人口2098人。2022年，村集体经营性收入52.39万元。购入挖掘机3台。联合江苏农牧科技职业学院进行支部联建，组织学生开展稻田除草、乡村彩绘等暑期实践活动。获评江苏省健康村。（袁桂梅）

岱白村　区域面积3.89平方千米，耕地面积227公顷。有村民小组21个，户籍户数977户，户籍人口3327人。2022年，村集体经营性收入75.63万元。整治河道20条、11千米。开展法治文化宣传、文化惠民演出等活动10余次。（袁黎明）

黄河村　区域面积3.04平方千米，耕地面积220公顷。有村民小组16个，户籍户数803户，户籍人口2645人。2022年，村集体经营性收入50.36万元。实施“一事一议”财政奖补项目，新建张垛组至9组硬质化通组路650米。（马小玉）

大泗镇

【概况】 大泗镇总面积32.5平方千米，耕地面积2180公顷。辖行政村12个、社区1个，村（居）民小组

232个。户籍户数9804户，户籍人口31870人。2022年，实现地区生产总值13.35亿元，比上年增长0.24%。其中，第一产业增加值2.46亿元，增长4.51%；第二产业增加值3.61亿元，增长3.88%；第三产业增加值7.28亿元，降低2.67%。一般公共预算收入4171万元。全社会固定资产投资17.65亿元。进出口总额607万美元。（陈昊宇）

【经济建设】 农业 2022年，大泗镇实现农业总产值4.3亿元，比上年增长10.22%。推进全国农村综合性改革试点试验工作，完成马龙中药材种植示范基地、大泗乡情智慧无人农场、"泗水年华"村企联建等19个项目。推进"农文旅"融合发展，提升大马水生植物园、中草药种植园、麦田花海、无人农场、蔬菜基地等载体内涵，配合举办"苏韵乡情"乡村休闲旅游农业（泰州）专场推介活动。大泗镇获评江苏省乡村振兴先进集体、泰州市首批乡村振兴中心镇。西来原农场入选2022年度国家级生态农场。"泗润"稻米入选2022年江苏农业品牌目录。泰州市大江禽业有限公司入选江苏省农业数字化建设优秀案例。泰州市光普现代农业科技有限公司创成泰州市高港区光普蔬菜农业产业化联合体。佴庄村（山羊养殖）入选泰州市"一村一品"示范村。（张 倩）

工业 完成规模以上工业产值7.53亿元。完成工业企业一般纳税人开票销售10.08亿元，比上年增长2.1%。中纯氢能源科技（泰州）有限公司项目投产运行，全年开票销售超3000万元。江苏宇马铝业有限公司太阳能光伏边框组件项目一期工程全年新增开票销售超1亿元，二期工程启动建设。光耀机电项目厂房封顶竣工。泰州杰通环保科技有限公司获得全区唯一的汽车拆解经营许可证，项目投入运营。

服务业 有规模以上服务业和限额以上批零住餐企业39个。实现服务业增加值7.28亿元。完成服务业产业投资4330万元。

科技创新 获批高新技术企业4个。发明专利拥有量86件。泰州威迈机电科技有限公司挂牌江苏省股权交易中心科创板。江苏神奇中药科技有限公司食用蒲公英培育项目获市科技支撑（农业）立项。泰州垄上行生态农业有限公司获批泰州市科普惠农服务站。4个企业完成三星上云。（陈 健）

江苏西来原生态农业有限公司出产的蜜桃　　大泗镇　供图

【人居环境】 城市建设 2022年，大泗镇特色小镇居住区工程竣工并通过验收。兴化长江引水工程大泗段基本完成全线项目用地土地复垦。集镇污水管网、工农路、府前路白加黑工程竣工，新增停车位500余处。大泗镇建成省级生态宜居美丽乡村示范镇。佴陈村创成省级绿美乡村、区级"精致高新"示范点。大马村创成市级特色田园乡村。

生态环境 新增造林面积0.67公顷，修复退化林112.67公顷。指导企业对涉气工序错峰生产，督促餐饮单位安装油烟净化设施，做好秸秆禁烧、道路清扫、施工扬尘等综合监管。完成张旺河水利工程及河坡绿化覆盖，建成区、乡、村级幸福河湖8条。（李 露）

【社会建设】 教育 2022年，泰州市大泗学校有教学班27个，学生1186人，教师104人。其中，小学部教学班18个，学生798人，教师57人；初中部教学班9个，学生388人，教师47人。被四星级高中录取30人。泰州市大泗幼儿园有教学班9个，在园幼儿342人，教师26人，保育员9人。泰州市大泗幼儿园异址新建项目完成土建、内装、园林景观等工程。

文化体育 全年运用文化惠民券开展文化惠民演出19场。拍摄抖音《本草纲目》《省运会知识知多少》等宣传视频，在康乐村绘制31.67公顷由麦子、菊花组成的"迎省运"麦田画园。8月，在大马村水生植物园开展浑水摸鱼——鱼乐节活动；9月，举办大泗镇职工篮球比赛；11月，"大江放歌"大泗专场文艺演出在二陈村举办。

卫生健康 有医疗卫生机构13个。其中，医院1个（泰州市大泗镇卫生院），村卫生服务站12个。大泗镇创成省级健康镇。

社会生活 有低保对象331户375人，发放低保金84.2万元；有五

大泗镇康乐村省运会主题麦田画　　大泗镇　供图

保对象58人，发放补助金20万元；有低保边缘户42户73人，发放补助金2.92万元。发放尊老金45.75万元。资助477人参加城乡居民基本医疗保险。发放帮困救济金4.67万元。完成涉及工业集中区征地项目的36名失地农民社会保障办理工作。13个村（社区）全部建成居家养老服务中心（站），建成老年人助餐点6个。发放优抚金230万元，悬挂省级光荣人家牌匾983块，大泗社区退役军人“戎耀之家”通过省级验收。常态化运行残疾人之家。建档低收入农户377户524人持续稳定脱贫。（程　锦）

平安与法治建设　加强“智安大泗”乡村治理综合管理平台建设。建成全市首个“警法融合”自助区，为群众提供法律咨询、心理测评、线上矫正报到和学习等服务。推进派出所、司法所、法律服务所“三所共建”工作。组建镇级专职网格化工作队伍，建立综合指挥组织架构。建成“泗好办”网格共享小屋3个。开展“信访突出问题攻坚化解年”行动。开展法治宣传活动，社区法治文化阵地建成率100%。开展安全生产“三年大灶”行动，落实党政领导干部安全包保服务和党员“一对一”驻点监管机制，督促企业开展隐患整改。（陈秀峰）

【政治建设】基层党组织建设　2022年，大泗镇党委下辖基层党组织37个。其中，党总支14个，党支部23个，党员1281人。开展“我是党员我在前、我是干部干在先”主题教育活动。实施“老树新芽”项目，获全区基层党建“书记项目”金质奖。加强党员干部教育管理，开设“泗”维课堂。实施村干部能力提升计划，获区级村干部大比武、村集体经济项目大赛二等奖各1个。实施“放样子、亮群像”项目14个，佴庄村“激发‘棚’勃生机，共走致富之道”项目获评泰州市百佳“放样子、亮群像”项目最佳项目。打造大泗社区、佴陈村“暖新驿站”，为新就业群体提供服务。建设大泗社区组织生活馆、网格党建公园、网格共享小屋、村民议事堂等活动平台。（陈　菲）

宣传统战工作　开通“泗说新语”广播站。开展“爱心助餐日”特色志愿服务活动，获评江苏省青年志愿服务项目。组织参加“礼赞新时代，追梦复兴路”泰州市“百姓名嘴”风采展示大赛，获二等奖。《泗水年华·晒丰收》获评市“十佳网络图片”。养老反诈短视频获评泰州市网络安全宣传优秀作品。引导民营企业家参与扶贫济困、光彩助学、关爱空巢侨眷等公益慈善活动。新冠疫情防控期间，非公经济人士和商会捐款捐物计85万元。（黄黎颖　马　灵）

纪检监察　开展营商环境、疫情防控等重点工作专项督查23次。开展节假日等重要节点作风建设督查12次，查处“四风”突出问题3起。建成泰州市首个廉政文化园——莲廉文化园。在全镇及13个村（社区）推进廉政书屋建设。深化运用监督执纪“四种形态”，运用“第一种形态”12人、“第二种形态”5人。（蒋　雯）

人大工作　召开主席团会议4次、人代会2次，补选副镇长2人，票决产生年度民生实事项目6项。常态化开展“代表工作日”“百姓‘小事’·你点我督”等活动，联系选民群众500余人次，主办、会办代表建议14条，代表满意率与办理情况落实率均达100%。打造“人大代表联络站”。（张淑涵）

政府自身建设　推进依法行政，自觉接受人大和政协的监督，主动做好政务信息公开，及时办复“12345”政务服务便民热线、区长信箱等反映件。加大审计力度，财务管理、政府采购、公务接待、公务用车和建设工程招投标更加规范。（陈昊宇）

政协工作　大泗镇有政协委员20人。其中，市政协委员3人，区政协委员17人。开展“政协委员工作日”活动4次、“书香政协”读书活动4次。镇、村两级累计协商议事43次。提交提案16件，反映社情民意信息29篇。获全区2022年度政协工作优秀单位一等奖。（马　灵）

【村（社区）简介】大泗社区　区域面积3.4平方千米。有居民小组23个，户籍户数1195户，户籍人口3801人。2022年，社区集体经济收入259.54万元，其中经营性收入101.62万元。利用闲置土地种植油料大豆，创集体收益8.85万元。党员组织生活馆升级为红色展览馆。“戎耀之家”获评江苏省优秀“戎耀之家”。实施新跃河活水工程，对河道进行清淤疏浚，驳岸植绿。建设工农河护坡工程，安装路牙800米，铺设草坪2400平方米，种植红叶石楠100余株。新建室外全民健身路径1处。新增路灯13盏，替换损坏路灯100余盏。（于 洁）

时庄村 区域面积3.59平方千米，耕地面积214.33公顷。有村民小组21个，户籍户数949户，户籍人口3083人。2022年，村集体经营性收入77.05万元，比上年增长26.4%。创办、领办黑米种植集体经济项目，入库税金33万元。实现1组、8组入组道路硬质化，完成14组至15组主干道53盏路灯亮化增设。完成河坡扒坡和挂板桩压顶浇筑1.2千米，新植绿化1.44公顷。修缮10组危桥1座。打造“庄庄骑士”志愿服务队，服务时长288小时。（周 誉）

马龙村 区域面积2.2平方千米，耕地面积124.6公顷。有村民小组13个，户籍户数504户，户籍人口1658人。特色产业为中药材种植。2022年，村集体经济收入210万元，居民人均可支配收入2.25万元。在小马片区打造“精致高新”建设示范村，清理维修排灌设施1200米，改扩建道路350米，新建路牙2000米。通过扶贫项目新建中药材烘干房912平方米，购建烘干机1套。建成智能育苗大棚1152平方米。建成网格共享小屋，创建“邻里中心五美驿站”。（陈华琴）

康乐村 区域面积1.8平方千米，耕地面积130.8公顷，为中药特色小镇发展核心区域。有村民小组13个，户籍户数539户，户籍人口1735人。2022年，村集体经济收入158.39万元，居民人均可支配收入2.2万元。与泰州汪国城农产品有限公司进行村企合作，发展村集体经济。与南京农业大学、江苏大学、省农科院、江苏省中医院等单位合作建立现代农业产学研示范基地。打造31.67公顷的“活力精彩新省运，强富美高新江苏”主题麦田画。修建通组道路400米。（钱 新）

霍堡村 区域面积2.92平方千米，耕地面积173.97公顷。有村民小组18个，户籍户数770户，户籍人口2640人。2022年，村集体经济收入188.09万元，居民人均可支配收入2.6万元。将扬子港河道驳岸向北延伸600米，新增绿化面积6300余平方米。完成道路扩建650米，新增硬质化道路215米，明渠变暗渠110米，新增路灯23盏，替换损坏路灯135盏。在11组、12组打造人居环境提档升级点，建设景观小品、法治长廊、小公园、墙体彩绘等景点。创成第四批江苏省生态文明建设示范村。（张 晶）

大马村 区域面积4.2平方千米，耕地面积164公顷。有村民小组17个，户籍户数739户，户籍人口739人。2022年，村集体经济收入51.17万元。完成双马河生态护坡，拓宽河道两侧马路，两岸种植樱花树。6月，莲廉飘香“清风讲堂”暨莲廉文化园开园仪式在大马村水生植物园举办。（于 凯）

佴陈村 区域面积1.99平方千米，耕地面积106.67公顷。有村民小组15个，户籍户数518户，户籍人口1874人。2022年，村集体经济收入62.8万元，居民人均可支配收入2.13万元。与江苏宇马铝业有限公司进行村企联建，为村集体增收36.4万元。打造人居环境提升点1处、村民议事堂1座、网格共享小屋1座，新增墙面刷白及墙体彩绘2400余平方米。完成道路硬质化300米，新增道路两侧路牙近2000米。建设4组河道生态护坡320米，整治前进河河坡近1600米。（程 露）

佴庄村 区域面积2.5平方千米，耕地面积267.4公顷。有村民小组19个，户籍户数725户，户籍人口2347人。2022年，村集体经济收入91.64万元。实施农村综合性改革试点试验项目，建设圣女果种植大棚，形成产销合作。完成7组至11组主干道翻修扩宽。佴庄村（山羊养殖）入选泰州市“一村一品”示范村。（高 丽）

二陈村 区域面积3.13平方千米，耕地面积212.6公顷。有村民小组19个，户籍户数769户，户籍人口2484人。2022年，村集体经济收入157.34万元。与泰州市垄上行生态农业有限公司进行村企联建，实施绿色有机稻米产业融合项目和大泗乡情智慧无人农场建设项目。依托泰州市垄上行生态农业有

大泗镇马龙村黄蜀葵种植基地　　大泗镇 供图

限公司，打造综合性农场体验基地。拓宽18组生产路路基，为1名低收入农户新建入户路36米，维修陈港路25米、二漕路30米。维修路灯66盏，更换电线2500米，维修渠道600米。（刘金妹）

北港村　区域面积2.12平方千米，耕地面积212 公顷。有村民小组18个，户籍户数737户，户籍人口2508人。2022年，村集体经济收入128.91万元。将原陈北小学校舍改成标准厂房出租。完成5组通组入户道路修缮，完成2组、6组、9组通组入户道路硬质化，翻新桥梁8座，在二陈公路新砌花池80个。（谢家高）

曹于村　区域面积2.48平方千米，耕地面积131公顷。有村民小组15个，户籍户数700户，户籍人口2339人。2022年，村集体经济收入30.6万元，居民人均可支配收入1.8万元。建设7组涵洞挡土墙1座，修建灌水渠250米，新建健身广场1处。完成大曹线、曹北路等道路故障路灯维修。全面完成15个小组人居环境整治。购买秸秆打包机2台、抓草机1台，增加村集体经济收入5万元。与高港区贡享食品厂进行村企联建。（张　杨）

前进村　区域面积2.7平方千米，耕地面积158.29公顷。有村民小组9个，户籍户数573户，户籍人口1903人。2022年，村集体经济收入250.83万元。利用为农综合服务体闲置房屋1250平方米，打造阳光宴会厅、平价生鲜超市。（孟　歌）

杨营村　区域面积4.5平方千米，耕地面积155.27公顷，水域面积66.45公顷。有村民小组32个。户籍户数1115户，户籍人口3499人。2022年，村集体经济收入113万元。利用省级扶贫项目资金购置机械。发展壮大泰州高港兴杨物业管理有限公司。将村级闲置办公室租赁给企业办公。新增路灯52盏，新建陆垛4组、5组入组道路1.1千米。（徐　伟）

胡庄镇

【概况】2022年，胡庄镇总面积53.82平方千米，耕地面积3082公顷。辖行政村13个、社区2个，村（居）民小组305个。户籍户数12893户，户籍人口38777人。全年实现地区生产总值18.61亿元。其中，第一产业增加值4.08亿元，第二产业增加值3.75亿元，第三产业增加值10.78亿元。一般公共预算收入3703万元。固定资产投资16.08亿元。居民人均可支配收入35539元。（陈秀萍）

【经济建设】项目建设　2022年，胡庄镇新签约项目10个，博朗制药设备、贝登金属等一批项目落户，乐太冷库扩建项目、中锴全新轴承生产线技术改造等1亿元以上项目开工，上膳源豆制品加工项目、九龙消防老旧生产线改造等重点项目加快建设。

农业　小麦及其他秋粮作物种植面积2575公顷，水稻种植面积1654公顷，果蔬种植面积180公顷，全年粮食总产量超3.2万吨，粮食生产面积和产量列全区首位。生猪出栏5.8万头，能繁母猪保有量460头，畜禽粪便资源化利用全覆盖。创成国家级农业产业强镇、省级现代农业高质量发展示范园。泰州市御膳源生态农业有限公司创成市级农业龙头企业，泰州高港牧原农牧有限公司创成市级数字农业基地，戴陈村年糕食品加工基地竣工投产达效，冷链物流配送中心主体工程竣工。绿色优质农产品面积占比65%，完成绿色优质农产品认证9个，完成上膳源有机蔬菜认证92个。国家级地理标志“高港河蟹”通过省级评审，注册“江水清沙”区域农产品商标。

工业　完成工业销售收入6.81亿元，工业利税总额0.51亿元。规模以上工业产值7.95亿元、销售7.66亿元。工业企业一般纳税人开票销售10.09亿元，工业企业净入库税收1615万元。江苏乐彩印刷版材有限公司获评江苏省专精特新“小巨人”企业。新增规模以上工业企业1个。

建筑业　有建筑企业8个，完成建筑业总产值19.95亿元。

服务业　限额以上批发业销售额4.99亿元、零售业销售额0.66亿元、餐饮业营业额2241万元。完成服务业营业收入3.76亿元。

科技创新　高新技术产业投资占固定资产投资比重达41%。获评高新技术企业3个、星级上云企业4个，新增授权发明专利4件。泰州市宏达工矿安全部件有限公司研发中心获批市级工业设计中心。

（薛鹏飞　陆新华　梅　景　唐　颖）

【人居环境】城乡建设　2022年，胡庄镇修复农村公路桥梁破损地段，消除校车道路安全隐患。查处违法建设24起，拆除面积2173平方米。完成刘荡村、戴陈村3座桥梁建设，打造幸福河湖8条，整治胡马河1.55千米、海潮中沟2.5千米，打造友谊中沟生态河道1.2千米。实施宣堡港胡庄段6.86千米治理工程。

生态环境　空气质量优良天数比率为82.8%，$PM_{2.5}$浓度稳步下降，地表水达到或好于Ⅲ类水体比例均为100%，无劣Ⅴ类水体。完成新增耕地土壤污染状况调查，检测结果均达标。完成中央第二轮环保督察交办信访件整改销号。受理各类环境污染信访线索43条，均处理办结。

（梅　景　马　霞　刘　波）

【社会建设】教育　2022年，胡庄镇学校有泰州市胡庄小学、泰州市汪群小学、胡庄初中教育集团（泰州市胡庄初级中学、泰州市汪群初级中学）、泰州市胡庄幼儿园、泰州市汪群幼儿园。义务教育4所学校总占地面积8.07万平方米，建筑面

2022年9月22日，泰州市胡庄小学组织开展“丰收节”主题劳动综合实践课程　　胡庄镇　供图

积2.17万平方米。胡庄初中教育集团参加中考人数155人，被江苏省泰州中学录取12人，四星级高中达线43人，普通高中达线79人。

（史丽红）

文化体育　新增健身路径4套，更换5套。送电影156场、送书5000余册，举办文化惠民演出19场、大江放歌文艺演出1场、公益性演出4场。举办胡庄镇“传统文化”主题艺术作品展。组织群众参与读书漂流、艺术团队调演等活动。承办各类文化体育旅游活动28场次。

（卞凡旺）

卫生健康　胡庄卫生院、汪群卫生院共有职工71人。实施“先住院后付费”71人次，签约服务862人，免费体检862人。为7158名65岁以上老年人开展健康体检。建立以村卫生室为基本单元的家庭医生工作室8个，家庭医生签约3.51万人。举办各类卫生健康知识讲座64次、健康咨询活动16次。（封年华）

社会生活　新增就业500人，帮助500名城镇下岗失业人员、90名就业困难人员再就业，开发临时性公益性岗位5个。城乡居民养老保险参保缴费1.03万人，城乡居民医疗保险参保2.27万人。做好全镇低保户535户669人、低保边缘户39户119人的动态管理工作。为7户困难家庭申请区临时救助金2.71万元。救助困难对象370人次，发放救助金27.12万元。退役军人服务站组织重点优抚对象参加区免费健康检查，完成2021年退役士兵培训就业工作，帮助下岗志愿兵再就业。

（王雪云）

平安与法治建设　开展防范电信诈骗暨打击整治养老诈骗专项行动。加大严重精神障碍患者日常筛查和救治救助工作力度。全年未发生行政复议和行政诉讼案件。开展以宪法、民法典为重点的普法宣传活动。推动省级民主法治示范村（社区）提档升级，推进公共法律服务进网格活动。宗林村党委书记宗德楼被评为“全区十大法治人物”，刘元村党总支书记刘建华被评为“泰州市百佳法律明白人”。开展法律明白人培训30次，开展行政执法人员培训4次，走访企业36次，审查合同19份，提供法律咨询49次，开展法律知识讲座3次，化解企业纠纷6起，提供意见建议6次。开展安全生产三年专项行动、百日攻坚等活动，严格落实党政负责人挂钩化解重大（较大）风险隐患制度，组织安全检查280余次，发现隐患2200余条，限期整改闭环率100%。

（马爱堂　李国燕）

【政治建设】　基层党组织建设　2022年，胡庄镇共有基层党组织65个，党员1857人。定期召开专题党建工作会议，开展中共二十大精神宣讲35场次。聚焦人居环境整治，推动“书记项目”。开展“村村到、户户进、人人访”集中走访活动，及时回应群众意见建议819条。赵市村、单王村、庵桥村、宗林村、周马村、胡庄社区、汪群社区党总支升格为党委。组织党员干部和志愿者做好新冠疫情防控工作。新发展党员16人，建立流动党员党支部7个，党组织关系“应转尽转”32人。新增非公企业党支部1个。建成史庄村红色展馆、宗林村家风家训馆等教育阵地。组织6名“90后”年轻干部参加“源头活水工程”。　（薄兆山）

宣传统战工作　开展习近平新时代中国特色社会主义思想微故事进家庭、微党课进企业、微宣讲进社区、微故事分享会80余场次，受众4000余人次。《九旬老兵捐建国旗台》被“交汇点”新闻、荔枝新闻网、泰州电视台等媒体宣传报道。强化典型带动引领，张改兰、马爱堂、刘勇获评2022年“高新好人”。胡庄镇新时代文明实践所被评为泰州市优秀新时代文明实践所。建设胡庄镇宗林村统战微家和村级能人乡贤馆。　（李　梅）

纪检监察　胡庄镇纪委开展监督检查40余次，通报存在问题11次，查处“四风”问题线索2件、农村合作社领域典型问题2件、特殊困难群体救助帮扶领域典型问题2件。查办纪检监察业务范围内信访7件，立案查处10人。运用“第一种形态”帮助和教育党员干部21人次，通报查处典型案例3次。召开警示教育大会3次，打造廉洁书屋1个。　（王　伟）

人大工作　共有市级人大代表

胡庄镇宗林村环河党建长廊　　胡庄镇　供图

1人、区级人大代表19人、镇级人大代表70人。开展人大代表初任培训。组织评议为民服务中心工作。组织代表视察全镇农村人居环境整治情况、农业园区省级高质量发展示范园建设情况。专题听取镇政府关于安全生产工作情况的报告、关于拓宽村集体经济收入途径的报告。视察镇卫生院、幼儿园运行情况，督查民生实事、代表建议办理情况。（戴　维）

政府自身建设　严格执行“三重一大”议事规则和决策程序，全面规范政府权力运行。严肃财经纪律，严控“三公”经费和一般性支出，提前完成政府隐性债务化解任务。广泛接受社会监督和舆论监督，妥善处理各类来信来访、政府热线，办理各级人大代表建议14件、政协委员提案10件，答复满意率均为100%。推进政府系统党风廉政建设和反腐败工作，强化行政问责及审计监督，加强对重点领域、关键岗位的监管。（孙　鹏）

政协工作　开展协商议事47次，解决民生实事47件。建好史庄村“祥泰书吧”，收藏《人民政协会议文献》《人民政协文献（员工学习材料）》，相关活动信息被《人民政协报》、“交汇点”新闻等媒体采用。组织委员读书活动4次，开展“书香政协·坡子街文化”进学校、进社区、进企业活动。开展委员荐书2次。胡庄镇政协委员活动小组获全区年度考核一等次。（李　梅）

【村（社区）简介】　胡庄社区　区域面积4.7平方千米。有居民小组24个，户籍户数1123户，户籍人口3673人。2022年，社区集体经济收入114.65万元，居民人均可支配收入3.26万元。新建硬质化道路6千米。（史奎生）

汪群社区　区域面积5.87平方千米，耕地面积229公顷。有居民小组20个，户籍户数1070户，户籍人口3052人。2022年，社区集体经济收入182万元，居民人均可支配收入3.21万元。改建硬质化道路450米，新建硬质排水系统252米，改造海潮中沟850米。（田维金）

赵市村　区域面积5.08平方千米，耕地面积219.2公顷。有村民小组21个，户籍户数901户，户籍人口2652人。经济以种植蔬菜、水稻、小麦为主，有小农场11个，上膳源泰州农场地处赵市村腹地。2022年，村集体经济收入60.7万元，居民人均可支配收入3.77万元。完成2号沟三和3组段生态护坡600米，海潮中沟赵狮7组段生态护坡500米，“一事一议”项目道路硬质化、亮化210米。获评全区绿化示范村。赵市村党总支升格为党委。（刘建忠）

薛垛村　区域面积2.58平方千米，耕地面积154.13公顷，鱼塘面积5公顷。有村民小组14个，户籍户数550户，户籍人口1683人。全村流转土地113.53公顷，主要用于种植大棚蔬菜、苗木、葡萄、稻麦等。2022年，村集体经济收入103.47万元，居民人均可支配收入3.52万元。打造友谊中沟生态护坡，安装太阳能路灯24盏，开办老年人助餐点，提供就餐6000人次。（张银龙）

戴陈村　区域面积3.7平方千米，耕地面积223公顷。有村民小组22个，户籍户数985户，户籍人口2881人。2022年，村集体经济收入145.5万元，其中经营性收入52万元，居民人均可支配收入3.56万元。通过村企共建带动就业40余人。（刘　勇）

刘荡村　区域面积3.56平方千米，耕地面积221公顷。有村民小组19个，户籍户数845户，户籍人口2543人。有小农场5个、合作社1个，发展花卉林木、水产养殖等，建有“江水清沙”螃蟹养殖基地。2022年，村集体经济收入106.6万元，居民人均可支配收入3.79万元。投资近200万元建成刘中桥，投资160万元建成宣堡港大桥，新建海潮中沟石坝1650米。（季宝宏）

单王村　区域面积5.1平方千米，耕地面积275公顷。有村民小组27个，户籍户数1032户，户籍人口3172人。有江苏科创医疗用品有限公司等企业20余个。花卉苗木基地46.2公顷，蔬菜大棚基地5.33公顷，提水养殖基地33.33公顷，稻麦种植基地106.67公顷，其中水稻绿色种植基地32公顷。建有生态观光农业和蔬菜专业合作社。2022年，村集体经济收入110万元，居民人均可支配收入3.17万元。（杨梅生）

刘元村　区域面积2.8平方千

米，耕地面积145.9公顷。有村民小组18个，户籍户数595户，户籍人口1938人。2022年，村集体经济收入34.6万元，居民人均可支配收入3.41万元。打造人居环境20分钟循环圈2处，拓宽主干道1.1千米，生态护坡3千米。（刘建华）

史庄村 区域面积2.95平方千米，耕地面积131.6公顷。有村民小组18个，户籍户数740户，户籍人口2555人。2022年，村集体经营性收入72.3万元，居民人均可支配收入3.88万元。作为全区首批“精致高新示范村居”创建单位，在全村范围实施亮化、绿化、美化工程，新建特色村口1处、生活污水处理站7套，新建红色展馆、“祥泰书吧”各1座，进行河道生态护坡2处，对停车场、公共厕所等公益设施开展景观化改造。获评2019—2021年度江苏省文明村。（史建伟）

庵桥村 区域面积2.8平方千米，耕地面积163公顷。有村民小组17个，户籍户数664户，户籍人口2246人。主要产业为设施农业、提水养殖。2022年，村集体经营性总收入52万元，居民人均可支配收入3.68万元。对昏暗路灯进行升级亮化改造，共更换路灯60余盏。（栾春勇）

周马村 区域面积3.58平方千米，耕地面积204公顷。有村民小组22个，户籍户数922户，户籍人口3054人。有花卉苗木生产基地13.3公顷，草莓种植基地2公顷，银杏成片林20.67公顷，百年以上银杏树近百株，螃蟹养殖面积5.67公顷。有农村三大合作组织3个，建有农业经济合作社。有小微企业18个。2022年，村集体经济收入114.9万元，居民人均可支配收入3.76万元。投入76.19万元，新增造林面积7.3公顷，新增水泥路面80米。（李声岳）

宗林村 区域面积5.87平方千米，耕地面积292公顷。有村民小组27个，户籍户数1152户，户籍人口3716人。主要产业为提水养殖、苗木种植等。建有家风家训展示馆、3千米的家风家训家规文化长廊和10个道德亭。2022年，村集体经济收入206.6万元，居民人均可支配收入3.99万元。获评2019—2021年度江苏省文明村，获泰州市特色田园乡村高质量发展奖。（宗德楼）

丁庄村 区域面积3.8平方千米，耕地面积211公顷。有村民小组21个，户籍户数973户，户籍人口3012人。耕地流转率90%以上，建成花卉苗木种植区、水产养殖区、优质粮食种植区，小杂粮种植产生良好效益。工业以玩具、服装、鞋帽加工等小微企业为主。2022年，村集体经济收入141.87万元，居民人均可支配收入3.46万元。（孔维亮）

田野村 区域面积2.63平方千米，耕地面积147.87公顷。有村民小组16个，户籍户数724户，户籍人口2056人。种植业主要以稻麦两熟为主，同人于野家庭农场为江苏省示范家庭农场。2022年，村集体经济收入126万元，居民人均可支配收入3.53万元。投入资金30万元，打造季野5组人居环境循环圈。（田圣兵）

陈隆村 区域面积2.6平方千米，耕地面积176.07公顷。有村民小组16个，户籍户数643户，户籍人口1925人。有规模农业面积153.33公顷，家庭农场6个。设施大棚面积6公顷，露天规模蔬菜种植面积8公顷。村庄绿化覆盖率52%。2022年，村集体经济收入103.53万元，居民人均可支配收入3.41万元。实施“一事一议”项目，新建硬质化道路515米。在全村范围开展人居环境整治。（谢春华）

野徐镇

【概况】2022年，野徐镇总面积22.67平方千米，耕地面积633.4公顷。下辖涉农社区6个、城市社区3个，居民小组133个、住宅小区15个。户籍总数7049户，户籍人口25494人。全年实现地区生产总值15.72亿元，比上年增长3.2%。其中，第一产业增加值0.37亿元，增长6.4%；第二产业增加值1.44亿元，下降9.4%；第三产业增加值13.91亿元，增长4.51%。完成一般公共预算收入1.49亿元。完成固定资产投资3.26亿元。进出口总额2290万美元。褚雅社区获评江苏省民主法治示范社区，野徐社区获评泰州市数字化示范社区，仲联社区获评泰州市首批乡村振兴

胡庄镇史庄村红色展览馆　　区党工委（区委）宣传和统战部　供图

示范村，香榭社区获评全国综合减灾示范社区。（于　卉）

【经济建设】 农业　2022年，野徐镇实现农业总产值5188万元、增加值3704万元，分别比上年增长7.14%、6.4%。水稻播种面积384.07公顷，水稻产量3518吨。有家庭农场2个，其中泰州嘉盛家庭农场流转土地面积48.67公顷，泰州奕墨家庭农场流转土地面积32公顷。（乔荣康）

工业　规模以上工业实现总产值3.04亿元、主营业务收入2.94亿元、利润总额1163万元，征收期工业企业一般纳税人开票销售8.6亿元。完成工业投资1.6亿元。盘活闲置土地2.24公顷，亩均税收增幅达60%以上。新增规模以上工业企业1个（泰州市开发区春蕾防护用品厂）。（孙桂明　陈　琨）

建筑业　资质以上建筑业总产值2.27亿元，比上年增长56.3%。对邻里中心、康泽二期等10个在建工地开展建筑施工安全检查34次，发现一般隐患问题68条，均督促进行整改。（张　峰）

服务业　完成服务业投资1.7亿元。限额以上批零住餐业销售额12.19亿元。共有规模以上服务业企业5个，限额以上批零住餐企业9个。（孙桂明）

科技创新　江苏锦竹工业用布有限公司通过省高新技术企业复审，获评省专精特新“小巨人”企业，通过省企业技术中心认定；江苏锦竹工业用布有限公司、泰州林峰童车有限公司、泰州市鑫灵塑料制品有限公司获评三星上云企业。（陈　琨）

【人居环境】 城乡建设　2022年，野徐镇实施康居路、春晖路路口雅茶河雨水排口污水截流工程，更改康居新城东苑小区雨水管网136处。投入111.5万元，实施扬尘治理、减速带更换、路灯检修等项目28个。排查自建房等既有建筑9571栋（其中经营性房屋569栋），共排查出危房5户、疑似存在隐患房屋55户，对存在隐患房屋建立“一户一档”，并进行安全鉴定。检查燃气使用场所56个次，发现并督促整改问题隐患96条，推动24个单位安装燃气泄漏报警及切断装置。康居新城东苑及西苑小区创成省级宜居示范居住区，康居新城东苑小区创成党建引领物业管理省级示范点。（张　峰）

生态环境　开展重点河道水环境治理，完成生产河监测站点迁址和凤凰河水质提升工程。整治涉气工业企业问题31个、扬尘问题43个、汽修单位问题8个、餐饮油烟单位问题13个，推动1个企业加装废气处理设施、2个餐饮单位加装油烟净化装置，关停企业3个。办理污染防治综合监管平台交办件58件，整改各类网格化监管发现环境问题368个、危废固废一般问题隐患56个，通过生态环境警示片披露生态环境问题1起，均完成整改。（张　峰）

位于野徐镇的中国医药城精准医疗孵化基地　　野徐镇　供图

【社会建设】 教育　2022年，野徐镇区域范围内有学校6所，分别为泰州市野徐初级中学、泰州市野徐小学、泰州医药城实验小学、泰州市第一外国语学校、泰州市第一外国语学校附属幼儿园、泰州市康居新城幼儿园。在校学生4162人，教师356人。泰州市野徐初级中学开发生命教育校本课程体系，获评省“聚焦新课程，推动初中学校高品质发展”优秀案例。泰州市野徐小学被评为“十四五”第一批泰州市科学教育特色学校。泰州医药城实验小学的“大美育人”团队获泰州市第四批春蚕奖。

文化体育　举办各类文艺演出20余场次，受众超1.5万人次，其中文化惠民演出18场。10月3日，在天禄湖公园广场举办“强国复兴有我”大江放歌广场文艺演出。更新、维护健身路径2处。11月13日，承办泰州医药高新区（高港区）首届“爱乒才会赢”乒乓球比赛。

卫生健康　有医疗卫生机构7个。其中，医院1个（野徐卫生院），社区卫生服务站6个。野徐卫生院有职工60人，其中主任医师4人、副主任医师6人、主治医师11人。开展“两癌”筛查活动，检查人数155人。开展“健康惠民系列工程”，惠及全镇1500余人。开展用人单位职业健康检查工作百日行动，督促5人以上工业企业完成职业病危害网

泰州市野徐初级中学、泰州市野徐小学　　野徐镇　供图

上申报。

社会生活　城乡居民养老保险参保人数8445人，续缴率99%，城乡居民基本医疗保险参保人数9318人。新增就业1000人，退役士兵培训就业率100%。发放各类社会救助资金680余万元。将522名被征地农民纳入社会保障体系。（朱　鹏）

平安与法治建设　组织9个村（社区）开展“警网有约”述职评议活动。康居社区打造智慧技防小区获得省公安厅表彰，相关做法被“学习强国”学习平台等媒体报道。各级调解组织排查化解矛盾纠纷隐患903件。对仲联社区、唐家社区、野徐社区、康居社区、仲润社区、永新社区6个省级民主法治示范社区开展“回头看”工作。开展“法援惠民生”系列活动。督促企业开展隐患排查，累计排查隐患384条，全部整改到位。（卫明众）

【政治建设】 基层党组织建设　2022年，野徐镇党委下辖基层党组织44个，共有党员1118人，新发展党员9人。建设“老锁匠”党群联调中心，获全区基层党建“书记项目”银质奖。9个社区申报落实16个“放样子、亮群像”书记项目，康居社区获评市最佳项目，香榭社区、仲联社区获评市优秀项目。打造4个镇级暖“新”驿站、9个社区暖“新”驿站。开展新任支部书记培训2场，创设青苗学堂、雁阵讲堂和提能课堂，累计培训500余人次。

宣传统战工作　及时研究和部署意识形态工作3次，开展意识形态工作专题辅导2次。班子成员到挂钩社区、企业讲党课26次。开展中心组学习12次、集中研讨交流6次。获评2021—2022年度全省基层党员冬训工作示范乡镇。在“祥泰e评”发表文章13篇。在“学习强国”学习平台用稿86篇，其中国家平台用稿2篇、省平台用稿16篇、泰州平台用稿68篇。在《新华日报》、“交汇点”新闻、《泰州日报》等省、市级以上媒体用稿130余篇。成立新的社会阶层人士联谊会，并召开第一次会议。做好少数民族贫困对象慰问工作，加强少数民族流动人口服务管理，开展民族团结进步宣传。（栾玉婷）

纪检监察　镇党委会专题研究党风廉政建设工作13次。查处形式主义、官僚主义问题1个，问责干部1人；查处侵害群众利益不正之风和腐败问题1个，处理1人；查处违反国家法律法规问题线索7条，给予党纪政务处分5人。贯彻落实泰州市纪委作风建设“十条禁令”。深化运用监督执纪“四种形态”处理16人次。开设党员干部廉政教育学习班2期，开展集体廉政谈话3次，召开党员干部警示教育大会1次，开办廉政大讲堂1期。（秦辰昕）

人大工作　1月、7月，分别召开镇第十九届人民代表大会第一次会议、第二次会议。推进镇人大代表工作站（人大代表之家）、片区人大代表工作室、“倾听民‘声’ 服务‘卫’民”特色工作室等载体建设。落实“百姓小事”工作制，推动解决突出民生问题8个。组织市、区、镇人大代表围绕食品安全、营商环境、文明城市创建、生态环境保护、居民小区电动车入梯上楼整治等内容开展监督。（刘　玥）

政府自身建设　全年自查发现影响营商环境典型问题3件，均全面整改。通过泰州网格服务管理平台收集各类问题9368件，均按期办结。推进政府系统党风廉政建设，严格落实中央八项规定及其实施细则精神。加强重点领域监管，做好巡察、审计等反馈问题的整改落实。（于　卉）

政协工作　完善镇、社区协商议事平台建设，组织政协委员围绕教育、乡村振兴等课题开展建言献策，政协委员提交提案3件、社情民意信息16篇。（栾玉婷）

【村（社区）简介】 唐家社区　区域面积3.98平方千米，耕地面积133公顷。有居民小组23个，户籍户数1050户（含拆迁），户籍人口3816人（含拆迁）。2022年，社区集体经济收入119万元。对穿庄河进行清淤、两侧河坡绿化，种植草皮7500平方米，栽植色带1200平方米，栽植灌木600株。对桃巷桥、革命桥桥头破损路面进行维修，完成西空组大坝改造。（唐人峰）

老庄社区　区域面积2.7平方千米，耕地面积141公顷。有居民

野徐镇康居社区　　野徐镇　供图

小组19个，户籍户数687户，户籍人口2542人。2022年，社区集体经济收入43万元。完成双庆河河坡驳岸绿化、污水管网铺设等工程，维修社区内路灯、道路、水渠、排水等公益设施30余处。新增土地流转面积32.4公顷。（赵振斌）

永新社区　区域面积4.17平方千米，耕地面积206.47公顷。有居民小组22个，户籍户数1101户，户籍人口4071人。2022年，社区集体经济收入84万元。新增路灯35盏，新建文化走廊35米，打造幸福河湖2条，新增绿化2500平方米。新增土地流转面积3.67公顷。

（陈世荣）

褚雅社区　区域面积2.1平方千米，耕地面积102公顷。有居民小组19个，户籍户数780户，户籍人口3075人。2022年，社区集体经济收入125万元。出新打造整洁小组8个。做好邻里中心及科创中心的征地工作，安置失地保障人员234人。整治亮化2组、7组庄河各1条。拓宽18组南北主干道，全长300米；实施"一事一议"项目，对1组、2组、3组、4组、7组路灯进行亮化工程改造，新增路灯30盏。获评江苏省民主法治示范社区。（陈九贵）

野徐社区　区域面积6.1平方千米。有居民小组36个，居民小区3个，常住户数2349户，常住人口8012人。2022年，社区集体经济收入123万元。新建"暖新驿站"2处、居民健身场1处。组织60周岁以上老年人健康体检2000余人次。邀请市、区艺术团队演出4场。清理河坡扒翻种植1000余平方米，新增河坡绿化3000余平方米。获评泰州市数字化示范社区。（张兆乾）

仲联社区　区域面积3.2平方千米。有村民小组14个，户籍户数671户，户籍人口2683人，98%以上人口已拆迁安置。2022年，社区集体经济收入128万元。完成"政经分开"改革试点工作，成立野徐镇首个由村集体全资控股的泰州新仲联投资发展有限公司。实施为民服务项目23个，"守护斑马线，关爱系万家"项目获评全市优秀"放样子、亮群像"书记项目。获评泰州市首批乡村振兴示范村。

（乔亚军）

康居社区　区域面积0.41平方千米。有居住小区2个，住宅楼79幢，总建筑面积81.4万平方米，入住居民3560户，常住人口9502人。2022年，社区集体经济收入69万元。实现社区高空抛物监控全覆盖，安装消防通道违停抓拍系统、单元门人脸自动抓拍系统、围墙防攀爬系统。建成康居社区新能源充电站。在康居西苑小区安装智能阻车系统107处，安装人工智能图像识别控制系统，获评全市优秀"放样子、亮群像"书记项目。

（杨　进）

香榭社区　区域面积0.95平方千米。有居民小区3个（香榭湾、香樟湾、桃源里）、学校2所（泰州医药城实验小学、泰州市第一外国语学校）。户籍户数173户，户籍人口377人，常住户数1501户，常住人口3043人。2022年，社区"'宠'爱有方　文明伴行"项目获评全市优秀"放样子、亮群像"书记项目。香榭社区获得全国综合减灾示范社区、省级宜居示范居住区、泰州市生活垃圾分类示范点、泰州市十佳园林小区等称号，物业服务项目获评省级优秀示范项目。（耿娅娜）

仲润社区　区域面积0.3平方千米。规划总户数6500户，交付总户数4848户，常住户数2103户，常住人口4019人。有大华锦绣华城、世纪家园公园里、大华国际公寓、大华锦绣时代4个物业小区。2022年，社区集体经济收入52万元。在世纪家园公园里小区安装电梯阻拦电动车上楼系统。新增小区非机动车停车位标识319个。

（侯容兴）

人物　荣誉

道德模范与先进人物

·江苏省“五好家庭”·

张竹山，男，1963年11月出生，中共党员，口岸街道引江社区党总支书记、居委会主任。在他的带领下，引江社区获得江苏省社会主义新农村建设示范村、江苏省美丽乡村、江苏省特色田园乡村、泰州市十强村等称号。其本人获得中国好人、江苏省首批“百名示范”村书记、江苏省“吴仁宝式”优秀村支书、江苏省抗击新冠肺炎疫情先进个人、江苏省优秀党务工作者、江苏省劳动模范、江苏省最美基层共产党员等称号。2022年，张竹山家庭被评为江苏省“五好家庭”。（口岸街道）

·江苏省文明家庭·

王华芹家庭，白马镇白马社区张汪组居民，家庭成员5人。王华芹，女，1977年6月出生，泰州市永诚蔬果专业合作社理事长，江苏泰供海诞现代农业发展有限公司总经理；丈夫李乃平，1979年7月出生，中共党员，退伍军人，白马镇陆家村党总支书记、村委会主任。新冠疫情防控期间，王华芹家庭积极参加、支持疫情防控工作。2020年，王华芹家庭入选全国抗疫“最美家庭”。2022年9月，当选为第三届江苏省文明家庭。（仲伯荣）

·江苏好人·

芮健，男，汉族，1992年8月出生，中共党员，二级消防士消防救援衔，祥泰路消防救援站驾驶员。2021年12月31日，芮健在休假期间途经高速公路丹阳路段时，发现同向应急车道一辆满载货物的卡车车厢着火，现场浓烟弥漫。芮健紧急将车停在应急车道，带上随车携带的灭火器，向着火车辆实施灭火。由于处置及时得当，现场无人员受伤，将火情降到最低。2022年5月，芮健被评为“江苏好人”。（仲伯荣）

·泰州好人·

张燕，女，1986年2月出生，永安洲镇上桥社区居民。2022年3月14日，张燕将20箱4万只口罩放在永安洲镇政府和派出所大门口，只留下一句“我只是负责送货的”，便驱车离开。其后，又分别送给泰州市永安洲小学和永安洲卫生院2万只口罩。2022年7月，被评为“泰州好人”。

窦爱香，女，1968年11月出生，白马镇黄河村村民。30余年间，窦爱香无怨无悔地伺候相继中风瘫痪的公公婆婆，与患有严重强直性脊柱炎的丈夫患难与共，精心照料残疾的姑妈、年幼的女儿，用柔弱的肩膀扛起整个家庭的生活重任。她还大力支持公公无偿捐献遗体，积极帮助做通家人工作。2022年7月，被评为“泰州好人”。

胡德荣，男，1981年5月出生，区应急管理局防灾减灾处处长。他长期奋战在安全监管一线，检查各类企业300余个次，排查安全隐患1200余处，成功消除一批可能酿成安全事故的隐患，维护全区工贸企业的安全稳定。在身患重疾的情形下，他仍然坚持工作在一线。2022年10月，被评为“泰州好人”。

王娟，女，1985年9月出生，大泗镇为民服务中心办事员。新冠疫情突发后，王娟顾不上刚满周岁的孩子，坚守在疫情防控第一线。她承担多项重点工作的统筹协调。2021年下半年，她患上甲状腺肿瘤，医生建议尽快复查并做好手术准备，但她坚持等到疫情态势平稳才去治疗。2023年2月，被评为“泰州好人”。（仲伯荣）

·泰州市“新时代好少年”·

鲁宗胤，男，2012年4月出生，泰州市永安洲小学四（2）班学生。鲁宗胤利用学校的红领巾广播向全体师生发出“保护长江”倡议，协助老师开展保护长江知识竞答、长江保护图片与文字收集等活动，到社区开展长江保护政策宣传，带动一大批少先队员加入保护长江母亲河的行动中来。2022年5月，当选为泰州市“新时代好少年”。

方妍，女，2009年9月出生，泰州市第一外国语学校六（1）班学生。她积极参加主题班会课、国旗下讲话、“红色故事大家讲”等活动，排练舞剧《永不消逝的电波》。在她的带领下，学校红领巾广播站开设“红色故事照我心”栏目，每周由不同的队员讲述红色故事。2022年4月，她获得中国少年先锋队江苏省第八次代表大会代表资格。2022年7月，当选为泰州市“新时代好少年”。

陈梓庆，男，2011年1月出生，泰州市胡庄小学六（1）班学生。学习上，他勤奋踏实，刻苦自励；生活中，他勇于担当，自强不息。陈梓庆的母亲先天性三肢残疾，陈梓庆就主动承担家务活，学会缝纫机，学会帮妈妈做手工作品。他被学校授予“校园阅读之星”“文明礼仪之星”等称号，他的家庭也被学校评为“书香家庭”。2022年11月，当选为泰州市“新时代好少年”。

刘晨煜，男，2012年8月出生，泰州市口岸小学五（5）班学生。他乐于动手，大胆实践，勇于创新。2022年，他设计的“自动感应消毒洗手机”获第33届江苏省青少年科技创新大赛科技成果小学组三等奖；他的作品“stem-探秘科学”获泰州市中小学生信息素养提升实践活动“数字创作评比”小学组二等奖。2023年1月，当选为泰州市“新时代好少年”。

栾鑫宇，男，2014年2月出生，泰州市野徐小学三（2）班学生。他从小就热爱运动，吃苦耐劳，意志力强。由他担任主力的学校足球队于2021年在盐城获全国足球邀请赛第2名，在2020年泰州市“市长杯”足球比赛中获得第3名，其个人也曾获得“最佳射手”称号。2021年8月26日，他被选定为江苏省第二十届运动会青少年部体适能（趣味田径）泰州市代表队运动员。2022年，在江苏省第二十届运动会青少年部体适能（趣味田径）比赛中，他一举夺得8岁组个人全能金牌、一级方程式接力金牌、男子全能赛团体赛铜牌。2023年1月，当选为泰州市“新时代好少年”。　（仲伯荣）

·泰州市文明家庭·

栾德平家庭，口岸街道集成村栾庄6组居民，家庭成员3人。栾德平和妻子莫志娟都是泰州市田河小学的教师，结婚10余年来，他们夫妻二人相亲、相敬、相爱，工作上两人相互鼓励和支持，生活中相互照顾和信任。2022年6月，当选为第三届泰州市文明家庭。

宋年风家庭，明珠街道西湖翠苑社区凤荷苑小区居民，家庭成员5人。宋年风一家温馨和睦、爱岗敬业，热心帮助社区居民。2022年6月，当选为第三届泰州市文明家庭。

（仲伯荣）

·最美泰州人·

陈　林　白马镇陈家村党总支书记、村委会主任

马恒章　泰州市医药高新区凤凰农民艺术团团长

孙丽华　区公安分局出入境管理大队工作人员

王於承　区公安分局法制大队副大队长

刘　勇　江苏瑞科生物技术股份有限公司研究员

刘　超　泰州三福船舶工程有限公司技术员

徐姗姗　泰州市扬子江初级中学教师

朱贤晖　泰州市第三高级中学教师

徐　迅　中海油气（泰州）石化有限公司应急消防主管

吴振甫　泰州市三定新材料科技有限公司董事长

查长春　江苏百英生物科技有限公司董事长　（米　霖）

·“大江风华·最美人物”·

4月“最美青年人物”：

芮　健　泰州医药高新区祥泰路消防救援站驾驶员

李　亚　区公安分局刑警大队副大队长

沈学荣　区应急管理局一级行政执法员

张　敏　区市场监管局大泗分局一级行政执法员

陈　欣　高港区人民检察院第一检察部检察官助理

陈茹茹　高港中医院感控管理科干事

季　燕　泰州市第三人民医院临床教学组长

郭　军　泰州港经济开发区投资促进中心副主任

戚伟文　泰州市御园路幼儿园园长、泰州市祥龙幼儿园党支部书记

虞　果　区党政办综合一处工作人员

5月“最美职工”：

王文兵　区教育局发展规划处负责人

卞如民　泰州市航宇电器有限公司技术总监

刘　宇　泰州超人汽车电子有限公司工会主席、办公室主任

吴雨佳　区税务局一级行政执法员

段晓军　泰州华信药业投资有限公司党委委员、副总经理

桂永光　江苏安方电力科技有限公司工程师

徐志强　高港区消防救援大队通港路消防站二级消防长

高康萌　区发展改革委科员

曹雅洁　江苏勃林格殷格翰生物制品有限公司质量保证员

陶　薇　区党工委（区委）宣传和统战部新闻中心副股级干部

6月“最美社区工作者”：

朱美萍 刁铺街道明发社区党总支委员、居委会委员

朱明森 白马镇黄河村村委会副主任

陈 强 胡庄镇周马村党总支委员、村委会委员

吴 镕 明珠街道丹凤社区党委书记、居委会主任

宗礼胜 口岸街道徐庄村党总支书记、村委会主任

周宜江 许庄街道官沟社区党总支书记、居委会主任

赵兴罗 凤凰街道钟山社区党总支副书记

姚淑颖 寺巷街道康和社区党总支书记、居委会主任

徐 晨 野徐镇康居社区党总支副书记

梁鑫宇 大泗镇大马村村委会委员

8月“最美退役军人”：

田 伟 明珠街道祥龙社区党委书记、居委会主任

刘 刚 生物医药产业园办公室综合主管

刘 勇 胡庄镇戴陈村党总支书记

杨小森 泰州市美画艺术品有限公司仓库主管

杨震宇 区党工委（区委）组织部老干部工作处副处长

张久林 区税务局三级主办

陈同金 大泗镇卫生院副院长

唐人勇 区纪（工）委监委监督审查技术室副主任

常琴玲 区行政审批局高级技师

韩小网 高港区人民法院执行员

8月“最美军嫂”：

丁嘉雯 泰州医药城实验小学教师

周 阳 泰州市中西医结合医院普外科主治医师

徐 燕 泰州市华光织造厂有限公司职员

高前兰 泰州市高港实验初级中学教师

鞠 琳 泰州市高港区尚德智幼儿园教师

8月“最美民兵”：

马忠保 明珠街道北徐社区居委会副主任、基干民兵

史亚发 胡庄镇人民武装部干事、基干民兵

许 林 凤凰街道凤凰园社区居委会委员、基干民兵

杨 亮 区公安分局滨江派出所（水上警察大队）三类驾驶员、基干民兵

张 明 许庄街道马厂社区党委委员、基干民兵

孙闻宇 刁铺街道党政办工作人员、基干民兵

陈 宁 口岸街道人民武装部干事、基干民兵

顾 祥 大泗镇曹于村村委会委员、民兵连长

商厚鸽 自由职业、基干民兵

薛晓宇 野徐镇永新社区居委会委员、民兵连长

9月“最美教师”：

石榴花 泰州市野徐小学

罗连芳 泰州市永安洲小学

徐 震 泰州市高港实验初级中学

杨振宇 泰州市许庄初级中学

朱文娟 泰州市东方明珠幼儿园

王 艳 泰州市口岸幼儿园

宗鹏霞 江苏省高港中等专业学校

吴 蓓 泰州市胡庄小学

邱 飞 泰州市汪群小学

戴晓娟 泰州市口岸小学

12月“最美法治人物”：

王 飞 区纪（工）委监委科员

孙国星 区党工委（区委）宣传和统战部安监处处长

朱玉波 区司法局口岸司法所所长

李梓萌 区党工委（区委）政法委调研宣教处工作人员

陈 欣 高港区人民检察院五级检察官助理

陈 燚 区公安分局三级警长、法制员

宗德楼 胡庄镇宗林村党委书记、村委会主任

徐 峰 区税务局一级行政执法员

梅 娟 区政协社会法制委副主任

谭 毅 高港区人民法院立案庭副庭长

（米 霖）

荣誉栏

·先进集体·

2022年泰州医药高新区（高港区）获国家级（含条线）表彰的先进集体一览表

表29

荣誉	获奖单位	授予时间	授予单位
“四好农村路”全国示范县	高港区	2022-01	交通运输部、财政部、农业农村部、国家乡村振兴局
全国五四红旗团总支	泰州市永安洲初级中学团总支	2022-04	共青团中央
全国“安康杯”优胜单位	国家能源集团泰州发电有限公司	2022-08	中华全国总工会
节约型机关	泰州医药高新区税务局	2022-10	国家机关事务管理局、中央机关事务管理局、国家发改委、财政部
全国优秀法院	泰州医药高新区人民法院	2022-11	最高人民法院
全国县域农业农村信息化发展先进县	泰州医药高新区（高港区）	2022-12	农业农村部
全国综合减灾示范社区	野徐镇香榭社区	2022-12	国家减灾委员会

2022年泰州医药高新区（高港区）获省级（含条线）表彰的先进集体一览表

表30

荣誉	获奖单位	授予时间	授予单位
2021年度全省推进乡村振兴战略实绩考核第一等次	高港区	2022-01	省委农村工作领导小组
2019—2021年度江苏省文明乡镇	永安洲镇	2022-01	省文明委
2019—2021年度江苏省文明乡镇	胡庄镇	2022-01	省文明委
2019—2021年度江苏省文明乡镇	大泗镇	2022-01	省文明委
2019—2021年度江苏省文明村	野徐镇永新社区（村）	2022-01	省文明委
2019—2021年度江苏省文明村	白马镇陈家村	2022-01	省文明委
2019—2021年度江苏省文明村	胡庄镇史庄村	2022-01	省文明委
2019—2021年度江苏省文明村	胡庄镇宗林村	2022-01	省文明委
2019—2021年度江苏省文明村	大泗镇霍堡村	2022-01	省文明委
2019—2021年度江苏省文明社区	许庄街道乔杨社区	2022-01	省文明委
2019—2021年度江苏省文明社区	口岸街道引江社区	2022-01	省文明委
2019—2021年度江苏省文明社区	永安洲镇永胜社区	2022-01	省文明委
2019—2021年度江苏省文明社区	野徐镇康居社区	2022-01	省文明委
2019—2021年度江苏省文明社区	刁铺街道圩岸社区	2022-01	省文明委

续表30

荣誉	获奖单位	授予时间	授予单位
2019—2021年度江苏省文明单位	国家能源集团泰州发电有限公司	2022-01	省文明委
2019—2021年度江苏省文明单位	扬子江药业集团有限公司（本部）	2022-01	省文明委
2019—2021年度江苏省文明单位	江苏省泰州引江河管理处	2022-01	省文明委
2019—2021年度江苏省文明单位	泰州医药高新区人民检察院	2022-01	省文明委
2019—2021年度江苏省文明单位	泰州医药高新区税务局	2022-01	省文明委
2019—2021年度江苏省文明单位	高港区总工会	2022-01	省文明委
2019—2021年度江苏省文明单位	泰州医药高新区人民法院	2022-01	省文明委
2019—2021年度江苏省文明单位	许庄街道办事处	2022-01	省文明委
2019—2021年度江苏省文明单位	泰州医药高新区审计局	2022-01	省文明委
2019—2021年度江苏省文明单位	大泗镇财政局	2022-01	省文明委
2019—2021年度江苏省文明单位	泰州医药高新区消防救援大队	2022-01	省文明委
2019—2021年度江苏省文明单位	高港区供销合作总社	2022-01	省文明委
2019—2021年度江苏省文明单位	大泗镇卫生院	2022-01	省文明委
2019—2021年度江苏省文明单位	高港区消防救援大队	2022-01	省文明委
2019—2021年度江苏省文明单位	泰州市口岸幼儿园	2022-01	省文明委
2019—2021年度江苏省文明单位	高港区税务局	2022-01	省文明委
2019—2021年度江苏省文明单位	交警高港大队	2022-01	省文明委
2019—2021年度江苏省文明单位	泰州医药高新区商务局	2022-01	省文明委
2019—2021年度江苏省文明单位	高港区人民检察院	2022-01	省文明委
2019—2021年度江苏省文明单位	泰州医药高新区卫生健康委	2022-01	省文明委
2019—2021年度江苏省文明单位	泰州医药高新区市场监管局	2022-01	省文明委
2019—2021年度江苏省文明单位	泰州医药高新区财政局	2022-01	省文明委
2019—2021年度江苏省文明单位	泰州医药高新区社会事业和退役军人事务局	2022-01	省文明委
2019—2021年度江苏省文明单位	泰州医药高新区教育局	2022-01	省文明委
2019—2021年度江苏省文明单位	泰州市宏达工矿安全部件有限公司	2022-01	省文明委
2019—2021年度江苏省文明单位	江苏汇福蛋白科技有限公司	2022-01	省文明委
2019—2021年度江苏省文明校园（中小学）	江苏省泰州中学	2022-01	省文明委
2019—2021年度江苏省文明校园（中小学）	泰州市海军小学	2022-01	省文明委
2019—2021年度江苏省文明校园（中小学）	泰州市高港实验小学	2022-01	省文明委
2019—2021年度江苏省文明校园（中小学）	泰州市扬子江小学	2022-01	省文明委
2019—2021年度江苏省文明校园（中小学）	泰州市太湖路小学	2022-01	省文明委
2019—2021年度江苏省文明校园（中小学）	江苏省泰州中学附属初级中学	2022-01	省文明委
2019—2021年度江苏省文明校园（中小学）	泰州市扬子江初级中学	2022-01	省文明委
2019—2021年度江苏省文明校园（中小学）	江苏省口岸中学	2022-01	省文明委

续表30

荣誉	获奖单位	授予时间	授予单位
2019—2021年度江苏省文明校园（中小学）	泰州市田河初级中学	2022-01	省文明委
江苏省乡村振兴先进集体	大泗镇党委	2022-01	省委、省政府
第四批江苏省生态文明建设示范村	大泗镇霍堡村	2022-01	省生态环境厅
江苏省健康村	白马镇陆家村	2022-01	省爱卫办
江苏省优秀少先队集体少先队大队	泰州市高港实验小学少先队大队	2022-01	共青团江苏省委
江苏省优秀少先队集体少先队中队	泰州市高港实验小学六（7）中队	2022-01	共青团江苏省委
江苏省智慧校园	泰州市永安洲小学	2022-01	省教育厅、省工业和信息化厅
“人民满意窗口”建设质量提升工程先进单位	永安洲镇人民来访接待中心	2022-02	省信访局
江苏省食品安全工作先进集体	泰州医药高新区市场监管局	2022-03	省食品安全委员会
江苏省五四红旗团委（团工委）	凤凰街道团工委	2022-04	共青团江苏省委
江苏省五四红旗团支部（团总支）	野徐镇康居社区团总支	2022-04	共青团江苏省委
江苏省五四红旗团支部（团总支）	刁铺街道圩岸社区团支部	2022-04	共青团江苏省委
江苏省农村人居环境整治提升工作评估第一等次	泰州医药高新区（高港区）	2022-04	省农村人居环境整治联席会议办公室
全省法院行政审判工作先进集体	泰州医药高新区人民法院行政庭	2022-05	省高级人民法院
通报表扬	寺巷派出所	2022-05	省公安厅
江苏省妇女儿童工作先进集体	永安洲镇人民政府	2022-06	省人民政府妇女儿童工作委员会
江苏省五星级农产品质量安全监管站	胡庄镇	2022-06	省农业农村厅
全省优秀公安基层单位	白马派出所	2022-07	省人力资源社会保障厅、省公安厅
江苏省巾帼建功先进集体	江苏康为世纪生物科技股份有限公司	2022-07	省妇联
江苏省巾帼文明岗	泰州医药高新区（高港区）社会保险基金征缴中心	2022-07	省妇联
“科创江苏”试点区	泰州医药高新区（高港区）	2022-07	省科协
江苏省健康促进医院	永安洲镇卫生院	2022-07	省卫生健康委办公室
绿色发展领军企业	益海（泰州）粮油工业有限公司	2022-08	省生态环境厅、省工商联
江苏省群众体育先进单位	高港区妇联	2022-08	省体育局
江苏省美丽家园省级示范点	口岸街道徐庄村	2022-08	省妇女“双学双比”竞赛活动领导小组
江苏省“百佳”家庭农场	泰州凤栖湖农场	2022-09	省政府
农村河道长效管护第一等次	高港区	2022-09	省水利厅、省财政厅
省工业互联网示范工程项目（标杆工厂类）	扬子江药业集团江苏龙凤堂中药有限公司	2022-09	省工业和信息化厅
江苏省中医药文化宣传教育基地	扬子江药业集团江苏龙凤堂中药有限公司	2022-10	省中医药管理局
江苏省特色田园乡村	口岸街道引江社区	2022-11	省住房城乡建设厅

续表30

荣誉	获奖单位	授予时间	授予单位
“江苏制造突出贡献奖”优秀企业	扬子江药业集团有限公司	2022-12	省委、省政府
江苏省住房城乡建设系统工会工作先进集体	区住房城乡建设局工会委员会	2022-12	省建设工会工作委员会
江苏省民主法治示范社区	口岸街道口岸社区	2022-12	省委依法治省办、省司法厅、省民政厅
江苏省民主法治示范社区	刁铺街道明发社区	2022-12	省委依法治省办、省司法厅、省民政厅
江苏省民主法治示范社区	凤凰街道梅兴社区	2022-12	省委依法治省办、省司法厅、省民政厅
江苏省民主法治示范社区	野徐镇褚雅社区	2022-12	省委依法治省办、省司法厅、省民政厅
江苏省第六批双“五有”侨联组织	高港区侨联	2022-12	省侨联
江苏省构筑民营经济舆论阵地先进单位	高港区工商联	2022-12	中华工商时报社
江苏省老年友善医疗机构优秀单位	永安洲镇卫生院	2022-12	省卫生健康委员会、省中医药管理局
江苏省智能制造示范车间	益海（泰州）粮油工业有限公司	2022-12	省财政厅
江苏省生态宜居美丽示范村	口岸街道张马社区	2022-12	省农业农村厅
江苏省健康社区	口岸街道柴墟社区	2022-12	省爱国卫生运动委员会

2022年泰州医药高新区（高港区）获市级（不含条线）表彰的先进集体一览表

表31

荣誉	获奖单位	授予时间	授予单位
2015—2021年度全市平安建设先进集体	滨江派出所	2022-01	市委、市政府
2015—2021年度全市平安建设先进集体	白马派出所	2022-01	市委、市政府
全市农业农村工作目标绩效管理评估第一等次	泰州医药高新区（高港区）	2022-03	市委、市政府
祥泰小区	刁铺街道明发社区	2022-06	市政府
泰州市江苏省第二十届运动会组织运行和备战参赛工作先进集体	扬子江药业集团	2022-12	市委、市政府
泰州市江苏省第二十届运动会组织运行和备战参赛工作先进集体	江苏硕世生物科技股份有限公司	2022-12	市委、市政府
泰州市江苏省第二十届运动会组织运行和备战参赛工作先进集体	泰州医药高新区党工委（高港区委）宣传和统战部体育处	2022-12	市委、市政府
泰州市江苏省第二十届运动会组织运行和备战参赛工作先进集体	泰州医药高新区（高港区）教育局	2022-12	市委、市政府
泰州市江苏省第二十届运动会组织运行和备战参赛工作先进集体	泰州医药高新区（高港区）卫生健康委	2022-12	市委、市政府
泰州市江苏省第二十届运动会组织运行和备战参赛工作先进集体	泰州医药高新区消防救援大队	2022-12	市委、市政府
泰州市江苏省第二十届运动会组织运行和备战参赛工作先进集体	凤凰街道	2022-12	市委、市政府

·先进个人·

2022年泰州医药高新区（高港区）获国家级（含条线）表彰的先进个人一览表

表32

姓　名	荣誉	工作单位	授予时间	授予单位
庄志华	全国五一劳动奖章	江苏康为世纪生物科技股份有限公司	2022-04	中华全国总工会
冯　皓	全国公安机关爱民模范	泰州市公安局医药高新区分局（高港分局）	2022-05	公安部
费海燕	政治工作先进个人	泰州医药高新区人民法院	2022-09	最高人民法院

2022年泰州医药高新区（高港区）获省级（含条线）表彰的先进个人一览表

表33

姓名	荣誉	工作单位	授予时间	授予单位
袁亚琴	全省检察机关扫黑除恶专项斗争先进个人	高港区人民检察院	2022-01	省人民检察院
蔡红霞	全省工信系统先进工作者	泰州医药高新区（高港区）工业和科技创新局	2022-01	省人力资源社会保障厅、省工信厅
邱改红	江苏省乡村振兴先进个人	泰州医药高新区（高港区）农业农村局	2022-01	省委、省政府
史建伟	江苏省乡村振兴先进个人	胡庄镇史庄村	2022-01	省委、省政府
梁梦绮	江苏省优秀少先队员	泰州市永安洲小学	2022-01	共青团江苏省委
程华国	全省法院执行裁判工作先进个人	高港区人民法院	2022-02	省高级人民法院
吴莹莹	江苏省“双争”活动成绩突出个人	华威特（江苏）生物制药有限公司	2022-03	省总工会
孔德培	2021年度依法治省工作成绩突出个人	泰州医药高新区（高港区）司法局	2022-03	省委依法治省办
汤　宁	三等功（2019—2020年度全省公安调研工作成绩突出个人）	泰州市公安局医药高新区分局（高港分局）	2022-04	省公安厅
韩　燕	全省法院“百场优秀庭审”三等奖	高港区人民法院	2022-04	省高级人民法院
顾　婷	江苏省五一劳动奖章	江苏康为世纪生物科技股份有限公司	2022-04	省总工会
顾　炜	2021年度江苏省电力行业媒体优秀通讯员	国家能源集团泰州发电有限公司	2022-04	省电力行业协会
张红梅	江苏省三八红旗手	泰州市寺巷中心幼儿园	2022-04	省妇联
陈振华	江苏省优秀共青团员	胡庄镇综合指挥中心	2022-04	共青团江苏省委
刘晓文	江苏省优秀共青团员	明珠街道为民服务中心	2022-04	共青团江苏省委
李　娟	江苏省优秀共青团干部——团支部书记专项	白马镇白马社区	2022-04	共青团江苏省委

续表33

姓名	荣誉	工作单位	授予时间	授予单位
芮　健	江苏好人	祥泰路消防救援站	2022-05	省文明办
赵　蒙	通报表扬	泰州市公安局医药高新区分局（高港分局）	2022-05	省公安厅
崔宏义	二等功	泰州市公安局医药高新区分局（高港分局）	2022-05	省公安厅
张竹山家庭	江苏省“五好家庭”	口岸街道引江社区	2022-05	省妇联
叶建华	江苏省农产品质量安全优秀监督员	胡庄镇	2022-06	省农业农村厅
韩洁桂	江苏省双拥先进个人	凤凰街道	2022-07	省退役军人事务厅
钱忠荣	全省优秀人民警察	泰州市公安局医药高新区分局（高港分局）	2022-07	省人力资源社会保障厅、省公安厅
王旭红	全省优秀人民警察	泰州市公安局医药高新区分局（高港分局）	2022-07	省人力资源社会保障厅、省公安厅
王华芹家庭	第三届江苏省文明家庭	白马镇白马社区	2022-09	省委宣传部、省文明办、省妇联
闻　正	通报表扬（全省公安机关扫黑除恶专项斗争成绩突出个人）	泰州市公安局医药高新区分局（高港分局）	2022-09	省公安厅
殷　华	全省法院政治工作先进个人	高港区人民法院	2022-09	省高级人民法院
费海燕	全省法院政治工作先进个人	泰州医药高新区人民法院	2022-09	省高级人民法院
丁小健	全省“七五”普法工作先进个人	泰州医药高新区（高港区）司法局	2022-11	省政府
胡志全	江苏省打好污染防治攻坚战先进个人	泰州医药高新区生态环境分局	2022-12	省生态环境厅、省人力资源社会保障厅
尤俊杰	江苏省污染防治攻坚专项标兵个人	江苏省泰州市生态环境综合行政执法局高新二局	2022-12	省生态环境厅
王超然	江苏省“我们身边的好青年”	中科院大化所中国医药城生物医药创新研究院	2022-12	共青团江苏省委
严　菲	江苏省构筑民营经济舆论阵地先进个人	高港区工商联	2022-12	中华工商时报社
卢　峰	全省党史部门先进工作者	泰州医药高新区（高港区）党史方志办公室	2022-12	省委党史工办

2022年泰州医药高新区（高港区）获市级（不含条线）表彰的先进个人一览表

表34

姓名	荣誉	工作单位	授予时间	授予单位
佘　建	2015—2021年度全市平安建设先进个人	泰州市公安局医药高新区分局（高港分局）	2022-01	市委、市政府
周树平	2015—2021年度全市平安建设先进个人	高港区人民法院	2022-01	市委、市政府

续表34

姓名	荣誉	工作单位	授予时间	授予单位
李剑峰	2015—2021年度全市平安建设先进个人	泰州医药高新区人民法院	2022-01	市委、市政府
黄　吉	2015—2021年度全市平安建设先进个人	泰州医药高新区人民法院	2022-01	市委、市政府
陆明航	“争当表率、争做示范、走在前列”好干部	泰州医药高新区（高港区）工业和科技创新局	2022-04	市委
李雪云	“争当表率、争做示范、走在前列”好干部	泰州医药高新区（高港区）商务局	2022-04	市委
朱双六	“争当表率、争做示范、走在前列”好干部标兵	泰州医药高新区（高港区）统计局	2022-04	市委
陈爱民	安全生产工作先进个人	凤凰街道	2022-07	市政府
滕志春	泰州市江苏省第二十届运动会组织运行和备战参赛工作先进个人	凤凰街道	2022-12	市委、市政府
封　茜	泰州市江苏省第二十届运动会组织运行和备战参赛工作先进个人	泰州医药高新区（高港区）教育局	2022-12	市委、市政府
周　娟	泰州市江苏省第二十届运动会组织运行和备战参赛工作先进个人	泰州医药高新区（高港区）卫生健康委	2022-12	市委、市政府
李　飞	泰州市江苏省第二十届运动会组织运行和备战参赛工作先进个人	泰州医药高新区（高港区）市场监管局	2022-12	市委、市政府
尚　迪	泰州市江苏省第二十届运动会组织运行和备战参赛工作先进个人	泰州医药高新区消防救援大队	2022-12	市委、市政府
吉徐兵	泰州市江苏省第二十届运动会组织运行和备战参赛工作先进个人	交警高港大队	2022-12	市委、市政府
雷家昌	泰州市江苏省第二十届运动会组织运行和备战参赛工作先进个人	泰州医药高新区党工委（高港区委）宣传和统战部	2022-12	市委、市政府
孔小军	泰州市江苏省第二十届运动会组织运行和备战参赛工作先进个人	泰州医药高新区党工委（高港区委）宣传和统战部	2022-12	市委、市政府
张建国	泰州市江苏省第二十届运动会组织运行和备战参赛工作先进个人	泰州医药高新区党工委（高港区委）宣传和统战部	2022-12	市委、市政府
陈　静	泰州市江苏省第二十届运动会组织运行和备战参赛工作先进个人	泰州医药高新区党工委（高港区委）宣传和统战部	2022-12	市委、市政府
戴斐斐	泰州市江苏省第二十届运动会组织运行和备战参赛工作先进个人	泰州医药高新区党工委（高港区委）宣传和统战部	2022-12	市委、市政府
严　苏	泰州市江苏省第二十届运动会组织运行和备战参赛工作先进个人	泰州医药高新区党工委（高港区委）宣传和统战部	2022-12	市委、市政府

附 录

组织机构及负责人

中共泰州医药高新技术产业开发区工作委员会
中共泰州市高港区委员会

书 记 叶冬华
副书记 孙宏建（至7月18日）
丁志强（7月18日任）
陶 旭
党工委委员、区委常委
陈 磊
吴 斌
张汉刚（至3月14日）
申晓勇（至7月25日）
卢 洁（女）
王英俊
肖志勇（至3月14日）
顾宝林（3月14日任）
全冬明（3月14日任）
冯海镛（11月15日任）
党工委委员 陈 林（至11月15日）
区委常委 李春荣（援疆）
李 丹

泰州医药高新技术产业开发区管理委员会

主 任 孙宏建（至7月5日）
丁志强（7月5日任）
副主任 张汉刚（至3月29日）
全冬明（3月29日任）
邵剑峰（3月29日任）
顾为进
刁德林（5月11日任）
匡章斌（5月11日任）
丁永巍（8月6日任）

泰州市高港区人大常委会

主 任 任志强
副主任 葛立网
刘振东（至1月14日）
杨春宣
李 强
田宝武（至1月14日）
王飞平（1月14日任）

泰州市高港区人民政府

区 长 孙宏建（至7月29日）
代区长 丁志强（7月29日任）
副区长 张汉刚（至5月20日）
全冬明（5月20日任）
王英俊
朱海涛（8月31日任）
李新美（女，至1月7日）
贺 骏（至5月20日）
陈新兵
施康振
孙达妮（女，1月7日任）
严华云（挂职）
吴苏凌（挂职，12月7日任）

政协泰州市高港区委员会

主 席 薛永忠
副主席 陈志斌
周法鸣（至1月13日）
徐桂明
周正青
张 琴（女，至1月13日）
陈文兰（女，1月13日任）

中共泰州医药高新技术产业开发区纪律检查工作委员会
中共泰州市高港区纪律检查委员会、区监察委员会

书 记 肖志勇（至3月14日）
顾宝林（3月14日任）
主 任 肖志勇（至5月20日）
代主任 顾宝林（5月20日任）

人民法院、人民检察院、人武部

泰州医药高新区人民法院
院 长 刘 瑛（女）
泰州医药高新区人民检察院
检察长 王 玮
高港区人民法院
院 长 许 飞（1月14日任）
高港区人民检察院
检察长 吴文彬（1月14日任）
人武部
部 长 朱平平

区党工委（区委）职能机构

党政办公室
主 任 孙晓军

组织部
部　长　申晓勇（至7月25日）
　　　　冯海镛（11月15日任）
宣传和统战部
部　长　卢　洁（女）
政法委
书　记　陈　磊
巡察办公室
主　任　（暂缺）

区人大常委会工作机构

办公室
主　任　戴　波
人事代表联络工作委员会
主　任　张　平（至7月29日）
　　　　赵　琴（女，7月29日任）
财经（预算）工作委员会
主　任　何长鑫
监察和司法（法制）工作委员会
主　任　徐　新（至7月29日）
　　　　张　平（7月29日任）
社会建设和教科文卫工作委员会
主　任　朱俊茂（至7月29日）
　　　　陈鸿斌（7月29日任）
环资城建工作委员会
主　任　陈鸿斌（至7月29日）
　　　　李恺颖（女，7月29日任）
农业农村工作委员会
主　任　戴曙光

区管委会（区政府）职能机构

发展改革委
主　任　邱小平
教育局
局　长　袁　斌（至5月20日）
　　　　于勇军（5月20日任）
工业和科技创新局
局　长　马扬光
司法局
局　长　蔡　磊
财政局
局　长　匡章斌
社会事业和退役军人事务局
局　长　卞晓江
住房和城乡建设局
局　长　徐旭东
农业农村局
局　长　李俊标
商务局
局　长　姜志新
卫生健康委
书　记　蒋加华（5月16日任）
主　任　陈文兰（女，5月20日任）
应急管理局
局　长　戴永建（5月20日任）
审计局
局　长　曹映华（5月20日任）
行政审批局
局　长　陈志俊（5月20日任）
市场监督管理局
局　长　孙　静（女）
统计局
局　长　朱双六（5月20日任）

区政协工作机构

办公室
秘书长　沈虹振
提案委
主　任　周昌军（5月12日任）
学习文史委
主　任　常小红（女，1月6日任）
经济城乡建设委
主　任　叶　智
社会法制委
主　任　陈文兰（女，至1月6日）
　　　　蒋　为（1月6日任）
科教文卫体委
主　任　许建中

派出机构、直属事业单位

口岸雕花楼景区管委会
主　任　李忠钱（至4月23日）
　　　　毛庆武（4月23日任）
党校
校　长　（暂缺）
党史方志办公室
主　任　李秀年
供销合作总社
主　任　戴立新
区域社会治理现代化综合指挥中心
主　任　杨　钊（至9月9日）
　　　　印亚男（女，9月9日任）
泰州医药高新区新药申报中心（挂江苏省药品监督管理局审评核查泰州分中心牌子）
主　任　徐永千（4月23日任）

群众团体

总工会
主　席　史连美（女）
团区委
书　记　刘阳阳（女，9月9日任）
妇　联
主　席　曹小平（女，至7月26日）
　　　　陈　思（女，7月26日任）
科　协
主　席　蒋　为（至3月14日）
　　　　白　剑（3月14日任）
侨　联
主　席　丁　丽（女，5月20日任）
工商联
主　席　周正青
文　联
主　席　王冬梅（女）
残　联
理事长　陈奎芝
红十字会
党组书记、常务副会长
　　　　金正文（至3月10日）
　　　　成　旭（3月10日任）
社科联
主　席　孙婷婷（女，1月26日任）

园区、街道、镇

医药产业园管理办公室
党工委书记　丁志强（11月15日任）
主　　任　吴　翔
滨江工业园管理办公室
主　任　邵剑峰（3月14日任）
电子信息产业园管理办公室（挂综合保税区管理办公室牌子）
主　任　吴　斌
港口物流产业园管理办公室
主　任　朱海涛（7月25日任）

泰州港经济开发区管理办公室
主　任　顾为进（至4月27日）
　　　　王英俊（4月27日任）
口岸街道
党工委书记　刘朝晖
办事处主任　孙　俊
人大工委主任　于跃进
刁铺街道
党工委书记　叶俊东
办事处主任　秦　冲
人大工委主任　严美华（女，至7月29日）
许庄街道
党工委书记　王锁东（至6月30日）
　　　　　　刘　力（6月30日任）
办事处主任　刘　力（至6月30日）
　　　　　　严美华（女，6月30日任）
人大工委主任　乔向民
寺巷街道
党工委书记　陈小平
办事处主任　喻海峰
人大工委主任　吴　凡
明珠街道
党工委书记　徐思达
办事处主任　叶平章
人大工委主任　史绚丽（女）
凤凰街道
党工委书记　韩洁桂
办事处主任　董建民
人大工委主任　匡雄杰
沿江街道
党工委书记　周宏华
办事处主任　柳　劼
人大工委主任　许良兵（1月7日任）
永安洲镇
党委书记　王晓瑾
镇　长　王晓瑾（至7月8日）
　　　　尹富仕（7月8日任）
人大主席　沈　亚
白马镇
党委书记　周　明
镇　长　周　骏
人大主席　李正斌（至7月23日）
　　　　　曹顺林（7月23日任）
大泗镇
党委书记　刘　瑾（女）
镇　长　徐　旭
人大主席　戴曙光（至1月6日）
　　　　　陈海燕（1月6日任）
胡庄镇
党委书记　何　强
镇　长　李晓娟（女）
人大主席　孔玉美（女）
野徐镇
党委书记　贲　腾
镇　长　智日高
人大主席　帅小剑

垂直管理部门（单位）

泰州市公安局医药高新区分局（高港分局）
局　长　刁德林
泰州医药高新区自然资源和规划分局
局　长　李筱敏
高港区自然资源和规划分局
局　长　朱　兵
泰州医药高新区生态环境分局
局　长　吴　涛
高港生态环境局
局　长　左祥生
泰州医药高新区税务局
局　长　树荣海（至12月26日）
高港区税务局
局　长　俞勇华（至3月24日）
　　　　鞠金发（3月24日至12月26日）
泰州医药高新区（高港区）税务局
局　长　树荣海（12月27日任）
泰州医药高新区（高港区）全媒体中心
主　任　严　虎
泰州医药高新区交通运输分局
局　长　刘广生
高港区交通运输分局
局　长　冯智洋
交警泰州医药高新区大队
大队长　（暂缺）
交警高港大队
大队长　吉徐兵
泰州医药高新区消防救援大队
大队长　赵　锋
高港区消防救援大队
大队长　王林林
高港区气象局
局　长　樊增华
高港区邮政管理局
局　长　吴东升

人物名录

·人大代表名录·

（按姓氏笔画排名）

泰州医药高新区（高港区）出席江苏省十三届人大五次会议代表名录

王春香、叶冬华、杨屹峰、孙宏建

泰州医药高新区（高港区）出席泰州市六届人大一次会议代表名录

丁志强、于涛、王龙、王玮、王国强、王爱珍（女）、叶红（女）、叶冬华、申晓勇、史爱梅（女）、乔亚军、乔向民、任志强、刘勇、刘瑛（女）、刘亚芹（女）、许飞、孙宏建、孙学军、李乐、李俊、李志萍（女）、杨义琴（女）、杨屹峰、肖志勇、吴文彬、吴新军、邹晶、沈明刚、张余松、陈林、陈小平、金晓中、赵良、顾鼎、徐建青（女）、徐思达、殷国庆、栾斌、郭余庆、彭小艳（女）、焦卉（女）、谢晓恩、蔡伟、廖鹏、鞠建中

高港区六届人大一次会议代表名录

丁伊梅（女）、丁满生、刁保圣、于涛、于祥、于海泉、于跃进、马硙、王平、王玮、王勇、王婷（女）、王九龙、王飞平、王巧兰（女）、王迎波（女）、王其军、王英俊、王林林、王晓瑾、王笑中、王海峰、王锁东、毛晓平、方玉华（女）、孔琴（女）、孔玉美（女）、卢洁（女）、帅小剑、叶平章、叶冬华、叶俊东、申晓勇、田伟、田备、田为中、田宝武、史见平（女）、史绚丽（女）、史爱梅（女）、匡雄杰、朱尧（女）、朱勤（女）、朱半半、朱兆朋、朱国宝、朱俊茂、朱美云（女）、朱海军、乔莹（女）、乔向民、乔晶茗

（女）、任志强、庄志华（女）、刘俊、刘勇、刘瑛（女）、刘鹏、刘瑾（女）、刘天兰（女）、刘伯阳、刘建罗、刘春生、刘振东、刘朝晖、汤玉君、许飞、许一鸣、许良兵、孙贝（女）、孙平、孙俊、孙琴（女）、孙卫锋、孙宏建、孙启斌、孙杰文、孙京津（女）、孙建伟、孙承莉（女）、严波、严美华（女）、李丹、李宁、李泽、李强、李文龙、李正斌、李兴华、李春荣、李晓娟（女）、李润润（女）、杨勇、杨学军、杨建军、杨春宣、肖志勇、吴凡、吴剧（女）、吴斌、吴翔、吴仁群、吴文彬、何强、何长鑫、何丽琴（女）、沈亚、沈小飞、沈卫琴（女）、沈立志、张平、张生、张进、张荔、张娟（女）、张震、张万秋（女）、张卫东、张由凤、张汉刚、张志伟、张宏生、张桂祥、张海霞（女）、陆河、陆露、陆政霖、陈林、陈林（白马镇）、陈盛、陈磊、陈九贵、陈小平、陈开伦、陈月兰（女）、陈礼庆、陈亚伟、陈希斌、陈学斌、陈振华、陈海燕、陈鸿斌、杭友斌、季宝宏、周明、周骏、周爱琴（女）、周衡安（女）、单晔钰、赵锋、赵冰奇（女）、赵余虎、赵晓玲（女）、赵鹏程、贲腾、柳劼、祝婕（女）、姚洁、姚亚海、姚淑颖（女）、秦刚、秦冲、秦长林、秦勇峰、秦爱华（女）、袁廷洛、袁荣熙、顾为进、顾宏兵、钱网小、倪杰、徐旭、徐爽、徐新、徐慧（女）、徐少华、徐文亮、徐书荣、徐永千、徐佑国、徐思达、徐晓丽（女）、徐海峰、徐勤生、奚银泉、凌晓娟（女）、栾中庆、高飞、高静（女）、高进云（女）、郭秀洁（女）、唐人峰、陶旭、陶静、黄伟、黄良发、黄雪华、曹美（女）、曹小琴（女）、曹浩明、戚文川、戚俊宏（女）、葛玉书、葛立网、蒋凯、蒋锦静（女）、韩绍庆、韩洁桂、喻海峰、智日高、舒莲香（女）、谢春华（女）、谢晓恩、虞继罗、解钰（女）、蔡亚（女）、蔡兰芳（女）、樊庆勇、薛永忠、薛海明、穆俊杰、戴波、戴茹（女）、戴勇、戴萍（女）、戴小奎、戴永星、戴晓娟（女）、戴锦忠、戴曙光

·政协委员名录·

（按姓氏笔画排名）

泰州医药高新区（高港区）出席泰州市政协六届一次会议委员名录

王松、王锁东、孔秀芹（女）、卢洁（女）、史连美（女）、朱晋林、朱海涛、刘保兴、孙乃清、孙长奋、孙达妮（女）、孙红梅（女）、李蓉（女）、杨明、佘浩滨、余军、沈建、周正青、侯先栋、秦勇华（女）、顾欣（女）、徐桂明、唐健民、龚朝晖、彭福中、葛士平、蒋志忠、蒋奇明、韩孟、韩韫（女）、薛永忠

高港区政协六届一次会议委员名录

于智平（女）、马扬光、马宗佑、马腾云、王欢（女）、王青（女）、王波、王龚、王敏、王文忠、王冬梅（女）、王连珠（女）、王步忠、王宏贵、王祖奎、王满朝、毛正哲、毛庆武、毛晓珏（女）、仇真、卞云祥、卞晓江、孔云、孔雯、左祥生、卢洁（女）、叶智、叶新、叶争华（女）、史平凤（女）、白剑、令狐昌黎（女）、印江、包继林、匡章斌、吉园（女）、吉洋章、吉徐兵、朱平、朱娟（女）、朱双六、朱宏俊、朱建军、刘云（女）、刘治、刘喆、刘永华、刘加红（女）、刘克滨、刘金钲、汤学斌、许勇、许建中、孙勇、孙静（女）、孙乃清、孙达妮（女）、孙志平、孙建东、孙祎雯（女）、孙晓军、严虎、李苹、李京、李艳（女）、李敏（女）、李小兵、李文华、李红桂、李俊标、李惠平（女）、杨帆、杨盟（女）、杨溢、杨鑫森、肖刚林、肖学明、吴琦、吴斌、吴志超、吴爱军、邱小平、何碧波、冷洪、沈建、沈虹振、宋杰（女）、宋文捷（女）、张卫、张伟、张杰、张健、张祥、张敏（女）、张云弓、张月霞（女）、张玉林、张年防、张国胜、张显伟、张葛珊、张锦秋、陆乔立、陈吉（女）、陈羽、陈京、陈琪（女）、陈雯（女）、陈锐、陈曦、陈文兰（女）、陈玉宇、陈红星、陈志俊、陈志斌、陈雨霏（女）、陈学东、陈建梅（女）、陈奎芝、范乐、林智文、金如俊、周勇、周娟（女）、周正青、周东升、周叶年、周昌军、周法鸣、周俊松、周鑫科、封茜（女）、赵晖、赵汶杰（女）、赵荣林、赵燕来（女）、胡毅为、侯明敏（女）、俞乐（女）、俞晓莲（女）、施义明、施巍巍、姜志新、姚静（女）、姚娟妹（女）、秦晖（女）、袁华（女）、袁庆、袁斌、袁国湘、都兴宇、耿艳（女）、晋光泽、夏恋秋（女）、顾婧（女）、顾双喜、顾正兵、倪健萍（女）、徐峰、徐卿、徐萌、徐田昊、徐旭东、徐桂明、高立、高莹（女）、高卫东、郭美娟（女）、唐宇、陶琴（女）、陶金华、陶琼华（女）、黄华、黄涛、黄浩、黄梅（女）、黄文静（女）、梅娟（女）、曹小平（女）、曹明德、曹映华、曹顺林、曹莉莉（女）、戚秀兰（女）、戚鸭章、戚斐斐、常虎、常莉（女）、常小红（女）、常建斌、崔正彬、蒋为、蒋伟、蒋加华、蒋震宇、韩文星、韩文瑞、韩明荣、程永进、詹绛（女）、窦克祥、蔡晶（女）、蔡磊、蔡剑飞、蔡祥稳、翟云、潘小泉、燕红祥、薛永忠、冀小燕（女）、戴文平、戴立新、戴永建、戴佳枫（女）、戴建斌

说明：1.2022年10月5日“清廉江苏”微信公众号发布：泰州医药高新区（高港区）副厅级干部孙宏建涉嫌严重违纪违法，目前正在接受江苏省纪委监委纪律审查和监察调查。

2.2023年5月30日“清廉江苏”微信公众号发布：泰州医药高新区管委会副主任顾为进涉嫌严重违纪违法，目前正接受泰州市纪委监委纪律审查和监察调查。

重要文件题录

2022年泰州医药高新区（高港区）重要文件题录一览表

表35

文号	文件标题	文件日期
泰高新委〔2022〕1号	关于印发泰州医药高新区（高港区）“一把手”“五诺”管理暂行办法的通知	2022-01-04
泰高新委〔2022〕3号	关于成立医药高新区党工委（高港区委）生态文明建设与环境保护领导小组的通知	2022-01-07
泰高新委〔2022〕7号	关于转发《区党工委（区委）宣传和统战部区司法局关于在全区开展法治宣传教育的第八个五年规划（2021—2025年）》的通知	2022-01-26
泰高新委〔2022〕26号	印发中共泰州医药高新区党工委（高港区委）关于市委联动巡察组医药高新区（高港区）组专项巡察涉粮问题反馈意见整改工作方案的通知	2022-02-11
泰高新委〔2022〕28号	关于成立区党工委（区委）审计委员会的通知	2022-02-11
泰高新委〔2022〕32号	关于涉粮问题专项巡察整改情况的报告	2022-03-14
泰高新委〔2022〕33号	关于成立医药高新区（高港区）落实党风廉政建设责任制领导小组的通知	2022-04-07
泰高新委〔2022〕54号	印发关于开展“我是党员我在前、我是干部干在先”主题教育活动的实施方案的通知	2022-04-23
泰高新委〔2022〕55号	印发关于做好2022年全面推进乡村振兴重点工作的实施意见的通知	2022-05-11
泰高新委〔2022〕59号	关于印发泰州医药高新区（高港区）贯彻落实法治政府建设实施纲要（2021—2025年）实施方案的通知	2022-05-16
泰高新委〔2022〕60号	关于表彰2021年度乡村振兴专项考核先进单位和先进个人的决定	2022-05-16
泰高新委〔2022〕61号	关于表彰2021年度统计工作先进单位和先进个人的决定	2022-05-16
泰高新委〔2022〕62号	关于表彰2021年度优化营商环境先进单位和优秀个人的决定	2022-05-16
泰高新委〔2022〕63号	关于表彰2021年度河长制工作先进单位和先进个人的决定	2022-05-16
泰高新委〔2022〕64号	关于表彰2021年度科技创新工作先进单位和先进个人的决定	2022-05-16
泰高新委〔2022〕65号	关于表彰2021年度工业经济先进单位和先进个人的决定	2022-05-16
泰高新委〔2022〕66号	关于表彰2021年度党的建设工作先进单位的决定	2022-05-16
泰高新委〔2022〕67号	关于表彰2021年度“创新创优奖”的决定	2022-05-16
泰高新委〔2022〕68号	关于表彰2021年度“泰信保”先进单位和先进个人的决定	2022-05-16
泰高新委〔2022〕69号	关于表彰2021年度开放型经济工作先进单位的决定	2022-05-16
泰高新委〔2022〕70号	关于表彰2021年度项目建设“三比一提升”工作先进集体的决定	2022-05-16
泰高新委〔2022〕71号	关于表彰2021年度公路建设养护管理工作先进单位和先进个人的决定	2022-05-16

续表35

文号	文件标题	文件日期
泰高新委〔2022〕72号	关于表彰2021年度“向环境污染宣战”工作先进单位和先进个人的决定	2022-05-16
泰高新委〔2022〕73号	关于表彰2021年度城乡建设管理工作先进单位和先进个人的决定	2022-05-16
泰高新委〔2022〕74号	关于表彰2021年度高质量发展工作先进单位的决定	2022-05-16
泰高新委〔2022〕75号	关于表彰2021年度区级机关部门（单位）绩效管理先进单位的决定	2022-05-16
泰高新委〔2022〕76号	关于表彰2021年度综合考评先进园区、镇街的决定	2022-05-16
泰高新委〔2022〕78号	关于表彰2021年度优秀企业和企业家的决定	2022-05-27
泰高新委〔2022〕79号	关于成立泰州医药高新区党工委（高港区委）人才工作领导小组的通知	2022-05-27
泰高新委〔2022〕80号	关于成立中共泰州医药高新区（高港区）汽车产业联盟委员会的决定	2022-05-30
泰高新委〔2022〕81号	关于表彰2021年度“三牛奖”的决定	2022-06-16
泰高新委〔2022〕82号	关于成立中共泰州医药高新区（高港区）生物医药产业联盟委员会的决定	2022-06-25
泰高新委〔2022〕109号	印发中共泰州医药高新区工委（中共泰州市高港区委）关于涉粮问题专项巡察整改情况通报的通知	2022-06-30
泰高新委〔2022〕113号	关于新时代坚持和完善人民代表大会制度加强和改进人大工作的实施意见	2022-07-22
泰高新委〔2022〕129号	关于废止、宣布失效和修改部分党内规范性文件的决定	2022-09-09
泰高新委〔2022〕130号	关于成立中共泰州医药高新区（高港区）化学新材料产业联盟委员会的决定	2022-09-09
泰高新委〔2022〕131号	关于成立中共泰州医药高新区（高港区）电子信息产业联盟委员会的决定	2022-09-09
泰高新委〔2022〕132号	关于成立中共泰州医药高新区（高港区）临港产业联盟委员会的决定	2022-09-09
泰高新委〔2022〕143号	关于成立医药高新区（高港区）全民国防教育工作领导小组的通知	2022-11-12
泰高新委〔2022〕144号	关于对2021年度考核优秀公务员给予奖励的决定	2022-11-16
泰高新委〔2022〕145号	关于深入学习贯彻党的二十大精神的通知	2022-11-16
泰高新委〔2022〕146号	关于2022年度全区食品安全工作情况的报告	2022-11-23
泰高新委〔2022〕166号	关于2022年推进实施乡村振兴战略进展情况的报告	2022-12-23
泰高新委发〔2022〕2号	关于印发医药高新区（高港区）“奋楫争先”激励措施的通知	2022-05-04
泰高新委发〔2022〕3号	关于印发坚持党建引领开展“四强四促”行动加快新型农村集体经济发展的若干意见的通知	2022-05-11
泰高新委发〔2022〕4号	关于印发“凤栖高新”英才计划实施意见的通知	2022-05-18
泰高新委发〔2022〕5号	关于印发泰州医药高新区（高港区）区管干部绩效考评实施办法的通知	2022-07-11
泰高新委发〔2022〕6号	印发关于深入实施“五大工程”重构良好政治生态的意见的通知	2022-11-14

续表35

文号	文件标题	文件日期
泰高新政〔2022〕2号	关于印发泰州医药高新区（高港区）工业投资项目综合评价暂行办法的通知	2022-01-07
泰高新政〔2022〕3号	关于印发医药高新区（高港区）国有企业投资监督管理办法的通知	2022-01-24
泰高新政〔2022〕5号	关于聘请医药高新区（高港区）首批“招商大使”的决定	2022-02-11
泰高新政〔2022〕6号	关于明确电化学储能电站及相关行业领域安全生产监管职责的通知	2022-02-11
泰高新政〔2022〕7号	关于成立区安全生产委员会的通知	2022-02-15
泰高新政〔2022〕9号	关于印发泰州医药高新区（高港区）政府投资管理办法的通知	2022-03-25
泰高新政〔2022〕10号	关于印发泰州医药高新区（高港区）财政投资评审管理办法的通知	2022-03-25
泰高新政〔2022〕14号	关于印发泰州医药高新区（高港区）支持市场主体纾困帮扶三十条措施的通知	2022-05-05
泰高新政〔2022〕15号	关于印发泰州医药高新区（高港区）调整和完善区与园区（镇街）财政管理体制方案的通知	2022-05-05
泰高新政〔2022〕19号	关于成立医药高新区（高港区）汽车产业联盟的决定	2022-05-30
泰高新政〔2022〕22号	关于成立医药高新区（高港区）生物医药产业联盟的决定	2022-06-21
泰高新政〔2022〕23号	关于印发泰州医药高新区（高港区）“十四五”开放型经济高质量发展规划的通知	2022-06-29
泰高新政〔2022〕28号	印发关于促进泰州医药高新区（高港区）建筑业高质量发展的实施意见的通知	2022-09-09
泰高新政〔2022〕29号	关于成立医药高新区（高港区）化学新材料产业联盟的决定	2022-09-09
泰高新政〔2022〕30号	关于成立医药高新区（高港区）电子信息产业联盟的决定	2022-09-09
泰高新政〔2022〕31号	关于成立医药高新区（高港区）临港产业联盟的决定	2022-09-09
泰高新政〔2022〕32号	关于印发泰州医药高新区（高港区）“十四五”科技创新发展规划的通知	2022-10-27
泰高新政〔2022〕33号	关于印发泰州医药高新区（高港区）“十四五”工业经济高质量发展规划的通知	2022-10-27
泰高新政〔2022〕35号	关于印发泰州医药高新区(高港区)“十四五”服务业发展规划的通知	2022-10-31
泰高新政〔2022〕42号	印发关于加快推进农业农村高质量发展的若干政策意见的通知	2022-12-13
泰高新政〔2022〕43号	关于印发泰州医药高新区（高港区）全民科学素质行动规划实施方案（2022—2035年）的通知	2022-12-28
泰高政发〔2022〕7号	关于印发承接省市赋予泰州医药高新区（高港区）行政权力等清单的通知	2022-04-18
泰高政发〔2022〕12号	高港区政府关于授权医药高新区（高港区）应急管理局调查处理生产安全事故的通知	2022-05-25
泰高政发〔2022〕20号	关于成立泰州市高港区人民政府行政复议委员会的通知	2022-08-30

统计资料

2022年泰州医药高新区(高港区)国民经济综合指标一览表

表36

指标名称	单位	数值
地区生产总值	亿元	1153.39
第一产业	亿元	16.36
第二产业	亿元	648.01
其中：工业	亿元	585.24
建筑业	亿元	62.77
第三产业	亿元	489.02
服务业增加值占GDP比重	%	42.40
农林牧渔业总产值	亿元	25.97
建筑业总产值	亿元	694.10
粮食总产量	吨	112468
固定资产投资	亿元	713.77
规模以上工业总产值	亿元	2370.41
高新技术产业产值	亿元	1152.27
高新技术产业产值占规模以上工业比重	%	48.61
规模以上工业营业收入	亿元	2414.91
规模以上工业利润总额	亿元	190.25
R&D经费	亿元	36.45
R&D经费占GDP比重	%	3.16
社会消费品零售总额	亿元	275.83
出口总额	万美元	179421
实际利用外资和港澳台资	万美元	26960
一般公共预算收入	亿元	101.13
全体居民人均可支配收入	元/人	47986
城镇居民人均可支配收入	元/人	57970
农村居民人均可支配收入	元/人	30685

2022年泰州医药高新区(高港区)人均经济社会主要指标一览表

表37

指标	单位	数值
人均地区生产总值	元	238452
人均一般公共预算收入	元	20908

续表37

指标	单位	数值
人均一般公共预算支出	元	21447
人均进出口总额	美元	8454
人均社会消费品零售总额	元	57026
城镇非私营单位在岗职工平均工资	元	119259
全体居民人均可支配收入	元	47986
城镇居民人均可支配收入	元	57970
农村居民人均可支配收入	元	30685

2022年泰州医药高新区（高港区）主要经济社会指标占全市比重一览表

表38

指标	单位	泰州市	泰州医药高新区（高港区）	占泰州市比重（%）
年末常住人口	万人	450.56	48.29	10.7
地区生产总值	亿元	6401.77	1153.39	18.0
第一产业	亿元	334.41	16.36	4.9
第二产业	亿元	3158.01	648.01	20.5
第三产业	亿元	2909.35	489.02	16.8
人均地区生产总值（按常住人口计算）	元	141830	238452	168.1
一般公共预算收入	亿元	416.64	101.13	24.3
一般公共预算支出	亿元	703.86	103.74	14.7
社会消费品零售总额	亿元	1588.36	275.83	17.4
进出口总额	万美元	1961789	408918	20.8
出口总额	万美元	1344606	179421	13.3
实际利用外资和港澳台资	万美元	113889	26960	23.7
协议注册外资和港澳台资	万美元	246454	44644	18.1
全体居民人均可支配收入	元	46363	47986	103.5
城镇居民人均可支配收入	元	56576	57970	102.5
农村居民人均可支配收入	元	29417	30685	104.3

2022年泰州医药高新区（高港区）人口及其变动情况一览表

表39　　单位：户、人

指标名称	全区合计	口岸街道	刁铺街道	许庄街道	凤凰街道	寺巷街道	明珠街道	沿江街道	永安洲镇	白马镇	胡庄镇	大泗镇	野徐镇
总户数	136986	23370	8127	11633	20456	12484	11813	4657	8210	6490	12893	9804	7049
总人数	438964	70740	25434	38111	62286	43845	36274	14573	29488	22072	38777	31870	25494
#男	219141	35027	12360	19001	30972	21666	18011	7084	14400	11220	20129	16692	12579
女	219823	35713	13074	19110	31314	22179	18263	7489	15088	10852	18648	15178	12915

续表39

指标名称	全区合计	口岸街道	刁铺街道	许庄街道	凤凰街道	寺巷街道	明珠街道	沿江街道	永安洲镇	白马镇	胡庄镇	大泗镇	野徐镇
出生人口	2259	336	120	173	445	258	179	58	137	92	139	157	165
#男	1149	161	68	86	227	135	95	29	69	51	72	74	82
女	1110	175	52	87	218	123	84	29	68	41	67	83	83
死亡人数	3903	600	206	416	330	417	286	110	277	217	436	352	256
#男	2113	311	113	217	177	232	156	72	150	121	238	197	129
女	1790	289	93	199	153	185	130	38	127	96	198	155	127
迁入人数	1825	378	239	48	640	115	132	4	29	34	49	35	122
#省内	937	169	117	15	381	55	89	0	10	9	15	12	65
省外	888	209	122	33	259	60	43	4	19	25	34	23	57
迁出人数	1588	335	107	128	249	100	115	52	127	49	154	80	92
#省内	890	157	49	73	158	52	58	29	79	20	114	55	46
省外	698	178	58	55	91	48	57	23	48	29	40	25	46

2022年泰州医药高新区（高港区）居民家庭年末耐用消费品拥有情况（每百户）一览表

表40

指标名称	单位	全体居民	城镇常住居民	农村常住居民
1.家用汽车	辆	70	77	60
2.摩托车	辆	15	21	6
3.助力车	台	207	206	208
4.洗衣机	台	121	126	114
5.电冰箱（柜）	台	141	131	154
6.微波炉	台	108	109	106
7.彩色电视机	台	220	209	236
8.空调	台	293	293	292
9.热水器	台	112	107	118
10.洗碗机	台	3	1	4
11.排油烟机	台	82	86	76
12.固定电话	部	6	6	6
13.移动电话	部	316	311	322
14.其中：接入互联网	部	316	311	322
15.计算机	台	91	93	88
16.其中：接入互联网	台	91	93	88
17.照相机	台	16	17	14
18.中高档乐器	台	11	11	10
19.健身器材	台	35	39	30
20.空气净化器（含新风系统）	架	13	9	18
21.吸尘器	台	35	40	28

机构简称

泰州医药高新区（高港区）部分组织机构全称、简称对照一览表

表41

全称	简称
中共泰州医药高新技术产业开发区工作委员会	区党工委
中国共产党泰州市高港区委员会	区委
泰州市高港区人民代表大会常务委员会	区人大常委会
泰州医药高新技术产业开发区管理委员会	区管委会
泰州市高港区人民政府	区政府
中国人民政治协商会议泰州市高港区委员会	区政协
中共泰州医药高新区技术产业开发区纪律检查工作委员会	区纪工委
中国共产党泰州市高港区纪律检查委员会	区纪委
泰州市高港区监察委员会	区监委
中共泰州医药高新技术产业开发区工委（泰州市高港区委）巡察工作办公室	区党工委（区委）巡察办
泰州医药高新技术产业开发区（泰州市高港区）党政办公室	区党政办
中共泰州医药高新技术产业开发区工委（泰州市高港区委）研究室	区党工委（区委）研究室
中共泰州医药高新技术产业开发区工委（泰州市高港区委）机要保密局	区党工委（区委）机要保密局
泰州医药高新技术产业开发区（泰州市高港区）国家密码管理局	区密码管理局
泰州医药高新技术产业开发区（泰州市高港区）外事办公室	区外事办
泰州医药高新技术产业开发区（泰州市高港区）大数据管理局	区大数据管理局
泰州医药高新技术产业开发区（泰州市高港区）档案局	区档案局
中共泰州医药高新技术产业开发区工委（泰州市高港区委）全面深化改革委员会办公室	区党工委（区委）深改办
中共泰州医药高新技术产业开发区工委（泰州市高港区委）国家安全委员会办公室	区党工委（区委）国安办
中共泰州医药高新技术产业开发区工委（泰州市高港区委）外事工作委员会办公室	区党工委（区委）外办
中共泰州医药高新技术产业开发区工委（泰州市高港区委）组织部	区党工委（区委）组织部
中共泰州医药高新技术产业开发区工委（泰州市高港区委）机构编制委员会办公室	区党工委（区委）编办
泰州医药高新技术产业开发区（泰州市高港区）事业单位登记管理局	区事业单位登记管理局
中共泰州医药高新技术产业开发区工委（泰州市高港区委）区级机关工作委员会	区党工委（区委）区级机关工委
中共泰州医药高新技术产业开发区工委（泰州市高港区委）非公有制企业和社会组织工作委员会	区党工委（区委）“两新”工委
中共泰州医药高新技术产业开发区工委（泰州市高港区委）党建工作领导小组办公室	区党工委（区委）党建办

续表41

全称	简称
中共泰州医药高新技术产业开发区工委（泰州市高港区委）老干部局	区党工委（区委）老干部局
中共泰州医药高新技术产业开发区工委（泰州市高港区委）离退休干部工作委员会	区党工委（区委）离退休干部工委
泰州医药高新技术产业开发区（泰州市高港区）公务员局	区公务员局
泰州医药高新技术产业开发区（泰州市高港区）考核工作委员会办公室	区考核办
中共泰州医药高新技术产业开发区工委（泰州市高港区委）宣传和统战部	区党工委（区委）宣传和统战部
泰州医药高新技术产业开发区（泰州市高港区）精神文明建设指导委员会办公室	区文明办
泰州市高港区人民政府新闻办公室	区政府新闻办
泰州医药高新技术产业开发区（泰州市高港区）互联网信息办公室	区互联网信息办
泰州医药高新技术产业开发区（泰州市高港区）新闻出版局	区新闻出版局
泰州医药高新技术产业开发区（泰州市高港区）版权局	区版权局
泰州医药高新技术产业开发区（泰州市高港区）文化体育和旅游局	区文化体育旅游局
泰州医药高新技术产业开发区（泰州市高港区）文物局	区文物局
中共泰州医药高新技术产业开发区工委（泰州市高港区委）台湾工作办公室	区党工委（区委）台办
泰州市高港区人民政府台湾事务办公室	区政府台办
泰州医药高新技术产业开发区（泰州市高港区）民族宗教事务局	区民宗局
泰州市高港区人民政府侨务办公室	区政府侨办
中共泰州医药高新技术产业开发区工委（泰州市高港区委）网络安全和信息化委员会办公室	区党工委（区委）网信办
中共泰州医药高新技术产业开发区工委（泰州市高港区委）政法委员会	区党工委（区委）政法委
泰州医药高新技术产业开发区（泰州市高港区）信访局	区信访局
泰州医药高新技术产业开发区（泰州市高港区）发展和改革委员会	区发展改革委
泰州医药高新技术产业开发区（泰州市高港区）地方金融监督管理局	区金融监管局
泰州市高港区人民政府金融工作办公室	区政府金融办
泰州医药高新技术产业开发区（泰州市高港区）粮食和物资储备局	区粮食和物资储备局
泰州医药高新技术产业开发区（泰州市高港区）教育局	区教育局
中共泰州医药高新技术产业开发区工委（泰州市高港区委）教育工作委员会	区党工委（区委）教育工委
泰州医药高新技术产业开发区（泰州市高港区）工业和科技创新局	区工业和科技创新局
泰州医药高新技术产业开发区（泰州市高港区）工业和信息化局	区工业和信息化局
泰州医药高新技术产业开发区（泰州市高港区）科学技术局	区科技局
泰州医药高新技术产业开发区（泰州市高港区）司法局	区司法局
中共泰州医药高新技术产业开发区工委（泰州市高港区委）全面依法治区委员会办公室	区党工委（区委）依法治区办

续表41

全称	简称
泰州医药高新技术产业开发区（泰州市高港区）财政局	区财政局
泰州市高港区人民政府国有资产监督管理办公室	区政府国资办
泰州医药高新技术产业开发区（泰州市高港区）社会事业和退役军人事务局	区社会事业和退役军人事务局
泰州医药高新技术产业开发区（泰州市高港区）民政局	区民政局
泰州医药高新技术产业开发区（泰州市高港区）人力资源和社会保障局	区人力资源社会保障局
泰州医药高新技术产业开发区（泰州市高港区）住房和城乡建设局	区住房城乡建设局
泰州医药高新技术产业开发区（泰州市高港区）城市管理综合行政执法局	区城市管理综合行政执法局
泰州医药高新技术产业开发区（泰州市高港区）地震局	区地震局
泰州医药高新技术产业开发区（泰州市高港区）农业农村局	区农业农村局
泰州医药高新技术产业开发区（泰州市高港区）水利局	区水利局
泰州医药高新技术产业开发区（泰州市高港区）乡村振兴局	区乡村振兴局
中共泰州医药高新技术产业开发区工委（泰州市高港区委）农村工作领导小组办公室	区党工委（区委）农工办
泰州医药高新技术产业开发区（泰州市高港区）商务局	区商务局
泰州医药高新技术产业开发区（泰州市高港区）口岸办公室	区口岸办
泰州医药高新技术产业开发区（泰州市高港区）卫生健康委员会	区卫生健康委
泰州医药高新技术产业开发区（泰州市高港区）应急管理局	区应急管理局
泰州医药高新技术产业开发区（泰州市高港区）审计局	区审计局
中共泰州医药高新技术产业开发区工委（泰州市高港区委）审计委员会办公室	区党工委（区委）审计办
泰州医药高新技术产业开发区（泰州市高港区）行政审批局	区行政审批局
泰州医药高新技术产业开发区（泰州市高港区）政务服务管理办公室	区政务服务办
泰州医药高新技术产业开发区（泰州市高港区）市场监督管理局	区市场监管局
泰州医药高新技术产业开发区（泰州市高港区）知识产权局	区知识产权局
泰州医药高新技术产业开发区（泰州市高港区）统计局	区统计局
泰州市高港区人民代表大会常务委员会办公室	区人大办
中国人民政治协商会议泰州市高港区委员会办公室	区政协办
泰州医药高新技术产业开发区人民检察院	泰州医药高新区人民检察院
泰州医药高新技术产业开发区人民法院	泰州医药高新区人民法院
泰州市高港区人民检察院	高港区人民检察院
泰州市高港区人民法院	高港区人民法院
中国人民解放军江苏省泰州市高港区人民武装部	区人武部
泰州市高港区总工会	区总工会
中国共产主义青年团泰州市高港区委员会	团区委

续表41

全称	简称
泰州市高港区妇女联合会	区妇联
泰州市高港区科学技术协会	区科协
泰州市高港区归国华侨联合会	区侨联
泰州市高港区工商业联合会	区工商联
泰州市高港区文学艺术界联合会	区文联
泰州市高港区残疾人联合会	区残联
泰州市高港区红十字会	区红十字会
泰州医药高新技术产业开发区（泰州市高港区）关心下一代工作委员会	区关工委
泰州市高港区哲学社会科学界联合会	区社科联
中共泰州医药高新技术产业开发区工委（泰州市高港区委）党校	区党工委（区委）党校
泰州医药高新技术产业开发区（泰州市高港区）党史方志办公室（档案馆）	区党史方志办（档案馆）
泰州医药高新技术产业开发区（泰州市高港区）供销合作总社	区供销社
泰州医药高新技术产业开发区（泰州市高港区）区域社会治理现代化综合指挥中心（大数据中心、网格化服务管理中心）	区区域社会治理现代化综合指挥中心（大数据中心、网格化服务管理中心）
泰州医药高新技术产业开发区新药申报中心（江苏省药品监督管理局审评核查泰州分中心）	医药高新区新药申报中心（省药品监督管理局审评核查泰州分中心）
泰州市高港区口岸雕花楼景区管理办公室	区口岸雕花楼景区管理办公室
江苏省高港现代农业产业园区管理办公室	高港现代农业产业园管理办公室
泰州医药高新区（高港区）医药产业园管理办公室	区医药产业园管理办公室
泰州医药高新区（高港区）滨江工业园管理办公室	区滨江工业园管理办公室
泰州医药高新区（高港区）电子信息产业园管理办公室［泰州医药高新区（高港区）综合保税区管理办公室］	区电子信息产业园管理办公室（区综合保税区管理办公室）
江苏泰州港经济开发区管理办公室	泰州港经济开发区管理办公室
泰州医药高新区（高港区）港口物流产业园管理办公室	区港口物流产业园管理办公室

缩略语注释

缩略语注释一览表

表42

缩略语	注　释
“365”民事案件快速化处理机制	“3”即3个总体工作思路:源头解纷、繁简分流、集约高效;“6”即6项工作机制:网格共治、多元调解、快慢分道、要素裁判、示范诉讼、云端办案;“5”即5个快速化审理团队,包括家事、道交、借贷、劳动争议、合同纠纷速裁团队
“一主导、两参考”	“一主导”:主要根据职能机构数量及职能设置,坚持以事定人,同时对标省内先进园区,合理确定园区总员额及每个职能机构员额。“两参考”:参考原核定编制数和目前实际在岗人数,坚持以“旧”定新,力求员额总数较目前实际在岗人数有一定幅度降低。对实际使用员额低于核定员额的,仍按核定员额计发薪酬总额。参考当年度园区一般公共预算收入情况,坚持以收定支,科学核定薪酬支出总额占比。对超过规定比例的园区,逐家分析原因,适当控减员额总数,并制定相应措施,推动薪酬总额支出的占比逐年降低
“一府两院”	区政府、人民检察院、人民法院
“一轴一核三极三城”	“一轴”是北起凤城河、南至天禄湖、东至鼓楼路、西至海陵路的城市活力中轴,是贯通城市历史、现代和未来,连接高质量生活区、高品质商业区、高水平运动活力区的城市脊梁,也是展示形象的“城市客厅”;“一核”是凤城河文化核,致力打造传递乡愁情怀、蕴含烟火气息的宜居家园;“三极”是金融商务极、健康服务极和高铁枢纽极,是中心城市未来发展的黄金三角;“三城”就是海陵、高新(高港)和姜堰,围绕各自资源禀赋,加快塑造特色优势
“一保二清三降”	保障到期债务接续,清退定向融资、清理平台公司,政府债务风险降等,经营性债务规模降速,综合性融资成本降低
“一短三快”初战机制	接处警时间短、出动快、到场快、展开快
“七种能力”	政治能力、研究能力、科学决策能力、改革攻坚能力、应急处突能力、群众工作能力、抓落实能力
“八类”案件	杀人、抢劫、强奸、放火、投毒、爆炸、贩毒、故意伤害致人死亡案件
“九小场所”	小学校或幼儿园、小医院、小商店、小餐饮场所、小旅馆、小歌舞娱乐场所、小网吧、小美容洗浴场所、小生产加工企业
“九通一平”	“九通”为通市政道路及雨水、污水、自来水、天然气、电力、电信、热力、有线电视管线,“一平”为土地自然地貌平整
“三下乡”	文化、科技、卫生下乡
“三无”船舶	无船名船号、无船舶证书、无船籍港的船舶
“三区三线”	农业空间、生态空间、城镇空间三种类型空间,以及分别对应划定的永久基本农田保护红线、生态保护红线、城镇开发边界三条控制线
“三比一提升”	重点开发园区比质量规模、比推进效率、比产出效益、提升核心竞争力
“三化”树种	珍贵化、彩色化、效益化树种
“三公两费”	“三公”指因公出国(境)费、公务接待费、公务用车运行维护费,“两费”指会议费、培训费

续表 42

缩略语	注　释
“三全” 社区家庭教育	实现社区教育社区全域、父母全程、家庭类型全覆盖
“三会一课”	定期召开党支部党员大会、党支部委员会和党小组会，按时上好党课
“三合理”	合理治疗、合理用药、合理检查
“三体两强” 基层社	基层供销社要有经济实体，要以农民为主体，成为合作经济联合体，经济实力强，为农服务能力强
“三评三促三提升”	评示范村（居）促和谐，提升 “微自治” 精度；评优秀案例促创新，提升基层治理广度；评优秀规约促引导，提升乡风文明纯度
“三所共建”	司法所、派出所、基层法律服务所的共建
“三单一谈” 制度	工作提示单、问题警示单、法治督办单及重大责任约谈
“三定” 规定	关于部门（单位）主要职责、内设机构和人员编制的规定
“三定一撤”	设置密闭的生活垃圾定时、定点、定人分类投放亭，将小区原有布置的垃圾桶点位撤销
“三项岗位” 人员	生产经营单位主要负责人、安全管理人员和特种作业人员
“三品一标”	无公害农产品、绿色食品、有机农产品和农产品地理标志
“三重一大” 决策机制	重大事项决策、重要干部任免、重要项目安排、大额资金的使用，必须经集体讨论作出决定
“三整合” 改革	推进基层整合审批服务执法力量改革
女职工 “双争”	争创五一巾帼标兵岗、争当五一巾帼标兵
乡村治理三个 “一张图” 模式	“清单制” “积分制” “农村高价彩礼、大操大办等不良风气整治” 三个 “一张图”
“五方面” 人员	乡镇事业编制人员、优秀村党组织书记、到村任职过的选调生、第一书记、驻村工作队员
“五未” 土地	批而未供、供而未用、用而未尽、建而未投、投而未达标土地
“五老”	老干部、老战士、老专家、老教师、老劳模
“五好” 五老	忠诚敬业好、关爱实绩好、务实创新好、无私奉献好、群众信誉好的 “五老”
“五好” 关工委	领导班子建设好、“五老” 作用发挥好、制度健全执行好、积极探索创新好、活动经常效果好的关工委组织
“五带三星”	带头讲政治、带头顾大局、带头讲文明、带头树新风、带头做义工，强化三星级考评管理
“五迎五实” 系列活动	喜迎二十大、永远跟党走氛围营造，喜迎二十大、聚力当先锋主题党日，喜迎二十大、向党话心声主题征文，喜迎二十大、来看新变化初心之旅，喜迎二十大、理论万家行集中学习；抓实 “一以贯之” 主题宣讲，抓实 “十佳领航” 党建项目，抓实 “百舸争流” 主题演讲，抓实 “千帆竞发” 专题研习，抓实 “万象更新” 民生实事
公厕 “四不一有” 改造	地面不滑、味道不臭、光线不黑、蚊虫不叮、如厕有纸
“双师型” 教师	“双证” 教师或 “双职称” 教师，即教师资格+中级以上技术职务或职业资格教师
“双创” 人才	创新创业人才
“双招双引”	招商引资、招才引智

续表42

缩略语	注 释
“双积双评”	两次积分累计和两次民主评议
“双特双助”	对特殊情况家庭形成的政策保障边缘儿童和特别困难家庭的未成年人，提供帮助生活、帮助学习服务
“双减”	减轻义务教育阶段学生过重作业负担和校外培训负担
“双随机、一公开”	在监管过程中随机抽取检查对象，随机选派执法检查人员，抽查情况及查处结果及时向社会公开
“四上企业”	规模以上工业企业、房地产企业，资质等级以上建筑业企业，限额以上批发零售业、住宿和餐饮业企业，规模以上服务业企业
“四不两直”	不发通知，不打招呼，不听汇报，不用陪同接待，直奔基层，直插现场
“四风”	形式主义、官僚主义、享乐主义和奢靡之风
“四史”	党史、新中国史、改革开放史、社会主义发展史
“四同八助”	同心同行同力同赢，助定战略、助强管理、助聚人心、助建文化、助攻难关、助兴人才、助联内外、助美声誉
“四好”商会	班子建设好、团结教育好、服务发展好、自律规范好
“四好农村路”	建好、管好、护好、运营好农村公路
“四类药品”	退烧、止咳、抗病毒、抗生素类药品
生活垃圾“四分类”	对可回收物、有害垃圾、厨余垃圾、其他垃圾进行分类投放
行政执法“三项制度”	行政执法公示制度、执法全过程记录制度、重大执法决定法制审核制度
全面从严治党“三张清单”	任务清单、负面清单、监督清单
全面从严治党“四责协同”机制	党委主体责任、纪委监督责任、党委书记第一责任人责任和班子成员“一岗双责”统一联动、合力运行的责任落实机制
农村集体“三资”	农村集体所有的资金、资产和资源
防汛“三袋”	草袋、麻袋、编织袋
妇女“两癌”	宫颈癌、乳腺癌
“严三规，扬四气”	严守“三规”，把纪律规矩挺在前面，把制度规定记在心中，把工作规范抓在手上；高扬“四气”，高扬蓬勃朝气，激发昂扬锐气，涵养浩然正气，保持争先勇气
村（社区）“两委”	村（社区）党支部委员会（党总支、党委），村（居）民委员会
村集体经济“三变”改革	农村资源变资产、资金变股金、农民变股东
安全生产双重预防机制	安全生产风险分级管控和隐患排查治理机制
安全生产专项整治“一年小灶”“三年大灶”行动	“一年小灶”指国务院对江苏省安全生产问题进行专项整治，“三年大灶”指按照全国统一部署，开展安全生产专项整治三年行动

续表42

缩略语	注　释
“两公一住”用地	公共管理用地、公共服务用地、住宅用地
“两违”“三乱”	违法圈圩、违法建设，乱占、乱排、乱建
“两高”“两区”	均指泰州医药高新区、高港区
“两新”组织	新经济组织和新社会组织
助学帮困“双百工程”	资助全区100名以上的特困生和100户以上的贫困户
园区党建“四融四红”行动	融入园区组织架构，建强“红力量”；融入园区基本单元，筑强“红堡垒”；融入园区产业发展，淬强“红链条”；融入园区营商环境，铸强“红引擎”
沿江“一带三极多点”产业发展体系	构建以临港产业带为枢纽、三大沿江板块为支撑、多个腹地园区协同发展的“一带三极多点”沿江产业发展格局
国家高新区“十百千万”专项行动	择优选择在10个左右国家高新区内建设科技金融创新服务中心，带动100个以上国家高新区与工商银行创新政银合作模式，每年新遴选1000户以上高新技术企业进行重点支持，力争到2025年实现工商银行高新技术企业融资余额突破10000亿元
领导干部“双考双反”制度	“双考”，即考察和考核；“双反”，指将考察情况和考核结果“双反馈”，主要负责人的“双考”情况向其本人和区分管领导“双反馈”，其他区管干部的“双考”情况向其本人和单位主要负责人“双反馈”
科协“四长”	医院院长、中小学校长、农技推广部门负责人和科技型企业家四类人群
亲企清政“五个一”走访服务活动	留下一张连心卡，组织一次送政策，赠送一本口袋书，展开一轮大排查，形成一份记录表
夏季“三送”	送清凉、送安全、送法律
消防“四有”社区	有消防工作站、有消防宣传橱窗、有公共消防器材点、有志愿消防队伍
消费品工业“三品”战略	增品种、提品质、创品牌
秸秆“双禁”	禁烧、禁抛
“清四乱”	清理整治河道治理范围内乱占、乱采、乱堆、乱建等突出问题
提案工作向政协常委会“一报告一述职双评议”	区政府负责人向区政协常委会报告全区提案办理情况；重点提案承办单位向区政协常委会汇报提案办理工作；区党政办公室、承办单位、提案利益相关方、提案委员会等对重点提案进行评议，提案人、区党政办公室、利益相关方、提案委员会等对重点提案办理情况进行评议

说明：按缩略语首字笔画排列。

索 引

说 明

1.本索引采用主题分析法提取，部分则选用关键词。

2.本索引按首字汉语拼音字母顺序排列。

3.索引名称后的数字表示内容所在的页码，数字后面的 a、b、c 分别表示左栏、中栏和右栏。

4.图片、表格分别在页码出处后标注“图”和“表”字。

D

E

F

G

K

L

R

S

T

Y

Z